高等学校电子商务专业规划教材

电子商务概论

（第2版）

刘鲁川　主编　／　徐　光　副主编

清华大学出版社
北京

内容简介

本书以传统企业如何向电子商务转型作为贯穿全书的主线，以工业化与信息化相融合、用信息技术改造传统产业、IT与管理并重作为组织内容的视角，系统地介绍电子商务的基本理论、电子商务商业模式、电子商务引发的企业管理变革、网络营销、电子商务安全技术、电子商务资金支付、电子商务物流、电子商务法律与法规、电子商务系统规划与体系结构设计等内容。

本书可作为电子商务专业本科生教材，也可作为信息管理与信息系统、市场营销、物流管理、国际贸易、财务管理、会计、工商管理等专业本科生学习电子商务的教材或参考书。

图书在版编目(CIP)数据

电子商务概论/刘鲁川主编. --2 版. --北京：清华大学出版社，2016（2021.12 重印）
高等学校电子商务专业规划教材
ISBN 978-7-302-42680-6

Ⅰ. ①电… Ⅱ. ①刘… Ⅲ. ①电子商务－高等学校－教材 Ⅳ. ①F713.36

中国版本图书馆 CIP 数据核字(2016)第 014215 号

责任编辑：白立军 徐跃进
封面设计：常雪影
责任校对：李建庄
责任印制：曹婉颖

出版发行：清华大学出版社
网 址：http://www.tup.com.cn，http://www.wqbook.com
地 址：北京清华大学学研大厦 A 座 **邮 编**：100084
社 总 机：010-62770175 **邮 购**：010-83470235
投稿与读者服务：010-62776969，c-service@tup.tsinghua.edu.cn
质量反馈：010-62772015，zhiliang@tup.tsinghua.edu.cn
课件下载：http://www.tup.com.cn，010-83470236
印 装 者：涿州市京南印刷厂
经 销：全国新华书店
开 本：185mm×260mm **印 张**：24.5 **字 数**：608 千字
版 次：2010 年 9 月第 1 版 2016 年 7 月第 2 版 **印 次**：2021 年 12 月第 5 次印刷
定 价：59.00 元

产品编号：066226-02

REVISION NOTE

修订说明

本书自2010年9月出版至今已经过去了整整5年。5年来，我国的电子商务基础环境进一步优化，发展速度提升。据中国互联网络信息中心（CNNIC）2015年7月23日发布的第36次《中国互联网络发展状况统计报告》披露，截至2015年6月，我国网民规模达6.68亿，互联网普及率为48.8%。而5年前历史同期数据为4.2亿和31.8%。5年来，以O2O等为代表的新的商业模式不断涌现和快速发展，传统企业作为线下商品与服务的直接供给方，在这一模式中起着至关重要的作用，其内部运营、产品研发、市场营销等方面，会越来越多地与互联网深度融合。随着互联网与经济活动的全面结合，传统企业与互联网企业的边界越来越模糊，互联网将成为企业日常经营中不可分割的部分，以至于“互联网+”成为当下最热的词汇之一。

5年来，我国高等学校电子商务专业教学也有了长足的发展。2011年，在教育部公布的学科专业目录中，电子商务属于管理学类工商管理一级学科下的二级学科，2012年9月14日，教育部印发《普通高等学校本科专业目录（2012年）》，明确自2013年开始，电子商务专业以电子商务类招生，可授予管理学、经济学或工学学士学位。这标志着我国电子商务教育迈上了一个新的台阶。据不完全统计，迄今至少有500所以上的本科院校开设了电子商务专业，电子商务概论除作为电子商务专业的专业基础课外，还成为信息管理与信息系统、计算机应用、市场营销、会计、国际贸易、经济学、金融学等专业的必修或选修课。

5年来，国内外电子商务实践和教学的发展，迫使我们有义务通过补充相关内容，以使本书能够基本反映电子商务的发展现状和未来趋势。此次修订以教育部高等学校电子商务专业教学指导委员会制定的电子商务专业知识体系为框架，并在保持第一版教材基本逻辑主线和视角不变的基础上，对原有内容进行了系统的更新和完善。

(1) 对第1章的内容进行了较大范围调整。原第1章关于电子商务模式的内容被抽取，结合近几年国内外电子商务的发展，专门介绍电子商务模式，从而成为新教材第2章。第2章内容除了保留原有的B2B、B2C、C2C、C2B等基本模式外，还增加了新兴的O2O、二维码、团购、社会化电子商务模式等内容。

(2) 第 4 章网络营销部分,增加了社会化媒体营销一节;在网络营销理论基础部分,增加了网络关系营销和利基营销理论相关的内容。

(3) 第 6 章电子商务资金支付,增加了移动支付内容。

(4) 第 7 章电子商务物流,对电子商务物流模式内容进行了扩展,增加了自营物流、物流联盟、第四方物流、绿色物流部分;电子商务下的物流信息技术一节,增加了 GIS 技术和自动化仓库系统的内容。

(5) 第 8 章电子商务法律、法规和标准,对内容进行了较大范围的更新,增加了 2013 年 4 月颁布的《网络发票管理办法》、2014 年 1 月颁布的《网络交易管理办法》和 2014 年 5 月颁布的《网络交易平台经营者履行社会责任指引》等法律法规的最新内容。

(6) 第 10 章为全新内容,涵盖了电子商务目前以及未来的发展热点,例如移动电子商务、互联网金融、大数据与数据挖掘、物联网、云计算、智慧城市、互联网+等。

(7) 本着以本土案例为主的原则,对旧版教材部分案例进行了更新、替换和补充。案例多选取于近几年电子商务发展中具有代表性的事件,既能激发读者的阅读兴趣,又能加深读者对教材内容的理解。

本次修订由徐光任副主编,具体负责修订内容的资料收集和写作,最后刘鲁川统稿定稿。

本书修订出版之际,我们要感谢五年来使用我们教材的高校教师,很多老师结合自己的教学,通过邮件向我们提出了宝贵的建议。感谢国家自然科学基金项目(71373144)和教育部人文社会科学研究规划基金项目(12YJA860010)的支持。特别要感谢清华大学出版社的广大员工为本书的出版和再版所付出的辛勤劳动。

刘鲁川

2016 年 4 月

FOREWORD

第1版前言

经济全球化和社会信息化是当今世界的两大发展趋势，而电子商务的应用和普及则是这两大趋势的交汇点。由于电子商务彻底改变了现有的作业方式与手段，能够充分利用有限资源、缩短商业循环与周期、提高运营效率、降低成本、提高服务质量。因此，电子商务正在为企业带来前所未有的发展机遇。正如著名管理学大师彼得·德鲁克所言，“电子商务正在深刻地改变着经济、市场和产业结构，改变着产品、服务，改变着消费者细分化、消费者价值和消费者行为、岗位和劳动市场；电子商务已经成为企业发展的平台与生存方式，电子商务不再是一种选择，而是每个企业都必须成为一个电子商务企业。”电子商务也必将引起管理理论和方法的深刻变革。

为了适应电子商务的发展，学术界在不断总结和探索着电子商务的规律和理论，教育界也在积极地推进着电子商务教育事业的发展。2006年，教育部正式成立了全国高校电子商务专业教学指导委员会，标志着中国的电子商务专业教育进入了正规化建设的新阶段。2008年，由电子商务专业教学委员会制定的《普通高等学校电子商务本科专业知识体系（试行）》指出，经管类的电子商务本科生培养目标是：侧重掌握现代经济科学、管理科学的基本原理与商务活动的知识与技能，较好掌握网络化计算机和信息化商务技术的基本技能与方法，能够较好地利用信息技术从事商业、贸易和营销管理等的实践或研究、教学活动等工作的复合型、专门化人才。也就是说，要培养懂得IT并能利用IT进行商业模式、组织结构、业务流程创新的人才。

作为长期在经管类高校任教的教师，在给电子商务专业本科生讲授《电子商务概论》的同时，也面向全校开设了该门公选课。来自信息管理与信息系统、市场营销、物流管理、国际贸易、财务管理、会计、工商管理等专业的学生参加了学习。这反映出由于IT向经济和管理各方面业务的渗透与融合的趋势，引发了经管类各专业学生学习《企业电子商务概论》的需求，也使作者萌生了在电子商务专业《企业电子商务概论》讲义基础上编写面向全体经管类学生教材的想法。

目前,国内同类教材在普及电子商务知识中起了积极的作用,但也普遍存在两类缺憾,要么内容过于宽泛,缺少逻辑主线,对电子商务的内涵和外延界定不清晰;要么过于偏重于电子商务系统的技术实现,对电子商务的管理模式和经济意义挖掘不够,不适宜于经管背景学生的学习。为此,本书力求突出以下特色:

(1) 以传统企业如何向电子商务转型作为贯穿全书的主线。企业是市场经济的“细胞”,企业,特别是传统企业是电子商务的微观主体。对企业而言,电子商务是一种业务转型,或者说是一场重大的革命。电子商务改变企业业务运作模式、企业竞争策略、提升企业间业务合作伙伴关系,是企业在电子世界中获得成功的关键。因此,我们强调企业信息化是实施电子商务的重要基础,并以传统企业向电子商务转型作为贯穿全书的主线。

(2) 用工业化与信息化相互促进、用信息技术改造传统产业、管理与IT并重作为教材写作的视角。该教材面向经管类、计算机类及其他各专业学生,以电子商务引发的企业营销、业务流程、组织结构、业务模式、企业间关系等管理变革为背景,讲述IT的商业应用和价值贡献,重视经济理论和管理理论的应用,着力对学生进行IT商业模式创新能力的培养;考虑到学生在《计算机基础》等课程中已经学习了计算机和互联网的基础知识,与大多数同类教材不同,这部分内容没有收入本书。对电子商务和信息管理与信息系统专业的学生而言,有关的技术开发知识会在后续课程中讲述。

应当承认,此项任务具有一定的难度。首先,电子商务文理渗透学科交叉的特点决定了教材涉及的内容多、知识面广。作为导论性质的课程,限于篇幅,无法就知识点一一展开详尽论述;其次,受摩尔定律的支配,电子商务的技术和模式也在不断地变化和发展着,尽管本书力求体现这些变化,但仍无法做到包罗万象。希望读者不要仅仅局限于本书的知识范围,更应关注和跟踪电子商务最新的发展动态,本书也力争通过不断修订以弥补缺憾。

本书出版之际,我要特别感谢我的导师陈禹教授和方美琪教授。在中国人民大学攻读博士学位期间,在两位导师的深厚学养及其一贯倡导的开放、多元、包容、自由的学术氛围中,如沐春风,拓宽了视野。方美琪老师自1993年就开始了电子商务的研究和教学,1994年开始编写有关教材,1999年正式出版了国内第一本《电子商务概论》教材,是国内最早从事电子商务研究与教学的学者之一。2005年,我有幸参加了方老师任主编的“十五”国家级规划教材《电子商务理论与实践》的编写,随后又与方老师一起在全国计算机技术与软件专业技术资格(水平)考试指定用书《电子商务设计师教程》和《电子商务技术员教程》中出任主编。其间,方老师给予了我极大的信任,我也从中受益匪浅。上述教材也是我这些年来主讲《电子商务概论》的主要参考书。即将出版的这本教材,其主线和视角等承袭了方老师的一贯主张，并得到了方老师的大力支持；在素材选取上除了尽可能将最新的电子商务实践和研究成果收入其中外，也参考并摘引了上述几本教材的部分内容。

因水平有限加之时间仓促，疏漏和不妥之处在所难免，诚望各位同仁和读者指正。

刘鲁川

2010年6月

CONTENTS

目 录

CONTENTS

C O N T E N T S

CONTENTS

CONTENTS

CONTENTS

CONTENTS

CONTENTS

CONTENTS

CONTENTS

第1章

电子商务基础知识

电子务是一门集商务知识、信息技术和管理方法于一体的新兴的交叉学科，它是人类经济、科技、文化发展的必然产物，是信息化社会的商务模式，是21世纪全球经济的重要组成部分，是商务的未来。本章将对电子商务进行定义，介绍电子商务的框架结构和电子商务的模式，使读者对电子商务从宏观上有一个初步的认识。

本章学习目标：

(1) 电子商务的基本概念。
(2) 电子商务的基本框架模式。
(3) 电子商务的概念模型。
(4) 电子商务与经济建设的关系。
(5) 电子商务的相关法律、标准。
(6) 电子商务支付的主要形式。
(7) EDI基础知识。

1.1 电子商务及其发展

1.1.1 电子商务的基本概念

电子商务(Electronic Commerce, EC)的内容包含两个方面，一是电子方式，二是商贸活动。作为近年来兴起的一个新概念，目前对它尚无统一的定义。简单地讲，电子商务是指利用互联网络进行的商务活动。各国政府、学者、企业界人士都根据自己所处的地位和对电子商务的参与程度，给出了许多表述不同的定义。比较这些定义，有助于更全面地了解电子商务。

1. 电子商务组织的定义

1997年11月6日至7日，国际商会在巴黎举行了世界电子商务会议，其间，关于电子商务最权威的概念阐述：电子商务是指对整个贸易活动实现电子化。从涵盖范围方面可以定义为，交易各方以电子交易方式而不是通过当面交换或直接面谈方式进行的任何形式的商业交易；从技术方面可以定义为，电子商务是一种多技术的集合体，包括交换数据（如电子数据交换、电子邮件）、获得数据（共享数据库、电子公告牌）以及自动捕获数据（条形码）等。

全球信息基础设施委员会(GIIC)电子商务工作委员会报告草案中对电子商务定义如下：电子商务是运用电子通信作为手段的经济活动，通过这种方式人们可以对带有经济价值的产品和服务进行宣传、购买和结算。这种交易的方式不受地理位置、资金多少或零售渠道的所有权影响，公有私有企业、公司、政府组织、各种社会团体、一般公民、企业家都能自由地参加广泛的经济活动，其中包括农业、林业、渔业、工业、私营和政府的服务业。电子商务能使产品在世界范围内交易并向消费者提供多种多样的选择。

联合国经济合作和发展组织(OECD)有关电子商务的报告中对电子商务的定义：电子商务是发生在开放网络上的包含企业之间(Business to Business)、企业和消费者之间(Business to Consumer)的商业交易。

2. 政府部门的定义

欧洲议会关于电子商务给出的定义是：电子商务是通过电子方式进行的商务活动。它通过电子方式处理和传递数据，包括文本、声音和图像。它涉及许多方面的活动，包括货物电子贸易和服务、在线数据传递、电子资金划拨、电子证券交易、电子货运单证、商业拍卖、合作设计和工程、在线资料、公共产品获得。它包括了产品（如消费品、专门设备）和服务（如信息服务、金融和法律服务）、传统活动（如健身、体育）和新型活动（如虚拟购物、虚拟训练）。

美国政府在其全球电子商务纲要中，比较笼统地指出电子商务是通过Internet进行的各项商务活动，包括广告、交易、支付、服务等活动，全球电子商务将会涉及全球各国。

3. 权威学者的定义

美国学者瑞维·卡拉科塔和安德鲁·B.惠斯顿在他们的专著《电子商务的前沿》中提出，广义地讲，电子商务是一种现代商业方法。这种方法通过改善产品和服务质量、提高服务传递速度，满足政府组织、厂商和消费者的建低成本的需求。这一概念也用于通过计算机网络寻找信息以支持决策。一般地讲，今天的电子商务通过计算机网络将买方和卖方的信息、产品和服务器联系起来，而未来的电子商务者通过构成信息高速公路的无数计算机网络中的一条将买方和卖方联系起来。

4. IT行业对电子商务的定义

IBM公司的电子商务概念包括三部分：企业内部网(Intranet)、企业外部网

(Extranet)、电子商务(E-commerce),它所强调的是在网络计算环境下的商业化应用,不仅仅是硬件和软件的结合,也不仅仅是通常意义下的强调交易的狭义的电子商务,而是把买方、卖方、厂商及其合作伙伴在因特网(Internet)、企业内部网(Intranet)和企业外部网(Extranet)结合起来的应用。它同时强调这三部分是有层次的:只有先建立良好的Intranet,建立好比较完善的标准和各种信息基础设施,才能顺利扩展到 Extranet,最后扩展到 E-Commerce。

HP 公司提出电子商务(E-Commerce)、电子业务(E-Business)、电子消费(E-Consumer)和电子化世界(E-World)的概念。它对电子商务的定义是:通过电子化手段来完成商业贸易活动的一种方式,电子商务使我们能够以电子交易为手段完成物品和服务等的交换,是商家和客户之间的联系纽带。对电子业务的定义:一种新型的业务开展手段,通过基于 Internet 的信息结构,使得公司、供应商、合作伙伴和客户之间,利用电子业务共享信息,E-Business 不仅能够有效地增强现有业务进程的实施,而且能够对市场等动态因素做出快速响应并及时调整当前业务进程。对电子消费的定义:人们使用信息技术进行娱乐、学习、工作、购物等一系列活动,使家庭的娱乐方式越来越多地从传统电视向 Internet 转变。

通用电气公司对电子商务的定义:电子商务是通过电子方式进行商业交易,分为企业与企业间的电子商务和企业与消费者之间的电子商务。企业与企业间的电子商务:以 EDI 为核心技术,增值网(VAN)和 Internet 为主要手段,实现企业间业务流程的电子化,配合企业内部的电子化生产管理系统,提高企业从生产、库存、到流通(包括物资和资金)各个环节的效率。企业与消费者之间的电子商务:以 Internet 为主要服务提供手段,实现公众消费和服务提供方式以及相关的付款方式的电子化。

IT 行业是电子商务的直接设计者和设备的直接制造者。很多公司都根据自己的技术特点给出了电子商务的定义。虽然差别很大。但总的来说,无论是国际商会的观点还是 HP 公司的 E-World、IBM 公司的 E-Business,都认同电子商务是利用现有的计算机硬件设备、软件设备和网络基础设施,通过一定的协议连接起来的电子网络环境进行各种各样商务活动。

上述定义没有对错之分,人们只是从不同角度,从广义上和狭义上,各抒己见。其中,GIIC 和 HP 给出的概念最广,它们强调,电子商务包括一切使用电子手段进行的商业活动。从这个意义上来讲,现在已经流行的电话购物、电视购物,以及超级市场中使用的 POS 机都可以归入电子商务的范围。但大多数定义还是将电子商务限制在使用计算机网络进行的商业活动。这是有道理的。因为只有在计算机网络,特别是 Internet 普及的今天,才使得电子商务得到如此广泛的应用,也使得商业模式发生了根本性的转变。

总结起来,可以这样说:从宏观上讲,电子商务是计算机网络所带来的又一次革命,旨在通过电子手段建立一种新的经济秩序,它不仅涉及电子技术和商业交易本身,而且涉及诸如金融、税务、教育等其他社会层面;从微观角度说,电子商务是指各种具有商业活动能力的实体(生产企业、商贸企业、金融机构、政府机构、个人消费者等)利用网络和先进的数字化传媒技术进行的各项商业贸易活动,这里要强调的有两点:一是活动要有商业背景,二是网络化和数字化。

从贸易活动的角度分析,电子商务可以在多个环节实现,由此也可以将电子商务分为两个层次，较低层次的电子商务如电子商情、电子贸易、电子合同等；最完整的也是最高级的电子商务应该是利用 Internet 网络能够进行全部的贸易活动，即在网上将信息流、商流、资金流和部分的物流完整地实现，也就是说，可以从寻找客户开始，一直到洽谈、订货、在线付(收)款、开电子发票以至到电子报关、电子纳税等通过 Internet 一气呵成。

要实现完整的电子商务还会涉及很多方面，除了买家、卖家外，还要有银行或金融机构、政府机构、认证机构、配送中心等机构的加入才行。由于参与电子商务中的各方在物理上是互不谋面的，因此整个电子商务过程并不是物理世界商务活动的翻版，网上银行、在线电子支付等条件和数据加密、电子签名等技术在电子商务中发挥着重要的不可或缺的作用。

1.1.2 全球电子商务发展动态

随着 Internet 的兴起和应用的普及，全球的电子商务得到了迅速发展，具有强大生命力的现代电子交易手段已越来越被人们所认识。电子商务与传统的商务活动相比，具有突破时空局限、降低交易成本、信息快捷、大中小企业能够公平竞争等优势，因而，人们普遍认为它将成为 21 世纪国际贸易的主要方式，成为世界新的增长点。

发达国家已纷纷制定政策，发展中国家正在加紧制定总体发展战略，大力促进电子商务在国民经济各个领域中的应用，力争在新一轮的国际分工中占领制高点，赢得新的竞争优势。

电子商务自产生以来，发展迅速，销售额成倍增长。根据 Forrester Research 报告称，截至 2009 年年底，全球电子商务交易额达到 161 357 亿美元，同比增长 25%，2010 年全球电子商务交易额达到 194 697 亿美元，同比增长 20.7%。全球电子商务用户规模不断扩大。2010 年全球电子商务用户数达到 6.93 亿人，占全球互联网用户数的 42%，较 2009 年提高了一个百分点。B2B 仍在全球电子商务中占主导地位。2010 年，B2B 电子商务在全球电子商务销售额中所占比例约 90%，交易额规模达到 171 333.4 亿美元，同比增长 18%。B2C 与 C2C 市场份额正在逐步放大，但 B2B 仍是市场主体。

从世界各国电子商务的发展来看，北美地区的电子商务起步较早。美国电子商务仍远远领先于其他国家，但近三年来美国电子商务市场份额已从 2006 年的 48.8%降至 2010 年的 18.6%。虽然欧洲的电子商务比美国起步晚了 18 个月，但发展也很快。比如，根据法国远程销售商联合会(FEVAD)统计，2010 年法国电子商务的营收总额达 310 亿欧元，与五年前相比增长约 4 倍。荷兰是欧洲物理网络和电子信息传输的门户，其高度重视发展信息通信技术(ICT)和电子商务，目前已将 ICT 列为 9 个优先发展领域之一，目标是将荷兰打造成欧洲的电子商务中心。亚洲地区新兴电子商务市场主要集中在日本、新加坡、韩国和中国等。这些国家电子商务快速发展的原因在于电信网络比较发达，互联网技术迅速发展，计算机普及率较高，各级政府对电子商务大力支持等方面。

1.1.3 中国电子商务发展

我国计算机应用已有 40 多年历史，但电子商务仅有 10 多年，1987 年 9 月 20 日，中国的第一封电子邮件越过长城，通向了世界，揭开了中国使用互联网的序幕。

1. 我国电子商务发展的简要回顾

我国电子商务发展过程可分为以下 4 个阶段：

(1) 1990—1993 年开展 EDI 的电子商务应用阶段。我国 20 世纪 90 年代开始开展 EDI 的电子商务应用，自 1990 年开始，国家计委、科委将 EDI 列入“八五”国家科技攻关项目。1991 年 9 月由国务院电子信息系统推广应用办公室牵头会同国家计委、科委等八个部委局发起成立中国促进 EDI 应用协调小组，同年 10 月成立“中国 EDIFACT 委员会”并参加亚洲 EDIFACT 理事会，目前已有 18 个国家部门成员和 10 个地方委员会。EDI 在国内外贸易、交通、银行等部门应用。

(2) 1993—1997 年政府领导组织开展“三金工程”阶段，为电子商务发展打基础。1993 年成立的国民经济信息化联席会议及其办公室，相继组织了金关、金卡、金税等“三金工程”，取得了重大进展。1994 年 5 月中国人民银行、电子部、全球信息基础设施委员会(GIIC)共同组织“北京电子商务际论坛”，来自美、英、法、德、日本、澳大利亚、埃及和加拿大等国 700 人参加。1994 年 10 月亚太地区电子商务研讨会在京召开，使电子商务概念开始在我国传播。1995 年，中国互联网开始商业化。互联网公司开始兴起。

1996 年 1 月成立国务院国家信息化工作领导小组，由副总理任组长，20 多个部委参加，统一领导组织我国信息化建设。1996 年，全桥网与 Internet 正式开通。

1997 年，信息办组织有关部门起草编制我国信息化规划，1997 年 4 月在深圳召开全国信息化工作会议，1997 年 4 月以来，中国商品订货系统(CGOS)开始运行。

1998 年 3 月，我国第一笔互联网网上交易成功。1998 年 7 月，中国商品交易市场正式宣告成立，被称为“永不闭幕的广交会”。1998 年 10 月，国家经贸委与信息产业部联合宣布启动以电子贸易为主要内容的“金贸工程”，它是一项推广网络化应用、开发电子商务在经贸流通领域的大型应用试点工程。1998 年北京、上海等城市启动电子商务工程，开展电子商场、电子商厦及电子商城的试点，开展网上购物与网上交易，建立金融与非金融论证中心，以及有关标准、法规，为今后开展电子商务打下基础。目前，我国电子商务尚处起步阶段或初始阶段。医药电子商务网于 1998 年投入运营，医疗卫生行业 1 万个企事业单位联网，能提供上千种中西药品信息。全国库存商品调节网络、全国建筑在线、房地产网上促销，都已正式开通。

(3) 1999 年 3 月 8848 等 B2C 网站正式开通，网上购物进入实际应用阶段。1999 年兴起政府上网、企业上网、电子政务(政府上网工程)、网上纳税、网上教育(湖南大学、浙江大学网上大学)，远程诊断(北京、上海的大医院)等广义电子商务开始启动，并已有试点，进入实际试用阶段。

(4) 2000 年以后，我国电子商务进入了务实发展阶段。电子商务服务商正在从虚幻、风险资本市场转向现实市场需求的变化，与传统企业结合，同时开始出现一些较为成功、开始盈利的电子商务应用。由于基础设施等外部环境的进一步完善，电子商务应用方式的进一步完善，现实市场对电子商务的需求正在成熟，电子商务软件和解决方案的“本土化”趋势加快，国内企业开发或着眼于国内应用的电子商务软件和解决方案逐渐在市场上占据主导。我国电子商务全面启动并已初见成效。

电子商务服务平台、信用保障、电子支付、物流配送和电子认证等电子商务服务业持续快速发展，电子商务总体发展势头良好。2012年，中国电子商务服务业营收规模为2463亿元，相比2011年同比增长72%。其中，电子商务交易服务业收入为688亿元，较上年同比增长56%；电子商务支撑服务业收入为1174亿元，同比增长113%；电子商务衍生服务业收入为601亿元，同比增长150%。中国电子商务研究中心监测数据显示，2013年中国B2B电子商务服务商的营收规模约为205亿元，同比增长28%。2014年前6个月我国网络零售市场交易规模达10 856亿元，同比增长43.9%。2014年仅阿里巴巴旗下的零售平台天猫和淘宝"双十一"当天更是创造了571亿元的销售奇迹。

2. 我国电子商务发展现状

据CNNIC第34报告，截至2014年6月，中国网民规模达到6.32亿人，较2013年年底增长1442万人，互联网普及率达到46.9%，其中手机网民规模达5.27亿，占到总体网民的83.4%，手机网民规模继续保持稳定增长，网民平均每周上网时长上升到25.9小时。截至2014年6月，我国域名总数为1915万个，其中.CN域名总数为1065万个，占中国域名总数比例达到55.6%；.COM域名数量为706万个，占比为36.9%。另外，.中国域名总数达到28万。我国互联网的快速发展，推动了电子商务及计算机应用网络化。

电子政务工程全面启动并初见成效。2002年电子政务进入全面实施阶段，2002年7月国信办公布关于我国电子政务建设的指导意见。2011年12月，工业和信息化部印发《国家电子政务"十二五"规划》，提出了"十二五"期间中国电子政务的发展目标、方针和应用重点。中国电子政务应用发展已经完成了起步阶段，进入了普及阶段。中国电子政务信息技术应用发展已经完成了技术应用起步阶段和普及阶段，进入了技术应用集成整合阶段。"十二五"时期，中国电子政务总体上正在向深化应用、突出成效、发挥作用的深化阶段发展。

我国电子商务的环境继续改善。我国发展电子商务的环境(网络基础建设等运行环境、法律环境、市场环境网上支付、信息安全、认证中心建设等条件)逐步完善，国家有关电子商务的政策、法规陆续出台，已为电子商务的发展建立了基本的条件。网络带宽增加，截至2014年6月，国际出口带宽总量已达3 776 909Mbps，较2013年12月增长10.9%。全国现代化支付系统取得实质性进展，2002年10月8日大额实时支付系统在北京、武汉两地成功投入运行，2003年2月底前完成在上海、天津、济南、沈阳、成都、西安、深圳和海口等11个经济发达的主要城市推广，初步形成了一个全国性的跨行、跨地区银行卡信息交换网络。第三方支付业务得到了迅猛的发展，央行从2011年开始对第三方支付企业实行认证管理，只有获得央行颁发的第三方支付牌照才能合法经营第三方支付业务，截至2014年7月，第三方支付持牌单位增加到269家。于2014年9月19日在美国纽约交易所挂牌上市的阿里巴巴，旗下支付宝与中国工商银行、中国建设银行、招商银行、浦发银行、VISA国际组织均建立了战略合作关系，通过支付宝交易平台连接境外卖家和境内买家，实现了跨境网上交易，同时开辟了一条境外网商进入中国市场的渠道。物流配送快速发展，拥有我国最大传递网络的中国邮政加盟电子商务领域，一些专门为电子商务项目服务的专业配送企业相继出现。2010年，我国电子商务信息、交易和技术服务企业达到2.5万家，第三方支付额达到1.01万亿元人民币，社会物流总额达到125.4万亿元人民币，全国规模以上快递服务企业业务量达23.4亿件，有效电子签名认证证书持有量超过1530万张。

我国政府非常重视有关电子商务应用与发展中的安全问题。行业认证中心，如电信、海关、中国人民银行牵头组织的安全认证中心已经成立。上海、广州等城市的认证中心也相继成立。与安全标准、电子签名、密码系统等相关核心技术的开发也得到重视并加大了投入力度。

除此之外，行业电子商务迅速发展，金融、纺织、建材、电器、房地产、旅游、农产品和零售业等各行各业都建立了自己的网站，并实现了电子商务；省市地区电子商务也取得不少进展；我国工业、交通企业电子商务有显著进展，计算机在铁路、民航、航运部门的应用有长足进步；远程教育迅速发展，近年来通过网络进行远程教学，现代网络技术在教学中的广泛应用，为教育系统提供了前所未有的发展机遇；医疗系统启动金卫工程，辅助诊断，医院管理系统取得迅速发展，近年来远程医疗已在北京、上海、哈尔滨等医院开始运行，在边远省市，西部地区的病人通过网络获得北京、上海等大医院的医生的辅助诊断。国务院总理李克强在 2015 年政府工作报告中首次提出“制定‘互联网＋’行动计划，推动移动互联网、云计算、大数据、物联网等与现代制造业结合，促进电子商务、工业互联网和互联网金融健康发展”。

3. 我国电子商务发展中存在的问题

我国的电子商务发展还存在许多问题：

(1) 行业管理体制有待理顺。电子商务跨行业、跨领域发展，商业模式不断创新，许多业务在政策未明确的范围内发展，国家发展改革委、公安部、财政部、商务部、工业和信息化部、文化部、人民银行、银监会、工商总局等部门均有相应的管理职能，但部级协调机制缺失，多头管理和监管真空并存。目前的行业管理体制还无法完全适应电子商务的发展特点，难以及时应对和有效解决电子商务发展过程中出现的各种问题。

(2) 电子商务法律法规、电子商务标准、规范不够完善。近年来，国务院和有关部委出台了一系列关于电子认证、网络购物、网上交易、支付服务等的政策、规章和标准规范，优化了电子商务的发展环境。不过，由于电子商务是新兴业态，目前适应电子商务发展的商业规则尚不完善，具有权威性、综合性的电子商务法律法规还不健全，部分规章和标准缺乏可操作性，难以有效规范电子商务交易行为。

(3) 目前国内电子商务发展不平衡，东南沿海及经济发达地区电子商务规模较大，而中、西部地区则刚刚起步，企业电子商务最活跃的是浙江、广东、江苏、北京、上海等地。目前广东地区电子商务渗透率远远高于其他地区，作为加工及制造业大省，广东众多的中小企业也为电子商务的发展提供了良好的商品基础。

(4) 电子商务的发展所需要的市场经济环境、运行环境尚不完善，社会信用体系尚未完全建立，网络带宽、反应速度有待提高，电子支付手段尚不完备，物流配送体系尚不配套。

(5) 我国信息产业国产化产品技术水平与市场占有率低，重大电子商务应用工程、应用系统所用的软硬件产品主要依靠国外公司，系统集成，信息服务水平有待提高。计算机应用有关标准、规范既缺乏又不统一，急需加强。

(6) 企业管理体制、机制、管理理念与组织机构尚不能适应市场经济的要求，部分领导对电子商务应用的重要性、紧迫性认识不足。企业采用电子商务等高新技术尚缺少内在的动力、人力、财力与物力。基础工作薄弱，信息技术人才特别是既懂信息技术又懂行业业务技术的复合型人才更为缺乏。

(7) 大多数电商交易企业的可持续发展能力不强。阿里巴巴、京东商城、QQ网购等电商交易企业在促进中国电子商务发展方面发挥着重要作用。近年来,价格战是电商交易企业快速扩张的主要手段。持续的价格战使大多数电商交易企业处于资金紧张的状态,盈利能力普遍不强。例如,京东商城2010年、2011年和2012年的净亏损分别为4.12亿元、12.84亿元和17.29亿元,2013年京东商城的交易额突破了1000亿元,但只实现了微利。长期经营亏损或微利,不仅削弱了电商交易企业自身的可持续发展能力和创新能力,而且削弱了电商平台对产业链的整合和带动作用。

1.2 电子商务的基本框架模式

1.2.1 电子商务的框架

电子商务并不仅仅是创建一个Web网站,事实上,电子商务涵盖的内容要多得多。目前电子商务已有很多方面的应用,如网上购物、网上证券交易、网上招聘、网上拍卖等,而这些应用都需要相关技术的支持。电子商务的框架是指实现电子商务的技术保证,如图1-1所示。电子商务的技术支持分为四个层次和两个支柱。自底向上的四个层次是网络层、多媒体信息发布层、报文和信息传播层和贸易服务层;两个支柱是政策法规和相关技术标准。四个层次之上是电子商务的应用,可以看出,电子商务的各种应用都是以四层技术和两个支柱为条件的。

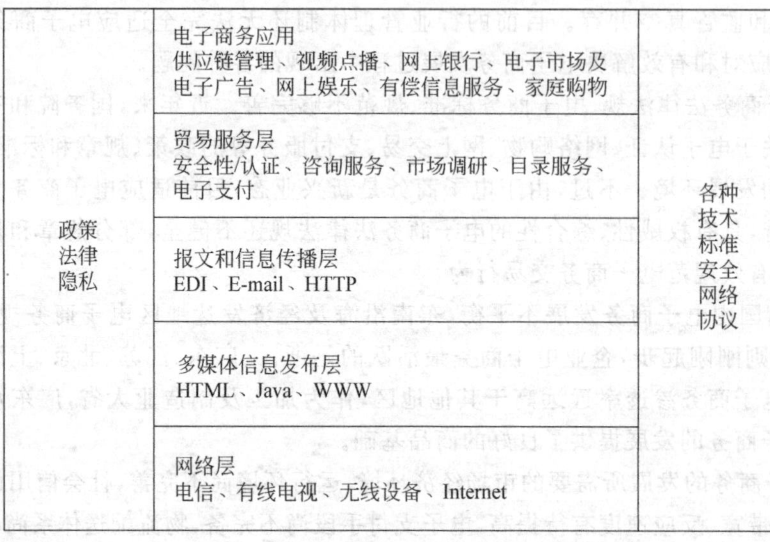

图1-1 电子商务一般框架

1. 网络层

网络层是实现电子商务的最底层的硬件基础设施,包括远程通信网(telecom)、有线电视网(cable TV)、无线通信网(wireless)和互联网。远程通信网包括电话和电报,无线通信网包括移动通信和卫星网,互联网是计算机网络。这些不同的网络提供了电子商务信息传输线路，但现在大多数的电子商务应用还是基于 Internet。目前，这些网络基本上是独立的，研究部门正在努力将三网连接到一起，三网合一时，传输线路的拥堵现象将会彻底改变。

2. 多媒体信息发布层

有了网络层只是使得通过网络传递信息成为可能，究竟网上传输什么内容，不同的用户有不同的要求。现在最常用的信息发布就是 WWW，用 HTML 或 Java 将多媒体内容发布在 Web 服务器上，再通过一些协议将发布的信息传送到接收者。网络上传播的内容包括文本、图片、声音、图像等多媒体信息。HTML 将这些多媒体内容组织得易于检索和富于表现力。网络本身并不知道传递的是声音还是文字，而是把它们一视同仁地看作 0、1 串。对于这些串的解释、格式编码及还原是由一些用于消息传播的硬件和软件共同实现的，它们位于网络基础设施的上一层。

3. 报文和信息传播层

消息传播工具提供了两种交流方式：一种是非格式化的数据交流，例如用 E-mail 传递的消息，它主要是面向人的；另一种是格式化的数据交流，EDI 是典型代表，它的传递和处理过程可以是自动化的，也就是面向机器的，订单、发票、装运单都比较适合格式化的数据交流。HTTP 是 Internet 上通用的消息传播工具，它以统一的显示方式，在多种环境下显示非格式化的多媒体信息。目前网民在各种终端和操作系统下通过 HTTP 用 URL 找到需要的信息，而这些用超文本链接语言展示的信息还能够容易地连接到其他所需要的信息上去。

4. 贸易服务层

贸易服务层是为了方便网上交易所提供的通用业务服务，是所有的企业、个人做贸易时都会用到的服务，所以它们也称为基础服务，主要包括安全和认证、电子支付、商品目录和价目表服务等。任何一个贸易服务包括三个基本部分，即电子销售支付系统、供货体系服务、客户关系解决方案。目录服务将信息妥善组织，使之方便地增删改。目录服务提供这些贸易服务的基础。例如，目录服务支持市场调研、咨询服务、商品购买指南等，是客户关系解决方案的一部分，目录服务加速收缩进货链，正是供货体系服务的目标。

5. 电子商务应用

在上述四层基础上，就可以一步一步地建设实际的电子商务应用，如供货链管理、视频点播、网上银行、电子市场及电子广告、网上娱乐、有偿信息服务、家庭购物等。

6. 公共政策、法律和技术标准

如图 1-1 所示，整个电子商务框架有两个支柱：社会人文性的政策法规和自然科技性的技术标准。第一个支柱是政策法规，国际上，人们对于信息领域的立法工作十分重视。美国政府在其发布的“全球电子商务的政策框架”中，在法律方面做了专门的论述。俄罗斯、德国、英国等国家也先后颁布了多项有关法规，1996 年联合国贸易组织通过了“电子商务示范法”。目前在我国，政府在信息化方面的注意力还主要集中在信息化基础建设方面，信息立法仍不完善，针对电子商务的法律法规还有待健全。其他如个人隐私权、信息定价等问题也需要进一步界定，例如，是否允许商家跟踪用户信息，对儿童能够发布哪些信息，这些问题随着越来越多的人介入电子商务中，必将变得更加重要和迫切。

另外，提到政策法规，就得考虑各国的不同体制和国情，而这同 Internet 和电子商务的跨国界性是有一定冲突的，这就要求加强国际间的合作研究。举个例子，在美国，它的社会体制决定了私有企业在美国经济运行中的主导地位，在制定政策法规时美国政府必将向私有企业倾斜，同时尽量减少政府限制。而在中国这样同美国社会体制存在很大不同的国家，必然会是像新加坡政府那样采用以政府为主导的经营政策。此外，由于各国的道德规范不同，也必然会存在需要协调的方面，在通常情况下，由于很少接触跨国贸易，我们不会感觉到它们的冲突，而在电子商务要求全球贸易一体化的号召下，用户可能很容易通过网络购买外国产品，这时就会出现矛盾。例如，酒类在有些国家是管制商品，但商人对此未必知晓，即使知道，也未必不会在利益驱使下去违反。对于这些小宗的、大量的跨国交易，海关该如何应付？我们在制定法规时应该充分考虑到这些因素。

第二个支柱是技术标准，技术标准定义了用户接口、传输协议、信息发布标准等技术细节。就整个网络环境来说，标准对于保证兼容性和通用性是十分重要的。正如有的国家是左行制，有的国家是右行制，会给交通运输带来一些不便；不同国家 110V 和 220V 的电器标准会给电器使用带来麻烦，我们今天在电子商务中也遇到了类似的问题。目前许多的厂商、机构都意识到标准的重要性，正致力于联合起来开发统一标准，例如，一些像 VISA、Mastercard 这样的国际组织已经同业界合作制定出用于电子商务安全支付的 SET 协议。还有用来设计各种可扩展的标注语言的标准 XML，这些协议和标准非常重要，会在后面介绍。

1.2.2 EDI 基础知识

Internet 出现之前，EDI 是企业和企业之间进行电子商务的常用方式。EDI 是企业和企业之间，通过电子方式，按照标准格式，从应用系统到应用系统的商业单证的传输。关于 EDI 和电子商务的关系，有人说 EDI 是电子商务的前身，因为它出现较早；有人说电子商务和 EDI 是平行的；有人认为 EDI 是电子商务的一部分。我们比较同意最后一种说法，即 EDI 是电子商务用于企业之间业务往来的一种形式。

早在互联网技术被大量采用之前，一些企业就已经采用了电子方式进行数据、表格等信息的交换，如广为流行的电子数据交换（EDI）和电子资金传送（EFT）。不过，早期的解决方式多是建立在大量功能单一的、专用软硬件设施基础上的，因此价格极为昂贵，只有大型企业才能利用。像基于专用网的 EDI 始终是一种为满足大企业需要而发展起来的技术手段，必须遵照统一的标准，租用专线，费用很高，中小企业只能望而兴叹，它与普通公众也是无缘的。

随着互联网的出现和发展，电子商务才日益蓬勃起来。可以说，互联网技术的成熟、个人计算机互联性的增强和能力的提高，是电子商务在今天成为继电子邮件之后出现在 Internet 上的又一焦点的主要原因。Internet 的发展在环境、技术、经济上都为电子商务创造了条件。Internet 的出现将电子商务从专业网扩展到 Internet。以 Internet 作为互联手段，将它同 EDI 技术结合，可以提供一个较为廉价的服务环境来满足大量中小企业对电子商务的需求。

EDI 的应用领域很广泛，主要内容包括贸易中供应商与客户的文件交换、运输文件交换、报关、订货、零售分配中心、电子竞标等。它的主要用户有进出口公司、运输公司、银行、制造商、零售商、供应链、跨国公司、大中型企业等。一个比较完整的 EDI 商业交易环境如图 1-2 所示的 EDI 商业交易环境。

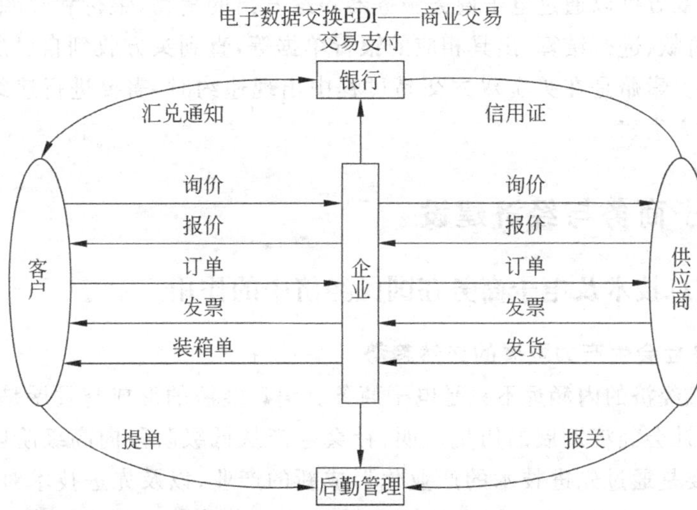

图 1-2　EDI 商业交易环境

企业间电子商务通用交易过程可以分为以下 5 个阶段：

(1) 买方根据自己要买的商品，筹备购货款、制订购货计划、进行货源市场调查和市场分析，反复进行市场查询、了解各个卖方国家的贸易政策、反复修改购货计划和进货计划、确定和审批购货计划。再按计划确定购买商品的种类、数量、规格、价格、购货地点和交易方式等，尤其要利用 Internet 和各种电子商务网络寻找自己满意的商品和商家。

(2) 卖方根据自己所销售的商品，召开商品新闻发布会，制作广告进行宣传，全面进行市场调查和市场分析，制定各种销售策略和销售方式，了解各个买方国家的贸易政策，利用 Internet 和各种电子商务网络发布商品广告，寻找贸易伙伴和交易机会，扩大贸易范围和商品所占市场的份额。其他参加交易各方有中介方、银行金融机构、信用卡公司、海关系统、商检系统、保险公司、税务系统、运输公司也都为进行电子商务交易做好准备。

(3) 交易谈判和签订合同。这一阶段主要是指买卖双方对所有交易细节进行谈判，将双方磋商的结果以文件的形式确定下来，即以书面文件形式和电子文件形式签订贸易合同。电子商务的特点是可以签订电子商务贸易合同，交易双方可以利用现代电子通信设备和通信方法，经过认真谈判和磋商后，将双方在交易中的权利、所承担的义务、对所购买商品的种类、数量、价格、交货地点、交货期、交易方式和运输方式、违约和索赔等合同条款，全部以电子交易合同做出全面详细的规定，合同双方可以利用电子数据交换进行签约，可以通过数字签名等方式签名。

(4) 办理交易进行前的手续。这一阶段主要是指买卖双方签订合同后到合同开始履行之前办理各种手续的过程，也是双方贸易前的交易准备过程。交易中要涉及有关各方，即可能要涉及中介方、银行金融机构、信用卡公司、海关系统、商检系统、保险公司、税务系统、运输公司等，买卖双方要利用EDI与有关各方进行各种电子票据和电子单证的交换，直到办理完可以将所购商品从卖方按合同规定开始向买方发货的一切手续为止。

(5) 交易合同的履行和索赔。这一阶段是从买卖双方办完所有各种手续之后开始，卖方要备货、组货，同时进行报关、保险、取证、信用等，卖方将所购商品交付给运输公司包装、起运、发货，买卖双方可以通过电子商务服务器跟踪发出的货物，银行和金融机构也按照合同，处理双方收付款、进行结算，出具相应的银行单据等，直到买方收到自己所购商品，完成了整个交易过程。索赔是在买卖双方交易过程中出现违约时，需要进行违约处理的工作，受损方要向违约方索赔。

1.3 电子商务与经济建设

1.3.1 信息技术及电子商务在国民经济中的作用

1. 信息化是社会生产力发展的必然趋势

实际上，信息经济的内涵远不只是电子商务。信息经济的形成与发展是社会生产力发展的结果。人类社会经济发展的历史表明，社会生产从低级阶段向高级阶段的发展，在生产力层次上，主要是通过先进技术的产业化形成新的产业，以及先进技术对原来产业的改造来实现。信息经济的形成和发展也是如此，它一方面依靠信息技术与信息生产或服务的产业化，逐步发展形成信息产业。另一方面依靠农业、采掘业、加工制造业、建筑业、交通运输业、金融业、商业等传统产业的信息化。传统产业在生产、管理、设计等各个环节全方位应用信息技术，使这些产业降低能耗，提高效率增加效益。电子商务正是在传统商务的信息化过程中出现的。

与工业不同的是，信息产业对经济的贡献主要不体现在产值上，更为重要的是电信与信息网络作为社会基础设施的支撑作用。“各种时代的区别，不在于生产什么，而在于怎样生产，用什么劳动资料生产。”“手推磨产生的是封建主的社会，蒸汽机产生的是工业资本家的社会。”所以，工业社会的主要标志不在于火车上拉的是什么货物或者多少货物，而在于蒸汽动力装置的普遍采用。信息时代的到来，也不是因为现在的、有用的知识变得比牛顿、哥白尼时代更多或更为重要，而是由于信息技术及网络的普及，使信息劳动成为人类劳动的主要经济成分。

因此，要促进电子商务的应用和普及，首先要解决的就是建设信息基础设施的问题。要想真正实现网上交易，要求网络有非常快的响应速度，这必须在硬件、软件上提供对高速网络的支持。我国由于经济实力和技术、管理等方面的原因，网络的基础设施建设起步较晚，已建成的网络离电子商务的要求还有一段差距。另一方面，网络应用还比较匮乏，网络利用率低，致使网络资源大量闲置浪费，投资回报率低，也严重阻碍了网络的进一步发展。同时，金融、税收、铁路、民航、外贸、政府等诸多部门网络互联尚未完全实现，网络基础设施的综合效益没有得到完全发挥。因此，如何科学利用信息基础设施，提高投资效益，改变网络通信方面的落后面貌，是促进电子商务应用普及的重要问题。宏观上就整个社会来说，是要建设一个能够支撑电子商务的市场环境；微观上，具体到每个企业，就是要实现自身的信息化，才可能有能力接入这样一个电子商务的市场环境。

2. 企业信息化是实施电子商务的基础

正是在上述背景下，电子商务在商业领域掀起了一场前所未有的商业革命，在这里需要再一次强调企业信息化是实施电子商务的重要基础。

在工业经济环境中，企业是围绕物流和资金流组织生产的。这种生产是追求效率的大规模生产，产品是标准化的、大批量的。为了保证生产，需要有合理的库存储备，也就是不得不储备一定的材料、零部件及劳动力等。在信息经济环境中，企业则是围绕着信息组织生产。企业首先要有获取信息的技术手段，在信息技术的支撑下，企业可以清楚地知道现实的市场需求，在什么地方需要什么产品需要多少，而且能够使潜在的需求明朗化。这种信息化的背景为电子商务的产生奠定了基础。

企业信息化的基本内容包括以下方面。

1）基础层面

- 计算机硬件平台：服务器、客户平台等。
- 网络支持平台：主干网、局域网的网络设备和布线等。
- 系统和网络管理软件平台。
- 内部网、外部网、互联网的建立。

2）组织层面

- 企业 IT 部门的建立和定位。
- 职责和业务流程。
- 企业信息主管(CIO)及其权力。

3）应用层面

- 办公自动化(OA)、交流、协同与合作。
- 企业资源规划与决策支持。
- 设计、生产过程自动化与信息化。

企业信息化不是在现行的业务流程中增设一套并行的信息流程，而是要按照现代企业制度的要求，适应市场竞争的外部环境，对工作流程进行改革和优化，并用现代信息技术支撑运作。具体说来就是要建设企业 MIS(管理信息系统)，进而发展到企业 Intranet(内部网)、Extranet(外部网)，实现企业信息流横向、纵向的顺畅流动。

3. 金融电子化是实施电子商务的保证

从某种意义上说，电子商务的核心内容是信息的互相沟通和交流。交易双方通过 Internet 进行交流，洽谈确认，最后完成交易。这时对于通过电子商务手段完成交易的双方来说，银行等金融机构的介入是必需和重要的。银行所起的作用主要是支持和服务，属于商业行为。但从整个电子商务网络的发展来看，要在网络上直接进行交易，就需要通过银行的信用卡等各种方式来完成交易，以及在国际贸易中通过跟金融网络的连接来支付和收费。

银行在电子商务整体框架中是必不可少的一个重要组成部分，银行的支付结算服务是电子商务得以开展的必要条件。在电子商务中，无论是企业间的交易活动还是消费者和企业间的网上购物活动，都离不开银行的支持。以网上购物为例，有关参与方主要包括消费者(持卡人)、商户和银行。交易流程为：消费者向商户发出购物请求→商户把消费者的支付指令通过支付网关送往商户收单行→收单行通过银行卡网络从发卡行(消费者开户行)取得授权后，把授权信息通过支付网关送回商户→商户取得授权后，向消费者发送购物回应信息。如果支付获取和支付授权并非同时完成的话，商户还要通过支付网关向收单行发送支付获取请求，以把该笔交易的金额转到商户的账户上。银行之间通过支付系统完成行间结算。从以上交易流程来看，网上购物可以分为两个基本环节——交易环节和支付结算环节，而支付结算环节是由包括支付网关、发卡行、收单行在内的金融专用网上完成的。因此，离开银行，无法实现网上交易，也就谈不上真正的电子商务。

金融电子化工作要配合国家对金融机构的监管，配合金融体制的改革，服务于提高资金的使用效率，方便企业和个人用户的目标。金融电子化要在跨银行、跨地区的贸易结算、资金划拨等方面有所突破，适应信息时代的要求，使企业和个人能够通过信息化的手段随时随地享受到高质量的金融服务。

随着国际贸易的繁荣与发展、跨国投资迅速增加，银行国际业务迅猛发展，银行之间的竞争加剧，各银行都在向全能化、国际化、集约化和多样化方向发展，因此，全世界各银行金融业都十分重视科学技术进步。现代高新技术的高速发展，尤其计算机科学和信息科学的进步为银行的变革创造了有利的条件。网上银行的出现与发展，为全世界各银行的发展指明了方向。

1.3.2 电子商务与企业经济

21 世纪是一个以网络计算为核心的信息时代，这已为全球所公认。数字化、网络化与信息化是 21 世纪的时代特征。目前经济全球化与网络化已经成为一种潮流，信息技术革命与信息化建设正在使资本经济转变为信息经济、知识经济，并将迅速改变传统的经贸交易方式和整个经济的面貌，它加快了世界经济结构的调整与重组，推动着我国从工业化向信息化社会的过渡。

电子商务带来了经营战略、组织管理及文化冲突等方面的变化，电子商务不仅是一种技术变革，它还促进了通过技术的辅助、引导、支持来实现的前所未有的频繁的商务经济往来，使商务活动本身发生的根本性革命。电子商务直接改变的是商务活动的方式，如买卖的方式、贸易磋商的方式和售后服务的方式等。消费者能够真正足不出户就货比三家，同时，他能够以一种轻松自由的自我服务的方式来完成交易。Web 技术使得企业能够为每个客户定制产品和服务。电子商务使得全球上亿网民都有可能成为企业的客户或合作伙伴，企业可以利用 Web 每天 24 小时轻松又实惠地发展潜在客户。联机客户服务程序可以把客户的问题及时传送到不同的部门并和现有的客户信息系统相集成。

对企业而言，电子商务是一种业务转型，或者说是一场重大的革命。HP 公司认为，电子商务改变企业业务运作模式、企业竞争策略、提升企业间业务合作伙伴关系，是企业在电子世界中获得成功的关键。真正的电子商务使企业从事在物理环境中所不能从事的业务，这些特点包括对新的子公司开放后端系统，使 Internet 成为一种重要的业务传送载体；生成新的业务，产生新的收入；使企业进行相互连锁交易；自适应导航，使用户通过网上搜索交换信息;使用智能代理;运用注册业务或媒介组织买方和卖方;使业务交往个人化,具有动态特征,受用户欢迎,更具效益。电子商务对企业过程的影响体现在随信息技术的发展,企业内部的管理机制的不断变化之中。电子商务作为信息处理技术的一个飞跃,其影响不会仅仅停留在交易手段和贸易方式上,而且由于这些因素的改变,尤其是供应链的缩短、市场核心的转移,以及各方面管理成本的大幅度降低,必然导致企业内部过程的变迁,因而使得电子商务成为企业过程重组的一种根本的推动力。这对企业来说是一个改革自身、重新适应新环境、迅速投入新环境的最佳契机。

电子商务带来了新的贸易组合模型。电子商务将贸易社会视为一个有机体:当把视野从单个企业扩展到整个行业之后,又将继续放宽到整个贸易社会中所有的企业组织(供应商、运输商、分销商、银行等)中,这时人们所看到的是一个单一的有机体将原材料变成成品,然后送到最终用户手里,一个资金在其中连续流动、并积累到效率更高的企业中去的结构。当电子商务在整个贸易社会所有的个体中实现时,这个社会将作为一个联合的、有目的的、高效的实体而运行。当一个行业的主导企业已经将电子商务变成商业运作的基本标准,如果一个小企业想与大企业合作,就必须使用电子商务。企业似乎都要经历一个思想的转变,从"如果我不加入电子商务,我将失去最大的客户"到"如果我早知道电子商务使我的业务变得如此简单,我早就采用它了。"

总之,电子商务不仅仅是一种贸易的新形式,从其本质上说,电子商务应该是一种业务转型:它正在从包括企业竞争和运作、政府和社会组织的运作模式、教育及娱乐方式等方面改变着人类相互交往的方式和关于各种生活细节的思维、观念。电子商务可以帮助企业接触新的客户,增加客户信任度,合理运作和以更快的方式将产品和服务推向市场;它同时还可帮助政府更好地为更多的市民服务,并因此提高公众对政府的满意度;它可以更新人类的消费观念和生活方式,改变人与人之间的关系。

1.3.3 电子商务与政府行为

在工业时代,人民与政府是迂回沟通;在信息时代,人民将与政府"直接沟通"。人民和政府之间,将形成真正的"鱼水关系"。这就是电子政务的深层含义。直接沟通,并非不要中间环节。信息社会意义上的直接沟通,不在于有没有中间环节,而是指"政务边际成本递减"。正如直接经济不在于有没有中间环节,而在于边际成本递减一样。

什么是"政务边际成本递减"呢?是指社会管理的中间成本,在社会管理范围扩大中相对减少。不管中间环节是增是减,只要总的中间成本相对缩小了,我们就认为是"直接化"了。传统政务,遵循政务边际成本递增法则。社会化任务越重,管理范围越大,相应的管理成本越高。按照西蒙的有限理性说,在工业社会,个人能直接管理的人数,在 7 到 13 人之间。超过了,就需要分层。管理层这个中间环节,不仅提高效率,也要消耗资源。我们称之为管理成本,或叫中间费用,中间即指领导者与被领导者之间。管理成本包括正面的管理费用和负面的管理费用。

管理的中间环节,有两方面的作用,积极的方面,是进行社会化组织,使社会的组织化程度提高,离了中间管理者,社会如果因此降低组织的复杂度,会向农业社会倒退。社会若还要保持复杂度不变,就会陷入混乱或无效。但另一方面,社会通过中间环节进行管理,是要付出代价的，包括正面的管理费用和负面的贪污腐败。而电子政务，遵循的是政务边际成本递减法则。社会化任务越重，管理范围越大，相对的管理成本越低。按科斯理论，建立制度的成本与它节省的成本比哪个更大，决定制度的稳定性。如果传统政务耗费的成本过高，比如腐败现象太严重，或支持行政费用的财政负担过重，加快电子政务的制度建设，其成本就变得并非不可以忍受了。事实上，电子政务有利于稳定，是一种建设性的改革。

电子商务时代是信息化时代，是数字经济的时代。政府始终起着引导经济、管理经济、调控经济的重要作用。新的时代要求政府必须应用现代化的手段管理经济，规范电子商务市场，保证国民经济的健康持续发展。为适应21世纪电子商务在公共计算机网络上进行经济活动的时代，政府职能也应该在公共网络上实现，即实现电子政务。在21世纪，电子政府将成为电子商务活动的支撑环境中的重要组成部分。

电子政务就是各级政府机构的政务处理电子化，其包括内部核心政务电子化、信息公布与发布电子化、信息传递与交换电子化、公众服务电子化等。电子政务意味着政务是核心，电子化只是政务处理的一种方式，其模型的简图见图1-3。

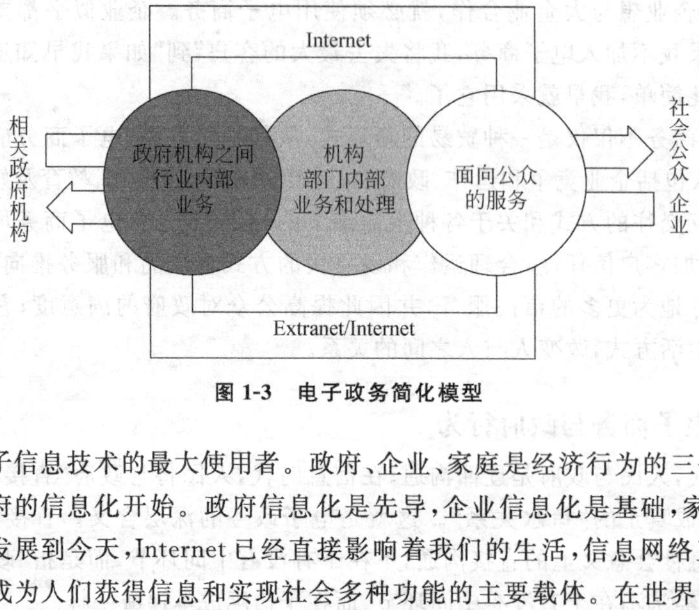

图1-3　电子政务简化模型

政府是电子信息技术的最大使用者。政府、企业、家庭是经济行为的三个主体，信息化应该首先从政府的信息化开始。政府信息化是先导，企业信息化是基础，家庭信息化是方向。信息技术发展到今天，Internet已经直接影响着我们的生活，信息网络正在成长为“第四媒体”，它将成为人们获得信息和实现社会多种功能的主要载体。在世界范围内，随着电子商务的发展，推进政府部门办公网络化、自动化、电子化，实现信息共享已是大势所趋。人们认识到必须通过信息技术的应用来改进政府组织，重组公共管理，最终实现办公自动化和信息资源的共享。世界各国也正在积极构建自己的“电子政务”，我国1999年实施的“政府上网工程”，其目的也在于通过推动我国各级政府部门为社会服务，促进公众信息资源上网，实现信息资源共享，并以此来带动我国国民经济和社会生活的信息化，建立良好的电子商务环境。

政府职能转变，从严密控制转向宏观性指导，社会越来越需要咨询服务、政策指导。网络和现代通信是实现其目标的重要手段，也是低成本获取信息、监督政府工作、反腐倡廉的强有力的措施。

信息技术的发展，特别是网络技术的发展，正在改变着人们几千年来形成的信息传递方式、人际间的沟通方式和社会管理的组织方式，并深刻地影响着社会生活和政府运作的方式。信息化程度的高低已成为衡量一个国家综合国力的重要标志，全面实现信息共享已成为世界各国的共识。

从目前的发展来看，所谓电子化政府，是指政府有效利用现代信息和通信技术，通过不同的信息服务设施（如电话、网络、公用电脑站等），对政府机关、企业、社会组织和公民，在其更方便的时间、地点及方式下，提供自动化的信息及其他服务，从而建构一个有回应力、有效率、负责任、具有更高服务品质的政府。

政府作为国家管理部门，其本身上网、开展电子政务将对电子商务的发展起到积极的引导作用，有助于政府管理的现代化。而且政府上网也能起到支持互联网发展的作用，可促进信息产业的发展，同时也将促进全民现代化素质的提高和社会现代化的实现。构建高效率的电子政府，提高工作效率和政务透明度，建立政府与人民群众直接沟通渠道，为社会提供更广泛、更便捷的信息与服务，实现政府办公自动化、网络化、电子化，实现信息资源共享，这是现代社会的一个基本特征，也是加强民主法制建设，推进民主化进程的有力措施。

政府信息化的目标是，利用信息技术，提高政府的运行效率，使政府的决策建立在及时、准确、可靠的信息基础之上，以便更好地为社会服务。

当今，科学技术高度发展，社会分工日趋精细，全球经济一体化、区域化的进程加速，使整个社会所需要决策的数量越来越多，政府、政治家决策的负担越来越重。在信息社会中，政府更开放，公众的参与性更强，决策更趋科学合理，对政府行为和政治家的监督检查更具体直接。电子政府要求政府机构的设置必须与经济结构、信息系统及文明的其他特征相适应：一是建一条能将所有部门连在一起并让他们协同工作的安全的政府内部网和中央数据库；二是提供满足公民特殊需要的服务，公民能够从网上方便、安全地得到这些服务；三是建立一个电子政府市场，各个部门可以公布他们需要的物品，得到认可的供应商可以对这些物品竞标，公务员可以迅速、高效地买到低价物品；四是数字民主。政府利用网络增强自己的透明度。

我国政府部门职能正从管理型转向管理服务型，承担着大量的公众事务的管理和服务职能，更应及时上网，以适应信息化社会对政府的需要。通过 Internet 这种快捷、廉价、生动形象的通信手段，政府可以让大众迅速了解政府机构的组成、职能和办事章程，各项政策法规，增加办事执法的透明度，并自觉接受公众的监督。同时，政府也可以在网上与民众进行信息交流，听取人们的意见与心声，从而使政府更好地为公众服务。在网上建立起政府与公众之间相互交流的桥梁，为公众与政府部门打交道提供方便，并从网上行使对政府的民主监督权利。在政府内部，各部门之间也可以通过 Internet 互相联系，各级领导也可以在网上向各部门做出各项指示，指导各部门机构的工作。推行电子政务的现实意义巨大，可以带来以下的社会效益。

提高政府的决策理性和公共政策的品质。政府信息化，可使政府运用所获取和掌握国家政治、经济、社会发展诸领域准确的、可靠的信息，以制定正确的决策，做出理性的判断及采取必要的行动，进而提升政府决策和公共政策的水准和质量。

促进信息流通利用和平等共享。在信息社会中，信息就是力量和财富。政府是最大的信息收集者——信息源，“政府上网”将极大地丰富网上的中文信息资源，为我国信息产业的健康发展创造一个良好的生态环境,同时对促进我国政治、经济和文化的发展产生深远地影响。据统计,目前各个部委的信息资源占全社会信息资源总额的比例达80%,这些信息资源对公众来说是很有用处的,如国家教育部可以把全国各大专院校的情况上网,供全国考生查询与选择等;反过来,政府上网带来的信息资源的丰富又会促进更多的百姓上网。

提高政府的反应能力和社会回应力,扩大公民的参与。政府信息化可以使政府机关借助现代信息和通信技术建立政府组织间、政府与社会、政府与企业、政府与公民之间的广泛的沟通网络,这种沟通网络可以打破时间、空间及行政组织部门与层级之间的限制,提高政府内外的沟通效率,及时传达政府的施政意图、方针与政策,反映公民的要求和呼声,从而提高了政府治理的反应能力和社会回应力。另一方面,政府可以借助因特网、电子邮件、电子布告栏等新兴的科技方式,与民众建立一个迅速、有效的沟通途径和意见反馈机制,从而实现和扩大公民对政府公务管理的参与。

为政府管理导入全新的观念,带来政府办公模式与观念上的一次革命。实现政府信息化,有利于提高政府工作的透明度,从而提高政府办事效率,有利于减少文山会海,实现无纸化办公,降低办公费用;有利于信息资源共享,及时、快捷地发布信息;有利于提高政府机关工作人员的素质和政府的全面建设。促进政府重组,节约行政成本,提高政府效率。政府信息化,必将对政府组织结构和运作方式发生变革和冲击。从世界各国的情况来看,政府信息化,使传统的科层组织朝着网络组织方向发展,打破了地域、层级、部门的限制,促使政府组织和职能的整合;政府信息化,促使政府的程序和办事流程更加简明、畅通;政府信息化,节约了人力、物力和财力资源;政府信息化,提高了政府机关的办事效率。

公开政府信息,实现开放政府。信息公开是民主政治的基础,也是开放政府的根本。经由网络系统,政府信息除个人隐私、商业秘密、国家机密等不宜公开外,依其性质向社会、组织、企业公开使用,不仅可促使政府信息加值利用;更重要者,便于社会大众、新闻媒体监督政府施政,起到透明和公开的作用。实践证明,网上招标、网上采购等对于促进政府建设有着重大的作用。

1.4 电子商务的环境

1.4.1 电子商务的国际、国家标准

电子商务技术标准包含了四个方面的内容,即EDI标准、识别卡标准、通信网络标准和其他相关的标准。目前涉及我国标准约有1250多项。我国把采用国际标准和国外先进标准作业作为一项重要的技术经济政策积极推行。

1. EDI标准

国际上20世纪60年代起就开始研究EDI标准。1987年,联合国欧洲经济委员会综合了经过10多年实践的美国ANSI X.12系列标准和欧洲流行的“贸易数据交换(TDI)”标准,制定了用于行政、商业和运输的电子数据交换标准(EDI FACT)。该标准的特点,一是包含贸易中所需的各类信息代码,适用范围较广;二是包括报文、数据元、复合数据元、数据段、语法等,内容较完整;三是可以根据自己需要进行扩充,应用比较灵活;四是适用于各类计算机和通信网络。因此,该标准应用广泛。目前我国已等同转化为5项国家标准。此外,

还按照 ISO 6422《联合国贸易单证样式(UNLK)》、ISO 7372《贸易数据元目录》等同制定了进出口许可证、商业发票、装箱单、装运声明、原产地证明书、单证样式和代码位置等 8 项国家标准。现在 EDI FACT 标准有 170 多项，至今在北美地区广泛应用的美国 ANSI X. 12 系列标准有 110 项。由于我国 EDI 标准研究起步晚，需要制定更多的国家标准。根据我国经济发展需要，积极研究、采用 EDI FACT 标准和 ANSI X. 12 系列标准。

2. 识别卡标准

国际标准化组织(ISO)从 20 世纪 80 年代开始制定识别卡及其相关设备的标准，至今已颁布了 37 项。我国于 20 世纪 90 年代从磁条卡开始进行识别卡的国家标准制定工作。现有 6 项磁条卡国家标准，基本齐全，等同采用 ISO 7810《识别卡物理特性》和 ISO 7811《识别卡记录技术》系列标准；三项触点式集成电路卡(IC)国家标准，等同采用 ISO 7816《识别卡带接触件的集成卡》系列标准。另外，有 5 项国家标准涉及金融卡及其报文、交易内容，采用了相应的 ISO 标准。目前，我国尚未将无接触件集成电路卡、光存储卡以及使用 IC 卡金融系统的安全框架等国际标准转化制定为我国标准。

3. 通信网络标准

通信网络是电子商务活动的基础，目前国际上广泛应用的有 MHS 电子邮政系统和美国 Internet 电子邮政系统。前者遵循 ISO、IEC、CCITT 联合制定(个别是单独制定)的开放系统互联(OSI)系列标准，后者执行美国的 ARPA Internet 系列标准。这两套标准虽然可兼容，但还有差异。因此，我国制定通信网络国家标准时，主要采用 OSI 标准，但不要考虑 ARPA Internet 标准。现在我国有 146 项网络环境国家标准，其中有 99 项标准分别采用 ISO、IEC 标准，占 67.8%。我国现有的网络环境国家标准还不配套，如网络管理，我国仅有 2 项国家标准，而 ISO/IEC 有 40 多项标准。其中系统管理、管理信息机构、系统间信息交换是我国标准空白。

这里需要指出，数据加密、密钥管理、数据签名等安全要素，已有国际标准草案，需要我们追踪，及时等同地转化为我国标准。通信、网络设备标准约有 380 项，其中 123 项采用 IEC、CCITT 等标准占 32%。微波通信、卫星通信、移动通信等方面的国家标准中采用国际标准比例较低，如卫星通信 18 项国家标准中采用国际标准的仅一项。信息传输介质国家标准较多。以光纤通信电缆为例，有 53 项国家标准，其中 45 项采用 IEC、CCITT 标准，8 项涉及进网要求，视我国情况而定，故没有采用。

4. 其他相关标准

与电子商务活动有关的标准，有术语、信息分类和代码、计算机设备、软件工程、安全保密等标准，约有 440 项国家标准，其中采用 ISO 标准的有 164 项，占 37%。这些相关标准中许多标准仅描述我国特有的信息，如民族代码、汉字点阵模集等，因此不能也不应该采用外国标准。

综上所述，我国电子商务技术标准，一是起步晚，EDI 等领域内的技术标准工作在 20 世纪 90 年代才开始的；二是标准未成体系，EDI 标准、EDI FACT 有 170 项，ANSI X. 12 有 110 项，我国仅有 13 项，其中租赁计划询价单、税务情况报告等还是空白；三是积极采用国际标准，20 世纪 90 年代前制定的电子商务国家标准约有 600 项，采用国际标准占 30%；20

世纪 90 年代制定的电子商务国家标准约 650 项，采用国际标准占 50%。这表明我国需要进一步重视电子商务标准的国际化。

1.4.2 电子商务的相关法规

进入 20 世纪 90 年代末以后，电子商务在 Internet 的基础上蓬勃发展，电子商务领域的技术进步速度远远超过了一个国家适时调整其法律框架的能力，即使对法律框架做大的变革以适应电子商务的需求，也无法消除不断出现的问题与变革速度上的悬殊差距，调整后的法律也总是跟不上电子商务高速发展的步伐。电子商务独特的运作方式向现有的商务模式提出了技术、财务和交易安全等多方面的重大挑战，与此同时，法律制度也面临着前所未有的挑战。

我国为适应电子商务的发展，在立法方面做出了巨大努力。2004 年 8 月，第十届全国人大常委会第十一次会议表决通过了《中华人民共和国电子签名法》(以下简称《电子签名法》)。2005 年 1 月信息产业部第十二次部务会议通过了《电子认证服务管理办法》，并于 2005 年 4 月 1 日起与《电子签名法》同步实施。2004 年年底由国务院办公厅下发《关于加快电子商务发展的若干意见》，2005 年 1 月，《国务院办公厅关于加快电子商务发展的若干意见》明确提出了加快电子商务发展的基本原则。2007 年 6 月，国家发改委、国务院信息办联合发布了我国首部电子商务发展规划——《电子商务发展"十一五"规划》。2010 年 7 月，《网络商品交易及有关服务行为管理暂行办法》开始实施。2011 年 4 月，商务部发布了《第三方电子商务交易平台服务规范》。2012 年 3 月，工业和信息化部发布了《电子商务发展"十二五"规划》。2013 年 11 月，商务部发布《关于促进电子商务应用的实施意见》，并推出十大措施促进电商发展。我国首部《电子商务法》草案有望于 2015 年下半年完成。

电子商务的法律问题比较复杂，涉及电子合同、网上税收、知识产权、个人隐私、消费者权益保护、电子交易的竞争规则、电子消费信用征信、电子资金支付、电子交易安全保障、计算机犯罪、计算机证据等。

1. 知识产权保护

电子商务把传统的商务活动的手段、途径引入虚拟世界，借助 Internet 开拓了一个高效率、低成本的全新市场，但是这个虚拟市场也使现行知识产权保护制度面临新的更加复杂的挑战，对版权、专利、商标、域名等知识产权的保护成为国际贸易与知识产权法的突出问题。

知识产权主要包括著作权、专利权和商标权。知识产权是一种无形财产，具有专有性、排他性、地域性的特点。这些特点使知识产权在 Internet 中遇到了前所未有的新问题。

首先，知识产权具有专有性的特点，而在 Internet 上本该受到知识产权保护的信息却容易成为公共的，所有权很难被控制。

其次，知识产权的地域性这一点由于 Internet 的国际性而难以被保障，因为在 Internet 上信息传播是没有国界的。

再次，知识产权的侵权问题在传统法律程序中，绝大多数纠纷的诉讼是以被告所在地或侵权行为发生成为诉讼地。但由于 Internet 的国际性，Internet 上的侵权人往往很难确定在哪里。

随着 Internet 的进一步发展，电子商务也将在世界经济活动中占据越来越重要的地位；

与此同时，电子商务中的知识产权保护将成为世界共同密切关注的问题。

2. 电子合同

任何商务行为都离不开合同。在常规交易中，大多通过签订实物合同的形式来确定合同双方的权利义务。一旦出现纠纷，合同成为解决纠纷的重要证据和尺度。但是在电子商务过程中，人们大多不签订实物合同，而是使用电子合同，从而给现行法律和法律工作者提出一些新的课题。

《中华人民共和国合同法》第十一条规定："书面形式是指合同书、信件以及数据电文(包括电报、电传、传真、电子数据交换和电子邮件)等可以有形地表现所载内容的形式。"也就是说，不管合同采用什么载体，只要可以有形地表现所载内容，即视为符合法律对"书面"的要求，这实际上已赋予了电子合同与传统合同同等的法律效力。

常规合同常常是在双方当事人签字盖章后成立，但是对于电子合同，无法要求当事人双方在电子媒介上面签字盖章。目前国际上通行的作法是引入"电子签名"制度。这种电子签名是由代码和符号组成的，具有唯一性和可识别性。同时，各国建立的电子认证中心起到了对于合同的认证和见证作用。《中华人民共和国电子签名法》于 2004 年 8 月 28 日第十届全国人民代表大会常务委员会第十一次会议通过，规定电子签名具有与手写签字或者盖章同等的法律效力，同时承认电子文件与书面文书具有同等效力，从而使现行的民商事法律同样适用于电子文件。

3. 税收

税收是实现国家职能的物质基础，是国家财政收入的主要来源。电子商务的出现，对原有的财政、税收、金融等体制提出了强有力的挑战。网络贸易改变了以往"一手交钱，一手交货"的交易模式，而代之以在线支付、电子结算，一切交易都在"虚拟化"的环境中运行。这就使得传统税收体制陷入了极其尴尬的境地。

就目前情况来看，国内外电子商务涉及的税收问题主要是以下几方面的：

(1) 由于电子商务的无国界性，进一步促进了经济全球化(跨国、跨地区的贸易日益增多)，从而引发的国际间税收收入分配和国内财政收入的问题。

(2) 由电子商务涉及的税收规定的重新认定而引发的问题，即由于电子商务虚拟化而出现的交易时空概念模糊所引发的有关税收规定的重新界定问题。

(3) 计算机加密技术加大了税务机构获取信息的难度。电子商务中，交易人可以用加密技术和用户双重保护来隐藏有关信息。税收机构对电子商务活动进行监控的同时，需要在合理成本的范围内获取信息，同时也要保护私人隐私、知识产权。

4. 商业信用制度

商业信用问题一直是困扰着国内各商家的一个大问题。由于历史和现实的种种原因，我国企业的商业信用普遍较低，商业风险很大。买方支付货款后拿不到货、卖家发出货物后无人付款的事情经常出现。

电子商务虽然将经济活动搬到了网络平台，在各方面都比传统商务有很大进步，但在商业信用问题上仍然没有根本解决。同时由于电子商务的远程性、无纸化、高技术化等特点，多少给交易双方一种"隔山买牛"的感觉，信用风险更加明显。

目前电子商务在我国时间并不久，大量的网络公司和网站所从事的业务仅仅是提供信息服务，最多是进行网上零售业务。当大量的网络公司开展真正的电子商务交易后，电子商务遇到的商业信用问题会更加明显。

因此，我国立法机关应当加快立法步伐，建立权威的商业信用认证制度和法律法规，为电子商务的健康发展奠定基础。

5. 电子支付

利用电子商务进行交易必然会涉及支付。电子支付是目前电子商务发展的一个重点。电子支付的产生使货币有形流动转变为无形的信用信息在网上流动，因而将对商务活动与银行业产生深远的影响。

6. 隐私权保护

满足消费者在保护个人资料和隐私方面的愿望是构建电子商务框架必须考虑的问题。欧盟1998年10月生效的《欧盟隐私保护指令》对网上贸易涉及的敏感性资料及个人数据给予法律保护，对违规行为追究责任。最近，世界互联网大会通过了保护隐私技术。这些均体现了隐私权保护的法律要求。

1.4.3 电子商务的立法概况

世界电子商务发展势头迅猛。在电子商务初始的1994年，全美网络商店只有34家，而仅仅3年后，全球网上商店就已发展到万余家。1995年全球Internet网上销售额仅2亿美元，1996年即达10亿美元，1998年达到500亿美元；2000年全球Internet用户数达到3亿，全球电子商务交易额达到3700亿美元；全球电子商务交易额连年攀升，截至2009年年底，全球电子商务交易额达到194 697亿美元。而在2010年，我国电子商务交易额已达4.5万亿元人民币，2014年我国电子商务交易额达13万亿。电子商务成为21世纪全球经济增长一大亮点。电子商务的跨越式发展，也给现行国际法律体系带来了新的挑战。电子商务立法已成为目前国际关注的重点。尽快在全球范围内营造良好的电子商务法律环境已成为国际社会的共识。

电子商务的国际立法是随着信息技术的发展而开展的。20世纪80年代初，由于计算机技术已有相当发展，一些国家和企业开始大量使用计算机处理数据，从而引起了一系列计算机数据的法律问题，例如计算机数据的“无纸化”特点与商业文件的“纸面”要求的冲突。为此，联合国国际贸易法委员会于1984年向联合国秘书长提交了《自动数据处理的法律问题》的报告，建议审视有关计算机记录和系统的法律要求，从而揭开了电子商务国际立法的序幕。

早期的国际电子商务立法主要是围绕着电子数据交换(EDI)规则的制订展开的。20世纪80年代，基于单证文本数据交换处理的EDI在国际贸易中已有较为广泛的运用。由于这种数据交换是在各个国家、各种网络和各类计算机设备之间进行，因而制定通信协议和数据文本交换标准的问题就显得尤为重要。1979年，美国标准化委员会制定了ANSI/ASC/X.12标准，X.12的推出促进了北美大陆EDI进程。1981年欧洲国家推出第一套网络贸易数据标准，即《贸易数据交换指导原则》(GTDI)，它的发展为电子商务的研制和开发奠定了基础。GTDI 和 X.12 的推出推进了欧共体和北美内部电子数据交换的发展，但由于实施的标准不同，在两大集团之间进行数据交换则遇到较大麻烦。为此，联合国着手弥合两大标准的差异，建立世界统一的 EDI 标准。1990 年 3 月，联合国正式推出了 UN/EDIFACT 标准，并被国际标准化组织正式接受为国际标准 ISO 9735。UN/EDIFACT 标准的推出统一了世界贸易数据交换中的标准，使得利用电子技术在全球范围内开展商务活动有了可能。因此，UN/EDIFAIT 标准的诞生标志着国际电子商务的开始。此后，联合国又先后制定了《联合国行政商业运输电子数据交换规则》、《电子数据交换处理统一规则(UNCID)》等文件。1993 年 10 月，联合国国际贸易法委员会电子交换工作组 26 届会议全面审议了《电子数据交换及贸易数据通信有关手段法律方面的统一规则草案》，形成了国际 EDI 法律基础。

20 世纪 90 年代初随着 Internet 商业化和社会化的发展，从根本上改变了传统的产业结构和市场的运作方式。以 Internet 为基础的电子商务出现了前所未有的迅速发展。联合国贸法会遂在 EDI 规则研究与发展的基础上，于 1996 年 6 月通过了《联合国国际贸易法委员会电子商务示范法》。示范法的颁布为逐步解决电子商务的法律问题奠定了基础，为各国制定本国电子商务法规提供了框架和示范文本。

WTO 建立后，立即开展了信息技术的谈判，并先后达成了三大协议，即：

(1)《全球基础电信协议》，该协议于 1997 年 2 月 15 日达成，主要内容是要求各成员方向外国公司开放其电信市场并结束垄断行为。

(2)《信息技术协议(ITA)》，该协议于 1997 年 3 月 26 日达成，协议要求所有参加方自 1997 年 7 月 1 日起至 2000 年 1 月 1 日将主要的信息技术产品的关税降为零。

(3)《开放全球金融服务市场协议》，该协议于 1997 年 12 月 31 日达成，协议要求成员方对外开放银行、保险、证券和金融信息市场。在 WTO 历史上，一年内制订三项重要协议是史无前例的，这三项协议为电子商务和信息技术的稳步有序发展确立了新的法律基础。

在现阶段世界范围内的电子商务立法主要包括：

(1) 联合国国际贸易法委员会《电子商务示范法》和《电子签名统一规则》；

(2) 美国《国际与国内商务电子签章法》；

(3) 欧盟《欧洲电子商务行动方案》和《电子签名统一框架指令》；

(4) 新加坡《电子交易法》；

(5) 中国《中华人民共和国电子签名法》和《电子认证服务管理办法》等；

(6) 韩国《电子商务基本法》；

(7) 日本《电子签名与认证服务法》；

(8) 澳大利亚《电子交易法》；

(9) 马来西亚《数字签名法》等。

1.4.4 知识产权

电子商务与知识产权保护存在着内在的、密不可分的联系，这已成为一个不争的事实。笔者认为，这种联系主要体现在以下几个方面：

(1) 电子商务的核心问题是“数据信息”，知识产权法律制度是保护信息的一种法律工具。知识产权属于一种“信息产权”,从某种意义上讲,它是对符合法定条件的、处于专有领域的一些“信息”提供的法律保护。

电子商务的核心是“数据信息”,在构成电子商务的四种“流”中,“信息流”是最基本的、必不可少的。作为电子商务“信息流”中的相当大的一部分“数据信息”是可以作为“商业秘密”直接得到知识产权法的保护的;而更多“数据信息”的固化、表达可以文学作品、计算机软件、数据库等形式取得版权和其他权利的保护;某些“数据信息”可以商品化,构成“信息化商品”受到商标、商誉等权利的保护;电子商务中进行的商业竞争自然也要受到反不正当竞争法的制约和限制。不仅如此,现在知识产权的版权保护,已经延伸到在网络环境中对作品(也是一种信息)传播、利用的保护,这对电子商务的健康发展,显得尤为重要。

(2) 知识产权贸易已成为电子商务活动,特别是国际间电子商务活动中的一种主要形式和竞争手段。知识产权贸易,狭义的理解就是指以知识产权为标的的贸易,主要包括知识产权许可、知识产权转让等内容;广义的理解还应包括知识产权产品贸易。

以知识产权转让、许可为主要形式的无形商品贸易大大发展。据联合国有关机构统计,国际间技术贸易总额1965年为30亿美元,1995年信息技术产品出口贸易为5950亿美元,超过了农产品贸易,30年间增加了190多倍。除了技术贸易以外,以商标许可、商号许可、商业秘密许可、版权许可等形式为主要内容的知识产权贸易,也有飞速的发展,并成为知识经济条件下实现企业发展虚拟化的主要方式。

(3) 知识产权产品已成为电子商务中的一种主要交易对象。随着知识经济的临近,已经出现了知识产业,即以人才和知识等智力资源为第一要素配置的产业,就是通常所讲的高科技产业和版权产业,也可通称为知识产权产业。在有形商品贸易中,附有高新技术的高附加值的高科技产品,通常被称为“知识产品”或“知识产权产品”,在这些高科技产品中凝结着占相当大比重的、多种知识产权的价值,如集成电路、计算机软件、多媒体等产品就属于这类产品。在无形商品贸易中,计算机软件,包括电影在内的视听作品、录音制品、文学作品等版权产业的产品占据了主要地位。简而言之,这种主要利用知识、信息、智力开发的知识产品所载有的知识财富,将成为创造社会物质财富的主要形式,这些知识产权产品已成为目前商品交易中的一种主要商品,也是电子商务中的一种主要交易对象。尤其是版权产品,大部分都可以通过互联网进行“上载”和“下载”,实现网上交付,利用电子商务形式进行交易更是独具优势。

(4) 电子商务模式已成为专利保护的一种客体。1996年,美国专利商标局颁发的《专利审查程序手册》中已经明确允许商业方法申请专利。1998年7月23日,美国联邦巡回上诉法院(CAFC)就StateStreet银行诉SignatureFinancial金融集团一案做出判决,确认电子商务的经营模式的专利是合法、有效的。这一判决是针对SignatureFinancial集团拥有的美国第5193056号专利而做出的,也是CAFC首次对涉及电子商务经营模式是否可以取得专利做出的判决,引起业内人士的高度关注。1999年1月,美国最高法院确认了这一判决,从而确立了电子商务经营模式专利保护的合法地位。

美国对于这类基于Internet的电子商务经营模式的专利,采取了极为“宽容”的态度。那些已在现实社会中广泛应用的经营方式,首次移用到Internet上,便可获得专利保护,将已有的经营模式系统化也可获得专利保护。

在此前后，有一批相当数量的有关电子商务领域的申请获得了美国专利。据美国专利商标局的统计，1990年美国授予的与网络有关的发明专利仅有22项；在1996年以前，涉及Internet的专利申请只有13件；到2000年年底，有关电子商务的授权专利，美国已有1500多件，日本有接近200件，随后的国家是加拿大、英国、荷兰等国。韩国宣称每年有关电子商务的专利申请达到3000～4000件，位居全球之首。

(5) 电子商务为知识产权的获得提供了一种新的途径。在电子商务的影响下，一种新的获得知识产权的途径——电子申请也已问世。电子申请就是以电子文件的形式向国家知识产权主管机关提交知识产权确权申请。按照传统的做法，这类申请(如专利申请、商标注册申请等)应该是以纸质文件为载体进行的。

WIPO起草的专利法案条约(PLT)和专利合作条约(PCT)细则的修改中，已提出电子申请的要求，确认了其合法性。日本专利局是第一家成功实施电子申请系统的，1990年12月已经开始接受有关专利的电子申请，到1996年，67%的专利申请是通过网上提交的，另外有29%的专利申请是以软盘的形式提交的，只有4%的申请文件是以传统的纸介质方式提交的。韩国已经着手进行通过互联网申请专利的试验。美国、日本、欧洲3个专利局正在进行通过互联网联机申请专利的准备，并把实现专利文献无纸化作为今后发展的方向。

以电子申请形式获得专利权、商标权，从其实质内容来看，是获得知识产权的一种新途径，也可以看作是一种特殊的电子商务。

由于电子商务与知识产权保护存在上述密切的联系，我们在进行电子商务立法的时候必然会想到知识产权保护，涉及对知识产权法的相应修改。在我们对知识产权法进行修改时，也应同时考虑到电子商务立法的要求。

1.4.5 道德问题

1. 网络营销道德的提出

20世纪60年代，国外的学者开始研究企业道德问题，其重点是研究企业市场营销中的道德问题。从国外的研究文献看，20世纪70年代，大量的道德研究都集中于市场营销的某一方面，如假冒伪劣产品、虚假广告等，与此同时，开始关注企业的社会责任以及社会营销，并且试图对市场营销者的行为和信念进行测量；20世纪80年代，商业道德开始引入工商管理，企业亦开始设立相应的道德机构和制定相应的道德规章；20世纪90年代以来，营销道德研究开始国际化，内容也越来越广泛，营销道德开始关注人民的健康和环境问题，如臭氧问题、全球变暖问题。可见，营销道德已经成为国外企业道德研究的一个重点。

20世纪90年代以来，随着以高科技产业与信息产业为基础的新经济的发展，新经济对旧的商业模式发生了较大冲击。在人们都鼓吹新经济的时候，大多数人都相信信息技术，特别是互联网可以改变任何事物。虽然新经济的梦想随着纳斯达克股票指数的跌落而破灭，但可以肯定的是，以互联网为基础的新商业模式——电子商务却发展良好。Nash(2000)指出，未来的5～10年内，像杂货店和服装店这样的一些人们经常光顾的商店都将搬到网上去，传统商务和电子商务的界限也将迅速消失。与此同时，一种新的营销模式——网络营销也随之诞生。

网络营销必定将发展成为企业，特别是电子商务企业必须具备的策略之一。互联网是虚拟的，它具有一些独特的特性——广泛性、开放性、隐蔽性和无约束性，这些特性使得人们的网上行为也具有这些特点，使网上行为的道德性突破了传统道德的规范，诸如发生网络病毒、网络垃圾邮件、网络色情、网络欺诈、网络黑客等一些新的违背道德的行为，因此企业营销道德规范面临网络新时代的挑战。不论企业还是消费者，都将面临道德的考验和面临着网络营销道德的新问题。美国营销协会(AMA)和美国直接营销协会(DMA)都制定和通过了新的道德规范，已经把"网络营销道德"纳入其新的规范中。

2. 网络营销道德问题的表现

网络营销道德问题表现如下：

(1) 企业网上收集和使用消费者个人信息过程中违反道德。一是在收集信息的过程中侵犯消费者的知情权；二是在使用信息的过程中违背收集信息的初衷。

(2) 网上发布虚假、不健康甚至违法商业信息违反道德。主要有两个方面：一是发布虚假信息；二是发布内容与形式不健康甚至违法的信息。

(3) 网上使用垃圾邮件营销方法违反道德。由于网络营销的一个重要方式是电子邮件营销，现在大量的垃圾邮件泛滥，使得人们对电子邮件营销产生误解或者错误的看法，也对电子邮件营销的前景产生了不好的影响。垃圾邮件已经成为一个全球性的问题。网上使用垃圾邮件的营销方法主要是侵犯了消费者的隐私权。

(4) 网上交易的欺诈行为违反道德。由于网络交易中的商流和物流在时间和空间上的分离，消费者取得商品所有权与取得实际商品在时间上是不一致的，实际商品的取得需要物流来最后完成。违反道德的网络欺诈行为主要表现如下：

① 虚假交易，骗取货款。在网上交易中，特别是 C2C(消费者对消费者的交易)的异地网上交易中，买卖双方都不能像传统交易中那样"一手交钱一手交货"，加上单次成交的金额又很小，消费者即使被骗后又不好采取法律行动，使得采用虚假交易来骗取货款的可能性增加。

② 以次充好，以假充真。网上消费者在网上看到的商业信息大多数是文字介绍和一些简单的平面图形，文字和图形都可以进行美化处理，与实实在在的商品本身还是有差别的，这给以次充好、以假充真的诈骗者制造了机会。

3. 网络营销道德问题的规范

企业必须认识到，不道德的营销行为所能带来的利益只是暂时的，自觉遵守道德规范，树立自己在消费者和社会公众心目中的良好形象，才是企业发展的长远之计。网络营销中出现的道德问题是多方面的，对它的规范也是多重性的。

1) 宏观上需要法律规范和舆论监督

(1) 法律规范。

市场经济本身就是一种法治经济，要规范网络营销中的不道德行为，特别是影响网络市场经济发展的道德问题，单靠道德本身的自我约束力量是不够的，还必须把一些具有共性的、重要的道德问题上升为法律问题，用法律进行规范。

从法律的角度来看，对道德问题的规范可以从两个层次进行，一是把道德问题上升为行业规章制度或者地方性的法规，这是用法律进行规范的第一步，操作起来比较容易实现；

二是把道德问题上升为全国性的法律，这是用法律规范的最好的办法，它具有权威性。当前对网络营销的法律规范可以从以下三方面进行：

① 加快电子商务的立法。由于电子商务的发展时间很短，国际上对它的立法规范也比较少，现在除了美国有比较多的法律外，其他国家的立法还处于初始阶段，在立法过程中，可以借鉴美国相关方面的立法经验。我国的电子商务立法主要偏重于网络基础设施方面，而对电子交易方面的立法还没有。因此，应该加快电子商务的立法，特别是电子交易方面的立法，用法律来规范网络营销中的交易行为。

② 加快修改广告法。由于互联网的发展速度十分快，它已经成为继报纸、电视、广播、杂志后的又一新媒体——第五媒体，必须加快对广告法进行修改，并用它来规范网络信息发布中的道德问题。

③ 加快完善合同法。随着网上交易数量的不断增加，对原来的合同法进行完善是必需的，特别是对于电子合同和电子单证的认可、电子证据有效性的认可等问题进行法律规范，都将影响到电子商务交易的正常发展。

当然仅仅把网络营销的道德问题上升为法律问题还是不够的，因为法律规范的关键不只是制定法律，更重要的是法律的执行问题。

(2) 舆论监督。

在顾客就是上帝的时代，舆论监督对于减少营销中的不道德行为具有十分重要的意义。传统中的舆论监督主要是新闻舆论监督，但消费者是没有主动权和自由来实施自己的舆论监督的。互联网给广大网络消费者带来了话语权，消费者第一次可以自由地发表自己的意见并且让它进行广泛的传播。正是网络的这种特性，我们可以用它对网络营销中的不道德行为进行舆论监督。网络营销中的舆论监督可以从以下 3 方面入手：

① 充分利用网络新闻舆论监督。新闻舆论在当今信息沟通极为发达的情况下，有十分重要的作用。现在网络新闻已经成为一块新的新闻阵地，很多消费者已经习惯于从网络上获取新闻。因此，网络营销道德要特别注意利用好网络媒体的新闻舆论监督。

② 充分利用消费者舆论监督。网络时代，网络既为消费者的选择提供了更加广阔的范围，同时又为消费者的舆论监督提供了广阔的天地，如 BBS 公告栏就是很好的发表监督舆论的场所。只有广大消费者都积极地行动起来，去抵制市场营销中的不道德行为，整个营销不道德行为才能得以抑制。在利用网络发挥消费者的舆论监督时候，要求消费者自己也要注意自己的道德水平，不能让网络消费者监督成为不讲道德的人利用的地方。

③ 充分利用行业协会的监督。行业协会在发挥管理作用的同时，它也有监督的作用，可以对行业内的企业起到很好的监督作用。

2) 中观上需要行业协会的管理

从市场经济比较发达的国家来看，行业协会不但已普遍成为各个国家行业信息的集散地，而且成为各种行业技术标准、游戏规则、道德规范的制定者，甚至是国家制定产业政策的主要参谋和建议者。

3) 微观上需要企业自律

总的来说，在解决网络营销道德问题上，企业自律是根本。在实践中，企业在网络营销中，除了在产品策略、价格策略、促销策略和分销策略等方面做好自律外，还应该考虑网络

营销的特点,在保护消费者隐私权、商业信息发布等方面做好自律工作。具体来说,可以从以下3方面着手:

(1) 树立全员道德意识。互联网的开放性使得网络营销中的道德问题已经涉及很多部门和个人,因此企业教育全体员工树立道德意识是解决网络营销道德问题的关键,如有的公司明确提出"先做人,后做事",引导广大的员工从思想上树立道德意识。很多企业网站也已经在这方面做出了很好的表率,如在网站上明确指出隐私保护的办法,在教育职工树立道德意识的同时,也明确告诉消费者——公司在隐私保护上采取的措施,全方位保护消费者的隐私不受侵犯。

(2) 建立网络营销道德规章制度。建立道德规章制度有两个方面的含义,一方面是把道德纳入日常的规章制度中。国外的一些公司已经把道德规章制度纳入公司的日常管理规章制度之中,对于这些公司的员工来说,进行道德自律有了自己的依据。对于已经开展网络营销的公司来说,公司建立网络营销道德方面的规章制度是公司自律的保证措施之一。另一方面是建立预防网络营销道德的保障制度,防范网络消费者的遭遇道德风险,如国内的一些C2C网站,采用评级方法、建立交易损失保障金制度,每次交易后,买卖双方都有一个评价级别,如果网络消费者因为虚假交易产生的一些损失,也可以先由这些保障金进行支付。

(3) 严格实施道德规章制度。制定了道德规章制度并不等于就已经有很好的道德,关键还是看在实际行动中如何实施道德规章制度。国外一些公司已经成立了专门的道德执行机构来负责道德的实施。可以说,公司在实施道德规章的过程中起着十分关键的作用,主要是要做到奖惩分明。因为公司鼓励的行为,就是大家都愿意遵守的行为。如果公司虽然提出道德规范,但具体到行为时,特别是道德行为和公司的利益相冲突的时候,却对道德行为不予以鼓励,这实际是对道德规范的否定。

1.5 微型案例:海尔商城之传统企业的电商转型之路

海尔电商的整体战略有"一道、一术、一标":所谓"道",是指海尔电商发展将要秉承的原则,即用互联网的思维做品牌,用做品牌的思维做电商。所谓"术",是指海尔寻求差异化的竞争策略。所谓"标",是指海尔转型有一个比较关键的目标,强化与消费者的互动沟通。

海尔电商一直在追问自己三个问题:什么是用户强烈需求的,什么是对手没做或很难做到的,以及海尔做起来有核心竞争优势的。

1. 交互用户

海尔集团董事局主席张瑞敏一直很推崇德鲁克的一句管理箴言:"对(企业)经营目的只有一个站得住脚的定义,即创造顾客。"他在接受《IT经理世界》专访时称,互联网时代为传统制造企业带来了一个非常大的空间,即可以转型为平台型企业,此时"创造顾客"的关键已转变为"交互用户"。

海尔电商也是在一番摸索之后,才从一个简单的销售渠道,逐步拓展到承载更多与用户零距离交互的功能。

早在2008年,海尔电商就开始试水淘宝平台,但当时只是将一些产品放上去,几乎没有运营，处于一种“等单”状态，交互也就无从谈起。随着后来海尔彩电旗舰店、海尔天猫官方旗舰店的开设，以及 2012 年正式与天猫签订战略合作协议，海尔在线上的口碑效应逐渐显露。例如海尔天猫官方旗舰店总计收到用户评价超 10 万条，保持着三项 DSR 评分均领先于同行业 37%的平均值，特别是发货速度一直领先于行业。

从交互用户的矩阵来看，海尔品牌电商已经形成了自主经营(海尔商城)、平台型经营(淘系)以及采销型(京东、苏宁、国美等)的全网态势。除了销售海尔产品的常规职能，通过与用户的交互，来倒逼产品、物流和服务已是一种常态战略。

值得一提的是，自营的海尔商城更是扮演着交互先锋的角色，例如统帅电器会通过电商平台向用户征集有创意的设计想法或解决方案，一旦发现好点子，海尔会付费买下知识产权。这种众包的方式既可以大规模收集用户的个性化需求，又能构建“产销合一”的新型交互关系。

海尔商城总经理孙超对此感受颇深。在 2013 年，海尔商城的流量访问规模与去年持平，但转化率大幅提升，总销售额预计也将同比增长 340%。海尔商城的做法就是依托大数据分析，通过分析用户的性别、年龄、区域、搜索关键词、行为偏好等属性，归纳出多类细分的用户群，并进行定向的精准营销。

在多次投放调优之后，孙超发现超过海尔商城 50%的访问用户具有一些群体特征，例如他们学历与收入偏高，网购年龄在 2 年之内，多来自三四线城市等，他们的痛点恰恰围绕在物流配送、服务等领域，而这恰恰是海尔的能力强点。

2. 产品 C2B

2014 年 9 月下旬，海尔首次尝试与淘宝聚划算合作，以团购的方式销售三款定制彩电，4 个小时内 5000 台彩电全部售罄。在此之前的 8 天里，有超过 100 万的淘宝用户进行了网络投票，通过选择电视尺寸、边框、清晰度、能耗、色彩以及接口等 6 个定制模块选项，最终是消费者用鼠标投票选出了三款产品。

这是海尔最早试水大规模预售的一次尝试。此后，海尔又进驻天猫的预售平台，在 2014 年 3 月份推出了 15 款定制产品，最终售出 16 000 多台。但海尔电商天猫经营负责人孙胜波并不满意，“如果着眼点只是放在销量上，天猫预售平台就跟聚划算没有太大区别”。于是，在 2014 年双 11 之前，海尔在天猫平台上策划了一场名为“3721”的定制活动。

这个名字除了含有“不管 3721 都要做定制”的意味，还具有明确的探索意义，“37”是指从消费者进入预订环节到最终完成货品交付，整个流程要控制在 37 天，而定制产品的生产周期要控制在 21 天。孙胜波希望将着眼点放在销量之外，“我们更关心找到一种能够长期可持续、可盈利的、健康的预售模式”。

最终，海尔的这次预售卖出了 1.19 亿元。孙胜波称，通过性价比高的产品吸引眼球、中高端定制产品搂住价位的方式，定制的产品结构逐步稳定，并已经成为一门可持续盈利的生意。这是一次大胆的尝试，也成为天猫“双 11”的一大亮点。

3. 全流程体验电商

对于海尔电商，一个优势较为突出，就是物流配送及服务能力。目前，家电等大件网购的很大瓶颈是送不到、送到装不上等问题。截至目前，海尔电商依托日日顺物流服务能够实现全国2886个区县的无缝覆盖，支持乡镇村送货上门、送装一体，货到付款城市约到1200个区县，1000多个区县24小时限时达。相比其他电商，海尔电商的全国配送覆盖范围最广，货到付款覆盖范围最广，且全部送装一体、免运费。

"从网络覆盖的深度和广度来看，海尔的优势是别人无法复制的。"杨励耕称，海尔还在青岛市尝试"满意后付款"，装完之后，用户满意才付款。

此外，由于送装一体流程较长，涉及从网站客服、物流以及服务等多个业务部门，海尔正推进一项"全流程信息可视化"项目，无论用户从哪一个接触点找到海尔，该用户的订单、物流配送、货品评价等信息，海尔都能够迅速识别，以此提升服务的反馈速度。

至此，从互联网用户交互到定制化产品，再到后端的物流与服务网络整合，海尔正一步步将这些环节深度融合起来，一个打造全流程体验电商的新模式由此浮现。

4. 网络化组织形态

互联网战略正变成传统实体企业转型的最佳创新载体。海尔将自身庞大的身躯分解成2000多个经营体后，现在，海尔电商每售出一件产品，从设计、生产，到最后的配送与安装服务，都是由无数个独立的经营体协作完成，它们各自独立核算，并分享收益。

"在每一个区域，包括物流、服务、营销等多个经营体会聚合起来，有一张共同的损益表，按照获取了多少资源、用户粘度以及销售财务指标等标准核算，达标会有利益分享，不达标则共同承担损失。"海尔集团轮值总裁、海尔电器董事长周云杰称。

随着网络化组织形态逐步自我生长，由电商传递而来的互联网倒逼效应，正以加速度的方式改造着海尔的母体。海尔正通过模块化生产倒逼出一条敏捷供应链，原先6周预测、3周真正下单，且起订数万台才能覆盖成本，现在有时已可以做到2周预测、1周下单，这是传统大家电企业所不可想象的速度。

此外，海尔电商正酝酿以开放平台的模式来制造互联网家电，将电视、冰箱等产品变成智能终端，未来，可以向用户提供消费提醒、生活信息、食品监控以及健康咨询等多种内容服务，并尝试对接更多的电商平台，以此实现自动下单补货等新玩法。这看上去还有些遥远，但海尔电商CEO杨励耕认为，海尔完全有能力做这样的转型。

1.6 本章小结

本章简要介绍了电子商务的概念、国内外电子商务的发展情况、电子商务的基本框架模式、电子商务与经济建设的关系、电子商务的环境和电子商务支付等内容。

思考题

1. 简述电子商务的概念。
2. 简述电子商务的框架。
3. 简述电子商务的基本框架模式。
4. 试述主要的电子商务支付模式。
5. 试述SET模型的主要流程。

第2章

电子商务商业模式

商业模式是指一个完整的产品、服务和信息流体系,包括每一个参与者及其所起到的作用,以及每一个参与者的潜在利益和相应的收益来源和方式。商业模式通常是由客户价值、企业资源和能力、盈利方式构成的三维立体模式。客户价值是指公司能为客户所提供的独特价值。企业资源及能力是指企业如何实现客户价值及如何盈利的方式。而盈利方式主要是企业对股东实现经济价值的过程。对于企业来说,确立一个好的商务模式最为关键和重要。

本章从介绍电子商务的概念模式开始,逐渐过渡到根据电子商务过程中参与对象不同来划分的B2B、B2C、C2C、C2B等模式的详细阐述。电子商务模式可以从多个角度建立不同的分类框架,本章最后介绍了几种新型的电子商务模式,有些融合了B2B、B2C等模式的特点。

本章学习目标:

(1) 电子商务的概念模式。

(2) 企业-企业模式。

(3) 企业-消费者模式。

(4) 消费者-消费者模式。

(5) 消费者-企业模式。

(6) 新兴的电子商务模式。

2.1 电子商务商业模式概述

2.1.1 电子商务的概念模型

电子商务的概念模型是对现实世界中电子商务活动的一般抽象描述,它由电子商务实体、电子市场、交易事务和信息流、资金流、物流等基本要素构成。

在电子商务概念模型中,电子商务实体(简称 EC 实体)是指能够从事电子商务活动的客观对象,它可以是企业、银行、商店、政府机构、科研教育机构和个人等;电子市场是指 EC 实体从事商品和服务交换的场所,它是由各种各样的商务活动参与者,利用各种通信装置,通过网络连接成的一个统一的经济整体;交易事务是指 EC 实体之间所从事的具体的商务活动的内容,例如询价、报价、转账支付、广告宣传、商品运输等。

电子商务的任何一笔交易,包含着以下 3 种基本的"流",即物流、资金流和信息流。其中物流主要是指商品和服务的配送和传输渠道,对于大多数商品和服务来说,物流可能仍然经由传统的方式;然而对有些商品和服务来说,可以直接以网络传输的方式进行配送,如各种电子出版物、信息咨询服务、有价信息等。资金流主要是指资金的转移过程,包括付款、转账、兑换等过程。信息流既包括商品信息的提供、促销营销、技术支持、售后服务等内容,也包括诸如询价单、报价单、付款通知单、转账通知单等商业贸易单证,还包括交易方的支付能力、支付信誉、中介信誉等。对于每个 EC 实体来说,所面对的是一个电子市场,它必须通过电子市场来选择交易的内容和对象。因此,电子商务的概念模型可以抽象地描述为每个 EC 实体和电子市场之间的交易事务关系,如图 2-1 电子商务的概念模型所示。

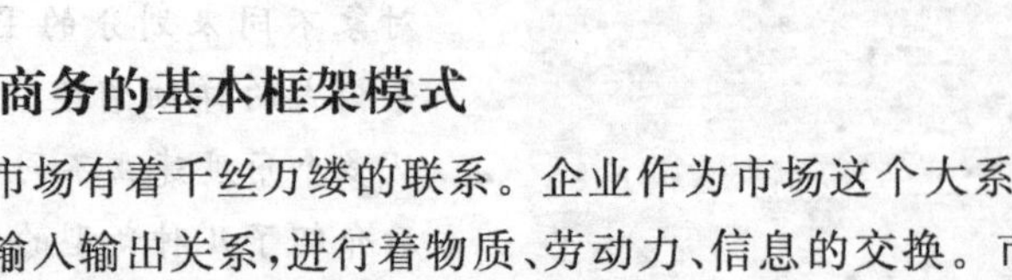

图 2-1 电子商务的概念模型

2.1.2 电子商务的基本框架模式

任何企业都与市场有着千丝万缕的联系。企业作为市场这个大系统的一个单位,必定同市场系统保持着输入输出关系,进行着物质、劳动力、信息的交换。市场不仅是企业生产经营活动的起点和终点,也是企业与外界建立协作关系、竞争关系的传导和媒介。市场分为产业市场和消费者市场。企业在这两个市场的活动也各有侧重,图 2-2 电子商务的市场环境决定了以企业为中心的电子商务的两种基本形式。除了企业与企业之间的电子商务、企业与消费者的电子商务外,消费者与消费者之间的电子商务也成为电子商务的基本模式之一,这三者都是建立在电子商务的基础设施之上,运用电子手段和电子工具进行的商务活动,如图 2-3 电子商务的基本形式所示。但是,毋庸置疑,这三者是存在着很大差别的,所以下面将它们分开来讨论。

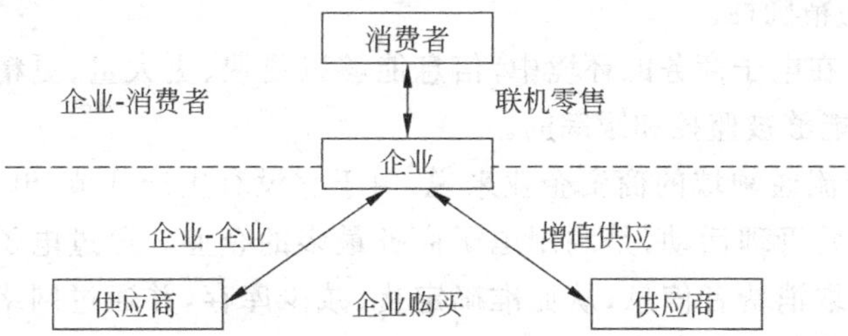

图 2-2　电子商务的市场环境

<table>
<tr><td colspan="2">企业-企业</td><td colspan="2">企业-消费者</td><td colspan="2">消费者-消费者</td></tr>
<tr><td>EFT</td><td>Email</td><td>EDI</td><td>QR</td><td>电子表格</td><td>智能卡交易</td></tr>
<tr><td colspan="6">电子商务的基础设施</td></tr>
</table>

图 2-3　电子商务的基本形式

2.2　企业-企业模式(B2B 模式)

2.2.1　B2B 模式的发展：从 EDI 到互联网

企业与企业之间的电子商务是电子商务中的重头戏，就目前来看，电子商务最热心的推动者也是企业。因为相对来说，企业和企业之间的交易才是大宗的，是通过引入电子商务能够产生大量收益的地方。

就一个处于生产领域的生产企业来说，它的商务过程大致可以描述为：需求调查→材料采购→生产→商品销售→收款→货币结算→商品交割。当引入电子商务时这个过程可以描述为：以电子调查的形式进行需求调查→以电子的形式调查原材料信息确定采购方案→生产→通过电子广告促进商品销售→以电子货币的形式进行资金接收→同电子银行进行货币结算→商品交割。

具体地说，电子商务在以下几个方面提高了生产企业的商业效率。

- 供货体系：电子商务使得企业能够减少订单处理费用，缩短交易时间，减少人力占用，同时加强与供货商的合作关系，概括地说就是“加速收缩供货链”。
- 库存：电子商务缩短了从发出订单到货物装船的时间，从而使企业可以保持一个较为合理的库存数量，甚至实现零库存(Just-In-Time)。可以想象当大部分的贸易伙伴都由电子方式联系在一起时，原本需要用传真或信函传递的信息现在只要鼠标一点就可以迅速传递过去。
- 安全：企业每一笔单证都是经过加密，包含电子签名并由专门的中介机构记录在案的，从而保证了交易的安全性。
- 运输：电子商务使得运输过程所需的各种单证(如订单、货物清单、装船通知等)能够快速准确地到达交易各方，从而加快了运输过程。由于单证是标准的，也保证了所含信息的精确性。

- 信息流通：在电子商务的环境中，信息能够以更快、更大量、更精确、更便宜的方式流动，并且能够被监控和跟踪的。

对于一个处于流通领域的商贸企业来说，由于它没有生产环节，电子商务活动几乎覆盖了整个企业的经营管理活动，是利用电子商务最多的企业。通过电子商务，商贸企业可以更及时准确地获取消费者信息，从而准确定货、减少库存，并通过网络促进销售，以提高效率、降低成本，获取更大的利益。

企业到企业的电子商务占整个电子商务比重的很大一部分，Internet 出现之前，EDI 是企业和企业之间进行电子商务的常用方式。EDI 是企业和企业之间，通过电子方式，按照标准格式，从应用系统到应用系统的商业单证的传输。关于 EDI 和电子商务的关系，有人说 EDI 是电子商务的前身，因为它出现较早；有人说电子商务和 EDI 是平行的；有人认为 EDI 是电子商务的一部分。笔者比较同意最后一种说法，即 EDI 是电子商务用于企业之间业务往来的一种形式。

早在互联网技术被大量采用之前，一些企业就已经采用了电子方式进行数据、表格等信息的交换，如广为流行的电子数据交换(EDI)和电子资金传送(EFT)。不过，早期的解决方式多是建立在大量功能单一的、专用软硬件设施基础上的，因此价格极为昂贵，只有大型企业才能利用。像基于专用网(VAN)的 EDI 始终是一种为满足大企业需要而发展起来的先进技术手段，必须遵照统一的标准，租用专线，费用很高，中小企业只能望而兴叹，它与普通公众也是无缘的。

随着互联网的出现和发展，电子商务才如春风拂过草原，日益蓬勃起来。可以说，互联网技术的成熟、个人计算机互联性的增强和能力的提高，是电子商务在今天成为继电子出版和电子邮件之后出现在 Internet 上的又一焦点的主要原因。Internet 的发展在环境、技术、经济上都为电子商务创造了条件。Internet 的出现将电子商务从专业网扩展到 Internet。以 Internet 作为互联手段，将它同 EDI 技术结合，可以提供一个较为廉价的服务环境来满足大量中小企业对电子商务的需求。

2.2.2 互联网环境下的 B2B 模式

互联网环境下的 B2B 是企业与企业之间通过互联网进行产品、服务及信息的交换。

传统的企业间的交易往往要耗费企业的大量资源和时间，无论是销售和分销还是采购都要占用产品成本。通过 B2B 的交易方式买卖双方能够在网上完成整个业务流程，从建立最初印象，到货比三家，再到讨价还价、签单和交货，最后到客户服务。B2B 使企业之间的交易减少许多事务性的工作流程和管理费用，降低了企业经营成本。网络的便利及延伸性使企业扩大了活动范围，企业发展跨地区跨国界更方便，成本更低廉。

B2B 不仅仅是建立一个网上的买卖者群体，它也为企业之间的战略合作提供了基础。任何一家企业，不论它具有多强的技术实力或多好的经营战略，要想单独实现 B2B 是完全不可能的。单打独斗的时代已经过去，企业间建立合作联盟逐渐成为发展趋势。网络使得信息通行无阻，企业之间可以通过网络在市场、产品或经营等方面建立互补互惠的合作，形成水平或垂直形式的业务整合，以更大的规模、更强的实力、更经济的运作真正达到全球运筹管理的模式。

1. 企业采用 B2B 模式

目前企业采用的 B2B 可以分为以下两种模式。

1）面向制造业或面向商业的垂直 B2B

垂直 B2B 可以分为两个方向，即上游和下游。生产商或商业零售商可以与上游的供应商之间形成的供货关系，比如 Dell 电脑公司与上游的芯片和主板制造商就是通过这种方式进行合作。生产商与下游的经销商可以形成销货关系，比如 Cisco 与其分销商之间进行的交易。

2）面向中间交易市场的 B2B

这种交易模式是水平 B2B，它是将各个行业中相近的交易过程集中到一个场所，为企业的采购方和供应方提供了一个交易的机会，像 Alibaba、中国制造网、中国网库、环球资源网等。

B2B 只是企业实现电子商务的一个开始，它的应用将会得到不断发展和完善，并适应所有行业的企业的需要。目前企业要实现完善的 B2B 需要许多系统共同的支持，比如制造企业需要有财务系统、企业资源计划 ERP 系统、供应链管理 SCM 系统、客户关系管理 CRM 系统等，并且这些系统能有机地整合在一起实现信息共享、业务流程的完全自动化。实现这样的系统需要企业投入数量可观的人力、物力和财力，多数中小企业会对这样大的投入望而却步。考虑到这些企业的特点，不少互联网基础服务提供商提供了企业支付得起的 B2B 电子商务解决方案。一方面，企业可以采用互联网基础服务提供商提供的产品，从低端到高端、从单一到全面，有步骤地实现 B2B。比如分销商可以针对业务的主要特点采用 DRP 系统，商业企业可以使用新网的 SCM 系统，以销售、服务等业务为重点的企业可以采用 CRM 系统。另一方面，考虑到一些中小企业在资金、人员等方面的限制，ASP 应用软件服务提供商向企业用户提供基于互联网的软件托管、分发、管理应用程序租用及相关云计算服务。企业用户可以将业务应用所需的基础结构、业务运作和应用管理等完全托管给这样的应用服务提供商。使用户以低成本的投入方式得到了高质量的技术和服务保障，从而确保了企业电子商务战略的顺利实施。B2B 是企业实现电子商务、推动企业业务发展的一个最佳切入点，企业获得最直接的利益就是降低成本和提高效率，从长远来看也能带来巨额的回报。跟以前相比，企业总体战略中越来越重视与信息技术的结合。公司的 CEO 们认识到，必须有所作为，才能保持企业的竞争能力。信息技术对企业正日益变得生死攸关，新的信息技术投资能真正增强企业实力，而不仅限于改善企业的日常运作。

2. B2B 电子商务的盈利模式

目前 B2B 电子商务的盈利模式主要有如下几种。

1）会员费

企业通过第三电子商务平台参与电子商务交易，必须注册为 B2B 网站的会员，每年要交纳一定的会员费，才能享受网站提供的各种服务。目前会员费已成为我国 B2B 网站最主要的收入来源。

2）广告费

网络广告是门户网站的主要盈利来源，同时也是B2B电子商务网站的主要收入来源。

3）竞价排名

企业为了促进产品的销售，都希望在B2B网站的信息搜索中将自己的排名靠前，而网站在确保信息准确的基础上，根据会员交费的不同对排名顺序作相应的调整。

4）增值服务

B2B网站通常除了为企业提供贸易供求信息以外，还会提供一些独特的增值服务，包括企业认证、独立域名、提供行业数据分析报告、搜索引擎优化等。像现货认证就是针对电子这个行业提供的一个特殊的增值服务，因为通常电子采购商比较重视库存这一块。另外针对电子型号做的谷歌排名推广服务，就是搜索引擎优化的一种。可以根据行业的特殊性去深挖客户的需求，然后提供具有针对性的增值服务。

5）线下服务

主要包括展会、期刊、研讨会等。通过展会，供应商和采购商面对面地交流，一般的中小企业还是比较青睐这个方式。期刊主要是关于行业资讯等信息，期刊里也可以植入广告。环球资源的展会现已成为重要的盈利模式，占其收入的三分之一左右。而ECVV组织的各种展会和采购会也已取得不错的效果。

6）商务合作

商务合作包括广告联盟、政府、行业协会合作和传统媒体的合作等。广告联盟通常是网络广告联盟，亚马逊通过这个方式已经取得了不错的成效，但在我国，联盟营销还处于萌芽阶段，大部分网站对于联盟营销还比较陌生。国内做得比较成熟的几家广告联盟有百度联盟、谷歌联盟、淘宝联盟等。

7）按询盘付费

区别于传统的会员包年付费模式，按询盘付费模式是指从事国际贸易的企业不是按照时间来付费，而是按照海外推广带来的实际效果，也就是海外买家实际的有效询盘来付费。其中询盘是否有效，主动权在消费者手中，由消费者自行判断，来决定是否消费。尽管B2B市场发展势头良好，但B2B市场还是存在发育不成熟的一面。这种不成熟表现在B2B交易的许多先天性交易优势，比如在线价格协商和在线协作等还没有充分发挥出来。因此传统的按年收费模式，越来越受到以ECVV为代表的按询盘付费平台的冲击。"按询盘付费"有4大特点：零首付、零风险；主动权、消费权；免费推、针对广；及时付、便利大。广大企业不用冒着"投入几万元、十几万，一年都收不回成本"的风险，零投入就可享受免费全球推广，成功获得有效询盘后，辨认询盘的真实性和有效性后，只需在线支付单条询盘价格，就可以获得与海外买家直接谈判成单的机会，主动权完全掌握在供应商手里。

2.3 企业-消费者模式（B2C模式）

2.3.1 B2C模式简介

从长远来看，企业对消费者的电子商务将取得长足的发展，并将最终在电子商务领域占据重要地位。如果用一句话来描述这种电子商务，可以这样说"它是以Internet为手段，实现公众消费和提供服务，并保证与其相关的付款方式的电子化。它是随着 WWW 的出现而迅速发展的，可以将其看作是一种电子化的零售”。B2C 即企业通过互联网为消费者提供一个新型的购物环境——网上商店(卓越亚马逊、京东商城、当当网等)，消费者通过网络在网上购物、在网上支付。由于这种模式节省了客户和企业的时间和空间，大大提高了交易效率，特别对于工作忙碌的上班族，这种模式可以为其节省宝贵的时间。但是在网上出售的商品特征也非常明显，仅仅局限于一些特殊商品，例如图书、音像制品、数码类产品、鲜花、玩具、饮食等。这些商品对购买者视、听、触、嗅等感觉体验要求较低，像服装、音响设备、香水需要消费者特定感官体验的商品不太适宜在网上销售，当然，也不排除少数消费者就认定某一品牌、某一型号而不需要现场体验就决定购买，但人们更愿意相信自己的体验感觉来决定是否购买。所以，B2C 市场上成功的企业如当当、卓越，都是卖一些特殊商品的。B2C 电子商务的付款方式是货到付款与网上支付相结合，而大多数企业的配送选择物流外包方式以节约运营成本。随着用户消费习惯的改变以及优秀企业示范效应的促进，网上购物用户不断增长。

为了获得消费者的认同，网上销售商在“网络商店”的布置上往往煞费苦心。网上商品不是摆在货架上，而是做成了电子目录，里面有商品的图片、详细说明书、尺寸和价格信息等。所谓“第三方”的购买指南还不时帮助消费者在众多的商品品牌之间做出选择。消费者对选中的商品只要用鼠标轻轻一点，再把它拖到“购物车”里就可以了。在付款时消费者需要输入自己的姓名、家庭住址以及信用卡号码，按下回车键，一次网上购物就算完成。为了消除消费者的不信任感，大多数网上销售商还提供免费电话咨询服务。图 2-4 是一个消费者在商场购物的简单应用模型。

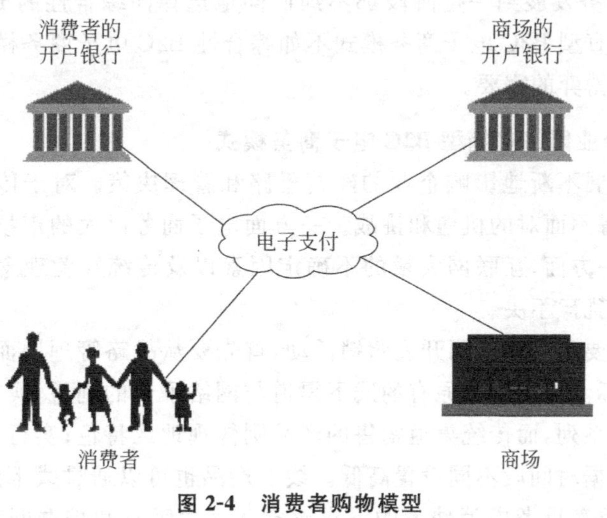

图 2-4 消费者购物模型

就电子购物而言，在实际进行过程中，即从顾客确认订货单、银行确认付款的全过程仅用 5～20 秒的时间。这种电子购物方式十分省事、省力、省时，购买活动是在极短的时间内完成的。

总之，这种购物过程彻底改变了传统的面对面交易和一手交钱一手交货及面谈等购物方式，这是一种新型高效、保密性好、安全保险的购物方式，它是一种与传统购物方式根本不同的现代高新技术购物方式。

2.3.2 B-C 模式的分类

1. 综合型 B2C 电子商务模式

综合型 B2C 电子商务模式是指经营范围广、经营业务众多的一种网络零售模式。综合型 B2C 电子商务平台发挥自身的品牌影响力，积极寻找新的利润点，培养核心业务。如亚马逊中国，可在现有品牌信用的基础上，借助母公司亚马逊国际化的背景，探索国际品牌代购业务或者采购国际品牌产品销售等新业务。网站建设要在商品陈列展示、信息系统智能化等方面进一步细化。对于新老客户的关系管理，需要精心客户体验的内容，提供更加人性化、直观的服务。选择较好的物流合作伙伴，增强物流实际控制权，提高物流配送服务质量。常见的综合性 B2C 电子商务模式有天猫（tmall. com）、亚马逊（z. cn）、京东（jd. com）等。

2. 垂直型 B2C 电子商务模式

垂直型 B2C 电子商务模式和综合性 B2C 是相对应的，其主要区别在于经营范围的不同。一般而言，垂直型 B2C 电子商务主要是专注于某一细分领域做大做强，形成其核心竞争力。如专注于美妆领域的乐蜂网（lefeng. com）、专注于母婴市场的红孩子（redbaby. suning. com）、以及早期专注于图书领域的当当（dangdang. com）等。

垂直型 B2C 电子商务由于经营对象的限制，一般客户群比较稳定，但受众范围和综合型 B2C 电子商务有较大差距。在现在的电子商务经济中，流量是制胜的法宝，所以大量的垂直型 B2C 电子商务发展到一定阶段都不约而同地选择向综合性的 B2C 电子商务转型。当然这并不是说垂直型 B2C 电子商务模式不如综合性 B2C 电子商务模式，而是投资者、经营管理者对于市场博弈的需要。

3. 传统生产企业网络直销型 B2C 电子商务模式

电子商务的发展不断地影响企业的经营思路和管理决策。对于传统型的生产企业而言，电子商务是不得不面对的机遇和挑战。一方面电子商务巨大的市场需求使得传统的企业跃跃欲试；但另一方面，互联网大量的不确定因素以及传统经营理念与互联网思维的矛盾又使得企业家们犹豫不决。

传统生产企业要利用互联网开展营销活动，首先要从战略管理层面明确这种模式未来的定位、发展与目标。协调企业原有的线下渠道与网络平台的利益，实行差异化的销售，如网上销售所有产品系列，而传统渠道销售的产品则体现地区特色；实行差异化价格，线下与线上的商品定价根据时间段不同设置高低。线上产品也可以通过线下渠道完善售后服务。在产品设计方面，要着重考虑消费者的需求感觉。大力吸收和挖掘网络营销精英，培养电子商务运作团队，建立和完善电子商务平台。这类平台典型的代表有戴尔（dell. com）、联想（lenovo. cn）、海尔（haier. com）等。

4. 第三方交易平台型 B2C 电子商务模式

开展 B2C 电子商务会受到很多因素的制约，特别是中小企业在人力、物力、财力都有限的情况下。第三方交易平台型 B2C 是专门为中小企业搭建网络销售平台的一种经营策略，其平台本身并不参与商品的买卖，而是为买卖双方提供集信息发布、交易磋商、交易、支付、物流服务等一体的综合性第三方平台。这类平台的影响力比较大，能有效地吸引中小企业入驻。这类平台典型的代表有天猫(tmall. com)、QQ 网购(wanggou. com)等。

5. 传统零售商网络销售型 B2C 电子商务模式

传统零售商自建网站销售，将丰富的零售经验与电子商务有机结合起来，有效地整合传统零售业务的供应链及物流体系，通过业务外包解决经营电子商务网站所需的技术问题，当然也有完全属于自己的技术团队。这类平台往往在传统的市场上有一定的影响力，开展电子商务有先天的优势。消费者愿意把实体店当作使用、试穿的平台，然后利用网络的价格优势进行线上交易。典型的代表就是国美在线(gome. com. cn)、苏宁易购(suning. com)、京东商城(jd. com)等。随着供应链的不断整合、优化以及商家对电子商务的理解加深，线上线下不断融合，其界线也在不断模糊。线下也不仅仅只作为消费者“看样”的场所。比如苏宁云商把线下线上的价格全部打通，从 2013 年 6 月 8 日实施“线上线下同价”，把线下努力打造成满足消费者体验的重要平台。

2.4　消费者-消费者模式(C2C 模式)

C2C，即是 Consumer to Consumer，即消费者对消费者的交易模式，其特点类似于现实商务世界中的跳蚤市场(旧货地摊市场的别称)，但其除了买卖双方外，还包括电子交易平台供应商，也就是相当于现实生活中跳蚤市场的场地提供者和管理员。从 C2C 的商业模式来看，可以从盈利模式、信用模式、支付模式和配送模式四个方面进行探讨。

1. 盈利模式

从 C2C 的长远计划来看，C2C 可能出现的盈利模式有以下几种：

(1) 交易提成。即是在无论什么时候，交易提成都是 C2C 网站的主要利润来源。虽然 C2C 的交易额不像 B2B 平台的那样大，但是 C2C 里面的客户众多、交易频繁。所以在未来，C2C 肯定是电子商务中最活跃的虚拟商业社区，将为 C2C 网站带来高额利润。

(2) 广告收入。从网络中看，C2C 网站就像大型超市在生活中的地位，它是网民经常光顾的地方，并且拥有超高的人气，频繁的点击率和数量庞大的会员。其中所蕴藏的商机是所有企业都不想错过的，所以广告收入也是网站利润的一大来源。

(3) 网站提供增值服务。C2C 网站并不只为交易双方提供一个平台，更多是为双方提供交易服务，尽量满足客户的各种需求，来达成双方的交易。因此网站可以推出搜索服务来提高效率，来做成更多的交易。

2. 信用模式

随着电子商务时代的到来，网络被作为商业交易的手段，而诚信的建设更为重要。特别是 C2C 交易平台上，交易数量虽小，但很频繁，欺诈行为让人防不胜防，C2C 模式信用体系的建设要从以下几个方面入手：

(1) 注册认证。注册认证的作用有两个：一是防止不法用户混入 C2C 平台从事商业欺诈行为；二是确认用户的真实身份，对用户交易进行监督。

(2) 交易实名认证。大家都知道,在网络上,用户注册的账号只是能够登录到 C2C 平台的账号,那只是用户的一个代码,所以为了保障用户的利益,应实行交易实名认证来确认交易是否其本人。

(3) 采用网上在线支付。网上在线支付可以保障买卖双方的利益,并可减少买卖双方在交易上的损失。

3. 支付模式

在网络上,交易双方是未见过面的,这是存在着许多未知数造成的。第三方支付平台的出现无疑为 C2C 网站提供了最佳的支付模式。

2.5 消费者-企业模式(C2B 模式)

1. 盈利模式

现在,有一种新的电商模式正在不断被提起,那就是让消费者成为交易中的主导者,企业则变成消费者的"私人加工厂",即 C2B 模式。这种模式让消费者可以选择自己需求的定制商品而不单单是被动接受,满足了消费者的需求心理,而企业可以根据消费者需求精确生产提高供应链效率,减少库存。

不过,看似双赢的局面其实企业仍然获得了更多收益,消费者仅仅得到了心里慰藉及少量优惠,而企业则提高生产效率减少库存大幅缩减了成本支出。任何一种模式的创新都要真正地以消费者为核心才能走得更远。目前,C2B 模式的核心,是通过聚合分散但数量庞大的用户形成一个强大的采购集团,以此来改变 B2C 模式中用户一对一出价的弱势地位,使之享受到以大批发商的价格买单件商品的利益。

这种生产模式将为企业和消费者带来双赢。传统零售最糟糕的地方就是库存控制不好,供应链薄弱,导致商品定价过高。而在 C2B 模式中,消费者的需求是提前确定的,这样就能精确生产,提高供应链效率,减少库存。而消费者也可以更低的价格获得符合自己需求的商品,可谓一箭双雕。对于电商平台而言,C2B 模式强调与消费者形成良好沟通,精确满足消费者需求,以此来带动销售,这将有助于把广大电商平台从靠打价格战提高销量的模式中解放出来。

2. 发展难点

实现 C2B 模式最大的难点是确定消费者的需求。C2B 模式的一个重要特征是商家在做决策之前已经精确知道了顾客的需求,这也是这种模式的巨大潜力所在,但是如何精确地知道顾客的需求,实际上是一个难点。如果不能准确预测消费者需求,长期以来困扰传统企业的库存问题将仍难以解决。在 C2B 模式中,厂家虽然不需要再对商品进行大量备货,但是还会需要提前采购原材料,以保证生产的正常进行。如果对消费者需求预测不准确,同样会造成库存积压,只不过是库存积压前置了。

至于如何预测消费者喜好,商家的做法可谓五花八门。有的商家靠的是经验,凭经验对消费者需求进行专业预测;有的商家靠的是对数据的量化分析——收集已经购买过店内产品的消费者的购买信息然后预测。目前,市面上最普遍的做法是先列出多款产品请消费者根据喜好进行投票，最后选出得票高的产品进行生产。

实现 C2B 模式的另一难点是汇集大量订单。众所周知，C2B 模式的核心，是通过聚集分散分布但总量庞大的用户形成一个强大的采购集团以拉低购买商品的成本。如果无法汇集大量订单，C2B 模式将很难实现。

大平台上才能实现 C2B。只有在有着庞大用户和资源的大平台上，才能玩得转 C2B。但值得注意的是，并不是所有商品都有必要进行定制，也不是所有商品都适合以 C2B 的模式进行生产。非标准化的产品容易实现 C2B，因为 C2B 这种商务模式本来就是以消费者需求为出发点的一种模式，而消费者的需求是多种多样的，因此当然是非标准化的产品更容易实现 C2B。然而，对于家电、3C 这类生产标准化产品的企业来说，若真的想实现 C2B 生产，则需要转变整个生产模式，而这对传统企业来说将是个不小的挑战。

C2B 模式使得企业可以在明确消费者需求的前提下，在一定的时间内有计划地安排生产。从理论上看，这似乎是非常完美的，但实践起来并不容易。通过调查不难发现：尝试 C2B 模式的企业都是传统企业，而 C2B 模式下，其生产模式与传统生产模式有很大不同。在 C2B 模式下，厂家需要按时生产，如果某一产品的订单量过大，必然给生产带来极大压力。在这种情况下，如何在保证产品质量的前提下按时完成订单，已成为企业面临的一大难题。

此外，C2B 模式下生产的产品都是个性化产品，很有可能同一批次产品也不相同，而传统企业大多已经形成了标准化的流水线作业，在生产线上随时调整生产计划，甚至占有传统生产流水线去满足某批产品的个性化定制，这对于传统企业供应链的考验是非常大的。

由于 C2B 模式下生产的产品为个性化商品，如果一旦出现退换货情况，也将极易造成库存积压。目前，业内普遍实行 7 天无条件退换货的规则，定制化商品如果退换货比例没有控制好，无疑会对企业造成致命打击。因此，如何尽量减小甚至避免 C2B 模式下的退换货，也是传统企业不得不考虑的一大难题。

2.6　新兴的电子商务模式

2.6.1　O2O 电子商务模式

O2O 即 Online To Offline，即互联网线上商务消费与线下实际商务相结合商业应用模式。聚集有效的购买群体，并在线支付相应的费用，再凭各种形式的凭据，去线下现实世界的商品或服务供应商那里完成消费。实际上 O2O 模式并不是一个新概念，这个概念可以最早追溯到携程模式，就是典型的水泥加鼠标，线上负责吸引用户，线下用来让用户娱乐消费，产生收入。O2O 电子商务模式构成要素如图 2-5 所示。其中线下商家通过 O2O 降低了对店铺地理位置的依赖，减少了租金方面的支出；持续深入进行“客情维护”，进而进行精准营销。消费者通过 O2O 提供的丰富、全面、及时的商家折扣信息，能够快捷筛选并订购适宜的商品或服务，且价格实惠。O2O 平台带来大规模高粘度的消费者，进而能争取到更多的商家资源。本地化程度较高的垂直网站借助 O2O 模式，还能为商家提供其他增值服务。

1. O2O 的应用场景

O2O 的应用场景如下：

(1) 用户通过 PC 联网，找到相关的 O2O 服务网站，查找自己需要的产品或服务，通过

图 2-5 O2O构成要素

互联网支付手段进行支付，然后到线下相应的店面获得产品或服务。

(2) 通过手机连接互联网，在 O2O 服务网站上查找自己需要的产品或服务，然后利用手机支付进行购买，再到线下实体店进行消费。

(3) 通过手机上的 App 应用进行相关产品或服务的查找和订购，并利用手机支付手段购买，再到线下消费。

(4) 在线下实体店或者传单上扫描 RFID、条形码或二维码获得心仪的产品信息，查找产品并通过手机进行支付，然后商家会通过物流体系将产品送到用户手中。

(5) 在线下实体店或者传单上扫描 RFID、条形码或二维码获得心仪的产品或服务信息，查找并通过手机进行支付，然后到线下实体店进行消费。

2. O2O 的业务模式

O2O 的业务模式分为交易型销售(对应波特的成本领先竞争战略)与顾问型销售(对应波特的差异化竞争战略)。

(1) 交易型 O2O 销售模式：团购的优势。成本领先型，以打价格战为主的商业模式，其突出的优势体现在交易型销售中的打折销售上。

(2) 顾问型 O2O 销售模式：强化品牌、广告和体验。利用 O2O 强化企业在互联网上的品牌，以此带动线下销售。由于 O2O 推广能获得精准的反馈效果，同一般无目标地投放广告相比，对于商家来说有强大的吸引力。O2O 线上服务本身，可以通过信息方式，提供良好的用户体验。

2.6.2 二维码电子商务模式

二维条码/二维码(2-dimensional bar code)是用某种特定的几何图形按一定规律在平面(二维方向上)分布的黑白相间的图形记录数据符号信息的；在代码编制上巧妙地利用构成计算机内部逻辑基础的 0、1 比特流的概念，使用若干个与二进制相对应的几何形体来表示文字数值信息，通过图像输入设备或光电扫描设备自动识读以实现信息自动处理：它具有条码技术的一些共性：每种码制有其特定的字符集；每个字符占有一定的宽度；具有一定的校验功能等。同时还具有对不同行的信息自动识别功能及处理图形旋转变化点。

在移动互联网时代，随着智能手机普及而“火”起来的二维码近来为越来越多的电商企业所青睐，因为手机用户通过手机去扫描二维码并解码，通常可以进入对应的网站。这种创新的企业营销方式针对性很强，让用户登录目标商家网站变得极为便捷。消费者只要掏出手机扫描图中的二维码，咔嚓一声，就可以自动跳转到商家网站。使用二维码作营销宣传，符合年轻人群通过移动终端上网的习惯，通过宣传精准定位，能让手机用户更便捷全面地了解商家。

二维码的应用行业范围十分广泛，涉及各行各业。但它的应用模式目前主要有四种，分别是读取数据模式、解码上网模式、解码验证模式、解码通信模式。

1. 读取数据模式

读取数据模式是指通过手机或二维码识别设备，扫描二维码，解码软件解码后显示数据信息，以较少用户的输入，直接可以存入。最常见的应用有电子名片、信息溯源追踪等。

在制作名片时，可以将姓名、电话等信息用二维条码编码，打印在名片的一角。人们交换名片时，用手机拍摄二维条码图案，解码后就可将对方信息存储在自己手机的电话簿里，省略了传统的手工录入过程，也克服了目前使用名片识别软件对名片识别不准确的难题，即可实现电子数据交换，非常方便。

它可以衍生出对显示的数据信息进行写入，反馈到服务器，然后再发送回终端，打印或存储在终端上，作为一种凭证或单据，例如动物防疫时，检疫员扫描动物身上的二维码耳标，则自动显示该动物的相关信息，然后检疫员输入检疫信息，发送到指定服务器，服务器获取数据更改数据库，并反馈到终端打印。

2. 解码上网模式

解码上网模式是指手机或条码识读设备扫描二维码，显示相关的 URL 的链接，用户可以访问这一链接，进行数据浏览或数据下载的活动。最为基本的模式是网络信息浏览，比如电子广告、商场特价区信息、网站信息查询、电子图书、电子地图查询等。

未来生活中，一般的商品、名片甚至报纸、杂志上的广告都会附有相应的二维码，把网站链接录入二维码中，人们用内置二维条码阅读引擎的手机扫描二维条码后，解析网址 IP，就可以自动链接到相应的 WAP 网站上，可直接浏览商品、下载折扣券、用手机支付购票等。亦可随时随地轻松体验像铃声、游戏、视频等流媒体信息，为消费者带来了一种全新的手机上网模式。其衍生模式是指信息下载，如图铃下载、音响样段下载、优惠券下载、电子购票等。

3. 解码验证模式

解码验证模式是指手机或二维码识别设备扫描二维码，将数据提交给验证服务器，服务器将反馈结果发送回手机，核实产品或服务的有效性。最基本的应用在于产品防伪信息的识别，衍生模式多应用于物流或渠道管理中，也有应用于支付领域，用于支付凭证的核实等。长期以来，假冒伪劣商品危及企业和消费者的切身利益，严重影响着国家的经济发展。由于受制于防伪技术、防伪方式的单一，普通消费者缺乏防伪工具等因素，防伪效果不理想。

利用安装了二维条码阅读引擎的手机，即可有效解决上述问题。二维条码具有多重防伪特性，它可以采用密码防伪、软件加密及利用所包含的信息如指纹、照片等进行防伪，因此具有极强的保密防伪性能。二维条码防伪认证平台同时引入了硬件和基于业务的结构，提供商品的基本信息和离线认证。厂家给每件出厂的商品分配产品编码，该产品编码是生产商品时依据相应的编码标准给该商品分配的二维编码。并建立商品信息数据库，存储已经出厂的商品相关信息。用数据库系统作为商品防伪的认证平台。消费者购买商品时，用安装了二维条码阅读引擎的手机扫描产品上的二维码并查询生产商的商品信息数据库就可以辨识该商品的真伪。通过这种防伪技术，将对维护正常的市场秩序起到很大的推进作用。

4. 解码通信模式

解码通信模式主要是指解码后结果显示为短信、邮件或电话号码的形式，多用于短信投票、邮件联系、电话咨询或 IVR 等业务形式。资料显示，目前在日本、韩国等地区，二维码的应用已经非常成熟，在这些国家的普及率已经高达 96%以上。国内二维码在 2012 年呈现出爆发式的增长，每月扫码量超过 1.6 亿；其发展速度更是惊人，据业内保守预测，2015 年，将有超过一万家公司进入二维码行业分享其带来的巨大财富，其市场价值将超千亿。时下，二维码已成为年轻群体日常生活和消费中不可或缺的获取信息的便捷方式。二维码技术已然是移动电商关注的焦点，也必将掀起无线领域二维码营销的新风潮。

2.6.3 网络团购模式

网络团购，也称团体采购、B2T(Business To Team)，是继 B2B、B2C、C2C 后的又一电子商务模式。网络团购是指一定数量的用户通过互联网渠道组团，以较低折扣购买同一种商品的商业活动。网络团购的主体大体可以归为购买者、销售者和组织者 3 类。3 类主体结合方式的不同，也决定了网络团购具体形式的不同。

1. 网络团购的特征

(1) 团购站的门槛低。虚拟主机和域名低廉的价格不必细说，目前团购的免费源码随便就下载一套，只要换个 LOGO 等简单参数，一个团购站就上线了。

(2) 目的性强。团购即多个有意购买某一类别产品的消费者自发组织起来，形成的购物团体，目的明确。

(3) 有区域(本地)性。能够带给消费者在产品质量上、交易安全上、售后服务上得到很好的保障，而这些保障在普通的购物网站上目前是无法得到的。

(4) 团购对象多样。产品包括简单的日常生活类别的用品到各大类别的消费用品。

(5) 商业性。存在大量有所需求的商品并且价格上优势明显。团购＝大量购买，是直接给商家带来大规模的客户，是实实在在看得见、最直接的效益改观，所以在商家合作洽谈上是相对顺利的。

2. 网络团购的本质

(1) 从消费者的角度分析，网络团购是一种网络购物方式。与传统的 B2C、C2C 电子商务不同，网络团购是一种 C2B 的模式，把众多的消费者聚合起来，与商家进行谈判和交易，其中，团购网站在其中起到中介的作用。网络团购既适合有商品的一方，通过低价团购的方式将商品批量售出，也适合有共同需求的人群，集体购买同款商品，享受折扣。

(2) 从商家的角度分析，网络团购是一种营销方式。与传统的网络品牌广告、探索广告不同，网络团购采用每日一团的形式，实现了商品的特写式曝光，完成商品的销售，本质上属于 CPS(Cost Pay Sale)的付费方式。从商家的角度分析，网络团购既适合新产品的推介，也适合尾货的清仓，同时也是商家品牌营销的方式之一。

3. 主要团购网的盈利模式

如今的网站想单纯依靠流量、广告来盈利的盈利模式已经非常困难，网站必须要有自己清晰的商业模式才能发展壮大，也才有核心价值。相较其他类型网站而言，团购网站由于直接面对商品、消费者、企业，所以团购网站的盈利模式也是相对最清晰的。用户增长快、商业模式清晰，人人都觉得团购是个好生意。而且，团购网站的一个美妙之处是，现金流不容易断。每单上线时，这些网站会即刻收到顾客的付款，而为了控制商户的服务质量，团购网站通常都只会预付 20%到 50%的货款，这意味着团购网站们的账户里始终都存有现金。

国内团购网站多是模仿美国 Groupon，虽然这些网站在国内如雨后春笋般涌现，但真正盈利，或者具备可持续发展的网站并不多。主要还是没有探索出适合国内消费市场的盈利模式。目前在团购网站中相对成熟的盈利模式主要有以下 6 种：

(1) 本地化经营及商品直销。商品直销是在网站运作中实现基本盈利的传统方式。直接在团购网站上登录商品信息进行直接销售，这里的货源主要是跟当地品牌代理或者厂家合作代销，直接获得商品销售返利也就是回扣。获得回扣后促进网站更好地帮助商家宣传推广，增加其在网站的信誉值数，如此良性循环对商家、网站都是双赢。商品代理销售是在团购网站运作中实现基本盈利的创新盈利手段。团购活动盈利周期长，而商品销售做好了可以天天有。

(2) 活动回扣。网站为商家进行折扣促销后，要收取一定比例的销售佣金。有些服务产品，基本上都属于在营运期间是要发生固定的基础费用，增加几个顾客，根本不需要额外的成本增加；还有些服务产品，顾客需要预约，从而让商家能够在成本价格销售基础上，可以合理地安排服务时间，平衡日常运营期间的服务高峰期和低峰期。其次，很多商家与团购网站的合作就等于是在做市场推广，与其在其他媒介上投入费用宣传(会有花钱了没达到宣传效果的风险)，还不如通过团购网站直接把顾客请到店里来。如果促销活动不能达到商家既定的购物数量(需要宣传的顾客最低数量)，促销活动就会自动取消，商家没有任何的风险。

(3) 商家展会。可以不定期举办商家展览交流会，商家可以借此机会进行新产品的推广、试用，可以面对面与客户交流、接受咨询与订单并借此了解客户的需求与建议。网站向商家收取展位费获得收益。

(4) 广告服务。Groupon 的团购模式的规则是如果达不到既定的购买数量，所有参加购买的顾客，都无法获得产品，订单将会取消并退款。这种模式的本身就会促使参加购买的顾客，去口口相传给身边的人来一起购买，还可以送给朋友作为礼物；服务产品本身也会促使顾客和亲人或者找一些好友一起去体验服务，比如，美食、健美课、听音乐、SPA、美容等。除了模式本身的推动销售因素之外，为了获得足够多的顾客参加每一次的促销活动，Groupon 也需要进行广告宣传。国内团购类网站除了具有区域性特征外、其受众一般都是具备消费、购买能力、欲购买的人群，对于商家来说定位精准、目标明确，成本低廉，故必将成为商家广告宣传的最佳平台。

(5) 精品策略—售会员卡。

"VIP 会员"是用来凸显用户"尊贵身份"常见方式，在年轻人，特别是学生人群中非常的受欢迎。团购网站可以通过发放会员卡的形式来让用户提升"身份"，网站可以为持卡会员提供更低廉的商品价格，更贴心的服务，可以让持卡会员直接在合作的商家实体店铺进行"团购"。

(6) 卖服务以降低运营成本。

Groupon 销售的产品以餐馆、酒店、美容、健身、SPA、高尔夫、音乐会等服务产品为主。这些产品都不需要 Groupon 参与物流配送发货给用户，每一次促销结束，只需要提供给顾客有效的电子凭证，并且把用户的名单发送给合作商家就可以了，无物流成本，这也是降低运营成本能够盈利的关键因素之一。现在，在团购网站和团购帖子的"省钱才是硬道理"的号召之下，小到图书、软件、玩具、家电、数码、手机、计算机等小商品，大到家居、建材、房产等价格不很透明的商品，都有消费者因网络聚集成团购买。不仅如此，网络团购也扩展到健康体检、保险、旅游、教育培训以及各类美容、健身、休闲等服务类领域。

2.6.4 社会化电子商务模式

社会化电子商务是电子商务的一种新的模式，简单地说就是将 SNS(社会性网络服务)与电子商务进行了组合，这种基于用户自主分享的商品内容，来引导用户产生购买或者消费行为，让电子商务领域变得更具有人性味。从某种意义来讲，团购与 O2O 模式也可以算做是社会化电子商务的展现形式之一，参见图 2-6。

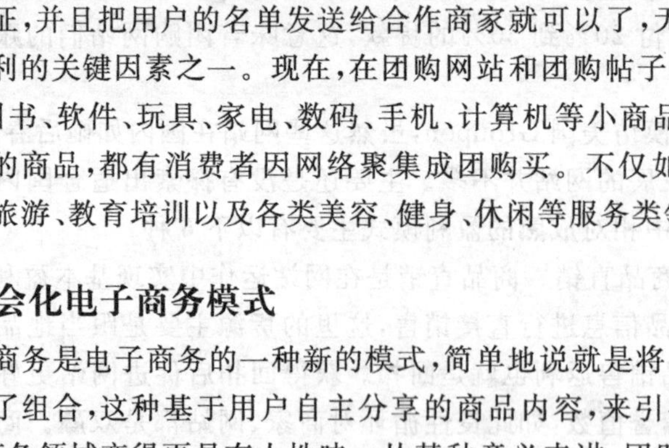

图 2-6 SNS+电子商务

国内最早的一批社会化电子商务网站有一大批已经死掉，如贝壳(新贝壳已上线)、蚂蚁等，而存活下来的社会化电子商务平台在早期主要以豆瓣和大众点评网为代表，发展到现在已经初具规模，已经影响到大量的用户购买行为。

社会化商务平台的成功跟电子商务本身的产业链和用户熟知程度有关，在早期的电子商务时期，用户与相关产业链都还处于初始阶段，其对应的创新模式就很难发挥其价值了。

不言而喻，随着大众点评与豆瓣的成功，这类平台必然会如雨后春笋般出现在各个垂直行业。第二批社会化电子商务网站的爆发年是在 2011 年，以蘑菇街、美丽说、猫途网、花瓣网、知美网等为代表的购物分享平台。一个有趣的现象是，这类平台多是与女性用户相关，且大多数商品话题与时尚、美丽、家居有关。从用户分布来看，可以说是中国的女性网民激活了社会化商务平台。

1. 社会化电子商务分类

按照具体的展现形式来分，现在的社会化电子商务平台可分为如下四种模式。

(1) 基于共同兴趣的社交电商模式，这种模式以蘑菇街、美丽说为代表，这种模式的特点解决了用户对商品的逛街的需求，同时盈利模式也很直接，盈利能力较强。

(2) 图片加兴趣的形式，以花瓣为代表，这种模式在国外的代表为 Pinterest，即 Pin(图钉)＋Interest(兴趣)，用户可以把自己感兴趣的东西用图钉钉在钉板(PinBoard)上。这种模式的特点是简单、互动性强、视觉冲击力高，容易快速聚集起大量用户，但在盈利上需要有大量的用户规模作为支撑。

(3) 媒体导购的形式，以逛逛为代表，特点是有较强的媒体属性，像一本时尚杂志，让用户在读它的时候充分感受到商品的魅力。这种模式往往较难聚集大量的用户，互动性较差。

(4) 线下消费线上导购的形式，目前在该领域较为出色的有大众点评、千品网等，该类型的特点是用户的消费目标明确，娱乐属性较弱，对商品的要求较高。

2. 社会化电子商务盈利

社会化电子商务的本质就是通过用户之间的交流分享促进用户的购买行为。社会化电子商务这一商业模式已经得到了广泛的认同。如何深刻挖掘商业价值，其核心内容就是进行盈利模式的设计。目前我国社会化电子商务的主要盈利模式如下：

(1) 广告。不论是在 Web 1.0 还是 Web 2.0 时代，广告收入都是电子商务网站重要的收入来源。而社会化电子商务平台聚集了众多的具有相同偏好与需求的目标顾客，更加受到企业的青睐，因此，越来越多的企业将广告投放的重心转向网络社区。社会化电子商务平台 80%的收入来源于广告。比较常见的广告形式有传统的文字图示广告，(如按钮广告、旗帜广告、对联广告等)、动感的插入式广告以及富媒体广告，将产品、品牌信息巧妙融入游戏或组件的植入式广告(如开心网就将众多的汽车品牌及其产品图片植入到争车位游戏中)。

(2) 佣金提成。采用该种盈利模式的多为第三方社会化电子商务平台，这类电商平台并不直接提供出售商品，而是从交易中赚取利润。

这种盈利模式的优势非常明显：不必自建物流体系，也不用操心供应链管理。美丽说网站中有大量用户进行自己喜好的商品图片与信息的发布和分享，好友则通过信息图片直接链接到 B2C 或 C2C 电商网站的商品购买页面中，每成功一笔交易，B2C 或 C2C 电商网站会按照协议比率返回数额不等的佣金给美丽说网站。我国另一个典型的第三方社会化电商网站——蘑菇街的运行方式也大同小异。不过我们也可以很清楚地认识到，这种盈利模式过于依赖 B2C 或 C2C 电商网站。据统计，美丽说每个月为淘宝带去 7 亿的交易额，蘑菇街90%的商品引导到淘宝网成交,一旦淘宝的运营陷入困境,对于美丽说与蘑菇街则是惨重的打击。

(3) 增值服务。增值服务的一种形式是收取会员会费,用户通过交费成为会员,从而获取有偿服务以及普通用户所不能享受到的特殊服务。根据国外的数据显示,只要拥有8%的收费会员,即可实现盈利,这个数据对于社会化电商网站极富吸引力。该模式适用于专业性较强的婚恋、招聘等垂直社会化电商网站,如百合网、智联招聘等都是凭借会员收费模式获得网站长期稳定的收入。

另一种形式则是通过提供增值虚拟服务,鼓励用户进行虚拟物品消费。以庞大的用户群体为依托,腾讯、开心网都在游戏的虚拟物品交易中获得了巨大的成功。如在腾讯的"QQ农场"游戏中,通过装备道具的购买刺激用户的虚拟消费。为了更好地刺激虚拟物品的消费,众多的电商企业发行虚拟货币,如腾讯的Q币、校内的校内豆。

(4) 第三方插件应用分成。以往很多的社会化电商网站都是自主开发组件与游戏,但是网络小游戏的生命周期非常短暂,难以保持持久的用户吸引力。基于这种考虑,现在的社会化电商网站往往选择将自己的网站建设成为开放式的平台,吸引第三方公司搭建APP供用户自由选择,从中获取分成。

总之,关于社会化电子商务,与它相关最为热闹的关键词莫过于分享与个性化点评,而对一个商品而言,能直接影响用户消费的行为是来自朋友或者他人的推荐,可见口碑对一个商品成功的重要性。展望未来,社会化电商要获得突破性的发展,个性化商品点评服务与推介服务会成为新的潮流,诸如美丽说形式的社会化团购。

2.7 微型案例:零售巨头沃尔玛是如何做O2O的

沃尔玛1962年在阿肯色州成立,发展到现在已经在全球27个国家拥有一万余家分店以及遍布10个国家的电商网站,主营业态包括沃尔玛购物广场、山姆会员店、沃尔玛中型超市和沃尔玛社区店。与众所周知的连锁化扩张、供应链优化、大型信息系统构建一样,沃尔玛在电子商务方面也颇有先见之明,从1996年沃尔玛网店上线到目前借移动应用积极布局O2O,沃尔玛的电商之路可以总结为以下三个阶段:

第一阶段:独立运营期——实体店与B2C独立运营,线上线下互不干涉。

1996年,沃尔玛网上商城walmart.com上线,当时该网店对沃尔玛的形象意义大于实质性的销售提升,消费者的在线体验很差,因此沃尔玛在线商城在上线后的几年内都业绩不佳。2001年,沃尔玛确定了电子商务发展的长期策略,开始致力于打造真正的在线零售业务。通过对walmart.com的重新设计和改造,沃尔玛可以向附近没有实体店的郊区居民提供在线购物、订单查询与跟踪、退换货、特惠信息等全方位服务,这一服务得到了消费者的认可,沃尔玛在线零售的商品品类也不断增加,随着时间的推移,沃尔玛逐渐建立起了覆盖10多个国家的在线零售体系,配合沃尔玛供应链体系的健全,世界各地的消费者都可以通过沃尔玛在线或其附属网店实现在线购物。

早期的沃尔玛网上商城,虽然在一定程度上弥补了实体店在商品品类和地域分布方面的局限,但跟实体店相比,电商对沃尔玛的贡献微乎其微,而且当时整个在线零售市场还处于起步阶段、规模很小，对沃尔玛也没有造成什么威胁，因此在线零售业务并未引起公司总部的足够重视，实体店的管理者拥有绝对的话语权，电商仅仅是一个补充渠道而已。在长达 10 年的时间里，沃尔玛在线零售和实体店零售一直是平行的两条线，独立运作、互不干涉。沃尔玛 B2C 一方面利用了传统零售的采购和库存资源，一方面也建立了特有的采购体系，但是门店和电商之间没有过多的交集，包括物流一体化、营销、会员互动方面都是分开发展。

第二阶段：互动时期——线上线下在物流协同方面实现初步合作。

随着在线零售品类越来越丰富，亚马逊等电商平台通过低价策略与传统零售商竞争，在线零售越来越对沃尔玛的实体业务造成威胁。到 2010 年，沃尔玛的美国实体店销售额已经连续两年半持续下降，而同期美国电商销售额增长了 14.8%，作为在线零售鼻祖的亚马逊，其销售额年增长率高达 42%。

这时沃尔玛开始意识到电子商务的重要性，为此专门设立了全球电子商务部门 Global.com 试图另辟蹊径，在电子商务和自身线下优势资源之间找到结合点，摸索出新的模式来对抗纯在线零售商亚马逊们的低价威胁。

沃尔玛在探索线上线下的融合方面，迈出的第一大步可以概括为"网上订购＋门店取货"模式，该模式集中体现在先后推出的 sitetostore 和 pickuptoday 两项服务上。sitetostore 服务允许顾客网上下单后，到最近的沃尔玛门店自提商品。该服务一推出就引起了很大反响，当时超过 50% 的顾客通过 sitetostore 服务开始了他们的第一次沃尔玛网购旅程(因为美国运费太贵)，该服务推出 4 个月后，就占了沃尔玛在线销售的 1/3。2011 年，沃尔玛将原来的 sitetostore 服务升级为 pickuptoday 服务，加速了物流效率，将门店的产品管理系统与电商打通，允许顾客在网上订购商品的当天到门店提取购买的货品，大大提高了消费者获得商品的及时性。这种线上与线下融合的模式为沃尔玛网上商城带来了巨大的客流和销量，2011 年沃尔玛在线销售额攀升到 40 亿美元(2005 年仅为 16 亿美元)，其在线购物业态销售额排名也从全美第 13 名上升到第 4 名。

第三阶段：融合——借移动应用玩转 O2O，线上线下实现深度融合。

目前，沃尔玛在电子商务领域的探索进入了新阶段，智能手机和移动互联网技术得到了广泛应用，移动地图、移动支付等 O2O 工具给传统零售商带来了融合良机，沃尔玛也开始考虑怎么依托现有资源，打造线上线下一体化的移动 O2O 新型零售体系。其策略是：通过移动端的技术应用实现线上线下的协同，提高用户跟实体店互动的体验、服务和营销，一切以"简化消费者购物流程、提升消费者购物体验"为核心，以手机为核心，将手机的便利性跟线下的物流、体验和服务融合。

为了实现该策略，沃尔玛做出了一系列努力。

(1) 技术创新应用的开发：研发自有 APP 与创新性应用，优化购物流程。

2011 年沃尔玛通过花费 3 亿美金并购了 Kosmix，组建硅谷实验室@WalmartLabs，分析消费者行为，不断研发出用户跟实体店互动的创新性移动应用。经过几年的努力，@WalmartLabs 研发出一系列移动应用，这些新技术在沃尔玛整个 O2O 布局策略上占据着核心位置，也逐渐推动了消费者购物行为的转变。沃尔玛在移动应用方面的创新点主要有：

- 店内模式。采用移动地图的定位技术，沃尔玛的APP能使顾客进入某一家沃尔玛门店时，自动切换至“店内模式”，并为顾客提供店内商品导航、电子优惠券和自助结账等服务。据统计，沃尔玛APP的用户中会有60%的人经常使用这个模式，而且这部分用户的购物金额会比不使用店内模式的用户多40%，“店内模式”让每个实体店都跟现场的用户互动起来了，可以自由定制本店的优惠、促销和商品信息，提高用户购物的愉悦性、便利性和转化率。
- 更便捷的购物搜索引擎。沃尔玛从PC端电商中借鉴灵感，在APP中加入了强大的搜索引擎功能，用户不仅能搜索到所有的在线商品，当切换到店内模式之后，还可以即时搜索到门店内的商品，打通了店铺管理的ERP，在搜索框中输入商品名称，会出现该商品的所有品牌、分别摆放在什么位置，并且有一个地图帮助顾客快速找到它们，这样用户可以通过手机APP快速查找具体商品，节省用户时间。
- Scan&Go。Scan&Go是沃尔玛自有APP中的移动结账系统解决方案，主要用于有明确的购物预算的用户。当用户在沃尔玛内消费时，只需要用Scan&Go软件扫描物品条形码，自动统计购物金额，然后直接去专设的自助付款台结账，即可完成整个购买过程，省去了排队的苦恼。
- 储物柜系统，方便顾客自助取货。为了更方便地为顾客提供服务，沃尔玛去年推出了零售储物柜计划，用户在沃尔玛B2C网站购物后，所购买的商品会放置在指定沃尔玛的储物柜中，用户可以在两周内随时前往沃尔玛实体店，从储物柜中取出商品。

(2) 创造“混合渠道”，实现线下线上双向导流。

为了提高销量，沃尔玛除了利用手机APP优化购物流程外，还积极利用移动应用技术、社交网站信息推送、门店售货员引导等方式实现线上线下双向导流。

手机APP精准营销：当“店内模式”启动时，用户可以通过APP看到本店最新的优惠商品手册，也可以用这个程序扫描条形码进行比价，通过手机APP让用户在实体店和B2C网站之间进行选择，创造出一种“混合渠道”的体验。据沃尔玛官方统计，超过12%的网上销售额是顾客在商店内或至少是智能手机处于店内模式时，通过沃尔玛的APP完成的。

无限货架：当用户无法在特定的实体店找到想要的产品时，该门店的售货员就会主动向顾客推荐沃尔玛B2C，作为一项配套措施，沃尔玛会将消费者的网上购物额划归到临近实体店的财报中。这样一来，实体店的员工就可以拿到业绩奖金，不会再将沃尔玛网上商店视为竞争对手。无限货架也被苏宁易购采用，当门店的品类不能满足用户需求时，导购员会拿着平板推荐用户上苏宁易购购买，导购员和门店会拿到相应的佣金。

FacebookWeb端APP“MyLocalWalmart”：这款应用由沃尔玛和Facebook共同开发，同步在Walmart官方网站以及Facebook平台主页上，显示最新的优惠与各种购物信息，通过该应用，Facebook上沃尔玛的数千万粉丝可以看到所在地附近的沃尔玛门店位置、商品供应以及促销打折情况，而且粉丝每周可以收到两条来自沃尔玛网上商城和附近实体店的消息。用户进入实体店购物时，还可以从MyLocalWalmart上下载所在门店的店内地图，地图上将显示具体商品所在位置，方便他们购物。通过跟Facebook的合作，沃尔玛加强了与粉丝互动的体验、内容营销和服务。

2.8 本章小结

本章从电子商务的概念模式入手，依次介绍了以电子商务过程参与对象的不同来划分的 B2B、B2C、C2C 等模式，最后介绍了几种新兴的电子商务模式。对每种模式的概念、分类、盈利模式、发展方向等方面进行了系统的总结与探讨。

思考题

1. 电子商务有哪几种主要模式？其中哪种电子商务在整个商务市场中所占的比例最大？
2. 淘宝网和淘宝商城的商务模式是哪种？两者如何结合？
3. 举例说明 O2O 商务模式的目前应用和未来发展。
4. 举例说明网络团购这种商业模式。
5. 举例说明社会化电子商务模式的目前应用和未来发展。

第3章

电子商务引发的企业管理变革

由于电子商务彻底改变了现有的作业方式与手段，能够充分利用有限资源、缩短商业循环与周期、提高运营效率、降低成本、提高服务质量，因此电子商务的发展将为企业和世界经济带来前所未有的发展机遇。它将对传统的消费行为、厂商生产行为、市场营销、企业组织、国内外贸易、金融服务以及政府宏观调控手段和方式等产生巨大的冲击，并将引起管理思想、行为模式以及管理理论和方法的深刻变革。本章主要介绍电子商务引发的企业资源规划、供应链管理、价值网集成、业务转型、流程再造等企业管理变革，电子商务环境下的企业市场营销管理在第4章介绍。

本章学习目标：

(1) 传统企业开展电子商务的四阶段模型。

(2) ERP：企业开展电子商务的基础。

(3) 供应链集成。

(4) 价值网集成。

(5) 企业业务转型。

(6) 业务流程再造与组织变革。

3.1 传统企业开展电子商务的四阶段模型

3.1.1 传统企业是电子商务的主体

1999 年，随着以 Internet 为代表的信息网络技术的发展成熟和广泛应用，以及信息产业在经济体系中所占份额的持续增长，一种全新的以信息和知识资源的开发、利用和增值为主要特征的"新经济形态"，在人类发展史上继农业经济形态和工业经济形态之后，兴起并蓬勃发展。其中，Yahoo、Amazon 等新兴的互联网企业曾经一度成为"新经济"的代言人。它们不需要投资和配备沉重的机器设备、消耗大量的燃料能源、建立庞大的仓库，仅仅通过网站和互联网创造经济价值，一时间在经济活动中异军突起，风光无限。

然而，现在看来，这些互联网企业的经济活动模式仅仅是 Internet 在发展初级阶段的简单表现。人们很快发现，信息和 Internet 并不能替代企业的研究和开发、物质产品设计、原料采购、加工制造和运输等经济活动。信息的经济价值更主要体现在物质商品的生产、流通和消费等过程中。信息过程依附、贯穿并渗透于物质产品的增值过程，信息只有同物流、过程流以及资金流的紧密结合，交互影响，才会创造自己的经济价值。尤其是基于 Internet 的电子商务使得生产者、消费者以及各类市场机构等经济主体的经济活动和经济行为可以依托网络甚至在网络上直接进行，使得经济生活中的生产、交换、分配及消费焕然一新。因此，所谓的"新经济"和"传统经济"不是割裂的，而是和谐共融的。

电子商务价值的源泉在于有实体基础的企业。这些企业通过采用和装备新兴的信息网络技术，并在此基础上优化业务流程，提高战略和战术决策，增强竞争优势。这些企业作为微观经济主体，是电子商务的主要参与者和推动者，是电子商务的真正价值所在，决定了电子商务在经济生活中的实施、普及与发展。如世界汽车工业巨头通用、福特等汽车制造商、计算机制造商 Dell、美国钢铁公司等企业在 Internet 的支撑下如虎添翼，在经济社会继续占据着重要地位。

3.1.2 四阶段模型

传统企业开展电子商务，充分利用电子商务，要经历企业内集成、供应链集成、价值网集成以及战略性转折四个阶段。企业内集成是基础，是当前我国企业信息化的主要内容；供应链集成是企业信息化的进一步拓展，在这一阶段企业与其供应商、分销商及合作伙伴之间实现信息共享和电子交易；价值网集成是企业电子商务的高级阶段，价值网上的企业将在深度合作的基础上，协作制订计划与协同作业，共同为客户提供价值；战略性转折试图探讨未来电子商务大环境下，企业需要达成的战略转型。四阶段模型如图 3-1 所示。

1. 企业内集成

这一阶段实际上是企业内部价值链的优化、集成。主要包括如下分系统：

- 作为企业经营管理支柱系统的 ERP 系统的实施，实现生产自动化和生产管理精细化以及企业资源的全面管理；

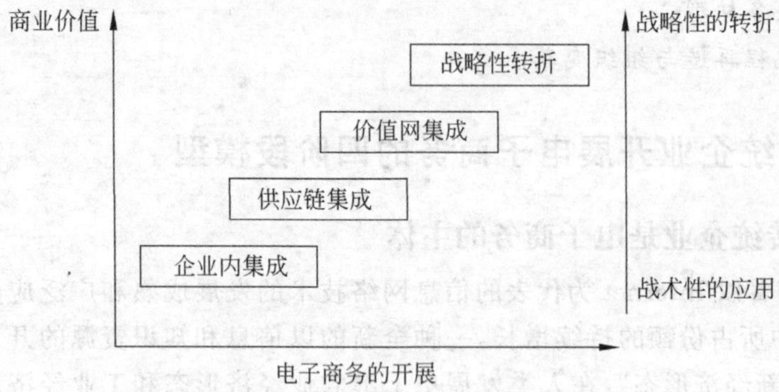

图 3-1 传统企业电子商务开展的四阶段模型

- CAD/CAM/CAPP 等系统，实现产品设计、工艺设计自动化；
- PDM 系统，对企业产品数据的全面管理，是技术系统和经营系统的数据桥梁；
- 与 ERP 同时进行的业务流程再造以及组织结构变革。

这一阶段主要是在已有的条件下提高企业系统的效率和价值，构建企业开展电子商务的基础，这一基础非常重要。

在第一阶段的各个分系统，应采用整体规划、分步实施策略，保证各个信息系统间的最终集成，避免形成信息化孤岛。如图 3-2 所示，ERP 系统与 PDM(产品数据管理)系统、CAD/CAM/CAPP(计算机辅助设计/制造/工艺编制)系统集成，构成了企业信息集成的主线，从而实现产品整个生命周期数据的数字化，实现无纸设计和无纸制造。PDM 提供了产品数据定义、管理的框架，管理与产品有关的数据和过程。产品设计及工艺设计由 CAD/CAM/CAPP 完成，生产计划与控制及经营管理由 ERP 实现。CAD/CAM、ERP、PDM 三者之间信息的传递围绕着产品结构文件(BOM)进行。信息的集成消除了信息流环节上的信息的人工重复输入以及输出信息的泛滥，保持整个系统内数据的一致性和完整性，使人们及时得到准确的信息。

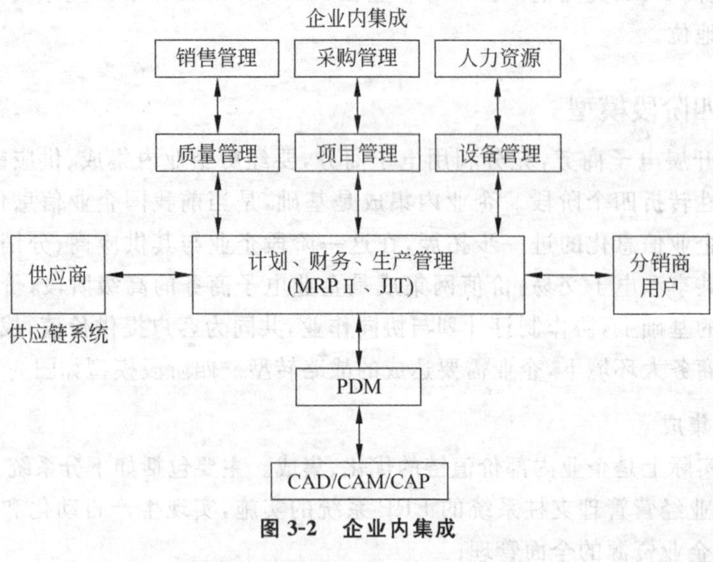

图 3-2 企业内集成

企业内集成使信息在企业经营活动中的作用得到了前所未有的发挥，信息的作用是消除不确定性，由于更大深度和广度的不确定性的消除，使企业能够科学决策，高效地利用物质、能量、人力等资源，极大地提高了企业的运行效率，企业内集成使企业实现了：

(1) 企业管理一体化、柔性化。打破了传统企业管理系统单一的纵向信息联系格局，通过企业信息基础设施和内部信息网络把企业运行各环节融于一体，从科学及时决策和最优控制的高度把信息作为战略资源加以开发利用，并把诸多现代管理思想、方法与手段根据企业目标的需要有机地集成，实现系统内的人、财、物等要素的优化管理和有效利用，增强企业的应变能力和适用性。

(2) 生产自动化和生产管理精细化。在企业生产系统中采用现代信息技术如工厂自动化技术、MRPⅡ生产管理系统对生产运行状态进行自动测量、计算、传递和变换，以此来控制整个生产过程。企业生产的柔性和快速反应能力不断提高，更好地适应市场的多样性和快速变化。

(3) 产品设计、工艺设计自动化。如 CAD(计算机辅助设计)、CAM(计算机辅助制造)、CAE (计算机辅助工程)、CAPP(计算机辅助工艺设计)等技术在工厂中的使用提高了新产品开发的效率，缩短了产品的生命周期，使企业在基于时间的竞争中获得优势。

(4) 信息管理与传播自动化、网络化。通过 ERP 系统，实现市场分析、计划安排、原材料采购、生产调节、库存处理、成本核算、劳动工资、产品营销等管理全过程的自动化，有效地管理企业整个经营过程，不断降低成本，提高经济效益。

(5) 商务活动电子化。企业得以实现电子订货、电子支付、电子营销、电子报关等，并通过网络实时监控，分析环境、客户、供应商、竞争对手等的信息，以提高企业的快速应变能力。

2. 供应链集成

所谓供应链是执行采购原材料，将它们转换为中间产品和成品、并且将成品销售到用户的功能网链。供应链的构成如图 3-3 所示。供应链集成是企业开展电子商务在第一阶段基础上的扩展。在这一阶段，企业用电子商务技术作为一种工具，在供应链企业间实现信息共享与电子交易，包括通过互联网加强原有销售渠道、改进客户服务以及降低库存、提高采购效率等。

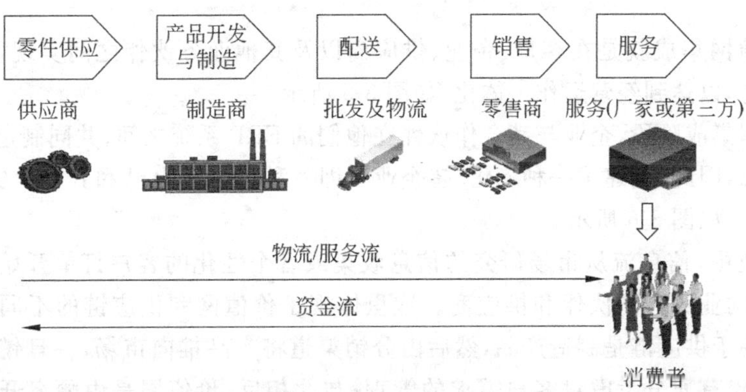

图 3-3　供应链的构成

构成供应链的代表性要素是供应商、制造商、批发及物流、零售企业。由于产品性质不同,不同厂商的供应链往往具有很大差异,如汽车、家电企业、工程用器材的供应链完全不同。但无论怎样,通过供应链集成,即供货商到零售商的全过程企业间的信息共享,将为企业带来如下效果:

(1) 减少整个供应链上的库存。

(2) 降低操作成本。

(3) 缩短交货时间。

(4) 改善现金流量。

(5) 将市场需求变化的风险降到最低程度。

供应链管理对企业的要求是:

(1) 共同解决问题。

(2) 信息共享。

(3) 库存的共同管理。

(4) 供货商的积极参与。

通过供应链上各个企业的积极参与,通过信息共享和对库存的全面监控,实现全局最佳。

3. 价值网集成

价值网是一种新的业务模式,它采用数字化的供应链及客户关系管理,达成高水平的顾客满意度和超常的公司利润率;它是一种与新的顾客选择装置相连接,并受其驱动的快速可靠的系统。

价值网不是某种供应链术语的翻版;价值网不只是关注供应和销售,而是关注为顾客、公司、供应商创造价值。价值网不是一种按照顺序连接的固定链,而是一种包含顾客/供应商合作、信息充分交流活动的强有力的高绩效网络。价值网由顾客开始,允许顾客自己设计产品,然后为满足顾客的实际需要而进行生产;价值网及时捕捉客户的真实需求,并将其用数字化的方式传递给其他网络伙伴;信息与材料流的路径是与不同顾客群的服务需求和优先权相连的。公司创建以客户为核心的价值网,如图 3-4 所示,通过顾客信息、培养关系、服务与支持的数字一体化保持顾客满意;同时也管理供应商网络,确保快速、低成本执行运作。

所谓价值网集成就是在客户、企业、供应商以及其他业务伙伴之间实现业务流程和信息系统的融合,以达到经营运作一体化,如图 3-5 所示。

在价值网集成阶段,企业与其合作伙伴在他们的 ERP 系统之间,共同制定计划、共享成本和经营信息,因此,创建了一种 e 化"超企业",即一种由企业自己和其价值链上的伙伴组成的扩展企业,如图 3-6 所示。

在超企业中,信息流从市场研究的信息收集或者个性化的客户订单开始,再到生产和采购,接着流向业务合作伙伴和供应商。这里体现了价值网和供应链的不同,供应链和价值网的区别在于供应链是制造产品,然后由分销渠道将产品推向市场,一旦销售完成,工作就已经结束,没有充分考虑对客户需求的管理;与此相反,价值网是由顾客开始,价值网及时捕捉顾客的真实需求,并将其用数字化方式传递给其他价值网上的伙伴,供应商群等业

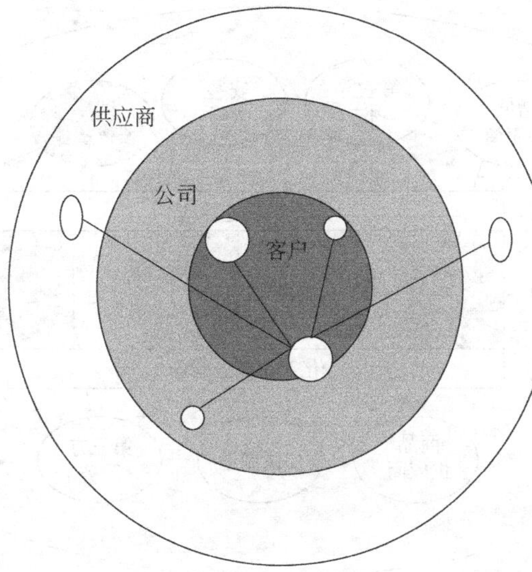

图 3-4　价值网

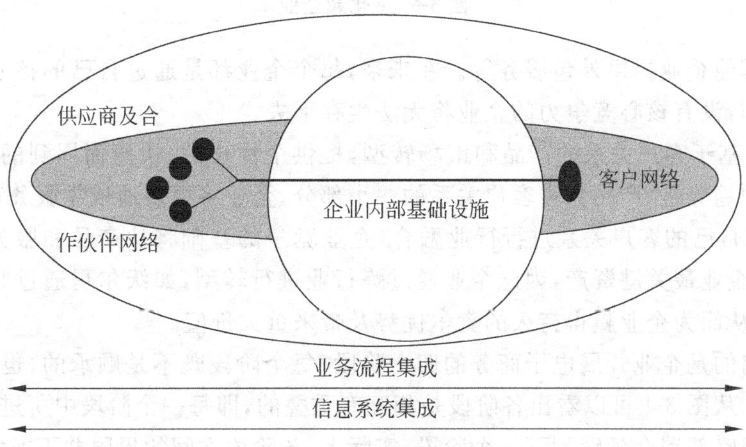

图 3-5　价值网集成

务伙伴直接与顾客的订单信息相连接，业务伙伴间协同运作，所以说价值网是从识别客户需求到满足客户需求过程中的一系列端到端的步骤。

未来的企业，不是构建自己的超企业价值网络，就是要成为某个超企业价值网络的一部分，每一个超企业中都有一核心企业作为超企业的主导者，它们大多是大规模、有影响力的生产企业，它们拥有将供应商和业务合作伙伴集成在一起以及制定构建价值网络标准的资源。

4. 战略性转变

电子商务不仅可以改变企业模式，而且能够改变行业模式甚至改变市场运行模式，因而，传统企业必须理解电子商务及其所带来的变化，进行战略性转变。这些转变主要是：

(1) 企业要根据行业价值链中的各环节和自己的特点，构建自身的核心竞争力，有些企业的核心竞争力表现为生产环节的管理与控制，另一些企业表现为产品的设计开发能力，

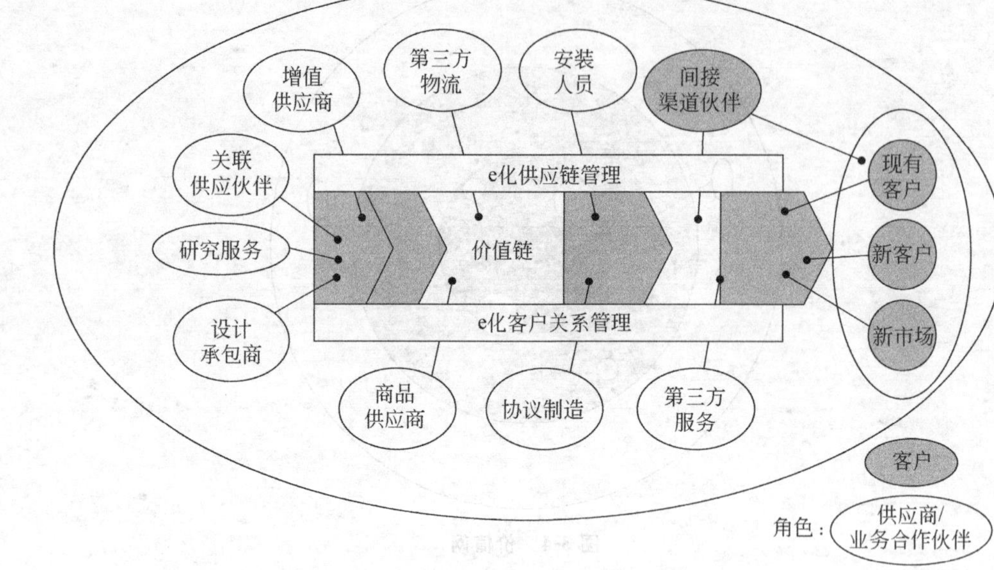

图 3-6　e 化超企业

还有企业为其他企业提供外包服务等。在未来，每个企业都是通过自己的核心竞争力参与价值网的运作，没有核心竞争力的企业将无法生存下去。

(2) 进行基于客户关系的产品和市场转型，提供个性化的、快捷而周到的产品和服务，越来越明显的趋势是，产品只占客户关系的一小部分，企业将更多地依靠服务竞争。

(3) 利用自己的客户关系进行行业融合，企业竞争的基础将从产品和服务转变为客户关系，客户是企业最关键资产，因此企业通过跨行业进行转型，如沃尔玛通过收购一家银行涉足金融业，从而为企业赢得持久的竞争优势及带来重大价值。

需要指出的是企业开展电子商务的四个阶段，每个阶段既不是顺承的，也不是静态的、相互排斥的。从图 3-1 可以看出各阶段是相互有重叠的，即每一个阶段中所进行的活动、运作方法以及战略部署会延续到下一个阶段，实际上，各阶段之间的界限并不非常清晰。

而且，企业可以一次仅移动一个阶段，最后到达第四个阶段；也可以跳跃某一个阶段；有的企业在某个阶段稳定相当长的时间；有些企业居于两个阶段之间等。企业和行业状况、竞争环境以及客户需求在某种程度上决定了企业处于哪一个阶段。

3.2　ERP：企业开展电子商务的基础

企业开展电子商务的第一阶段是企业内部价值链的优化、集成。它的主要内容是作为企业经营管理支柱系统的 ERP 系统的实施，构建企业开展电子商务的基础。

ERP 是从 MRPⅡ发展过来的，其发展经历了订货点法、MRP(Material Requirement Planning)物料需求计划、闭环的物料需求计划、MRPⅡ(Manufacturing Resources Planning)制造资源计划几个阶段，到 1990 年发展为企业资源计划(Enterprises Resources Planning，ERP)。

3.2.1　传统的库存控制方法——订货点法及其缺陷

物料在转化过程的各个状态间(从原材料、毛坯、零件到部件)会存在闲置状态,这种处于闲置状态的物料就是库存。在企业的实际生产中,由于生产过程中的各种不确定性和供应的不确定性,库存是不可避免的。对企业来讲,库存有利也有弊。一方面,库存能应付各种变化,起到应急和缓冲作用;能防止短缺;能维持生产过程的连续性,使生产不中断,同时保持生产过程的均衡、平稳。另一方面,库存不仅要占用大量的资金,而且企业还要支付库存维持费(管理费、场地费等),从而影响企业的利润;库存还掩盖了生产经营中的各种矛盾。正因为库存在企业实际生产中有正、反两方面的影响,所以,如何降低库存的副作用,强化其正面影响,做到让浪费最少而又能保证生产经营正常进行,一直是库存分析与控制所追求的目标。ERP 的发展源于对库存控制问题的解决。

所谓库存控制就是要确定订货点(何时订货)和订货批量(一次订多少)。传统的库存计划与控制方法是订货点法。其基本思想是根据过去的经验预测未来的需求;根据物料的需求情况来确定订货点(何时订货)和订货批量(一次订多少)。

订货点法的基本假设是各种物料需求是相互独立的;物料的需求是稳定、连续的;订货提前期是已知的、固定的;订货点法的这些假设与现实差距较大,订货点法适合于需求比较稳定的物料。订货点法中典型的库存控制系统有定量订货系统、定期订货系统以及最大最小系统。

1. 几种典型的订货点库存控制系统

1) 定量订货系统

(1) 订货点和订货量固定不变。

(2) 在日常生产活动中连续不断地检查库存水平,当库存量下降到订货点 RL 时就发出订货通知,每次按相同的订货量 Q 补充库存;关键是要确定 Q、RL。

2) 定期订货系统(固定订货间隔期系统)

(1) 有一个预定的库存水平(HSL)。

(2) 按预先确定的周期检查库存水平并随后提出订货,将库存补充到预定的目标水平。

(3) 该系统没有订货点,每次定期检查,在现有库存量的基础上补充订货。

3) 最大最小系统

(1) 有一个预定的最大库存水平(S)和最小库存水平(s)。

(2) 订货策略:按预先确定的周期检查库存水平,当库存量小于 s 时,提出订货,将库存补充到预定的目标水平(S);当库存量大于 s 时,不提出订货。

(3) 该系统没有订货点,每次定期检查,通过比较现有库存量与 s 的大小来决定是否补充订货。

2. 订货点法的缺陷

用传统的订货点方法处理制造过程中的物料供需矛盾,有很大的盲目性,结果会造成大量的原材料及在制品库存,以及低服务水平。将订货点方法用于制造过程有以下缺点。

1）盲目性

由于需求的不均匀以及对需求的情况不了解，企业不得不保持一个较大数量的安全库存来应付这种需求。这样盲目地维持一定量的库存会造成资金积压。

2）高库存与低服务水平

用订货点方法会造成高库存与低服务水平。由于对需求的情况不了解，只有靠维持高库存来提高服务水平。这样会造成很大浪费。传统的订货点方法使得低库存与高服务水平两者不可兼得。服务水平越高则库存越高。而且，服务水平达到95%以上时，再要提高服务水平，库存量上升很快。从理论上讲，服务水平接近100%则库存量必然趋于无穷大。

3）形成"块状"需求

采用订货点方法的条件是需求均匀。但是，在制造过程中形成的需求一般都是非均匀的：不需要的时候为零，一旦需要就是一批。采用订货点方法加剧了这种需求的不均匀性。由此可以看出，在产品的需求率为均匀的条件下，由于采用订货点方法，造成对零件和原材料的需求率不均匀，呈"块状"。"块状"需求与"锯齿状"需求相比，平均库存水平几乎提高一倍，因而占用更多的资金。

很明显，订货点法之所以有这些缺陷，是因为它没有按照各种物料真正需用的时间来确定订货日期。于是，人们便思考：怎样才能在需要的时间，按需要的数量得到真正需用的物料从而消除盲目性，实现低库存与高服务水平并存。这是当时库存管理专家们不断探索的中心问题，正是在这个过程中，产生了MRP的思想。

3.2.2 MRP的起源、思想及处理逻辑

1. MRP的起源

随着计算机应用于解决订货点方法所暴露的问题，逐渐产生了MRP的思想。最早提出解决方案的是美国IBM公司的Dr. J. A. Orlicky博士，他在1960年设计并组织实施了第一个MRP系统。其主要思想是打破产品品种台套之间的界线，把企业生产过程中所涉及的所有产品、零部件、原材料、外购件等，在逻辑上视为相同的物料，再把所有物料分成独立需求（independent demand）和相关需求（dependent demand）两种类型，根据对产品的需求时间和需求数量展开为对物料的需求，按时间段确定不同时期各种物料的需求。

2. MRP的基本原理

1）加工装配式生产的工艺顺序

任何企业的生产活动都是围绕生产客户所需的产品而进行的，对于加工装配式生产，其工艺顺序（即物料转化过程）是：将原材料制成各种毛坯，再将毛坯加工成各种零件，零件组装成部件，最后将零件和部件组装成产品。

如果要求按一定的交货时间提供不同数量的各种产品，就必须提前一定时间加工所需数量的各种零件；要加工各种零件，就必须提前一定时间准备所需数量的各种毛坯，直至提前一定时间准备各种原材料。

2）MRP 的基本思想

（1）围绕物料转化组织制造资源，实现按需要准时生产。

从加工装配式生产的工艺顺序来看，如果确定了产品出产数量和出产时间，就可按产品的结构确定产品的所有零件和部件的数量，并可按装配生产周期以及各种零件和部件的生产周期，反推出它们的出产时间和投入时间。物料在转化的过程中，需要不同的制造资源（机器设备、场地、工具、工艺装备、人力和资金等），有了各种物料的投入出产时间和数量，就可以确定对这些制造资源的需要数量和需要时间，这样就可以围绕物料的转化过程，来组织制造资源，实现按需要准时生产。

如果一个企业的经营活动从产品销售到原材料采购，从自制零件的加工到外协零件的供应，从工具和工艺装备的准备到设备维修，从人员的安排到资金的筹措与运用，都按照 MRP 的这种基本思想进行，就可形成一整套新的方法体系，它涉及企业的每一个部门，每一项活动。因此，人们又将 MRP 看成是一种新的生产管理思想和生产方式。

（2）强调以物料为中心组织生产，体现了为顾客服务的宗旨和按需定产的思想。

是以物料为中心来组织生产，还是以设备为中心来组织生产，代表了两种不同的指导思想。以物料为中心组织生产体现了为顾客服务的宗旨。物料的最终形态是产品，它是顾客所需要的东西，物料的转化最终是为了提供使顾客满意的产品。因此围绕物料转化组织生产是按需定产思想的体现。以设备为中心组织生产，即有什么样的设备生产什么样的产品，是以产定销思想的体现。以物料为中心来组织生产，要求一切制造资源围绕物料转。要生产什么样的产品，决定了需要什么样的设备和工具，决定需要什么样的人员。以物料为中心可以把企业内各种活动有目的地组织起来。例如，某工艺装备是为满足某零件的某道工序的加工要求而设计制造的，该工艺装备应该在该零件的那道工序开始进行时提供，既不能早，也不能迟。以设备或其他制造资源为中心组织生产，则会陷入盲目性。例如导致追求所有设备的满负荷，追求每个人每时每刻必须有活干等。

以物料为中心组织生产，要求上道工序应该按下道工序的需求进行生产，前一生产阶段应该为后一生产阶段服务，各道工序做到既不提前完工，也不误期完工，因而是最经济的生产方式。MRP 正是按这样的方式来完成各种生产作业计划的编制的。

（3）MRP 处理的是相关需求。

在 MRP 系统中，“物料”是一个广义的概念，泛指原材料、在制品、外购件以及产品。所有物料分成独立需求和相关需求两类。

- 独立需求：若某种需求与对其他产品或零部件的需求无关，则称为独立需求。它来自企业外部，其需求量和需求时间由企业外部的需求来决定，如客户订购的产品、售后用的备品备件、试销样品、试验性项目等。其需求数据一般通过预测和订单来确定。
- 相关需求：对某些项目的需求若取决于对另一些项目的需求，则这种需求为相关需求。它发生在制造过程中，可以通过计算得到。例如，要生产一辆汽车，必须先准备好或生产出 1 台发动机、1 个离合器、4 个车轮等，发动机的需求即为相关需求，其需求量和需求时间可由汽车总装的数量和时间决定。所以对原材料、毛坯、零件、部件的需求，来自制造过程，是相关需求，MRP 处理的正是这类相关需求。需要注意的是，一个物料有时可能既是相关需求又是独立需求。

(4) 将产品制造过程看作是从成品到原材料的一系列订货过程。

从库存系统的观点来看，可以把制造过程看作从成品到原材料的一系列订货过程。要装配产品，必须向其前一阶段发出订货，提出需要什么样的零部件，需要多少，何时需要；同样，要加工零件，必须向前一阶段发出订货，提出需要什么样的毛坯，需要多少，何时需要；要制造毛坯，就需要对原材料订货。对这个过程还可以作更细的划分。如毛坯要经过若干道工序加工才能制成零件，在加工过程中，后道工序也向前道工序提出订货。

这样在制造过程中形成了一系列的"供方"与"需方"。供方按需方的要求进行生产，最终保证外部顾客的需要。在制造过程中，需方的要求不可以任意改变，它完全取决于产品的结构、工艺和生产提前期，因而是可以预见的。于是，可以用生产作业计划的形式来规定每一生产阶段、每一道工序在什么时间、生产什么和生产多少。这就是 MRP 能够实现按需要准时生产的原因。

MRP 思想的提出解决了物料转化过程中的几个关键问题：何时需要，需要什么，需要多少？它不仅在数量上解决了缺料问题，更关键的是从时间上来解决缺料问题。因此，MRP 一经推出便引起了广泛的关注，并随着计算机技术的发展而不断发展。

3. MRP 的基本逻辑

MRP 的基本原理就是由产品的交货期展开成零部件的生产进度日程与原材料、外购件的需求数量和需求日期，即将主生产计划转换成物料需求表，其主要功能及运算依据如表 3-1 所示。

表 3-1 MRP 的主要功能及运算依据

处理的问题	所需信息
1. 生产什么？生产多少？	1. 切实可行的主生产计划(MPS)
2. 要用到什么？	2. 准确的物料清单(BOM 表)
3. 已具备什么？	3. 准确的物料库存数据
4. 还缺什么？何时需要？	4. MRP 的计算结果(生产计划和采购计划)

MRP 的基本逻辑如图 3-7 所示。

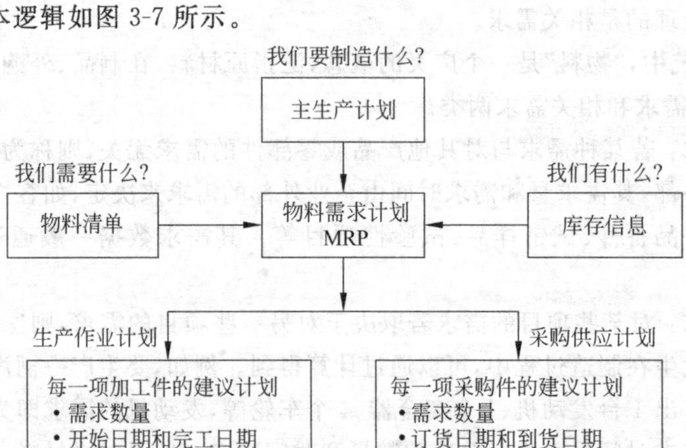

图 3-7 MRP 的基本逻辑

从图 3-7 可以看出，MRP 的输入有主生产计划（产品出产计划，MPS）、物料清单（产品结构文件，BOM）和库存状态文件三个部分。

1）主生产计划（MPS）

主生产计划（Master Production Schedule，MPS）是 MRP 的主要输入，它是 MRP 运行的驱动力量。

2）产品结构文件

产品结构文件又称为物料清单文件（Bill of Materials，BOM），它表示了产品的组成及结构信息，不只是所有元件的清单，还反映了产品项目的结构层次以及制成最终产品的各个阶段的先后顺序。

BOM 表是 MRP 计算的又一依据，利用它可以准确地计算相关需求。其中所包含的物料可分成两类：一类是自制项目，另一类是采购项目（包括所有的原材料、外购件和外协件）。MRP 展开后，自制项目的物料需求计划便形成相应的生产作业计划，采购项目的物料需求计划形成相应的采购供应计划。

在产品结构文件中，各个元件处于不同的层次。每一层次表示制造最终产品的一个阶段。通常，最高层为零层，代表最终产品项；第一层代表组成最终产品项的元件；第二层为组成第一层元件的元件……以此类推；最低层为零件和原材料。各种产品由于结构复杂程度不同，产品结构层次数也不同。

3）库存状态文件

库存状态文件保存了每一种物料的有关数据，MRP 系统关于订什么，订多少，何时发出订货等重要信息，都将引起库存状态的变化，因此都存储在库存状态文件中。产品结构文件是相对稳定的，而库存状态文件却处于不断变动之中。MRP 每运行一次，它就发生一次大的变化。

3.2.3　闭环 MRP 与 MRP Ⅱ

1. 闭环的含义

初期 MRP 没有考虑企业的生产能力问题，将企业的生产能力视为无限，所以，并不能保证精心编制出的生产计划是实际可行的，它还有一些遗留问题没有解决，如：

(1) 企业是否有足够的能力在计划期内生产或采购所需数量的各种物料？

(2) 计划下达到车间和供应部门后，是否能按预定的日程进行，如果不能，应如何处理？

(3) 如果主生产计划要进行调整，MRP 如何适应其调整？

因此，为了解决上述问题，就必须考虑：

(1) 在正式下达 MRP 编制的计划前，必须对其所需的能力进行平衡；

(2) MRP 编制的计划下达后，必须对计划的执行情况进行控制，这就要求从供应商和生产现场取得信息反馈；

(3) 当计划编制依据发生变化时，应及时调整计划。

据此，在 1969 年推出了闭环 MRP，它在初期 MRP 的基础上补充了以下功能：

(1) 编制能力需求计划。

(2) 建立了信息反馈机制，使计划部门能及时从供应商、车间作业现场、库房管理员、计划员那里了解计划的实际执行情况。

(3) 计划调整功能。闭环 MRP 的"闭环"实际有双重含义。一方面,它不单纯考虑物料需求计划,还将与之有关的能力需求、车间生产作业计划和采购等方面考虑进去,使整个问题形成"闭环";另一方面,从控制论的观点,计划制订与实施之后,需要取得反馈信息,以便修改计划与实行控制,这样又形成"闭环"。闭环 MRP 基本上可以保证计划的有效性,使 MRP 真正成为一种计划与控制系统。

2. MRPⅡ(Manufacturing Resource Planning)阶段

企业成功应用闭环 MRP 后很自然地联想到:

(1) 既然库存记录足够精确,为什么不可以根据它来计算成本?

(2) 既然 MRP 得出的是真正要制造和要购买的元件,为什么不能依据它作采购方面的预算或作为对采购订货进行核算监督的依据?

(3) 既然生产计划已被分解成确定要实现的零部件的投入出产计划,为什么不可以把它转化为货币单位,使经营计划与生产计划保持一致呢?

把生产活动与财务活动联系到一起,是从闭环 MRP 向 MRPⅡ迈出的关键一步,而将闭环 MRP 与企业经营计划联系起来则使企业各个部门有了一个统一可靠的计划控制工具。MRPⅡ是企业级的集成系统,它包括整个生产经营活动:销售、生产、生产作业计划与控制、库存、采购供应、财务会计、工程管理等。MRPⅡ在 1980 年初开始发展起来,是一种资源协调系统,代表了一种新的生产管理思想。

3.2.4 ERP-企业资源计划

ERP 是 Gartner Group 公司 1990 年初提出的一个概念,它通过一系列的功能标准来界定 ERP 系统。ERP 具有超越 MRPⅡ范围的集成功能,支持混合方式的制造环境,支持开放的客户机/服务器计算环境等。

ERP 是在 MRPⅡ基础上发展起来的,以供应链管理思想为基础,以现代化的计算机及网络通信技术为运行平台,集企业的各项管理功能为一身,并能对供应链上所有资源进行有效控制的计算机管理系统。ERP 把客户需求和企业内部的制造活动,以及供应商的制造资源整合在一起,体现了完全按用户需求制造的思想。

1. ERP 产生的背景

当今时代,企业面临的主要问题是市场变化快,预测难度大;客户个性化需求比重不断增加,生产组织难度大;产品生命周期缩短,创新工作量大;供应商选择空间大,采购参数变动大;非标产品多,产成品库存增大,库存控制难度加大;市场竞争日益激烈。在这样的环境下,企业要想生存发展就必须要正视顾客的多样化与个性化需求;增强市场预测与分析能力;快速响应市场变化与个性化需求;扩大供应商选择空间,有效控制成本;监控产成品在营销网络体系上的分布,控制产成品库存;实现企业资金流、物流与信息流的一体化控制。

传统的 MRPⅡ只能对企业内部资源进行集成优化管理,难以支持对客户资源的管理和对客户服务的管理;不能实现协同销售;难以支持多工厂、多地点、多销售机构的跨地域经营运作;不支持混合制造模式;MRPⅡ的功能表现出一定的局限,其管理范围需要扩充。与此同时,通信和信息技术 如网络和分布式数据处理技术、Internet/Intranet/Extranet、电子商务、电子数据交换(EDI)的发展使在不同平台的互操作以及对整个供应链信息进行集成管理得以实现,为 ERP 提供了技术上的可能性。

2. ERP 的功能特点

ERP 的功能特点主要表现为以下 4 点。

(1) ERP 扩充了企业经营管理功能。ERP 相对于 MRPⅡ,ERP 的管理功能在原有 MRPⅡ功能的基础上进行了拓宽,增加了质量控制、运输、分销、售后服务与维护、市场开发、人事管理、实验室管理、项目管理、融资投资管理、获利分析、经营风险管理等功能子系统。它可以实现全球范围内的多工厂、多地点的跨国经营运作。

(2) ERP 面向供应链,扩充了企业经营管理的范围。ERP 系统把客户需求和企业内部制造活动以及供应商的制造资源整合在一起,强调对供应链上所有环节进行有效管理。ERP 能对供应链上所有资源进行计划、协调、操作、控制和优化,降低了库存、运输等费用,并通过 Internet/Intranet/Extranet 在整条供应链上传递信息,使整条供应链面对同一需求做出快速的反应,使企业以最快的速度、最低的成本将产品提供给用户。

(3) ERP 支持混合制造方式的管理,实现应用环境的扩展。不仅支持各种离散型制造环境,而且支持流程式制造环境。

(4) ERP 具有模拟分析和决策支持功能,具有动态的监控能力。为企业作计划和决策提供多种模拟功能和财务决策支持系统;提供诸如生产组织、项目决策、风险、企业合并/收购、融资投资决策分析功能;在企业级的范围内提供对质量、客户满意、效绩等关键问题的实时分析能力。

3. ERP 应用是企业的管理变革

ERP 应用是企业的一次管理变革,将对企业原有的管理思想与管理模式产生冲击,必须获得企业最高决策层的领导与推动,将 ERP 应用仅仅作为一项技术工作来推动是一个重大误区。ERP 应用是一次企业业务流程重组,实施 ERP 应按照 ERP 的先进管理思想对企业业务流程进行优化与重新设计,去掉冗余的和无效的工作环节,对业务重新进行整合,目的是追求优秀流程,快速响应客户需求。

3.2.5 ERPⅡ

企业正在将自身业务从纵向的、高度集成的、注重内部功能优化的大而全模式向更灵活、更专注于核心竞争力的实体模式转化,从而企业可以在整个供应链和价值网络中优化其经济和组织结构。

一个首要的优化方式就是不仅注重 B2B 或 B2C 电子商务模式,而且更注重协作商务过程。协作商务是指在企业内部员工之间、业务伙伴之间、企业与客户之间通过电子化方式协同工作的商业社区。这个商业社区可以是某个行业或行业段,或供应链或供应链段。在协作社区内,企业不仅仅依靠各自产品或服务的质量、成本和交付速度来竞争,而且还需要依赖为其他协作伙伴提供的信息质量获得竞争优势。

这一变化使得企业客户或解决方案供应商需要重新考虑和设计企业管理系统，以便涵盖更多的外向型系统元素。传统 ERP 系统不得不从系统结构和业务功能等诸多方面彻底改变，于是，新一代的管理系统应运而生，这就是 ERPⅡ。

其实，ERPⅡ定义是一种新的商业战略，它由一组行业专业化的应用组成，通过它们建立和优化企业内部和企业之间流程、协作运营和财务运作流程，从而将客户和股东价值优化。

传统 ERP 系统注重制造业企业的资源计划和库存准确率，同时也注意到了企业的业务可见度。后续扩展的 ERP 需求使一些非制造业企业也采用 ERP 系统作为后台财务处理系统。但由于企业客户对供应链管理 SCM、客户关系管理 CRM 和电子商务功能等新功能的要求不断出现，一些 ERP 厂商为应对这方面的需求而推崇所谓的 EAS 企业应用套件。但是 EAS 那种在企业内对全部的人提供全部的事的方式并不适用未来的企业对专注和外部联结性的强烈需求。

ERPⅡ的定义强调未来的企业注重深度行业专业分工和企业之间的交流，而不仅仅是企业业务过程管理。

ERPⅡ系统包含以下六个基本特征，分别从业务、应用和技术方面定义了其战略取向。

(1) ERPⅡ的作用：从传统 ERP 的资源优化和业务处理扩展到利用企业间协作运营的资源信息，并且不仅仅是电子商务模式的销售和采购。

(2) 领域：ERPⅡ的领域已经扩展到非制造业。

(3) 功能性：超越传统通用的制造、分销和财务部分，而扩展到那些针对特定行业或行业段业务。

(4) 业务处理：从注重企业内部流程管理发展到外部联结。

(5) 系统结构：与单调的 ERP 系统结构不同，ERPⅡ系统结构是面向 Web 和面向集成设计的，同时是开放的、组件化的。

(6) 数据处理方式：与 ERP 系统将所有数据存储在企业内部不同，ERPⅡ面向分布在整个商业社区的业务数据进行处理。

可以看出，除了系统结构的不同之外，ERPⅡ的这些特征代表了传统 ERP 的扩展。

3.3 供应链集成

供应链集成是企业开展电子商务在第一阶段基础上的扩展。在这一阶段，企业用电子商务技术作为一种工具，在供应链企业间实现信息共享与电子交易，包括通过互联网加强原有销售渠道、改进客户服务以及降低库存、提高采购效率等。

3.3.1 供应链概念及所体现的管理思想

1. 供应链的概念

一般认为，供应链是围绕核心企业，通过对信息流、物流、资金流的控制，从采购原材料开始，制成中间产品以及最终产品，最后由销售网络把产品送到消费者手中的将供应商、制造商、分销商、零售商、直到最终用户连成一个整体的功能网链结构模式。它是一个范围更广的企业结构模式，它包含所有加盟的节点企业，从原材料的供应开始，经过链中不同企业的制造加工、组装、分销等过程直到最终用户。它不仅是一条连接供应商到用户的物料链、信息链、资金链，而且是一条增值链，物料在供应链上因加工、包装、运输等过程而增加其价值，给相关企业都带来收益。

2. 供应链管理所体现的管理思想

供应链定义的表述虽各不相同，但基本上都体现了以下管理思想。

1）系统观念

不再封闭而孤立地看待企业的采购、生产和销售等经营活动和过程，而是突破企业界限束缚，将企业的产、供、销与其他市场经济实体及其活动建立外部联系，将供应商、生产商、分销商以及消费者视作一个有机联系的整体，通过集体目标统一协调所有成员的信息流、物流和资金流，取得企业之间超越组织界限的集成和整合。这样，消费者、生产商、分销商和供应商等经济主体之间以供应链的整体形式，超越组织界限，通过相互连接、依存、渗透和互动，形成合作式的网络系统，在跨组织的整体运作中实现所有成员共赢的共同目标。

2）合作观念

供应链在本质上是建立在合作和共赢的信念上的。它认为，建立在相互信任、互利及长期发展基础上的信息共享和合作行动，将最终消费者的需求转化为所有参与者的集体行动。每一个经济主体都从事产品制造和提供过程所必需的一部分活动，不但可以在相互支持、配合和协调中实现整体利益最大化，也会使每一个参与者从中获益。因此在供应链中，经济主体之间合作化的伙伴关系替代了传统的你死我活的竞争性关系，参与各方的决策偏好和行动目标不是完全集中在价格等短期目标，而是集中在行动协调一致，提高整体效率和产品质量，维系灵活性和整体竞争力等方面的团结合作与共同利益因素，把更好地响应和服务于消费者需求作为行动指南，致力于共赢前景的真正实现。

3）集体性观念

供应链是具有一定专长和市场竞争力的企业之间的一种合作性安排，是一种绩优高效的价值共同创造活动。供应链系统的各个节点选择是遵循强强联合的原则，集聚最具市场竞争力的经济资源，通过相辅相成，和谐共融的企业资源和能力的整合，发挥整体效能，将单一企业的核心竞争力融合为整体竞争力，极大地提升了市场竞争优势。

3.3.2　供应链集成下的采购管理

1. 供应链集成下的采购管理

供应链集成下的采购管理是供应链管理的重点内容之一，它管理供应链上下游企业之间的原材料和半成品的供给过程，沟通生产需求与物资供应的联系。采购管理要做到 5 个恰当：恰当的数量、恰当的时间、恰当的地点、恰当的价格、恰当的来源。

2. 供应链集成下企业物料供给过程及特点

供应链集成下购买方采购活动的过程如下：采购方采购管理部门寻找、鉴别并确定对企业具有战略意义的长期合作供应商，并与其一道，就企业长期需要的采购物品，产品的种类、名称、具体描述、质量、预定交货期，经过前期多轮协商后的价格等条款，形成一个统一的综合的目录表，放在企业内部 Intranet 上，供企业内部所有部门和成员访问和浏览，日常目录管理如内容更新等工作由双方合作进行。企业第一线的运营部门根据生产运营的开展情况，确定采购需求，在线填写请购单，并自动提交给企业预算或财务部门审核和批准，然后形成正式的采购单并通过 Extranet 发给相应的供应商。供应商接到订单后，然后进行回应，组织生产、安排库存水平等。整个系统支持采购方线上协商、下单、订单执行情况跟踪等全部采购过程。

这种采购方式中采购管理的特点是：

(1) 采购方主动地根据内部生产运营的需要，"拉动式地"进行产品采购，将内部过程与外部过程建立连接。

在采购方企业中，采购权力完全集中于生产运营第一线的员工手中，并由其根据实际需要直接产生需求信号，从而拉动原材料由供应商进入企业系统。这样，不但采购方的内部活动直接获得外部的响应和反馈，而且对供应方来说，由于直接与采购方的内部过程相连，也对其产生超越组织界限的端到端的直接影响。由此，采购方可以主动地安排和控制原材料以精确的数量在适当的时间进入需要的地点，有利于克服拉动式物料供给所带来的巨大库存占用。同时，线上采购与生产过程的整合，可以更好地实行财务核算和控制；对供应商来说，由于从采购方获得更为准确的需求信息，可以更为合理地安排生产和库存计划，提高生产的准时化程度。

(2) 随着供需双方合作过程中采购方企业内部运营与外部供给系统的协同与整合程度的不断加深，推动了双方之间伙伴关系的发展和深化。

由于物料供给是建立在获取和交流对方某些内部信息的基础上的，因此随着良好的合作历史的延长，在一定程度上促进了双方的了解、默契和相互配合，将相互合作由采购活动扩展到整个企业系统。例如，对采购方来说，当采购方对供应商的依赖程度不断加强时，采购方与供应商的合作逐渐从操作级向战术级攀升，带动相互关系由合作型到协同型的深入。当达到采购方与供应商共享生产计划，将企业运作系统与对方系统完全整合时，双方类似于一个企业中浑然一体的两个部门。

3.3.3 供应链集成下的渠道管理

制造商生产出来的产品经过分销商、零售商最终送达到消费者手中，传统方式下，由于信息传递过程中的时滞，使得在供应链上销售物流诸环节出现长鞭效应，给制造商、分销商等带来经济损失。供应链集成环境通过充分的信息共享与合作可以有效地解决销售物流环节的"长鞭效应"。

1. 长鞭效应

"长鞭效应"一词最初源自美国宝洁公司。公司销售经理在考察其某畅销产品时发现，尽管零售商店的销售情况经常波动，但并没有任何异常情况。然而，当考察分销商的订单时却发现惊人的变动性。所谓"长鞭效应"就是指，生产商经过分销商、零售商等中间环节所接受订单的方差，大幅高于对最终消费者的销售量的方差，而且当需求信息在从下游消费者到上游生产商的传递过程中，需求扭曲的程度不断放大。

对于"长鞭效应"有不同的解释，美国学者 Hau. L. Lee 认为"长鞭效应"是供应链内部

结构中成员之间理性互动行为的结果。他的研究结果表明,“长鞭效应”由以下原因造成:

1) 需求预测的逐级变更

供应链中的每一个企业常常进行产品预测,用以制订生产计划、能力计划、库存控制以及材料需求计划。这种预测常常是基于紧后客户的订单基础上的。当下游客户投下订单时,企业经理人员把订单作为一种未来对产品需求的信号。因此,他根据这个信号,再重新调整自己对未来的预测,并在此基础上,形成向上游供应商的订单。这样经过层层中间环节的不同处理,使得订单随时间波动程度远远大于需求的变化情况。

2) 订货周期

一般情况下,企业之间的订货由于巨大的订单处理时间和处理成本的存在,供应商往往不能频繁接受和处理订单。另外,许多生产商在其 MRP 系统的月度运营期内产生采购订单,因而形成向供应商的月度性订货周期。周期性订货使得供应商接收的订单变动极大,反复无常,在订货周期内接受订单时刻处于尖峰位置,而其余时间内甚至没有订单。这样,订单的变动程度经过订货周期内的累积,大幅超出需求的变动水平。

3) 价格波动

在市场交易中,常常存在着所谓的“超前购买”现象,即卖方通过特别的促销活动,如价格折扣、数量折扣、回扣等,令产品价格更加富于吸引力,使买方在并不需要的情况下而发生购买行为。因此,当产品价格较低时,客户超额购买;产品价格回升到正常水平时,客户则按兵不动,直到储备耗尽才开始消费。所以,消费者的购买行为不能真实反映其消费情况。这样来看,供应链中产品订单的变化率必定要高于产品需求的变化率。

4) 配给与短缺博弈

当产品需求超过供给时,生产商常常以配给的方式向客户提供产品。其做法是,客户的配给量与其定购量成正比。所以,客户常常投下远超其真实需求的订单以获得更多配额。当需求热潮消退时,生产商却仍按照理性决策生产和配给,而此时客户也因产品配给预期而不下单。这种“博弈”的效应,使得客户的订单不能给生产商提供多少关于产品正式需求的真实信息。

在以上分析基础上,从供应链成员企业之间协调机制,也就是信息共享,渠道联盟以及运营效率等方面提出了一些降低“长鞭效应”的方法和措施。可以看出,Hau. L. lee 以信息过程为切入点对供应链运营过程的分析比较符合实际情况。企业并不是通过调整决策者行为来消除信息扭曲造成的“长鞭效应”情况。而是通过集成供应链,来减少“长鞭效应”对整体运营的负面影响。例如信息系统集成与整合,定义新的组织关系,采用新的评级系统等。他的研究成果指出了信息过程作为供应链运营管理的实质所在,对供应链管理理论的发展具有重要贡献,也为数字化时代供应链管理研究打下了重要的理论基础。

2. ECR、QR 及 CPFR

传统方式下供应链中广泛存在的问题有:长鞭效应;库存积压;制造商与上下游企业的关系恶化,企业间的集成度较低;交货提前期长,服务水平低等。追究其原因,归根到底是因为传统的供应链中各节点企业的赢-损思想,以及由此形成的企业之间的“敌对博弈”关系,目标相互冲突,信息不能共享,分散预测和计划,从而导致需求波动随着向供应链上游前进而增大,整个供应链运作效率低下。

20世纪80年代以来，随着信息技术和通信技术的发展，以及人们对供应链管理战略的理解深入，新的供应链管理策略不断出现，有效地解决了上述问题，如快速反应、有效客户反应、合作计划、预测与补充、持续补充，供应商管理库存、经销商一体化等。它们都是通过信息技术和改善合作伙伴关系重组供应链流程，使订货提前期和成本极小化。

1）快速反应

快速反应(Quick Response,QR)是20世纪80年代美国成衣制作业和零售业共同推动的产物，即QR的概念首先在零售业和制衣业之间得到应用。其目标是降低存货和零售店缺货率，提高商品周转率。其管理思想是：用销售信息指导零售业的采购决策和制造业的生产决策，通过收集顾客最新购买信息、厂商频繁送货、增加品种选择余地、减少订货处理时间和仓库收货时间帮助零售商提供更好的顾客服务，同时压缩交货提前期，获得更高的经营收益。它是零售商和生产厂家建立(战略)伙伴关系，利用EDI等信息技术，进行销售时点的信息交换以及订货补充等其他经营信息的交换，用多频度小数量配送方式连续补充商品，以实现缩短交纳周期，减少库存，提高顾客服务水平和企业竞争力。美国学者Jarnie Bolton认为QR是及时方式(Just in Time)在零售业的一种应用。

快速反应成功的5个条件：

(1) 必须改变传统的经营方式，革新企业的经营意识和组织。

(2) 必须开发和应用现代信息处理技术，这是成功QR活动的前提条件。

(3) 必须与供应链各方建立(战略)伙伴关系。

(4) 必须改变传统的对企业商业信息保密的做法，将销售信息、库存信息、生产信息、成本信息等与合作伙伴交流分享，并在此基础上，要求各方在一起发现问题、分析问题和解决问题。

(5) 供应商必须缩短生产周期，降低商品库存。

2）有效顾客反应

有效顾客反应(Efficient Consumer Response,ECR)是1992年美国食品业和超市行业推出的类似快速反应的供应链管理策略，目标是通过对制造商、批发商和零售商各自经济活动的整合，降低供应链各个环节不必要的成本和过程，以最低的成本，最快的速度，最好的服务满足消费者需求，给客户带来更大的效益。有效顾客反应的管理思想是：以消费者需求为导向，以零售商、批发商和厂商的紧密合作为前提，降低和消除供应链上的无谓浪费，加强商品品牌，管理提高顾客价值，优化经营业绩。

归纳起来，ECR流通模式有如下主要特征：

(1) 以消费者需求为系统拉力。

(2) 拆除整个商品供应链上的各种"围墙"，以合作强化竞争。

(3) 以信息技术为主要技术支撑，有效顾客反应采用的技术主要有POS扫描、电子收货系统、EDI、计算机辅助订货(CAO)、持续补充(CR)、数据库营销、品种管理和直接转运等。

(4) 完善流通组织框架、物流技术、营销管理和质量管理等。

ECR流通模式的核心内容是管理变革，要从传统的流通模式向ECR流通模式转化，就必须对整个商品供应链进行彻底的4R革命。即Restructure(组织构架再造)、Reposition

(策略再定位)、Revitalization(企业文化再造)和Reengineering(流程再造)。

3) 合作计划、预测与补给

从本质上说,有效顾客反应是快速反应在食品行业中的创新,是快速反应发展的第二阶段。目前,快速反应已发展至第三阶段,即合作计划、预测与补给(Collaborative Planning,Forecasting and Replenishment,CPFR)。CPFR适用于所有的行业,覆盖整个供应链的合作过程。CPFR同样以消费者需求为中心,通过改善零售商和供应商的伙伴关系,共同管理业务过程和共享信息,共同开发单一、共享的消费者需求预测系统来提高预测的准确度,最终达到提高供应链效率、减少库存和提高最终消费者满意度的目的。CPFR是零售商和制造商之间更高程度的信任,合作伙伴达成通用业务协议,发展联合业务计划,承诺共享预测和为供应链的成功运作提供持续保证,从而共担风险、共享利润,提高整个供应链的竞争优势。

具体体现在以下几个方面:

(1) 有效的零售商、分销商和制造商的业务合作。

(2) POS数据共享和消费者需求的共同预测,并以此产生制造商的生产订单和驱动订单执行过程的合作计划。

(3) 建立了一整套富于建设性的用以维系和促进供应链合作关系的指导原则和行为准则。如合作协议、履行责任、风险共担等。

(4) 同传统模式相比,CPPR在改善供应链合作关系,提高消费者满意度和供应链整体运作效率方面,无疑是一个重大的进步,具有重要的理论和应用价值。

4) 供应商管理的库存(Vender Managed Inventory)

长期以来,流通中的库存是各自为政的。流通环节中的每一个部门都是各自管理自己的库存,零售商、批发商、供应商都有各自的库存,而且库存是由库存拥有者管理的。这种库存管理模式并不总是最优的。例如,一个供应商用库存来应付不可预测的或某一用户不稳定的(这里的用户不是指最终用户,而是分销商或批发商)需求,用户也设立库存来应付不稳定的内部需求或供应链的不确定性。虽然供应链中每一个组织独立地寻求保护其各自在供应链的利益不受意外干扰是可以理解的,但这样做的结果导致重复建立库存,因而无法达到最低成本。

VMI库存管理系统就是突破传统的条块分割的库存管理模式,以系统的、集成的管理思想进行库存管理,使供应链系统能够获得同步化的运作。

VMI作为供给方与采购方合作进行库存管理和控制的一种方式,它是指供应商在下游合作伙伴的授权下,管理对方长期签约购买产品的库存。供给方通过与采购方分享信息,保证采购方的物料供给,并使采购方保持零库存或使库存维持在最低水平。

在经济生活中,VMI广泛地应用于供应链中的产品流通领域,以提高供应链中产品库存问题十分严重的下游零售商的库存管理水平。零售业VMI的目标是零售商在与供应商的紧密合作中,提高零售商的商品管理能力和水平,通过市场需求信息、零售商内部信息与供应商信息的集成,使得商品在顾客需要时正好在货架上,满足其消费需求。

传统的运作方式往往采用"推"的方式,以生产为中心,通过大规模生产来提高生产效率,降低单位产品的生产成本,以此获得利润空间与竞争力。在大量产品生产出来后,通过各种促销方式将产品推向消费者，维系市场有效供给的基本手段是供应链上的层层设置的库存。在供应链集成环境下，是以消费者需求为中心，以消费者的实际需求和对消费者未来需求的预测来组织生产。供应链管理是按市场需求拉动产品与服务的供应，以实现以生产为中心向以消费者需求为中心的转变。供应链集成下，物流由"推"转变为"拉"，按消费者需求组织生产、供给，避免了库存过剩的现象。正是基于这种理念和策略，产生了快速反应、有效顾客反应、合作计划、预测与补给、"供应商管理的库存"等现代供应链集成典型模式。

3.4 价值网集成

企业开展电子商务的第三阶段是价值网集成，在这一阶段企业成为由 e 化企业组成的 e 化价值网络的一个组成部分，e 化企业联合起来向客户提供价值，以实现客户需求的高效、快速响应。为了实现 e 化价值网络，企业不仅仅局限于与业务伙伴的简单合作，而要与他们进行全面合作，称为价值网集成。

3.4.1 价值网集成与供应链集成的比较

1. 战略性——技巧性

供应链和价值网的区别在于供应链是"技巧性的"，它是在原有的经营模式下，降低成本，提高效率，其根本使命是在约束变量范围内以有效的成本提供客户可接受的服务。而价值网是一种新的业务模式，它是战略性，是从识别客户需求到满足客户需求过程中的一系列端到端的步骤。

2. 关注顾客——关注供应

供应链是首先制造产品，然后又分销渠道将产品推向市场，希望有人购买这些产品。供应链集成只是提高了这一过程的效率。价值网集成由顾客开始，允许顾客自己设计产品，然后为满足顾客实际需要而进行生产。虽然需求拉动也是供应链管理的思想，但在供应链集成阶段，它只是从供应的角度强调的需求拉动，不是从客户真正的需求的角度。

3. 动态性、敏捷性、可伸缩——相对固定

传统的供应链是相对稳定的网链，它用固定的生产线生产一定固定品种的商品，然后通过固定的渠道送到市场上去。而价值网根据不同顾客的需求，选择相应的供应商和合作伙伴，因此更具有动态性、敏捷性和可伸缩性。

4. 更广泛和深入的业务流程及信息系统的集成

供应链集成阶段，只有供应链补充、采购及物流等接口环节上的信息共享；在价值网集成阶段，是业务流程和信息系统的深度集成，包括产品协作开发、协同计划、采购、物流、供应链补充等。

在集成的价值网内，企业与其供应商和业务合作伙伴把业务流程和信息系统集成起来，共享重要信息，对客户订单和意外变动做出迅速反应。订单管理与生产和计划紧密集成，制造过程与主要生产部件的采购保持同步。产品开发与订单管理紧密协调，让客户能够轻易进行网络订购。零售商、分销商、制造商以及核心部件供应商需要进行共同的基本预测，以避免出现产品积压或者存货膨胀情况。

3.4.2　e 化超企业

1. e 化超企业的概念

经过价值网集成的企业构成 e 化超企业。一个超企业是由客户、企业以及它的供应商及合作伙伴共同组成的实体。在超企业中开展业务，是一种新的商务模型——由顾客驱动的价值网集成模型，并构成超企业价值网络。

以前，每个企业都是围绕自己内在的价值链制定自身的经营战略，充分利用 ERP 系统提升企业的运行效率，在企业电子商务发展的第三阶段，e 化企业联合起来，作为一个超企业的组成部分向客户提供价值。

2. 超企业价值网络的构成

超企业价值网络由两部分构成：其一是超企业供应网络，其参与者包括产品提供企业、产品提供企业的供应商以及供应链内的业务合作伙伴；其二是超企业客户网络，其参与者包括产品提供企业，在需求链中的业务合作伙伴以及客户消费者。

超企业供应商网络的管理构成 e 化供应链管理，超企业客户网络的管理构成 e 化客户关系管理，超企业价值网络的构成如图 3-8 所示。

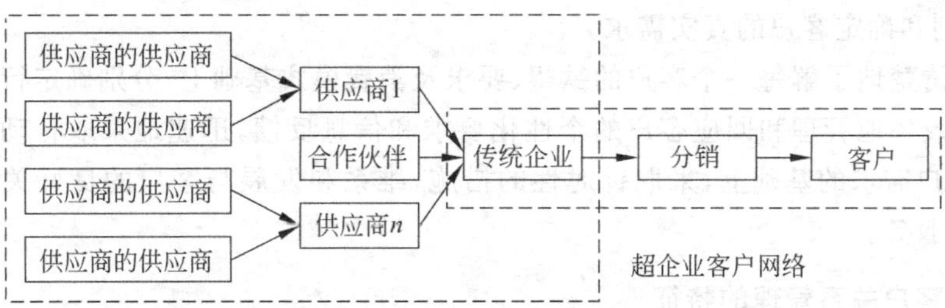

图 3-8　超企业价值网络的构成

3.4.3　e 化客户关系管理

3.4.2 节提到，超企业客户网络包括客户、间接渠道的业务合作伙伴，比如分销商和零售商，以及产品提供企业。在这其中，拥有客户关系的企业影响着超企业价值网络。拥有客户关系的企业决定了此网络的战略。对超企业客户网络的管理构成 e 化客户关系管理。

在现代经济社会，“消费者即上帝”的理念由来已久，并成为市场竞争的至上真理和企业经营管理的重要指导原则。因此，对消费者需求的了解、掌握和满足一直是企业生存和发展的关键。

1. 管理 e 化的客户关系

电子商务改变了市场空间中供需双方的比较地位，使得消费者可以在更广阔的范围内，以更有效率更便利的方式，寻找产品提供者。因此，传统的实现消费者满意的过程已经难以保持消费者忠诚，甚至具有极大的风险。在数字空间里，市场竞争在鼠标点击的瞬间发生，对按照传统规则运作的供应链造成极大风险，很容易被市场中的竞争者采取提供更完善的产品、更低廉的价格、更个性化的沟通方式，最终为消费者创造新价值而导致在市场竞争中失败。

在电子商务时代，以批量生产方式运作的企业能够真正地与客户建立起个性化的关系，这种能力带来新的经营竞争，企业需要从基于交易的消费者互动向基于关系的消费者互动转变，放眼于消费者的长期生命周期价值，以长期的消费生命周期价值为根本立足点，在基于水乳交融般的良好关系和互动中建立和实现消费者忠诚。

在价值网集成环境下，消费者忠诚终极目标的实现方式如下：首先是在保护消费者主权，提高消费者在互动关系中主导地位的前提下，并且在充分理解和掌握消费者个性化需求基础上，超企业的生产经营系统与客户信息系统相互连接，如客户个人的特殊要求和愿望的个性化客户系统、交互式客户辅助系统、共享信息集成系统、客户服务系统等。这种沟通双方的信息通道成为超企业各项活动与消费者之间连接的纽带，使得超企业的运营是以消费者为中心，从消费者利益的角度和方向开展各项活动，尤其通过客户服务系统，客户可以7×24获取包括订单状态、产品是否有存货、明确的送货日期等信息，极大地提高了客户满意度和忠诚度，价值网模式令企业在激烈的市场竞争中打开了一扇扇希望之门。整个价值网成为一个“无缝”的闭环系统：消费者即是价值网活动的起点，又是价值网活动的终点。具体说来，这一过程可以分为以下3个阶段：

(1) 通过技术与管理系统的支撑，积极主动地建立和实现与客户的一对一的人性化互动方式，识别和确定客户的真实需求。

(2) 在清楚地了解每一个客户的欲望、要求及消费模式基础上，分别确定行动目标。

(3) 高效率地管理和回应客户的个性化要求和信息反馈，迅速地采取行动方案。在满足和实现客户需求的基础上，采取针对性的措施，维系和发展与客户的良好关系并提供长期性的优质服务。

2. e化客户关系管理的特征

现在e化客户关系管理才刚刚起步，当前的一些软件系统提供了一定的一对一营销能力，但在很大程度上仍然是通过业务处理进行推动式营销。

今后的e化客户关系管理系统将为客户提供更多的、更加个性化的服务，如客户可以了解到更多个性化的增值信息，客户只要在企业外部网上点击一下，进入企业的客户管理主页并且输入了身份识别号码，客户就可以访问他们与这家企业交易的所有相关信息。此外，客户还可以看到一系列的按钮，这些按钮是客户与企业间的接触通道，这些接触点包括与客户有关的：

(1) 一般产品信息。

(2) 产品营销信息。

(3) 订购、存放、报价、配置以及追踪的状况。

(4) 客户管理/服务，包括技术支持、日常咨询、常遇问题(FAQs)以及问题解决人。

(5) 项目/订单管理，包括票据和账单历史、账单统计以及未解决的问题。

(6) 通信，包括事件、计划培训和促销/激励计划。

(7) 协同设计工作室，包括产品仿真、产品详述和联合设计工作空间。

(8) 协同需求计划工作室,包括需求预测。

3.4.4　e 化供应链管理

1. e 化供应链管理的概念

超企业供应网络参与者包括产品提供企业、产品提供企业的供应商以及价值网内的业务合作伙伴如设计承包商、第三方物流、协议制造、第三方服务等。e 化供应链管理就是对超企业供应网络进行有效管理,不同的生产方式(备货生产、按订单组装或生产)的供应链管理重点不同。

2. e 化供应链管理内容

e 化供应链管理内容包括 5 个主要内容,即供应链补充、协同计划、协同产品开发、e 化采购、e 化物流。

1) 供应链补充

供应链补充是指通过与供应商和业务合作伙伴共享实时的需求信息以提高客户响应速度。

(1) 按订单装配。客户使用在线产品配置器按自己的需要配置产品,并下达订单订购所需的产品及服务,当接到客户的订单时,网内所有的部件和配件提供者以及相关合作伙伴即时接到电子化通知,配件紧接着以分阶段方式直接送到组装企业的生产线。在这其中,网络供应商和业务合作伙伴关系准时提供的部件和配件代替了大量库存,配件接受过程中无须核查,实现了低成本客户定制需求的快速交付。

(2) 按订单生产。与按订单装配具有很多相同的机理,就是都要求供应商和业务合作伙伴对持续变化的来自于核心企业的实时用户需求做出反应。但在按订单生产环境下,企业还必须设计业务流程和信息系统以把供应商和核心企业更加紧密地集成起来。

(3) 备货生产。核心企业进行最初预测,然后其他业务合作伙伴对预测结果进行修正,预测结果是共享的,所有参与者在预测结果的基础上,依据时间表进行供应链补充。

2) 协同计划

协同计划强调通过价值网内企业间共同制订运作、生产、库存和分销计划,达到产品物流的同步化、资源配置的最优化以及库存的显著降低。

协同计划成功落实的关键是价值网内协作伙伴间的信任和交货可靠性。

(1) 按订单生产/装配。供应商及合作伙伴、制造商可以实施访问客户订单信息,依据客户订单各自展开自己的生产、库存等计划。

(2) 备货生产。核心企业进行最初预测,然后所有其他业务合作伙伴对预测结果进行修正,预测结果是共享的,作为整个超企业的协同生产、库存、分销计划制订的基础,企业依据计划联合开始行动。

此外,由于信息系统的集成,订单和预测结果在超企业内的任何地方都是完全可见的。一旦计划、订单或产品发生了变化,所有参与者的计划安排都会及时做出相应的调整,以适应变化。价值网的最大价值在于实现了与供应商及业务合作伙伴的完全集成,提高了信息共享的深度和速度,保证了最优生产、配送和高水平的客户服务。

3）协同产品开发

协同产品开发包括企业内及企业间的产品开发过程的设计和实施，以及它作为整体对组织的影响。通过协同产品开发，来自超企业内部的产品设计者和工程师在不同的、分散的环境下集成地工作，设计者和工程师被无缝地连接在一起。

除了产品设计者和工程师的集成，协同产品开发还包括产品设计部门、市场部门、生产部门3个部门的协作这一内容。市场和销售部门必须清楚产品配置器和网络销售能力的局限性，确保不超过网络服务可以实际达到的廉价送货水平。他们必须权衡接受标准订单的所获收益和那些特殊需求未被满足客户所带来的潜在损失。产品开发部门必须与市场部门协作相互沟通通过产品配置器可以实现的产品。除此之外，市场和产品开发部门必须清楚他们的决策对产品的影响。客户任意选择产品会给实际生产带来灾害。在大多数企业内，提供给客户的功能选项数量同存货和生产的成本以及进货和生产的延误有线性关系。

在电子商务时代，企业能够电子化连接客户、业务合作伙伴以及核心增值供应商。未来产品开发过程将更少依赖内部设计人员的知识和创新，而是充分利用超企业价值网络中集体的设计想法和意见。为此，企业需要有新的流程和系统相适应，这里重要的不是电子化的信息共享这样技术问题，而是组织文化上的变革。

4）e化采购

e化采购是运用信息技术重新设计和实施多企业之间的采购流程。e化采购可以显著改进与生产相关的物料的采购。例如，通过在线目录，采购人员可以很容易地找到适用的部件，而且采购价格更加合理，采购过程更加简化，交易成本更低。

5）e化物流

e化物流是用电子商务技术重新设计和实施仓储及运输管理流程。e化物流具有路径优化及在图追踪能力。

现在，已经有很多企业将物流外包给第三方物流企业，这些企业在向超企业内的客户、产品提供企业和供应商提供的服务的过程中扮演重要的角色。

3.4.5 电子商务下超企业价值网络运作的系统模型

1. 电子商务下超企业价值网络运作的系统模型

超企业价值网络运作的系统模型分战略、战术、操作3个层级，如图3-9所示。

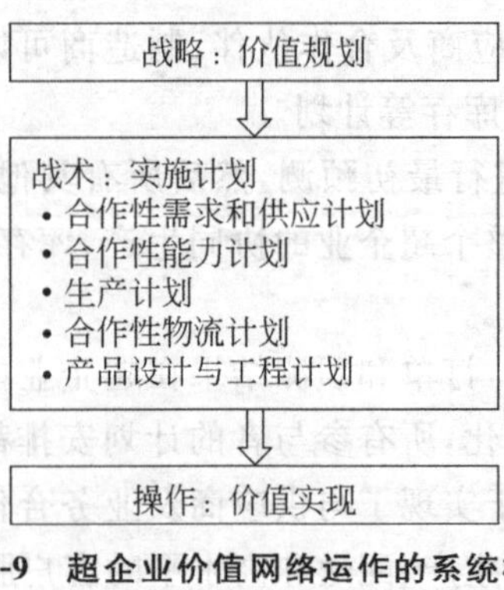

图3-9 超企业价值网络运作的系统模型

1）战略级

战略规划与管理主要是解决超企业价值网络的战略问题，如超企业价值网络的长期目标和发展战略、超企业价值网络的网络设计、合作机制和行为准则的设定、运营过程的绩效评价、利益分配机制等，为超企业价值网络运营提供了战略框架和行动指南。

2）战术级

战术级主要包括合作性需求计划、合作性生产计划、合作性能力计划、合作性原材料采购计划以及合作性物流计划、产品开发和设计计划等。一方面是根据超企业价值网络战略计划对运作过程的一种总体安排，另一方面能够为超企业价值网络战略管理提供综合而全面的观点。

(1) 合作性需求和供应计划。

合作性需求计划的根本目的是，对超企业价值网络所面对市场需求进行共同预测和决策，达成对市场机会认识和利用的共识。因此，需求计划结果是在多方参与下，集体合作和协商的产物，可以被所有超企业价值网络成员访问、共享。

需求计划是通过整合超企业价值网络每一环节所贡献的实时信息，然后进行观点的协调和统一的基础上做出的。例如，对大批量生产的产品来说：消费者贡献的信息主要包括订单、个体消费统计汇总结果；零售商贡献的信息主要是 POS 数据。分销商贡献的信息除了销售统计，还包括促销计划等。

经过以上数据的综合处理产生需求预测结果。在此预测结果基础上，结合生产商和供应商的资源和能力状况、生产进度等信息，制订超企业价值网络针对满足市场需求的需求计划及其支撑计划和供应计划。同时，运用基于约束的计划方法，找出问题和差距，以便进行超企业价值网络的战略优化和调整。

(2) 合作性能力计划。

虽然实时信息共享使得超企业价值网络的实时调整能力极大地增强，但是这种适应性调整能力归根到底要受到资源和能力的限制和约束。所以，需要在超企业价值网络运营过程中对设备能力和人员工时能力进行协作性计划和安排，通过能力平衡保证供需平衡。

"合作性能力计划"是在"合作性需求计划"和"合作性供给计划"基础上，超企业价值网络成员通过实时信息交流和信息共享，把外部资源和能力纳入企业运营系统，突破企业界限进行相互之间资源的统一运用和协同优化而实现的。主要合作内容包括共享生产计划的动态进展和执行情况，共享原材料、机器设备加工能力，生产人员等各种能力信息和能力计划等。

在电子商务下，超企业价值网络成员企业之间进行能力计划的合作式安排，能够实现彼此间生产计划的良好衔接，可以更好地促进各自运营的相互配合以及和谐。同时，它也是一种有效的风险防范措施。例如，能够主动地避免消费者需求在未来时间内发生剧烈波动所引起的无法应付的隐患，能动性地预防和消除消费者需求和提供能力的缺口，提高超企业价值网络的长期运营绩效。

(3) 生产计划。

在生产计划制定过程中，所面对的信息、环境表现为生产计划信息同需求计划、采购计划、能力计划、财务计划以及战略计划信息的实时连通性和融合性，并形成一个网络式信息反馈过程。这种端到端的信息交流和互动模式，使得生产计划制定过程呈现出以下特点：

首先，由于消费者信息可以直接驱动和深入生产及其计划过程里，使得生产计划不仅仅是订单的分解过程，而更多的是需求响应过程。所以，生产计划必须能够针对消费者需求进行实时地调整，而不仅仅是在订单形成后，根据能力计划和车间作业情况所进行的非能动性安排。因此，直接面向需求成为生产计划的首要特点。

其次，生产计划过程将多种因素，除了能力计划、采购计划和财务计划以外，又将战略计划和需求计划等纳入考虑范围，使得生产计划建立在更完备的决策信息基础上，呈现出整合性的特点。

例如，通过生产计划、能力计划和战略计划的整合，使得超企业价值网络可以根据前两者的匹配情况，进行战略调整，采取业务外包，增/减超企业价值网络节点等资源优化策略，从而将生产计划落实到更广泛而坚实的资源基础上。

(4) 合作性物流计划。

为了降低成本，提高消费者服务水平，当物品进入生产和流通过程时，供应商、生产商、零售商以及运输商等合作伙伴可以一致合作，对物品的动态流动进行详细安排和准确追踪，建立一体化的超企业价值网络物流系统。

(5) 产品设计与工程计划。

主要是结合产品数据管理及其他工程数据库，与超企业价值网络中的合作伙伴分享产品的设计信息，对与产品的工程设计有关的资源和活动进行安排和优化。合作的信息内容除了产品的模型及各种技术参数，还包括企业的能力信息、产品计划、供应商的能力信息等。

3) 操作级

超企业价值网络操作层次的活动，是战术计划的细化和具体化。通过合作性执行和实施，并动态性优化，将战略计划和战术计划的目标落实和实现。主要包括每日生产计划、车间运输计划、库存计划、运货计划等。

操作级生产控制的主要特点表现为从以生产系统的协调和优化为主，发展为以信息共享为主的企业间过程再造和整合为主。

传统企业的生产控制是面向产品订单的以生产计划和能力协调为中心，以多级库存为缓冲手段，以准时生产为目标的优化过程。

在价值网集成下，生产完全直接面对市场和消费者，是由消费者需求驱动和指导进行的。而且生产组织也是由原子式的可迅速重组的生产加工单元组成，成为具有高度柔性和灵活性的企业(内)之间协同制造过程，所以信息取代产品库存成为生产协调及其控制的主要手段。因此，生产控制同需求计划、采购计划、能力计划、产品设计和工程计划、战略计划集成起来，超出了企业组织界限内的生产系统范围，成为信息实时共享下的企业之间过程再造和整合过程，通过同步运作下的准时供应，准时生产和准时配送，实现适应性、反应性和敏捷性的控制目标。

2. 价值网集成下超企业价值网络的同步运作过程的特点

综上所述，可以看出，价值网集成下超企业价值网络的同步运作过程具有以下特点：

1）在合作范围上，它涵盖了所有超企业价值网络内有关的价值单元

同步合作性超企业价值网络通过信息网络技术，把供应商、制造商、分销商、所有业务合作伙伴和消费者纳入一个紧密的合作体系，并积极引入和充分发挥消费者的大力参与和广泛合作，真正形成了以消费者为服务对象和工作中心的超企业价值网络合作关系，有利于超企业价值网络整体运营过程的导向性和针对性，从而系统地实现对整个超企业价值网络运营的管理。

同时，同步合作性超企业价值网络凭借先进的信息网络技术可以实现所有成员之间进行充分良好的沟通与互动，有助于超企业价值网络成员之间建立健康的信任机制，并在此基础上发展和完善利益共享、风险共担的良好合作关系，有利于快速地激活并整合分散的资源，从而形成以整体形式表现出来的高能的市场竞争力，适应电子商务时代市场所提出的快速反应能力、灵活性等客观要求。

2）在过程上，它贯穿于产品全生命周期的活动和过程

价值网集成使得产品生命周期的全部活动如研究开发、营销、生产制造、销售、顾客服务等一系列过程能够包容全部超企业价值网络成员的广泛参与，实现全过程支持和统筹管理。同时，克服了传统的以过程（需求计划、采购、生产、分销）为中心的运营模式的不足，建立起以产品为中心的活动模式，使得超企业价值网络的整体运营焕然一新，并且能够根据产品所处不同生命周期阶段，随机应变，适时调整，在运营过程中相应建立和发展网络环境下所有成员之间的创新性工作方式、互动模式和协作机制。

3）从战略级、战术级和操作级三个层次上统筹规划，详细安排，实时优化

由于信息的开放性、丰富性、时效性、准确性持续提高，使得在开放式的超企业价值网络形成和运作过程中，可以从综合全面的视角，根据决策信息的量与质的实时变动情况，动态设计、优化和调整超企业价值网络的战略问题，如超企业价值网络的长期目标和发展战略、超企业价值网络的网络设计、合作机制和行为准则的设定，运营过程的绩效评价，利益分配机制等，以及战术级的根据战略计划对需求管理、生产、能力计划、原材料采购、物流分销等过程进行的统一计划和安排，以及战略和计划的实际操作和具体行动实施。

3. 价值网集成下超企业价值网络的同步运作过程的关键成功要素

在 e 化超企业价值网络时代，企业组织界限变得模糊，以资产划定的企业经营系统仅仅是更广泛的企业超企业价值网络管理系统的一个子集。所以，企业管理面临的根本任务是增进超企业价值网络成员的合作，提高超企业价值网络整体运作绩效，包括协作制订计划及网上执行，其中的关键就是对超企业价值网络的互操作性的支撑，也就是将超企业价值网络成员企业之间的独立系统通过实时的信息共享予以无缝集成。

要实现超企业价值网络企业间的无缝集成，需要两个关键成功要素，首先，企业必须把合作关系看成是一种战略性资产。合作者之间的紧密集成和信任加速了供应和生产，降低了库存成本。其次是对信息可见性的管理。既然在合作关系中，信息的可见性（透明性）起到了替代存货的作用，那么它必须像现在的库存管理那样进行控制，也就是说，规定严格的制度并进行日常监控。

3.4.6 价值网集成与信息技术

1. 价值网集成对信息系统及技术的要求

由于价值网的集成,企业必须做好准备以解决超越企业范围的技术问题。在价值网集成阶段,应用程序比以往更多直接地与客户、供应链和需求伙伴接触。结果,由于要求快速调整供应链、协同计划、跨企业进度安排以及个性化地对待客户,就使得不同企业价值网络中的各种应用程序都必须更紧密地联系在一起。综合地讲,价值网集成对信息系统及实时技术存在以下要求:

1) 整合现有系统和过程

超企业价值网内各成员企业的内部系统应共同采用易于操作和维护,应用广泛的技术、标准、协议和应用平台,实现相互之间的互操作性,为彼此之间进行信息交流和业务合作提供良好的技术基础和保证。

另外,超企业业务和过程的复杂性及持续性,对信息系统提出可扩展性的要求,信息系统必须面对超企业的整体目标及其发展,适应超企业的积累性或跳跃式发展。

2) 丰富而广泛的信息内容的高效传输

在超企业价值网运营过程中,传递的信息包括文本、图像、多媒体等形式的商务文件,如业务报告、技术文件和图表、工程技术参数和数据、财务报表、客户订单、需求信息统计、消费档案以及网页内容等。因此,实时信息技术必须开放而灵活地支持各种形式的商务信息交换,无论其具体的内容、形式和所在物理地点,以最有利于决策者和管理者进行决策的方式搜集、访问和表征。

3) 信息资源和信息资产的有效保护

在超企业运营过程中,企业之间一方面进行敏感的商业信息交换和共享,另一方面又面临着保护各自机密的内部信息和具有知识产权的专利、发明及企业诀窍等技术文件不受非法侵犯和外泄的任务。所以,需要采取强有力的技术方法和管理措施,解决信息传输过程中信息资源的安全性和相互合作过程中信息资产的"不可侵犯性"问题,促进超企业价值网所有成员的真诚合作。主要采用加密技术、访问控制和审计跟踪等方式。

4) 强大的信息管理和信息处理功能

对超企业运营来说,最有价值的信息是最具时效性的实时信息。其功效的完全发挥取决于信息系统及技术在有效的信息搜集、信息分类、信息发布、信息共享、信息评价和审计监督等方面的功能。

2. 信息技术已经能够支持价值网集成

价值网集成使得消费者需求管理真正成为一个闭环系统,消费者既是超企业价值网络运营的起点又是超企业价值网络运营的终点。在这个过程中,消费者可以在线确定自己的个性化需求,形成产品订单,并要求厂商做出对交货期的承诺。因此,对超企业价值网络来说,必须把价值网内部的"需求"和"供给"集成起来,通过上下游各环节准确和迅速地实时沟通,对整个超企业价值网络的物料供应、生产制造、运输配送等能力进行统一安排和调配,以保证和实现原材料在需求信号的驱动下,以适当的品种、数量、质量等条件,准确进入和平滑经过准时化生产过程，在承诺时间之内生产出和发运消费者需要的高质量产品。

实际上，信息技术已经能够支持这种快速高效地回应和满足消费者的个性化需求的运作方式。

1）作为前台工具的 e 化客户关系管理系统是驱动整个超企业价值网络系统运作的“指示器”

企业从 e 化客户关系管理系统获取消费者以及潜在消费者需求以及订单信息，并通过与后端系统的连接，进行综合分析和评价。分析和评价过程是在对整个超企业价值网络的能力和资源的翔实掌握以及所有成员的实时交流基础上进行的。根据分析和评价的结果，针对消费者的个性化需求，在与消费者的紧密沟通中动态形成针对性的需求处理计划，驱动超企业价值网络开展相应运作并使活动方向时时保持一致。

2）e 化供应链管理为快速实现和满足消费者个性化需求提供了物质保证

e 化供应链管理保证了生产产品所需要的各种原材料、零部件等物质资源如期进入准时化生产过程，并在满足生产要求的前提下维持尽可能低的生产库存水平。

3）ERP 在与供给管理与需求管理系统的连接与集成的条件下，成为超企业价值网络中供需整合的基础和支撑平台

通过 ERP 系统与 e 化客户关系管理系统以及 e 化供应链管理系统的连接，把客户、供应商等外部协作单位纳入生产体系，实现了信息流、物流、资金流在整个超企业价值网络链条的畅通，并将“供给”和“需求”统一落实到为消费者生产产品的企业内部过程，真正予以整合。

3.5　构建核心竞争力实现战略性转型

电子商务不仅可以改变企业模型，而且能够改变行业模型甚至改变市场运行模型，因而，传统企业必须理解电子商务及其所带来的变化，进行战略性转型。战略转型的一方面表现为随着价值网集成的发展，传统企业需要确定产品价值链上哪一个环节是自己的核心优势环节，并据此构建自身的核心竞争力；另一方面表现在企业通过利用新兴技术尤其是互联网技术进行商业模式创新。总的说来，企业的战略转型分为业务过程转型、产品和市场转型以及行业转型。

3.5.1　企业开展电子商务的战略转型

电子商务不仅可以改变企业模式，而且能够改变行业模式甚至改变整个市场运行模式，因而，传统企业必须理解电子商务及其所带来的变化，进行战略性转变。

这些转变包括产品和市场转型、业务过程转型以及行业转型 3 个方面。企业开展电子商务的战略转型具体如表 3-2 所示。

表 3-2　电子商务环境下的企业转型

业务过程转型	产品和市场转型	行业转型
对过程进行拆分和外包	重新定义价值命题	行业融合
压缩价值提供系统	重新构思产品和服务	

在未来，竞争优势正越来越多地来自客户关系的质量，这其中，传统企业战略重点发生了彻底的改变，企业的战略转型表现了企业战略重点的改变，如表 3-3 所示。

表 3-3　电子商务环境下的企业战略重点的转变

从	到
通过市场调研定义市场	客户定义的空间
产品公司和市场	方案能力公司和市场
市场份额	价值份额和客户份额
生产导向核心能力——传统企业	融合能力-知识企业
“我们必须自己做”——竞争企业	成为网络赢家的一部分会更好-竞争网络
树立经济进入壁垒	通过关系创造并管理新的客户价值-“客户参与”
改进公司效益	改进市场效益
销售管理与产品管理	关系管理
渠道作为产品的通道	渠道作为媒介和信息来源
产品优秀	建议和关系优秀
竞争最终客户	竞争关系(各种关系，包括客户关系)
品牌延伸	创建独特的(不同的)品牌平台
以产品为重点	以关系和能力为重点
以产品为中心的组织	以客户为中心的组织
产品的价值	所有经验与关系的价值

3.5.2　业务过程转型

1. 对过程进行拆分和外包

成功的企业能够迅速适应需求和市场环境的变化。从本质上说，能够成功管理价值网络的企业就拥有以最低成本生产最高质量产品的潜力。从理论上说，那些能够成功驾驭价值网络管理的企业能够将其所有的业务流程都提升到一流水平，因为这些企业集中投资其核心能力来增强竞争优势，同时从外部合作伙伴那里购买那些非核心能力，所购买的非核心竞争力是其他企业的核心竞争力，这些企业自己的这些领域非常优秀。从战略分析的角度来看，大多数企业的核心能力都来源于对市场准确的定位和对业务精确的定义，仔细观察一个典型的产品导向企业的价值链各环节，将会发现大多数企业都只拥有很少的核心能力。然而，一个企业为了生产一件产品，就需要拥有核心能力以外的各种实体设施，外包是有效解决这一问题的方案。

信息和通信技术使得外包的广度和深度得到了扩展和增强，应该外包的业务过程原则上是非本企业战略环节的，其他企业具有比较优势的事情。外包对于企业的意义和影响表现在如下几个方面。

1）集中力量加强企业核心业务

如果企业的优势在于设计或服务而不在于制造领域，那就可以将制造方面的工作转包给优秀的制造厂家，而将剩余的资源集中于自己擅长的核心业务领域。思科系统公司将大多数制造业务外包给 37 家互联网企业，每年可节省 5～8 亿美元，而思科公司自身则将资源集中于其核心业务——网络设备的研究开发和更新换代。到 2002 年 3 月底思科公司已占领世界网络设备市场的 80％。

2）提高效率，降低成本

在信息时代，企业的业务外包可在世界各地选择最优秀的承包制造商、物流提供商，利用其管理费用低、设备利用率高的优势，降低产品成本，拓展世界市场。

通用汽车公司通过采用业务外包策略，把运输和物流业务外包给理斯维物流公司。理斯维公司负责通用汽车公司的零部件到 31 个北美组装厂的运输工作，通用汽车公司则集中力量于其核心业务上——制造轿车和卡车。始于 1991 年的合作节约了大约 10％的运输成本，缩短了 18％的运输时间，裁减了一些不必要的物流职能部门，减少了库存，并且保持了高效的反应能力。理斯维在 Cleveland 设有一个分销中心处理交叉复杂的运输路线，通过电子技术排列它与各通用汽车公司的北美工厂的路线，这样可以动态地跟踪装运情况，并且根据实际需求实现 JIT 方式的运输。理斯维的卫星系统可以保证运输路线组合的柔性化。如果一个供应商的装运落后于计划，理斯维可以迅速地调整运输路线的组合。理斯维采用的"精细可视路线"技术保证了通用汽车公司的生产线上的低库存水平。

3）人力资源管理的新思路

信息时代的业务外包对企业人力资源管理发挥着以下作用：

(1) 应对人力资源的弹性需求。公司有时急需某种技能的人才，有时又不需要他们，为应对工作繁忙和清闲不均的情况，就特别需要利用外部人力资源的业务外包。

(2) 可为公司项目迅速组建工作团队，既能降低成本又能赢得时间。

(3) 中小公司可以利用外包改变企业边界，削减管理费用，在无须增加固定职工和部门的同时发展壮大自己。中小公司如果遇到合适的项目，中标后，它可以迅速集合其他公司与专家，像一家虚拟的大公司那样完成项目并盈利。

2. 在价值网络世界中运作

综上所述，在未来，各企业在一个或多个价值网络中运作，企业必须建立基于以下 3 个关键准则的业务：

(1) 拥有自己的客户关系。

(2) 集中精力建立区别于其他竞争者的核心能力。

(3) 建立最优秀的价值网络来提供其他能力。

从具体运作上来说，一个典型的产品导向型企业，在其日常工作中，总共可能有 6 种类型的商业合作伙伴：

(1) 战略服务伙伴。

(2) 增值供应商。

(3) 营运资源供应商。

(4) 非战略服务伙伴。

(5) 网络运作伙伴。

(6) 应用服务提供商。

这6种类型的商业合作伙伴又可归结为三种类型：战略、非战略和基础设施，战略服务伙伴和增值供应商属于战略型，它们几乎是企业核心业务的一个扩展。营运资源供应商和非战略服务伙伴的特点是：低成本、方便地提供基本服务。而网络运作伙伴和应用服务提供商则为实现企业目标提供基础设施服务，即高效节省地建立内部基础设施。

3. 行业转型

1) 基于客户关系的竞争使行业融合不可避免

行业转型主要表现形式是行业融合。在互联网经济时代，随着电子商务的发展，企业把竞争的目标越来越多地定位在基于信任的客户关系的质量以及数量上。而随着竞争基础从产品和服务转型为客户关系，行业与市场划分的重要性将退居其次，这时候融合就是不可避免的。

研究表明，如果客户发现与一家企业打交道非常方便和愉快，会希望那家企业能为其提供更多的产品和服务，并且也会不愿意与此企业的竞争对手建立客户关系，特别是那些没有尝试过的企业。未来的世界是客户导向的世界，电子商务使客户导向特征日益突出，在这样的环境下：

(1) 产品和服务更多捆绑或不捆绑。

(2) 从提供产品到提供服务(解决方案)的转变，产品只是客户关系中很小的一部分。

(3) 组建更多的联盟向客户提供多种服务以及开发新技术。

(4) 传统的进入壁垒不断消减，新的进入者成为市场发展的主要驱动力。

(5) 对企业品牌的更大关注，品牌扩展更加广泛。

(6) 企业尽力把自己的业务范围定义得越来越广。

(7) 合作的加强。

(8) 混合价值链的发展。

(9) 越来越多强调通过服务体现差别。

(10) 兼并或分拆以产生更加集中的商务领域。

2) 行业融合实例。

具有清晰边界的市场已经是过去的概念了，我们可以看到正在全球范围内发生的多个行业间的交叉。例如，现在银行开始对传媒、电信以及旅游服务发生兴趣。零售公司与能源公司以及电信公司建立联系。一些传媒公司，如QVC，还开展了零售业务，其他一些传媒公司，比方说Reuters和Bloomberg也与金融服务建立了联系。能源公司，比方说Shell、Mobil和BP，正开始零售服务，其他一些公司也向电信方面发展，例如Energis。一些制造业公司，例如GE和GM现在开始提供金融服务(GM卡和GE投资)。

对于已经建立客户关系的企业来说，最简单的融合方式是利用企业已有的客户关系，在原来的品牌下推出新的服务项目或者销售其他产品。

在美国，从20世纪90年代中期开始，许多杂货店已经开始向这个方向发展。这些店与一些银行建立联系，并在店内设立支行，还有一些甚至以自己的名义开设新的银行。比如，1999年，Wal-Mart获得美联储的批准，收购了一家银行。

超级市场也引入了加油站。一些超市正开展网上杂货订购和送货服务，有时还提供 Internet 接入服务。当需要结算时，不再像以往那样在收款处以现金或信用卡方式完成，而使用账单结算，甚至把其他服务或者能源提供商的账单集中起来一块处理。银行业也在试图进入这个对账单进行处理的业务领域。

3）融合的能力

当企业在开发跨越传统行业界限的产品和服务方面努力时，它们必须重新评价自己的能力和运作状况。企业在何种程度上能够证明自己的能力，将会决定它成功与否。构成融合能力的因素包括以下 7 个方面：

(1) 联盟及合作伙伴关系。
(2) 客户关系。
(3) 客户信息。
(4) 企业品牌。
(5) 推动技术。
(6) 创新能力。
(7) 受规章限制的环境。

3.6　业务流程再造与组织变革

企业实施 ERP 是一次管理改造工程，ERP 应用是企业的一次管理变革，将对企业原有的管理思想与管理模式产生冲击。应用 ERP 需要对企业原有业务流程进行改造和重组，因为实施 ERP 应按照 ERP 的先进管理思想对企业业务流程进行优化与重新设计，去掉冗余的和无效的工作环节，对业务重新进行整合，目的是追求优秀流程，快速响应客户需求。与此同时，企业必须进行组织变革，以支持新的管理模式、业务流程的顺利展开。

在价值链集成阶段，在企业建立超企业价值网络时，对于绝大多数企业而言，首先面临的挑战是它们自身的组织的调整。大多数企业需要对其流程、系统、组织和文化进行变革以实现收益。目前大多数企业的组织模型是围绕职能建立的，企业必须经历由以职能到以流程为基础的企业的转变。

3.6.1　业务流程再造的定义及其产生背景

1. 业务流程再造的定义

业务流程再造的概念是 1990 年 M. Hammer 教授在 *Harvard Business Review* 上发表的 Reengineering Work: Don't Automate, Obliterate 一文中首次提出的。1993 年 M. Hammer 与 J. Champy 合著 *Reengineering the Corporation* 一书，进一步阐明了业务流程再造的概念和方法。

按照 M. Hammer 的定义，BPR 是对企业业务流程进行根本的重新思考和彻底的重新设计，以求得在那些衡量现代企业绩效的关键因素上（如成本、质量、服务和速度）取得显著改善。根本性反思就是要问自己，为什么要做这件事？为什么要这样做？能否不这样做？应当怎样做？现有的准则是否有存在的必要？彻底的重新设计意味着不是原有流程的修修补补，要打破常规和旧的框框，要抛弃旧的结构和程序，从零开始。

我们认为：BPR 是通过重新设计组织的作业流程，以使这些流程的增值最大化，从而获得绩效改善的跃进。这种作业适用于一个单独的流程，也适用于整个组织。

2. 业务流程再造思想产生的背景

1）激烈的竞争环境的要求

自从亚当·斯密于 1776 年在《国富论》中提出了“劳动分工”思想之后，经过泰勒、法约尔等管理学者以及福特、斯隆等实践者的不断改进，逐渐形成了日臻完善的“劳动分工”理论体系。

在过去的 200 年间，人类的生产力水平不发达，人们的需求远远大于社会供给。各个企业都大力进行技术和管理方面的改进与创新，以求提高劳动生产率，满足顾客庞大的且无太大差别的需求。在这样的环境背景中，劳动分工理论恰好满足了企业界的客观需求。因此，劳动分工理论在过去的 200 年间，无论在管理学界还是在企业界都占据着毫无疑问的统治地位。

但是，在绝大多数的工业化国家经过经济发展的黄金时期之后，客观情况发生了显著的变化。当今企业面临着激烈的竞争，企业面临的最重要的挑战是客户个性化需求的低成本快速交付能力，传统的业务流程和组织结构是建立在职能和登记制度的基础上，面对当今的竞争环境的要求，显得过于缓慢和笨拙。由此产生了对流程进行变革的管理思想与实践的要求。

2）信息技术作用的充分发挥需要 BPR

面对瞬息万变的市场环境，为取得竞争优势，现代企业从生产到管理都注重现代信息技术的应用和革新。然而，信息技术的投入遇到“IT 黑洞 ”的威胁。何为“IT 黑洞”呢？20 世纪 80 年代，美国企业 IT 投资 1 万亿美元，结果蓝领工人减少 6%，产业增长 15%，表面上看劳动生产率提高 21%，但白领阶层增长 21%，所以生产率下降 6%。另据“商业周刊 ”1987 年报道，美国一年约有 970 亿美元用于建设信息系统，但美国的总体生产率自 1973 年以来却没有明显增加。我国 1980 年 MRPⅡ投入 80 亿元，但许多企业感到并没有收到预期的回报。

于是，企业投资信息系统感觉如同把钱投进了“黑洞 ”。为什么会出现“IT 黑洞”呢？IT 被用在老的流程上，只是现行业务处理流程的计算机化，没有改变原有的工作方式。对很多不合理或无效的工作进行计算机处理，收效更差。结果是先进信息技术迁就落后的管理模式，先进信息技术的潜在优势未能得到充分发挥。造成信息系统应用方面阻力重重。

要充分发挥先进信息技术的潜在优势，就必须变革旧的业务流程运作方式和相应的组织结构。由此便产生了重新设计企业经营流程以适应先进信息技术的 BPR 思想，而信息技术本身恰恰为这种变革提供了技术上的支持，使变革成为可能。

3.6.2 业务流程再造的原理与方法

1. 业务流程再造需要考虑的因素

所有的组织都建筑在 3 个主要的基座上，即流程、人员和技术。在设计流程时，必须使这 3 个因素适应市场和市场上顾客的需要，并且相互之间保持一致。

流程设计首先必须考虑市场和顾客的需要，当然，流程设计还受到其他一些因素的影响。总体上说，流程设计有以下 4 个重要因素必须予以考虑：

(1) 顾客需求。

(2) 需求模式。

(3) 制约因素。

(4) 效率目标。

2. 业务流程再造的原则

(1) 围绕着结果而不是围绕着任务组织工作。这个原则是说让一个人(或一个部门)执行一个流程中所有步骤，围绕着目标或结果而不是单个任务来设计人们的工作。

(2) 让那些使用流程产出的人执行流程。例如，通过专家系统和数据库，部门可以自己采购而不会损失由专门的采购部门集体采购所取得的利益。

(3) 把信息流程工作归入真正产生信息的工作中。前两个原则是说压缩直线流程，这一原则建议把工作从一个人或一个部门转向另一个人或另一个部门。

(4) 把地理上分散的资源看成集中的。集中与分散的矛盾是个典型的矛盾。分散资源设备或库存能给使用资源的人们提供更好的服务，但是在成本高、机构冗余和失去平衡节约的情况下公司不再使用这种策略。可以使用数据库，电子通信网络和标准的流程系统来取得平衡和配合的好处，也可以继续保持弹性和良好服务的好处。

(5) 不是集成活动的结果而是连接并行的活动。这个原则讲的是在平行功能间取得联系，并且要在活动进行的时候协调它们而不是在其已完成的时候。

(6) 把决策关键点放在工作进行的地点并且对流程实行控制。这条原则建议那些做工作的人们应该做出决策且流程本身应该建立控制系统。金字塔型的管理层次因此被压缩，组织变得扁平。

(7) 一次性在来源地取得信息。

3.6.3　业务流程再造的实现

1. 系统化改造与全新设计

业务流程重新设计的主要方法有系统化改造法和全新设计法。所谓系统化改造法就是辨析和理解现有流程，系统地通过在现有流程基础上创建提供所需产出的新流程。而全新设计法是从根本上重新考虑产品或服务的提供方式，零起点设计新流程。一般来说，系统化改造方式最常用于短期绩效的改进，而全新设计方式则被公司用于开拓中长期的竞争新途径，如新业务的展开。

一般来说业务流程再造首先从企业的重要却绩效低的流程入手。另外，可以通过供应商、客户、咨询商、其他同类厂商、员工等渠道得到一些现有流程改进的信息。供应商与顾客是关于组织表现如何信息的重要来源。组织的员工对流程有深入的了解，也是改进思路的重要来源。咨询顾问和学术研究人员能够提出有用的"外部观察者"的看法。而其他同类厂商提供了标杆基准，指出可能达到的水平。

2. 通过画流程图理解现有流程

在绘制流程图时,应记录下来以下方面。

(1) 延滞时间。流程的总时间是多长,完成每一环节的时间和环节之间的停顿时间是多少?

(2) 依赖关系。一定要理清依赖关系,例如,哪些地方的任务依赖于其他任务的输出。

(3) 人员指派。各项任务由谁来完成。

(4) 问题区域。那些困难、肮脏、危险的以及经常出现的任务应该一一列举清楚。

(5) 价值增益。某个环节"增加价值"还是只增加成本。

此外,在画流程图的时候,区分流程的"层次"很重要。通过划分层次,使得完整的流程的每一个环节都可以向下分解,通过下一个层次的流程图表示其细节。

3. 改造现有流程,设计新流程

业务流程再造的目的就是使企业内流程:更好、更省以及更快。更好是指进一步提高组织的利益相关者,尤其是顾客的满意程度。更快是指尽可能快地提高顾客的响应速度。更省是指以最高的效率实现前两项任务。

4. 实现与实施

在企业中开展 BPR 的工作方法的一般框架由 5 个关键阶段组成:

(1) 营造环境。

(2) 分析、诊断和重新设计流程。

(3) 重构组织。

(4) 试点与切换。

(5) 实现战略。

在整个 BPR 实现过程中,BPR 的实施(主要内容在后三个阶段)是最富挑战的。甚至许多方面来说,设计是整个 BPR 最容易的一部分,事实表明,绝大部分 BPR 项目都失败在实施上。

3.6.4 业务流程再造与组织变革

所有的组织都建筑在 3 个主要的基座上:流程、人员和技术。在设计流程时,必须使这 3 个因素适应市场和市场上顾客的需要,并且相互之间保持一致。业务流程再造引发同时也要求企业在如下三个层次上的变化与变革,以保持人员、技术和流程的相互一致。

第一影响层次为"作业层次",考虑如何改变企业的做事方式,即企业过程;第二影响层次为"管理层次",企业为配合第一层次的改变而在管理方面的相应改变,包括组织结构和人力资源政策。第三层次为"理念层次",在这一方面,企业的管理原理与员工的价值观都将改变。变革层次如图 3-10 所示。

业务流程再造往往直接引发并要求企业组织结构的变革,所以这里将其作为重点加以论述。第一层企业过程的变化,和具体的作业和采用的技术密切相关,其基本趋势是充分利用各种信息技术,去除无用环节,集成化、并行化,在 3.6.3 节做了介绍;第三层理念层次的变革与企业文化及企业战略有关,在这里不进行详细阐述,只对业务流程实施过程中组

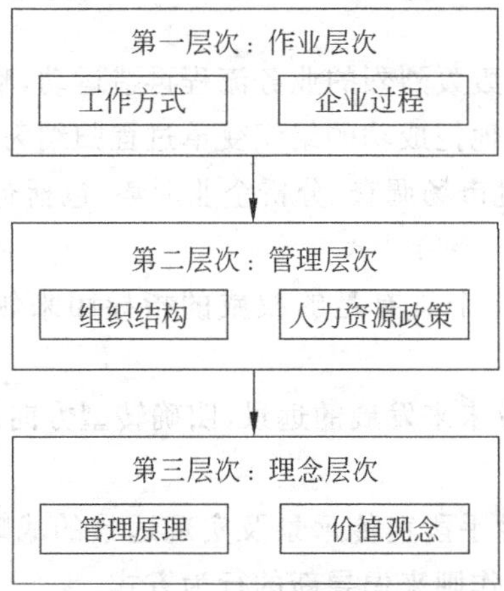

图 3-10　变革层次

织结构及相关政策的变革进行详细阐述。

1. 组织变革的含义

组织变革发展到今天有其特定含义，它是指通过改变组织结构，充分利用信息技术，从而改变大多数人的行为模式，达到对组织整体性能的重大改善的有计划的变革。根据组织变革的领域层次，可将其分为以下 3 层：行政管理层、战略性能层和创新能力层。

组织变革最普通的形式集中于行政管理层的改善，为了缩短生产周期、提高客户满意度、改善产品质量、降低成本等目标，制定一系列组织性能指标与标准，并采取各种变革活动如组织结构的再造、职责重新定义以至于人力资源政策的再设计。这种集中于在企业运营上的组织变革最容易被人理解，几乎所有的公司都可尝试此类变革。本节讨论的组织变革主要是这方面的内容。

第二种组织变革集中于战略性能的改善，这种变革的直接目标是获得持续的竞争优势。竞争优势通过组织能力体现出来，提高战略性的组织能力是战略性组织变革的关键。能力是一种抽象复杂的本性，企业竞争者难以进行模仿或复制，因此能帮助企业获得持续性的竞争优势。例如，一种迅速构想、设计、开发、制造并营销新产品的能力就是一种战略性的能力。这种复杂的能力包括捕获客户需求信息和满意程度，潜在客户的发掘，销售人员的培训，工程师、市场营销人员、生产人员的协同工作。有时也可通过对企业现有业务能力的去芜存菁及再优化来获得竞争优势。

大部分组织变革指的是前两者：运营性的和战略性的。然而，最困难的、最具挑战性的并且也是具有最大潜在价值的变革是组织的学习能力变革，学习型组织是这种变革的主要目的。例如，当自主学习、创新已成为组织系统的一部分时，人们的思考与行为方式逐渐改变，人们更乐于接受变化，接受批评，面对现实，更具有适应能力等，这是作为学习型组织的必要条件。显然，这种涉及人的深层次心理的变革具有相当大的难度，需要耗费更多的时间，在能确定成功或失败之前，企业需要经历多次的失败与考验，但是一旦成功，企业的投入往往能获得超乎预想的回报。

2. 组织变革的步骤

针对1990年以来兴起的轰轰烈烈的业务流程再造运动,哈佛大学的科特(Kert)教授提出了具有操作性的变革程序,他把成功的组织变革过程归纳为以下8个步骤。

(1) 建立危机意识。通过市场调查,分析企业形势,包括企业面临的各种机遇和目前存在或潜在的各种危机。

(2) 组建指导团。组建一个具有足够权威的指导团来领导工作,并鼓励员工的共同参与。

(3) 勾画远景。勾画企业未来发展的远景,明确转型方向及预期成果,制定实现远景规划的战略。

(4) 宣传远景。利用各种手段宣传远景及实现远景的战略和措施,以取得组织各方面人士的认同,并由指导团以身作则来倡导新的行为方式。

(5) 授权各部门实现远景。授权各部门为实现远景而采取主动行动,清除有碍变革的障碍,改革有碍实现远景的组织体制和组织结构,鼓励下属进行变革尝试和有悖组织传统的创造性思维及行动。

(6) 规划短期目标,创造短期成果。制定短期内(如半年或一年)即可见效的绩效目标,并确保实现这个目标,然后对实现这一短期目标有贡献的员工给予肯定和奖励。

(7) 巩固成果,深化变革。通过短期成果的示范作用,增强人们对组织变革的认同和信心,并进一步对不符合远景规划的组织体制、组织结构和方针政策进行变革。为了深化变革,要大胆聘用有助于实现远景规划的人员,并为他们的工作创造条件,必要时可对有关人员进行培训,充分挖掘他们的潜力,不断地给变革工程注入活力。

(8) 把变革措施制度化。阐明新的行为方式对企业成功的重大作用和重要意义,并采取积极措施,将新的行为方式用制度固定下来,保证这种方式的连续性和持续发展。

3. 业务流程再造过程中的组织变革

1) 业务流程再造过程中组织变革的作用

组织变革在业务流程再造过程中起到了至关重要的保障和促进的作用。当一个企业在进行业务流程再造的时候,必须对其组织进行相应的变革。否则,该企业的业务流程再造是不会取得预期效果的。

2) 在业务流程再造过程中组织变革的特征

在实施业务流程再造过程中组织变革的特征是,分工在被打破和重新组合之后,在一定范围内仍然存在。组织变革并不是将原有的组织完全否定。那些与业务流程再造无关并且为了维持组织正常运行必须保留的部门当然就不必删除。劳动分工理论在一定范围内还是有其存在的空间的。

4. 在业务流程再造过程中组织变革的内容

1) 组织结构

组织是由组织结构和组织行为构成的。其中组织结构反映机构设置和权责分工关系,是企业组织的基础;组织行为反映领导、沟通、权限划分等关系,是企业组织的外在表现。结构是行为的基础,结构的调整必然导致行为的改变,因此研究组织变革首先应该探讨组织结构的变化。

一般来说，经典的企业组织结构有三种基本类型，分别是U型结构、H型结构和M型结构。

U型结构又称直线职能制，它的特征在于将企业按照职能的不同划分成若干个部门，而每个部门均由企业最高层领导直接进行管理。

H型结构就是控股公司结构。在H型结构中，母公司持有子公司或分公司部分或全部股份，下属各自公司具有独立的法人资格，所从事的产业一般关联度不大，从而形成相对独立的利润中心和投资中心。

M型结构即事业部制，它是一种分权式结构，即在其总公司之下各事业部或分公司都是具有相对独立性的利润中心。

2）组织结构再造

组织结构再造就是为了提高企业组织对外部环境的适应性和灵活性，对组织结构进行彻底的改造。因为业务流程再造是以具体流程为着眼点的，所以经过再造后的企业组织结构应该以流程为中心的流程团队制为主。如果一个企业基本上是由不同的流程团队构成，就可以称这个企业的组织结构为流程团队制。再造后的组织结构应以流程团队为基本构成单元。

3）流程团队设计的一般原则

经过业务流程再造后的企业组织结构是流程团队制，设计流程团队时，有以下五条原则：

(1) 团队成员以自愿结合为主，组织不进行强制性安排。

(2) 流程团队的任务尽量具有独立性和完整性，业务关系和活动不太复杂的小规模流程，可视为一个流程团队；在大规模的流程中，可以设置若干个流程团队，还可根据工作需要，设置临时团队。

(3) 团队成员对任务的选择，以自己的方式为宜；管理者与团队成员在确定责任范围时，要进行充分的沟通，特别是涉及不同流程团队之间的协作时，要强调以整体利益为重的原则。

(4) 对流程团队的绩效进行考核时，应以整个团队作为考核对象，考核的内容要以创造价值的能力为主。

(5) 建立信息系统，使得各流程团队能共享信息。

流程团队维护的关键内容是，让团队成员意识到团队的高效率来自各位成员的通力合作，并且任何一个团队成员的有效的工作绩效必须取决于其他人的有效工作，由此来培养团队精神，将流程团队建设成一个命运共同体。

5. 组织结构再造的同步工程——重新设计人力资源政策

人力资源政策必须与业务流程再造思想及行为相一致，重新设计人力资源政策是企业进行业务流程再造过程中实施组织变革时必不可少的内容。

人力资源政策包括招聘、培训和激励政策。

1）招聘

再造后的企业，其招聘的目标是招募并吸引适合组织的人，而不是像再造前那样，招聘那些仅仅是适合某项工作的人。工作可以改变,新的技能也可以学习,但个人的性格及公司的价值观和文化却不大可能改变。因此,人员与组织间的匹配是业务流程再造的关键,也是企业保持再造成果的关键。

个性测试、工作模拟及广泛的面试是录用适合组织人员的特点。再造后的企业应该试图寻找喜欢团队工作、能解决问题及处理争端、有学习新技能的愿望和潜力的人。录用有潜力提高能力者,比录用仅仅能满足目前所需技能的人员要重要得多。

企业应采取一种跨部门的面试过程。由目前的部门经理及有跨部门经验的研究专家、生产代表及销售经理们进行面试。而这种密集型面试过程要选择的是那些能胜任跨部门工作的人。这一过程也表达了一种信息——跨部门的工作方式是经过再造后的企业的工作方式。

2）培训

培训要贯穿于员工生活的各个方面,包括工作、经历、正规教育甚至业余时间的个人发展与训练,不断改进的教育对整个过程具有关键性的意义。培训的关键在于,使员工懂得真正的学习是在工作中,而不是在课堂上,课堂上所学的东西如果在实际工作中得不到强化也是白费。最成功的学员是能够使培训成为自己工作的一部分学员。

在进行组织结构再造的同时,培训的目标是所有跨部门的参与者。例如,项目管理培训是在开始新项目前为跨部门团队开设的,而别的课程主要为那些包括许多在边缘部门工作的跨部门团队而设的。

3）考评体系

重新设计考核标准。在变革后的组织中,企业考核员工的标准不再以工作时间或工作内容为依据,而是要以员工活动的结果(业绩)为依据。只有当员工的工作能给顾客创造价值,或者说,员工创造的产品或服务在市场上具有价值时,员工才能获得相应的报酬。当员工所得报酬能与他们的工作结果紧密挂钩时,将极大地提高他们受激励的水平。

4）重新设计奖酬内容

随着旧的奖酬工具的衰竭,领导们需要用新的方法来鼓励创造佳绩及建立忠诚感。人力资源政策应围绕人们珍视的东西展开,以帮助他们建立自己的未来并获取目前的贡献成果。

5）重新设计分配制度

分配制度将员工的工作绩效与奖酬制度联系起来,这里的工作绩效主要是以工作结果为标准,而不是工作时间或工作内容。

3.7 微型案例:联想集团 ERP 成功案例分析

1. 背景

联想集团成立于 1984 年,是一家以研究、开发、生产和销售自有品牌的计算机系统及其相关产品为主,在信息产业领域内多元化发展的大型企业。

虽然联想集团是一个以提供计算机及其设备为主要业务的企业,但联想集团同样面临着如何信息化的问题。联想集团的业务分为三大类:一是从研发、制造到生产、销售联想计算机；二是代理国外品牌产品的分销；三是以服务为主，包括硬件配置的系统集成业务。这些业务当然都与信息化紧密相关。从 1992 年开始，联想就开发了自己的 MIS 系统，当时的 MIS 主要是以财务为核心、根据企业的运营需求而定制的一个管理系统。随着公司的发展，老的业务系统必须根据需求不断添加新的模块，用联想人的话说叫做“接裤腿”，联想的信息系统建设就像小孩子接裤腿，随着孩子一天天长大，裤子变短，就在旧裤子上接上一段（如财务电算化、MRP-Ⅱ）。

1997 年，联想集团的营业规模已经达到人民币 100 多个亿，业务模式也在不断增加，企业壮大了之后，一个最基本的需求是各级管理者要实时了解企业的运营情况，因此对于 MIS 系统的需求越来越高。同年，联想集团将香港的三家公司和北京的三家公司进行整合后，发现在不同管理模式下成长起来的这几家公司的 MIS 系统很难整合到一起，几个系统相互隔离，系统管理效果差，要获得一个完整的信息需要从不同的数据库和系统中抽取，结果是销售量、库存量不清，生产与财务报表滞后，要等到 20 多天后才能了解本月的业务运营情况。这时，集团领导越来越迫切地意识到：再不对企业物流、资金流、信息流进行重建，无异于“闭着眼睛管理公司”。为此，他们决定建立一个高度集成的、保证信息互通的管理平台。

在这一时期，国内已经悄然掀起了 ERP 的热潮，但对于 ERP 实施的难度和费用国内看法不一，争论很大。而国际上许多跨国公司已经实施了 ERP，对实现全球范围内的多工厂、多地点的跨国经营运作管理极为有效，这一点正在为越来越多的公司所认同，他们认为通过实施 ERP、优化供应链管理可以实现库存减少、成本降低、供货时间缩短、对客户和市场需求反映快速灵活，进而极大地增强了企业的“获利能力”。

在最初的系统选型过程中，他们考虑到公司正面临着强大的业务经营方面的压力，无法投入大量人力进行大规模的开发，因而决定购买成熟的 ERP 产品。但当时国内的 ERP 软件产品普遍规模较小，功能完备性较差，为了保证系统的先进性和稳定可靠，他们决定购买国际上先进的管理软件。并且经过十几年的发展，公司已经有了一定的实力来投入 ERP 项目。

经过调研论证，联想公司认为，SAP 的产品功能成熟，特别是在财务管理和库存管理方面是国内产品所无法比拟的，为了给公司的进一步发展开辟更加广阔的管理空间，联想公司决定采用 SAP 公司的管理软件——R/3 系统作为企业管理的基本平台。

联想集团高级副总裁、联想神州数码有限公司总裁郭为这样说：“选择 ERP，特别是选择 SAP 的 R/3 系统，对联想也是一个痛苦的选择过程。如果只是简单地解决一个信息支撑系统的问题，我们没有必要选择 ERP。因为实施 ERP 不仅是一个技术问题，同时还是一个管理问题，并且实施 ERP 不能保证 100％的成功，也就是说企业现行的管理方法与现代管理思想是否能嫁接得很好，这与企业的内在管理素质有关。在发展过程中，联想已经总结出管理的三要素，建立了自己的企业文化，但这些都是在本土特色上发展起来的管理思想，能否与 ERP 有机结合，建立一套科学的管理方法，这非常具有挑战性。但最终我们还是选择了挑战。因为联想有一个宏伟的发展目标——进入世界 500 强。要实现这样一个目标，在管理方面如果仅仅跟自己的历史相比，或者说与国内企业相比是不够的，必须与国际企业去比，参与国际竞争。”

2. 联想 ERP 实施

1998 年 11 月 24 日，联想集团与德国 SAP 公司、德勤企业咨询公司联合召开新闻发布会，正式宣布：联想与 SAP 及其咨询合作伙伴德勤管理咨询公司签订联想集团 ERP 项目实施协议。

联想刚开始上 ERP 时，大家都认为这只是一个软件系统，把 ERP 当作一个 IT 项目来做，项目组的人也是以联想技术部门的人为主导，业务部门没有介入。由技术部门推动业务部门做，后者不积极，业务流程的设计优化根本没有办法深入，项目也无法推进。

联想从 1998 年 11 月开始实施 ERP，投入上千万、项目进行了 4 个月后却没有什么成效。面对重重困难，1999 年 4 月，联想毅然重组 ERP 项目组，改为以业务部门为主、技术部门为辅的团队，由电脑公司掌管财务和人力的助理总裁王晓岩临危受命出任项目总监，直接对柳传志负责。

1999 年 5 月联想成立了 ERP 项目业务流程重组小组，由当时任联想集团常务副总裁的李勤担任组长，各个业务部门主要负责人负全责，带动了一大批部门骨干员工加入 ERP 项目的推进。业务部门梳理现有的业务流程，在技术项目组的全面支持下把业务流程系统化、集成化，然后把优化之后的流程在 ERP 系统中实现，实现流程电子化。

实施 ERP 确实需要企业有决心和信心，克服很多困难。郭为曾这样说过："联想集团的领导决心是很大的，但对实施过程中的难点也并不是从一开始就非常清楚的，在实施过程中经常需要领导亲自去拍板，真正体现出 ERP 是一把手工程。很多重大决策涉及企业运作程序的调整，需要一把手想清楚。这对很多企业来说是一个难点。其次牵涉业务流程的时候，实际业务流程与 ERP 业务流程还是有一些矛盾，创造性地解决这些矛盾非常重要。有些时候只能先按照 ERP 流程去做，再逐步优化，也就是所谓的'先僵化后优化'。"

2000 年 1 月 5 日，联想 ERP 正式上线，与原系统并行运行。2000 年 2 月 14 日，新系统独立运行。据统计，ERP 系统正常运营后，联想为客户的平均交货时间从 11 天缩短到 5.7 天，应收账周转天数从 23 天降到 15 天，订单人均日处理量从 13 件增加到 314 件，平均打款时间由 11.7 天缩减到 10.4 天，订单周期由 75 小时缩减到 58 小时，结账天数由 20 天降到 1 天，加班人次从 70 人削减为 7 人，财务报表从 30 天缩至 12 天。此后公司利润大幅度增长，相当一部分原因来自这个项目。

3. 经验

1）必须是真正的"一把手工程"

联想 ERP 的推进在经过多次挫折后，联想认识到，高层必须从根本上重视项目，这种重视并不是要求最高层事事亲力而为，而是要求他们从内心深处关心项目，通过主持例会，参与并直接决策等形式提升全公司对 ERP 项目的重视和投入。"一把手工程"可概括为三方面：一是出了问题追究各级一把手的责任；二是项目组每一位负责人都有责任；三是领导主持实施的全过程。

2）业务部门主导

联想回忆起来认为，把 ERP 当作一个技术项目来实施是他们最大的误区。信息系统的建设要结合公司业务发展需求做出前瞻性规划，应是企业发展战略和核心竞争力的重要组成部分，但 IT 人员无法决策流程的规范和优化是否适合业务的需要，不是也不可能是项目推进的主导力量。因此，业务部门应成为项目推进的主导者，要有熟悉全局业务、有决策能力且有权威性的业务骨干积极参与。

3）培训、培训、再培训

在 ERP 系统实施之前，联想对培训的理解是，IT 部门给使用者讲讲系统如何操作，是怎么一回事就可以了。其实不然，大型信息系统首先要理解它的思想和观念，还有术语，然后，联想必须将系统的语言转化过来，讲给业务人员听，让其明白把握什么样的系统配置才是最合理的。

4）有话好好说

联想 ERP 项目组曾有这样一副对联：不见不散项目组，没完没了 ERP，横批是“有话好好说”。联想 ERP 实施是对项目组成员的精神、意志乃至体力的考验，有效的项目管理和激励方法，是 ERP 项目能否成功的基本保障。

5）“十二分”的数据

对信息系统一般有这样的描述：三分技术、七分管理、十二分数据。数据的规范化和标准化是应用系统成功上线的前提。联想的 ERP 系统包含很多数据，如果这些不在事前准确地处理好，即使系统再好，也不可能起到真正的作用。

6）梳理、优化、变革

联想通过 ERP 项目的实施认识到，业务流程重组是对管理基础的变革，是企业需要长期不懈进行的工作。要做好业务流程优化和重组，不经过几次变革是不可能的。当现有的内部管理基础与目标之间有较大距离时，我们要把现实性放到第一位，通过设定更多的阶段性目标来完成。

4. 王晓岩的感想

联想集团高级副总裁、ERP 项目牵头人王晓岩谈及联想做 ERP 项目的经历，深有感触地指出：企业信息化建设绝对不只是 IT 技术的应用问题，也不只是财务管理问题，而是企业整体对先进管理理念的理解和应用，涉及销售、财务、采购诸多环节。这样的企业信息化建设离不开业务流程的优化和变革，并且在信息化建设的长期过程中都始终需要以业务为主导。

就目前企业上 ERP 项目总体上成功率比较低的情况，王晓岩认为，企业做 ERP 的难度首先来自于作为企业整体如何打通销售、财务、采购等环节，因为 ERP 不是一个部门或几个部门的事，而一定是企业整体的。而目前国内企业基础管理工作通常比较薄弱，要实现数据标准化、业务流程规范化也是企业的一大困难。这两点决定了企业在实施 ERP 项目时，往往要过关键的“三道坎”。

首先企业“一把手”要重视。信息化建设是企业一把手工程，一把手不仅要对信息化建设坚定信心，更重要的是把握方向，要清楚企业的信息化建设要解决什么问题。一把手为企业信息化建设提供资源保障，也绝不仅仅是要人给人、要钱给钱，而首先是企业上下意识上的转变。另外，企业一把手的关键决策也至关重要。其次要打通企业整体业务流程。第三是相关数据的标准化。王晓岩强调说，企业信息化建设是一个长期的、持续的过程。迄今联想的信息化建设也才是“万里长征迈出两三步”，在许多流程上联想始终处在不断优化的过程中。所以,企业信息化建设目标的达成一定是整体规划、分步实施、循序渐进的过程。

由于亲身牵头主持了联想 ERP 项目,并且长期从事企业内部管理工作,王晓岩对"上 ERP"显然有着自己独特的体会。她用日常生活中的小故事解释人们关心的企业信息化建设面临的典型问题,指出一些工作上的误区,深入浅出、活灵活现,颇有启发意义。

录音机和照相机的故事:有些中小企业在上 ERP 项目时失败了,过后往往总结经验认为是项目本身存在不合理性,而且很多人一谈 ERP,就感到企业要"伤筋动骨",很头疼,害怕由此带来风险。王晓岩回答说,中学时很多人都为了学英语而买录音机,但买回来后只有少数人是学英语的,大多数只是听歌,结果有些人只有一块砖头也考上了外交学院,有些人有很昂贵高级的录音机还是什么也没学着。ERP 就像这个故事中的录音机一样,其实只是企业的一个工具,能不能用好这个工具关键在于企业对先进适用的管理理念的汲取。如果企业业务与 ERP 软件两张皮,只是用先进的 IT 模式套用旧的流程,"新瓶装老酒",那显然就失去了意义。所以就像专业摄影师一定要花时间琢磨复杂的专业相机,企业 ERP 要理解透,一旦掌握就得心应手,不能遇到问题时先归罪与相机不好,而不加强自己的驾驭技术。

至于企业信息化建设是否一定会"伤筋动骨",王晓岩认为未必然。ERP 主要是为了帮助企业在激烈的市场竞争中,找到自身的问题所在,不同规模的企业需要不同的 ERP 软件,没有需要的企业无须为了赶时髦上 ERP,而上 ERP 也不是对原有体系的全盘否定。因为 ERP 一定是与企业发展并行的,而不是让企业停顿下来。属于自身工作"陋习"的,一定要改掉"陋习",比如不规范的操作流程;但符合自身业务长远发展的则要用业务指导技术。即使要改也要循序渐进,先找到关键点,解决了以后再逐步优化流程。

好教练与好运动员:企业信息化建设要正确看待管理咨询公司的作用。不能期望咨询公司能解决你所有的问题,国际咨询公司的长处是方法论和知识库,这就像一个好的教练,但他未必是好的运动员。他可以给你提出各种意见和建议,但关键是你自己去悟。

中医与西医:有人问道,ERP 的成功多大程度上取决于技术?联想的 IT 服务准备怎么做?晓岩女士再次强调,ERP 不是技术问题,是管理的问题。技术问题是急病,用西医开刀就好,在现实中是可以用钱解决的。管理问题就像慢性疾病,是需要中医调理的。

3.8 本章小结

本章从电子商务引发传统企业管理变革入手,依次介绍了 ERP、价值连管理、价值网集成、业务转型、构建核心竞争力与战略转折、业务流程重组与组织变革等概念。

思考题

1. 从 ERP 的核心处理逻辑思考 ERP 对企业核心资源的管理。

2. 电子商务到底将给企业带来什么影响?在电子商务大环境下,企业应做哪些战略转型?

3. 分析供应链管理对企业流程、信息系统、组织和人员的影响。

4. 价值网是一种新的业务模式(真正的客户驱动),请思考不同行业、产品如何应用价值网战略进行业务创新。

5. ERP 需要企业内流程再造,SCM 需要企业间流程再造,请考虑其各自侧重,区别与联系。

第4章

网络营销

据CNNIC第36次报告，截至2015年6月，我国网民规模达6.68亿，互联网普及率为48.8%，继2008年6月中国网民规模超过美国成为全球第一之后，中国的互联网普及率再次实现飞跃，赶上并超过了全球平均水平。我国互联网的快速发展，推动了电子商务的发展。本章从营销组合策略入手，对网络营销的概念、基本理论、在线产品与定价、网络分销、网络营销沟通等内容进行了系统的总结与探讨。

本章学习目标：

(1) 网络营销的概念与特点。

(2) 网络营销理论基础。

(3) 网络营销的商务模式。

(4) 网络营销的消费者与市场细分。

(5) 在线产品与定价。

(6) 网络分销。

(7) 网络营销沟通。

(8) 网络营销中的"柠檬"问题及其解决方法。

(9) 社会化媒体营销。

4.1 网络营销的概念与特点

4.1.1 网络营销的定义

市场营销作为一门学科，于20世纪初诞生于美国，它经历了以生产为导向的营销观念、以产品为导向的营销观念、推销观念、以市场为导向的营销观念以及社会营销观念等五个阶段。近年来，营销理论又有了新的发展，这主要表现在随着互联网的普及，从而对市场营销策略和理念产生了巨大的冲击。菲利普·科特勒将营销定义为“个人和集体通过创造、提供并同他人交换产品价值，以获得其所需所欲物的一种社会和管理过程”。也就是说，营销是以满足人类各种需要和欲望为目的，通过市场将潜在交换变为现实交换的活动总称。

网络营销不同于传统的营销方式，网络营销不是简单的营销网络化，它的存在和运作并未完全抛开传统的营销理论，而是网络化与传统营销的整合。网络营销目前还处于发展阶段，同许多新兴学科一样，“网络营销”也还没有一个比较公认的、规范的定义。一般认为，网络营销(online marketing 或 cyber marketing)是企业营销实践与现代信息通信技术、计算机网络技术相结合的产物，是企业以电子信息技术为基础，以计算机网络为媒介和手段而进行的各种营销活动(包括网络调研、网络新产品开发、网络促销、网络分销、网络服务等)的总称。网络营销根据其实现的方式有广义和狭义之分，广义的网络营销指企业利用一切计算机网络(包括 intranet、EDI 行业系统专线网及 Internet)进行的营销活动，而狭义的网络营销专指国际互联网络营销。

4.1.2 网络营销的特点

网络营销是随着 Internet 使用的普及而兴起的。Internet 使企业、团体、组织以及个人跨时空地连接在一起，使信息交换更加便捷，这恰恰是市场营销中最重要也是最本质的内容，如果没有信息交换，交易也就是无本之源。因此，网络营销具有了传统营销所无法比拟的优势，而这些优势又是 Internet 所具的特性。

1. 时空的无限性

不论是传统营销，还是网络营销，其最终目的都是为了占有更大的市场份额。由于 Internet 具有超越时间约束和空间限制进行信息交换的优势，使得脱离时空限制达成交易成为可能，无形中为企业增加了更多的时间和更大的空间进行全天候24小时的全球性营销服务。

2. 表现方式丰富多彩

随着 Internet 的不断发展，支持的媒体形式也越来越多，从最初的纯文本，到后来的图像、动画，直到目前的兼具文字、图像、声音等多媒体，只要充分地发挥营销人员的创造性和能动性，不仅能全方位地为顾客介绍商品，而且还能让顾客真实地感受商品，为达成交易提供帮助。

3. 信息交换的交互性

通过 Internet，商家既可以连接资料库来提供有关商品信息的查询，同时还可以和顾客做双向互动沟通，通过这种交流的互动性，不仅可以收集市场情报、对产品进行测试、对消费者满意度进行调查，还可以对客户需求进行反馈并自动对之统计分析，是产品设计、商品信息提供以及服务的最佳工具。

4. 界面友好拟人化

在Internet上的进行营销是一对一的、理性的、消费者主导的、非强迫性的、循序渐进式的，而且是一种低成本与人性化的促销，避免推销员强势推销的干扰，并通过信息提供与交互式交谈，与消费者建立长期良好的关系，为企业赢得长期客户。

5. 市场的成长性

Internet的使用者数量以几何级数快速增长并遍及全球，使用者多属年轻的中产阶级、高教育水准，由于这部分群体购买力强并且具有很强市场影响力，因此是一项极具开发潜力的市场渠道。

6. 销售过程的整合性

Internet上的营销可由商品信息发布、查询至收款、售后服务一气呵成，因此也是一种全程的营销渠道。另一方面，企业可以借助Internet将不同的传播营销活动进行统一设计规划和协调实施，以统一的传播资讯向消费者传达信息，避免不同传播中不一致性产生的消极影响。

7. 销售方式的超前性

Internet是一种功能强大的营销工具，它同时兼具渠道、促销、电子交易、互动顾客服务以及市场信息分析与提供的多种功能。它所具备的一对一营销能力，正是符合"个性营销"与"直复营销"的未来趋势。

8. 信息传递的高效性

计算机所能存储大量的信息以及网络中可传送的信息数量与精确度，远远超过其他媒体，并能因应市场需求，及时更新产品或调整价格，因此能及时有效地了解并满足顾客的需求。

9. 营销成本的经济性

通过Internet进行信息交换，代替以前的实物交换，一方面可以减少印刷与邮递成本，可以实现无店面销售，免去了租金、水电与人工等诸多成本；另一方面还可以减少由于迂回多次交换带来的损耗，所有的谈判讨论均可在网络上实现。

10. 营销人员的技术性

网络营销是建立在高技术作为支撑的Internet基础上的，企业实施网络营销必须有一定的技术投入和技术支持，改变传统的组织形态，提升信息管理部门的功能，引进懂营销与计算机技术的复合型人才，这样的企业才能具备市场的竞争优势。

4.1.3 网络营销与电子商务的关系

网络营销和电子商务是一对紧密相关又具有明显区别的概念，初次涉足网络营销领域者很容易混淆两个概念。比如企业建一个普通网站就认为是开展电子商务，或者将网上销售商品称为网络营销等，这些说法都是不确切的。冯英健在《网络营销基础与实践》一书中认为“网络营销不等于电子商务”，这主要是基于下面两个方面的考虑：

(1) 网络营销与电子商务研究的范围不同。电子商务的内涵很广，其核心是电子化交易，强调的是交易方式和交易过程的各个环节，而网络营销注重的是以 Internet 为主要手段的营销活动。网络营销和电子商务的这种关系也表明，发生在电子交易过程中的网上支付和交易之后的商品配送等问题并不是网络营销所能包含的内容，同样，电子商务体系中所涉及的安全、法律等问题也不适合全部包括在网络营销中。

(2) 网络营销与电子商务的关注重点不同。网络营销的关注重点是交易前阶段的宣传和推广，而电子商务的标志之一则是实现了电子化交易。网络营销的定义表明，它是企业整体营销战略的一个组成部分，可见，无论传统企业还是基于 Internet 开展业务的企业，无论是否具有电子化交易的发生，都需要网络营销，但网络营销本身并不是一个完整的商业交易过程，而是为了促成交易提供支持，因此是电子商务中的一个重要环节，尤其在交易发生之前，网络营销发挥着主要的信息传递作用。从这种意义上说，电子商务可以被看作是网络营销的高级阶段，一个企业在没有完全开展电子商务之前，同样可以开展不同层次的网络营销活动。

4.1.4　网络营销相对于传统营销的优势

传统营销的精髓集中在 4P(产品、价格、渠道、促销)的应用，而网络营销也有其营销组合，由于 Internet 本身的独特性，企业开展网络营销方式与传统营销方式差异很大，我们可以看到网络营销具有传统营销不可比拟的优势。

1. 产品方面

在网络营销中，消费者不能触摸到产品实体，所以网上的产品以提供信息为主要内容，利用计算机的声、像及多媒体等功能将产品的性能、特点、品质以及为用户提供的服务显示出来。传统营销只能对现有产品开展营销活动，由于成本和信息的原因，也很难做到针对每个消费者提供个性产品或服务。而网络营销通过开展网上交流，了解消费者需求和市场趋势，寻求市场机会。通过在网上设立消费者意见专栏和自我设计区，征求消费者对产品的意见和建议，允许消费者在网上对自己订购产品的颜色、样式、配件等组合提出要求，可为消费者实施“定制营销”，从而最大限度地满足消费者的个性化需求，为消费者提供个性化服务。提供网上自动服务系统，根据产品销售的品种适时提供有关产品的服务信息。网络营销不仅可以同时服务于所有上网用户，而且可以开展一对一的信息咨询服务。消费者可在网上得到某一类产品的全部信息，也可以参与生产厂家的制造产品的过程中来，因此，既可以极大地提高消费者的个人满足程度，又能使消费者在更大范围内选择需要产品。

2. 价格方面

由于网络营销的费用大幅低于传统营销，并且网上的商品交易价格完全公开、透明，某一企业的产品价格要受到同行业、同类产品价格的约束，因此网上产品的价格具有传统营销不可比拟的价格优势。

网络营销中价格策略的制定，应当充分考虑每个消费者的价值观。传统营销定价主要考虑产品的生产成本和市场上同类产品的价格。但在网络上,每个消费者购物基本属于理智型,价格是否合适取决于其价值理念,因此企业要充分掌握消费者购买信息,使买卖双方能够充分相互沟通。主要做法如下:

(1) 提供价格查询,客观准确地提供同类产品或相关产品的不同厂商的价格目录,便于消费者了解行情及市场总体水平,为其做出理性判断提供必要的信息;

(2) 开发自动调价和智能议价系统,自动调价系统可根据季节、市场供求、促销状况等调整价格水平,智能议价系统是给消费者一个在网上直接协商价格的环境,以满足其心理需要;

(3) 设立价格讨论区,对企业新上市的产品,可以通过该区了解消费者普遍接受的价格,为制定和调整价格策略提供参考。

3. 渠道方面

由于网络化本身就是渠道的最佳形式,它使整个交易过程都在"点击鼠标"过程中完成,真正实现消费者与厂商的直接沟通,方便消费者购买,同时信息反馈也更加及时。网络营销使生产企业可以直接面对消费者,将货物展现在他们面前,并回答有关产品的信息咨询,接收订单。对中间商的选择与传统的要求发生了一定的变化,特别是选择国外中间商不再是以代理商为主,唱主角的是负责送货的寄售或销售代理。主要做法如下:

(1) 设立产品展示区,将产品图像进行计算机技术设计,通过立体形象的声、影、形、色等虚拟的产品橱窗展现在消费者面前,并且根据各国文化、季节等需要,可以24小时为各种客户提供服务;

(2) 选择合适的销售代理,网络营销面对全球顾客,企业必须在各国建立相应的销售代理网点,以保证按时送货、销路畅通;

(3) 网络营销与银行结算联网,开发网络结算系统,将网上销售的结算与银行转账系统联网,使消费者能够轻松地进行网上购物、网上结算。

4. 广告和促销方面

传统营销是单向的,同时企业的成本也较高,作为消费者无论是否需要这类产品的信息,甚至根本就没有购买意向时,各类广告经常充斥在消费者的生活空间。而网络促销主要借助网络广告,将信息辐射到全球每个角落,可以与消费者建立一对一的联系。主要做法如下:

(1) 网络广告促销,一类是规范的产品和企业信息发布,另一类是以趣味性、信息性、知识性的卡通片促销;

(2) 开展网络公关,宣传企业文化和经营理念,以增强消费者对企业及其产品的信心;

(3) 举行丰富多彩的网上联谊活动,吸引消费者经常参与,以加深对企业的印象,扩大企业的知名度。

4.2 网络营销的理论基础

网络营销不同于传统营销的根本原因是网络本身的特性和消费者需求的个性回归。

在这两者的综合作用下，传统营销理论不能完全胜任对网络营销的指导。因此，需要在传统营销理论的基础上，从网络的特征和消费者需求演化这两个视角出发进行创新。事实上，网络营销既强化了传统市场营销理论的某些观点，又对工业化大规模生产时代的传统营销理论有所发展。

4.2.1 网络整合营销理论

网络的特征在营销中所起到的作用用一句来概括就是：使顾客这个角色在整个营销过程中的地位得到提高。网络互动的特性使顾客真正参与到整个营销过程中成为可能；顾客不仅参与的主动性增强，而且选择的主动性也得到加强，因为网络上信息丰富的特征使顾客的选择余地变得很大。在满足个性化消费需求的驱动下，企业必须严格遵循以消费者需求为出发点，以满足消费者需求为归宿点的现代市场营销思想，否则顾客就会选择其他企业的产品。因此，网络营销首先要求把顾客整合到整个营销过程中，从顾客的需求出发开始整个营销过程。

1. 网络营销中顾客概念的整合

传统的市场营销学中的顾客是指与产品购买和消费直接有关的个人或组织。在网络营销中这种顾客仍然是企业最重要的顾客。应当看到，网络社会的特点之一是信息“爆炸”、信息过剩。在 Internet 上，面对全球数以千万计的站点，每一个网上消费者只能根据自己的兴趣浏览其中的少数站点。搜索引擎的出现极大地节省了消费者寻找自己感兴趣的信息的时间和精力，因此，自第一批搜索引擎产品投入商业运行以来，网络用户数量急剧上升。面对这种趋势，从事网络营销的企业必须改变原有的顾客概念，应该将搜索引擎当作企业的特殊顾客，搜索引擎虽然不是网上直接消费者，但却是网上信息最直接的受众，它的选择结果直接决定了网上顾客接受的范围。以网络为媒体的商品信息，只有在被搜索引擎选中的情况下，才有可能传递给网上的顾客。也就是说，搜索引擎已然成为企业从事网络营销的特殊顾客。企业在设计广告或发布网上信息时，不仅要研究网上顾客及其行为规律，也要研究搜索引擎行为，掌握各类引擎的搜索规律。

2. 网络营销中产品概念的整合

传统市场营销学中将产品解释为能够满足某种需求的东西，并认为完整的产品是由核心产品、形式产品和附加产品构成，即整体的产品概念。网络营销一方面继承了上述整体产品的概念，另一方面比以前任何时候更加注重和强调信息对消费者行为的引导，因而将产品的定义扩大为：产品是提供到市场上引起消费者注意、需要和消费的东西。

网络营销主张以更加细腻的、周全的方式为顾客提供更完美的服务和更高的满意度。因此，网络营销在扩大产品定义的同时，还进一步细化了整体产品的构成。它用五个层次来描述整体产品的构成：核心产品、一般产品、期望产品、扩大产品和潜在产品。在这里，核心产品与原来的意义相同。扩大产品与原来的附加产品相同，但还包括区别于其他竞争产品的附加利益和服务。一般产品和期望产品由原来的形式产品细化而来。一般产品指同种产品通常具备的具体形式和特征。期望产品是指符合目标顾客一定期望和偏好的某些特征和属性。潜在产品是指顾客购买产品后可能享受到的超乎顾客现有期望、具有崭新的价值的利益或服务，但在购买后的使用过程中，顾客会发现这些利益和服务中总会有一些内容对顾客有较大的吸引力，从而有选择地去享受其中的利益或服务。可见，潜在产品是一种完全意义上的服务创新。

3. 网络营销中营销组合概念的整合

网络营销过程中营销组合概念因产品性质不同而不同。对于知识产品（文字、音像等），企业可直接在网上完成其经营销售过程。在这种情况下，市场营销组合发生了很大的变化。首先，传统营销组合的4P中的3个——产品、渠道、促销，由于摆脱了对传统物质载体的依赖，已经完全电子化和非物质化了。因此，就知识产品而言，网络营销中的产品、渠道和促销本身纯粹就是电子化的信息，它们之间的分界线已变得相当模糊，以至于三者不可分（若不与作为渠道和促销的电子化信息发生交互作用，就无法访问或得到产品）。其次，价格不再以生产成本为基础，而是以顾客意识到的产品价值来计算。第三，顾客对产品的选择和对价值的估计很大程度上受网上促销的影响，因而网上促销的作用备受重视。

对于有形产品和某些服务，虽然不能以电子化方式传递，但企业在营销时可利用Internet完成信息流和商流。在这种情况下，传统的营销组合没有发生变化，价格由生产成本和顾客的感受价值共同决定（其中包括与竞争对手的比较）。促销及渠道中的信息流和商流则是由可控制的网上信息代替，渠道中的物流则可实现速度、流程和成本最优化。因为网上简便而迅速的信息流和商流使中间商在数量上最大限度地减少甚至成为多余的。

综合以上两种典型的情况，在网络营销中，市场营销组合本质上是无形的，是知识和信息的特定组合，是人力资源和信息技术综合的结果。在网络市场中，企业通过网络市场营销组合，向消费者提供良好的产品和企业形象，获得满意的回报和产生良好的企业影响。

4. 网络营销对企业组织的整合

网络营销带动了企业理念的发展，也相继带动了企业内部网的发展，形成了企业内外部沟通与经营管理均将网络作为主要渠道和信息源的局面。销售部门人员的减少、销售组织层级的减少和扁平化、经销代理与门市分店数量的减少、渠道的缩短，以及虚拟经销商、虚拟门市、虚拟部门等内外组织的盛行，都促使企业对组织进行再造。

在企业组织再造过程中，在销售部门和管理部门中将衍生出一个负责网络营销并与公司其他部门协调的网络营销管理部门。它区别于传统的营销管理，主要负责解决网上疑问，解答新产品开发以及网上顾客服务等事宜。同时，企业内部网的兴起，将改变企业内部运作方式以及员工的素质。

在整个营销过程中要不断地与顾客交互，每一个营销决策都要从消费者出发而不是像传统营销理论那样主要从企业自身的角度出发。在此情况下，传统的以4P理论为典型代表的营销管理方法就需要进一步的扩展。因为4P理论的经济学基础是厂商理论，即利润最大化。所以4P理论的基本出发点是企业的利润，而没有把顾客的需求放到与企业的利润同等重要的位置上，它指导的营销决策是一条单向的价值链。

网络营销要求企业兼顾顾客需求和企业利润。以舒尔兹教授为首的一批营销学者从顾客需求的角度出发研究市场营销理论，提出了4C组合。菲利浦·科特勒归纳说："4P反映的是销售者关于能影响购买者的营销工具的观点；从购买者的观点来看，每一种营销工具都是为了传递顾客利益(即所谓的 4C)。”也就是说,企业关心的每一个决策都应该给顾客带来价值,否则这个决策即使能达到利润最大化的目的也没有任何用处,因为顾客在有很多商品选择余地的情况下,他不会选择对自己没有价值或价值很小的商品。但反过来讲,企业如果从 4P 对应的 4C 出发(而不是从利润最大化出发),寻找能实现企业利益最大化的营销决策,则可能同时达到利润最大和满足顾客需求两个目标。这应该是网络营销的理论模式,即营销过程的起点是消费者的需求,营销决策(4P)是在满足 4C 要求的前提下的企业利润最大化,最终实现的是消费者满足和企业利润最大化。由于消费者个性化需求的良好满足,使之第二次需求该种产品时,会对公司的产品、服务产生偏好。随着第二轮的交互,产品和服务可能更好地满足消费者的需求。如此反复,一方面,顾客的个性化需求不断地得到越来越好的满足,对公司产品的忠诚度提高;另一方面,由于这种满足是针对差异性很强的个性化需求,就使得其他企业的进入壁垒变得很高,企业和顾客之间的关系就变得非常紧密,甚至形成了“一对一”的营销关系。我们把上述这个理论框架称为网络整合营销理论,它体现了以顾客为出发点及企业和顾客不断交互的特点,它的决策过程是一个双向的价值链。

4.2.2　网络“软营销”理论

网络营销是一种“软营销”。这是网络营销中有关消费者心理学的另一个理论基础。导出这个理论基础的原因仍然是网络本身的特点和消费者个性化需求的回归。在说明这两点是怎样导出这个理论基础之前,这里先说明什么是“软营销”。与软营销相对的是工业化大规模生产时代的“强势营销”,传统营销中最能体现强势营销特征的是两种促销手段:传统广告和人员推销。对传统广告,人们常常会用一个词“不断轰炸”来形容它,它企图以一种信息灌输的方式在消费者心中留下深刻印象,它根本不考虑顾客是否需要这类信息;人员推销也是一样,事先并不征求推销对象的允许或请求,而是企业推销人员主动(一种强势)地“敲”开顾客的门。在网络上这种以企业为主动方的强势营销(无论是有直接商业利润目的的推销行为还是没有直接商业目标的主动服务)是遭到唾弃并可能遭到报复的。这仍然可从网络特点和消费者个性化需求回归两个方面解释。在网上提供信息必须遵循一定的规则,这就是“网络礼仪”。网络礼仪是网上行为规则,网络营销也不例外,“软营销”的特征主要体现在“遵守网络礼仪的同时通过对网络礼仪的巧妙运用来获得一种微妙的营销效果”。

概括地说,软营销和强势营销的一个根本区别就在于:软营销的主动方是消费者而强势营销的主动方是企业。个性化消费需求的回归也使消费者在心理上要求自己成为主动方,而网络的互动特性又使他成为主动方真正成为可能。他们不欢迎不请自到的广告,但他们会在某种个性化需求的驱动下自己到网上寻找相关的信息、广告。此时的情况是企业在那儿静静地等待消费者的寻觅,一旦消费者找到你了,这时你就应该活跃起来,使出浑身解数把他留住,更美好的未来是永久的忠诚!

4.2.3　网络直复营销理论

从销售的角度来看,网络营销是一种直复营销。直复营销中的“直”(direct,“直接”的缩写。)是指不通过中间分销渠道而直接通过媒体连接企业和消费者,网络上销售产品时顾客可通过网络直接向企业下订单付款;直复营销中的"复"(response,"回复"的缩写)是指企业与顾客之间的交互,顾客对这种营销努力有一个明确的回复(买还是不买),企业可统计到这种明确回复的数据,由此可对以往的营销努力做出评价。网络上的销售最大的特点就是企业和顾客的交互,不仅可以订单为测试基础,还可获得顾客的其他数据甚至建议。所以,仅从网上销售来看,网络营销是一类典型的直复营销。

网络营销的这个理论基础的关键作用是要说明网络营销是可测试、可度量、可评价的。有了及时的营销效果评价,就可以及时改进以往的营销努力,从而获得更满意的结果。所以,在网络营销中,营销测试是应着重强调的一个核心内容。几乎所有网络营销的活动都是在网络这个媒介上进行的,它既是市场调研的工具,又是销售产品的渠道,同时还是广告和公关的媒体,即使顾客想用电子货币付款也是在网络上进行,甚至它还是某些可下载的产品(如软件、图像等)的运货路线。这就使得网络营销是一种很紧凑的全程营销,有时对某个具体的操作方法是属于哪个营销策略很难分得清楚,这也是网络营销作为整合营销的一个具体体现。

4.2.4 网络关系营销理论

所谓"网络关系"营销,是指企业借助联机网络、计算机通信和数字交互式媒体的威力来实现营销目标。它是一种以消费者为导向、强调个性化的营销方式,适应了定制化时代的要求;它具有极强的互动性,是实现企业全程营销的理想工具;它还能极大地简化顾客的购买程序,节约顾客的交易成本,提高顾客的购物效率。并且,网络化营销更多地强调企业应借助于电子信息网络,在全球范围内拓展客源,为企业走向世界提供基础。现代企业应充分发挥"互联网"的互动优势,灵活开展网络营销,促进企业的持续发展。

在网络关系营销理论中互联网是作为一种有效的双向沟通渠道,企业与顾客之间可以实现低费用成本的沟通和交流,它为企业与顾客建立长期关系提供有效的保障。这是因为,首先,利用互联网企业可以直接接收顾客的订单,顾客可以直接提出自己的个性化的需求。企业根据顾客的个性化需求利用柔性化的生产技术最大限度满足顾客的需求,为顾客在消费产品和服务时创造更多的价值。企业也可以从顾客的需求中了解市场、细分市场和锁定市场,最大限度降低营销费用,提高对市场的反应速度。其次,利用互联网企业可以更好地为顾客提供服务和与顾客保持联系。互联网的不受时间和空间限制的特性能最大限度地方便顾客与企业进行沟通,顾客可以借助互联网在最短时间内以简便方式获得企业的服务。同时,通过互联网企业可以实现对从产品质量、服务质量到交易服务等整个过程的全程质量控制。

另一方面,通过互联网企业还可以实现与企业相关的企业和组织建立关系,实现双赢发展。互联网作为最廉价的沟通渠道,它能以低廉成本帮助企业与企业的供应商、分销商等建立协作伙伴关系。如联想电脑公司,就是通过建立电子商务系统和管理信息系统实现与分销商的信息共享,从而降低库存成本和交易费用,同时密切双方的合作关系。

4.2.5 利基营销理论

利基是英文名词 Niche 的音译。Niche 来源于法语。法国人信奉天主教,在建造房屋时，常常在外墙上凿出一个不大的神龛，以供放圣母玛利亚。它虽然小，但边界清晰，洞里乾坤，因而后来被引来形容大市场中的缝隙市场。在英语里，它还有一个意思，是悬崖上的石缝，人们在登山时，常常要借助这些微小的缝隙作为支点，一点点向上攀登。20 世纪 80 年代，美国商学院的学者们开始将这一词引入市场营销领域。利基市场(国内翻译：缝隙市场、壁龛市场、针尖市场)，指那些被市场中的统治者或有绝对优势的企业忽略的某些细分市场。利基市场是指企业选定一个很小的产品或服务领域，集中力量进入并成为领先者。从当地市场到全国再到全球，同时建立各种壁垒，逐渐形成持久的竞争优势。利基市场战略指企业通过专业化经营占领这些市场，从而最大限度地获取收益所采取的策略。市场利基指市场利基者通过专业化经营而获取的更多的利润。

1. 利基营销理论简介

营销者通常确定利基市场的方法是把市场细分再细分，或确定一组有区别的为特定的利益组合在一起的少数人。所以，利基市场营销又称“缝隙营销”或“补缺营销”，是指企业为避免在市场上与强大竞争对手发生正面冲突，而采取的一种利用营销者自身特有的条件，选择由于各种原因被强大企业轻忽的小块市场(称“利基市场”或“补缺基点”)作为其专门的服务对象，对该市场的各种实际需求全力予以满足，以达到牢固地占领该市场的目的。

利基市场营销是一个与大众市场营销相对的概念，在普通大众眼里，它多是名不见经传，默默无闻的。不像后者，由于有巨大需求的支撑，时常表现得轰轰烈烈，蔚为大观。但尽管表面上毫无英雄式的做派，利基营销却无可争辩地成为真正适宜于中小企业，特别是尚欠发达地区的中小企业的市场营销策略。

2. 利基市场营销的优点

(1) 便于企业进行市场研究。市场研究的目的在于为企业的决策提供有关市场变动的确切可靠的依据，而这些依据的取得，有赖于市场信息的收集和科学的分析法。由于狭缝市场营销关注的是细小的市场情况，就极大地降低了有关目标市场调研的复杂性。由此，市场研究可以在较短的时间展开，企业为此支付的成本也较小，诸如在产品线狭窄、目标市场地域分布单一、市场购买行为一致性较强等多方面容易取得优势实现，调研目标实现把握较大。对于这些营销的决定因素的有效分析，有利于企业透彻了解市场，从而采取“短、平、快”的行动，迅速进入市场，降低促销成本。

(2) 便于企业加强客户服务管理。在对目标市场研究的基础上，企业可以掌握目标市场行为和消费者的切身需要，深刻意识到客户的需要正是企业必须满足的。这样，企业可以有针对性地就客户的要求进行产品开发和业务调整。又因为狭缝市场营销活动集中在小块市场上，即使企业对客户的要求不遗余力地提供服务，对企业的整体营运成本也不会造成很大的提高。因此狭缝市场营销成为大多数企业尤其是中小企业竞争优势的有力武器。

(3) 便于企业掌握营销目标。企业的营销目标不是越大越好。在一定时期内，它必须与企业的内部资源相匹配，而有利于企业对营销目标和发展方向的控制。企业对自身营销目标的控制取决于其在市场上的力量和位置。包括企业产品的市场占有率、顾客的品牌忠诚度、企业信息系统的状况等涉及企业产品立足市场的核心要素。由于利基市场营销有利于企业的市场研究和对市场信息资源的掌握，以及对目标市场的有效服务所建立的品牌忠诚感，企业有理由对其产品在市场上的占有率抱有信心。企业对营销目标的把握和对内部资源的比较、权衡之后形成的取舍策略，使得企业与市场密不可分，实现了营销上的佳境。

4.3 网络营销的商业模式

4.3.1 网络营销的分类

按照不同的标准，网络营销可划分为不同的类型。

1. 按照商业活动的运作方式分类

按照商业活动的运作方式来分类，网络营销可分为完全网络营销和非完全网络营销。完全网络营销是指可以通过网络营销方式实现和完成完整交易的交易行为和过程。换句话说，完全网络营销是商品或者服务的完整过程，是在信息网络中实现的一种网络营销方式。完全网络营销能使双方超越地理空间的障碍进行网络交易，可以挖掘全球市场的潜力。

非完全网络营销是指不能完全依靠网络营销方式实现和完成完整交易的交易行为和过程。非完全网络营销要依靠一些外部因素，如运输系统的效率等。

2. 按照开展网络交易的范围分类

按照开展网络交易的范围来分类，网络营销可分为 3 类：本地网络营销、远程国内网络营销和全球网络营销。

(1) 本地网络营销通常是指利用本城市或者本地区的信息网络实现的网络营销活动，网络交易的范围较小。本地网络营销系统是开展国内地址事务和全球网络营销的基础系统，因此，建立和完善本地网络营销信息系统是厂家实现全球网络营销的关键。

(2) 远程国内网络营销是指在本国范围内进行的网络交易活动，其交易的地域范围较大，对软硬件和技术要求较高，要求在全国范围内实现商业电子化、自动化，实现金融电子化，交易各方具备一定的网络营销知识、经济能力和技术能力，并具有一定的管理水平和能力。

(3) 全球网络营销是指在全世界范围内进行的网络交易活动，参加网络营销的交易各方通过网络进行贸易的活动。它涉及有关交易各方的相关系统，如买卖双方国家进出口公司系统、海关系统、银行金融系统、税务系统、保险系统等。全球网络营销业务内容繁杂，数据来往频繁，要求网络营销系统严格、准确、安全、可靠，应制定出在全球达成共识的网络营销标准和网络营销协议，使网络营销顺利发展。

3. 按照商务活动的内容分类

按照商务活动的内容来分类，网络营销可分为间接网络营销和直接网络营销。

(1) 间接网络营销是指有形货物的电子订货与付款等活动，它依然需要利用传统渠道(如邮政服务、商业快递车送货、运输、物流等)送货。

(2) 直接网络营销是指无形货物或者服务的订货或者付款等活动，如可数字化的知识产品、计算机软件、娱乐内容的联机订购、付款和交付，或者是全球规模的信息服务。

4. 按照使用网络的类型分类

按照使用网络的类型不同，网络营销主要分为基于 EDI 网络的网络营销、基于 Internet 网络的网络营销、基于 Intranet（企业内部网）网络的网络营销。

(1) 基于 EDI 网络的网络营销就是利用 EDI 网络进行网络交易。EDI 是指将商业或行政事务按照一个公认的标准，形成结构化的事务处理或文档数据格式，并实现从计算机到计算机的电子传输方法。简而言之，也就是按照商定的协议，将商业文件标准化和格式化，并通过计算机网络，在贸易伙伴的计算机网络系统之间进行数据交换和自动处理。

(2) 基于 Internet 网络的网络营销就是利用 Internet 网络进行网络交易。Internet 是一种采用 TCP/IP 协议组织起来的松散的、独立国际合作的国际互联网络。

(3) 基于 intranet（企业内部网）网络的网络营销就是利用企业内部网络进行网络交易。intranet 是在 Internet 基础上发展起来的企业内部网，是在原有局域网上附加一些特定的软件，将局域网与 Internet 连接起来，从而形成企业内部的虚拟网络。

5. 按照交易对象分类

按照交易对象分类，网络营销可以分为 4 类：商业机构对商业机构的网络营销（business-to-business）、商业机构对消费者的网络营销（business-to-consumer）、商业机构对政府的网络营销（business-to-administrations）和消费者对政府的网络营销、（consumer-to-administrations）。

(1) 商业机构对商业机构的网络营销指企业和企业之间进行网络营销活动。这种网络营销已经存在很多年，其中以企业通过专用网或增值网（VAN）采用 EDI 方式所进行的商务活动尤为典型。这种类型是网络营销的主流，也是企业面临激烈的市场竞争，改善竞争条件，建立竞争优势的主要方法。

(2) 商业机构对消费者的网络营销指企业与消费者之间进行的网络营销活动。这类网络营销主要是借助于 Internet 开展的在线销售活动。例如，Amazon 的在线销售书店。近年来，Internet 为企业和消费者开辟了新的交易平台，再加上全球网民的增多，使得这类网络营销得到了较快发展。特别是企业的网页对于广大消费者，并不需要统一标准的单据传输，而且在线销售和支付行为通常只涉及信用卡、电子货币或电子钱包。另外，Internet 提供的搜索浏览功能和多媒体界面，又使得消费者更容易寻找和深入了解所需的产品。因此，开展商业机构对消费者的网络营销具有巨大的潜力，是今后网络营销发展的主要动力。

(3) 商业机构对政府的网络营销指企业与政府机构之间进行的网络营销活动。例如，在美国，政府采购清单可以通过 Internet 发布，公司可以电子化方式回应；另外，政府通过电子交换的方式向企业征税等。目前这种方式仍处于初期的试验阶段，但可能会很快发展起来，这主要是这种方式可以更好地树立政府的形象，实施对企业的行政事务管理，推行各种经济政策等。

(4) 消费者对政府的网络营销指政府对个人的网络营销活动。例如，社会福利基金的发放以及个人报税等。这类网络营销活动目前还没有真正形成。但随着商业机构对消费者以及商业机构对政府网络营销的发展，各国政府将会对个人实施更为完善的电子方式服务。

4.3.2 网络营销的基本流程

网络营销的交易过程大致中分为以下三个阶段：交易前、交易中、交易后。

(1) 交易前。这一阶段主要指买卖双方和参与交易各方在签约前的准备活动，包括在各种商务网络和 Internet 上寻找交易机会，通过交换信息来比较价格和条件、了解各方的贸易政策、选择交易对象等。

买方根据自己要购买的商品，准备购货款，制定购货计划，进行市场调查和市场分析，反复进行市场调查，了解各个卖方国家的贸易政策，反复修改购货计划和进货计划，确定和审批购货计划，再按计划确定购买商品的种类、数量、规格、价格、购货地点和交易方式等，尤其要利用 Internet 和各种网络营销网络寻找自己满意的商品和商家。

卖方根据自己所销售的商品，全面进行市场调查和市场分析，制定各种销售策略和销售方式，了解各个买方国家的贸易政策，利用 Internet 和各种营销网络发布商品信息，寻找贸易合作伙伴和交易机会，扩大贸易范围和商品所占市场的份额。

其他参加交易各方如中介、银行金融机构、信用卡公司、海关系统、商检系统、保险公司、税务系统、运输公司也都应为进行网络营销交易做好准备。

(2) 交易中。交易中包括交易谈判和签订合同和办理交易进行前的手续等。

① 交易谈判和签订合同。指买卖双方利用网络营销系统对所有交易细节进行网上谈判，将双方磋商的结果以文件的形式确定下来，以电子文件形式签订贸易合同。明确在交易中的权利、所承担的义务、对所购买商品的种类、数量、价格、交货地点、交货期、交易方式和运输方式、违约和索赔等合同条款，合同双方可以利用电子数据交换（EDI）进行签约，也可以通过数字签字等方式签约。

② 办理交易进行前的手续。指买卖双方签订合同到合同开始履行之前办理各种手续的过程，也是双方贸易前交易的准备过程。交易中要涉及有关各方，即可能要涉及中介方、银行金融机构、信用卡公司、海关系统、商检系统、保险公司、税务系统、运输公司等，买卖双方要利用 EDI 与有关各方进行各种电子票据和电子单证的交换，直到办理完可以将所购商品从卖方按合同规定开始向买方发货的一切手续为止。

(3) 交易后。交易后包括交易合同的履行、服务和索赔等活动。这一阶段是从买卖双方办理完所有手续之后开始的，卖方要备货、组货、发货，买卖双方可以通过网络营销服务器跟踪发出的货物，银行和金融机构也按照合同处理双方收付款、进行结算，出具相应的银行单据等，直到卖方收到自己所购商品，完成了整个交易过程。索赔是在买卖双方交易过程中出现违约时，需要进行违约处理的工作，受损方要向违约方索赔。

不同类型的网络营销交易，虽然都包括上述三个阶段，但其流程是不同的。可以归纳为两种基本的流程：网络商品直销的流程和网络商品中介交易的流程。

(1) 网络商品直销的流程。

网络商品直销是指消费者和生产者，或者是需求方和供应方直接利用网络形式开展的买卖活动。这种买卖交易的最大特点是提供直接见面、环节少、速度快、费用低。网络商品直销过程可以分为以下 6 个步骤：

① 消费者进入 Internet，查看企业和商家的网页。

② 消费者通过购物对话框填写购货信息，包括姓名和地址以及所购商品名称、数量、规格、价格。

③ 消费者选择支付方式，如信用卡、电子货币、电子支票、借记卡等。

④ 企业或商家的客户服务器检查支付方服务器，确认汇款额是否认可。

⑤ 企业或商家的客户服务器确认消费者付款后，通知销售部门送货上门。

⑥ 消费者的开户银行将支付款项传递到消费者的信用卡公司，信用卡公司负责发给消费者收费单。

这种交易方式不仅有利于减少交易环节，大幅度降低交易成本，降低商品的最终价格，而且可以减少售后服务的技术支持费用并为消费者提供更快捷方便的服务。当然，这种方式也有其不足之处，主要表现在两个方面，一是购买者只能从网络广告上判断商品的型号、性能、样式和质量，对实物没有直接的接触，这在很多情况下可能会产生错误。同时，也有一些厂商利用虚假广告欺骗客户。二是购买者利用信用卡或电子货币进行网络交易，不可避免地要将自己的密码输入计算机，这就使一些犯罪分子有机可乘，窃取密码，进而盗取用户的钱财。

(2) 网络商品中介交易的流程。

网络商品中介交易是通过网络商品交易中心，即虚拟网络市场进行的商品交易。在这种交易过程中，网络商品交易中心以 Internet 网络为基础，利用先进的通信技术和计算机软件技术，将商品供应商、采购商和银行紧密地联系起来，为客户提供市场信息、商品交易、仓储配送、货款结算等全方位的服务。

网络商品中介交易过程可以分为以下 4 个步骤：

① 买卖双方将各自的供应和需求信息通过网络告诉网络商品交易中心，网络商品交易中心通过信息发布服务向参与者提供大量详细的交易数据和市场信息。

② 买卖双方根据网络商品交易中心提供的信息，选择自己的贸易伙伴。网络商品交易中心从中撮合、促使买卖双方签订合同。

③ 买方在网络商品交易中心制定的银行办理转账付款手续。

④ 网络商品交易中心在各地的配送部门将卖方货物送交买方。

采用这种交易方式虽然会增加一定的成本，但是却可以降低买方和卖方的风险。

第一，这是市场由一个商品中介组织的，商品的生产商和供应商遍及全国甚至全球各地，为双方提供了很大的交易市场，增加了许多交易机会，但是双方都不要付出太多。

第二，网络商品交易中心可以解决"拿钱不给货"或者"拿货不给钱"的问题。在双方签订合同之前，网络商品交易中心可以协助买方对商品进行检验，只有符合条件的产品才可以入网，这在一定程度上解决了商品的"假、冒、伪、劣"。而且，网络交易中心会协助交易双方进行正常的电子交易，以确保双方的利益。

第三，网络商品交易中心采取的是统一结算模式，这可以加快交易速度。

当然，网络营销还是一个初级阶段，很多问题还有待解决，如合同问题、支付问题、安全问题等。

4.4 网络营销的消费者与市场细分

4.4.1 网络营销的消费者

企业的营销活动是针对消费者而展开的，消费者的概念和购物行为的变化要求营销策略必须针对这种变化而变化。概括地说，在网络营销环境下这种变化主要体现在以下四个方面。

1. 消费者从大众中分离

传统营销理论中所指的消费者通常是指一般大众，即在现实生活中，任何一个人都是潜在的消费者，都是营销策略针对的对象。故在传统营销理论中，企业的宣传、广告和营销策略是针对所有人的。于是，广告不但花费巨大，而且有较大的盲目性。这种情况在电子商务下会得到根本的改变。电子商务系统为消费者提供了全方位的商品信息展示和多功能的商品信息检索机制。商品的消费者，一旦有了需求，就会立刻上网主动搜索有关的商品信息。于是，消费者开始从大众中分离出来。在这种情况下，只有上网主动搜索商品信息的人才是真正意义上的消费者。企业的宣传、广告和营销策略应该针对他们，应该向他们提供科学合理的商品分类框架，方便快捷的上网查询方式以及详细的商品特点、性能、价格等信息。而不再是泛泛地宣传商品信息。

2. 消费者直接参与生产和商业流通循环

传统的商业流通循环是由生产者、商业机构、消费者三者组成的。其中商业机构在这中间起着非常重要的作用。对于生产者来说，所谓市场导向是通过商业机构的订货趋势来反映的。对于消费者来说，所谓选择和挑选商品也是在商业机构所提供的范畴内有限地进行的。生产者很难直接了解市场需求，消费者也很难直接向生产者表达对产品的需求，因此，从理论上来看，这种流通模式无论如何分析，总会存在一定的盲目性。而在网络环境下，这种情况将会改变。在电子商务下，生产者和消费者在网络的支持下直接构成商品流通循环。其结果使得商业机构的部分作用逐步淡化，消费者参与企业营销的过程。市场的不确定因素减少，生产者更容易掌握市场对产品的实际需求。

3. 需求导向的消费者行为

在传统营销中，消费者对商品的购买行为来自如下两方面的影响：

(1) 实际工作或生活对某种商品的需求；

(2) 受广告或其他各种信息传媒(甚至受他人使用)而引发的对某种商品的需求。

前者多是指人们生活所必备(需)的商品需求，而后者多是指人们为了提高生活的质量而产生的一种附加商品的需求。在传统社会中，人们对生活必需品的需求主要来自于实际工作和生活的自身，对于提高生活质量的附加商品的需求则主要来自于广告、信息传媒、人与人之间的相互影响和攀比心理。在人们的现实支出中，真正用于生活必需品的部分很少，而且随着生活水平的提高，这个比率还会进一步缩小。因此，目前商家厂家都把眼光放在提高生活质量的附加商品上，想尽办法做广告来吸引消费者。

而在网络环境和电子商务下，上述情况要发生变化。首先，传统广告的传播方式和内容都会发生变化。例如,以多媒体方式出现在网上,以联想、智能搜索、组合查询方式传播,以传统广告媒体宣传网址和以详尽商品信息方式在网址中分类展示商品等。其次是消费者会将上网作为了解信息和购买商品的主要途径。这样一来消费者对于商品信息的了解和可选择的范围都极大地扩展了。各类电子商务系统独特的营销功能也就有了更充分的施展余地。

4. 理性的消费行为

在网络环境和电子商务下,消费者面对的是系统,是计算机屏幕,没有了嘈杂的环境和各种诱惑,商品选择的范围也不限于少数几家商店或几个厂家,在这种情况下,消费者会完全理性地规范自己的消费行为。

1) 大范围地挑选比较

对个体消费者来说,购物往往会"货比多家",精心挑选。那种因信息来源和地理环境所限,不得已而为之的"屈尊"购物现象将不复存在。对单位采购进货人员来说,其进货渠道和视野也不会再局限于少数几个定时定点的订货会议或几个固定的供应厂家,而是会大范围地选择品质最好、价格最便宜、各方面最适用的产品。

2) 理智的价格选择

对个体消费者来说,不再会被那些先是高位定价,然后再优惠多少的价格游戏弄得晕头转向。他们会利用手头的计算机迅速算出该商品的实际价格是多少,然后再做横向比较,以决定是否购买。对单位采购进货人员来说,各类成本分析方法和信息系统技术有了更充分的用途。他们会利用手头的计算机和预先设计好的计算程序,迅速比较购货价格、运输费用、折旧比率、时间效率等综合指标,最终选择最有利的购货途径。也就是说,在网络环境和电子商务下,人们有可能更充分地利用各种定量化的分析模型,更理智地决策。

3) 主动地表达对产品的欲望

在电子商务情况下,消费者不再会在被动的方式下接受商家或厂家提供的某些产品或商品,而是根据自己的需要主动表达自己对某种产品的欲望。其结果是消费者不自觉地参与和影响到企业的生产和经营过程。

4) 告别两难的广告宣传

在传统广告宣传策略中,针对的对象多是一般大众(或称为潜在的消费者),而就某种具体产品来说,能真正成为消费者的公众比例很小。于是,广告宣传就处于一种很尴尬的两难境地。对大众来说,广告太多,而对消费者来说,广告内容又显不足。

4.4.2 市场的变化

通过网络营销,产品的生产者会更多地直接面对消费者,原先那种层层批转的中间商业机构的作用将逐步淡化。这将引起市场性质的变化,这些变化主要表现在以下4个方面。

1. 生产厂商和消费者的直接网上交易

在电子商务下,生产厂商和消费者可以通过网络(电子商务系统)直接进行商品交易。这种交易避开了某些传统的商业流通环节,因而更加直接、"面"对"面"和自由化。它对于以传统经商业运作为主的市场运作模式产生了巨大的冲击。

2. 市场的多样化、个性化

原有以商业作为主要运作模式的市场机制将部分地被基于网络的电子商务所取代。市场将趋于多样化，不同的企业、不同的系统、不同的产品将千方百计地在网上营造自己的营销模式以吸引客户。由于当代信息网络双向和动态的特点，这时的市场会更显个性化。

3. 市场细分的彻底化

随着市场环境和运作方式的发展，目前的市场经历了从同质市场到市场细分，再到个性市场的变化过程。目前市场变化主要体现在市场的划分越来越细和越来越个性化这两个方面。但是在传统社会中，这两种方式无论怎么发展，其最终结果还是针对某一特定的消费群体。只有在网络环境下，电子商务才有可能把这两个方面的趋势推向极致，演变成为一场针对每个消费者的营销，即"微营销"。

4. 商品流通和交易方式的改变

在电子商务下，商品流通和交易方式的改变将主要表现在中间商（即传统商业）地位的减弱、直接交易过程的出现，以及营销全球化、实务操作无纸化（即无纸面单证、票据、文件等）和支付过程的无现金化（即完全通过电子货币的方式支付）。

4.4.3 市场细分基础与一般策略

市场由消费者构成，而不同消费者群体之间总是有或多或少的差别。他们会有不同的欲望、不同的资源、不同的地理位置、不同的购买态度以及购买习惯等。因此，每个购买者实际上都形成了一个单独的市场。但是，绝大多数销售者面对的是数量众多的较小买主，因此难以进行彻底的市场细分。取而代之的是寻找具有不同产品需要和购买行为的较宽的购买者阶层。市场细分是把市场分割为具有不同需要、性格或行为的购买者群体，并针对每个购买者群体采取单独的产品或市场营销组合战略。

具有一种或多种特征以及共同需求的人群构成一个细分市场。在规划过程中，销售人员把消费者和经营者都划入几种有潜在利益的细分市场中，然后，经过仔细分析，从这些目标市场中选择一个或更多目标市场。在为每一目标设定了具体任务后，针对每一组人群或细分市场，销售人员则要制定营销策略和执行预算。在这里使用了人群一词，每一个细分市场其实际上的大小可能差别较大，有的只有一个人，有的则可能成百上万。市场细分很重要，因为这项技术可以使销售人员方便地制订营销计划。

1. 市场细分的基础变量

消费市场细分中一般考虑以下四个基础变量：针对产品的人口统计、地理区位、心理因素和行为变量。在每一种基础变量内，还可以有许多细分变量，例如，麦当劳在人口统计方面的市场细分重点以年龄、家庭、成人、儿童、老年人等变量为基础。

2. 细分市场的一般策略

市场细分就是指一个企业从四种不同的市场策略中进行选择。

(1) 大众化营销（mass marketing）或称为无区分目标战略（undifferentiated targeting）。就是指企业采用同一营销策略面向的整个市场。依据是它能最大限度地降低成本和价格，创造最大的潜在市场。Wrigaley 的口香糖就使用了这种面向大众的策略。在 Internet 上，许多企业使用共同市场策略。例如，挂在门户网站上的旗帜广告(如 Yahoo!)倾向于面向整个市场。

(2) 多目标营销(multisegment marketing)指企业经过认真分析后选择两个或更多的细分市场作为目标市场，然后针对每一个细分市场设计营销战略。今天的多数企业都使用这种多重目标的细分市场策略。

(3) 小环境营销(niche marketing)指当企业选择一个细分市场作为目标市场后，针对该细分市场开发设计出一个或更多的营销战略来满足那个细分市场的需要。亚马逊采用了这种策略，它目标紧紧瞄准上网用户。

(4) 微市场营销(micromarketing)也称为个性化目标营销(individualized targeting)，指企业有时把所有的精力集中到一小部分人。拿极端的例子来说，这样一个目标可能只有一个人。在发送专门的 E-mail 时，许多互联网企业就使用微营销策略，在以前的购买行为基础上为个人提供服务。

许多企业现在都意识到，Internet 的一个非常广阔的前景是个性化目标市场。例如，亚马逊为每一位在网上浏览或购买书的用户都建立了档案。它跟踪客户所阅读的书，在过去购买记录的基础上为读者推荐图书。亚马逊还向可能会感兴趣的个人发送关于产品介绍的 E-mail 通知。这就是好的营销概念：在适当的时间和适当的地方准确地给个别用户他们想要的东西。Internet 技术使得大众化客户定制成为可能，这种方法在 10 年前还是难以想象的。

4.5　在线产品与产品定价

在线产品或数字产品是伴随着 Internet 和电子商务而出现的一种新的产品形态。其营销策略也有别于实体产品。本节讨论在线产品或数字产品的市场结构、产品选择和定价方式等。

4.5.1　在线产品的分类

什么是在线产品？从经济学本质上讲，产品是一个收益的集合，它能满足一个组织或消费者的愿望从而愿意以货币或者其他价值的东西来与之交换。在线产品包括通过网络传播的软件以及其他可被数字化并通过网络来传播的知识产品。目前有数千种基于 Internet 技术的在线产品，服务于 B2B 的产品主要出售给内容提供者(content providers)或 Internet 基础公司(Internet infrastructure companies)，而在 B2C 市场上在线产品是为了获得消费者的注意力。按照这个思路这里将在线产品进行分类，如表 4-1 所示。

尽管在 Internet 上销售实物产品是很多在线商店的主要目标，但它们的核心目标是提高商业交易的效率或改善服务、扩大市场份额，它们创造性的想法可以使很多实物产品和过程转变成数字产品。信息是数字产品的首选实例，例如，可数字化并通过网络来传输的知识产品。信息产品包括范围广泛的纸上产品，如书籍、杂志、报纸、期刊、照片地图和其他图形，这些产品中的大多数都先制成数字形式，再被印在纸上。而某些信息产品如数据库、

表 4-1 在线产品的分类及实例

	内容提供商	互联网基础公司	最终使用者
硬件	服务器公司、高速转换(high-speed switch)	路由器、卫星、光纤骨干网	调制解调器、PC、Web TV、个人数字助理(PDA)、手机
软件	Web 授权、加密、音(视)频数字化	网络协议(TCP/IP)、网络域名服务(DNS)	浏览器、电子邮件、解密、音(视)频游戏
服务	电子商务顾问、网络策划、网络设计、应用服务提供商	网络服务提供商(ISP)、骨干服务提供商	网络病毒扫描、自动更新、日历、电子邮件

计算机软件就以数字形式传播和使用。音像产品可以数字化,那么多媒体产品如电影、电视节目和声音制品就可以与信息产品混合出售,或是作为娱乐产品单独出售。另外,在Internet 上收发的任何东西都可以成为数字产品。各种纸上产品都可通过扫描或通过改变人们使用这些产品的方式而变成数字产品。例如,机票、音乐会门票或棒球票无须印在纸上,它可以被数字化地分派、传输、存储在个人 ID 卡中,用户也可以登录一个网站来做预订,可以数字化地付款。

同样,商业和政府表格都可以完全被数字化。一些产品或服务虽然没有相应的实物形式,但它们只要是以知识或过程的形式存在都可以成为数字产品。例如,售货员或医生的知识和经验可以数字化,做成一个文件或程序,然后卖给顾客。类似地,人类的相互作用与相互交流的过程也可以归整成一个数字过程或一个电子化的市场。例如,所有虚拟产品的拍卖行为可组成一个电子拍卖市场,在这里可以在线浏览待拍卖品并可以电子化地竞价与付款。网上送的花同样能表达问候、安慰、爱或其他任何情感的表达。一束虚拟花(花的图形文件)的主要存在目的是作为意义的象征,它是实物产品数字化的实例。

数字产品很多,但是,它们有很多共性:除了都是比特流以外,它们的生产和使用都没有物理界限。数字产品可以分为三大类,如表 4-2 所示。

表 4-2 数字产品分类与实例

信息和娱乐产品	象征、符号和概念	过程和服务
报纸、杂志、期刊、书籍 产品说明、用户手册、销售培训手册 照片、卡片、日历、地图、海报 音乐唱片、语音 电影、电视节目	订票:航班、旅馆、音乐会、体育场 支票、电子货币、信用卡、有价证券	政府服务:表格、福利金支付 电子消费:信件、传真、电话 商业价值创造过程:订货、簿记、盘点、签约 远程教育、远程医疗和其他交互式服务 远程教育、远程医疗和其他交互式服务

4.5.2 在线产品的特征

在线产品是一种特殊的产品,很多情况下它是虚拟的不需要物理存在,同时它可以多种方式传播,应该把它作为可消费的产品来分析它的经济学内涵。它有专门的市场,应该根据它的用处来确定价格。

1. 在线产品的物理特征

数字产品不可能磨损，它一经产生就可以永远存在下去。无论用得多久或多频繁，数字产品的质量是不会下降的，因此，数字产品无耐用和不耐用之分，换句话说，从厂家那里买到的产品和二手货没有区别，这就是很大的不同。

也正是这个原因导致数字产品的生产商是在和自己已卖出的商品竞争。因为对于同一种数字产品，大多数消费者只可能购买一次。因此，生产商不得不推出一个很有竞争力的最低价格，即使没有竞争者也是如此。产生这种独特的市场行为的原因是，随着耐用品生产商销售的进行，市场规模在缩小。网络厂商往往在不同的市场时期把不同的或"已升级"的产品卖给同一个的顾客，这是一种蓄意过时的策略。频繁地升级使老版本的软件很快过时，销售商就可以把耐用品继续卖给同一个顾客。软件生产商经常改变用户界面，以有效地与旧版本相区别，但用户因此必须学习使用新软件，这会导致浪费，而且在某些情况下，新版本的质量是否高于旧版本还未可知。

数字产品的不可破坏性，使得数字产品销售商采取许可使用或出租而不愿出卖的销售策略。如果是租用耐用品而不是买，消费者要定期交费。因此卖方市场始终存在。租用期间，消费者不必考虑将来的销售和价格情况。公司也没必要生产补丁或考虑今后降价。因此，许可使用软件可以取得与频繁升级同样多的最大利润。

2. 在线产品的可复制性

所有数字产品的最大价值在于它们可以被方便地复制、存储和传输。这就是说，在做了最初的固定投资后，生产的边际成本几乎是零。但是，如果生产商连固定成本都收不回来的话，产品质量就可能降低，或者产品干脆退出市场。一旦价格被确定，固定成本就决定了达到收支平衡所需的最低销售量。因此，保护知识产权的核心是防止数字产品的不正当复制和转手销售。能否利用技术来防止复制还未可知，但受到的怀疑已经不少了。而且，生产商必须不断地改变和升级它们的产品，以使复制品贬值。

很明显，数字产品的边际成本被假定为零。就生产、复制和损耗而言，这个假设是有道理的。但是，每份副本的成本中应加入版权费用。一旦把这种可变成本加到总的生产成本中，数字产品的边际成本就不再是零了。一些定价模型理论的推理方法假定是有边际成本的，因为它在经济学分析中有重要地位。尽管数字产品可以最小或零附加成本来复制，但还是不能说它的边际成本为零。

3. 在线产品效用评价的主观性

因为概念上的具体的人类思想、知识、智力、信息等产品没有实物形式，被消费的是信息所代表的思想和信息的用处，从而造就了消费者对其效用评价的主观性。任何产品的需求都随消费者的内在的口味差异而变化，而对信息产品的需求似乎更容易变化。这一差异的主要原因是，知识或信息的用途经常跨越了已有种类的界限。因此，信息产品的销售者要更多地依赖消费者信息以便根据偏好来对消费者进行分类。也正因为如此，在网络营销中有必要根据消费者类型或其他身份信息进行产品定制和差别定价，因为它们的用途和价值是相对不同的。对于差别化产品，应根据消费者的评估意见或他们的边际支付意愿而不是边际生产成本来制定价策略。

4. 在线产品效用的短期性和积累性

人们常说，"过时的信息就不是信息"，这是因为很多信息产品的价值依赖于时间。例如，天气信息用来预报农作物产量，昨天的天气信息不再有用，除非是用作归档和参考。但短期信息用作归档和参考也有自己的价值。这种价值在于积累效应。任何信息文件的一部分可以被循环利用，以生产不同的产品。不仅消费就连信息的生产也是一个积累的且通常是合作的过程。在通过积累、修改、增加和改良而传播的过程中，信息经常演化。研究和学习行为是从阅读已有的知识文本开始的，然后才对它们做出改进，一代一代都是这样。在数字产品时代，这种增加是指数级的。因为创造信息产品是连续积累的过程，因此描述及保护作者的权力就不是一件简单的事情。数字产品积累性的消费和生产过程为制订定价策略带来了难度。

5. 在线产品的外在性

在经济学中，外部性(extensity)是指不能完全用价格原理和市场理论解释的经济后果，这种后果既可能是事先没预料到的收益也可能是没有预料到的损失。例如，汽车虽然污染了空气，但因污染环境而增加的成本没有反映在汽车的价格中，这就是一种消极的外部性。如果邻居家的树木带给你绿荫，这就是一种积极的外部性。

对许多信息技术来讲，使用普及的格式或系统对消费者来讲有好处，因为消费者消费数字化产品所获得的效用随着购买这种产品的其他消费者数量的增加而不断增加，这样就形成了消费的规模经济效应，由于这种规模经济效应具有积极的外部性，因此，共享信息、计算机软件和其他数字产品的行为是受鼓励的。因为通过共享，由网络外部性带来的收益是实实在在的——如果能对侵犯版权的行为处以罚款，共享收益甚至会超出共享带来的潜在成本。因此，必须建立起合适的技术和有效的法律手段来适应新环境。

6. 在线产品的先验性

数字化产品消费偏好的确立，消费者必须事先对其进行使用，然后才能进行效用比较并进行选择。只有市场营销人员通过种种营销手段减少了商品质量信息的不确定性和信息的非对称性，来帮助消费者了解新产品的效用，消费者才能确立自己的购买偏好。比如，MS-DOS 和 Windows 操作系统在进入中国市场的时候，它是通过低价、免费安装和赠送等方式从而达到了普及的目的，甚至对盗版现象也视而不见，但到了 20 世纪 90 年代末期，也就是 Windows 操作系统在中国基本普及了之后，微软便抬高了它在中国的零售价格，并且加大了打击盗版的力度，一度造成微软公司与国内计算机销售商之间的关系紧张。微软公司的这种作法或营销策略就是利用数字产品的先验性，使消费者对其产品产生路径依赖，增加消费者的转移成本。

4.5.3 在线产品的定价策略

和传统营销策略一样，价格策略也是网络营销最富有灵活性和艺术性的策略，是企业营销组合策略中的重要组成，是企业的一种非常重要的竞争手段。所有的盈利或非盈利性组织都必须为自己的产品或服务定价。从狭义上讲价格是对产品或服务所收取的金钱，从广义上讲价格是指消费者用来交换拥有或使用产品或服务利益的全部价值量。在进行网络营销时，企业应在传统营销定价模式的基础上，利用 Internet 的特点，特别重视价格策略的运用，以巩固企业在市场中的地位，增强企业的竞争能力。网络营销价格指企业在网络营销过程中买卖双方成交的价格。网络营销价格的形成是极其复杂的，它受到多种因素的影响和制约。一般来说，影响企业产品网上定价的因素包括传统营销因素和网络本身对价格的影响因素。其中，传统因素有内部的（成本和利润等）和外部的（消费者需求和市场竞争等）因素（见图 4-1），由于网络的及时性和互动性等特点，网络营销会节省一定的经营成本，这必然会对价格产生一定的影响。企业在进行网络营销决策时必须对各种因素进行综合考虑，从而采用相应的定价策略。

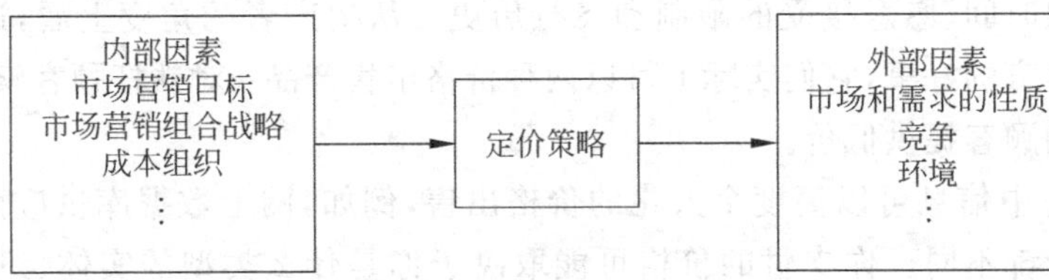

图 4-1 在线产品的定价策略

1. 渗透定价策略

在进入市场的初期，可以实行渗透定价策略。由于 Internet 技术的发展，产品的差异性在逐渐缩小，丰富的信息使得注意力成为企业进入市场时首先要进行营销的产品或因素之一。在这个时候，在线企业可以实行渗透定价的营销策略。实行渗透定价就要在进入市场的初期采取低价格、零价格或者负价格的办法，也就是先发制人，以争取更多的安装基础，达到必要的临界值，其目的是对消费者进行"锁定"，也就是培养消费者对产品的忠诚度。有的数字化产品在进入市场时宜采用低价和零价销售的策略，如网景浏览器在开始进入市场时就以低价甚至免费赠送的方式，把它们安装在新机器上，从而取得了在网上浏览器市场上先入为主的有利地位。有的数字化产品宜采用负价格的策略来争夺消费者，如一些新建立的网站多采用付费的方式，将其网址链接在知名的网站上，让用户通过超级链接去浏览其产品。

2. 区分定价策略

在市场成长期，可以实行区分定价策略。区分定价是根据数字化产品对消费者需求满足的不同程度来确定其产品在网上销售的价格。Internet 除了使大家更容易地对产品进行个人化之外，还使大家更容易地对价格进行个人化。如果出售的信息产品极为迎合顾客的口味，将在定价上拥有很大的灵活性，因为不必很担心类似产品的竞争。如果出售的产品是放在货架上标好价格的，就基本上陷入了"一种价格卖给所有人"的模式，也许优惠券和偶尔的折扣会改善一点儿情况。但是在 Internet 销售中采用的技术是"点对点"的，有时就可以安排多样的、甚至个人化的价格，这种策略目前最时髦的叫法是"一对一营销"，它在 1920 年由经济学家庇古（Pigou）提出，并把它称为"一级价格歧视"。庇古把三种类型的价格歧视区分开来，分别称为"一级价格歧视"（First-degree Price Discrimination）、"二级价格歧视"（Second-degree Price Discrimination）和"三级价格歧视"（Third-degree Price Discrimination），其意思分别是个人化定价、版本定价和群体定价。区分定价的方式主要有以下几种。

1) 个人化定价

个人化定价的基本思路是根据顾客愿意支付的价格向不同的顾客收取不同的费用。这种定价成功的前提是：首先，这种数字化产品很少有近似的替代产品，即产品具备个性化的特征；其次，根据消费者的购买历史、邮政编码、年龄性别、搜索选择和点击行为来收集消费者偏好的信息，对数字化产品满足消费者需求程度的效用进行准确评估。企业管理人员必须首先了解顾客对产品价值的看法，对市场进行细分，然后采用个人化的定价方法。实施定制化定价策略在传统工业中采用个人化定价的典型例证就是航空公司。顾客的费用取决于他的订票时间、愿意接受的限制和飞行历史。从生产者的角度上看，进行个人化定价是一桩妙不可言的好事，它们实际上可以两种价格出售产品：对铁杆顾客索要高价，为现在没有消费它的顾客提供低价。

在网络交易中信息可以高度个人化的价格出售，例如，网上数据库供应商几乎可以对每个顾客的要价都不同。你支付的价格可能取决于你是什么类型的实体、组织的大小、使用数据库的时间、使用数据库的量、使用的是什么数据库和是把它打印出来还是只在屏幕上看，等等。和航空公司一样，每位顾客支付不同的价格。

对在线产品和定价进行个性化在 Internet 上比在任何其他媒体上都容易，因为你和顾客是在一对一的基础上进行交流的。由于 Internet 比目录更为个人化，更具有交互性，它提供了更具吸引力的定价机会。目录生产者知道你的邮政编码和购买历史，可以根据这些变量来调整他们提供的产品，但是他们很难根据你现在的购买情况为你提供价格。但这在 Internet 上易如反掌，因为在 Internet 上进行市场研究要比通过传统渠道便宜得多，利用登录文件和点击流中的信息，可以跟踪每位用户的点击流，可以立即根据他们的行为向他们提供特别服务。例如，亚马逊书店跟踪每位消费者的购买情况，在他们下次登录的时候推荐新的相关书目。可以通过注册了解顾客的个人信息，也可以通过跟踪他们的点击流和搜索行为了解他们的兴趣；分析这些信息，看看你的顾客需要什么。如果你的价格都在线，就可以立即把多余的产品放到网上去。航空公司利用复杂的收益管理系统已经对他们的座位采取这种办法了。越来越多的公司正在获得这种能力，不但实时跟踪存货，而且立即调整价格。

互联网提供了其他媒介望尘莫及的营销机遇，通过利用购买历史、搜索选择和点击行为，对信息和价格的个人化来对产品进行差别化，以创造一种近似替代品极少的产品，这样就可以把价格建立在为消费者提供的价值上，而不是被竞争对手的定价牵着鼻子走。可以根据顾客的购买习惯和其他特征向他们提供不同的价格，就像超市做的一样；也可以利用促销来测量需求。促销可以估测价格敏感度，在 Internet 上这是非常容易的事，这使得市场研究易如反掌。减价销售、抛售和其他形式的促销定价在 Internet 上不费吹灰之力，因为价格可以在瞬时改变。这些促销可以帮助你很快地流转产品，但是它们更吸引人的地方还在于可以估测出市场对价格变化的反应。Internet 为市场研究提供了一种非常经济的形式，随着网上商务的成长，这将变得越来越重要。

2) 版本定价

个性化定价要求对消费者个人有一定的了解。这了解往往来自消费者自己，比如当他们提出自己的要求并指明他们想要见到的产品或他们感兴趣的信息类型时。但是，如果没有顾客提供的档案，没有顾客的积极参与，我们仍然能够需要得到关于顾客的有价值信息。如何做到这一点？这就需要进行版本的划分，即以不同的版本向不同的市场部分提供信息产品。比如，如果有一个产品系列，一种产品是针对专业用户的，另一种产品是针对业余用户的，你只需观察销售数据就可以知道市场是如何细分的。版本划分的关键在于设计你的"产品系列"，以从你销售的信息中获取最大的利润。这样的"产品系列"要达到两个要求：首先，要根据不同的顾客需求提供不同的版本；其次，设计这些版本时要突出不同的顾客群体的需求。强调顾客差异能够从创造的价值中抽取最大的利润，每位顾客可以选择最适合其需求的版本。不必去盘算顾客对你的信息产品有什么评价，因为顾客通过选择的版本体现了其评价。

实际上，在传统营销中出版商往往通过设计版本以强调顾客差异。他们对书进行版本划分的关键就是把便宜的版本推迟出版。在这种情况下，对产品评价高的顾客没有耐心等待，而对产品评价低的顾客等待起来要容易得多。他们在向铁杆儿书迷、图书馆和书友俱乐部出售精装本之后，再推出它的平装本，这样所有其他书迷都可以购买了。最后，再过几年，这本书甚至可能被以更低的价格廉价出售给那些在便宜货书架周围搜索的人。但是从中抽取的原理对所有类型的信息销售都管用。在不同时间推出不同版本是销售信息的一种普遍策略。比如，电影制片人在影院里首次推出他们的产品。再过几个月，他们向家庭录像市场出售。那些年轻的、没有耐心的观众去看电影。有小孩和空房间的父母守在家中，几个月之后看录像带。

要使用信息的不同版本来引发自我选择，关键在于认识信息产品中那些对某些顾客有极高价值而对其他顾客没什么重要性的各个方面，然后设计出对每类顾客具有吸引力的版本。不同顾客对不同的方面评价不同是成功分类的基础。可以根据不同的方面对产品进行版本划分，利用在线技术调整产品的特征。通过调整的产品特征，强调消费者认为有价值的产品差别，以进行差别定价。例如：

(1) 为付费高的顾客提供更强的搜索能力。向有经验的和没有经验的顾客提供不同的搜索界面常常是合理的。在大多数情况下，有经验的顾客更愿意付钱；他们是首先登记来购买信息的顾客，并且通常对信息使用最频繁。在这种情况下，为付费高的顾客提供更精确的搜索能力是有道理的，即使更精确的搜索能力与增量成本无关。聪明的用户界面的好处之一就是为更有经验的顾客提供更精细的界面。偶然使用者通常喜欢简洁的界面，而高级用户可以处理更多的功能。这使搜索界面成了一个理想的划分版本的依据。也可以利用图像分辨率对产品进行差别化。例如，专业用户需要高分辨率的，可以打印在商业杂志上的图像；非专业用户需要中等或低分辨率的图像作为实时通信。以不同的价格出售不同大小的图像。

(2) 进行与延迟紧密相关的版本划分。这种策略就是通过对一项信息服务的使用时间和地点进行限制，控制它的方便程度。比如，一些在线的数据库供应商提供了一种图书馆授权，允许在图书馆内阅读的人不受限制地使用，而身处图书馆之外的读者在使用时就要受到限制。

(3) 通过对操作速度、使用的灵活性和功能的完整性进行版本划分。比如，软件公司出售软件时，可以使用两种版本的，一种低价但不可拷贝的版本，另一种高价的但没有写保护的版本。

(4) 通过获得技术支持的程度进行版本划分。例如，网景在开始推出浏览器时在网上放了一个可以免费下载的版本，同时以一定价格出售同一版本的光盘，在光盘中夹带一本技术支持的手册，并允许光盘购买者直接得到公司的技术支持。任何人都可以基本无风险地尝试该产品，看看自己是否喜欢它。

3) 群体定价

群体定价策略成功的关键在于不同的群体对数字化产品价格的敏感程度存在系统的差别，所以可以借助网络技术对消费者敏感程度进行分析并对市场进行分割。在前面的部分中谈到以个人化的价格直接向个人出售。但是这些价格不是真正完全个人化的。实际上，具有某种购买历史、邮政编码或行为方式的人被提供不同的价格。具有相同特征的人享受相同的条款。如果把价格直接建立在群体特征的基础上，这就是所谓的"三级价格歧视"。如果不同群体的成员在价格敏感上具有系统性的不同，可以有利可图地向他们提供不同的价格，比如在传统营销中针对包括学生和老年市民优惠。学生和老年市民折扣是群体定价很普遍的一种形式，之所以采取这种的原因就在于他们对价格的敏感。这种定价策略在跨国销售的信息产品中是很常用的。

在网络市场上有实行群体定价的条件和原因，并且它还具有了新的特点：

(1) 由于存在着网络效应，因此，如果某种产品对一个用户的价值取决于其所属群体有多少其他成员使用该产品，就可以把一种产品定为标准，例如，微软在它的 Office 组件中就利用了这种标准化的欲望。当一位用户对产品的评价取决于有多少其他人使用这种产品时，就产生了网络效应。这种效应的出现可以有许多原因，但是最主要的是组织内部标准化的欲望。如果雇员之间能共享文件和经验，工作起来就会省心得多。软件的销售者可以利用这种标准化的欲望，并且通过向组织提供数量折扣或站点授权吸引它们选择你的产品。站点授权通常是对位于某物理位置的组织或企业的成员开放的，但是 Internet 可能会改变这种方式，因为地理位置的接近已经不像以前那样重要了。在我们进行这种定价时，要选择最能体现软件对使用企业的价值的角度进行定价。这一般意味着提供一系列定价的菜单，让组织选择最适合它们的一种定价方式。

(2) 出于锁定(lock-in)的目标，如果一个组织选定一种产品作为标准，由于协调和重新培训的成本，它要进行转移就非常昂贵。网络效应是一种常见的转移成本的来源，如果出售的产品具有很高的转移成本，那么向顾客提供折扣使他们"上瘾"对你是有好处的。例如，微软公司 Windows 操作系统在美国以低价出售，在中国以高价销售，因为美国国内操作系统竞争比较激烈，消费者对价格比较敏感，但由于在中国国内没有开发出自己的操作系统，因此消费者对该操作系统比较依赖，对其价格变得不敏感，价格需求弹性很小。

(3) 由于在线产品的共享性，在许多情况下，单个用户管理或组织其消费的所有信息产品是很不方便的，类似信息中介这样的网络产品可以完成这种协调工作，比如电子图书馆。

随着越来越多的资料可以从网上得到，差别定价将会越来越难。解决这种难题的方法之一是把信息当地化。例如，在国际营销中可以把同一在线产品经过信息当地化后的不同版本卖给不同的国家。以这种方式对产品进行区别使不同的价格得以存在，并且使交易的各方都受益。

3. 离线版本

在线出售信息便宜得多,因为没有生产或分销的成本。如果想要顾客购买在线版本,就得想出办法使它比离线版本对顾客更具吸引力。

在许多方面,在线和离线销售信息就像通过两种分销渠道销售实物产品。在决定应该致力于何种渠道、对每个渠道应该如何定价时,不仅需要考虑与该渠道相关的成本和需求的特征,而且应该考虑渠道的溢出效应和吞噬效应。如果信息的在线下载会代替硬拷贝销售,收入就会失去。另一方面,如果今天的下载会提高明天的在线和离线需求,牺牲眼前收入以在将来获得更多可能更为合算。在线版和离线版如果它们是替代关系,那么就要对它收费,通过使用费和广告费弥补成本;或进行版本划分使它不会直接与离线版竞争。如果它们是互补关系,那么你就要尽可能大胆地推出它,因为它刺激了离线版产品的销售,可以为你带来收益。

4. 极端产品

对产品进行版本划分的目的是以不同的价格向不同的市场部分出售。通过创造高端和低端产品,可以向支付意愿大为不同的顾客出售。可以采取对降低高端产品的价格、高端产品进行打折和低端产品的质量等办法从高端和低端产品中分别获得的收益的差别。在信息的生产中,通常是先生产出高质量的版本,然后从中抽走一部分价值,得到低质量的版本。这并不是一成不变的:基于技术支持的版本划分成本更高。但是这已经足够形成一个基本的设计原理:如果软件或信息产品中增加了某种有用的特征,要确保有一种方法可以将它关掉!在得到高价值的、专业的产品之后,常常需要删除掉一些功能以创造一种低价值的、大众化的产品。要非常仔细地观察你的产品,找出它的关键特征,同时注意如何根据这些特征进行市场细分。一个很好的起点就是考虑为每种对顾客价值有显著差异的关键特征提供高端和低端的版本。先生产出高端版本,再把它从某些方面进行降级,得到低端版本——这就是自上而下的产品营销策略。通过自上而下设计产品有两个好处:首先,如果有竞争对手出现,会更容易对付他。假设"超级"版本使用高分辨率而"标准"版使用中等分辨率。如果竞争对手推出高分辨率的产品,并以大众化的价格出售,就可以进行反击,把高端产品重新定位于大众市场。由于超级版已经在市场上了,通常只需要进行一些重新包装和促销。难点在于为高端版本设计新特征。但这就是你的研发部要做的——为最挑剔的顾客设计新特征。这些应该首先进入高端产品,然后以竞争性升级的形式扩散到低端产品中去。其次,可以把低端版本作为高端产品的广告。要确保让低端用户知道高端产品的功能要比低端产品好到什么程度。

5. 捆绑销售定价策略

捆绑销售这一概念在很早以前就已经出现,但是引起人们关注的原因是由于 1980 年美国快餐业的广泛应用。麦当劳通过这种销售形式促进了食品的购买量。这种传统策略已经被许多精明的网上企业所应用。采用这种方式,企业会突破网上产品的最低价格限制,利用合理、有效的手段,去减小顾客对价格的敏感程度。在市场标准化时可以实行捆绑销售的定价策略。当数字化产品进入市场标准化时期后,产品的生产标准就很具体,每个生产者在遵守共同的生产标准的同时很难将自己的产品差别化。因此,尽管共同的生产标准减少了网络兼容性的问题,增强了数字化产品的网络效应,但同时降低了数字化产品差别化的能力,使产品从差别化竞争转向了价格竞争。在这种情况下在线厂商要想保持自己的领先地位,除了对标准产品单独定价外,还必须开发产品的扩展功能,即在现有产品的基础上开发互补产品,利用标准产品的市场定位,与标准产品一起进行捆绑定价销售,从而获得最大的利润。

捆绑销售就是将不同的产品打成一个包裹以一个价格出售。信息技术为捆绑销售策略的实施提供了大展拳脚的空间。在软件业中最明显的例子就是微软的 Office,这种产品是由一个文字处理程序、一个电子表格、一个数据库和一个演示工具捆绑而成的。这些产品也都被单独提供,这就是捆绑和集成的不同之处。在后者中,单个产品只在包裹中提供。即使没有对各组件进行整合带来的好处,捆绑也是具有吸引力并且有利可图的。由于捆绑产品的价格通常比分开的组件价格之和低,将两种产品捆绑销售实际上等于向一名顾客销售一种产品,同时以低于单独销售价格的增量价格向他出售另一种产品。如果两种组件的售价都是 70 元,而捆绑产品的售价为 100 元,第二种组件的增量成本就是 30 元,低于单独出售的 70 元。在考虑捆绑时,需要决定是否要向无论如何都会购买另一种产品的顾客提供折扣。捆绑销售所以奏效的原因是因为人们的口味各有不同,把信息产品捆绑在一起减少了支付意愿的分散性。此外,网络技术为数字化产品定制捆绑销售提供了技术支撑,网上客户可以在数字化产品的数据库中自由选择组合,进行定制捆绑购买。

可以看到,企业采用定制化定价策略,可极大地提高经济效益。然而,要有效地实施定制化定价策略,企业还必须掌握顾客对产品消费价值的看法,分析顾客需求的价格弹性,同时对销售量变化对产品成本结构的影响进行预测,另外还要分析新的定价体系对企业的影响。企业可使用决策辅助模型等分析工具,分析不同的定价策略与价格水平对营业收入和利润的影响,了解各个顾客细分市场需求的价格弹性。此外,企业还必须关注顾客对价格公平性和合法性的看法。

6. 撇脂定价

在市场成熟期实行撇脂定价的策略。在线产品进入产品的成熟期之后,为了有效地防止竞争对手的进入,在线企业可以在新产品出现时最初设定高价。当最初的销售的销售量下降时,或者当竞争对手开发出类似的产品时,就必须马上降低其价格,以便吸引对价格敏感的新顾客群。这样虽然要牺牲一些短期的利益,但是它可以达到长期占领市场的目的。在网络营销中,往往为了宣传网站,占领市场,采用低价销售策略。另外,不同类别的产品应采取不同的定价策略。如日常生活用品,对于这种购买率高、周转快的产品,适合采用薄利多销、宣传网站、占领市场的定价策略。而对于周转慢、销售与储运成本较高的特殊商品、耐用品,网络价格可定高些,以保证盈利。

由于数字化产品的价格具有向下的刚性,因此,潜在的竞争对手在试图占领市场同时,会面临进入以后的利润不足以收回巨额沉没成本的风险,从而放弃进入的选择。当然,市场撇脂定价法只有在一定的条件下才有合理性:首先,产品的质量和形象必须能够维持产品的高价格,并且有足够的购买者想要买到这个价格的产品;其次,生产较小数量产品的成本不能高到抵消设定高价格所取得的好处。

7. 心理定价策略

网络营销能满足重视价格型消费者的需求，消费者可在全球范围内找寻最优惠的价格，甚至可绕过中间商直接向生产者订货。与电视直销或多层次传销相比，消费者不必负担高昂的广告费用或传销员的多层销售提成，因而能以更低的价格实现购买，受到了消费者的欢迎。虽然营销工作者倾向于以各种差别化来减弱消费者对价格的敏感度，避免恶性削价竞争，但价格始终对消费心理有重要影响。这说明即使在当代发达的营销技术面前，价格的作用仍旧不可忽视。由于这种价格方式是否能够实现很大程度上受到心理因素的影响，需要我们根据消费者的心理来制定价格策略。

8. 参照价格

调高消费者心目中的参照价位有利于扩大目标产品销售，提高经济效益。可以通过增加高价产品项目的方式，推动产品线向上延伸。在网络营销产品线中增添高价产品项目，无形中提高了消费者的参照价格，使得产品线上的其他产品显得便宜。定位一种折中的产品会使你获得更多的购买者。向产品系列中增加一种高档产品不一定会使该产品本身销量很好。但是，它确实改变了购买者对产品系列中的低价产品的看法，并且影响低端顾客向高端的产品靠拢。如果你不能决定应该推出多少版本，就选择三种。重要的是要认识到真正想出售的是中档产品——高端产品只是为了把人们推向折中的选择。如果正在出售一份时事通信，可以考虑提供一份新闻事件的立即通知服务。如果在出售图像，可以提供一份超过大多数人需要的超高分辨率版本。如果在不同的特征的基础上进行版本划分，可以增加一些几乎没有人用得着的特征，使高端产品具有独特性。一个很重要的策略就是提供额外收费的技术支持作为“黄金版”的主要不同点。只要没有太多的人选择黄金版，增加这种支持的成本就会很小。

9. 促销定价

促销定价是一种常用的营销策略，它的常见形式有减价销售、优惠券和回扣等。在实际营销过程中，网上商品可采用传统的折扣价格策略，比如数量折扣和现金折扣策略来进行产品促销。所谓数量折扣策略就是企业在网上确定商品价格时，可根据消费者购买商品所达到的数量标准，给予不同的折扣。购买量越多，折扣可越多。在实际应用中，其折扣可采取累积和非累积数量折扣策略。所谓的现金折扣策略就是在 B2B 方式的电子商务中，由于目前网上支付的缺欠，为了鼓励买主用现金购买或提前付款，常常在定价时给予一定的现金折扣。例如，某项商品的成交价为 360 元，交易条款注明“3/20 净价 30”意思是：如果在成交后 20 天内付款可享受 3%的现金折扣，但最后应在 30 日内付清全部货款。随着网上支付体系和安全体系的健全，这种定价策略将逐步消失。此外，还包括同业折扣、季节折扣等技巧。如为了鼓励中间商淡季进货，或激励消费者淡季购买，也可采取季节折扣策略。采取这样的定价形式，先定高产品售价，可以形成较高的参照价位，再通过打折等优惠，推动消费者重复购买，吸引价格敏感者。比如，在减价销售的情况下，消费者必须时刻注意减价的到来。在优惠券的情况中，消费者必须剪下优惠券并记得将它带到商店。至于回扣消费者必须记得填好回扣表并将其寄出。所有这些营销技巧都有一个共同特征．他们都对顾客造成一些不便(比如搜寻和等待)作为成本。如果每个人都使用优惠券的话，它就不会成为一种有价值的营销策略。优惠券只是支付意愿的可靠信号,只有支付意愿低的顾客才很可能用优惠券。如果每个人都使用它们,销售者还不如直接降价,省去处理优惠券的费用。对减价销售来说也是一样,降价时来购买的人是那些认为减价销售有价值的人,这些人很可能是对价格敏感的人。因此,促销定价只有对市场进行了细分才有价值。它的作用是把市场细分为价格敏感市场和价格不敏感市场。假设信息技术降低了搜索成本,这样每个人都可以"无成本"地找到最低的价格。这意味着减价销售再也不是有效的市场细分方式了。或假设软件代理人可以不花成本地在网上搜索优惠券。在这种情况下,优惠券就没有什么用了。因此,在实施这种类型的促销策略时,只有在让顾客付出成本时才有用,因为只有这样才能鉴别出价格敏感的顾客。如果计算机能不花成本地进行搜索或剪下优惠券,这种营销技巧就没有作用了。

10. 跟踪定价

前面已经讲过,由于网络产品的价格方式是否能够实现很大程度上受到心理因素的影响,需要根据消费者的心理来制定价格策略。所以通过利用网络的技术条件,比如顾客跟踪系统(customer tracking)经常关注顾客的需求,时刻注意潜在顾客的需求变化和心理变化,来保持网站向顾客需要的方向发展。在大多网上购物网站上,经常会将网站的服务体系和价格等信息公开声明,这就为了解竞争对手的价格策略提供方便。同时,可以随时掌握竞争者的价格变动,调整自己的竞争策略,时刻保持同类产品的相对价格优势。

11. 产品生命周期定价策略

所谓的产品生命周期是指产品销售和利润在整个产品生命期间的变化过程,它包括产品开发期、导入期、增长期、成熟期和衰退期五个阶段。在产品开发期,销售量为零,企业投资逐渐增加。在导入期,产品进入市场,由于导入费用较高,所以这个时候企业必须实行低价并承担利润损失。增长期时产品被市场快速接受,可以实行较高价的定价策略也就是撇脂定价。在成熟期由于产品已被绝大多数潜在购买者接受,所以销售量增长速度减慢,为了在竞争中保护产品,应实行低价或者类似低价的策略。而在衰退期因为销售量急剧下降、利润跌落,价格应更低以尽快回笼货币。而在网上定价中可以沿袭传统的营销理论:每一产品在某一市场上通常会经历产品开发期、导入期、增长期、成熟期和衰退期,产品的价格在各个阶段通常要有相应反映。网上进行销售的产品也可以参照经济学关于产品价格的基本规律。并且由于对于产品价格的统一管理,能够对产品的循环周期进行及时反映,可以更好伴随循环周期进行变动。根据阶段的不同,寻求投资回收、利润、市场占有的平衡。

12. 品牌和声誉定价策略

品牌(brand)是一个名称、术语、标记、符号、图案,或者是这些因素的综合,用来识别产品的制造商和销售商。它应是卖方做出的不断为买方提供一系列产品特点、利益和服务的许诺。由于消费者视品牌为产品的一个重要的组成部分,因此建立品牌能够增加产品的价值。信息经济学告诉我们,品牌作为一个强烈的市场信号,可以减少消费者在市场所面临的信息劣势,减少"柠檬"问题,减少逆向选择,它同时可以减少消费者的搜寻成本,可以有利于消费者。所以,在网络营销中,产品的品牌和质量会成为影响价格的主要因素,它能够对顾客产生很大的影响。如果产品具有良好的品牌形象,那么产品的价格将会产生很大的品牌增值效应。名牌商品采用高价策略,既增加了盈利又让消费者在心理上感到满足。对于这种本身具有很大的品牌效应的产品,由于得到人们的认可,在网络产品的定价中,完全可以对品牌效应进行扩展和延伸,利用网络宣传与传统销售的结合,产生整合效应。

和品牌一样,信息经济学同样告诉我们,声誉(reputation)同样是一个企业重要的市场信号和示意,可以作为一个减少逆向选择的方法。因为声誉表明了该企业拥有高质量的产品和高质量的服务,所以应施行"高质高价"的定价策略。在网络销售中,由于网络的虚拟性,消费者对网上购物和订货往往会存在着许多疑虑,比如在网上所订购的商品,质量能否得到保证,货物能否及时送到等。如果网上商店的店号在消费者心中享有声望,则它出售的网络商品价格应比一般商店要高。

电子化市场在通信和交流的效率上可能是最先进的。但是,因为定价方式不能忽略市场的每个环节,所以以对待实物产品的方式来对待数字产品或认为能简单地使用现有的经济模式来解释电子商务是非常不明智的。从经济学角度看,产品的差异化和非一致定价所带来的信息的非对称问题("柠檬"问题)也使判断整个市场是否合理带来了困难。由于这些定价方式相对较易分析和掌握,它们和混合式捆绑销售及非线性定价方式一起得到广泛的运用。电子商务还为质量选择、多产品定价方面的研究开辟出一片新天地,吸引经济学家们不断地去探索。

4.6 网络分销

4.6.1 网络分销渠道的定义与功能

1. 网络分销渠道的定义

肯迪夫和斯蒂尔给分销渠道所下的定义是:分销渠道是指"当产品从生产者向最终消费者或产业用户移动时,直接或间接转移所有权所经过的途径。"菲利普·科特勒认为:"一条分销渠道是指某种货物或劳务从生产者向消费者移动时取得这种货物或劳务的所有权或帮助转移其所有权的所有企业和个人。因此,一条分销渠道主要包括商人中间商(因为他们取得所有权)和代理中间商(因为他们帮助转移所有权)。此外,它还包括作为分销渠道的起点和终点的生产者和消费者,但是,它不包括供应商、辅助商等。"

科特勒认为,市场营销渠道(marketing channel)和分销渠道(distribution channel)是两个不同的概念。他说:"一条市场营销渠道是指那些配合起来生产、分销和消费某一生产者的某些货物或劳务的一整套所有企业和个人。"这就是说,一条市场营销渠道包括某种产品的供产销过程中所有的企业和个人,如供应商(suppliers)、生产者(producer)、商人中间商(merchant middleman)、代理中间商(agent middleman)、辅助商(facilitators)(或便利交换和实体分销者,如运输企业、公共货栈、广告代理商、市场研究机构等等)以及最终消费者或用户(ultimate consumer or users)等。

网络分销渠道是指某种产品和服务通过网络在从生产者向消费者转移过程中,取得这种产品和服务的所有权或帮助所有权转移的所有网上企业和个人。作为分销渠道的网络是将产品和信息从供应商手中传递到消费者手中的独立的协同工作的一组企业。

2. 网络分销渠道中的中介类型

按照网络渠道中介的类型划分，可以划分为批发商、网络零售商、经纪人和代理商。

(1) 批发商：从生产商购买产品再销售给零售商的中间商。

(2) 网络零售商：从批发商手中购买产品然后通过网络将产品直接销售给消费者的中间商。

(3) 经纪人：介乎于买方和卖方之间方便市场交易的人，并不代表买卖双方的任一方，他们是市场的制造者，他们并不取得产品的所有权。

(4) 代理：代理商根据服务对象分为买方代理和卖方代理，他们分别向买方和卖方收取代理费。代理商对其经营的产品没有所有权，其主要的职能是促进产品的交易，借此赚取佣金作为报酬。

3. 网络分销渠道的功能

从经济系统的观点来看，市场营销渠道的基本职能在于把自然界提供的不同原料根据人类的需要转换为有意义的货物搭配。市场营销渠道对产品从生产者转移到消费者所必须完成的工作加以组织，其目的在于消除产品(或服务)与使用者之间的差距。网络营销作为市场营销的新形式，使网络中介的功能发生了改变，使网络中介的功能得到了重新划分。例如，零售商通常要对客户的订单从仓库中进行分拣、包装、送货，但在网络营销渠道中，网络零售商将分拣、包装、送货的职能外包给第三方物流提供商，例如 UPS。网络零售商在接到客户的订单后，直接将其发送到 UPS 的仓库，UPS 在那里对客户的订单商品进行分拣、包装并把货物直接送到用户手中。网络分销渠道具有很多的增值功能，其功能可以大致划分为如下两种：

1) 交易功能

交易功能是指与购买者接触、运用营销沟通战略使消费者认知产品的职能。它也包括提供满足消费者需求的产品，价格谈判和实施交易的职能。网络营销的交易功能具有如下特点。

(1) 直接面对购买者。网络提供了直接面向客户的新的渠道。Forrester Research 将 Internet 称为继个性销售、邮件销售和电话销售后的第四种销售渠道。Internet 可以通过与用户的直接接触从以下的几个方面增加客户的价值。首先通过与客户的直接接触可以了解用户的需求并为其定制商品以满足其个性化的需求；其次 Internet 可以为用户提供更多的可供选择的商品，客户可以通过搜索引擎、新闻组、聊天室、E-mail、网页找到更多的商品提供商；再次 Internet 可以为消费者提供 7×24 小时的不间断的服务。

(2) 营销沟通。营销沟通包括广告和其他产品促销。营销沟通通常由渠道的中介通过协调工作共同完成。Internet 可以通过以下几个方面增加网络沟通功能的价值。首先，以前需要手工完成的工作现在可以自动实现。例如，亚马逊书店给它的数百万注册用户发送促销信息，并不需要打印和邮递数百万份信纸和信封，只需单击发送键就可以把信息发送给数百万的用户。其次，沟通的状况可以实时地被监控和随时改变。例如，FLYCAST 允许它的客户实时地监控其标题广告的点击率并随时替换点击率低的广告。这样公司就可以提高其沟通的效率同时去除低效率的沟通。再次，利用软件追踪消费者的行为特征，并将适合其需求的产品广告直接发给目标客户。例如，Engage 的技术(www.engage.com)可以匿名追踪消费者的在线购买行为，并将适合消费者的产品广告直接发给消费者。最后，Internet 可以加强营销渠道中介机构促销的协调。中介机构可以通过 E-mail 相互发送广告和其他资料，所有的中介机构都可以实时地在网站上看到促销的广告，这就极大地避免了在传统的营销渠道中，有时零售商在消费者询问某种广告宣传的产品时却对其一无所知的尴尬局面。

(3) 提供满足消费者需求的产品。提供满足消费者需求的产品是网络营销的优势。代理商可以根据消费者以往的购物行为预测消费者的购物偏好，从而提供满足消费者需求的产品。例如，亚马逊书店通过对客户以往购物行为的分析为客户推荐他们感兴趣的图书和音乐。

(4) 价格协商。真正的价格协商包括买方和卖方之间的通过电话、E-mail 或面对面的发盘和还盘。投标是一种动态的和灵活的定价方式，它通过给予所有的供应商平等的报价机会由市场制定价格。在线投标消除了空间和时间的限制具有比现场投标无可比拟的优势，在线投标增加了供应商的数量，加剧了竞争同时也降低了价格和成本。

(5) 降低交易成本。研究表明网络营销渠道可以极大地降低交易成本。传统意义上的交易成本通常是人力成本，采用网络营销方式可以使这部分成本大幅降低。

2) 物流功能

物流功能包括实物分销(例如运输和仓储的功能)和产品综合服务。物流通常外包给第三方物流提供商。

(1) 实物分销。大部分在线销售的产品仍然是通过传统的渠道进行分销。但是任何可以数字化的产品都可以通过网络直接从生产者传送到消费者，如文字产品、图片产品和音像制品。现在可以通过网络传送的产品还包括电视节目、电台节目、杂志、报纸图书、软件和音像制品。在线分销产品可以极大地降低分销成本，如果通过实物渠道分销数字产品价格就会昂贵许多。实物渠道首先要求将数字产品的内容载于一定的介质，例如印刷品、CD 或磁带，然后需要进行包装和运输并送到消费者手中，这些都极大地增加了成本。

(2) 综合配送服务。供应商倾向于通过大规模地生产品种、单一的产品来提高效率，而消费者倾向于从众多品种的产品中选择需要购买的商品。渠道的中间商从多个供应商购买各种各样的商品使得消费者在单一的地点就可以买到自己所需要的所有产品。例如，网上书店从大量不同的供应商处得到成千上万的图书和音像制品，消费者可以登录网上书店，通过直接对相应产品的搜索就可以连接到相应的产品购买页面同时得到产品的相关信息。

(3) 第三方物流(外包物流)。在 B2B 市场模式中，物流的主要难题是如何解决为消费者实时配送产品和实现低库存之间的矛盾。解决的一个办法就是将仓储及配送外包给第三方物流提供商，如 UPS、FedEx 或者其他的第三方物流提供商。第三方物流提供商可以管理公司的供应链和提供诸如配货和组装等增值服务。物流提供商甚至可以代理公司原材料和配件的采购以及在库存达到下限时为客户补充库存，还可以为客户提供在运输途中的产品的跟踪查询等服务。例如，阿尔卡特就由 UPS 代理其移动电话在欧洲市场的原料采购和成品的分销配送。

客户下订单、付款，只是在网上做生意的一部分工作，另一部分工作是将商品发给客户，这项工作是由第三方物流公司来做的。在网络营销中，货物的运送有两种形式：对那些可以直接在网络上传送的产品，如软件、图像、一些咨询服务等，可以通过网络直接送达顾客；对另外不可能用网络传送的有实体的产品，仍然要借助传统的送货方式。当然，如果对于第一类产品，顾客要求采用传统的运送方式（通常为保密等原因）时，公司也应按照顾客的要求去办。

4.6.2 网络分销渠道的管理

网络分销渠道是产品流、信息流、资金流的统一，网络营销渠道可以被看作是一个由各个不同的独立的组织联合起来的整体。中间商协同工作通过网络营销渠道将产品从生产者传递到消费者，这样统一的营销渠道比其他渠道更有竞争力，同时也能创造更多的价值。

网上企业成本优势的建立和保持必须以可靠和高效的物流运作为保证。网上企业要在竞争中取胜，不仅需要销售适销对路的产品、采取正确的网络营销策略以及强有力的资金支持，更需要加强“品质经营”，即强调“时效性”，其核心在于服务的及时性、产品的及时性、信息的及时性和决策反馈的及时性。这些都必须以强有力的物流能力作为保证。物流是由“物”和“流”两个基本要素组成。所谓“物”是指一切可以进行物理性位置移动的物质资料，可以是有形的也可以是无形的；所谓“流”是指物理性的运动亦称为位移；所谓物流是物质资料从供给者到需求者的物理运动，是创造时间价值、场所价值和一定的加工价值的活动。这里讨论的物流是指实体原料及成品从制造商转移到最终顾客的过程。

资金流指货款在各市场营销中间机构之间的流动过程。例如，顾客通过银行或其他金融机构向代理商支付账单，代理商扣除佣金后再付给制造商，再由制造商付给各供应商，还要支付给运输企业费用及独立仓库费用。

信息流指在市场营销渠道中，各市场营销中间机构相互传递信息的过程。通常，渠道中每一相邻机构间会进行双向的信息交流，而互不相邻的机构间也会有各自的信息交流。

对渠道有三种定义，第一种观点认为分销渠道仅仅是从生产商到下游的消费者，这是对分销渠道的传统定义；第二种观点认为供应链是从生产商到上游的原材料供应商，这是传统的供应链的定义；第三种观点将供应链、生产商和分销渠道看作一个统一的整体，将称为价值链，也可以将其称为整合物流。这里可以为供应链重新下个定义，即供应链包括整个的价值链，涵盖上游企业、下游企业和整个的物流过程。供应链是产品由生产厂家生产出来到用户、消费者的物流全过程。这其中包括生产厂家将生产的单个产品进行包装，并将多个产品集中在大的包装箱内，然后经过运输、批发等环节，在这一环节中通常需要更大的包装最后产品通过零售环节流通到消费者手里，产品通常在这一环节中还原为单个产品。

供应链是社会化大生产的产物，是重要的流通组织形式和市场营销方式。它以市场组织化程度高、规模化经营的优势，有机地连接生产和消费，对生产和流通有着直接的导向作用。

供应链分为内部供应链和外部供应链。内部供应链是指企业内部产品生产和流通过程中所涉及的采购部门、生产部门、仓储部门、销售部门等组成的供需网络；而外部供应链则是指企业外部的，与企业相关的产品生产和流通过程中涉及的原材料供应商。生产厂商、储运商、零售商以及最终消费者组成的供需网络。内部供应链和外部供应链共同组成了企业产品从原材料到成品到消费者的供应链。可以说，内部供应链是外部供应链的缩小化。如对于制造厂商，其采购部门就可看作外部供应链中的供应商。它们的区别只在于外部供应链范围大，涉及企业众多，企业间的协调更困难。

1. 供应链管理

供应链管理是指人们认识和掌握了供应链各环节内在规律和相互联系的基础上，利用管理的计划、组织、指挥、协调、控制和激励职能，对产品生产和流通过程中各个环节所涉及的物流、信息流、资金流、价值流以及业务流进行的合理调控，以期达到最佳组合，发挥最大的效率，迅速以最小的成本为客户提供最大的附加值。供应链管理是在现代科技条件下，产品极其丰富的条件下发展起来的管理理念，它涉及各种企业及企业管理的方方面面，是一种跨行业的管理，并且企业之间作为贸易伙伴，为追求共同经济利益的最大化而共同努力。供应链管理就是物流、信息流、资金流的协调。其中信息流最为重要，因为物流和资金流的产生都离不开信息。供应链管理的目标是建立起对用户订单的快速响应和及时配送机制。供应链管理将提高供应链全过程的效率，通过对从供货商到零售商的全过程的企业间的"信息共享"、协作解决问题等机制，实现减少库存、降低成本、缩短交货时间的目标。供应链管理在信息时代以前是无法想象的。

SCM 所带来的一个问题是由哪一个企业负责管理由很多企业构成的物流渠道，即谁做链主。例如，Sun 公司设计计算机，但它并不生产计算机，而是管理整个供应链，甚至负责它的生产商的供货。现在的基于网络的先进的供应链软件使复杂的供应链管理成为可能。供应链管理通过整个供应链的企业协调合作来实现，使整个供应链的功能整合为一个无缝隙的系统。供应链管理是一种系统的管理理念，Internet 技术使供应链管理成为现实的可能。

在 Internet 产生之前，一些先进的企业就已经开始实施 SCM，但是它们之间的通信采用的专网方式，专网昂贵而且不兼容等缺点限制了很多企业 SCM 的实施。Internet 的出现加速了 SCM 的发展，这些新的系统具有标准性、兼容性、低成本等优点，降低了企业实施 SCM 的门槛。

现代 SCM 中的企业许多都实施了 ERP 系统，实现信息的无缝共享，实时地协调内部的供应链功能。只有每个企业都实现了 ERP 才能使企业实现与 SCM 系统无缝隙的共享信息，才能实时地实现整个供应链的管理。

2. 分销渠道的类型

相对于传统的营销渠道，网络营销渠道也可分为以下两类：一类是直接出售；另一类是间接销售。

1）网络直销

网络直销是指生产厂商通过网络直接分销渠道直接销售产品。目前常见的做法有两种：一种是企业在 Internet 上建立自己独立的站点、申请域名、制作销售网页，由网络管理员专门处理有关产品的销售事情；另一种是企业委托信息服务商在其网点上发布信息，企业利用有关信息与客户联系,直接销售产品,虽然在这一过程中有信息服务商参加,但主要的销售活动仍然是在买卖双方之间完成的。

2) 间接销售

为了克服网络直销的一些缺点(如设计不好、访问量少等缺点),网络商品交易中介机构应运而生。这类机构成为连接买卖双方的枢纽,使得网络间接销售成为可能。中国商品交易中心、商务商品交易中心、中国国际商务中心等都属于这类中介机构。虽然这一新事物仍然有许多问题需要解决,但其在虚拟市场的作用却是不可替代的。

目前,在西方众多企业的网络营销活动中,许多企业同时使用网络直接分销渠道和网络间接分销渠道,以达到最大销售量。在买方市场下,通过两条渠道推销产品比通过单一渠道更容易实现"市场渗透"。在现代化的大生产中,企业除了建立自己的网站外,应积极寻找网络宣传覆盖面广、讲信用、有特色的大规模中介商,通过中介商的信息服务、广告服务扩大企业知名度,开拓销售领域。

4.7 网络营销沟通

4.7.1 网络营销沟通的定义与特点

不管是传统的营销沟通还是现代网络营销沟通,它都包含 3 个最关键的要素:与谁沟通?怎样沟通?沟通目的是什么?在实物市场上网络沟通的模式如图 4-2 所示。

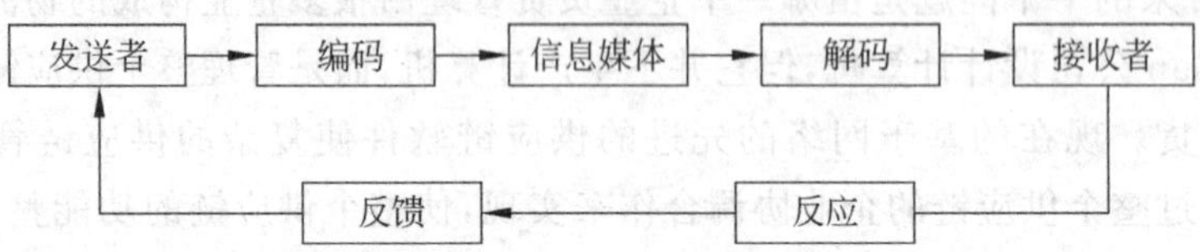

图 4-2 实物市场上网络沟通的模式

从这个模型可以看到,传统营销主要目的是发送者(主要是营销者)利用有效的传播媒体将信息传达给接收者(消费者)。为了进行有效的沟通,营销人员和消费者都必须对信息的发送和接收进行解码。由于传统市场上媒体传播条件的限制,这种沟通一般都是通过诱导式的说服以求给消费者留下深刻的印象。不管采取何种形式都是要通过某种印象潜移默化地诱导接收者成为购买者。然而,传统的营销沟通是一种被动的和单向的方式,它是通过强势的信息灌输的方式力图用某种印象去进行诱导,这种方式表现是典型的"推"式策略,它不可能将信息送到细分的目标市场上。而由于网络技术所具有的优势,网络营销沟通可以实现根本性的变化。

1. 实现全过程的沟通

传统企业都是产品开发、生产出来后才运用沟通手段传递产品信息、刺激需求。而在网络市场上由于市场不确定性比较严重,无论是企业还是消费者都没有历史数据、经验用来判断消费者的需求状况、发展趋势,企业必须在产品开发立项前就同消费者沟通,以确定需要;在开发过程中,向消费者传递产品信息,根据消费者的反馈进行针对性的调整,使产品更贴近消费者;事后,则应多方保证,消除消费者的忧虑心理,使顾客满意。只有这样,才能实现既快捷推出产品，又很好满足需要的目的。

2. 沟通的内容更加全面

传统的营销沟通主要是鼓励、吸引消费者购买。网络沟通的使命除此之外还要传授给消费者有关运用产品的知识，消除顾客的疑虑，并传递出能使消费者获得利益的信息。

3. 沟通的成本会大幅度降低

电子商务市场的特点之一是可以全面搜索，以低代价或无代价去获得信息，因为自动搜索和分类技术解决了这个问题，可以借助搜索服务大量地有效地搜索信息，因此，与传统市场比较起来进行网络营销沟通的成本会更低。

4. 沟通的对象更加广泛

包括从制造商到供应链的所有人，即包括顾客、销售链（销售代表、承销商、分销商以及其他创造最佳产品的第三方）、供应商、行业观察家、金融机构、新闻界及公众等。

5. 沟通的方式将更加多样化，由传统营销的单向沟通向双向互动发展

一般产品的营销方式都是由企业散发产品信息吸引消费者，后导致购买行为发生；网络企业为了生存和发展，不仅要快速地推出与消费者需求相适应的产品，更重要的是通过营销手段吸引消费者，同时由于市场不确定性，它要求在线企业必须高度重视消费者的信息反馈，并在此基础上对产品做出及时调整，以更好地适应消费者。因此，那种单纯地对消费者进行推或拉的信息传播方式将是不合时宜的。网络沟通的互动性使企业能更准确地掌握顾客的需求和反应，为顾客提供更个性化的产品，即网络数据库为企业实施定制化营销提供了有利的支撑。以电子商场为例，商家通过数据库可以全面了解网络顾客的生日、对产品的偏好习惯等，便可在适当的时间，利用电子邮件向目标顾客推荐相关产品或服务。

6. 沟通的手段更加丰富化

传统营销的沟通手段主要是广告、公共关系等，它主要利用有形的要素，而网络企业还必须通过无形的因素来达到目的。由于在线的消费者产品市场知识很少，因此，企业的形象等无形的要素在对影响顾客购买决策上起着越来越重要的作用。诸如技术的领先程度，产品、服务的质量等通过一些能让消费者觉察的方式体现出来，它在沟通中的作用也日益重要。之所以如此，是因为大多数顾客对于高技术产品间的微小技术差别并不了解，而且人们对此也确实不大关心。相反，更容易受有形化的无形因素的影响。互联网络的功能使网络营销可以扩大企业的视野，重新界定市场范围，缩短与消费者的距离，取代人力沟通与单向媒体的促销功能，改变市场竞争形态。

4.7.2　网络营销沟通的方式与战略

在网络环境下，企业规模的大小，资金的雄厚实力从某种意义上已不再是企业成功的关键要素，企业都站在一条起跑线上，通过网页走向世界展示自己的产品。消费者较之以往也有了更多的主动性，面对着众多的网址有了更广泛的选择。为此，网络营销能否成功的关键是如何跨越地域、文化、时空差距，再造顾客关系，发掘网络顾客、吸引顾客、留住顾客,了解顾客的愿望以及利用个人互动服务与顾客维持关系,及企业如何建立自己的顾客网络,如何巩固自己的顾客网络。

1. 网络广告

网络广告指在 Internet 上发布和传播的广告,它是 Internet 作为营销媒体最先被开发出来的营销技术。广告的经济作用在于它可以向顾客提供信息、增加或减少需求弹性、阻止潜在竞争者进入和使公司与现存竞争者区分开来。在理想的完全竞争市场,假定信息是完备的,因此,不再需要广告,因为公司只需要降低价格就可能吸引更多的顾客。然而在实际的市场中,买方和卖方都不能有效地拥有产品交易所需的相关信息。因为只有告知消费者有无销售商和产品、产品的价格和销售条款、零售商的位置或订购信息、产品质量、商品或服务的其他需要的物理特性等,才能比较容易地获取这方面的信息。通过告知那些以前不了解此产品的消费者,或是那些了解产品但没有确定向谁购买以及那些只熟悉竞争者产品的消费者,公司可以增加其产品需求;同时,公司可以通过使消费者相信其产品质量高于竞争者的产品或仅仅是把自己与别人区别开来,从而建立起自己的特色和声誉。

广告信息被放在非个人的公开媒体,选择适合的广告媒体能产生最大的商标意识。通过调整媒体的组成,计划网络需要延伸的领域,来达到媒体最大的延伸区间。传统市场上主要的媒体包括电视、广播、报纸、杂志、户外和运输等。在网络营销中所使用的广告就是在线广告或者称 Internet 广告。Internet 广告的一个基本考虑是:找到一些方法来把消息发布给消费者或吸引消费者去访问站点。然而当公司吸引消费者时,不同的状态控制了广告的泄露、责任和真实性。因此,网上广告内容的组成是将来需要解决的一个重要问题。电子化市场中广告的方式多样。比如,由公司和顾客在新闻组上认可和评论产品,从搜索服务中请求列表、请求并且交换网络链接、提供面向产品的邮寄表和 E-mail 更新服务等。当前,网上广告的主要渠道包括在 WWW 上的电子广告牌和 E-mail。网上广告业的一个更重要的发展是直接和间接地把广告卖给消费者。网络广告按照广告的形式可分为文字广告和图形广告。文字广告主要通过文字链接的形式出现,如关键字广告等,它是广告主向搜索引擎站点购买一些关键词,站点根据用户输入的关键词来决定结果页面上出现的广告内容和各种链接的关系。图形广告又可分为图标广告和旗帜广告。图标广告可以出现在 Web 页面的任何地方,单击该图标就可链接广告主的站点。旗帜广告又可分为动态标题广告和静态标题广告。此外,网络广告还有赞助式广告、推广式广告、插入式广告、墙纸式广告、互动游戏式广告。

不管是在线广告还是离线广告,要达到最佳的传播效果,都必须要考虑广告的绝对成本和不包括广告费用的产品花费,如雇用演员和广告的编辑等费用。同时,必须选择在一个特定的领域里,选择符合目标领域的广告形式促销产品,另外,还要考虑法律法规约束和网络电视收视率等。其次,要进行广告类别的选择。通过使用判别标准、媒体等级选择广告类型。选择的媒体工具信誉相当重要。媒体工具缺少信誉,会影响信息的可信度,进而影响信息的可接受性。比如,Internet 上的图标广告有两个迫切的问题。首先,图标广告作为市场机制有效性的研究正在进行中。图标显示很慢,会使下载延迟并打击网络用户的积极性。一些做广告者是基于看到广告的消费者数勉强付费的,但是坚持测量“点击”。另一方面,许多消费者可以容忍图标广告以避免为内容付钱;一些研究认为即使没有点击,这些广告依然有效。

传统的广告理论是建立在工业时代大众化消费、大规模、大批量、标准化生产的基础上的，传统的广告比如电视、广播、报纸和杂志等都只能是单向的交流，消费者只能是被动地接受，是一种大众化沟通模式(mass communication)。网络广告是一种推拉互动式的信息传播方式。网络广告是以分类商品信息的方式将相关产品所有的信息组织上网，等待消费者查询或向消费者推荐相关的信息。消费者成为交流的主动方，他们在某种个性化需求的驱动下主动、自由地去寻找相关的信息、浏览公司的广告，这种广告具有即时交互的特征，使得网络广告的传播成为个体沟通模式(individualized communication)。传统的广告发布它的营销效果是比较难以测试和评估的，根本无法正确地测度到底有多少人接到了广告信息，也就更不能估计出有多少人受广告的影响而进行产品的购买。而网络广告则可以通过观众发回的电子邮件等直接了解消费者的反应，还可以通过设置服务器端的访问记录软件来获得广告的访问人数、访问过程、浏览的主要信息和购买的偏好等信息，以随时监测广告投放的有效程度，及时地调整市场营销的策略。

和电视节目一样，广告是由同样多的直觉和理论来驱动的。然而，经验已经卷入大多数广告业所坚持的某套规则中。毫无疑问这些规则是强硬和短期的理论。例如，一个做广告者宣称没有一个广告能将一个不好的产品变成一个吸引公众的产品。在另一方面，另外一些人看来，广告仅仅是使产品能吸引更广泛的市场。然而，即使允许这种不同观点在广告界存在，在大众媒体中的广告，仍然有一些被普遍接受的原则，并自然地成为在线策略，它们包括以下方面：

(1) 广告应该在视觉上吸引人。传统广告由于受到媒体时段和版面等因素的限制，要求能够在有限的时间和空间范围内吸引观众，很难展开详尽的内容，它们多用画面、音乐等在大众的脑中创建某种印象，而对产品本身的信息提供放在了次要的位置。在大众媒体中，广告色彩斑斓，经常有性别倾向，被设计用来吸引读者的注意。在Internet上，这个规则变成生动的交互式网页内容，这些内容抓住访问者的注意力，吸引他们反复浏览。

(2) 广告必须针对特定的顾客。广告是个性化的，是个人层面上的“发言”。

(3) 广告必须具有较高的经济性。传统广告的投入成本比较高，他们的空间有限且价格昂贵，不论购买的空间有多大，均按照宣传的成本和时间计算。而网络广告的平均费用比较低，并且不受地域的限制甚至可以进行全球性的传播。因此，在进行网络广告的策划时要根据成本的特点来决定广告的类型和方式，以增强它对传统广告的竞争性。

(4) 广告内容必须对消费者是有价值的。网页应该提供有价值的信息，而不是一些无用的或下载很慢的大文件。

(5) 广告必须强调品牌和公司形象。广告强调一个公司与Internet上其他公司的差别。

(6) 广告应该有说服力。广告并不强迫顾客访问网页，但是通过有趣和有价值的内容，它们应该吸引顾客多次访问。

(7) 广告必须是所有市场策略的一部分。

(8) 广告公司必须积极参与所有形式的网上活动，营销发生变革的根本原因在消费者身上。

不同的历史文化环境，特别是不同的媒体环境孕育出不同时代的消费群。20 世纪中叶开始，电视的普及和大众传播产生了所谓“影像的一代”，Internet 的兴起造就出第三代新媒体，网络媒体的大众化催生出新的第三代消费者，称为网络时代的消费者。一般来说，他们年轻、更加富有，是未来巨大的、潜在的消费群。消费者将面对更为纷繁复杂的商品和品牌选择，这一变化使当代消费者心理与以往相比呈现出新的特点和趋势。网络营销必须要设法实现与他们的情感沟通，开发潜在的消费力量。

网络广告的基本行销策略应该是将“推动”和“拉动”有效地结合在一起，而网络的互动性则正好使这两个方式有机地融合在了一起。单纯的“推动”策略(如通过 E-mail 的方式等传播广告)可能会引起消费者的反感，而“拉动”策略虽然提高了消费者的主动性使得观众成为潜在的消费者，但拉来的顾客可能只是企业原有的老客户。所以，在使用网络广告时一定根据条件和要求进行广告策划。

网络的共享性和极低的“入门”成本保证了网络广告企业的平等性，它必须有全新的行为规范和“游戏规则”，因此，传统的广告思路不能全部照搬过来，它需要全新的广告思路和广告技术。

2. 信誉营销

当公司是长期经营或者某种产品是重复购买型产品时，信誉在策略上显得很重要。名牌的创建需要一定的时间，并且在这期间要满足顾客对产品质量的要求。对于一次性产品，建立的信誉是对于公司的，而非对于产品的，所以公司的信誉变成了“品牌”。通过品牌，公司可以把顾客对一种产品的信任转移到另外一种产品上，如果公司和产品都是短期性的，品牌和公司信誉都不能解决质量问题。

短期运营的公司在信誉上投资很少。例如，主要面向游客的商店就没有动机去维持它的商品质量的信誉。当市场上存在长期顾客，公司也准备长期运作时，建立信誉有助于将来盈利。Internet 商务相对比较新潮，不存在明确的长期运作的利益动机去诱使大量资金投在信誉上。然而，一些 Internet 上的服务已经被认为是电子商务成功的基本要素。在这些服务领域中，成功者就是那些建立了信誉的公司。

尽管这些网上公司已经建立了它们新产品的信誉，但那些在实物市场已有一定信誉的公司可将它们的信誉转移到电子化市场中。微软和 IBM 就试图利用它们在实物市场中的信誉和品牌作为进入电子商务的敲门砖，这给新进入电子商务的公司提供了一定的优势，如果成功，这将会对新市场中已存在公司构成一定威胁。然而这种信誉转移，在产品的质量及服务方面，需要得到新市场中顾客的认可，这样说来，在电子化市场中，如果产品的质量难以保证，这种信誉转移的寿命将很短。

在电子商务市场上，还没有建立起信誉的厂家可以利用信誉的这一特性，租赁别的厂家的信誉。所以对于经验产品或者当厂家还没有建立起信誉时，租赁信誉不失为一种市场策略。在电子商务中，由于数字产品的多样性和存活期较短的特性，租赁信誉用得更加广泛。在实施这种策略的过程中，一个可行的策略就是通过有信誉的第三方，作为长期经营者，会去努力建立它们的信誉。消费者愿意购买它们的产品，因为他们对中间人比较信任。

3. 免费服务

提供免费信息服务是吸引顾客最直接与最有效的手段。一家名为 Interactive Hyper

Net USA 的日商企业，自 1996 年底开始，在旧金山市提供免费的互联网络连线服务，用户只要负担开户费 29.95 美元，填写一份有关个人性别、学历、爱好与上网目的等个人资料，即可拥有免费的网络连线账号。

4. 试用软件

数字产品的特点决定了网上试用产品和免费产品流行的必要性。数字产品（如计算机软件）作为经验产品，它的质量要通过使用才能了解。对质量不了解的产品，一般顾客不愿使用，所以分发试用软件和免费品的目的是给消费者提供试用产品的机会。通过试用，顾客对产品的质量和有用性有了了解，从而厂家建立起产品的信誉。试用软件不同于免费品，因为在试用期过后使用者便要为它付款。试用软件的特点是它的销售特性——消费者先进行试用，发现有用后便要为此付款。试用软件的收益在于使消费者认识到了产品的质量，同时，这样的机制对顾客是有益的，因为它激励了厂家生产高质量的产品。

5. 免费产品

提供免费产品，起到了传递质量信息的关键性作用，从这种意义上说，免费产品与广告类似。广告的费用从将来的销售中收回，成功的试用软件也可以从日后的销售中获得回报。例如，一旦在用户之间流行起来，许多试用软件就被授权给一些大公司，嵌入到它们的计算机操作系统及商业程序中。一些压缩软件、反病毒软件最初是作为试用软件使用的，后来却被包括在 Macintosh 或 Windows 95 操作系统中一块出售。

免费产品的提供是为了解决质量不确定性问题并最终获得利润。免费产品的激励机制与非免费产品不同，它的成本无法收回。而免费分发试用软件、广告及其他措施加大了进入市场的障碍或者减少了竞争。要能够进入市场与竞争，一个新进入者必须承担得起和它的对手相当的费用。所以，这种费用提高了对新进入者所具有的最小资金的要求，这种资金投资就它不能回收意义上说是被浪费了的，但这保护了公司的市场。

6. 网络俱乐部

组建网络俱乐部也是进行网络沟通的很有效的方法。网络俱乐部是以专业爱好和专门兴趣为主题的网络用户中心，对某一问题感兴趣的网络用户可以随时交流信息。目前，网络世界里的用户俱乐部形形色色，如车迷俱乐部、生活百科园地、流行话题交流中心、流行精品世界、手表博物馆、美食大师等。网络用户俱乐部的每个分类项目都设有讨论区，可以吸引大批兴趣爱好相同的网友“聚集一起”交流信息和意见，这正便于企业一对一地交流与沟通，同时各分类项目的信息快报，也可免费向企业提供促销信息。为此，企业可以通过在网上开设或者赞助与产品相关的网络俱乐部，把产品或企业形象渗透到对产品有兴趣的用户，并利用网络俱乐部把握市场动态、消费时尚变化趋势，及时调整产品及营销策略。

7. 中介服务

在网络上进行广告宣传和推销产品，无论是网页的制作和网站的建立等都需要有专门的知识和技能以及相应的设备。大多数的企业由于人力、物力和财力的限制，不具备独立完成诸如网络广告和网络推销的条件和设备，因此需要有专门的人员和设备来提高必要的帮助。这就是网络中介服务。在目前的网络中介服务机构中，中介机构所能提供的中介服务主要有网络服务供应商（ISP）、在线服务商（online service）和网络广告公司等。一般来讲，ISP 主要向客户提供拨号入网服务的 IAP(Internet Access Provider)和提供内容服务的 ICP(Internet Content Provider)；在线服务商所提供的服务主要有搜寻服务即为客户提供登录、网站主持(Web Site Host)和信息服务；而网络广告公司主要是为需要进行网上广告宣传的企业提供网上市场调查、广告策划、广告设计和制作等服务。

由于网络中介服务是一种不同于传统中介服务的服务形式，同时又是一个全新的新兴行业，因此，对买卖双方来讲都在处于一种探索的阶段。出于对网络中介服务商的经营状况和评定标准等都需要，买方要谨慎从事；同时，对卖方来讲，要认真听取客户的意见并参与买方的生产经营过程以获取第一手资料。

8. 销售促进

销售促进通过提供给消费者诱其购买的动机，来促其购买。销售促进的工具有折价券、样品赠送、回扣、奖金与退款、捆绑折价和降价。折价券是鼓励消费者购买的最常使用的促销工具。持有者能凭此享有一定的折扣。样品赠送常使用于促使产品试验和购买。回扣常用来诱使潜在消费者购买制造商品牌。一旦发生了购买，消费者提供购买的证明而得到部分退款。捆绑销售以正常的价格给更多的商品。折价处理来源于折价券，在商品的包装盒上印有价格削减量。很多零售商使用销售促进工具清除额外的存货。销售促进可以联合其他促销资料直邮给顾客。奖金和竞赛对促进销售特别有用：奖金是给购买的消费者一定报酬，这种报酬能加强消费者对产品和公司的正面态度，提高他们未来购买的可能性。竞赛是种游戏，消费者在一定基础上竞争奖金或礼品。

9. 定制化营销

网络沟通的互动性使企业能更准确地掌握顾客的需求和反应，为顾客提供更个性化的产品，即网络数据库为企业实施定制化营销提供了有利的支撑。以电子商场为例，商家通过数据库可以全面了解网络顾客的生日、对产品的偏好习惯等，便可在适当的时间，利用电子邮件向目标顾客推荐相关产品或服务。因此，在网络环境下，巩固顾客、扩大网上销售的重要战略手段是通过定制化营销，它可以提升顾客满意度，加强网络沟通的效力。比如在美国，几家电子邮报已推出一种新型的个人化报纸，读者每天早晨一打开计算机，即可读到一份专为读者自己设计的报纸，其内容基本上是读者需要并感兴趣的。这个服务，在美国本土每月只需 15 美元左右，即可享受全天 24 小时的新闻简报。定制化营销并不是只适应于高度技术化和信息化的企业，也同企业的规模并无直接的联系，而有更大更广的适用范围。

10. 网络沟通中的心理因素

消费品市场发展到今天，多数产品无论在数量上还是品种上都极为丰富。消费者能够以个人心理愿望为基础挑选和购买商品或服务。他们的需求更多了，变化也更多了。他们开始制定自己的消费准则，不惧怕向商家提出挑战，这在过去是不可想象的。用精神分析学派的观点考察，消费者所选择的已不单是商品的使用价值。而且还包括其他“延伸物”，这些“延伸物”及其组合可能各不相同，每一个消费者都是一个细分市场。心理上的认同感已成为消费者做出购买品牌和产品决策时的先决条件，个性化消费正在也必将再度成为消费的主流。

网络营销的优势和吸引力使消费者所以选择网上购物，心理因素是主要动因。作为新兴的营销方式,网络营销有强大的生命力,但就其本身特点和发展现状而言,它仍存在着心理上的不足,它降低了网络沟通的效果和影响力。主要表现在以下两方面:

(1) 消费者所处的信息劣势降低了消费者对网络营销的信任。由于网络交易的虚拟环境,消费者增加了鉴别、选择企业或产品的难度。一些在实体世界可有效判别和预期产品服务质量的感觉消失了,消费者必须重新学习或继续以现实途径进行辅助判别,这就增大了消费者判别的难度和成本。此外,网络商店较容易设立,因而也容易造假,消费者对此也会心存疑虑。其次,现阶段网上购物安全性仍然不足。目前网上购物的危险主要源于两方面:一方面消费者的私人资料(如信用卡资料)在传输过程中可能被截取或被盗用。现时加密技术的发展仍不能完满地解决这一问题。另一方面,计算机病毒的泛滥也令人望而生畏。如果病毒一旦在网上发作,破坏力可想而知。Interent 是一个开放和自由的系统,目前仍缺乏适当的法律或其他手段进行规范。因此如果网上购物发生纠纷,消费者的权益未必能获得足够保障。

(2) 网络营销的特点决定了它不能满足消费者某些特定的消费心理需求。由于网上购物可替代部分人际互动关系,也就不可能满足消费者在这方面的个人社交动机。另外,虚拟商店也无法使消费者因购物而受到注意和尊重。消费者无法以购物过程来显示自己的社会地位、成就或支配能力。而且网络商品的价格欠缺灵活,会令某些喜欢在现场讨价还价的消费者大失所望。因此,要进行成功的网络沟通,必须要做好网络文化背景的建设。文化背景建设主要指影响人们消费观念的文化背景建设。同时要进行网络交易的标准和法律环境建设,以保证信息的安全。

4.7.3 在线产品的"柠檬"问题与网络沟通

如前所述,网络营销具有传统营销所不具有的优势,但网络营销也可能会因为网络的虚拟性影响了网络营销的效果,降低了网络沟通的目标,其中的主要原因就是信息的不对称性问题。下面就这个问题来进行分析并提出在网络营销中的解决策略取向。

1. 传统营销的"柠檬"问题与解决途径

在现实经济中,信息在市场当中总是不完全的。比如,在商品销售市场上,买卖双方的关系呈现着一种信息的非对称(informational asymmetries)状态:卖主对自己产品质量的了解显然要比买主要多得多,也就是说对产品的质量信息而言,卖主具有信息优势,而买主则处于信息劣势,这时消费者所处的地位,信息经济学称之为"逆向选择"(adverse selection),即由于信息劣势对己不利而被迫进行逆向选择。而卖者所处的地位被信息经济学称之为道德风险(moral hazard),即可能会凭借自身的信息优势发生损害买者利益的不道德行为。那么,这种情况买卖双方交易会导致什么结果出现呢?

美国经济学家乔治·阿克洛夫(George Akerlof)通过对美国旧车市场的分析,于 1970 年发表了文章《"柠檬"市场:品质不确定性与市场机制》(The market for 'lemon': qualitative uncertainty and the market mechanism),对非对称信息条件下市场运行效率进行了分析,得出了"柠檬"原理("柠檬"来源于美国口语对"缺陷车""二手车"的经验称呼),并且开创了逆向选择理论。阿克洛夫以旧汽车市场为例,对"柠檬"问题进行了经典的分析之后,"柠檬"就成了经济学家对次品或劣质品的比喻说法,而"'柠檬'问题"指的是在使用这些“柠檬”产品后所产生的、对消费者的不利后果。在旧车市场上，既定的卖者和关心旧车质量的买者之间存在着信息的非对称性，卖者知道车的真实质量，买者不知道，在他不能确知所购车辆的内在质量的前提下，他愿意接受的价格也只能是所有旧车价值按概率加权计算的一个平均值，因而只愿意根据平均值来支付价格，但这样的话，质量高于平均值水平的卖者就会退出交易，只有质量低的卖者进入市场。也就是说只有低质量的旧汽车出售，而没有高质量的旧汽车交易，结果是低质量旧汽车将高质量旧汽车挤出交易市场。由此，阿克洛夫解释了为什么即使是只使用过一次的“新”汽车，在柠檬市场上也难以卖到好价钱。这一过程不断持续，最后市场上只剩下损失最严重的旧车，所有好一点的旧车都会从市场上消失。更为重要的是，得出了称之为“柠檬”原理的几个结论：

(1) 与传统经济学观念“商品质量决定其市场价格”相悖，在非对称信息环境中，商品质量依赖于价格，也就是说高价格意味着高质量。或者更进一步地讲，可以将价格作为传递和判断质量高低的信号，这也是市场参加者以价格判断商品质量的信息经济学解释，它是“逆向选择”所造成的结果。

(2) 与传统经济学市场竞争中“优胜劣汰”的选择规则相悖，在非对称信息环境下，低质量的产品(旧车)将高质量的产品(好车)驱逐出商品市场，其结果是“劣胜优汰”。

(3) 在“柠檬”市场上，价格下降意味着质量迅速恶化，消费者的购买量也随着价格的下降而迅速下降，也就是说买主和卖主的数量比完全信息结构下少得多(极端的情况下市场的交易量甚至为 0)，这样最终的结果是导致市场的萎缩甚至消失，这说明非对称信息条件下的市场环境导致了市场运行的低效率。

“柠檬”原理对经济学的贡献在于，它揭示了许多市场存在的信息的非对称现象，深化了人们对真实市场现象的了解。一个市场经济的有效运行，需要买者和卖者这之间有足够的共同的信息。如果信息不对称非常严重，就有可能限制市场功能的发挥，引起市场交易的低效率，甚至会导致整个市场的失灵。在传统经济学理论中，市场中的所有产品被假设具有相同的质量。因此，能以更低价格出售产品的厂商(质量不变)必然意味着生产效率的提高，它能以更低的成本生产出质量相同的产品。但是，当“质量”的信息可以被隐藏起来时，其前提和结论就要发生变化。因为在许多情况下买主并不了解产品质量，真正了解产品质量的是卖主。不同的卖主(厂商)提供的产品质量不同，那些质量差的产品卖主为了自己的利益将质量特征的信息“隐藏”了起来。这个时候所有的卖主都说自己的产品是好产品。而对于买主而言，它们无法区分谁在说真话，谁在说假话，只能根据对整个市场的估计决定购买数量及决定支付的价格。当消费者发现所购产品并非如估计的那样好时，他们会进一步降低对产品质量的估计水平，降低愿意支付的价格。实际上，在目前我国的销售市场上，消费者对某些产品的“追涨杀跌”现象从一定程度上证实了这个原理。

由于逆向选择导致了市场失灵或市场运行的低效率，使得市场参加者不得不借助各种各样可能的方法或解决途径来提高市场效率，从而使得由于非对称信息而瘫痪的市场能够重新运转起来。方法之一就是前面所讲的，消费者可以根据所提供商品的开价来推测商品的质量；方法之二也是最为重要和最为常用的手段，就是制造与传播市场信号(market signaling)，如通过品牌、广告或者向客户提供质量保证书、保修、退回等办法，来使消费者相信它的产品是高质量的；方法三就是让经纪人介入，利用他的专业知识为买方提供信息，通过他来“撮合”买卖双方；方法四就是政府、消费者协会等可以建立质量合格标准来保证产品的质量；此外，信息搜寻(search)也是改变消费者自身所处逆向选择地位的积极主动的方法。但需要指出的是，这些方法并不能从根本上解决市场中的“柠檬”问题。如当消费者仅仅根据产品的价格作为判断质量的依据的话，则可能会导致商家利用买者的这种心理，片面地只提高价格而不提高质量。另外，由政府等机构建立质量合格标准的办法，实际上只是对产品提出了最低要求，表明了产品能否使用，而不是一种质量标准。事实上，所有的这些方法都面临着信号失灵的问题。

2. 网络营销中“柠檬”问题的表现

阿克洛夫所做的分析都是对传统市场或者传统商务而言的。那么，基于 Internet 的电子商务市场中的情形又将如何呢？电子商务市场与传统市场间的主要区别在于其较低的进入障碍、较低的管理成本和市场信息获取的容易性。之所以说它具有较低的进入障碍，是因为 Internet 为所有的市场参加者提供了平等的机会，在这里大公司并不比小公司具有先天优势。在实物市场上，大是非常有效的市场信号，但在电子商务市场大和产品质量并没有必然的联系，这就降低了市场进入的障碍。电子商务市场的另一个特点是可以全面搜索，以低代价或无代价去获得信息，因为自动搜索和分类技术解决了这个问题，可以借助搜索服务大量、有效地搜索信息，因此，与传统市场比较起来它获取市场信息的方式更多、效率更高、成本更低，也就意味着信息获取的完全性更高一些。同时这种网上的信息搜索由于低代价和无代价，因此它还意味着比较低的交易成本。

虽然电子商务市场有着这样的优势，尤其是它有着很高的信息效率，但它并不意味着有着很高的市场效率。事实上，与传统市场比较，电子商务市场所存在的由于产品的质量不确定所引发的信息不对称不仅存在，而且更加严重。因为数字产品多为经验产品(experience goods)，它们的质量只有在使用之后才能被了解，而许多信息商品只会被购买一次，这一特点使得厂家没有一个好的方式来使消费者相信它们产品的质量。同时，因为经验产品只有通过经验、通过消费者的实际使用来了解其质量，所以即使是大量的广告和产品信息并不足以使消费者相信其质量，消费者也不会购买。如果了解质量有利于将来的购买，顾客可能会冒险一试，但若对某种产品只会使用一次，这种冒险的可能性非常小。另一方面，在电子化市场上销售商的身份也很难识别。一家网上商店可以在一天内建立起来，也可以在第二天就消失。由于这种不确定性的存在，市场运作的效率将十分低下，甚至根本就无法运作。例如某消费者 A 在网上搜寻一产品，对于好的产品，他愿支付 90～100 元，对于差的产品他只愿意支付 10～20 元。B 经营着一家网上商店，他有 A 所要的高质量的产品，价值 70 元。C 也经营着同样的商店，只是他所出售的是低质量的产品，价值 10 元。尽管如此，B、C 的网页很相似，包括销售政策等。如果 A 对这网上两家商店的情况都很了解，他肯定愿意访问 A 的网点。如果不了解，考虑到搜寻到高质量产品和低质量产品的概率相等，他只能按照自己的推测愿意支付 50 元。如果很多与 A 一样的顾客都在网上搜索该产品，50 元就可能成为市场价，然而，它低于 70 元，这个价格是 B 网点可以生存的最低价，因此 B 就不得不退出，这时市场只剩下 C。但由于 A 得不到好产品，当然也不愿意再支付 50 元，于是市场价格就变成了 10 元，这个价格是 C 的成本价，C 赚不到利润便也退出了市场。更进一步，如果消费者对低质量的产品的需求量为零，那么将出现最极端的情况，那就是该市场将彻底消失。

因此，阿克洛夫所揭示的“柠檬”问题不仅在传统市场中存在，在电子商务市场中同样也存在。而且，“柠檬”问题在电子商务市场的表现将更加突出，其原因有两个，一是数字产品不只是纸上产品的数字版，它还包含电子媒介的独特优点。比如，网上的报纸被个性化和定制化了，可以随时更新，因此质量的评估将越来越主观和个性化。另一个原因就是生产者的多样性可能导致更大的不确定性，更有可能出现“柠檬”问题。与实物产品不同，数字产品是由网上的虚拟人来制造和销售的。通过今天的个人主页和将来可能在任何一台个人计算机上运行的Web服务器，每个用户都是生产者和潜在的销售者。所以，传统的质量调查方法，如信誉和品牌在电子商务市场中可能不太起作用，因为市场销售者的销售时间短而且数量多。

不仅如此，电子商务市场上的“柠檬”问题还有一个与阿克洛夫模型所描述的传统市场的不同特点，那就是由于数字产品的不可破坏性所带来的问题。由于数字产品不像其他物质产品那样出现有形磨损，即它具有不可破坏性，所以数字产品一经创生便可以永远地存在下去。虽然数字产品最初的产品质量会因为消费者的使用行为而变得明显，但是，无论用得多久或多频繁，数字产品的质量是不会下降的，也就是说，数字产品无耐用和不耐用之分，从厂家那里买到的产品和二手货没有区别。也正是由于这种情况，导致数字产品的生产商是在和自己已卖出的产品竞争。因为对于同一种竞争产品，大多数消费者只可能购买一次，因此，生产商不得不推出一个很有竞争力的价格——最低价，采取一种蓄意过时和频繁升级的销售策略，即使没有竞争者也是如此。由于很多新版本的质量是否高于旧版本还未可知，这时的质量不确定性问题将更加突出。例如一些软件虽然经过多年的升级变得规模庞大，其实它包含了一些客户使用不上的无用功能，反过来还浪费了客户的学习时间。因此，如果说根据“柠檬”原理，作为改变消费者逆向选择地位的方法之一，在某种程度上我们可以将价格作为传递和判断质量高低的信号的话，那么，在电子商务市场，网上产品所能传递的质量信息却是非常有限。

3. 网络营销中“柠檬”问题的解决方法

因为电子商务市场的“柠檬”问题和传统市场的“柠檬”问题具有不同的特点和表现，这也就决定了解决信息非对称性的手段会有所不同。就传统市场而言，可以把传递质量信息的方式分为直接和间接两种。当厂商为其产品提供质量担保时，也就传递了直接的信息。然而为担保产品质量所采取的措施如无条件退货政策，在电子商务市场中是很难实现的。这是因为，首先，数字产品很容易复制，实际上“退回”的产品已没有意义；其次，退款也是不可行的，因为对于购买低价值物品的情况，其处理花费要比物品的价值高得多。间接信息是通过标识和信誉传递给消费者的。然而这种方式是建立消费者进行重复购买时的基础上的，当消费者不会重复购买时，声誉好的公司几乎不占多大的优势。又如在传统市场上厂商可能会建立规模和档次都很高的商店和保修店，以便使消费者能从商店的环境幽雅外观或卖主的标识判断商品的质量，从而愿意购买该厂商的产品。但是，在电子商务的虚拟市场上，这些间接信号是无法提供的或是变化频繁的。因此，传统市场可用的间接信号在电子商务市场上几乎是毫无意义的。

那么,有哪些机制可以有效地降低电子商务市场中的“柠檬”问题呢?就目前情况来看,在电子商务市场所采取的营销策略如产品的差异化、差别定价和产品定制化等,虽然它们对消除网上产品的质量不确定性具有一定的作用,比如产品的差异化、差别定价和产品的定制化可以将产品的价格可以建立在用户的评价之上,力求达到了价格—质量的最佳点;但它们在解决“柠檬”问题上所起的作用却是很有限的。因为这些营销策略最基本的经济动机是厂家为了减少相同产品之间的竞争和对消费者进行锁定(lock-in),无形中会形成对产品的垄断,这样反而会加剧消费者对产品质量所面临的信息劣势。

在电子商务市场中通过发展和使用中介是解决“柠檬”问题的比较好的方法。中介的定义包括除了卖主和买主以外的各种类型的市场代理商和机构,它们参与市场,但是自己不消费这些产品。在买卖双方不能充分解决质量不确定性的市场中,以中介为基础的市场机制可以比没有中介或规则制度下的市场机制更有效。中介可通过提供质量信息解决“柠檬”问题的一个决定性原因是中介可以出售许多厂家的产品。单个产品的中介可与生产商勾结以共享利润,不顾消费者的抱怨继续销售;然而,多个产品的中介如果与某个供应商相勾结,并且继续卖有问题的产品时,消费者就会同时停止购买这个中介的其他商品。这种“信息溢出”的机制会促使中介停止销售不道德厂商的产品,并对其进行惩罚,从而鼓励生产商维持高质量。需要指出的是,虽然中介的参与实际提高了交易成本,比如需要一定的技术知识和资金投入,但它同时也提高了市场的交易效率。另外的一种办法,就是消费者可以利用Internet网上无比强大的传递和搜索优势,来改变自己的信息劣势,这也是一种比较有效地避免“柠檬”问题的办法,比如利用搜索引擎、Usenet新闻组等。此外,使用捆绑式销售也是比较好的方法,因为它既可以节约消费者的搜寻成本,又可使高质量的销售商以足够低的价格和过去产品的高质量所产生的信号效应来吸引顾客。当然,这时消费者也面临着被锁定的局面。根据前面的分析,两种市场上“柠檬”问题的解决途径及其作用如表4-3所示。

表4-3 两种市场“柠檬”问题解决途径及其作用的比较

解决途径	传统市场	电子商务市场
将价格作为判断质量的依据	较弱	很弱
品牌和广告	强	较弱
向客户提供质量保证书、保修、退回等办法	强	很弱
政府、行业协会等机构建立质量合格标准	弱	弱
市场中介	较强	强
“捆绑”销售	弱	较强
差别定价	弱	较弱
产品定制化	弱	较弱
消费者的信息搜寻	较弱	较强

应该指出，不管是在传统市场上或电子商务市场上，虽然通过一些方法使得由于逆向选择而出现的低效率市场重新获得了市场的效率。但是，方法的失灵又可能使重新获得效率的市场陷入新一轮效率循环当中。当经济体制普遍存在逆向选择和道德风险等由于非对称信息所带来的问题时，人们难以相信能够实现帕累托(pareto)最优效率。

在阿克洛夫的模型中，市场失灵的根源在于市场赋予价格的角色是双重的，一方面它要反映市场上的供求均衡价格，另一方面它又要反映产品的质量水平。价格的这种双重角色只有在完全竞争市场上才会出现。但在实际市场中完全竞争很少见到，因为它要满足几个基本的假设：

(1) 潜在的买卖双方可以自由的进入和退出市场；

(2) 买卖双方均不能单独影响市场，他们只能是价格的接受者；

(3) 没有产品差异，即产品同质；

(4) 买卖双方都完全了解产品的价格和质量，即买卖双方均具有完全信息。

然而，不管是传统市场或电子商务市场都是不满足以上假设的，尽管满足的程度不同。在电子商务市场上尽管它有较低的进入障碍和更高的信息获取效率，但这并不意味着电子商务市场一定能够获得更高的市场交易效率。

格罗斯曼-施蒂格利兹在 1980 年发表的文章《论信息效率市场的不可能性》(On the impossibility of informational efficient markets)中提出了称之为"格罗斯曼-施蒂格利兹悖论"(Grossman- Stiglitz paradox)的一个重要的结论，这个结论是由两个被证明的相互矛盾的命题构成的：第一，如果市场上价格信息是充分传递的，那么，市场均衡是不存在的；第二，如果获取信息是需要付出代价的，将不存在通常意义上的竞争均衡。上述两个结论所导出的"均衡"悖论，彻底否定了传统经济学中所隐含的信息是充分传递的这样一个前提。事实上，如果市场参加者都可以不付出成本而获得所需的市场信息，那么就不会有人去搜寻和传递信息，市场却可能因为信息无噪声的、高效率传播而使得市场参加者之间难以出现信息差别，没有人具有动力去搜集和传播信息，从而致使市场难以培育交易机会，同样要降低市场效率。这个悖论从反面向人们说明了，完全的信息并不能有效地提高市场效率；相反，有可能会阻碍市场效率的发挥。因此，极高的和极低的信息的获取和传递效率都会妨碍市场效率的提高。当然，究竟信息的效率应保持在什么程度，信息经济学家并没有告诉我们，但是可以肯定的是，市场信息不完全性或非对称性不仅是现实存在的，而且是必须的。实际上，如果买卖双方消息灵通，就不用做广告、营销或推销了。

基于 Internet 的电子商务市场虽然提供了一个可以减少交易成本的途径，但它并没有改变市场交易中的信息非对称性。在电子商务的出现和发展的过程中，新技术是电子商务的交易工具，但其发展将主要依赖于经济问题而非技术问题的解决方案。这是在网络营销和网络沟通的过程中必须要注意的问题。

4.8 网络营销的主要方法

网络营销职能的实现需要通过一种或多种网络营销手段，常用的网络营销方法除了搜索引擎注册之外，还有网络广告、交换链接、信息发布、邮件列表、许可 E-mail 营销、个性化营销、会员制营销、病毒性营销等。冯英健在《网络营销基础与实践》一书中介绍了十种常用的网络营销方法及一般效果。

1. 搜索引擎注册与排名

这是最经典、也是最常用的网络营销方法之一，现在，虽然搜索引擎的效果已经不像几年前那样有效，但调查表明，搜索引擎仍然是人们发现新网站的基本方法。因此，在主要的搜索引擎上注册并获得最理想的排名，是网站设计过程中就要考虑的问题之一，网站正式发布后尽快提交到主要的搜索引擎，是网络营销的基本任务。

2. 交换链接

交换链接或称互惠链接，是具有一定互补优势的网站之间的简单合作形式，即分别在自己的网站上放置对方网站的 LOGO 或网站名称并设置对方网站的超级链接，使得用户可以从合作网站中发现自己的网站，达到互相推广的目的。交换链接的作用主要表现在几个方面：获得访问量、增加用户浏览时的印象、在搜索引擎排名中增加优势、通过合作网站的推荐增加访问者的可信度等。更重要的是，交换链接的意义已经超出了是否可以增加访问量，比直接效果更重要的在于业内的认知和认可。

3. 病毒性营销

病毒性营销并非真的以传播病毒的方式开展营销，而是通过用户的口碑宣传网络，信息像病毒一样传播和扩散，利用快速复制的方式传向数以千计、数以百万计的受众。病毒性营销的经典范例是 Hotmail. com。现在几乎所有的免费电子邮件提供商都采取类似的推广方法。

4. 网络广告

几乎所有的网络营销活动都与品牌形象有关，在所有与品牌推广有关的网络营销手段中，网络广告的作用最为直接。标准标志广告(Banner)曾经是网上广告的主流(虽然不是唯一形式)，进入 2001 年之后，网络广告领域发起了一场轰轰烈烈的创新运动，新的广告形式不断出现，新型广告由于克服了标准条幅广告条承载信息量有限、交互性差等弱点，因此获得了相对比较高一些的点击率。有研究表明，网络广告的点击率并不能完全代表其效果，网络广告对那些浏览而没有点击广告的、占浏览者总数 99%以上的访问者同样产生作用。

5. 信息发布

信息发布既是网络营销的基本职能，又是一种实用的操作手段，通过 Internet，不仅可以浏览到大量商业信息，同时还可以自己发布信息。最重要的是将有价值的信息及时发布在自己的网站上，以充分发挥网站的功能，如新产品信息、优惠促销信息等。

6. 许可 E-mail 营销

基于用户许可的 E-mail 营销比传统的推广方式或未经许可的 E-mail 营销具有明显的优势，比如可以减少广告对用户的打扰、增加潜在客户定位的准确度、增强与客户的关系、提高品牌忠诚度等。开展 E-mail 营销的前提是拥有潜在用户的 E-mail 地址，这些地址可以是企业从用户、潜在用户资料中自行收集整理，也可以利用第三方的潜在用户资源。

7. 邮件列表

邮件列表实际上也是一种E-mail营销形式，邮件列表也是基于用户许可的原则，用户自愿加入、自由退出，稍微不同的是，E-mail营销直接向用户发送促销信息，而邮件列表是通过为用户提供有价值的信息，在邮件内容中加入适量促销信息，从而实现营销的目的。邮件列表的主要价值表现在四个方面：作为公司产品或服务的促销工具、方便和用户交流、获得赞助或者出售广告空间、收费信息服务。邮件列表的表现形式很多，常见的有新闻邮件、各种电子刊物、新产品通知、优惠促销信息、重要事件提醒服务等。

8. 个性化营销

个性化营销的主要内容包括用户定制自己感兴趣的信息内容，选择自己喜欢的网页设计形式，根据自己的需要设置信息的接收方式和接收时间等。个性化服务在改善顾客关系、培养顾客忠诚以及增加网上销售方面具有明显的效果，据研究，为了获得某些个性化服务，在个人信息可以得到保护的情况下，用户才愿意提供有限的个人信息，这正是开展个性化营销的前提保证。

9. 会员制营销

会员制营销已经被证实为电子商务网站的有效营销手段，国外许多网上零售型网站都实施了会员制计划，几乎已经覆盖了所有行业，国内的会员制营销还处在发展初期，不过已经看出电子商务企业对此表现出的浓厚兴趣和旺盛的发展势头。一度是中国电子商务旗帜的时代珠峰公司(My8848.net)于2001年3月初推出的"My8848网上连锁店(U-Shop)"就是一种会员制营销的形式。现在，西单电子商务公司网上商场同样采用了这种营销思想，不过在表现形式上有一定的差别。

10. 网上商店

建立在第三方提供的电子商务平台上、由商家自行经营网上商店，如同在大型商场中租用场地开设商家的专卖店一样，是一种比较简单的电子商务形式。网上商店除了通过网络直接销售产品这一基本功能之外，还是一种有效的网络营销手段。从企业整体营销策略和顾客的角度考虑，网上商店的作用主要表现在两个方面：一方面，网上商店为企业扩展网上销售渠道提供了便利的条件；另一方面，建立在知名电子商务平台上的网上商店增加了顾客的信任度，从功能上来说，对不具备电子商务功能的企业网站也是一种有效的补充，对提升企业形象并直接增加销售具有良好效果，尤其是将企业网站与网上商店相结合，效果更为明显。

4.9 网络营销的主要内容

实践证明，网络营销可以在八个方面发挥作用：网络品牌、网址推广、信息发布、销售促进、销售渠道、顾客服务、顾客关系、网上调研。这八种作用也就是网络营销的八大职能，网络营销策略的制订和各种网络营销手段的实施也以发挥这些职能为目的。

1. 网络品牌

网络营销的重要任务之一就是在互联网上建立并推广企业的品牌，知名企业的网下品牌可以在网上得以延伸,一般企业则可以通过Internet快速树立品牌形象,并提升企业整体形象。网络品牌建设是以企业网站建设为基础,通过一系列的推广措施,达到顾客和公众对企业的认知和认可。在一定程度上说,网络品牌的价值甚至高于通过网络获得的直接收益。

2. 网址推广

这是网络营销最基本的职能之一,在几年前,甚至认为网络营销就是网址推广。相对于其他功能来说,网址推广显得更为迫切和重要,网站所有功能的发挥都要一定的访问量为基础,所以,网址推广是网络营销的核心工作。

3. 信息发布

网站是一种信息载体,通过网站发布信息是网络营销的主要方法之一,同时,信息发布也是网络营销的基本职能,所以也可以这样理解,无论哪种网络营销方式,结果都是将一定的信息传递给目标人群,包括顾客/潜在顾客、媒体、合作伙伴、竞争者等。

4. 销售促进

营销的基本目的是为增加销售提供帮助,网络营销也不例外,大部分网络营销方法都与直接或间接促进销售有关,但促进销售并不限于促进网上销售,事实上,网络营销在很多情况下对于促进网下销售十分有价值。

5. 销售渠道

一个具备网上交易功能的企业网站本身就是一个网上交易场所,网上销售是企业销售渠道在网上的延伸,网上销售渠道建设也不限于网站本身,还包括建立在综合电子商务平台上的网上商店,以及与其他电子商务网站不同形式的合作等。

6. 顾客服务

Internet提供了更加方便的在线顾客服务手段,从形式最简单的FAQ(常见问题解答),到邮件列表,以及BBS、聊天室等各种即时信息服务,顾客服务质量对于网络营销效果具有重要影响。

7. 顾客关系

良好的顾客关系是网络营销取得成效的必要条件,通过网站的交互性、顾客参与等方式在开展顾客服务的同时,也增进了顾客关系。

8. 网上调研

通过在线调查表或者电子邮件等方式,可以完成网上市场调研,相对传统市场调研,网上调研具有高效率、低成本的特点,因此,网上调研成为网络营销的主要职能之一。

开展网络营销的意义就在于充分发挥各种职能,让网上经营的整体效益最大化,因此,仅仅由于某些方面效果欠佳就否认网络营销的作用是不合适的。网络营销的职能是通过各种网络营销方法来实现的,网络营销的各个职能之间并非相互独立的,同一个职能可能需要多种网络营销方法的共同作用,而同一种网络营销方法也可能适用于多个网络营销职能。

4.10 网络广告技术

4.10.1 网络广告技术的起源、概念及特点

1. 网络广告的起源

以 Internet 为传播媒介的网络广告(Internet Advertising)成为当今欧美发达国家最热门的广告形式。目前我国广告公司和客商也开始涉足网络广告的新空间。这使得无论广告公司与营销厂商都面临着改变营销传播方法及选取媒体的压力和机遇。

追本溯源,网络广告源自 1994 年的美国。1994 年 10 月 14 日,美国著名的 Wired 杂志推出了网络版的 Hotwired(www.hotwired.com),其主页上开始有 AT&T 等 14 个客户的广告 Banner。这是广告史上里程碑式的一个标志,同时也让网络开发商与服务商看到了一条深藏着无限潜力的发展道路。从此开始,网络广告逐渐成为网络上的热点,无论是网络媒体还是广告主均对其充满了希望。这也带动了各网络媒体的经营者纷纷改进经营方向,向多元化发展,意在尽量地吸引多的浏览人群及广告客户。1997 年,我国网络广告业实现了零的突破,第一个商业性的网络广告出现在 1997 年 3 月,传播网站是 Chinabyte,广告主是 IBM(一说为 Intel),广告表现形式为 468×60 像素的动画旗帜广告。Intel 公司和 IBM 公司是国内最早在 Internet 上投放广告的广告主。我国网络广告一直到 1998 年初才稍有规模。

2. 网络广告的概念

在人们的意识中,网络广告指基于 Internet 的广告。即网络广告的提及一定离不开 Internet,技术在一定程度上限制了人们的思维和创新。实际上随着"三网合一"取得的不断进展,不同网络之间的界限越来越模糊,综合各种网络的优势已成为一种趋势,广告理所当然地应当适应这种变革。

网络的组成是复杂的,但业务的要求却是简单的。从市场、业务等多角度进行考虑,哪种网络处理得比较好就应该采用哪种网络,甚至可以综合采用各种网络技术,而不必拘泥于大脑中已经形成的固有概念。随着三网合一的进程,特别是信息家电概念的普及,人们意识中的网络已经泛指传输、存储和处理各种信息的设备及其技术的集成。因此,网络广告应是基于计算机、通信等多种网络技术和多媒体技术的广告形式,具体操作方式包括注册独立域名,建立公司主页;在热门站点上做横幅广告(Banner Advertising)及链接,并登录各大搜索引擎;在知名 BBS(电子公告板)上发布广告信息,或开设专门论坛;通过电子邮件(E-mail)给目标消费者发送信息等的一种以盈利为目的的商业手段。

3. 网络广告的特点

网络广告是新生代的主要广告媒介,它随着 Internet 的发展而逐步兴起,具有传统媒介广告所具有的所有优点,同时具有传统媒介所无法比拟的优势。网络广告可以分为广义和狭义两种,广义的网络广告指企业在 Internet 上发布的一切信息。包括企业的 Internet 域名、网站、网页等;狭义的网络广告一般指建立一个含广告内容的 WWW 节点,目前多为标题广告,用户通过点击这一含有超链接的标题,将被带至广告主的 WWW 节点。网络广告

主要具有以下一些特点。

1）传播对象面广

广告的作用对象是与 Internet 相连的所有计算机终端用户，通过 Internet 将产品、服务等信息传送到世界各地，其全球性的广告覆盖范围使其他广告媒介望尘莫及。

2）表现手段丰富多彩

广告采用文字介绍、声音、影像、图像、颜色、音乐等于一体的丰富表现手段，具有报纸、电视的各种优点，更加吸引大众。同时，网络广告制作成本低、时效长，它所体现的高科技形象将使越来越多的工商企业选择网络广告作为重要的国际广告媒体之一。

3）内容种类繁多，信息面广

大到飞机、小到口香糖均可上网做广告。庞大的 Internet 广告能够容纳难以计量的内容和信息，它的广告信息面之广、量之大是报纸、电视无法比拟的。因为传统的传媒方式不仅受到版面大小的影响，还受到广告费用的制约。随着我国 PC 的普及和发展，越来越多的国内工商企业和个人在 Internet 上建立自己的网点，链接广告，推销自己的品牌，推销产品，使网络广告信息量激增，并且不断冲击更高的点击率。据报道，仅求职方面，欧洲现在每天约有 400 万人上网查看招聘信息和在网上发布自己的求职信息。

4）多对多的传播过程

广告基本是一对一的传播过程，电视传媒则是一对多的方式，而 Internet 上的广告则是多对多的传播过程。之所以这样说，是因为在 Internet 上有众多的信息提供者和信息接收者，他们既在 Internet 上发布广告信息，也利用网上广告获取自己所需产品和服务的信息。

5）互动性

网络广告的互动性是指广告主将广告信息内容准备好，放置于站点上，所有网络用户都可以通过上网及时查看，获取广告信息，即人—机—人模式。例如，一家公司通过网络广告将公司产品信息传播到世界各地的 Internet 计算机终端客户，当受众之一的个人收到该信息后，对该公司的产品产生了兴趣，开始在网上交互查找该产品信息，以期获得更多的有关信息。或者更进一步，此人可通过电子邮件、网络电话、网络传真等向该公司询问各类有关问题，得到满意答复后，可通过电子商务手段实现商品购买。

当然，也要意识到，电子网络广告也有其局限性和缺点。如广告信息纷繁复杂，网络传输速度慢，目前国内上网查询费用较高；有些广告制作简单，不能形成像电视广告那样的视觉冲击力，产生深刻的印象；各种广告信息鱼龙混杂，造成广告可信度差等。

4.10.2　网络广告的技术及类型

最初的网络广告就是网页本身。当越来越多的商业网站出现后，怎么让消费者知道自己的网站就成了一个问题，广告主急需要一种可以吸引浏览者到自己网站上来的方法，而网络媒体也需要依靠它来盈利。在本节，将介绍当今网络广告界常用的一些网络广告形式及其技术。

1. 网幅广告

网幅广告是以 GIF、JPG 等格式建立的图像文件，定位在网页中，大多用来表现广告内容，同时还可使用 Java 等语言使其产生交互性，用 Shockwave 等插件工具增强表现力。网幅广告是最早的网络广告形式。但是,随着网络广告形式的不断发展,目前它的平均点击率已经不到1%。

常用的网幅广告大致可以分静态、动态和交互式为3类。

静态的网幅广告就是在网页上显示一幅固定的图片,它是早年网络广告常用的一种方式。它的优点是制作简单,并且容易被所有的网站所接受。它的缺点是在众多采用新技术制作的网幅广告面前就会显得有些呆板和枯燥。事实也证明,静态网幅广告的点击率比动态的和交互式的网幅广告低。

动态网幅广告上的元素可以运动,或移动或闪烁。它们通常采用GIF89的格式,其原理即把一连串图像连贯起来形成动画。大多数动态网幅广告由2~20帧画面组成,浏览都可以通过不同的画面组合获得更多的信息,同时,也可加深他们对该产品的印象,所以它们的点击率普遍要比静态的高。而且,由于尺寸也比较小,通常在15KB以下,制作也相对简单,动态网幅广告已经成为目前最主要的网络广告形式。

当动态网幅广告不能满足广告主及用户的要求时,一种更能吸引浏览者的交互式广告便产生了。交互式广告的信息传递形式多种多样,有回答问题、下拉菜单、填写表格、游戏、插播式等,这类广告比前两种而言可以与用户进行更加直接的交互,它比单纯的点击包含更多的内容,有HTML和Rich Media两种。

HTML Banners通过引导浏览者在广告中填入数据或通过下拉菜单和选择框进行选择进行数据采集。统计表明,由于其活泼轻松的选择环境,它比动态Banner的点击率要高得多,它可以让浏览者选择要浏览的页面,提交问题,甚至玩游戏。同时,该种形式广告的尺寸小、兼容性好,连接速率低的用户和使用低版本浏览器的用户也能看到。

如图4-3所示,这则广告是阿里巴巴在Yahoo!中国上投放的HTML Banner,通过选择页面的不同目录,用户就可以直接链接到阿里巴巴相关页面。实际上,这个Banner已经成为一个小型的搜索引擎入口。

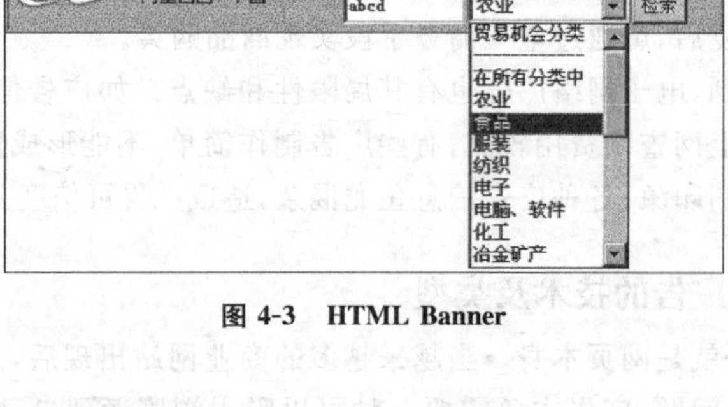

图4-3 HTML Banner

2. 文本链接广告

文本链接广告是一种对浏览者干扰最少,但却最有效果的网络广告形式。整个网络广告界都在寻找新的宽带广告形式,而有时候,需要最小带宽、最简单的广告形式效果却最好。

新浪网首页如图4-4所示,其中用笔勾出来的地方就是文本链接广告。可以看到,文本链接广告位的安排非常灵活,可以出现在页面的任何位置,可以竖排也可以横排,每一行就是一个广告，点击每一行都可以进入相应的广告页面。

图 4-4 新浪网首页

3. 电子邮件广告

电子邮件广告针对性强(除非肆意滥发)、费用低廉，且广告内容不受限制。它可以针对具体某一个人发送特定的广告，这是其他网络广告形式所无法比拟的。

常用的电子邮件广告的格式有文本及 HTML 两种。通常采用的是文本格式，就是把一段广告性的文字放置在新闻邮件或经许可的 E-mail 中间，或者设置一个 URL，链接到广告主公司主页或提供产品或服务的特定页面。而 HTML 格式的电子邮件广告则可插入图片，这样和网页上的网幅广告就没有什么区别了，但是因为许多电子邮件的系统相互之间的不兼容性，HTML 格式的电子邮件广告并不是每个人都能完整地看到，因此邮件广告做得越简单越好，显然，文本格式的电子邮件广告兼容性最好。

提到电子邮件广告，人们不得不想到垃圾邮件(spam)。垃圾邮件把相同的内容在 Internet 中复制了无数遍，并且一直试图强加给那些不乐意收到它的人群。大部分垃圾邮件是商业广告，容易引起收件者的不满，是一种极其危险的市场策略，用法不当只会适得其反。电子邮件广告在直复营销方面的应用最为广泛。

4. 企业网站的广告

对于大多数企业来说，进军网络广告领域的第一步就是建立属于自己的企业网站。有时，有的企业建立这些网站仅仅是出于一些虚荣心的驱使，认为这些网站的建立会使公司看起来比较新潮，大多数是因为害怕没有网站会令企业在同行业竞争中处于劣势。这种网站的雏形就是企业宣传用小册子的在线版。但是，慢慢地，广告主便会发现，仅仅是一本小册子并不能把所有产品都描述清楚，尤其无法及时反映企业产品发展的最新进展。如果要继续进行宣传，便会进入无休止的、重复的、低效率的劳作。于是，广告主开始把所有的关于产品的信息搬到网上来，这样，不仅可以反映企业自身发展的最新动态，还可以让潜在的消费者通过网络获得尽可能多的信息。与此同时，广告业主还可以通过增强网站的趣味性与知识性吸引到更多的浏览者。这其中最重要的一点是，企业网站宣传必须要有能把作为潜在消费者的浏览者变为最终消费者的能力。同时，企业可以充分利用网络的无地域性，在自己的网站上进行售后服务以及收集相关产品使用情况信息，从而为自己的产品的改进及企业管理的合理性提供强有力的数据支持。

5. 赞助型广告

赞助型广告的形式多种多样，在传统的网幅广告之外，给予广告主更多的选择。赞助型广告可分为广告置放点的媒体企划创意，以及广告内容与频道信息的结合形式。

新浪“竞技风暴”首页如图 4-5 所示，由于得到了 NIKE 的赞助，该频道名字也相应改成“NIKE 竞技风暴”，并配上不同栏目。

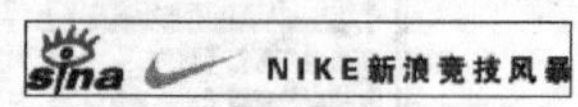

图 4-5　NIKE 新浪竞技风暴

6. 与内容的结合

广告与内容的结合可以说是赞助式广告的一种，从表面上看起来它们更像网页上的内容而并非广告。这种广告在网页上通常与所在的网页没有明显的界限。所以它们的点击率往往会比普通的广告高。然而，广告主在做这种广告的时候需要非常小心，如果让浏览者有受骗上当的感觉，就会对品牌造成负面的影响。同样，也可能引发浏览者对网站产生排斥与不信任。值得注意的是，广告主可能为了广告的收益而提供偏颇的信息，受众通常也难以分辨其中的真假，这对网络媒体的资讯内容也可能造成冲突。

7. 插播式广告

插播式广告的英文名称为 Interstitial，在中国互联网络信息中心关于网站流量术语的解释中，Interstitial 被定义为“空隙页面”，描述如下：“空隙页面是一个在访问者和网站间内容正常递送之中插入的页面。空隙页面被递送给访问者，但实际上并没有被访问者明确请求过。”它们有点类似电视广告，都是打断正常节目的播放，强迫观看。插播式广告有的大小各异，有全屏的也有小窗口的，而且互动的程度也不同，从静态的到全部动态的都有。浏览者可以通过关闭窗口不看广告(电视广告是无法做到的)，但是它们的出现没有任何征兆。

这种广告形式比较受广告主青睐，因为它们肯定会被浏览者看到。只要网络带宽足够，广告主完全可以使用全屏动画的插播广告形式。同样，这种广告形式的缺点就是可能引起浏览者的反感。大多数的普通网民，他们有自己的浏览习惯，他们选择自己要看的网站，点击他们想点的东西。当网站或广告主强迫他们浏览广告时，往往会使他们反感。为避免这种情况的发生，许多网站都使用了弹出窗口式广告，而且只有 1/8 屏幕的大小，这样可以不影响正常的浏览。

8. Rich Media Banner

Rich Media Banner 又称 Extensive Creative Banner，一般指使用浏览器插件或其他脚本语言、Java 语言等编写的具有复杂视觉效果和交互功能的 Banner，这些效果的使用是否有效一方面取决于站点的服务器端设置，另一方面取决于访问者的浏览器是否能顺利查看。一般来说，Rich Media Banner 要占据比一般 GIF Banner 更多的空间和网络传输字节，但由于能表现更多、更精彩的广告内容，往往被一些广告主采用。国际性的大型站点也越来越多地接受这种形式的 Banner。

常见的 Rich Media Banner 使用如下技术：

(1) 使用 Java 语言开发的 Applet，表现复杂的交互性和特殊视觉效果，无须插件，下载速度快。缺点是制作技术复杂。

图 4-6 为 Freestyle Interactive 为 Sun 公司制作的一个 Java Banner，Freestyle 设计了一个 9 洞的迷你高尔夫游戏，你的目标就是以最少的杆数把球打进洞，使它成为.com 的那个“.”，契合 Sun 公司的口号 we put the dot in dot com。9 个洞的地貌各不相同，有草地，有沙滩，有火山，而且配合不同的地貌画面会出现不同的效果，球的滚动路线、反弹力完全符合力学模型，非常的真实。控制起来也极其简单，点击就能完成，但这并不减弱它的趣味性，要完成它还是要花一番功夫的，而且它还配有积分表，这样你就可以和朋友一较高低了。而这一切都体现在了一个 468×60 的 Banner 中，相信每一个玩过它的人都会为它的神奇效果而啧啧称奇。在制作上，该广告使用了 Java 技术，数据放在服务器端，采用实时的传输方法，每打一洞传一幅画面，这样可以减少数据一次性传输所需的等候时间，更容易抓住玩家。

图 4-6　Java Banner

Java Banner 也可以让浏览者在 Banner 内完成下订单等工作。

(2) 使用 Macromedia Shockwave/Flash 插件编写的 Banner，能用较少的文件字节表现动态的矢量图形和渐变效果，这一技术正在被越来越广泛地应用。缺点是浏览器需要安装插件。

Flash 文件的尺寸极小，使它成为低带宽条件下最好的动画载体。

(3) JavaScript 编写的 Banner，主要提供交互性功能，可以把标准的 Windows 控件插件放在 Banner 中，经常看到的含有下拉式列表框的动态 Banner、浮动图标等都属于这个范畴。

图 4-7 所示的是易趣网的 JavaScript Banner 广告，它采用了 Mouse Over 的控件。当用户看到这个 468×60 的网络广告，鼠标移动到 Banner 上面时，JavaScript 会自动打开下拉框，出现一个页面更大、内容更为丰富的广告页面。用户可以选择自己感兴趣的方面，直接点击去相应的页面。这样，一个 Banner 广告表述了更多内容，而且实现了更多的功能。Banner 页面的设计别具匠心，实际上浓缩了易趣网首页的精华内容，成为一个 Mini 的易趣网站。

(4) V-Banner。V-Banner 是将 3～5s 的视频剪辑内容集成到传统的广告 Banner 中，以增强广告的视觉冲击力，几乎所有的浏览器用户都可以顺利查看而无须担心是否已经安装了必要的插件。

除了上面提到的几类外，还有使用 InterUV、Enliven、ActiveAds、Onflow、VRML 等技

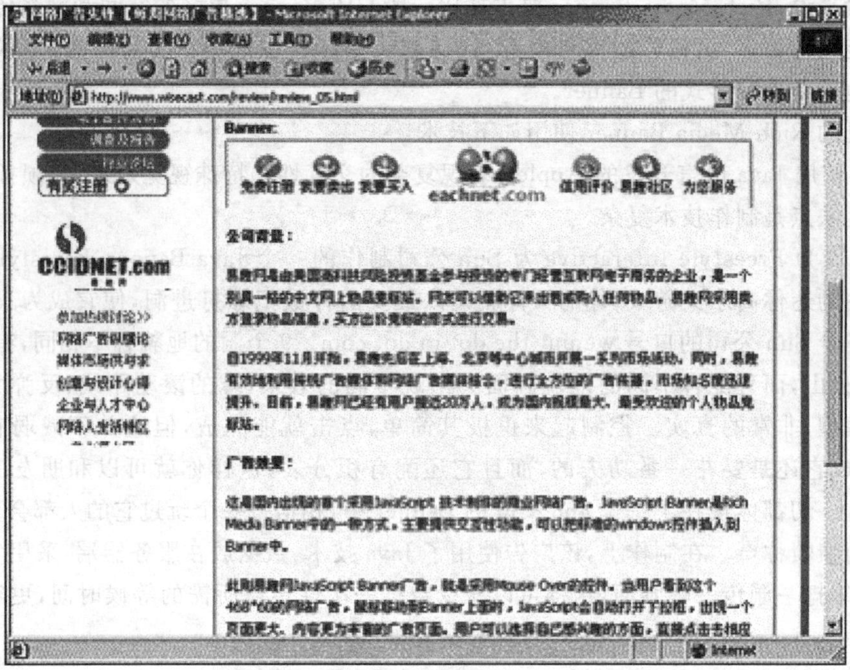

图 4-7 易趣网的广告

术的广告，就不在这里详细介绍了。

除了上面列出的网络广告主要形式外，其实还有其他许多新的广告形式，它们是网络广告主要形式的有效补充，如屏保、书签和工具栏广告、指针等，现今，正得到越来越多的关注。

4.11 社会化媒体营销

1. 社会化媒体

社会化媒体是一个近几年来新出现的概念，指的是“能互动的”媒体，或者说，如果缺乏用户的有效参与，平台基本上就是毫无内容的媒体。社会化媒体改变以往媒体一对多的传播方式为多对多的“对话”。在社会化媒体领域，有两个关键词：UGC(用户创造内容)和CGM(消费者产生的媒体)。

社会化媒体是一种给予用户极大参与空间的新型在线媒体，它具有以下的特征。

(1) 参与：社会化媒体可以激发感兴趣的人主动地贡献和反馈，它模糊了媒体和受众之间的界限。

(2) 公开：大部分的社会化媒体都可以免费参与其中，他们鼓励人们评论、反馈和分享信息。参与和利用社会化媒体中的内容几乎没有任何的障碍。

(3) 交流：传统的媒体采取的是“播出”的形式，内容由媒体向用户传播，单向流动。而社会化媒体的优势在于内容在媒体和用户之间双向传播，这就形成了一种交流。

(4) 对话：传统媒体以“播出”的形式，将内容单向传递给受众。而社会化媒体则多被认为具有双向对话的特质。

(5) 社区化：在社会化媒体中，人们可以很快地形成一个社区，并以摄影、政治话题或者电视剧等共同感兴趣的内容为话题，进行充分的交流。

(6) 连通性：大部分的社会化媒体都具有强大的连通性，通过链接，将多种媒体融合到一起。

最常见的社会化媒体是博客、微博、论坛、社交网络、维基百科、播客、点评类社区和内容社区，如图 4-8 和图 4-9 所示。

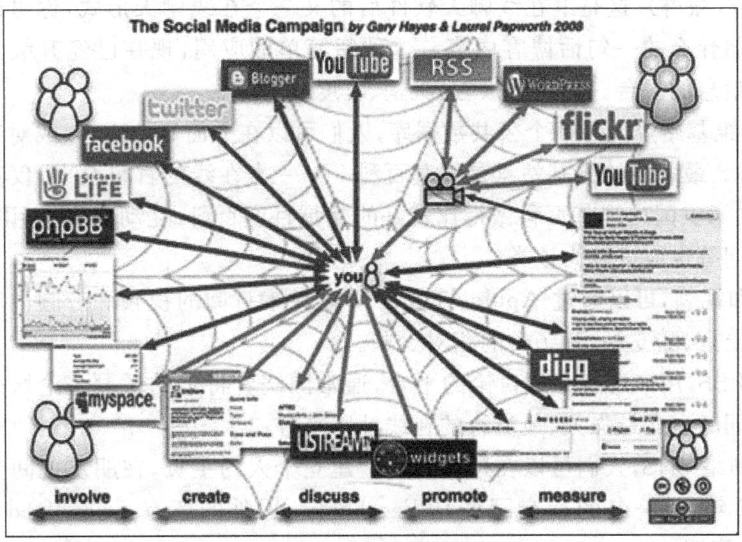

图 4-8　国外社会化媒体表现

图 4-9　国内社会化媒体表现

① 博客,可能是社会化媒体中最广为人知的一种形式。博客是在线的刊物,最近发布的内容将显示在最前面。博客分为个人博客和企业博客,也分为独立博客和BSP。

② 微博(MicroBlog)是一个基于用户关系的信息分享、传播以及获取平台,用户可以通过Web、WAP以及各种客户端组件,以140字左右的文字更新信息,并实现即时分享,最早也是最著名的微博是美国的twitter。2009年8月份中国最大的门户网站新浪网推出"新浪微博"内测版,成为门户网站中第一家提供微博服务的网站,微博正式进入中文上网主流人群视野。

③ 微博群(微群),这是继在线聊天软件后的又一个在线聊天形式,你可以分享你正在干什么、正在想什么的一句话博客内容。这种超简单的应用,现在已经升级为朋友之间互动交流、分享信息的平台。国内有饭否、叽歪、百度贴吧等。

④ 维基,维基站点就像一个公共数据库,人们可以在上面添加内容,或对现有的内容进行修订和增补。最著名的维基站点是维基百科——一本在线的百科全书,仅英文资料就超过150万篇文章。国内维基百科做得比较好的就是百度百科、互动百科、和讯百科等,百度知道、新浪爱问等也应该算为该类。

⑤ 播客和视频,可以通过Apple、iTunes等软件来订阅的视频和音频内容。国内视频类的有优酷、土豆、酷6等,音频类的相对少些。

⑥ 论坛BBS,用来进行在线讨论的平台,通常围绕着特定的话题。论坛是最早出现的社会化媒体,同时也是最强大、最流行的在线社区平台。

⑦ 社交网络SNS,人们可以在这类站点上建立个人的主页,在朋友之间分享内容并进行交流。2012年,最著名的社交网络是Facebook。国外的还有Friendfeed等,国内有人人、海内、开心网等。

⑧ 内容社区,组织和共享某个特定主题内容的社区。最流行的社区一般集中于照片、书签和视频等相关内容。

⑨ 点评类社区,国内如豆瓣(电影、音乐等文艺类点评)、大众点评网(吃喝玩乐店铺点评),这些点评类社区成为影响网民决策的重要渠道,也是口碑营销的重要媒体。

2. 社会化媒体营销

社会化媒体营销就是利用社会化网络、在线社区、博客、百科或者其他互联网协作平台和媒体进行营销、销售、公共关系处理和客户服务维护及开拓的一种方式。一般社会化媒体营销工具包括论坛、微博、博客、SNS社区、图片和视频分享等。

网络营销中的社会化媒体主要是指具有网络性质的综合站点,其主要特点是网站内容大多由用户自愿提供(UGC),而用户与站点不存在直接的雇佣关系。

社会化媒体营销要在自主信息时代走向繁华最关键的三点在于:

(1) 如何做到让消费者触手可及。

(2) 给消费者想要的信息或好处。

(3) 让消费者与你的品牌或产品产生联系。

下面是社会化媒体营销三个重要的方面:

(1) 创建大量有价值的新闻事件、视频、微博和博客等来吸引关注,并能够自然地演变成病毒性内容。因为病毒性传播不需要购买广告位,而是用户自发传播。

(2) 建立多种渠道让企业和企业品牌的粉丝可以通过多种方式进行推广，比如国外的 Twitter、Myspace、Facebook 和国内的微博、人人网、百度空间等。

(3) 企业与用户展开对话，社会化媒体营销不是全部都是由企业控制，他允许用户参与和对话，并且必须要求全员参与同时尊重用户。一个设计糟糕的社会化媒体活动可能会适得其反。

社会化媒体营销策略主要有以下几种：

(1) 共同创造(UGC)。企业要以市场为导向，市场要以用户体验为标准。那么在 Web 2.0 的环境下如何调动用户参与到新产品的开发、企业服务等企业运营中呢？可以说 UGC (user generated content)模式让用户更多地参与企业经营中来。对于产品用户可提供自己的思路，比如星巴克的 my star buck idea 平台，用户对星巴克的产品、服务都提出自己的思考。这个时候作为企业只需要调动这些愿意表达人的积极性，那么 UGC 模式可以提供许多有益的思路和顾客反馈。比较突出的案例还有维基百科、百度百科、百度贴吧等众多平台中，大众协助，共同创造，完成词条的完善，自发的帮助社区用户。这也是印证了"众包"的概念。成功的社会化媒体营销，内容应该交给用户，企业仅充当保驾护航。

(2) 用对话方式参与营销。传统的营销、广告推广是"脑白金式"的轰炸，信息灌输。许多超市里面促销员太热情，你会感觉不舒服，许多时候碍于面子购买一些商品。但消费者越来越聪明，这种歇斯底里式推销，会吓跑用户。更何况在 Internet 环境下，网民的逃离是相当方便。我们需要和网民对话，可以说 Web 2.0 下的"营销就是对话"。尤其是社会化媒体让企业和用户的交流更加便利，可以说主要企业有诚意，可以找到多个对话层面的接触点，如博客、微博、BBS、SNS 等。用对话方式参与营销，其优点是更加亲民化，企业和用户有情感层面的交流，用户更加容易地找到反馈的渠道。基于情感的纽带，加上朋友圈的口碑传播，可能形成病毒传播，塑造积极、良好的虚拟品牌形象。

对话虽然说可以一对多，或者多对多，但是从微观层面来看企业还是需要耗费人量的人力资本，时间成本。这是一个无法避免的商业模型悖论。企业和网民进行对话，而不是用喇叭喊话，需要下点功夫。不过目前我们可以平衡商业利益和投入成本，既照顾到用户的体验，也不给企业增加太多的时间和人力的投入。

(3) 开放、透明、创新。企业都有一个心照不宣的段子：社会化媒体倡导的对话交流、透明、开放，那是企业在对外会议上讲的套话。私底下都打着自己小算盘，我将论坛、社交媒体平台交给用户，他们要是说我的坏话该怎么办呢？如何灭掉这些具有反对意见的家伙。这种现象非常普遍，企业还没开始搞网络公关，社会化媒体营销，他们首先问，这样干给我们带来负面的批评如何处理？从这一点可以看出企业的不自信。企业对自己的用户口碑、意见反馈一直都希望最好是没人给我提意见，或者提意见最好给企业写信，而不是到 Internet 上到处发帖。可以说这是企业的一厢情愿，Web 2.0 下用户都是自媒体，他们可以自由评论相关的内容。企业迟早要面向网民，遮盖、躲避这些都是暂时的。企业经营者确实需要一种胸怀和战略，打造开放的商业模型(Open Business Models)，透明创新的商业模型。比如开源代码一样，Linux 通过网民的共同协助，内容分享，促进了其快速升级，如果仅仅依赖一个公司，那么 Linux 就不会这么可靠、流行。最近 SAP、Intel、微软、谷歌等多家企业都在着力加强其在中国的技术社区论坛的维护和管理。企业直接和网民对话，给用户提供产品的代码源程序，以期待用户的再次开放和应用。期待中国更多的企业勇敢的敞开胸怀，参与对话。

4.12 网络商务信息的收集与处理

4.12.1 网络营销对网络商务信息收集的要求

网络商务信息收集是指在网络上对商务信息的寻找和调取工作，是一种有目的、有步骤地从各个网络站点查找和获取信息的行为。一个完整的企业网络商务信息收集系统包括先进的网络检索设备、科学的信息收集方法和业务精通的网络信息检索员。只有通过计算机网络传递的商务信息(包括文字、数据、表格、图形、影像、声音以及能够被人或计算机识别的符号系统)，才属于网络商务信息的范畴。

网络营销离不开信息。网络商务信息又可以分为免费商务信息、收取较低费用的信息、收取标准信息费的信息以及优质优价的信息四种。有效的网络商务信息可以保证源源不断地提供适合于网络营销决策的信息。网络营销对网络商务信息收集的要求是及时、准确、适度和经济。

1. 及时

所谓及时就是迅速、灵敏地反映销售市场发展各方面的最新动态，即信息要有时效性。信息的价值与时间成反比，及时性要求信息流与物流尽可能做到同步。但是，现实中，由于信息的识别、记录、传递、反馈都要花费一定的时间，因此，信息流与物流之间通常都会存在一个时间上的滞后性。尽可能地缩短这个时滞，提高信息的时效性，是网络商务信息收集的主要目标之一。

2. 准确

所谓准确是指信息能够真实地反映客观事实，虚假性失真度小。在电子商务的网络营销中，由于买卖双方不能直接碰面，所以信息的准确性就显得尤为重要。准确的信息才可以为决策者做出正确的商业决策提供依据。信息失真，则会导致贻误商机，甚至更严重的损失。信息的失真通常由以下三个原因导致：一是信源提供的信息不完全、不准确；二是信息在编码、译码和传递过程中受到干扰；三是信宿(信箱)接收信息出现偏差。为减少网络商务信息的失真，必须在上述三个环节上提高管理水平。

3. 适度

适度是指提供信息要有针对性和目的性，不要盲目投放。没有信息，企业的营销活动就会完全处于一种游离的状态。当然，信息的多而不精也会使营销人员无所适从。在当今的信息时代，信息量越来越大，范围越来越广，不同的管理层次又对信息提出不同的要求。在这种情况下，网络商务信息的收集必须目标明确，方法恰当，同时，适度掌握收集信息的范围和数量。

4. 经济

经济即如何以最低的费用获得最有价值的信息。追求经济效益是企业一切经济活动的中心，也是网络商务信息收集的原则。网络资源的数量非常庞大，我们没有力量，也不可能把网上所有的信息全部收集起来,所以,如何在保证信息的及时性、准确性和适度性的同时控制它的经济性成为需要努力达到的目标。

4.12.2 商务信息的收集

如何在巨大的网络资源中找到满足自己需要的信息,可以进行网上直接市场调查,也可以进行网上间接市场调查。常用的方法有利用搜索引擎、访问专业信息网站、通过新闻组获取商务信息、利用BBS获取商务信息和利用E-mail获取商务信息。其中最常用的手段是通过网上检索工具来进行,而如今大部分在使用的检索工具即搜索引擎。

按照信息搜集方法的不同,搜索引擎系统可以分为以下3大类。

1. 目录式搜索引擎(Directory Search Engine)

以人工方式或半自动方式搜集信息,由编辑员查看信息之后,人工形成信息摘要,并将信息置于事先确定的分类框架中。信息大多面向网站,提供目录浏览服务和直接检索服务。该类搜索引擎因为加入了人的智能,所以信息准确、导航质量高,缺点是需要人工介入(维护工作量大)、信息量少、信息更新不及时。这类搜索引擎的代表是Yahoo!、LookSmart、Ask Jeeves、Snap、Open Directory。

2. 机器人搜索引擎(Crawler-Based Search Engine)

由一个称为蜘蛛(spider)的机器人程序以某种策略自动地在Internet中搜集和发现信息,由索引器为搜集到的信息建立索引,由检索器根据用户的查询输入检索索引库,并将查询结果返回给用户。服务方式是面向网页的全文检索服务。该类搜索引擎具有信息量大、更新及时、无须人工干预的特点,不可避免地便引发了大量的冗余信息,用户必须手动进行筛选。这类搜索引擎的代表是AltaVista、Northern Light、Excite、Infoseek、Inktomi、FAST、Lycos、Google。

3. 元搜索引擎(Meta Search Engine)

这类搜索引擎没有自己的数据,当用户输入检索关键词时,它将用户的请求同时向多个搜索引擎递交,将返回的结果进行重复排除、重新排序等处理后,作为自己的结果返回给用户。服务方式为面向网页的全文检索。这类搜索引擎同样具有返回结果的信息量大的特点,缺点与机器人搜索引擎相同。这类搜索引擎的代表是WebCrawler、InfoMarket。

按照服务提供方式的不同,检索软件也可以分为3大类:全文数据库检索软件、非全文数据库检索软件、主题指南类检索软件。

(1) 全文数据库检索软件正常运作的背后必须有强大的数据库作为支持,它能够提供完整的文献和信息检索,查全率很高。但由于信息量非常大,检索起来比较困难,对检索技术的要求很高。

(2) 非全文数据库检索软件具有速度快、使用简便、索引量大的特点,但由于仅提供部分全文检索的原因,有时需要查询者进行二次检索,可能会感到不太方便。

(3) 主题指南类检索软件是目前网络检索中最常用的检索软件。这种软件的准确率高、速度快、使用方便。现大部分网站都具备这种检索功能。

目前,Internet几乎使用了世界所有语言。每一种语言都形成了自己独特的检索体系。

比较常用的语言有英文、法文、德文、日文、俄文、中文等。下面,着重对中文搜索引擎作介绍。

(1) 中文检索引擎的特点。

内码:大陆用的是GB码,而中国台湾省则用的是BIG5码,字符集的大小也不尽相同。作为一个要涵盖网上中文信息的中文搜索引擎就不能不正视这个问题,这些问题都有待于解决,常用的解决办法是在搜索引擎内部将其统一在一个内码体系中(如UNICODE)或者是一个大字符集中(如GBK)等。

分词:英文单词的分隔相当清晰,用空格分隔。而中文的字词则不能简单地进行分隔,因此有不同的处理方法。一种即将文章中的每一个汉字都做索引,而将用户的检索提问根据单汉字匹配的原则去进行检索。此法虽然能够保证有很高的查全率,但显然会返回一些根本无关的检索结果。所以说,这是一种较容易造成答非所问的处理方法。除此以外的方法则是根据一定的原则和方法来对文章进行自动分词,然后按词建库,对用户的检索结果按词汇匹配来进行查询。一般来讲,这种处理方法较容易返回符合用户检索词概念意义的检索结果,但是分词技术的好坏则直接影响到查全率。目前绝大多数的中文搜索引擎采用分词的处理方法,因为这样除了较准确之外还能提高整个系统的检索响应效率。

分类:除了专门的分类搜索引擎(如百度等)之外,大量的关键词搜索引擎也采用了以分类目录进行导航的方法。这一现象在中文分类搜索引擎中更为普遍。但是由于文化的差异,中文搜索引擎分类类目具有与国外搜索引擎分类类目不同的特点。此处不作详细介绍。

(2) 网络语言翻译问题。

在Internet中,英文在信息检索中得到了最广泛的应用,已成为Internet检索中的通用语言,可以反映最及时、可靠的信息动态。熟悉英文检索体系和方法是顺利开展电子商务信息收集的基本条件。而我国大众的平均受教育水平决定了对于大部分网络用户而言,英语是一道槛,即使用英语搜索到了结果,面对大篇的检索结果却可能无法很好地理解,甚至产生误解,因此,使用字典和翻译程序来帮助自己把所得到的信息翻译成中文就显得很有必要。对于这种现状,软件商纷纷出台了各种翻译软件,读者也可以直接用网上的在线字典进行各种语言的转换,但是能够达到的翻译水准极其有限,尤其对于语法和专业的问题要打很多折扣。

国内软件开发商从20世纪90年代开始研制电子字典,迄今上市的至少已有10余种产品。能运行于网络上的电子字典已有北京特科能公司《Roboword中日英多功能、多语态、动态词典》、上海朗道公司《朗道电子辞典》、中软总公司的《汉译机器翻译系统》、金山公司的《金山词霸》等多种。某些中文平台也附有词典功能。例如,北京四通利方信息技术有限公司开发出了Richwin For Internet平台,在全球首次推出了中文乃至日文内码间的自动识别,备有英汉光标快捷词典,便利了中国人在网上顺利阅读英文信息和外国人浏览中文信息。专用的中文浏览器,已有湖南国讯网络有限公司的“译王97”、桑夏集团的NetReader等,它们都具备在线翻译功能。

虽然这些资源的使用可以帮助我们理解一些外文文章,但是通过这些工具一般无法获得高质量的阅读和理解。对于重要的信息,最好是能够设法寻找其他途径以求确认,并且最好能够有一定的英语(或法语、德语等之一)基础再来使用它们。同时,一定要意识到在线翻译或借助其他翻译软件的方法只能作为阅读网上信息的一个解决手段,不可能代替语言翻译。

(3) 常用中文搜索引擎。

较有影响的中文搜索引擎有网易、天网中英文搜索引擎等。

4.12.3 网络商务信息的处理

网络商务信息的处理可以分为信息的存储、信息的整理和信息的加工处理 3 个阶段。

所谓信息的存储,就是把已经获取的信息用科学的方法保存起来,以便于进一步的加工、处理和使用。信息存储的方法主要是根据信息的提取频率和数量,建立适当的信息库系统。信息库系统不可过大也不可过小,过大可能会造成不必要的空间浪费,过小则可能导致信息量的不足。

网上下载信息的方法有很多,常用的几种方法有:

(1) 使用“另存为”。

(2) 使用下载软件:目前使用比较多的有“网络蚂蚁”、“网际快车”。

(3) 收藏夹的使用与整理:那些需要经常进行贸易往来的站点和需要经常从中了解信息企业的网站进行必要的整理。

收集到信息后,便要对所得到的信息进行相关的整理,常做的整理工作有:

- 明确信息来源。
- 添加文件名。
- 信息鉴别。
- 信息筛选。
- 信息分类。

接下来,便可以进行信息的加工处理了。信息加工包括信息形式的变换和信息内容的处理。信息的形式变换是指在信息传输过程中,通过变换载体,使信息准确地传输给接收者。信息的内容处理是指对原始信息进行加工整理,深入揭示信息的内容。经过信息内容的处理,输入的信息才能变成所需要的信息,才能被适时有效地利用。信息送到使用者手中,有的并非使用完后就无用了,有的还需留作事后的参考,这就是信息存储。通过信息的存储可以从中揭示出规律性的东西,也可以重复使用。信息加工是一个体系。在这个体系中,各种加工方法以不同的方式从不同角度描述、揭示、处理、链接信息,以满足用户的不同需要。信息加工体系是随着信息数量的增长、载体的变化、技术的进步不断完善的,各个时代的信息加工体系,都体现着各个时代的加工水平和处理能力。经过加工后,有的信息便以信息产品的形式进入了商业运作。信息产品通常包括商业性的信息产品和创新型的信息产品两类。

4.13 微型案例:2013 年十大社会化营销案例

回顾 2013 年的社会化媒体,豆瓣、人人、QQ 空间等开始在营销上大步迈进,作为后起之秀，微信的表现是2013年最大的惊喜，它在移动端的表现深深威胁着传统PC端的社会化媒体。社会化媒体目前形成了多极化格局。

2013年(若从2010年的微博营销发酵算起)，可谓社会化营销进入的第四个年头。如今几乎没有哪家企业敢于忽略社会化营销。以下是2013年令人印象深刻的十个社会化营销案例。

1. 加多宝对不起：悲情营销开山之作

2012年，加多宝在与广药的商标争夺战中输掉了官司，广药集团收回鸿道(集团)有限公司的红色罐装及红色瓶装王老吉凉茶的生产经营权，从那以后两家企业的战争便越演越烈。2013年2月4日，加多宝在微博上做出了一组兼具视觉力与传播力的“对不起”系列图片(见图4-10)，这组图片选取了四个哭泣的宝宝，并配以一句话文案诉说自己的弱势，图片表面悲情，实则却如利剑一般，剑剑刺在竞争对手的痛处，给予对手致命的打击。如果用一种武功来形容的话，那就是杨过在悲情中释放力量的黯然销魂掌。

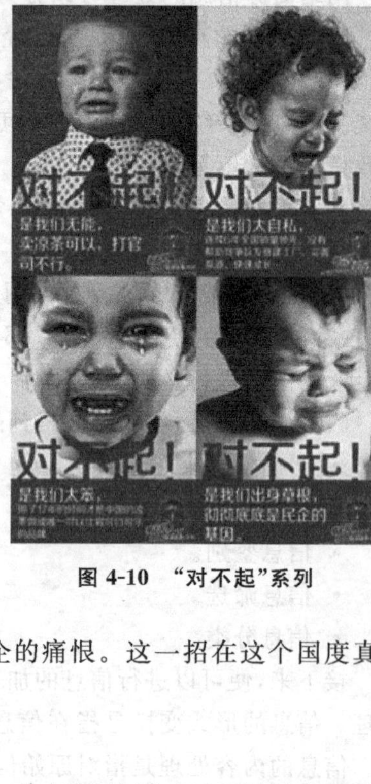

图4-10 “对不起”系列

加多宝的悲情牌一经打出，立刻博取大量网民的同情，其官方微博上的四张图片获得了超过4万的转发量，加多宝也一举将输掉官司的负面新闻扭转为成功的公关营销事件。广药王老吉在这次事件中则像是哑巴吃黄连——有口难言，被加多宝打得一败涂地。

从加多宝对抗广药的策略来看，其“悲情营销”的具体表现就是在宣传中通过不断强化对比自己与广药的地位差别(民企与国企)来博得民众对民企的同情、对国企的痛恨。这一招在这个国度真可谓稳、准、狠。

2. 国产电影营销：电影社会化营销的爆发之年

如果说2012年年末《泰囧》在电影的社会化营销是一次初探的话，2013年国产电影的社会化营销则迎来了爆发。《致青春》于2013年4月末上映，上映之前官方微博早已建立，并迅速积累了超过18万的粉丝，而在上映之后，以赵薇和光线传媒为核心的娱乐媒体圈开始在微博上广泛传播关于电影的话题，黑马良驹在《致青春：一场引爆社交网络的周密策划》中写道：“赵薇的圈内好友纷纷前来助阵不足为奇，让大家始料不及的是连商业圈的史玉柱、草根圈的天才小熊猫、文化界的张小娴、宗教界的延参法师都参与了微博营销。据不完全统计，几个参与转发的微博大V，区区24个账号，粉丝总数已经接近3.7亿，在没有去重的情况下已经占了微博总用户量的80%”。除明星的直接参与外，网友主动传播的话题也为电影的营销起到了推波助澜的作用，像“有一种友情叫做赵薇和黄晓明”，“长得好看的人才有青春”这样的众包话题引发了极高的参与度。

除了《致青春》之外，另一部让社交网络沸腾的电影是郭敬明导演的《小时代》。与《致青春》不同，《小时代》是一部口碑较差的电影，其在豆瓣上的评分甚至低于5分，但郭敬明、杨幂等一批娱乐名人的效应还是吸引了大批年轻粉丝，数托邦(DATATOPIA)分析发现观看《小时代》的观众平均年龄为 20.3 岁，远低于《致青春》的 22.5 岁，这批典型的 90 后成了《小时代》票房的最大贡献者，也成为《小时代》在社交网络上传播的最大贡献者。差口碑看来对《小时代》票房的影响并不大，这部电影上映的第一天开始，关于它的口水战就没有停，黑《小时代》一派与挺《小时代》一派在社交网络上旷日持久的骂战反而让《小时代》引起了更大的关注。2000 多万的投资，近 5 亿的票房收入，郭敬明让人们看到了粉丝经济的力量。

3. 可口可乐昵称瓶：整合营销的力量

2013 年的夏天，仿照在澳大利亚的营销动作，可口可乐在中国推出可口可乐昵称瓶，昵称瓶在每瓶可口可乐瓶子上都写着“分享这瓶可口可乐，与你的＿＿＿＿”。这些昵称有白富美、天然呆、高富帅、邻家女孩、大咔、纯爷们、有为青年、文艺青年、小萝莉等。这种昵称瓶迎合了中国的网络文化，使广大网民喜闻乐见，于是几乎所有喜欢可口可乐的人都开始去寻找专属于自己的可乐，参见图 4-11。

图 4-11　昵称瓶

可口可乐昵称瓶的成功显示了线上线下整合营销的成功，品牌在社交媒体上传播，网友在线下参与购买属于自己昵称的可乐，然后再到社交媒体上讨论，这一连贯过程使得品牌实现了立体式传播。当然，作为一个获得了 2013 年艾菲奖全场大奖的创意，可口可乐昵称瓶更重要的意义在于，它证明了在品牌传播中，社交媒体不只是营销的配合者，也可以成为营销的核心。

4. 疯狂猜图：分享的胜利

2013 年五六月份，如果你正在刷微信朋友圈，那么你的朋友圈很可能会被一款游戏攻陷，这款游戏就是疯狂猜图。疯狂猜图在前期成本不到 10 万元的情况下，做到了上线之初日增用户 30 万人，上线 1 个月下载量超千万次的成绩。对于这样一款游戏来说，它创造的增长速度简直是一个奇迹。

疯狂猜图其实是个很简单的游戏，进入游戏后，系统会提供一张图片，再给出 24 个待选汉字或字母，用户需要在答案框里输入正确答案。如果猜不出答案，用户可以选择用金币获得提示，也可以分享到微信朋友圈向好友求助。事实表明，最后一个分享到朋友圈的动作对疯狂猜图的爆发起到了不可替代的作用。将游戏分享到朋友圈求助，朋友圈的朋友打开后下载成为新用户，新用户遇到困难再次分享到朋友圈吸引新用户，这一传播链条源源不断。由于微信关系大部分为相互之间较为信任的熟人关系，因此疯狂猜图借助微信实现了爆发式的增长。

疯狂猜图营销的成功其实与 2012 年另一款游戏——找你妹营销的成功有异曲同工之妙。只不过在 2012 年找你妹借助的是 QQ 空间和腾讯微博，而疯狂猜图借助的是微信朋友圈。事实上，某种程度上可以将微信朋友圈视为 QQ 空间的移动版。

疯狂猜图的成功证明了朋友间的口碑传播依然是品牌传播的最重要力量。

5. 百度魔图、魔漫相机：朋友圈营销的继承者

疯狂猜图的成功引起人们对朋友圈的重视，朋友圈营销的大军开始前仆后继地涌来，从个人到企业无一不想在朋友圈这块沃土上分一杯羹。

类似于疯狂猜图的突然走红，百度魔图和魔漫相机先后在2013年下半年引起巨大关注，它们的成功与疯狂猜图的成功同样依靠微信朋友圈，前者靠PK明星脸在朋友圈上形成病毒传播，后者靠将自己拍成幽默的漫画在朋友圈上形成病毒传播。两个相机拍出的图片在朋友圈分享后都能引起好友的兴趣，进而吸引朋友下载使用。

百度魔图与魔漫相机在营销上的成功为它们在短时间内积累了不少用户，但这种应用的问题在于如何能够让成功持久。上传一张照片兴趣盎然，上传两张、三张照片也许也还有兴趣，但当你照了十几张照片后，你还会有兴趣吗？一个实例是女朋友在朋友圈看到别人用百度魔图PK明星脸后，自己也下载了一个，当她照一张照片得到自己像哪个明星的结果后便在10分钟内将它卸载了。

当然相较于一辈子默默无闻的产品，也许爆发一次也是一个足够好的结果了。

6. 南航微信：服务即营销

2013年8月5日，微信5.0于苹果商店上线，这一版本或许是微信发展史上最重要的一个版本之一。为了防止公众账号对普通用户的骚扰，微信将公众账号分为订阅号和服务号两类，与此同时，微信官方开始大力提倡企业微信公众账号做服务而非营销。南航作为服务号的代表从中脱颖而出。

2013年1月底，南航微信发布第一个版本，随着功能的不断开发完善，机票预订、办理登机牌、航班动态查询、里程查询与兑换、出行指南、城市天气查询、机票验真等这些通过其他渠道能够享受到的服务，用户都可通过与南航微信公众平台来实现。到2013年4月25日，南航微信用户达到20万人。其中有2～3万人通过微信绑定了会员卡。绑定后，用户还可以直接通过微信获取里程查询、里程累积等会员服务。南航并没有用营销而是用服务实现了粉丝的野蛮生长，这在之前可能并没人预料的到。

在微信公众平台刚刚发布的一段时间内，微信营销甚嚣尘上，而微信5.0的发布算是让大批热血沸腾的营销人士冷静下来，南航、招商银行、大悦城等一批服务性微信账号的成功，展示了不同以往的营销方式——借助新媒体做好服务——服务即营销。

南航总信息师胡臣杰在接受媒体采访时说道："对今天的南航而言，微信的重要程度，等同于15年前南航做网站！"胡臣杰的话或许体现了从传统媒体时代到新媒体时代的变迁。

7. 刘烨与汪峰：当明星走到网友中

克莱舍基曾在《未来是湿的》中阐述受众规模与交谈模式之间的关系。克莱舍基认为一个博客博主的受众越多，则他与受众的互动越少。

这个结论换到微博时代同样成立。"火华社社长"刘烨抢沙发事件是明星在无意中营销的成功事件，刘烨因抢了几个普通网友的沙发而使更多的网友受到鼓舞纷纷求刘烨抢沙发，而且刘烨抢沙发事件的火热还让众多其他明星也纷纷效仿，使明星抢沙发事件成为一场全民微博狂欢。

刘烨与网友的互动为什么能造成如此大的影响？其实答案很简单，明星本来就有为数众多的粉丝，只是他们很少跟粉丝们互动，因此总给人一种冷冰冰的感觉。而一旦有明星与粉丝互动，粉丝则会发现：自己与明星的距离并不是那么远，自己可以与明星对话、互动。受到鼓舞的粉丝便会一拥而上，纷纷@明星。社会化媒体最重要的属性之一便是互动，刘烨的微博之所以产生如此大的影响力，正是因为与网友的互动。他用行动表明自己并不是冷冰冰的机器，而是有血有肉有感情，可以与粉丝交流的人。刘烨抢沙发的火爆其实是明星微博由"广播模式"努力向"密切的交谈"靠近的必然结果。

2013 年除了明星刘烨在微博上抢沙发引爆网络以外，另一位引来全民狂欢的是歌手汪峰，他因每次宣布重大事件后都在同一天内被更重大的事件淹没而得到了网友的同情与调侃，在汪峰发布新歌的那天，网友们积极奔走，共同努力将汪峰推上了头条，截至 12 月初，"帮汪峰上头条"的话题在微博上的讨论量超过了 200 万。在此次事件中，汪峰虽未亲自参与，但却成了最大的获益者，参见图 4-12。

图 4-12　上头条

刘烨、汪峰这些粉丝众多的明星在微博上的爆发并非偶然，在社会化媒体时代，号召力强大明星可以做的其实很多。

8. 京东双十一大战：卡位的胜利

2013 年的双十一是有史以来战况最为激烈的双十一，各大电商网站从线上到线下都不惜血本地奋力拼杀，大部分电商网站针对天猫仅一天五折这一特点做出了针对性传播，比如苏宁易购的线下广告"一天怎么够?"一号店的"一天不够抢，三轮五折才够爽"等。作为电商网站的二当家，京东在这次营销中展现了不同的思路。

双十一是天猫的根据地，从影响上来说，京东不大可能超过天猫。针对天猫在前几年双十一期间为不少用户诟病的物流慢问题，京东有针对性地做了系列"不光低价，快才痛快"的传播，京东在线下的几幅广告创意十足，以迟到的刮胡刀导致顾客变成原始人，迟到的防晒霜导致顾客变成黑人这一搞笑的形式直指天猫的痛处，在北京地铁 1 号线与 5 号线的换乘通道上，京东更是将自己的广告放在了天猫广告的对面，以自己的优势凸显对方的劣势。除了在线下，京东同样在线上做了"不光低价，快才痛快"的话题传播，除线下的两幅广告外，创造了更多适合网络传播的海报，使其线上线下的传播实现了对天猫的立体式狙击。

京东在双十一战役三天营业额超过了 25 亿元，虽然与天猫一天内 350 亿的营业额相比差距不小，但狙击的目的已然达到。京东在双十一的营销上之所以令人印象深刻，最大原因在于以己之长,攻彼之短的卡位战略。

9. 爸爸去哪儿:口碑依然为王

说到2013年最火的娱乐节目,除了好声音第二季之外,莫过于横空出世的《爸爸去哪儿》了。《爸爸去哪儿》是一档明星亲子真人秀节目,在经历了《快乐男声》对《中国好声音》第二季的惨败之后,芒果台对于这档节目的推广可以称为低调,然后谁也没想到《爸爸去哪儿》一经推出后收视率却急速飙升,成为同时段电视节目收视率的第一名。

与之前不少娱乐节目在开播前大力宣传不同,《爸爸去哪儿》在开播前几乎很少有人知道,但在2013年10月11日——也就是第一集开播这天,《爸爸去哪儿》在社交网络上的讨论量突然直线上升,许多观看了这档节目的观众开始跑到社交网络上给它以好评,其他人看到这些好评后便去主动搜索,然后观看网络版,直至成为《爸爸去哪儿》的忠实观众——这便是口碑传播的最典型表现。当然在传播过程中,林志颖、田亮等明星在社交网络上的讨论同样带动了收视率的提升。《爸爸去哪儿》的收视率自开播以来可以说是直线上升,由2013年10月11日的1.1一直飙升至2013年12月6日的2.9,马上就要破3,参见图4-13。

图4-13 内容为王

《爸爸去哪儿》的成功证明了在这个社会化媒体时代,内容为王这一说法并没有过时,好内容带动的口碑传播依然是最好的营销。

10. 恒大冰泉:借势营销的胜利

2013年11月9日,在与首尔FC的决战开始前,广州恒大的球员穿上了胸前印有恒大冰泉的球衣,此前恒大拒绝了三星以每年4000万冠名球衣的合作。当晚广州恒大如愿以偿捧得了亚冠奖杯,恒大冰泉则几乎一夜成名。

恒大冰泉的横空出世与广州恒大在足球赛场上的表现紧密相连,2013年广州恒大在亚冠赛场上的胜利震惊了亚洲足坛,恒大获得比赛的胜利便是对自身品牌的最大广告。正如许家印算的账:在中央电视台打广告,1秒钟大概15万元。恒大一场球有25家电视台现场直播,有300多家媒体报道,11个运动员穿着印上了'恒大'两个字的背心,一个半小时的直播时间,如果做广告要多少钱?

除了品牌在赛场上的展示,恒大在微博上的表现也堪称优秀,每场重要的比赛,官微都会进行同步文字直播,在重要比赛之前,恒大还会在微博上发布官方海报,11月9日晚恒大"这一夜我们征服亚洲!下一步我们走向世界!"一条带有海报的微博获得超过7000次的转发。

恒大的这一线上线下整合营销的策略为其获得了极大的曝光量和品牌价值，而当 11 月 9 日晚恒大推出恒大冰泉的时候，这一切优势和价值便附加在了恒大冰泉身上。

虽然恒大冰泉在电视、楼宇的广告仿佛让我们回到了 20 世纪 90 年代那个粗暴广告的时代，但毫无疑问越来越多的人因为广州恒大足球队而记住了恒大冰泉。

总结 2013 年社会化营销，可以看到微博仍然是面向大众进行信息广播的社会营销平台，而快速崛起的微信，则凭借朋友间的紧密关系与信任，可以实现信息在人际之间的高质量流动——当然，拿微信做营销平台，至少从口号上是微信官方所不喜。不管在哪个平台，内容质量成为首屈一指的因素。如之前肖明超的文章所说，"广告与公关的界限会在数字时代变得越来越模糊，广告公关化，公关内容化是必然的趋势，品牌内容的输出多少，将决胜一个品牌是否拥有充足的内涵。"而什么样的内容是好内容？恐怕人格化魅力的因素首当其冲。

4.14　本章小结

本章从传统市场营销管理的营销组合出发，探讨在电子商务环境下，营销组合策略的变化和拓展，着重介绍了网络营销的概念与特点、网络营销与电子商务的关系、网络营销的消费者与市场细分，特别是，运用信息经济学的原理，对在线产品与定价、网络分销、网络营销沟通等进行了分析，并就网络营销中的"柠檬"问题及其解决进行了探讨。从网络营销的概念及特点讲起，讲述的网络营销的主要内容、方法，着重介绍了有关网络广告的相关概念及其实现方法。

思考题

1. 简述网络营销与电子商务的关系。
2. 在线产品的分类有哪些？它们有哪些特征？
3. 如何理解在线产品的外在性，并举例说明。
4. 简述在线产品定价策略有哪些。
5. 简述网络分销渠道与传统分销渠道的区别与联系。
6. 与传统的营销沟通相比，现代网络营销沟通有什么优势？
7. 简述网络营销中的沟通方式与沟通战略。
8. 简述网络营销中"柠檬"问题的表现。
9. 简述网络营销中"柠檬"问题的解决方法。
10. 简述网络营销的概念和特征。
11. 简述网络营销的优势。
12. 网络营销的主要方法有什么？
13. 网络广告技术的特点以及类型有哪些？
14. 如何在网络上进行电子商务信息的收集？

第 5 章

电子商务安全技术

电子商务作为一种新兴的商业模式，得到越来越多的关注。任何事情都具有两面性，在人们享受着 Internet 的开放性的同时，也面临着日益严重的安全性问题，因此人们提出了各种增强电子商务安全性的手段。本章着重讨论信息安全性相关的各种技术以及病毒防治的基本知识。

本章学习目标：

(1) 安全性基本概念。

(2) 安全协议(SSL 协议、SET 协议)。

(3) 安全问题及其解决方案。

(4) 信息加密技术与应用。

(5) 数字签名与应用。

(6) 身份认证与识别。

(7) WWW 安全技术。

(8) 防火墙技术。

(9) 计算机犯罪的类型与防范。

(10) 计算机病毒的防范与查杀。

5.1 电子商务所面临的安全问题

5.1.1 Internet 的安全隐患

Internet 的安全隐患主要表现在以下

几个方面：

(1) 开放性。正如前面提到的，开放性和资源共享是 Internet 最大的特点，也是优点。但它的问题却不容忽视。因为，当轻易而方便地访问到别人的计算机时，就应该想到，如果不采取任何安全措施，别人也可以同样轻易而方便地访问你的计算机。到现在为止，Internet 还没有一个主控机构。这样，保护 Internet 联网用户的安全就只有靠用户自身的安全意识了。

(2) 传输协议。Internet 采用 TCP/IP 传输协议。这种协议本身并没有采取任何措施来保护传输内容不被窃取。

(3) 操作系统。由于组成 Internet 的主机上的操作系统存在漏洞，使得每一个连入 Internet 的主机都可能因面临黑客的攻击出现安全问题.

(4) 信息电子化。与传统的书面信函相比，电子化信息的固有弱点就是缺乏可信度，因为电子信息是否正确完整是很难由信息本身鉴别的。而且在 Internet 上传递电子信息，存在着难以确认信息的发出者以及信息是否被正确无误地传递给接收方的问题。

5.1.2　电子商务面临的安全问题

1. 信息泄露

在电子商务中表现为商业机密的泄露，主要包括两个方面：

(1) 交易双方进行交易的内容被第三方窃取。

(2) 交易一方提供给另一方使用的文件被第三方非法使用。

2. 篡改

在电子商务中表现为商业信息的真实性和完整性的问题。电子的交易信息在网络上传输过程中，可能被他人非法的修改、删除或重放(指只能使用一次的信息被多次使用)，这样就使信息失去了真实性和完整性。

3. 身份识别

这涉及电子商务中的两个问题。

(1) 如果不进行身份识别，第三方就有可能假冒交易一方的身份，以破坏交易、败坏被假冒一方的信誉或盗取被假冒一方的交易成果等。进行身份识别后，交易双方就可防止“相互猜疑”的情况。

(2) “不可抵赖”性。交易双方对自己的行为应负有一定的责任，信息发送者和接收者都不能对此予以否认。进行身份识别后，如果出现抵赖情况，就有了反驳的依据。

4. 信息破坏

这也涉及两方面内容。

(1) 网络传输的可靠性。网络的硬件或软件可能会出现问题而导致交易信息传递的丢失与谬误。

(2) 恶意破坏。计算机网络本身容易遭到一些恶意程序的破坏，而使电子商务信息遭到破坏。如：

① 计算机病毒。一种通过修改其他程序而把自身或其变种不断复制的程序，即会“传

染”的程序。

② 计算机蠕虫。一种通过网络将自身从一个节点发送到另一个节点并启动的程序,而这种程序通常都带有破坏性的指令。

③ 特洛伊木马。一种执行超出程序定义之外的程序。例如,一个编译程序除了完成编译功能外,还把用户的源程序偷偷地复制下来。

④ 逻辑炸弹。一种当运行环境满足某种特定条件时执行特殊功能的程序。

根据上面的讨论,可以看出,上面所说的“计算机病毒”的概念是狭义的。事实上,把具有以上特征的程序统称为“计算机病毒”。计算机病毒是计算机界的一大公害。对于利用计算机进行交易的电子商务参与者而言,计算机病毒也是他们不得不防的,因为病毒的爆发势必会造成巨大的经济损失。

5.2 电子商务认证技术

信息认证是安全性很重要的一个方面。信息认证的目的有两个:一是确认信息的发送者的身份。二是验证信息的完整性,即确认信息在传送或存储过程中未被篡改过。

认证是为了防止有人对系统进行主动攻击(如窜改)的一种重要技术。与认证有关的技术包括数字签名技术、身份识别技术和信息的完整性校验技术等。

5.2.1 数字签名技术

为了鉴别文件或书信的真伪,传统的做法是,要求相关人员在文件或书信上亲笔签名或印章,包括商业合同、银行提单、日常书信等。签名起到认证、核准和生效的作用。随着信息时代的来临,人们希望通过数字通信网络迅速传递贸易合同,这就出现了合同真实性认证的问题,数字或电子签名就应运而生了。

数字签名技术是将摘要用发送者的私钥加密,与原文一起传送给接收者。接收者只有用发送者的公钥才能解密被加密的摘要,然后用 Hash 函数对收到的原文产生一个摘要,与解密的摘要对比,如果相同,则说明收到的信息是完整的,在传输过程中没有被修改,否则,就是被修改过,不是原信息。同时,也证明发送者发送了信息,防止了发送者的抵赖。

数字签名必须保证以下三点:

(1) 接收者能够核实发送者对报文的签名。

(2) 发送者事后不能抵赖对报文的签名。

(3) 接收者不能伪造对报文的签名。

使用公钥密码技术就可以实现数字签名。发送方 A 用其不公开的解密密钥 Akd 对报文 M 进行运算,将结果 D(M,Akd)传给接收方 B。B 用已知的加密密钥对接收到的内容进行运算,得出结果 E(D(M,Akd),Ake) = M。因为除了 A 以外没有人能拥有 A 的解密密钥,所以除了 A 以外就没有人能产生密文 D(M,Akd)。这样,就表示报文 M 被电子签名了。

如果 A 抵赖曾发报文给 B,B 就可将 M 及 D(M,Akd)出示给第三方(仲裁方)。仲裁方可以很容易地用密钥 Ake 验证 A 确实发送消息 M 给 B,从而使 A 无法抵赖。反过来,如果

B将M伪造成M′，则B不能在仲裁方面前出示D(M′，Akd)，从而证明了B伪造了报文。可见数字签名也同时起到了验证信息完整性的作用。

由这个过程可以看出，以上处理仅是对报文进行了数字签名，并没有对报文进行加密。因为任何一个截获到D(M，Akd)的人都可以利用公开的加密密钥得到原始报文M。所以，在这种传输系统中，通常会使用两套密钥，一套用于数字签名，另一套用于加密。

目前已有大量的数字签名算法，比如RSA数字签名算法、ElGamal数字签名算法、Fiat-Shamir数字签名算法、Schnorr数字签名算法、美国的数字签名标准/算法(DSS/DSA)和椭圆曲线数字签名算法等。

5.2.2　身份识别技术

通过电子网络开展电子商务，身份识别问题是一个不得不解决的问题。一方面，只有合法用户才可以使用网络资源，所以网络资源管理要求识别用户的身份。另一方面，传统的交易方式交易双方可以面对面地谈判交涉，很容易识别对方的身份。而通过电子网络交易却不同，交易双方并不见面，通过普通的电子传输信息很难确认对方的身份。因此，电子商务中的身份识别问题显得尤为突出。只有采取一定的措施使商家可以确认对方身份，商家才能放心地开展电子商务。当然，这其中也需要一个仲裁机构，以便在发生纠纷时，进行仲裁。因为存在身份识别技术，有关当事人就无法抵赖自己的行为，从而使仲裁更为有理有据。在电子商务中，身份识别技术的实现往往要采用密码技术(尤其是公钥密码技术)设计出安全性高的识别协议。

身份识别的常用方法主要有两种，一种是使用口令的方式；另一种是使用标记的方式。

1. 口令方式

口令是应用最广的一种身份识别方式，如现代通信网的接入协议等。通行字一般是长度为5～8的字符串，由数字、字母、特殊字符、控制字符等组成。

1) 口令选择一般应满足的几个原则

口令的选择一般应满足以下几个原则：

(1) 容易记忆。

(2) 不易猜中。

(3) 不易分析。

第一条是针对用户本人而言的，另两条则是针对想非法侵入系统的人。可以看出，第一条原则与另两条原则之间却有着一定的矛盾性。因为容易记忆的东西往往是用户比较熟悉的，如亲友的生日、姓名、家里的电话号码等。这些虽然容易记忆，但也同时是容易猜中的。而且用户很喜欢只用小写字母或数字作为口令，这就给穷举破译口令带来了方便。所以口令的选择一定要慎重，而且应该定期更换。在满足以上条件的前提下，口令的长度应该尽量长，因为越长的口令越不容易被破译。

2) 口令管理与识别过程

口令的管理方式也是一个重要问题。如果用户的口令都存储在一个文件中，那么一旦这个文件暴露，非法用户就可获得口令。这个问题可以用单向函数来解决，即计算机存储并不存储口令，只存储口令的单项函数。其识别过程如下：

(1) 用户将口令传送给计算机。

(2) 计算机完成口令单向函数值的计算。

(3) 计算机把单向函数值和机器存储的值比较。

这样非法侵入者想获得合法用户口令就不会太容易了。

2. 标记方式

标记(token)是一种个人持有物,它的作用类似于钥匙,用于启动电子设备。标记上记录着用于机器识别的个人信息。常用的标记多采用磁介质,而磁介质却有不少缺陷。磁介质最大的问题就是易受环境影响,而且也易被修改和转录。所以,以智能卡取代磁卡是很有必要的。智能卡的原理是在卡内安装计算机芯片以取代原来的磁介质,这样就克服了磁卡的缺陷,使身份识别更有效、安全。但智能卡仅仅为身份识别提供了一个硬件基础,要想得到安全的识别,还需要与安全协议配套使用。

5.2.3 认证机构

由上文可知,数字签名技术是利用公钥加密技术来验证网上传送信息的真实性。但这存在着一个严重的问题,那就是,任何人都可以生成一对密钥。那么,怎样才能保证一对密钥只属于一个人呢?这就需要一个权威机构对密钥进行有效的管理,颁发证书证明密钥的有效性,将公开密钥同某一个实体(消费者、商户、银行)联系在一起。这种机构就称为认证机构(Certificate Authority,CA)。

1. 认证机构的职能

认证机构是一个权威机构,专门验证交易双方的身份。认证机构的核心职能是发放和管理用户的数字证书,它接受个人、商家、银行等参与交易的实体申请数字证书,核实情况,批准申请或拒绝申请,并颁发数字证书。此外,认证机构还具有管理证书的职能。

认证机构的管理功能包括以下几个方面:

(1) 证书的检索。数字证书包括有效证书和已撤销证书。用户在验证发送方数字签名时,需要查验发送方的数字证书。这就需要检索有效证书库。另一方面,证书可能在其有效期限内被认证机构撤销,所以,用户也需要检索已撤销证书库。

(2) 证书的撤销。在证书的有效期已到,用户的身份变化,用户的密钥遭到破坏或被非法使用等情况下,认证机构就应撤销原有的证书。

(3) 证书数据库的备份。

(4) 有效地保护证书和密钥服务器的安全。

认证机构在整个电子商务环境中出于至关重要的位置,它是整个信任链的起点。认证机构是开展电子商务的基础,如果认证机构不安全或发放的证书不具权威性,那么网上电子交易就根本无从谈起。

2. 数字证书定义及内容

数字证书(digital ID)又叫数字凭证、数字标识,它包含证书持有者的有关信息,以标识他们的身份。数字证书包括的内容有证书持有者的姓名、证书持有者的公钥、公钥的有效期、颁发数字证书的单位、颁发数字证书单位的数字签名和数字证书的序列号。

3. 数字证书的类型

认证机构发放的证书分为两类：SSL 证书和 SET 证书。一般来说，SSL(安全套接层)证书是服务于银行对企业或企业对企业的电子商务活动的；SET(安全电子交易)证书则服务于持卡消费、网上购物。虽然它们都是用于识别身份和数字签名的证书，但它们的信任体系完全不同，而且所符合的标准也不一样。简单地说，SSL 证书的作用是通过公开密钥证明持证人的身份。SET 证书的作用则是通过公开密钥证明持证人在指定银行确实拥有该信用卡账号，同时也证明了持证人的身份。

4. 数字证书的申请

用户想获得证书时，首先要向认证机构提出申请，说明自己的身份。认证机构在证实用户的身份后，向用户发出相应的数字证书。认证机构发放证书时要遵循一定的原则，如要保证自己发出的证书的序列号各不相同，两个不同的实体所获得的证书的主题内容应该相异，不同主题内容的证书所包含的公开密钥相异。

5. 认证机构的层次结构

认证机构有着严格的层次结构。按照 SET 协议的要求，认证机构(CA)的体系结构，如图 5-1 所示。

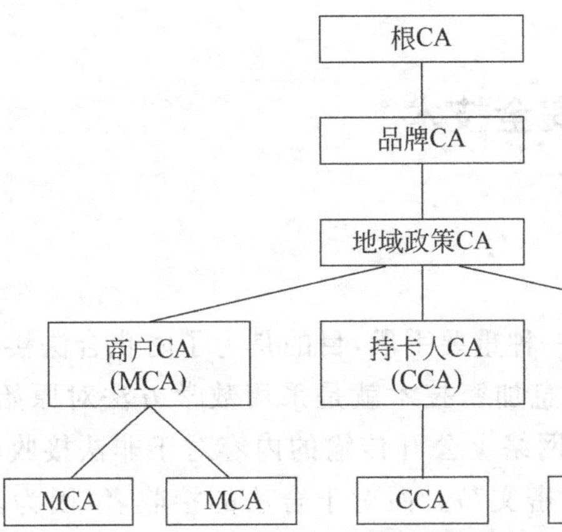

图 5-1　SET 认证机构体系

根 CA(root CA)是离线的并且是被严格保护的。仅在发布新的品牌 CA(brand CA)时才被访问。

品牌 CA 发布地域政策 CA(geopolitical CA)、持卡人 CA(cardholder CA)、商户 CA(merchant CA)和支付网关 CA(payment Gateway CA)的证书，并负责维护及分发其签字的证书和电子商务文字建议书。

地域政策 CA 是考虑到地域或政策的因素而设置的，是可选的。

持卡人 CA 负责生成并向持卡人分发证书。

商户 CA 负责发放商户证书。

支付网关 CA 为支付网关(银行)发放证书。

5.2.4 信息完整性

信息的完整性要靠信息认证来实现,信息认证是信息的合法接收者对消息的真伪进行判定的技术。信息认证的内容包括:

(1) 信息的来源。

(2) 信息的完整性。

(3) 信息的序号和时间。

使用数字签名技术和身份识别技术可以鉴别信息发送者的身份,也就是明确了信息的来源。正像前面分析的那样,数字签名技术可以证实文件的真伪,而身份识别技术可以证实发送人身份的真伪。

信息序号和时间的认证主要是为了阻止信息的重放攻击。常用的方法有消息的流水作业号、链接认证符、随机数认证法和时间戳等。

信息内容的认证即完整性检验常用的方法是:信息发送者在信息中加入一个鉴别码并经加密后发送给接收者检验(有时只加密鉴别码)。接收者利用约定的算法对解密后的信息进行运算,将得到的鉴别码与收到的鉴别码进行比较,若二者相等,则接收;否则拒绝接收。目前实现这一功能的方法有两种:一是采用消息认证码(MAC),二是采用窜改检测码(MDC)。

5.3 电子商务的其他安全技术

5.3.1 加密技术

1. 基本概念

加密技术是实现信息保密性的一种重要手段,目的是为了防止合法接收者之外的人获取信息系统中的机密信息。所谓信息加密技术就是采用数学方法对原始信息(通常称为"明文")进行再组织,使得加密后在网络上公开传输的内容对于非法接收者来说成为无意义的文字(加密后的信息通常称为"密文")。而对于合法的接收者,因为其掌握正确的密钥,可以通过解密过程得到原始数据(即"明文")。由此可见,在加密和解密的过程中,都要涉及信息、算法和密钥这三项内容。

信息包括明文和密文。算法是加密或解密的过程采用的数学方法,包括加密算法和解密算法。密钥是在加密或解密的过程中需要的一串数字,包括加密密钥和解密密钥。下面通过一个例子来理解加密、解密、算法和密钥的概念。

例如,将 26 个字母 a、b、c……x、y、z 的自然顺序保持不变,但使它们与 d、e、f……z、a、b、c 分别对应,即相差 3 个字母的顺序。这条规则就是加密算法,其中的 3 为密钥。如果原始信息即明文是 good night,则按照这个加密算法和密钥加密后的密文是 jrrgqljkw。不知道算法和密钥的人,是不能将这条密文还原成 good night 的。

从这个例子可以看出,算法和密钥在加密和解密过程中缺一不可。在实际的加密过程中,一般加密算法是不变的,目前存在的加密算法也是非常有限的,但是密钥是变化的。一条信息的加密传递的过程如图 5-2 所示,其中,M 代表信息,T 代表算法,K 代表密钥。

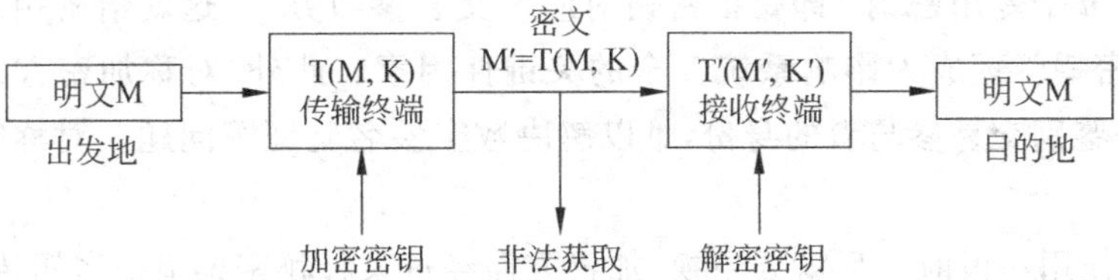

图 5-2　信息加密传递过程

由此可见，尽管在网上传递的信息有可能被非法接收者捕获，但仍是比较安全的。因为想在没有密钥和解密算法的前提下，恢复明文，或者读懂密文，是非常困难的。具体有多困难，就要看加密算法的复杂程度以及密钥的长度了。

这样就出现了两门学问：密码编码学和密码分析学。这两门学问合起来就称为密码学。密码编码学是为了设计出安全的密码体制，防止被破译；而密码分析学则是研究如何破译密文，即在未知密钥的情况下，从密文推出明文或密钥的技术。密码学正是在这种破译和反破译的过程中发展起来的。

2. 密码体制分类

按加密密钥和解密密钥是否相同，可将现有的加密体制分为两种：单钥加密体制和双钥加密体制。使用单钥加密体制的加密技术称为对称密钥加密，使用双钥加密体制的加密技术称为非对称密钥加密。下面分别介绍对称密钥加密和非对称密钥加密。

1）对称密钥加密

对称密钥加密（Secret Key Encryption）也称为专用密钥加密，即发送和接收数据的双方必须使用相同的密钥对明文进行加密和解密运算。对称密钥加密如图 5-3 所示。

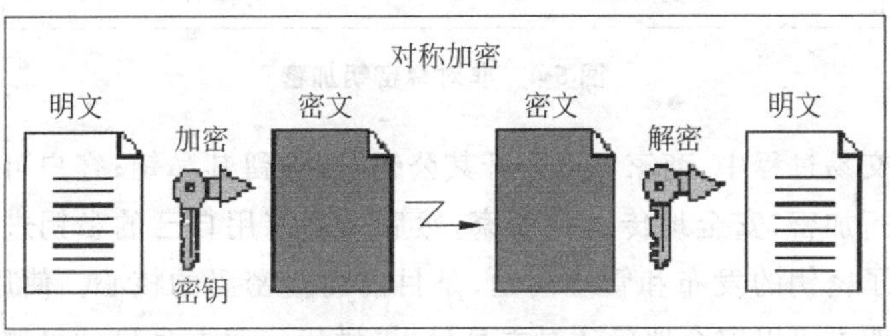

图 5-3　对称密钥加密

使用对称密钥加密可以简化加密的处理，每个交易参与方都不必彼此研究和交换专用的加密算法，而是采用相同的加密算法并只交换共享的专用密钥。如果进行交易的交易参与方能够确保专用密钥在密钥交换阶段未曾泄露，那么交易信息的保密性和完整性就可以通过对称密钥加密算法加密信息和随信息一起发送的报文摘要来实现。

在对称密钥体制中，加密和解密双方使用相同的密钥，其优点是具有很高的保密强度。但对称密钥必须按照安全途径进行传递，双方虽然在通信时加了密，比较保险，但是，密钥却要事先约定或通过信使传递。如果通过信使传递，一方面可能会导致失密；另一方面，在高度自动化的大型计算机网络中，用信使传递密钥显然是不合适的。如果事先约定密钥，则进行网络通信的每个人都要保留其他所有人的密钥，当某一参与方有 n 个交易关系，那

么他就要维护 n 个专用密钥（即每把密钥对应一交易参与方）。这就给密钥的管理和更新带来了困难，密钥管理成为影响系统安全的关键性因素。此外，对称加密方式存在的另一个问题是无法鉴别交易参与者的身份，难以解决数字签名验证等问题。对称密钥加密存在着以下问题：

（1）密钥使用一段时间后就要更换，加密方需经过某种秘密渠道把密钥传给解密方，而密钥在此过程中可能会泄露。

（2）网络通信时，如果网内用户都使用相同的密钥，就失去了保密的意义；但如果网内任意两个用户通信都使用互不相同的密钥，密钥量太大，难于管理。

（3）无法满足互不相识的人进行私人谈话的保密性需求。

（4）难以解决数字签名验证的问题。

2）非对称密钥加密

非对称密钥加密（Public Key Encryption）也称为公开密钥加密，由美国斯坦福大学赫尔曼教授于 1977 年提出。它主要指每个人都有一对唯一对应的密钥：公开密钥（公钥）和私人密钥（私钥），公钥对外公开，私钥由个人秘密保存；用其中一把密钥来加密，就只能用另一把密钥来解密。非对称密钥加密如图 5-4 所示。

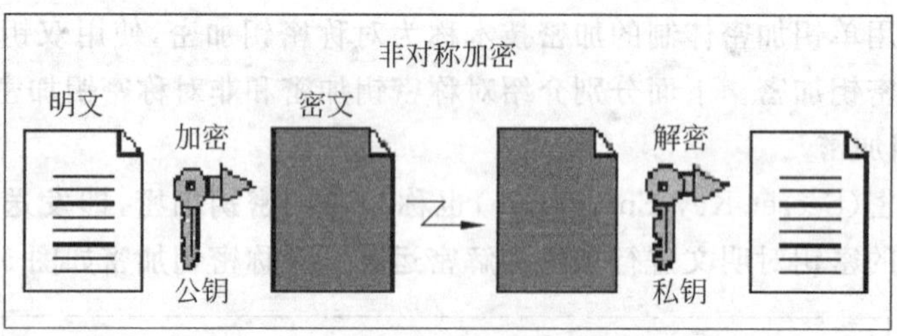

图 5-4　非对称密钥加密

在电子商务交易过程中，商家可以公开其公钥，而保留其私钥；客户可以用商家的公钥对发送的信息进行加密，安全地传送到商家，然后由商家用自己的私钥进行解密。公开密钥加密技术解决了密钥的发布和管理问题，是目前商业密码的核心。使用公开密钥技术，进行数据通信的双方可以安全地确认对方身份，提供通信双方身份的可鉴别性。非对称密钥加密具有以下优点：

（1）密钥分配简单。

（2）密钥的保存量少。

（3）可以满足互不相识的人之间进行私人谈话时的保密性需求。

（4）可以完成数字签名和数字鉴别。

（5）公钥密码体制大都是分组密码，一般不再按明文的加密模式对其进行分类。

公钥密钥解决了专用密钥出现的问题，而且，公钥加密算法不需要联机密钥服务器，密钥分配协议简单，所以极大地简化了密钥管理。但是公钥算法要比私钥算法慢很多，所以在实际应用中，通常使用公钥密码体制交换密钥，而利用私钥密码体制传递正文。除了加密功能外，公钥系统还可以提供数字签名。

3. 报文摘要算法

报文摘要算法(Message Digest Algorithms)采用单向Hash算法对需要加密的明文进行摘要,而产生的具有固定长度的单向散列值。其中,散列函数(hash functions)是一个将不同长度的报文转换成一个数字串(即报文摘要)的公式,该函数不需要密钥,公式决定了报文摘要的长度。报文摘要算法和非对称密钥加密一起,可以提供数字签名。报文摘要算法主要有安全散列标准和MD系列标准。

1) 安全散列算法

安全散列算法(Secure Hash Algorithm,SHA)是一种报文摘要算法,它产生160位的散列值。SHA已经被美国政府核准作为标准,即FIPS 180-1 Secure Hash Standard (SHS),FIPS规定必须用SHA实施数字签名算法。在产生与证实数字签名过程中用到的Hash函数也有相应的标准做出规定。

2) MD2、MD4和MD5

MD2、MD4和MD5(MD Standards for Message Digest)是由RSA数据安全公司创始人Ron Rivest发明的报文摘要算法,由Ron Rivest设计。该编码法采用单向Hash函数将需加密的明文"摘要"成一串128位的密文,这一串密文亦称为数字指纹(finger print),它有固定的长度,且不同的明文摘要成密文,其结果总是不同的,而同样的明文其摘要必定一致。这样这串摘要便可成为验证明文是否是"真身"的"指纹"了。其中MD2最慢,MD4最快,MD5是MD4的一个变种。

4. 加密技术存在的问题

密码学界流传着这样一句名言:加密技术本身都是很强的,但是它们的实现却往往很差。人们需要的是一个贯彻了加密体制的、针对企业环境开发的、标准的加密系统。现在加密的标准很多,固然是有了更多的选择余地,但同时也带来了兼容性的问题。由于缺乏一个安全交易的通用标准,所以不同的商家可能会采用不同的标准。

针对这个问题,产生了安全套接层(SSL)技术。安全套接层技术是由Netscape公司于1994年提出的,目的是提供Internet上的安全通信服务。安全套接层技术支持DES、RC2和RC4等加密算法。虽然安全套接层安全服务比较强大,但由于加密技术一是国家控制的技术,安全套接层加密技术的出口自然受到美国国家安全局的限制。目前美国可以使用128位的安全套接层技术,但出口的算法的密钥一般只能达到40位,它的安全性显然比128位的密钥算法差得多。好在近来美国对这方面的限制有所放松,允许出口较尖端的技术应用于银行系统。这对于整个世界银行系统的安全性是很有好处的。但就我国而言,开发自己的高强度加密技术还是很有必要的,因为只有把加密技术牢牢地把握在自己手中,才能够比较主动地把握各类信息的安全性。

5.3.2 防火墙技术

1. 基本概念

防火墙(firewall)原是汽车上的一个装置,它用来隔离引擎和乘客,在引擎爆炸时可以保护乘客的安全。在计算机界,防火墙是指一种逻辑装置,用来保护内部的网络不受来自外界的侵害。

防火墙主要用于实现网络路由的安全性。网络路由的安全性包括两个方面：

- 限制外部网对内部网的访问，从而保护内部网特定资源免受非法侵犯。
- 限制内部网对外部网的访问，主要是针对一些不健康信息及敏感信息的访问。

防火墙就是在内部网与外部网之间的界面上构造一个保护层，并强制所有的连接都必须经过此保护层，在此进行检查和连接。只有被授权的通信才能通过此保护层，从而保护内部网资源免遭非法入侵。防火墙技术已成为实现网络安全策略的最有效的工具之一，并被广泛地应用到 Internet 上。

2. 防火墙的优点

防火墙具有以下优点：

(1) 保护那些易受攻击的服务。防火墙能过滤那些不安全的服务(如 NFS 等)。只有预先被允许的服务才能通过防火墙，这样就降低了受到非法攻击的风险性，极大地提高了网络的安全性。

(2) 控制对特殊站点的访问。防火墙能控制对特殊站点的访问。如有些主机能被外部网络访问，而有些则要被保护起来，防止不必要的访问。通常会有这样一种情况，在内部网中只有 E-mail 服务器、FTP 服务器和 WWW 服务器能被外部网访问，而其他访问则被主机禁止。

(3) 集中化的安全管理。对于一个企业而言，使用防火墙比不使用防火墙可能更加经济一些。这是因为如果使用了防火墙，就可以将所有修改过的软件和附加的安全软件都放在防火墙上集中管理；而不使用防火墙，就必须将所有软件分散到各个主机上。

(4) 对网络访问进行记录和统计。如果所有对 Internet 的访问都经过防火墙，那么，防火墙就能记录下这些访问，并能提供网络使用情况的统计数据。当发生可疑动作时，防火墙能够报警，并提供网络是否受到监测和攻击的详细信息。

3. 防火墙的安全控制模型

为网络建立防火墙，首先需决定此防火墙将采取何种安全控制模型。通常有两种模型可供选择：

(1) 没有被列为允许访问的服务都是被禁止的。

(2) 没有被列为禁止访问的服务都是被允许的。

如果防火墙采取第一种安全控制模型，那么，需要确定所有可以被提供的服务以及它们的安全特性，然后，开放这些服务，并将所有其他未被列入的服务排除在外，禁止访问。如果防火墙采取第二种模型，则正好相反，需要确定那些被认为是不安全的服务，禁止其访问；而其他服务则被认为是安全的，允许访问。总之，从安全性角度考虑，第一种模型更可取一些。因为一般很难找出网络所有的漏洞，从而也就很难排除所有的非法服务。而从灵活性和使用方便性的角度考虑，则第二种模型更合适。

4. 防火墙的分类

到目前为止，虽然已经出现了多种类型的防火墙，但大体上可以划分为两类：一类基于包过滤(packet filter)，另一类基于代理服务(proxy service)。二者的区别在于：基于包过滤的防火墙通常直接转发报文，它对用户完全透明，速度较快；而另一类防火墙是通过代理服务器建立连接，它可以有更强的身份验证和日志功能。

1）包过滤防火墙

包过滤防火墙是最简单的防火墙，通常只包括对源和目的 IP 地址及端口的检查。其工作原理如图 5-5 所示。

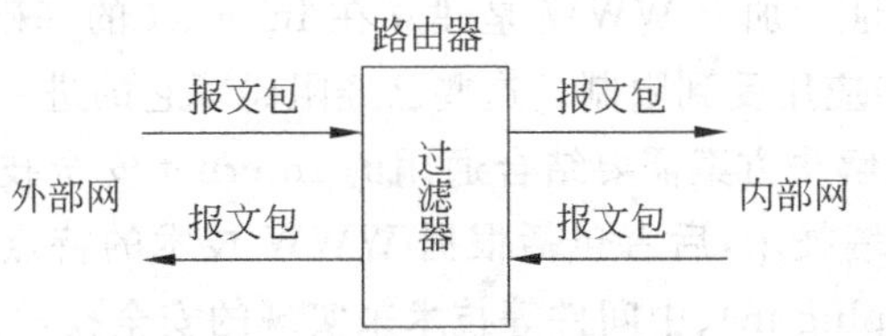

图 5-5 包过滤防火墙的工作原理

对用户来说，这些检查是透明的。包过滤防火墙比其他模式的防火墙有着更高的网络性能和更好的应用程序透明性。但是，这种简单性带来了一个严重的问题：过滤器不能在用户层次上进行安全过滤，即在同一台机器上，过滤器分辨不出是哪个用户的报文。包过滤器通常是放在路由器上，大多数路由器都默认地提供了包过滤功能。现在已出现了智能包过滤器，它与简单包过滤器相比，具有解释数据流的能力。然而，智能包过滤器同样不能对用户进行区分。

2）代理服务型防火墙

代理服务型防火墙使用一个客户程序与特定的中间节点（防火墙）连接，然后中间节点与服务器进行实际连接，如图 5-6 所示。

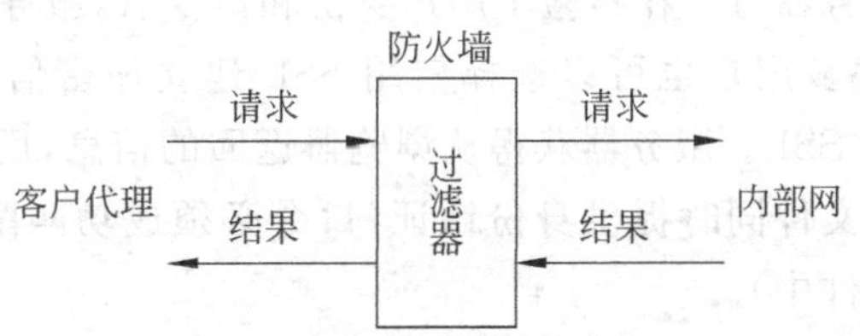

图 5-6 代理服务型防火墙的工作原理

使用代理服务型防火墙，内部网络与外部网络之间不存在直接连接，因此即使防火墙出现了问题，外部网络也无法与内部网络连接，通常称内、外网络之间的中间节点为“双端主机”。代理服务器提供了详细的日志和审计功能，极大地提高了网络的安全性，也为改进现有软件的安全性能提供了可能。代理服务运行在双端主机上，但它是基于特定应用的。这样，就必须配置每个应用（如 Telnet、FTP），而且只要应用程序一升级，原来的代理服务就不再适用了。因此，从这个意义上说，代理服务型防火墙比包过滤防火墙有更多的局限性。另外，这种防火墙常常会使网络性能明显下降。据报道，相当多的防火墙不能处理高负载的网络通信。如果防火墙的网络性能差，就很容易受到攻击。

3）复合型防火墙

这种防火墙是把前两类防火墙结合起来，形成新的产品，以发挥各自的优势，克服各自的缺点，来满足更高安全性的要求。

5.3.3 WWW 安全技术

随着 WWW 应用领域的扩大，安全和管理等问题日益受到重视。由于最初 HTTP 协议在设计时注重的是方便交流，并没有考虑安全的问题，对于 WWW 的资源管理缺乏有效的安全保护；后来的 HTTP 1.0 和 HTTP 1.1 协议本身也只提供了相当有限的认证机制，仍然没有全面的安全保证。加上 WWW 是建立在 Internet 的基础上，Internet 的安全隐患也使得 WWW 的进一步应用受到限制。这些已经阻碍了它的进一步实际商业使用。

WWW 应用安全的解决方案需要结合通用的 Internet 安全技术和专门针对 WWW 的技术。前者主要指防火墙技术，后者包括根据 WWW 技术的特点改进 HTTP 协议或者利用代理服务器、插入件(plug-in)、中间件等技术来实现的安全技术。

HTTP 协议目前已经有了三了版本，分别是 HTTP 0.9、HTTP 1.0、HTTP 1.1。HTTP 0.9 是最早的一个版本，它只定义了最基本的简单请求和简单回答；HTTP 1.0 较完善，也是目前使用得最广泛的一个版本；HTTP 1.1 新增加了大量的报头域，并对 HTTP 1.0 中没有严格定义的部分做了进一步说明。

HTTP 1.0 中提供了一个基于口令的基本认证方法(Basic Authentication Scheme)，目前，所有 Web 服务器都可以通过“基本身份认证”支持访问控制。管理员可以指定标准的 UNIX 口令文件或者自己创建管理的用户口令文件来管理用户。当用户请求访问某个页面或者运行某个 CGI 程序时，由被访问对象所在目录下的访问控制文件(如 NCSA 用.htaccess 文件)规定哪些用户可以访问该目录。WWW 服务器读取该访问控制文件，从中获得访问控制信息并要求客户方提交用户名/口令组合。浏览器将用户输入的用户名和口令经过一定的编码传给服务器方。在检验了用户身份和口令后，服务器方才发送回所请求的页面或者执行 CGI 程序。用户也可以选择使用 SSL 建立加密信道传输。但是这里要求 WWW 服务器必须支持 SSL。服务器获得从浏览器返回的信息，用管理员指定的口令文件来认证用户身份。口令文件同时提供身份认证(口令必须成功匹配)，也提供访问控制(用户名必须出现在口令文件中)。

HTTP 1.1 在身份认证上，针对基本认证方法以明文传输口令这一最大弱点补充了摘要认证方法(Digest Authentication Scheme)，不再传递口令的明文，而是将口令经过散列函数交换以后传递它的摘要。使用摘要认证，攻击者再也不能截获口令，最多只能进行重放攻击，而且这种攻击也被限定在很短时间内，并只能用于同样的访问请求。如果要避免重放攻击，可以使用一次性的应答摘要等手段，这要求服务器方记住一段时间内所有收到过的摘要值。摘要认证和基本认证一样，容易受到“中间者”攻击。如一个恶意的或被破坏的代理可能将服务器方的摘要认证回答换成基本认证回答，从而窃得口令。摘要认证还要求服务器方存储一些用户认证信息，如用户身份等，一旦它们被窃取，攻击者可以得到这个口令保护下的所有信息。所以，摘要认证仅仅防止了基本认证的最大弱点，但它们仍然不够安全。

从安全角度来看，HTTP 协议中的基本身份认证存在不少潜在的问题，浏览器以明文的方式传递用户名和口令，或者接近明文(编码或者散列)。一些浏览器(如 Netscape)支持采用 SSL 加密信道返回用户名和口令，但是并不是所有 WWW 服务器支持 SSL 服务器，它们必须通过支持 SSL 的安全服务器才能触发这种操作模式。这也带来了一些安全漏洞。

从管理角度来看,WWW 服务器需要自己维护和管理用户数据库,如果依靠 UNIX 口令文件就需要在 WWW 服务器上建立普通用户账号,而在安全的 WWW 服务器上要尽量避免同时保存 UNIX 用户。因此,WWW 管理员如要将访问用户限制在一个很小的范围内则必须创建自己的用户口令文件。这样做管理负担很重,而且在一个网络中存在多个 WWW 服务器的情况下用户需要记住不同的口令和账号,使用起来也非常麻烦。

其他针对 HTTP 协议的改进还有安全 HTTP 协议(S-HTTP)。它建立在 HTTP 1.1 的基础上,提供了数据加密、身份认证、数据完整、防止否认等功能。S-HTTP 强调的是灵活性,因此,它通过协商可以选择不同的密钥管理方法、安全策略以及加密算法等。它支持数种报文格式标准。在对称密钥方式下工作时,它不要求客户方用公钥进行身份认证,相对于 SSL 而言,降低了对公钥体系的要求。SSL 和 S-HTTP 都对通信协议做了一定改变并加入安全机制,但是现存的大量不支持它们的浏览器和 WWW 服务器也需要引入安全机制。目前也有不少方法,在尽量少改动的前提下加入了安全机制。

中间件技术可以提供标准的安全服务接口 GSS-API,但是仍然要求对应对程序进行一定的修改,不能算是一个很完满的解决方案。利用 WWW 技术中的代理技术可以巧妙地解决这个问题。这个技术需要修改过的 Web 服务器(也可能使用服务器的插入件功能)和一个额外的后台程序(本地安全代理)运行在客户方用来进行所需的安全交互。这种方案有很多诱人的地方,服务器可以很可靠地验证身份而并不需要由各管理员自己来维护一个本地的用户口令文件;对于 Web 用户来说几乎是透明的,利用了现有的网络安全措施,有利于集中实现网络安全政策。还允许加入安全审计、记录、报警等功能。这种方式并不依赖于 Web,任何其他采用中间件技术的应用都可以从中获益。

5.4　电子商务安全协议

5.4.1　安全电子交易协议

安全电子交易(Secure Electronic Transaction,SET)是目前已经标准化且被业界广泛接受的一种网际网络信用卡付款机制。它由 Visa 和 MarsterCard 两大信息卡组织共同推出,并且由众多信息产业公司(如 Microsoft、Netscape、RSA 等)共同协作发展而成。

SET 定义了电子商务中的部分消息协议,这些协议对电子商务来说是必需的,主要支持支付卡的使用。SET 协议使用加密技术提供信息的机密性,验证持卡者、商家和收单行,保护支付数据的安全性和完整性,为这些安全服务定义算法和协议。SET 为了保证市场能够接受,为商家和持卡者提供方便的应用,最小限度减小对现有应用的影响,使收单行、商家、持卡者之间的关系基本不变,充分利用现有商家、收单行、支付系统应用和结构。

在 SET 协议中主要定义了以下内容:

- 加密算法(如 RSA 和 DES)的应用。
- 证书消息和对象格式。
- 购买消息和对象格式.
- 请款消息和对象格式。

• 参与者之间的消息协议。

SET 支付系统主要由持卡人(cardholder)、商家(merchant)、发卡行(issuing Bank)、收单行(acquiring bank)、支付网关(payment gateway)及认证机构(certificate authority)六部分组成。

SET 使用多种密钥技术来达到安全交易的要求,其中对称密钥技术、公钥加密技术和 Hash 算法是其核心。综合应用以上三种技术产生了数字签字、数字信封、数字证书等新概念。

SET 协议定义了一套完备的证书信任链层,每个证书连接一个实体的数字签名的签名证书。沿着信任树追溯到一个众所周知的信任机构,用户可以保证该证书是有效的。而 CA 作为证书管理的权威机构和主要执行者,就是通过这个信息链层实现其职能的。CA 向交易各方提供了三种基本的基于 SET 协议的认证服务:证书颁发、证书更新和证书废除。正是这些体现证书管理的服务才使 SET 交易具备了商务活动所必需的安全性、保密性、完整性和不可否认性。

SET 定义了一个完备的电子交流流程,包括持卡人注册申请证书、商户注册申请证书、购买请求、支付认证、获取付款五个步骤。它较好地解决了电子交易中各方之间复杂的信任关系和安全连接,确保了电子交易中信息的真实性、保密性、防抵赖性和不可更改性。与此同时,SET 协议庞大而又复杂,银行、商家和客户均需要改造系统才能实现互操作,因此,SET 协议被普遍使用尚有一个过程。

5.4.2 安全套接层协议

安全套接层(Secure Sockets Layer,SSL)协议由美国网景(Netscape)公司开发并推出,主要用于解决 Internet 上的主要协议 TCP/IP 难以确定用户身份的问题。

SSL 安全协议为 TCP/IP 连接提供了数据加密、服务器端身份验证、信息完整性和可选择的客户端身份验证的功能。SSL 利用以 RSA 公钥算法为基础的 X.509 数字证书加密数据,借以识别通信双方的身份,保障网络通信安全。使用证书的好处在于,有认证机构(CA)统一管理证书,既解决了接收方验证发送方身份的问题,又保证了发送方密钥使用的安全性,防止被他人盗用。

由加密事务"会话密钥(session key)"的长度,SSL 的安全级别可划分为两种——40 位和 128 位。当然,会话密钥越长,加密码就越难破译,128 位会话的可靠性比 40 位要高出万亿倍。现在,多数浏览器都支持 40 位的 SSL 会话;较新的浏览器,如 Netscape Communicator 4.0,支持 128 位的会话密钥加密。

由于 SSL 协议内置于所有主流浏览器和 Web 服务器中,所以一般用户只需安装数字证书就可以启动 SSL 功能。其证书分为服务器证书和个人证书两种。

安装服务器证书是为了保证服务器访问的安全性。一方面,服务器证书可以保证访问者访问的确实是他想要访问的站点,而不是为了窃取他的信用卡号和个人信息而设立的虚假站点。另一方面,利用数字证书加密数据可以保证通信的隐秘性,防止信息被他人截获或篡改。

个人证书主要是为了解决访问服务器的个人的身份认证问题。在没有个人证书之前,服务器要确认访问者的身份一般都采用用户名和口令的方式。这种方法有三个缺点：

(1) 这些信息在网上传送易被他人截获。

(2) 用户经常遗忘口令；而且，在数据库里保存大量的用户名及口令也浪费了大量宝贵的资源。采用个人证书有很多好处，对访问者身份安全快速的认证只是一个方面。用户利用个人证书可以在不同的网站获得身份认证，而不必针对不同的网站记忆不同的用户名和口令。这不但节省了资源，而且可以提高用户的满意度。

(3) 网站可以根据个人证书提供的个人信息，为不同的用户提供不同的服务。

SSL 安全协议也有它的缺点，主要有以下几点：

(1) 不能自动更新证书。

(2) 认证机构编码困难。

(3) 浏览器的口令具有随意性。

(4) 不能自动检测证书撤销表。

(5) 用户的密钥信息在服务器上是以明文方式存储的。

SSL 安全协议虽然存在着一些安全上的弱点，但由于它实现容易、成本低，而且又在不断改进的过程中，所以应用还是比较广泛的。

5.4.3　SET 和 SSL 的比较

事实上，SET 和 SSL 除了都采用 RSA 公钥算法以外，两者在其他技术方面没有任何相似之处。而 RSA 在两者中也被用来实现不同的安全目标。SET 是一个多方的报文协议，它定义了银行、商家、持卡人之间必需的报文规范，与此同时，SSL 只是简单地在两方之间建立了安全连接。SSL 是面向连接的，而 SET 允许各方之间的报文交换不是实时的。SET 报文能够在银行内部网或者其他网络上传输，而 SSL 之上的卡支付系统只能与 Web 浏览器捆绑在一起。SET 与 SSL 相比具有如下优点：

(1) SET 为商家提供了保护自己的手段，使商家免受欺诈的困扰，使商家的运营成本降低。

(2) 对消费者而言，SET 保证了商家的合法性，并且用户的信用卡号不会被窃取，SET 替消费者保守了更多的秘密使其在线购物更加轻松。

(3) 对于银行和发卡机构以及各种信用卡组织来说，因为 SET 可以帮助它们将业务扩展到 Internet 这个广阔的空间，从而使得信用卡网上支付具有更低的欺骗概率，这使得它比其他支付方式具有更大的竞争力。

(4) SET 对于参与交易的各方定义了互操作接口，一个系统可以由不同厂商的产品构筑。

提供这些功能的前提是：SET 要求在银行网络、商家服务器、顾客的 PC 上安装相应的软件。这些阻止了 SET 的广泛发展。另外，SET 还要求必须向各方发放证书，这也成为阻碍之一。所有这些使得 SET 要比 SSL 昂贵得多。SET 的另外一个优点在于：它可以用在系统的一部分。例如，一些商家正在考虑在与银行连接中使用 SET，而与顾客连接时仍然使用 SSL。这种方案既回避了在顾客机器上安装软件，同时又获得了 SET 提供的很多优点。在 SET 中，交易凭证中有客户的签名，银行就会有客户曾经购物的证据。提供这种能力的特性在密码学中称之为认可。它所提供的可靠性的前提是客户必须保证私人签字密钥的安全。

5.5 计算机犯罪与计算机病毒

5.5.1 计算机犯罪的类型与防范

1. 计算机犯罪的概念

计算机犯罪与计算机技术密切相关。随着计算机技术的飞速发展,计算机在社会中应用领域的急剧扩大,计算机犯罪的类型和领域不断地增加和扩展,从而使"计算机犯罪"这一术语随着时间的推移而不断获得新的含义。因此在学术研究上关于计算机犯罪迄今为止尚无统一的定义。

基本上,计算机犯罪可以有广义与狭义两种定义:广义的计算机犯罪是指行为人故意直接对计算机实施侵入或破坏,或者利用计算机实施有关金融诈骗、盗窃、贪污、挪用公款、窃取国家秘密或其他犯罪行为的总称;狭义的计算机犯罪仅指行为人违反国家规定,故意侵入国家事务、国防建设、尖端科学技术等计算机信息系统,或者利用各种技术手段对计算机信息系统的功能及有关数据、应用程序等进行破坏、制作、传播计算机病毒,影响计算机系统正常运行且造成严重后果的行为。

2. 计算机犯罪的类型

根据我国刑法第 285 条和 286 条的规定,计算机犯罪的种类包括非法侵入计算机系统罪,破坏计算机信息系统功能罪,破坏计算机信息系统数据和应用程序罪,制作、传播计算机病毒等破坏性程序罪。

计算机犯罪的行为,一般可以划分为以下几类:

(1) "黑客非法侵入",破坏计算机信息系统。

(2) 网上制作、复制、传播和查阅有害信息,如传播计算机病毒、黄色淫秽图像等。

(3) 利用计算机实施金融诈骗、盗窃、贪污、挪用公款。

(4) 非法盗用使用计算机资源,如盗用账号、窃取国家秘密或企业商业机密等。

(5) 利用互联网进行恐吓、敲诈等其他犯罪。

随着计算机犯罪活动的日益新颖化、隐蔽化,未来还会出现许多其他犯罪形式。

在目前我国所破获的计算机犯罪案件中,犯罪嫌疑人普遍都是精通计算机的青年学生。究其犯罪动机,有以下两个方面:一是行为人并非出于恶意,而是抱着好玩或显示自身的计算机技术特长,把入侵别人的计算机系统当作是对自己的能力的一种挑战,入侵系统后并不实施破坏行动而退出,可称之为非恶意入侵者。二是行为人故意违反国家规定,入侵计算机系统的目的是窃取商业情报、资料或国家秘密;或为显示自己的能力而制作、传播计算机病毒等破坏程序,导致系统瘫痪,这类行为人可称之为恶意入侵者。

3. 计算机犯罪的防范

(1) 加强立法,制定专门的反计算机犯罪法。在依法打击计算机犯罪的过程中,注重加强立法建设。目前针对网络违法犯罪的处罚条款,我国还散见于《刑法》、《民法》、《中华人民共和国计算机信息系统安全保护条例》和《维护互联网安全的决定》等法律、法规中，不够系统、集中，操作起来也比较困难。为更好地依法打击计算机违法犯罪活动，保护网络安全，有必要制定一部专门法律，通过增强其针对性、系统性和可操作性，直接针对计算机犯罪的特点，包括民事、行政、刑事三方面内容，形成完整的法律体系，为依法治理计算机网络违法犯罪提供必要的法律保障。互联网作为全球信息交流的纽带，正日益成为重要的社会公共设施，许多信息库连接在网上，很大部分涉及国家利益和公民财产安全，因此对于计算机犯罪行为应予以严厉的处罚，从而提高犯罪行为的成本。

(2) 加强反计算机犯罪机构(侦查、司法、预防、研究等)的工作力度。由于计算机犯罪的高科技化、复杂化，目前侦查队伍在警力、技术方面已远远跟不上形势的需要，司法人员的素质，也离专业化的要求相去甚远，预防、研究方面还存在许多空白。Internet 的普及与渗透，使“网络警察”的出现成为必然。目前，全国约有 20 个省、市、自治区正在筹建网络警察队伍。这种新的警察部队的目标之一，是进行网上搜寻，以防范和跟踪在数秒钟之内就能犯下的、几乎不留下任何痕迹的各种不良行为和犯罪活动。因此要求“网络警察”必须具有较深厚的计算机知识和专业技能，能紧跟新技术的发展，熟练掌握各种计算机技能。由于 Internet 上的犯罪行为有时很难在国界上进行准确划分，所以在反对计算机化犯罪的斗争中，警察的回应和相互配合的速度是最关键的。目前在中国，这种跨国界涉嫌网络犯罪也有抬头之势，中国的网络警察们应尽快走出国门，与全世界的官方反犯罪网络组织建立密切的联系，协同打击计算机犯罪。

(3) 加强计算机使用人员的安全意识教育。网络安全的保护，事关广大网民的切身利益，单靠公安部门网络警察的打击和防范，还不足以形成保护网络安全的社会化有效机制，只有通过教育广大网民，提高守法意识，并使网民掌握各种防范计算机违法犯罪的技术，提高其自我保护网络安全的能力，才能从根本上解决好计算机犯罪问题。近年来，我国不断增加的上网族中，有的由于未能注意依法进行网上活动，从而有意无意地侵犯了网络安全。为此，对广大网民特别是初上网者进行必要的避免网络利用不当而误闯法网的守法教育，是十分必要的。例如，黑客中有些还只是读高中的大孩子，他们出于炫耀心理上网破坏，甚至不明白自己这是在干违法的事，因此在调强计算机的普及的同时，要加强对计算机学习、使用的法制教育，对广大网民进行自我防范计算机犯罪的普及宣传和必要的技术培训。培训中，要注意加大防范计算机违法犯罪技术的比重，并不断根据犯罪新趋势，在网民中有重点地推广一系列网络安全技术，建立网络安全的保障机制。

(4) 提高网络技术和研制新型网络产品，增强系统自我保护能力。由于计算机犯罪是一种高智商犯罪，正如加密与反加密这一矛盾体一样，只有不断地更新技术，研制新型产品，增加网络的自我防护能力，堵塞安全漏洞和提供安全的通信服务，加强关键保密技术如加密路由器技术、安全内核技术、数据加密技术、网络地址转换器技术、身份证认证技术、代理服务技术、防火墙、网络反病毒技术等重点项目的研制和改进，不给任何计算机犯罪可乘之机，才能营造一个安全有序的虚拟社会。

5.5.2 计算机病毒的防范与查杀

在所有的计算机安全威胁中，计算机病毒无疑是破坏力最大、影响范围最广的一种。

计算机病毒在20世纪五六十年代就已经出现,到20世纪80年代开始为世人所知并不断发展壮大。自此,计算机病毒就成为计算机用户的最大隐患。20世纪90年代,随着Internet网络技术的发展,病毒的传播变得更容易,一个地区出现的恶性病毒在几天甚至几个小时之间就会传播到地球的另一端。病毒的种类也是花样繁多,令人防不胜防。病毒影响的范围、破坏力和造成的损失越来越大,所使用的技术越来越先进。反杀毒、隐藏及加密技术等使病毒防御困难重重。

1. 计算机病毒的概念

计算机病毒是一个程序,一段可执行码。它们能把自身附着在各种类型的文件上,当文件被复制或从一个用户传送到另一个用户时,它们就随同文件一同蔓延。"计算机病毒"一词是由于人们认为这种自我复制蔓延的程序具有与生物病毒相似的特征而借用生物学病毒而使用的计算机术语。

美国计算机安全专家Frederick Cohen博士首先提出计算机病毒的存在,他对计算机病毒的定义是:"病毒是一种靠修改其他程序来插入或进行自我复制,从而感染其他程序的一段程序。"这一定义作为标准已经被普遍地接受。

目前国内比较流行的是1994年颁布的《中华人民共和国计算机信息系统安全保护条例》第28条中的定义,即"计算机病毒是指编制者在计算机程序中插入的破坏计算机功能或者毁坏数据,影响计算机使用,并能够自我复制的一组计算机指令或者程序代码。"。

2. 计算机病毒的分类

按照计算机病毒的诸多特点及特性,其分类方法有很多种,所以同一种病毒按照不同的分类方法可能被分到许多不同的类别中。

1) 按攻击的操作系统分类

(1) 攻击DOS系统的病毒。这种病毒也称为DOS病毒,出现最早,变种也最多,传播非常广泛,如小球病毒等。

(2) 攻击Windows系统的病毒。这种病毒也称为Windows病毒,随着Windows系统取代DOS系统成为PC的主流平台,Windows系统也成为病毒攻击的主要对象。

(3) 攻击UNIX或OS/2的病毒。目前UNIX操作系统的应用非常广泛,许多大型的操作系统均采用UNIX系统作为其主要的操作系统,所以攻击UNIX家庭的病毒对人类的信息处理是一个严重的威胁。世界上也已经发现攻击OS/2的病毒。

2) 按传播媒介分类

(1) 单机病毒。单机病毒的载体是磁盘,常见的是病毒从软盘传入硬盘,感染系统,然后再感染其他软盘,进而再感染其他系统。早期的病毒都是属于此类。

(2) 网络病毒。网络病毒的传播媒介是网络。随着网络用户的增加,网络病毒的传播速度更快,范围更广,造成的危害更大。网络病毒往往造成网络堵塞,修改网页,甚至与其他病毒结合修改或破坏文件。如今的病毒大多是网络病毒。

3) 按链接方式分类

计算机病毒需要进入系统,从而进行感染和破坏,因此,病毒必须与计算机系统内可能被执行的文件建立链接。这些被链接的文件可能是操作系统文件,可能是以各种程序设计语言编写的应用程序，也可能是：

(1) 源码型病毒。这类病毒在高级语言(FORTRAN、C、Pascal 等语言)编写的程序被编译之前，插入目标源程序之中，经编译，成为合法程序的一部分。这类病毒程序一般寄生在编译处理程序或链接程序中。目前，这类病毒并不多见。

(2) 入侵型病毒。入侵型病毒也称为嵌入型病毒，在感染时往往对宿主程序进行一定的修改，通常是寻找宿主程序的空隙把自己嵌入进去并变为合法程序的一部分，使病毒程序与目标程序成为一体。一旦病毒侵入宿主程序，杀毒是十分困难的，清除这类病毒时往往会破坏合法程序。这类病毒数量不多，但是破坏力极大，而且很难检测，有时即使查出病毒并将其杀除，但被感染的程序已经被破坏，无法使用了。

(3) 外壳型病毒。这类病毒程序一般链接在宿主程序的首尾，对原来的主程序不做修改或仅做简单修改。当宿主程序执行时，首先执行并激活病毒程序，使病毒得以感染、繁衍和发作。这类病毒易于编写，数量也最多。

(4) 操作系统型病毒。这类病毒程序用自己的逻辑部分取代一部分操作系统中的合法程序模块，从而寄生在计算机磁盘的操作系统区，在启动计算机时，能够先运行病毒程序，然后再运行启动程序，这类病毒可表现出很强的破坏力，可以使系统瘫痪，无法启动。

4) 按表现(破坏)情况分类

(1) 良性病毒。良性病毒是指那些只表现自己，而不破坏计算机系统的病毒。它们多是出自一些恶作剧者之手。

(2) 恶性病毒。恶性病毒的目的就是有意或无意地破坏系统中的信息资源。常见的恶性病毒的破坏行为是删除计算机内存储的数据和文件；或对磁盘乱写一气，表面上看不出病毒破坏的痕迹，但文件和数据的内容已被改变；还有一些对整个磁盘或磁盘的特定扇区进行格式化，使磁盘的信息全部消失。

5) 按寄生方式分类

(1) 引导型病毒。引导型病毒也称为磁盘引导型、引导扇区型、磁盘启动型、系统型病毒等。引导型病毒就是把自己的病毒程序放在软磁盘的引导区以及硬磁盘的主引导记录区或引导扇区，当作正常的引导程序，而将真正的引导程序搬到其他位置。这样，计算机启动时，就会把引导区的病毒程序当作正常的引导程序来运行，使寄生在磁盘引导区的静态病毒进入计算机系统，病毒变成活跃状态(或称病毒被激活)，这时病毒可以随时进行感染和破坏。此外，这种病毒通常会改写硬盘上的主引导记录区、引导区、文件分配表、文件目录区、中断向量表等。

(2) 文件型病毒。文件型病毒是指所有通过操作系统的文件系统进行感染的病毒。文件型病毒以感染可执行文件的病毒为主，还有一些病毒可以感染高级语言程序的源代码、开发库或编译过程中所生成的中间文件。病毒也可能隐藏在普通的数据文件中，但是这些隐藏在数据文件中的病毒不是独立存在的，必须隐藏在可执行文件中的病毒部分来加载这些代码。

(3) 混合型病毒。混合型病毒也称为综合型、复合型病毒，既具有引导型病毒的特点，又具有文件型病毒的特点，即这种病毒既可以感染磁盘引导扇区，又可以感染可执行文件。这类病毒的危害性更大。感染了混合型病毒的机器，如果只解除了文件上的病毒，而没解除硬盘主引导区的病毒，系统引导时又将病毒调入内存，会重新感染文件；如果只解除了主引导区的病毒，而可执行文件上的病毒没解除，只要执行带病毒的文件，就会又将硬盘主引导区感染。常常因为杀毒不彻底而造成“病毒杀不死”的假象。

3. 计算机病毒的检测技术

病毒检测就是采用各种检测将病毒识别出来。识别病毒包括对已知病毒的识别和对未知病毒的识别。目前，对已知病毒的识别主要采用特征判定技术，即静态判定技术，对未知病毒的识别除了特征判定技术之外，还有行为判定技术，即动态判定技术。

1）特征判定技术

特征判定技术是根据病毒程序的特征，如感染标记、特征程序段内容、文件长度变化、文件校验和变化等，对病毒进行分类处理，而后在程序运行中凡有类似的特征点出现，则认定是病毒。

特征判定技术主要有以下几种方法：

(1) 比较法。比较法的工作原理是，将可能的感染对象(引导扇区或计算机文件)与原始备份进行比较，如果发现不一致则说明有染毒的可能。这种比较法不需要专门的查毒程序，用常规的具有比较功能的软件即可进行。这种方法不但能够发现已知病毒，而且可以发现未知病毒。不过这种方法的使用是以保留干净的原始备份为前提的，而且无法确认发现的异常是否真是病毒，并且不能确定病毒的种类。

(2) 校验和检测。校验和程序使用散列函数对文件产生校验和并保存，然后周期或实时地检测文件，比对使用当前文件算出的检验和与保存的校验和是否相等，由此来判断文件是否发生了变化。校验和方法的一个明显问题是它会产生过多的虚警，因为病毒感染并非文件内容改变的唯一原因。这种方法不但能够发现已知病毒而且能够发现未知病毒。但是它不能够识别病毒种类，不能报出病毒名称。另外，校验和方法对某些隐蔽性极好的病毒无效。

(3) 特征扫描。将新发现的病毒分析后，将其特征编成病毒码加入资料库中。查毒时，用资料库中的特征码与被检测对象进行比对，如果在被检测对象中发现某一种特定字符或字符串，则表明发现了该字符或字符串代表的病毒。特征扫描法的优点在于能够准确地查出病毒并确定病毒的种类和名称。不过这种方法依赖于病毒特征码库的内容，只能查出载入特征码库的病毒，特征码库必须不断丰富和更新。

(4) 启发式扫描。启发式这个术语指凭借过去的经历和知识来逼近问题的技巧。这种方法是为了克服传统扫描工具不能检测未知病毒的缺点而提出的新技术，它专门用来寻找未知病毒以及与已知病毒特征接近、但还未被收录的病毒。它检查一个文件的特征，如大小或结构体系，并且通过代码的行为来确定被感染的可能性。启发式检测技术也被用来寻找那些已知的、不提供自身特征的一些病毒，如一些新的变形病毒。

2）行为判定技术

识别病毒是以病毒的机理为基础，不仅识别现有病毒，而且以现有病毒的机理设计对一类病毒的识别方法，其关键是对病毒行为的判断。行为判定技术就是要解决如何有效地辨别病毒行为与正常程序行为，其难点在于如何快速、准确、有效地判断病毒行为。

行为监测法是常用的行为判定技术，其工作原理是利用病毒的特有行为特性进行监测,一旦发现病毒行为则立即报警。经过对病毒多年的观察和研究,人们发现病毒的一些行为是病毒的共同行为,而且比较特殊。在正常程序中,这些行为比较罕见。比如,占用INT 13H;修改DOS系统数据区的内存常量;向.com和.exe可执行文件做写入动作;病毒程序与宿主程序的切换等。

行为监测法的长处在于可以相当准确地预报未知的多数病毒,但也有其短处,即可能虚假报警和不能识别病毒名称,而且实现起来有一定难度。

4. 计算机病毒的防治

计算机病毒严重地干扰了人们对计算机的使用。各种病毒防治的方法也不断涌现,一般常用的有以下几种。

1) 把各种查杀病毒的新技术应用于反病毒软件

传统的病毒防治软件绝大多数采用特征码扫描技术,而加密变形病毒的出现使特征码扫描技术失效。反病毒的新技术,如启发式检测、虚拟机技术、实时监控技术、人工智能陷阱等不断融入病毒防治软件。

2) 网络杀毒

现在病毒传播的主要手段是通过网络进行的,在本地网络的入口设置病毒防治系统,可以有效防止病毒进入本地局域网。一般可以在路由器、防火墙中加入反病毒模块,专门针对网络蠕虫、邮件病毒、网页恶意代码等。

3) 个人防火墙

防火墙能够在一定程度上起到屏蔽Internet上恶意攻击的目的。现在反病毒厂商与防火墙厂商开展了各种合作,同时,反病毒厂商也积极开发自己的个人防火墙,在产品上实现反病毒与防黑客的二合一。

4) 邮件杀毒

电子邮件在带来方便和快捷的同时,也充当了病毒传播的主要工具。很多极具破坏力的病毒都把电子邮件作为一个重要的传播渠道。对于一款杀毒软件而言,邮件杀毒的功能必不可少。病毒防治的一个重要方法就是堵住灾害的源头,在病毒进入系统之前发现并杀除它。邮件杀毒可以分为对已经收到的邮件进行查杀和接收邮件时的实时查杀。

5) 数据备份拯救系统

能杀灭所有病毒的软件不一定就是最好的软件。因为对任何人而言,计算机中的信息才是最为重要的,防毒软件所应做的,除了要将病毒全部杀灭,更重要的是要将遭到病毒破坏的数据信息恢复到正常状态。因此,数据备份拯救系统应该成为病毒防治软件必备的功能部件。

5.6 微型案例:电子商务安全案例

电子商务从产生至今虽然时间不长,但发展十分迅速,已经引起各国政府和企业的广泛关注和参与。但是,由于电子商务交易平台的虚拟性和匿名性,其安全问题也变得越来越突出,近些年的案例层出不穷。

1. 台湾地区黑客对某政府网站的攻击(1999 年 8 月)

该网站运行的系统是 SunOS,版本比较旧。当时大陆黑客出于对李登辉"两国论"谬论的愤慨,为谴责李登辉的分裂行径,于 1999 年 8 月份某日,一夜之间入侵了数十个台湾地区政府站点。台湾地区黑客采取了报复行动,替换了这个网站的首页。经本站技术人员 P 分析,在该系统上实际存在至少 4 个致命的弱点可以被黑客利用。其中有两个 RPC 守护进程存在缓冲区溢出漏洞,一个 CGI 程序也有溢出错误。对这些漏洞要采用比较特殊的攻击程序。但台湾地区黑客并没有利用这些比较高级的攻击技巧,而是从一个最简单的错误配置进入了系统。原来,其默认账号 informix 的密码与用户名相同！这个用户的权限足以让台湾地区黑客对 Web 网站为所欲为。从这件事情可以看出,我们有部分系统管理员不具备最起码的安全素质。

2. 东亚某银行(1999 年 12 月)

该网站为 Windows NT 4.0,是这个国家最大的银行之一。该网站 BankServer 实际上有两道安全防线,首先在其路由器的访问控制表中(ACL)做了严格的端口过滤限制,只允许对 80、443、65300 进行 incoming 访问,另一道防火墙为全世界市场份额最大的软件防火墙 FW,在 FW 防火墙上除了端口访问控制外,还禁止了很多异常的、利用已知 CGI bug 的非法调用。在 1999 年 12 月某日,该银行网站的系统管理员 Ymouse(昵称)突然发现在任务列表中有一个杀不死的 CMD.exe 进程,而在 BankServer 系统上并没有与 CMD.exe 相关的服务。该系统管理员在一黑客聊天室向本站技术人员 F 求救。F 认为这是一个典型的 NT 系统已经遭受入侵的迹象。通过 E-mail 授权,F 开始分析该系统的安全问题,从外部看,除 WWW 服务外,BankServer 并没有向外开放任何有安全问题的服务。但 F 在该网站的上游路由器发现一个安全问题,允许入侵者获取该路由器的配置文件和破解密码。经过系统管理员 Ymouse 的再次授权确认,F 仅用了 3 分钟,就获取了该路由器的访问密码;登录路由器后,经过复杂的分析发现,虽然该银行网站没有 incoming 的可疑通信,却发现 BankServer 正在向外连接着另一台 NT 服务器 Wserver 的 139 端口。通过进一步的分析,证实有人从 BankServer 登录到了 Wserver 的 C 盘。Wserver 是一台韩国的 NT 服务器,不受任何安全保护的裸机。F 对 Wserver 进行了一次简单的扫描,结果意外地发现 Wserver 的管理员账号的密码极为简单,可以轻易获取对该系统的完全控制。更令人吃惊的是,在这台韩国的服务器的 C 盘上,保存着上面提到的东亚某银行的一个重要数据库文件！更多的文件正在从 BankServer 上往这台韩国的 Wserver 上传送！

3. 借刀杀人,破坏某电子公司的数据库(2001 年 2 月 12 日)

1999 年 11 月该网站运行于 Windows NT 4.0 上,Web Server 为 IIS 4.0,补丁号为 Service Pack5。该网站管理员在 1999 年 11 月的某一天发现其 Web 网站上的用户资料和电子配件数据库被入侵者完全删除！严重之处更在于该数据库没有备份,网站运行半年来积累的用户和资料全部丢失。系统管理员反复检查原因,通过 Web 日志发现破坏者的调用 Web 程序记录,确定了当时用户的 IP 是 202.103.xxx.xxx(出于众所周知的原因这里隐藏了后两位),而这个 IP 来自于某地一个 ISP 的一台代理服务器。这个 202.103.xxx.xx 的服务器安装了 Wingate 的代理软件。破坏者浏览电子公司的网站是用该代理访问的。这件事情给电子公司带来的损失是很严重的，丢失了半年的工作成果。入侵者同时给 202.103.xxx.xxx 带来了麻烦，电子公司报了案，协查通报到了 202.103.xxx.xxx 这个 ISP 所在地的公安局。该代理服务器的系统管理员是本站一位技术人员 F 的朋友。F 通过对受害者的服务器进行安全检查发现了原因。首先，其端口 1433 为开放，SQL 数据库服务器允许远程管理访问；其次，其 IIS 服务器存在 ASP 的 bug，允许任何用户查看 ASP 源代码，数据库管理员账号 sa 和密码以明文的形式存在于 ASP 文件中。有了这两个条件，破坏者可以很容易地连上 SQL 数据库，以最高身份对数据库执行任意操作。对于该漏洞的补丁，请下载本站的 ASP bug 补丁修复程序。

4. 熊猫烧香(2006 年 12 月)

2006 年 12 月初，我国互联网上大规模爆发“熊猫烧香”病毒及其变种。一只憨态可掬，颔首敬香的“熊猫”在互联网上疯狂“作案”。在病毒卡通化的外表下，隐藏着巨大的传染潜力，短短三四个月，“烧香”潮波及上千万个人用户，网吧及企业局域网用户，造成直接和间接损失超过 1 亿元。2007 年 2 月 3 日，“熊猫烧香”病毒的制造者李俊落网。李俊向警方交代，他曾将“熊猫烧香”病毒出售给 120 余人，而被抓获的主要嫌疑人仅有 6 人，所以不断会有“熊猫烧香”病毒的新变种出现。李俊处于链条的上端，其在被抓捕前不到一个月的时间至少获利 15 万元。而在链条下端的涉案人员张顺目前已获利数十万元。一名涉案人员说，该产业的利润率高于目前国内的房地产业。有了大量盗窃来的游戏装备，账号，并不能马上兑换成人民币。只有通过网上交易，这些虚拟货币才得以兑现。盗来的游戏装备，账号，QQ 账号甚至银行卡号资料被中间批发商全部放在网上游戏交易平台公开叫卖，一番讨价还价后，网友们通过网上银行将现金转账，就能获得那些盗来的网络货币。李俊以自己出售和由他人代卖的方式，每次要价 500～1000 元不等，将该病毒销售给 120 余人，非法获利 10 万余元。经病毒购买者进一步传播，该病毒的各种变种在网上大面积传播。据估算，被“熊猫烧香”病毒控制的计算机数以百万计。

5. 华硕官方网站遭黑客攻击，公司被迫关闭服务器(2011 年 4 月 6 日)

2011 年 4 月 6 日据外电报道计算机零部件生产商华硕的网站遭到黑客攻击，黑客利用本周才修复的一个 Windows 系统中的紧急漏洞，通过该网站的服务器发送恶意代码。Exploit Prevention Labs 的首席技术官罗杰-汤姆森(Roger Thompson)透露，该攻击代码隐藏在网站主页的一个 HTML 元素中，并试图从另一台服务器上下载恶意代码。截至周五下午，这台服务器已经停止工作，虽然黑客们还可转移攻击目标，不过此次攻击的危险性已经下降。

通过上述案例可以看出随着互联网和电子商务的快速发展，利用网络犯罪的行为会大量出现，为了保证电子商务的顺利发展，法律保障是必不可少的。目前对我国的网络立法明显滞后，如何保障网络虚拟财物还是个空白。除了下载补丁，升级杀毒软件外，目前还没有一部完善的法律来约束病毒制造和传播，更无法保护网络虚拟钱币的安全。

电子商务交易安全的一些典型技术和协议都是对有关电子商务交易安全的外部防范，但是要想使一个商用网络真正做到安全，不仅要看它所采用的防范措施，而且还要看它的管理措施。只有将这两者综合起来考察，才能最终得出该网络是否安全的结论。因此，只有每个电子商务系统的主管、网络管理员和用户都能提高安全意识，并采取健全且严格的网络安全措施，才能在现有的技术条件下，将电子商务安全风险降至最低。

5.7 本章小结

本章在分析了电子商务的安全问题的基础上，简略地介绍了一些现在常用的安全技术，如数字签名技术、身份识别技术、密钥技术、防火墙技术等，对安全认证的机构进行了一些简要的说明，并对目前计算机犯罪、计算机病毒猖獗的原因进行了简要的分析。在学习了本章以后，读者应当掌握本章开始时所提出的学习目标。

思考题

1. 简述数字签名的实现算法。
2. 简述认证机构的层次结构。
3. 对称密钥加密和非对称密钥加密有什么异同？
4. 防火墙可分为哪两类？各有什么特点？
5. SET 和 SSL 有什么异同？
6. 计算机犯罪有什么特点？
7. 计算机病毒应如何防治？

第 6 章

电子商务的资金支付

资金支付是电子商务中非常重要的一部分，目前电子商务的网上资金支付采用了多种工具。从广义上讲，网上资金支付是通过网上支付工具及时进行的电子支付与结算。电子支付，顾名思义就是指参加电子商务活动的一方通过电子手段向另一方付款的过程。因此，严格地来说，电子支付是一种业务过程，而不是一种技术。但是，在进行电子支付活动的过程中，会涉及很多技术问题，如信用卡、电子支票、电子现金等。本章首先介绍电子支付的概念，然后介绍几种常用的网上支付工具及电子支付过程中所涉及的各种技术。

本章学习目标：

(1) 电子支付的定义和特征。

(2) 电子货币的定义和特征。

(3) 电子支票、银行卡、电子现金的概念。

(4) 电子支票的优点。

(5) 电子现金的优点和电子现金带来的问题。

(6) 磁条卡、IC 卡和光卡的特点。

(7) 目前使用的电子支付模型。

6.1 电子支付的概念和特征

6.1.1 电子支付的定义

电子支付是以金融电子化网络为基础，以商用电子化工具和各类交易卡为媒介，以计算机技术和通信技术为手段，将货币以电子数据(二进制数据)形式存储在银行的计算机系统中，并通过计算机网络系统以电子信息传递形式实现流通和支付。

电子支付是电子商务活动中最核心、最关键的环节，是交易双方实现各自交易目的的重要一步，也是电子商务得以进行的基础条件。没有它，电子商务只能是一种电子商情、电子合同或者初始意义上的电子商务，离开了电子商务的电子支付又会变成单纯的金融支付手段。因此，把电子交易和电子支付相结合，才能形成完整的电子商务过程。

6.1.2 电子支付的特征

与传统的支付方式相比，电子支付具有以下的特征：

(1) 电子支付是以计算机技术和网络技术为支撑，进行存储、支付和流通。

(2) 电子支付是集储蓄、信贷和非现金结算等多种功能为一体。

(3) 电子支付可以广泛应用于生产、交换、分配和消费领域。

(4) 电子支付使用简便、安全、迅速和可靠。

(5) 电子支付通常要经过银行的专用网络。

6.2 电子货币

6.2.1 电子货币的概念

电子货币是计算机介入货币流通领域后产生的，是现代商品经济高度发展要求资金快速流通的产物。电子货币是利用银行的电子存款系统和各种电子清算系统记录和转移资金的，它使纸币和金属货币在整个货币供应量所占的比例越来越小。电子货币的优点是明显的，它的使用和流通更方便，而且成本低，尤其是大笔的资金流动。目前，电子货币已和人们的生活密切相关，银行的存款、贷款、汇款等柜台服务大都借助于计算机系统实现，代发工资、代收费、储蓄通存通兑、银行卡、电子支票、电子现金等多种银行业务就是电子货币的各种表现形式。

电子货币的出现彻底改变了银行传统的手工记账、手工算账、邮寄凭证等操作方式。同时，电子货币的广泛使用也给普通消费者在购物、饮食、旅游和娱乐等方面的付款带来了更多便利。总之，电子货币是货币史上的一次重大变革。

电子货币最大的隐患就是安全问题。电子货币与纸币一样都是没有价值的，而且多数情况下连纸币所具有的实物形式也没有，一切都是凭着计算机里的记录。那么，一旦银行计算机系统由于本身故障，或遭人恶意破坏而造成数据错误，后果将是很严重的。而且，电子货币在传输过程中，也有被篡改的危险。

6.2.2　电子货币的特征

电子货币作为现代金融业务与现代科学技术相结合的产物，具有如下特征：

(1) 传统货币以实物的形式存在，而且形式比较单一；而电子货币则不同，它是一种电子符号，其存在形式随处理的媒体而不断变化，如在磁盘上存储时是磁介质，在网络中传播时是电磁波或光波，在 CPU 处理器中是电脉冲等。

(2) 电子货币的流通以相关的设备正常运行为前提，新的技术和设备也引发了电子货币新的业务形式的出现。

(3) 电子货币的安全性，不是依靠普通的防伪技术，而是通过用户密码、软硬件加解密系统以及路由器等网络设备的安全保护功能来实现的。

6.2.3　电子货币的表现形式

电子货币的形式是多种多样的，包括如下几种形式。

1. 电子支票

电子支票系统从 20 世纪 60 年代就开始使用了。电子支票系统通过剔除纸面支票，最大程度上开发了现有银行系统的潜力。

电子支票系统是一个十分多样的系统，如：

(1) 通过银行自动提款机(ATM)网络系统进行普通费用的支付。

(2) 通过跨省市的电子汇兑、清算，实现全国范围内的资金传输。

(3) 大额资金在海外银行之间的资金传输。

(4) 每月从银行账户中扣除电话费等。

电子支票系统包含三个实体——购买方、销售方及金融中介。在购买方和销售方做完一笔交易后，销售方要求付款。购买方从金融中介那里获得一个唯一凭证(相当于一张支票)，这个电子形式的付款证明表示购买方账户欠金融中介钱。购买方在购买时把这个付款证明交给销售方，销售方再交给金融中介。整个事务处理过程就像传统的支票查证过程。但作为电子方式，付款证明是一个由金融中介出文证明的电子流。更重要的是，付款证明的传输及账户的负债和信用几乎是同时发生的。如果购买方和销售方没有使用同一家金融中介，将会使用金融中介之间的标准化票据交换系统，这通常由国家中央银行(国内贸易)或国际金融机构(国际事务)协同控制。

电子支票方式的付款可以脱离现金和纸张进行。购买方通过计算机或 POS 机获得一个电子支票证明，而不是寄支票或直接到柜台前付款。使用这种方式，可以减少事务的费用，而且处理速度会大幅提高。总的来说，与传统的纸面支票相比，电子支票具有许多优点：

(1) 节省时间。

(2) 减少纸张传递的费用。

(3) 没有退票。

(4) 灵活性强。

电子支票系统目前一般是专用网络系统，国际金融机构通过自己的专用网络、设备、软件及一套完整的用户识别、标准报文、数据验证等规范化协议完成数据传输。系统今后将逐步过渡到公共互联网上。

电子支票的整个事务处理过程要经过银行系统，而银行系统又有义务出文证明每一笔经它处理的业务细节，因此，电子支票的一个最大的问题就是隐私问题。

2. 银行卡

银行卡是由银行发行的，是银行提供电子支付服务的一种手段。

信用卡(credit card)就是一种常见的银行卡。信用卡具有购物消费、信用借款、转账结算、汇兑储蓄等多项功能。信用卡可在商场、饭店等许多场合使用。可采用刷卡记账、POS结账、ATM提取现金等多种支付方式。

用户到银行开立一个信用卡账户，就可以得到一张信用卡。信用卡有一个信用卡号，用于识别持卡人信用卡账户。而持卡人身份的识别存在两种方式，一种是由持卡人出示身份证明如本人签章、身份证等；另一种是通过口令来识别，口令应该只有持卡人知道，主要用于确认持卡人的合法身份。这里以第二种方式进行电子购物为例，了解一下使用信用卡进行电子支付的过程。用户要购买某种商品时，就把自己的信用卡号和口令提供给商家，申请购物。商家得到购物申请后，与开卡行取得联系，请求开卡行进行支付认可。开卡行在确认持卡人的身份之后，给商家返回一个确认信息批准交易。之后，商家供货给持卡人，银行则把相应的货款由持卡人的账户转到商家的账户上。这样就完成了一次交易。

从上面的交易过程可以看出，与普通现金相比，使用信用卡交易有不少的好处：

(1) 携带方便，不易损坏。信用卡一般用塑料制成，小巧轻薄，便于携带，而且不容易损坏。而普通现金一般由纸制成，容易污损。此外，如果所需数量较多时，携带也不方便。

(2) 安全性好。信用卡有账户和口令，丢失后可以挂失，而且还有口令这层保护。而普通现金丢失后，就很难找回了。

(3) 可以进行电子购物。使用信用卡支付可以通过电话或网络进行，普通现金没有这样的功能。

当然，使用信用卡也存在着一些问题。其中最主要的就是安全问题。信用卡的安全已成为持卡人最关心的问题，很多人都担心因口令被泄露而导致信用卡被盗用。这种担心并不是多余的，事实上，信用卡被盗用的情况并不少见。这都是安全措施不得力造成的。要想顺利地推进信用卡的应用，就一定要确实保证其安全性。安全电子交易(SET)协议是一种新型的安全交易模式，它的一项重要功能就是保证信用卡交易的安全性。现在，SET协议正在全球范围内推行。

其他银行卡还有借记卡(debit card)、灵通卡、专用卡等。其基本功能都是用于电子支付，只是存在着一些业务范围的差异。信用卡与其他银行卡的一个重要差别在于，信用卡不仅是一种支付工具，也是一种信用工具。使用信用卡可以透支消费，给用户带来了方便，但这同时也给银行带来了恶意透支的问题。

3. 电子现金

电子现金又称为数字现金，是纸币现金的电子化。因此，数字现金同时拥有现金和电子化两者的优点，主要表现在以下7个方面。

1）匿名

这同样也是纸币现金的优点。买方用数字现金向卖方付款，除了卖方以外，没有人知道买方的身份或交易细节。如果买方使用了一个很复杂的假名系统，甚至连卖方也不知道买方的身份。

2）不可跟踪性

不可跟踪性是现金的一个重要特性。不可跟踪性可以保证交易的保密性，也就维护了交易双方的隐私权。除了双方的个人记录之外，没有任何关于交易已经发生的记录。因为没有正式的业务记录，连银行也无法分析和识别资金流向。也正是因为这一点，如果电子现金丢失了，就会同纸币现金一样无法追回。

3）节省交易费用

数字现金使交易更加便宜，因为通过 Internet 传输数字现金的费用比通过普通银行系统支付要便宜得多。为了流通货币，普通银行需要维持许多分支机构、职员、自动付款机及各种交易系统，这一切都增加了银行进行资金处理的费用。而数字现金是利用已有的 Internet 网络和用户的计算机，所以消耗比较小，尤其是小额交易更加合算。

4）节省传输费用

普通现金的传输费用比较高。这是因为普通现金是实物，实物的多少与现金金额是成正比的，金额越大实物货币就越多。大额现金的保存和移动是比较困难和昂贵的。而且，数字现金流动没有国界。在同一个国家内流通现金的费用跟国际间流通的费用是一样的。这样就可以使国际间货币流通的费用比国内流通费用高出许多的状况极大地改观。

5）持有风险小

普通现金有被抢劫的危险，必须存放在指定的安全地点，如地下金库。而且在存放和运输过程中都要由保安人员看守。保管普通现金越多，所承担的风险越大，在安全保卫方面的投资也就越大。

6）支付灵活方便

数字现金的使用范围比信用卡更广。信用卡支付仅限于被授权的商店，而数字现金支付却不必有这层限制。

7）防伪造

高性能彩色复印技术和伪造技术的发展使伪造普通现金变得更容易了，但并不会影响到电子现金。

由数字现金所带来的诸多好处可以看出，使用数字现金可以扩大商业机会，促进 Internet 上经济活动的增长。中、小企业可以利用这个机会增强自身的竞争力。因为通过 Internet，企业跨国经营已不再是大型企业的专利。企业也可以使用这种交易工具降低交易成本。数字现金的出现意味着用户可以花更少的钱得到更好的服务。

数字现金的表现形式有多种，如预付卡和纯电子系统。

（1）预付卡。买方购买特定销售方可以接受的预付卡支付货款。预付卡与常用的电话卡有些相似，不同之处在于它们的流动性。电话卡只能用于支付电话费，流动性相对小；而预付卡在许多商家的 POS 机上都可受理，常用于小额现金的支付。

（2）纯电子系统。这种形式的数字现金没有明确的物理形式，以用户数字号码的形式存在,适用于买、卖双方物理上处于不同地点并通过网络进行电子支付的情况。支付行为表现为把数字现金从买方处扣除并传输给卖方。在传输过程中,通过加密保证只有真正的卖方才可以使用这笔现金。

当然,数字现金同样会带来问题,主要表现为税收和洗钱、外汇汇率的不稳定性、货币供应的干扰和恶意破坏与盗用四个方面。

① 税收与洗钱。由于数字现金可以实现跨国交易,税收和洗钱将成为潜在的问题。通过 Internet 进行跨国交易是否要征税呢?如果要征税,又如何征(如使用哪个国家的税率,对谁征税,哪个国家征税等)?现在,这样的国际税收的问题时有发生,将来会更加突出。为了解决这个问题,国际税收规则必须进行调整。此外,由于数字现金像真实的现金一样,流通不会留下任何记录,税务部门很难追查,所以即使将来调整了国际税收规则,收税也不是一件容易的事。数字现金的这个不可跟踪性将很可能被不法分子用以逃税。

数字现金使洗钱也变得很容易,因为利用数字现金可以将钱送到世界上任何地方而不留下一点痕迹。如果调查机关想要获取证据,则需要检查网上所有的数据包并且破译所有的密码,这几乎是不可能的。

② 外汇汇率的不稳定性。数字现金会增加外汇汇率的不稳定性。数字现金也是总货币供应量的一个组成部分,可以随时兑换成普通现金。普通现金有外汇兑换的问题,数字现金也就应该有。数字现金涉及的外汇兑换也要有汇率,这就需要 Internet 上也设立一个外汇交易市场。数字现金的汇率与真实世界里的汇率应该是一样的,即使不一致,套汇交易也马上就会使二者等同起来。在真实世界里,只有一少部分人(如交易代理商、银行家和外贸公司等)能参与外汇市场交易。而在计算机空间里,任何人都可以参与外汇市场,这是因为手续费要低得多,而且人们不再受到国界的限制。这种大规模参与外汇市场的现象将会导致外汇汇率的不稳定。

计算机外汇市场与现实世界里的外汇市场的区别在于:从一种货币的数字现金兑换成另一种货币的数字现金所需的费用比兑换现金的费用大幅降低。因为数字现金的兑换只涉及电子数据的重写。而在现实世界里,货币兑换要涉及真实货币的流通费用,所以买汇与卖汇的汇率有一定的差价。如果采用数字现金,就不用支付这些手续费,兑换费用低。兑换费用的减少使更多的人参与外汇市场交易成为可能。

用数字现金购物不再受到国界的限制,因为 Internet 是没有国界的,因此人们很容易就可以进行货币兑换。如果一种货币的数字现金贬值了,人们就会把它兑换成另一种货币的数字现金。由于数字现金的外汇汇率是与真实世界的汇率紧密联系的,这种不稳定反过来就会影响真实世界。

③ 货币供应的干扰。因为数字现金可以随时与普通货币兑换,所以数字现金量的变化也会影响真实世界的货币供应量。如果银行发放数字现金贷款,数字现金量就可能增多,产生新货币。这样当电子现金兑换成普通货币时,就会影响到现实世界的货币供应。电子货币与普通货币一样会有通货膨胀等经济问题,而且因其特殊性,这些问题可能还会更加严重。在现实世界里,国家边界和浮动汇率的风险在一定程度上抑制了资金的流动量,而电子现金却没有这样的障碍。数字现金没在国界,没有中央银行机构,可以由任何银行发放,所以即使政府想控制数字现金的数量也做不到。这个因素使中央银行对货币量的控制

更加困难。在没有中央银行对电子货币量进行有效控制的情况下，计算机空间发生金融危机的可能性比现实世界更大。

④ 破坏与盗用。像其他电子产品一样，电子现金也存在安全性的问题。电子产品的一大特点就是易复制。要想流通电子现金，就一定要防止非法复制或重复使用电子现金。电子现金是存储在计算机里的，因此也可能遭到恶意程序的破坏。另外，如果不妥善地加以保护，电子现金也有被人盗用的危险性。所以，一定要采取某些安全措施，如加密等，保护电子现金的存储和使用安全，否则电子现金就很难被用户接受。

6.2.4　卡与 POS

卡按功能可以分为信用卡、借记卡、电话卡、灵通卡、预付卡等，这在电子货币中已有所介绍。在这一小节中，将从介质的角度出发，分别介绍磁条卡、IC 卡和光卡。

1. 磁条卡

磁条卡是以磁材料为介质的卡。基本原理是在塑料卡中加入一个磁条，作为记录信息的载体。以磁材料作为信息的载体，已有多年的历史。从早期的磁鼓、磁带，到磁盘，再到磁条卡，技术也在不断进步，存储容量越来越大，访问速度越来越快，可靠性也越来越高。现在，磁条卡在很多领域还有应用，如常用的电话卡，就有不少是属于磁条卡。磁条卡在我国已经过十余年的发展，从技术、应用和各种磁条卡设备的投资来看，磁条卡还占有一定地位。但磁介质作为信息载体也存在不少问题。

(1) 复制磁介质上的信息比较容易，从而使磁介质的保密性差。信息容易被泄露和盗用。卡易被伪造。

(2) 对磁介质进行擦写也比较容易。所以卡上的信息易被篡改。

(3) 磁介质的可靠性不太高。磁介质很易受外界环境的影响，如强磁场、潮湿等，都可能会导致磁介质出现故障。而且反复擦写也会使磁介质的可靠性变差。

鉴于磁介质的诸多弱点，许多厂商已把目光转向了其他更可靠的材料，但由于磁条卡已使用多年，再加上价格便宜，在今后几年也还会有一定的市场份额的。

2. IC 卡

IC 卡是近几年最流行的一种卡，在通信、医疗卫生、交通、社会保险、税务等诸多领域都有应用。IC 卡具有存储量大、数据保密性好、抗干扰能力强、存储可靠、读卡设备简单、操作速度快、脱机工作能力强等优点，其应用范围极为广泛。

IC 卡按卡内所装配的芯片不同，可分为存储器卡、逻辑加密卡和智能卡(CPU 卡)三种。IC 卡的芯片中都有 E^2PROM(可电擦可编程只读存储器)。带触点的 IC 卡遵循 ISO/IEC 7816-1/2/3/4 国际标准。

1) 储器卡

存储器卡只含有一般的 E^2PROM 芯片。卡的内部不能提供任何安全措施，只能由读写器提供一些有限的安全检查手段。这种卡一般用于保健卡等对安全性要求不太高的场合，或在联机情况下使用。

2）逻辑加密卡

逻辑加密卡由逻辑电路和 E^2PROM 两部分组成，实现了对 E^2PROM 存储单元读/写/擦除的控制，增强了卡的安全性。逻辑加密卡的 E^2PROM 存储区一般分成几个区，如制造区、发行区、密码区、应用区、个人区等，不同的区有不同的功能。逻辑加密卡有不同的品牌和型号，不同种类卡内部的存储区的划分也不尽相同。但一般都要记录制造商信息、发行商信息、加密信息、个人信息和应用信息。这些信息有些是写入就不可变更的（如制造商信息），有些是可以擦写的，如持卡人口令。因为逻辑加密卡内加入机密功能，所以它的安全性能比存储器卡好，但还不能有效地防止伪造。多数逻辑加密卡只有一个应用区，因此只能作为单应用卡使用，不是很方便。

3）智能卡

智能卡内带有 MPU（微处理器）、E^2PROM、RAM 和 ROM，能进行复杂的加密运算和密钥密码管理。其安全性和可靠性高于前两种卡，应用范围也广泛得多，可一卡多用。

智能卡芯片内部电路主要由微处理器和存储器两部分组成。目前，微处理器一般采用 8 位字长的处理器。工作时，微处理器接收读写器发送的命令并分析，如果满足访问存储器的条件，就向存储器提供访问地址。写入时，读写器提供要写入的数据；读出时，将从存储器读出的数据交给微处理器处理，并将处理结果返回读写器。此外，智能卡通常采用 DES、RSA 等加密/解密算法，加密运算也是由微处理器完成的。微处理器完成的一切操作都受控于卡内操作系统（Chip Operating System，COS）。

智能卡内有 3 类存储器，它们的存储特性不同，智能卡也正是利用了它们不同的存储特性来完成不同的功能。ROM 是只读存储器，在一次写入后就不能更改。这正好满足了 COS 的需要，因为 COS 在任何情况下都不允许更改或丢失。所以，COS 主要（或全部）的程序代码都固化在 ROM 中，其容量一般在 3～16KB 之间。与应用有关的数据（如金额）要求在交易时能修改，而断电后又不丢失，使用 E^2PROM 最合适。各类文件、口令、密钥、应用数据，以及各种控制信息等都存储在 E^2PROM 中，有时还会存入部分程序，其容量一般在 1～8KB 之间。RAM 的存取速度最快，但在断电后数据就会丢失。因此，RAM 主要用于存放智能卡交易过程中的一些中间结果和安全状态等，或用作 I/O 数据缓冲区及程序嵌套时的堆栈区等，其容量一般在 128～512B 之间。智能卡在使用过程中，读写器对任一存储单元进行读写操作都需通过 COS，这是确保卡的安全性的必要条件，因此 COS 的设计非常重要。设计完善的 COS 可有效地防止人为的非法攻击。智能卡可提供的应用空间在 1～8KB 之间，比前两种卡大得多。此外，还可以利用微处理器的灵活性，在卡发行时设计成多应用卡，实现一卡多能。

普通智能卡的应用程序是由少量的专业程序开发人员通过使用低级的、类似于汇编的语言编写的。而且每个智能卡零售商都使用自己专用的编程语言，语言之间不具有互操作性。这一方面阻碍了智能卡技术的交流，另一方面也限制了智能卡的应用领域。针对这一问题，Sun 公司公布了 Java Card API 规范，其目的就是结合 Java 与智能卡技术，发挥它们各自的优势，扩展智能卡的应用领域。

Java Card API 是标准的应用程序接口，可以在目前任何智能卡上运行。Java 卡可以帮助开发人员快速、便捷地建立大量智能卡应用程序。智能卡最吸引人的应用领域就是电子商务。Card API 强化了客户方的电子商务功能特性,用户可以在智能卡上保留关键信息,如口令、数据认证、交易信息等。以前电子商务用户被束缚在终端上,Java 卡的出现使用户终于摆脱了这种束缚。Java 卡、Java 商务应用程序接口与 Java 钱包三者的结合,为电子商务应用程序开发人员提供了良好的开发环境。Java 语言具有可扩展和独立于平台的优点,结合智能卡的灵活性,使 Java 卡具有以下的优势:

(1) 符合工业标准,并具有可扩展性。

(2) 针对智能卡优化了 Java 功能。

(3) 实现了"一次编写、到处运行"。

(4) 动态、安全。

(5) 应用程序丰富。

(6) 使用便捷。

3. 光卡

光卡是近几年才出现的一种新型的存储介质,在美国、欧洲、日本等发达国家已经开始使用。与磁卡和 IC 卡相比,光卡具有存储量大(约为磁卡的 2 万倍、IC 卡的 250 倍)、存储时间长(10 年以上)、不受磁场干扰、保密性强、不易磨损、成本低等优点,因此应用前景十分广阔。光卡具有某些磁卡和 IC 卡无法获得的良好特性,还可以把磁条、IC 芯片集成在同一张光卡中形成复合卡,与原来的磁卡、IC 卡系统兼容,是很有发展前途的。

光卡的特殊性能表现在以下几个方面:

(1) 信息存储量大。目前一张标准光卡的存储容量是 4.1MB,还有 6.6MB 和 1.5MB 等规格,甚至可以存储如彩色照片这样的多媒体数据,磁条卡和 IC 卡是很难做到这一点的。按每字节数据所支付的费用计算,光卡的价格极大地低于磁卡和 IC 卡,具有极高的性能价格比。

(2) 光卡记录的数据在物理上不可改写,安全性好。磁卡、IC 卡的数据均可以重新改写,使数据的安全性受到影响。而光卡是由激光在光学介质上打凹洞形成永久的变形,不可恢复,因而从根本上杜绝了篡改数据的可能性。

(3) 可靠而且经久耐用。光卡不怕磁场、电场的干扰,也不怕 X 射线和水,耐高温,且不怕弯曲和摩擦。

(4) 光卡使用专利技术制造,可防止伪造,并使用了多种加密技术。光卡采用透视激光全息防伪标志,在特定道上用特殊方法加上公司印记,不易伪造。光卡在不同分区加入不同级别的口令,只有分区的所有者才能进入该分区。存储的文件也要进行加密处理。光卡中还要记录持卡人的标识,这个标识不是普通的口令,而是利用持卡人的生理特征产生,如照片、签字、指纹等。这个标识唯一确定了持卡人,无法盗用,比口令更安全。

由于光卡的以上特性,它广泛应用于个人证件、军事、安全、金融、财务、医疗、保健、车辆管理、物资货运管理、城市规划等行业中。

6.3　网上交易的安全协议

目前网上交易的安全协议主要有安全电子交易(Secure Electronic Transaction,SET)

和安全套阶层(Secure Socket Layer,SSL)两种。

SET 主要针对信用卡在网上支付的协议,在这个协议中将交易网络和银行卡网络之间的接口称为支付网关。SET 的核心技术有公开密匙加密、电子数字签名、电子信封、安全证书等。SET 提供了消费者、商家和银行的认证,确保交易双方身份和交易的合法性,并保证交易数据的安全、可靠性。

SSL 是由网景公司推出的一种安全通信协议,采用公匙和私匙两种方式对计算机之间的整个会话过程进行加密。

支付网关(payment gateway)是连接网上银行和互联网的一组服务器,主要用于完成两者之间的通信、协议转换以及数据加密和解密,以保证银行内部数据的安全性。主要流程是这样的:一方面,互联网将加密后的数据传给支付网关,网关将其解密,并按照银行内部通信协议将数据重新打包;另一方面,将银行系统内部的数据转换为互联网格式并进行加密后传送出去。

这部分内容在上一章中已有介绍,这里不再赘述。

6.4 电子支付模型

电子商务的业务包括两大部分,一部分是 B2B,即企业与企业之间的业务活动,主要是保证企业生产供应链的通畅;另一部分是 B2C,即企业与消费者之间的业务,是为了方便企业销售和消费者购物,主要表现为网上购物。目前在 Internet 上提供网上购物服务的公司很多,包括金融公司、信用卡公司、批发零售公司等。具有代表性的公司有 CyberCash、First Virtual Corp.(FVC)、OpenMarket 等。在美国,网上购物服务流程完全按照实际购物流程进行设计,用户在网上购物非常方便,感觉与实际购物环境差别不大。

最初的网上购物不包括电子支付功能,只负责商品浏览和下订单,付款是通过其他途径(如电话、传真等)完成的。电子支付功能是网上购物的关键问题,既要使消费者感到方便快捷,又要保证交易各方的安全保密,这就需要一个比较完善的电子交易模型。

6.4.1 支付系统无安全措施的模型

1. 流程

用户从商家订货,并把信用卡信息通知商家。信用卡信息的传递方法有两种,一种是通过电话、传真等非网上手段;另一种是通过网络传送,但没有安全措施。信用卡信息的合法性检查是在商家和银行之间进行的,其流程图如图 6-1 所示。

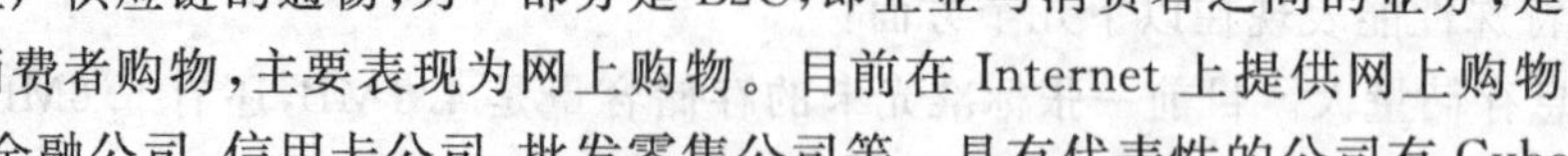

图 6-1 支付系统无安全措施模型的流程

2. 特点

(1) 风险由商家承担。

(2) 商家完全掌握用户的信用卡信息。

(3) 信用卡信息的传递无安全保障。

这种模式至少有两大弱点。其一，商家得到了用户的信用卡信息，这样商家就有义务妥善保护用户的这些信息，否则用户的隐私权很容易遭到侵犯。事实上，有些商家并未履行这个义务，而是为了商业利益把信息透露给了第三方。其二，信用卡信息的传递没有安全保障，这样就很容易被人截获或篡改。由此可以看出，这种模型很不安全。

6.4.2　通过第三方经纪人支付的模型

用户在第三方付费系统服务器上开一个账户，用户使用这个账户付款。这种方法交易成本很低，对小额交易很适用。

1. 流程

用户在网上经纪人处开立一个账户，网上经纪人持有用户的账户和信用卡号。用户用这个账户从商家订货，商家将用户账户提供给经纪人，经纪人验证商家身份，给用户发送电子邮件，要求用户确认购买和支付后，将信用卡信息传给银行，完成支付过程。流程图如图 6-2 所示。

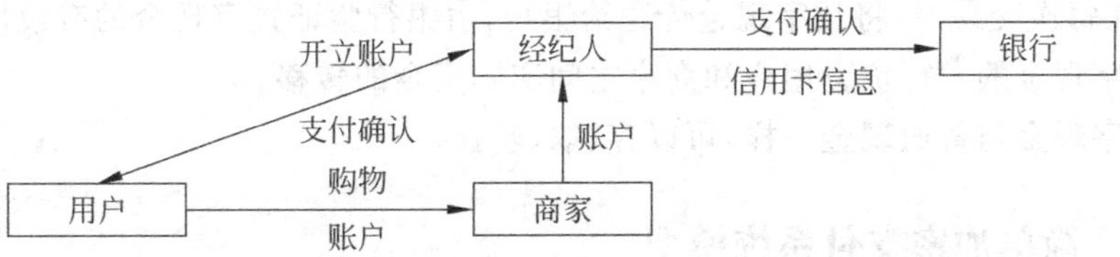

图 6-2　通过第三方经纪人支付模型的流程

2. 特点

(1) 用户账户的开设不通过网络。

(2) 信用卡信息不在开放的网络上传送。

(3) 通过电子邮件来确认用户身份。

(4) 商家自由度大，风险小。

(5) 支付是通过双方都信任的第三方(经纪人)完成的。

这种方式的关键在于第三方，交易双方都对它有较高的信任度，风险主要由它承担，保密等功能也由它实现。

6.4.3　数字现金支付模型

用户在现金服务器账户中预先存入的现金，就可以得到相应的数字现金，可以在电子商业领域中进行流通。数字现金的主要优点是匿名性和不可追踪性，缺点是需要一个大型数据库来存储用户的交易情况和数字现金的序列号以防止重复消费。这种模式适用于小额交易。

1. 流程

用户在银行开立数字现金账户，购买兑换数字现金。然后使用个人计算机数字现金终端软件从银行账户取出一定数量的数字现金存在硬盘上。用户从同意接收数字现金的商家订货，使用数字现金支付所购商品的费用。商家与用户银行之间进行清算，用户银行将用户购买商品的钱支付给商家，其流程如图 6-3 所示。

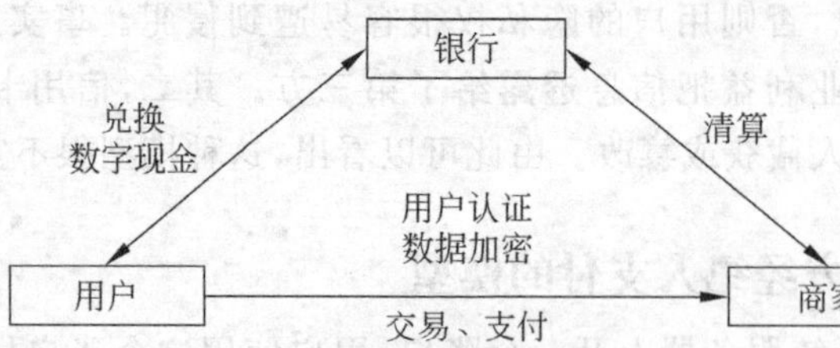

图 6-3 数字现金支付模型的流程

2. 特点

(1) 银行和商家之间应有协议和授权关系。

(2) 用户、商家和数字现金的发行都需要使用数字现金软件。

(3) 适用于小额交易。

(4) 身份验证是由数字现金本身完成的。数字现金的发行在发放数字现金时使用数字签名；商家在每次交易中，将数字现金传送给银行，由银行验证数字现金的有效性。

(5) 数字现金的发行负责用户和商家之间实际资金的转移。

(6) 数字现金与普通现金一样，可以存、取、转让。

6.4.4 简单加密支付系统模型

这是现在比较常用的一种支付模式。用户只需在银行开立一个普通信用卡账户。在支付时，用户提供信用卡号码，但传输时要进行加密。采用的加密技术有 SHTTP、SSL 等。这种加密的信息只有业务提供商或第三方付费处理系统能够识别。由于用户进行网上购物时只需提供信用卡号，这种付费方式带给用户很多方便。但是，一系列的加密、授权、认证及相关信息传送，使交易成本提高，所以这种方式不适用于小额交易。

1. 流程

用户在银行开立一个信用卡账户，并获得信用卡号。用户自商家订货后，把信用卡信息加密后传给商家服务器。商家服务器验证接收到的信息的有效性和完整性后，将用户加密的信用卡信息传给业务服务器，商家服务器无法看到用户的信用卡信息。业务服务器验证商家身份后，将用户加密的信用卡信息转移到安全的地方解密，然后将用户信用卡信息通过安全专用网传送到商家银行。商家银行通过普通电子通道与用户信用卡发生联系，确认信用卡信息的有效性。得到证实后，将结果传送给业务服务器，业务服务器通知商家服务器交易完成或拒绝，商家再通知用户。整个过程只要经历很短的时间。交易过程的每一步都需要交易方以数字签名来确认身份，用户和商家都须使用支持此种业务的软件。数字签名是用户、商家在注册系统时产生的，不能修改。用户信用卡加密后的信息一般都存储在用户的计算机上，其业务流程如图 6-4 所示。

2. 特点

(1) 信用卡等关键信息需要加密。

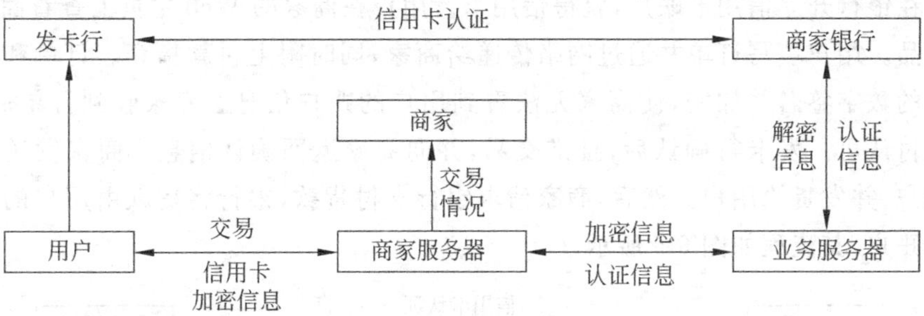

图 6-4　简单加密支付系统模型的流程

(2) 使用对称和非对称加密技术。

(3) 可能要启用身份认证系统。

(4) 以数字签名确认信息的真实性。

(5) 需要业务服务器和服务软件的支持。

这种模型的关键在于业务服务器,保证业务服务器和专用网络的安全就可以使整个系统处于比较安全的状态。由于商家不知道用户信用卡的信息,就杜绝了商家泄露用户隐私的可能性。

6.4.5　SET 模型

安全电子交易(Security Electronic Transaction,SET)是在开放的 Internet 上实现安全电子交易的一个国际协议和标准。SET 最初是由 Visa Card 和 MasterCard 合作开发完成的,其他合作开发伙伴还包括 GTE、IBM、Microsoft、Netscape、SAIC、Terisa、VeriSign 等。

1. SET 的目标

SET 是以信用卡支付为基础的网上电子支付系统规范,为了满足用户、银行、商家和软件厂商的多方需求,它必须实现以下目标:

(1) 信息在 Internet 上安全传输,不能被窃听或篡改。

(2) 用户资料要妥善保护,商家只能看到订货信息,看不到用户的账户信息。

(3) 持卡人和商家相互认证,以确定对方身份。

(4) 软件遵循相同的协议和消息格式,具有兼容性和互操作性。

2. SET 标准的内容

(1) 加密算法。

(2) 证书信息及格式。

(3) 购买信息及格式。

(4) 认可信息及格式。

(5) 划账信息及格式。

(6) 实体之间消息的传输协议。

3. 流程

SET 协议的工作流程与实际购物流程非常接近,但一切操作都是通过 Internet 完成的。用户在银行开立信用卡账户，获得信用卡。用户在商家的 Web 主页上查看商品目录选择所需商品。用户填写订单并通过网络传递给商家，同时附上付款指令。订单和付款指令要有用户的数字签名并加密，使商家无法看到用户的账户信息。商家收到订单后，向发卡行请求支付认可。发卡行确认后，批准交易，并向商家返回确认信息。商家发送订单确认信息给用户，并发货给用户。然后，商家请求银行支付货款，银行将货款由用户的账户转移到商家的账户，其流程如图 6-5 所示。

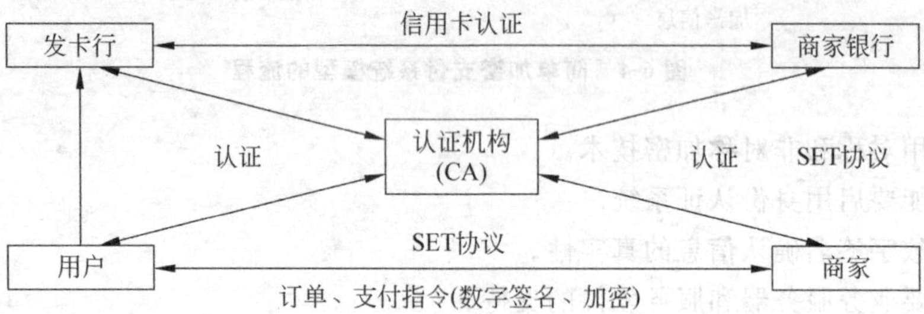

图 6-5　SET 模型的流程

4. SET 协议的安全措施

(1) 加密技术：同时使用私钥与公钥加密算法。

(2) 数字签名技术。

(3) 电子认证：电子交易过程中，必须确认用户、商家及其他相关机构身份的合法性，这要求建立专门的电子认证机构(CA)。关于电子认证机构在安全性一节已进行了讨论，这里不再详述。

(4) 电子信封：为了保证信息传输的安全性，交易所使用的密钥必须经常更换，SET 使用电子信封的方式更换密钥。方法是，由发送方自动生成专用密钥，用它加密明文，再将生成的密文同密钥一起用公钥密钥的手段加密传出去。收信人用公钥解密后，得到专用密钥，再次解密。

SET 提供对交易参与者的认证，确保交易数据的安全性、完整性和交易的不可抵赖性，特别是保证了不会将持卡人的账户信息泄露给商家，这些都保证了 SET 协议的安全性。再加上多家大公司的支持，相信 SET 协议在未来几年的应用前景会比较乐观。

6.5　其他电子支付相关技术

电子支付的广泛应用需要一些硬设备和软件的支持，是电子商务基础设施建设的重要组成部分。

1. 自动取款机

客户可以在银行营业网点、大商场、宾馆等场所的自动取款机上获得包括存款、取款、转账、查询在内的各种服务。自动取款机不受银行工作日的限制，客户可得到一周 7 天、每天 24 个小时的全天候服务。

2. 售货终端机

银行在饭店、商场等消费场所设置POS机，客户在消费时凭银行卡在POS机上进行支付。

3. 电话和客户终端

客户通过电话、客户终端等接受银行提供的金融服务，如账户信息查询、转账、证券买卖等。

4. 网上银行

网上银行从概念上讲有两种模式。一种是完全依赖Internet发展起来的全新的电子银行，此类银行几乎所有的业务都要通过Internet进行。1996年6月，美国3家银行联合在Internet上成立了全球第一家网上银行——安全第一银行，它通过Internet提供全球范围内的金融服务，银行的用户足不出户就可以进行存款、取款、转账、付款等业务。这种银行最大的优点就是节省费用。“安全第一银行”的行长估计他们的管理费用只占总资产的1%，而一般的企业则要达到3%～3.5%，所以它可以带给用户更多的利益，如提供优惠的利率，且收费仅为普通银行的三分之一。网上银行的另一种模式是运用计算机和网络技术开展传统银行业务，如日常交易处理、发展家庭银行、发展企业银行等。这种模式与前一种模式的不同之处在于，它是利用计算机辅助银行开展业务，而不是完全电子化。现在，全世界最大的100家银行中，已有10%上了Web站点。美国前50家银行中，大部分银行已允许客户通过Internet访问其站点，查看自己的账户信息，部分银行还提供网上存钱、转账业务。

5. 电子钱包

电子钱包是电子商务购物(尤其是小额购物)活动中常用的一种支付工具。在电子钱包内存放的是电子货币，如电子现金、电子零钱、电子信用卡等。使用电子钱包购物，通常需要在电子钱包服务系统中进行。电子商务活动中电子钱包的软件通常都是免费提供的。目前世界上有VISA cash和Mondex两大电子钱包服务系统。

电子钱包用户通常在银行里都是有账户。在使用电子钱包时，先安装相应的应用软件，然后利用电子钱包服务系统把自己账户里的电子货币输进去。发生收付款时，用户只需在计算机上单击相应项目即可。系统中设有电子货币和电子钱包的功能管理模块，称为电子钱包管理器，用户可以用它来改变口令或保密方式等，以及用它来查看自己银行账号上电子货币收付往来的账目、清单及其他数据。系统中还提供了一个电子交易记录器，顾客通过查询记录器，可以了解自己的购物记录。

6. SWIFT

SWIFT是一种专用的金融服务系统，用于处理电子票据的安全传输。SWIFT使用专用网络进行电子支付，软件系统是专门设计的，对安全有严格要求，应用范围主要是企业与企业之间(如银行与银行或银行与普通企业)。为了保证报文传输的可靠、完整与安全，SWIFT主要从以下3个方面进行安全控制：

(1) 用户身份与操作合法性检查，包括用户口令机制与读写控制。

(2) 数据完整性控制，对传输数据进行校验，排除介质故障和篡改。

(3) 数据安全控制。对数据进行加密，防止"窃听"。

6.6 移动支付

移动支付也称为手机支付，就是允许用户使用其移动终端（通常是手机）对所消费的商品或服务进行账务支付的一种服务方式。单位或个人通过移动设备、互联网或者近距离传感直接或间接向银行金融机构发送支付指令产生货币支付与资金转移行为，从而实现移动支付功能。移动支付将终端设备、互联网、应用提供商以及金融机构相融合，为用户提供货币支付、缴费等金融业务。

移动支付主要分为近场支付和远程支付两种，所谓近场支付，就是用手机刷卡的方式坐车、买东西等，很便利。远程支付是指通过发送支付指令（如网银、电话银行、手机支付等）或借助支付工具（如通过邮寄、汇款）进行的支付方式，如掌中付推出的掌中电商、掌中充值、掌中视频等属于远程支付。目前支付标准不统一给相关的推广工作造成了很多困惑。

移动支付标准的制定工作已经持续了 3 年多，主要是银联和中国移动两大阵营在比赛。数据研究公司 IDC 的报告显示，2017 年全球移动支付的金额将突破 10 000 亿美元。强大的数据意味着，今后几年全球移动支付业务将呈现持续走强趋势。

1. 发展背景

中国产业信息网发布的《2014—2019 年中国移动支付行业细分深度调研与发展机遇分析报告》指出，从全球移动支付发展的情况来看，2014 年全球移动支付交易值将达到 3250 亿美元，与 2013 年 2354 亿美元的交易价值相比，增长达 38%，而在可预见的未来，全球移动支付市场仍将维持在 40%左右的复合增速持续快跑。

随着 4G 技术的不断发展和普及，中国移动互联网迅速崛起。移动互联时代颠覆了桌面互联网时代人类生产、生活的方式，创造了新的信息传播模式和商业模式。截至 2014 年 6 月，我国网民规模达 6.32 亿，较 2013 年底增加 1442 万人。截至 2014 年 6 月，我国手机网民规模达 5.27 亿，较 2013 年底增加 2699 万人。手机上网的网民比例为 83.4%，相比 2013 年底上升了 2.4%。台式计算机和笔记本电脑上网网民比例略有下降，分别为 69.6% 和 43.7%。手机网民规模继续保持稳定增长，手机网民的庞大基数，是移动支付发展的必要基础。

"得入口者得用户"，拥有了用户便拥有了价值变现的可能，所以 2014 年的打车软件砸钱补贴抢入口，虽然花了 19 亿人民币，但是仍然是赢家。移动支付未来的变现方式有多种，比如在大数据时代，利用海量的用户支付数据，可以了解用户的消费偏好、消费能力和消费种类，以此为基础进行精准营销，可以获得任何时代都无法企及的高性价比营销收入。移动支付战略位置如此重要，因此也成为各商家争夺的重点。未来现金及银行卡交易将逐步被移动支付所取代已基本可以预见，未来移动支付趋势不可逆转。

2. 发展阶段

相对于远程支付，近场支付在交易方式、硬件等方面拥有更高的安全性，且应用场景方面所受限制少，使用频率更高，资金账户方面的适用范围与远程支付也基本一致，因此近场支付在使用上更具便捷性。而历史经验证明，便捷性是推动支付手段发展演变的直接原因，远程支付最终会被近场支付替代，从 iPhone6 标配了 NFC 芯片，苹果公司推出 apple pay 这一点就能看到移动支付的未来是近场支付的。

移动支付发展可大致分为 3 个阶段，分别为移动互联网远程支付、O2O 电子商务支付以及近场支付。目前，大部分处在第一第二阶段。

移动互联网远程支付，即基于移动互联网把 PC 端照搬过来的模式。典型代表为支付宝手机客户端、银行网银手机客户端等。比如人们在上下班的路上就可以从淘宝手机客户端上拍下商品，然后使用支付宝钱包付款，这是典型的移动互联网远程支付。

O2O 电子商务支付是目前各大互联网支付巨头争抢的蛋糕。目前巨头们纷纷针对这一领域推出一些创新支付形态，从而为移动支付产业带来一个短期的高速增长态势。该类支付技术的典型代表主要有 4 种，分别为二维码支付、声波支付、手机刷卡器支付和基于 LBS 技术的 iBeacon。此外，O2O 电商支付技术中的二维码、声波、手机刷卡器支付功能均需借助网络才能实现，因此其连接速度也受到网络限制，用户体验差强人意。

近场支付，典型代表即 NFC 支付技术，目前全球成功的案例为日本最大运营商 NTT DoCoMo 推行的手机钱包业务 Osaifu-keitai，2013 年其手机钱包用户渗透率已超过 70%。当前我国移动支付市场正处在第二阶段向第三阶段转变的时期，二维码、声波、LBS 等移动互联网交互技术只是 NFC 等近场支付方式全面推广完成前的过渡手段。常见的近场支付技术还包括 NFC、蓝牙、红外线等，NFC 支付优势明显，未来将居于主导地位。在能耗方面，蓝牙比红外线低，NFC 对能耗要求更低，即使在电池没电的情况下，具有 NFC 功能的手机依然可以通过其射频模块激发来完成电子支付。在便捷性方面，红外线信号具有方向性，低能耗蓝牙建立时间很短，NFC 所需的建立时间也非常短，尤其适合地铁、公交等快速通过类应用场景。在传输距离方面，NFC 小于 0.1m，达到厘米级，而蓝牙和红外线的传输距离都在米级甚至 10 米级，较短的控制距离使 NFC 精确度较高，在近场支付中独具优势。另外，在安全性方面，红外线保密性差，蓝牙通过软件加密，而 NFC 的卡或终端内置 SE 安全芯片，通过密钥认证来保证安全性。由此可以看出，无论是功耗，还是便捷性、精确度，甚至安全性，NFC 都是目前最适合近场支付的技术，从技术评估的角度，NFC 将会成为近场支付的主流技术。所以苹果推出了基于 NFC 技术的 apple pay 支付手段，相信会改变移动支付的现状。

6.7 微型案例：易宝支付——用支付扛起金融大旗

第三方支付是目前国内唯一由民营占主导地位的金融服务行业，随着互联网发展进入深水区，支付的发展也将打破线上线下界限，同时推动着整个互联网金融创新。

近百家合作金融机构、60 万家商户、10 亿的收入、1000 亿量级的交易规模……在中国银联、支付宝、财付通等非独立支付企业独占鳌头的第三方支付市场，作为一家独立的第三方支付企业，创立 10 年，易宝支付已经站稳脚跟。

不过，CEO 唐彬的希望并非如此简单，“支付＋金融＋营销”，易宝支付的升级战略已经启动。

淘金"行业支付"。

中国的第三方支付市场战火熊熊，仅获得支付牌照的企业就有250多家，但是在唐彬看来，整个市场主要可以分为3种模式，即银联的支付网关模式、支付宝的担保支付模式和易宝支付的行业支付模式。

"银联有着自己的独特资源，银行就是它的出资人。为了解决淘宝上商家和消费者之间的信用问题而诞生的支付宝也非常适合中国的情况。而行业支付则是围绕行业量身定制的支付解决方案。"创业总要找到一个点切入市场。行业支付便是唐彬眼中的那个点。

2003年唐彬回国创业，一开始盯上了短信支付，但是，当时的中国，一方面功能手机主导市场，另一方面，银行和运营商对短信支付不开放。唐彬回忆那段岁月感叹道，"我当时太理想化了。"

正当唐彬在短信支付上频频受挫的时候，支付宝已经诞生，并且借着庞大的淘宝用户迅速发展壮大。

怎么办？唐彬的选择是另辟蹊径。他认为，有些交易需要担保支付，但也有很多交易诸如电信缴费、买机票等没有物流，因而也不需要担保，它们需要的是更加专业化的支付服务。

2005年，易宝支付开始调转船头，进军行业支付领域。

选择行业，唐彬有着自己的标准，首先是规模要够大，至少上千亿规模；其次要处于行业电子化转型时期，需要电子化来推动支付体系的改革。

如此一来，航空和数字娱乐业首先进入了唐彬的视野。在他看来，这两个行业大有可为，但实际操作起来却并不容易。例如，航空领域，既要通过网上、电话、手机解决用户的支付问题，还要解决代理人之间的分账问题。不了解行业特点根本不可能切入行业用户。

经过几年的积累，如今易宝支付已经成为中国行业支付领军者，拉开它的合作者名单，航空旅游、网络游戏、电信、行政教育、保险（放心保）、基金、快消连锁等众多行业皆已上榜。

虽然与银联、支付宝相比，易宝支付在终端客户认知度上的劣势明显，但是"聚焦关键行业"一直都是其坚持的核心战略。因为，唐彬坚信，"行业支付模式后劲更足。"

看好移动支付。

放眼望去，公交上、地铁里、马路边……低头玩手机者随处可见。如今，随着智能手机的普及，移动互联网的影响越来越大，移动支付也成为兵家必争之地。

移动支付是唐彬创业最初的梦想，这么多年来，做行业支付，他也没有放弃移动支付。在他看来，移动互联网将给支付行业带来两大变化：一是彻底打通线上线下，将支付市场扩大10倍以上；二是基于手机具备ID、地理位置等信息，可能针对客户提供个性化的服务。

随后，易宝支付重磅推出了自己的创新性移动支付产品——一键支付，从手游的小额支付切入移动支付。

之前，游戏充值一直是玩家和商家的"痛处"，有数据显示，游戏用户在购买道具时因支付不便而放弃的比例高达70%。而业界针对游戏内的支付一般采取短信支付的方式，不仅需要跳转，而且操作也比较烦琐，用户付款成功率仅为30%。

是难题，也是商机。易宝支付推出一键支付正是基于唐彬的in game支付构想，即玩游戏时不需要停下来就能完成充值。据他介绍,用户第一次输入信用卡账号等信息后,以后可实现一键完成支付,绕过了每次支付登录的繁杂程序,10s 就能搞定。“一方面为手游商家提供最全面的支付服务,另一方面为手游玩家提供最极致流畅的支付体验。量身定制,易宝支付做行业支付天然就有这个基因。”

下一站,大易宝。

唐彬多次强调,易宝支付不单单是一家第三方支付公司,更是一家交易服务平台,希望可以整合支付、金融、营销等服务。

“第三方支付提供的是一种最基础的互联网金融服务,它既有互联网属性,又有金融属性。随着牌照的发放,它的金融属性开始凸显。”唐彬表示,第三方支付在两个方面对互联网金融具有独特的商业价值,首先就是通过参与整个交易环节,形成独特的交易数据库,其次是在闭环的交易体系下,帮助客户获得理财、融资和信用服务。

也正是基于这样的理念,易宝支付提出了自己的大易宝升级战略:“支付+金融+营销”。

据了解,易宝支付在支付的基础上还提供供应链融资服务,通过整合支付业务供应链上下游潜在的融资需求,从而促成银行和中小企业的借贷业务,一方面增加了合作伙伴的黏性,另一方面实现了更多的收入。

不过,易宝支付的供应链融资与支付宝的小贷模式不同,唐彬分析称,支付宝仅涉及从卖家到用户这个环节,而易宝支付则对整个产业链交易信息非常了解,从源头到用户,风险控制能力更强。

举例而言,航空领域涉及航空公司、一二级代理商等各个环节企业,假如其中有代理商出现资金链断裂问题,尤其是在销售旺季,代理商日子会很难过,这种情况下,易宝支付就可以为其提供担保服务。据唐彬透露,目前放贷资金一部分来自易宝支付自己的资金,一部分来自于银行合作。

目前,在营销服务方面易宝支付正在测试一款名为“哆啦宝”的营销类产品,尝试支付数据反向作用客户管理和精准营销。

据了解,“哆啦宝”主要面向餐饮类商户,通过 POS 机中内置的一套系统采集用户交易数据进行客户管理,目前在郑州和成都两个城市测试。推广期间,哆啦宝主要与易宝支付在线下铺设 POS 机的商户合作,用户首次刷卡消费时,将生成红包信息,下次消费时,POS 机将自动识别,并生成红包,如此循环。

对“哆啦宝”,唐彬寄予厚望,“哆啦宝将成为易宝支付前进当中的另一条腿,从支付环节走向用户管理,从后端渗透到前端用户。”

此外,支付宝推出余额宝,搅动整个市场,各方群雄蠢蠢欲动。据唐彬透露,易宝支付也正在筹划与基金、保险公司合作推出面向企业端的理财产品,商户将交易存款存在易宝支付中,由易宝支付提供利息或者基金等理财服务。关于这款产品,唐彬并未透露过多细节,只是强调一定会注意吸取余额宝的不足之处。

6.8 本章小结

本章分几个方面讨论了电子支付的相关技术。电子支付作为电子商务活动中的重要组成部分,所涉及的内容很广,而且还处在不断的发展变化之中,这里不可能一一谈到,有兴趣的读者可以查阅相关书籍。本章主要简述了电子支付的定义、电子支付的特征、电子货币的定义和特征、电子货币的表现形式、卡的种类和目前使用的电子支付模型等内容。

思考题

1. 简述电子支付的定义和特征。
2. 简述电子货币的定义和特征。
3. 电子货币常用的几种形式是什么?
4. 简述电子支票的优点。
5. 简述电子现金的优点和电子现金带来的问题。
6. 简述磁条卡、IC卡和光卡的特点。
7. 目前使用的电子支付模型有哪些?

第7章

电子商务物流

物流对商品生产、商品流通和商品消费的影响日益明显，引起了各方面的重视。简单地说，物流就是物的流动。这个概念经历了漫长的发展历程，并且还在不断地创新。本章从物流系统的基本概念讲起，逐渐深入到其与电子商务的关系，着重讲述电子商务下的物流系统模式以及主要的物流信息技术。

本章学习目标：

(1) 物流与供应链的关系。

(2) 物流的概念与分类、功能。

(3) 物流在电子商务中的地位与作用。

(4) 电子商务下的物流模式。

(5) 电子商务下的主要物流信息技术。

(6) 第三方物流、第四方物流、物流联盟、绿色物流。

7.1 供应链及其管理

7.1.1 供应链的概念及其结构

供应链作为企业用来实现与其他企业之间的信息共享和电子交易的一个工

具,包括通过 Internet 加强原有销售渠道、改进客户服务以及降低库存,提高采购效率等。

早期的供应链观念并没有这么宽泛,早期的观点认为,供应链仅指制造企业中的一个生产过程,是指把从企业外部采购回来的原材料和零部件,通过生产转换和销售等活动,再传递到零售商和用户的过程,即企业的供产销过程。它仅局限于企业的内部操作层上,注重企业自身的资源利用,却忽略了企业与外部供应链成员企业之间的联系,容易造成企业之间的冲突。

后来供应链的概念渐渐开始注意与其他企业的联系,注意了供应链的外部环境,认为它应是一个通过链中不同企业的制造、组装、分销、零售等过程将原材料转换成产品,再到最终用户的转换过程。这个概念无疑范围更大,也更为系统。

所谓供应链就是围绕核心企业,通过对信息流、物流、资金流的控制,从采购原材料开始,制成中间产品以及最终产品,最后由销售网络把产品送到消费者手中的将供应商、制造商、分销商、零售商,直到最终用户连成一个整体的功能网链结构模式。它是一个范围更广的企业结构模式,它包含所有回暖的节点企业,从原材料的供应开始,经过链中不同企业的制造加工、组装、分销等过程直到最终用户。它不仅是一条连接供应商到用户的物料链、信息链、资金链,而且是一条增值链,物料在供应上因加工、包装、运输等过程而增加其价值,给相关企业带来收益。构成供应链的代表性要素是供应商、制造商、批发及物流、零售企业。

供应链一般由一个核心企业,以及其上下游企业及其业务伙伴构成(核心企业可能是大型产品制造企业,也可能是大型零售企业,如美国的沃尔玛),所有供应链上的企业,在需求源信息的驱动下,通过供应链的职能分工(生产、分销、零售等)与合作,以资金流、物流/服务流为媒介实现整个供应链的不断增值。

概括起来,供应链结构主要具有以下特征:

(1) 层次性。供应链由多个、多类型甚至多国企业构成,并且表现出一定的组成层次,所以供应链结构模式比一般单个企业的结构模式更为复杂。

(2) 动态性。供应链管理因企业战略和适应市场需求变化的需要,其中节点企业需要动态地更新,这就使得供应链具有明显的动态性。

(3) 面向用户需求。供应链的形成、存在、重构,都是基于一定的市场需求而发生,并且在供应链的动作过程中,用户的需求抖动是供应链中信息流、产品/服务器、资金流动作的驱动源。

(4) 交叉性。节点企业可以是这个供应链的成员,同时又是另一个供应链的成员,众多的供应链形成交叉结构,增加了协调管理的难度。

7.1.2 供应链所体现的管理思想

如前所述,供应链是执行采购原材料,将它们转换为中间产品和成品,并且将成品销售到用户的功能网链。通过供应链集成,可以实现从供货商到零售商的全过程企业间的信息共享,不仅可以使将错失销售机会的可能降低到最低程度,降低操作成本,缩短交货时间,改善现金流量,而且可以减少整个供应链上的库存,将市场需求变化的风险降到最低程度。尽管现代社会对于供应链定义的表述不尽相同,但是基本上都体现了以下的管理思想。

1. 系统观念

它使企业不再孤立地看待自己的采购、生产和销售等经营活动和过程，而是突破企业界限束缚，将企业的产、供、销与其他市场经济及其活动建立联系，将供应商、生产商、分销商以及消费者视为一个有机联系的整体，通过集体目标统一协调所有成员的信息流、物流和资金流，取得企业之间超越组织界限的集成和整合。这样，消费者、生产者、分销商和供应商等经济主体之间以供应链的整体形式，超越组织界限，通过相互连接、依存、渗透和互动，形成合作式的网络系统，在跨组织的整体动作中实现所有成员共赢的共同目标。

2. 合作观念

供应链在本质上是建立在合作和共赢信念上的。它认为，建立在相互信任、互利及长期发展基础上的信息共享和合作行动，可以将最终消费者的需求转化为所有参与者的集体行动，每一个经济主体都从事产品制造和提供过程所必需的一部分活动，不但可以在相互支持、配合和协调中实现整体利益最大化，也会使每一个参与者从中获益。因此在供应链中，经济主体之间合作化的伙伴关系替代了传统的你死我活的竞争性关系，参与各方的决策偏好和行动目标不是完全集中在价格等短期目标上面，而是集中在行动一致，提高整体效率和产品质量，维系灵活性和整体竞争力等方面的团结合作与共同利益因素，把更好地响应和服务于消费者需求作为行动指南，致力于共赢前景的真正实现。

3. 集体性观念

供应链是具有一定市场竞争力的企业之间的一种合作性安排，是一种高效价值共同创造活动。供应链系统的各个节点选择是遵循强强联合的原则，集聚最具市场竞争力的经济资源，通过相辅相成、和谐共融的企业资源和能力的整合，发挥整体效能，将单一企业的核心竞争力融合为整体竞争力，极大地提升了市场竞争优势。

20 世纪 90 年代以来，市场环境和消费者的需求特征发生了快速的变化，以往的企业内部管理模式已经无法满足现行市场的需要，市场对企业竞争的能力提出了更高的要求。以 MRPⅡ和 JIT(just in time)为例，这两种生产方式都是只考虑企业内部资源的利用问题，一切优化工作均着眼于本企业资源的最优应用，这种指导思想在 21 世纪的市场环境中已有些不太适应。如何借助其他企业的资源达到快速响应市场需求的目的，已成为现在关注的一个热点。

7.2　现代物流的基本概念

7.2.1　现代物流的起源

物指一切物质，如物资、物品、商品、原材料、零部件、半成品等。流泛指物质的一切运动形态。既包括空间的位移，又包括时间的延续。可以是宏观的流动，如洲际、国际之间的流动；也可以是同一地域、同一环境中的微观运动，如一个生产车间内部物料的流动。

如果从“物体的流动”来理解，物流是一种古老又平常的现象。自从人类社会有了商品交换，就有了物流活动(如运输、仓储、装卸搬运等)。如果将物流作为一门科学，从系统的角度和观点来研究，它却仅有几十年的历史。因此说物流是一门新兴的学科。

物流(logistics)的起源和发展与后勤管理有着不可忽视的联系,而后勤管理最初起源于战时军事物资的供应管理。因此,物流学在欧美还广泛使用"后勤学"这个名称。在第二次世界大战末期,由于前方战线变动很快,如何组织军需品的供给,各供应基地、中间基地、前线供应点的合理配置,如何确定最佳的运输路线以最大限度地减少浪费,降低军费开支。形成了一系列综合性的研究课题。军需品供应不足,将影响到战争的成败,若供应过量则会造成浪费。为了合理解决这些问题,美国军事部门运用运筹学和电子计算机技术进行了科学研究,较好地解决了这一问题。这就是物流科学的萌芽阶段。20世纪50年代,随着经济的复苏和生产的发展,产品数量急剧增长,生产成本相对下降,而流通成本有相对上升的趋势。于是,人们才开始对各种物流活动的规律进行认真研究,以图找出降低流通费用的途径。由于目标是降低整个流通过程的费用,因此,必须考查和研究物流的全过程,即整个物流系统。研究物流系统内各个环节之间的相互关系,使原来处于潜隐状态的物流系统显现出来。并开始以物流系统为中心开展研究活动,从而形成了现代物流科学。

集成物流的概念出现于20世纪80年代,它把企业的输入与输出、物流管理以及部分市场和制造功能集成在一起。紧接着,20世纪90年代出现了新的管理模式——供应链管理,并随之出现了集成供应链概念(integrated supply chain),此时,企业的目光由企业内转向了企业外,试图通过和其他的供应链成员进行物流的协调而寻找更新的商业机会。目前,物流管理已经扩展到包括上游供应链的企业之间的物资管理,从这个意义上讲,物流指的是供应链范围内企业之间的物资转移活动(不包括企业内部的生产活动)。现代的企业物流管理已经把采购与分销两个为生产服务的领域统一在一起,形成所谓的物流供应链,这就是现代物流管理的含义。

综上所述,给出物流的定义:以供应链管理思想为出发点,以集成思想、系统理论为指导原则。物流具有3种表现形式,即物流的物质表现形式、价值表现形式和信息表现形式。物流的物质表现形式为企业之间的物质资源的转移(包括时间、空间和形态的转移);物流的价值表现形式为物流过程是价值增值过程,是能够创造时间价值和空间价值的过程;物流的信息表现为物流过程是信息采集、传递与加工的过程。基于定义,现代物流的研究范畴应包括供应链的物流,供应链企业之间的原材料、半产品、产品的供应与采购关系,更具体地说,是供应链联盟内的物流活动。

7.2.2 物流的构成

从现代企业角度上研究与之有关的物流活动,是具体的、微观的物流活动的典型领域。企业物流可以区分为以下具体的物流活动。

1. 企业供应物流

企业为保证自身生产的节奏,不断地组织原材料、零部件、燃料、辅助材料供应的物流活动,这种物流活动对企业生产的正常、高效运作起着重大作用。企业供应物流要在最低成本、最少消耗的情况下达到保证供应量的目标,因此,实施起来有一定的难度。企业竞争的关键在于如何降低这一物流过程的成本,可以说它是企业物流的最大难点。为此,企业供应物流就必须解决有效的供应网络、供应方式、零库存等问题。

2. 企业生产物流

企业生产物流指的是企业在生产工艺中的物流活动。这种物流活动是伴随着整个生产工艺过程而产生的,实际上已经构成了生产工艺过程本身的一部分。企业生产过程的物流大体可以描述为原料、零部件、燃料等辅助材料从企业仓库或企业的“门口”开始,进入到生产线的开始端,再进一步随生产加工过程一个一个环节地流,在流动的过程中,原料等被加工,同时产生一些废料、余料,直到生产加工终结,再流至生产成品仓库,便终结了企业生产物流过程。

过去,人们在研究生产活动时,主要注重一个一个的生产加工过程,而忽视了将每一个生产加工过程串在一起,使得一个生产周期内,物流活动所用的时间远远大于实际加工所耗费的时间。研究企业生产的物流,可以极大地缩减生产周期,节约劳动力。可见,整个生产过程实际上就是一系列的物流活动。合理化、现代化的物流,总是致力于通过降低费用以减少成本,优化库存结构,减少资金占压,缩短生产周期,同时保障现代化生产的高效进行。缺少了现代化的物流,生产将难以顺利进行,无论电子商务是多么便捷的贸易形式,仍将是无米之炊。

3. 企业销售物流

企业销售物流是企业为保证本身的经营效益,伴随着自身的销售活动,不断将产品的所有权转给用户的物流活动。在现代社会中,市场是完全的买方市场,因此,销售物流活动便带有极强的服务性,以满足买方的需求,最终实现销售为目标。在这种市场前提下,销售往往以送达用户并保证售后服务才算完整。因此,销售物流的空间范围很大,这便是销售物流的难度所在。在这种前提下,企业销售物流的特点,便是通过包装、送货、配送等一系列物流活动实现销售,这就需要研究送货方式、包装水平、运输路线等。并采取各种诸如少批量,多批次、定时、定量配送等特殊的物流方式达到最大幅度降低成本的目的。因而,该研究领域是很宽的。

4. 企业回收物流

企业在生产、供应、销售的活动中总会产生各种边角余料和废料,这些东西回收是需要伴随着物流活动的,而且,在一个企业中,如果回收物品处理不当,往往会影响整个生产环境,甚至影响产品的质量,同时也会占用很大空间,造成浪费。

5. 企业废弃物物流

企业废弃物物流是指对企业排放的无用物进行运输、装卸、处理等的物流活动。

7.2.3　现代物流的目标

现代物流系统的动作目标归纳起来简称为 5S,即

(1) 优质服务(service)。无缺货、损伤及丢失现象,且费用低廉合理,让人容易接受。

(2) 迅速及时(speed)。可以在用户指定的时间,把货物及时地送达指定的地点。

(3) 节约空间(space saving)。大力发展立体设施和有关的物流机械,以充分利用有限的空间和土地面积,缓解城市土地紧缺的问题。

(4) 规模适当(scale optimization)。物流网点的优化布局,合理的物流设施规模、自动

化和较高的机械化程度。

(5) 合理库存(stock control)。合理的库存策略、合理控制库存量有助于企业自身的发展与调整。

7.2.4 物流管理与供应链管理的区别和联系

1. 物流管理与供应链管理的区别

物流管理是供应链管理体系的重要组成部分。一般而言,供应链管理涉及制造问题和物流问题两个方面,物流涉及的是企业的非制造领域问题。供应链管理与物流管理的主要区别表现在:

(1) 物流涉及原材料、零部件在企业之间的流动,而不涉及生产制造过程的活动。

(2) 供应链管理包括物流活动和制造活动。

(3) 供应链管理涉及从原材料到产品交付给最终用户的整个增值过程,物流仅涉及企业之间的转移过程,是企业之间衔接的管理活动。

2. 物流管理的重要性

物流管理在供应链管理中有着重要作用。这一点可以通过价值分布来考察,不同的行业和产品类型,供应链的价值分布不同。但是,物流价值(采购和分销之和)在各种类型的产品和行业中都占到了整个供应链价值的一半以上,而制造价值不到一半。在易耗消费品和一般工业品中,物流价值的比例更大,达 80%以上,这充分说明物流的价值意义。有效地管理好物流过程,对企业有着举足轻重的作用。

从传统的观点看,物流对制造企业的生产是一种支持作用,被视为辅助的功能部门。但是,由于现代企业的生产方式的转变,即从大批量生产转向精细的准时化生产,这时的物流,包括采购与供应,都需要跟着转变动作方式,实行准时供应和准时采购等。另一方面,顾客需求的瞬时化,要求企业能以最快的速度把产品送到用户的手中,以提高企业的快速影响市场的能力。所有的这一切,都要求企业的物流系统具有和制造系统协调动作的能力,以提高企业的敏捷性和适应性,因此,物流管理不再是传统的保证生产过程连续性的问题,而是要在企业动作中发挥重要作用:

(1) 创造用户价值,降低成本。

(2) 协调制造活动,提高企业敏捷性。

(3) 提供用户服务,塑造企业形象。

(4) 提供信息反馈,协调供需矛盾。

要实现以上几个目标,物流系统应做到准时交货、提高交货可靠性、提高响应性、降低库存费用等。现代市场环境的变化,要求企业加速资金周转,快速传递与反馈市场信息,不断沟通生产与消费的联系,提供低成本的优质产品,生产出满足顾客需求的产品,提高用户满意度。因此,只有建立敏捷而高效的物流系统才能达到提高企业竞争力的要求。

7.2.5 现代物流研究的主要任务

从现代物流的发展轨迹来看,物流是一门在不同时代承担着不同要求和任务的学科。

在20世纪60年代，作为现代物流学起源地的日本，社会化生产的规模不断扩大，生产成本以每年2%的增长率上升，而流通成本的增长率却达到5%，致使商品零售价格中流通成本所占比重越来越大，反映出社会的现存的物流系统已经满足不了产品数量急剧增大的现状，如何降低物流成本是这一阶段物流研究及管理的主要内容。

随着国民经济水平的发展，社会生活逐步改善，人们越来越追求个性化，产品式样也越来越丰富多彩。商品的多样化、小批量化使得整个物流活动变得更加复杂，提高物流服务的质量，如门到门的配送成了物流的主题。

近年来，电子商务在发达国家获得飞速发展，中国的电子商务也越来越热，这种产生在Internet基础上的商业活动向社会物流提出了新的挑战。比如，人们亲自到商场购物，可能会花上几个小时的时间和几元钱的交通费，网上购物只需轻轻一点，几秒钟便可成交。但如果等货物送到家中需要几天甚至十几天，或者，消费者还要在商品价格上多付上十几元的“物流费用”，那么电子商务的便捷性就会大打折扣。因此，如何保证物流系统运转的高效率，最大限度地“追赶”上电子的速度，是现代物流系统研究的新任务。而此，也引起了人们对于电子商务交易形式下物流系统的关注。

7.3 电子商务物流系统

7.3.1 电子商务环境下的供应链结构

在电子商务环境下，供应链的整体结构是包容企业内部运作网络和企业间网络的混合形式。其中，企业间网络包括由合作关系稳定的企业组成的静态网络以及为完成临时任务而组成的临时性的动态网络。

1. 企业内部运作网络

企业内部运作网络是企业内部的生产经营活动的组织安排，是供应链整体运营的微观基础。企业内部运作网络在Internet的支撑下，通过企业前台系统与企业后台经营系统的良好衔接，将企业内部运营系统的各种信息及供应链系统的整体运营信息，经过具有商务智能的在线分析处理系统(OLAP)及基于网络的决策支持系统(Web-based DSS)的分析处理，为企业进行各项生产经营决策和活动提供有力的依据，实现企业内部协调统一的计划、控制与协调，优化企业资源和能力配置，提高内部动作效率。

2. 供应链静态网络

供应链静态网络在基于Internet的组织间信息系统的支撑下，提高彼此间的信息共享和互动，联合起来，共同运用各自的有形资产、无形知识和专有技能，实现利益的共享与风险的共担。

以供应链中生产商与上游原材料供应商的采购活动为例，供应商通过Extranet浏览生产商的生产计划及其进度执行情况，相应制订和调整自己的生产计划，从而在供应链中实现同步化生产；当生产商原材料库存达到安全储备量时，可以与供应商在线上直接进行电子采购，也就是通过电子手段实现讨价还价、签约、财务支付等一系列过程。

3. 供应链动态网络

在电子商务环境下，供应链的网络化演进，革新了供应链整体运作思路和发展方向：不再仅仅依靠现有的稳定合作关系并在此基础上挖掘潜力以提高整体运作效果，而是考虑在供应链的各个环节是否和如何植入最有效率的优质资源，使价值链成为最具竞争性、高度统一性与和谐性的企业联合。这样，维系和保持供应链的稳定合作关系，以不变应万变理念的重要性相对下降，而动态地建立与发展和现有供应链外部企业经济实体的合作关系更加富有吸引力。

为取得和提升市场领导地位，在迅速捕捉和准确识别消费者需求信息的基础上，企业之间形成动态的价值网络——价值网，供应链通过集聚具有最佳经济效率的资源和核心竞争力的成员组成共同目标驱动的联盟，结成具有高度灵活性、市场敏锐性、反应速度和创新能力的整体经济作战团队，并根据环境的变化及时动态调整和重构，在整个联盟运作过程中通过实时的信息共享，实现同步合作和协调。

7.3.2 电子商务环境下物流系统与传统企业的比较

随着电子商务理论和实践在中国的发展，国内越来越多的业内人士开始关注“物流”，各种杂志竞相开始登出物流方面的文章，随便翻开一本经济管理类杂志，总可以在其中找到“物流”的身影。这无论是对于业内人士，还是对于一般百姓来说，未尝不是一件皆大欢喜的好事。可以认为，是电子商务的发展使人们的视线聚焦到了“物流”上。因为相比于网络上消费者各种需求的统一收集与处理所耗用的时间，货物配送所占用的时间显得格外引人注目。物流与电子商务的相关性、紧密性不言而喻，但是另一方面，物流也无形中成为了电子商务进一步发展的一个瓶颈。以下是对电子商务环境下，物流系统与传统企业的物流系统做的一些比较。

1. 对传统企业物流系统基本理念的影响

在电子商务环境下，企业物流系统中信息流的作用范围更为广泛，不再仅仅是传统意义上企业内部物流系统的运行基础，而是随着“供应链”概念的提出，变成了整个供应链系统运营的环境基础。网络是平台，供应链是主体，电子商务是手段。信息环境对供应链的一体化起着控制和主导的作用。

企业之间的市场竞争将更多地表现为基于网络的企业联盟（实际为“虚拟”的企业联盟）之间的竞争。也就是说，网上竞争的直接参与者将逐步减少，更多的企业将以其商品或服务的专业化优势做比较，参加到以核心企业（或有品牌优势，或有知识、管理优势）为龙头的分工协作的物流体系中去，在更大的范围内构建一体化的供应链，并成为核心企业组织机构虚拟化的实体支持系统。供应链体系在纵向和横向上无限扩张的可能性，将对企业提出更广泛的联盟化或是更深度的专业化要求。显然，在电子商务的框架内，联盟化和专业化是统一在物流一体化体系中得以体现的。

企业对社会资源的整合能力将成为其参与市场竞争的主要优势。此时的竞争优势将不再是简单地看它拥有物质资源的多少，而在于它能够调动、协调以及最后能整合多少社会资源来增强自己的市场竞争力，因此，此时企业的竞争将是以物流系统为依托的信息联盟或知识联盟的竞争，物流系统的管理也会从对有形资产（存货、原材料等）的管理转化为对无形资产（信息或知识系统）的管理。

物流系统将会更大程度上取决于消费者的需求，即由客户的需求拉动。如果假设物流系统内的所有方面都能得到网络技术的有效支持，那么产品的实际可得性对于终端客户来说将极大地得到提高，显然此时客户的需求会发生量和质的变化，反过来作用于物流系统，拉动物流系统更高效率地运行。同时，这种需求拉动的生产模式也会给企业带来更大程度上的灵活性，与此同时，还可以在物流系统的各个功能环节上降低成本，如降低采购成本、减少库存成本、缩短产品开发周期、为客户提供有效的服务、降低销售和营销成本以及增加销售的机会等。

在电子商务环境下，物流系统面临的新问题是如何在供应链成员企业之间有效地分配信息资源，使得全系统的客户服务水平达到最高，即在追求物流总成本最低的同时为客户提供最佳的个性化服务。

2. 对物流系统结构设计的影响

(1) 传统物流系统运行环节(点)方面发生的变化。由于在电子商务环境下，网上客户可以直接面对制造商(即原始供应商)，并可获得个性化定制服务，故传统物流渠道中的批发商和零售商等中介环节将逐步淡出整个购买过程，但是区域销售代理商还将继续受制造商的委托，并将逐步加强其在渠道和地区性市场中的地位，以便作为制造商产品营销和服务功能的直接延伸。

(2) 物流系统节点的性质(包括物理属性和系统属性)与传统系统节点的性质相比将发生较大的改变。由于网络上的"零距离"特点，使网上虚拟物流与现实世界实际物流状况的反差增大，终端客户对产品可得性的心理预期加大、期望提升，导致给企业带来的实际交货速度的压力变大。因此，物流系统设计中，要在系统节点(如港、站、库、配送中心)、运输线路等的布局、结构和任务属性的赋予等方面进行较大的结构性调整。例如，企业若要保留若干地区性仓库，则更多的站点或辅助仓库将改造为配送中心，同时，对存货的控制能力的增强将使得物流系统中仓库的总数减少。另外，随着政府运管政策的逐步放宽，更多的独立运营商(属于人们所说的第三方物流的主体之一)将为企业提供更加专业化的配送服务，配送的服务半径也将逐步扩大。

(3) 物流系统的组织结构更趋于分散化，甚至虚拟化。由于即时的信息共享，使各级制造商在更广泛范围内进行资源即时配置成为可能，故企业原来的有形组织结构将趋于分散并逐步虚拟化。当然，这主要是指那些已经初步拥有核心竞争力的企业，比如说那些在具有品牌资产或产品在技术上已经实现功能模块化和质量标准化的企业。

(4) 某些产品的物流系统的隐性化。大规模的电信网络基础设施的建设使某些能够在网上直接传输的有形产品的物流系统隐形化。这类产品主要包括书报、音乐、软件、游戏等，即已经数字化的产品，它们的物流系统将逐步与网络系统重合，并最终被网络系统所取代，形成真正意义上的电子商务，这一点现在已经被验证。

3. 对物流系统即时信息交换的要求更高

电子商务一个基本的特点，就是要求在客户咨询服务的界面上，能保证企业(制造商)与各级客户间的即时互动。网站主页的设计不仅要能够宣传企业和介绍产品，更重要的是要能够与客户一起针对产品的设计、质量、包装、改装、交付条件、售后服务等进行一对一的交流，帮助客户拟订个性化的产品确定可行性解决方案，帮助客户下订单。这就要求得到物流系统中每一个功能环节的即时信息支持,同时,也对物流系统的建设、运行提出了更高的要求,而且在很大程度上,这一要求的满足与否决定了该物流系统的效率如何,也决定了该电子商务的实际价值程度。

4. 对供应商管理的影响

电子商务模式下,企业在网上寻找合适的供应商,从理论上讲有无限的选择性,而这种无限选择的可能性会导致市场竞争的加剧,以此带来降低供货价格的好处。但是,这仅仅是理论上的分析,对于供应商的选择问题,实际上无限的选择性并不存在,所有的企业都知道频繁地更换供应商,将增加资质认证的成本支出,并面临较大的采购风险。一方面,从供应商的立场来看,作为应对竞争的必然对策,是积极地寻求与制造商建立稳定的渠道关系,并在技术、管理或服务等方面与制造商结成更深度的战略联盟;另一方面,制造商也会从物流管理的系统理念出发,来寻求与合格的(分级)供应商建立一体化供应链。这样,制造商和供应商之间会形成一种战略合作伙伴关系,他们将在更大的范围内和更深的层次上实现部分或全部信息资源的共享。当然,实际的运作过程中,合作伙伴企业一般通过一定的技术手段(包括安全加密手段),在一定的约束条件下相互共享特定的数据库信息。例如,有邮购业务的企业将与其供应商共享运输计划数据库,而实施 JIT 生产的装配制造商将会与他们的主要供应商共享生产作业计划和库存数据。另外,在缩短订货周期、减少文案和单据、减少差错率和降低交易价格等技术方面,电子商务也会起到一定的积极作用。

经过以上分析可得出这样的结论:在电子商务模式下,虚拟空间的无限选择性会被现实市场的有限物流系统(即一体化供应链)所覆盖,也就是说,电子商务带来的成果要取决于现实物流系统的有限能力。

5. 对存货控制技术的影响

一般认为,由于电子商务增加了物流系统中各环节对市场变化反应的灵敏度,可以减少库存,节约成本。相应的技术手段也从初期的看板管理、准时生产(JIT)、物料需求计划(MRP)、制造资源计划(MRPⅡ)等,转向配送需求计划(DPR)、重新订货计划(ROP)和自动补货计划(ARP)等基于对需求信息做出快速反应的决策系统。

从物流系统的观点来看,供应链中存货问题的减少实际上是借助于信息技术对存货在供应链中的分配进行重新安排的必然结果。但在结构分配上,存货需求将会沿着供应链向上游企业移动,即经销商的库存向制造商转移,制造商的库存向供应商转移,成品的库存变成零部件的库存,而零部件的库存将变成原材料的库存等。由于沿着供应链向上游转移的不同存货的价值是逐步递减的,所以,实际上下游企业的利益增加很大程度上来源于上游企业的利益牺牲,所以这就引发了一个新的问题:下游企业由于减少存货而带来的相对较大的经济利益如何才能与上游企业一起来合理地分享。

企业追求利益最大化才能得以生存,所以供应链的一体化不仅要求企业间分享信息,还要分享利益。例如,著名的耐克公司使用电子数据交换(EDI)系统与其全球供应商连接,直接将成衣的款式、颜色和数量等条件以 EDI 方式下订单,它同时要求供应布料的织布厂先向美国总公司上报新开发的布样,由设计师选择合适的布料设计为成衣款式后,再下订单给成衣厂商生产,而且成衣厂商所使用的布料也必须是耐克公司认可的织布厂生产的,这样的话,织布厂必须提早规划新产品以供耐克公司选购。由于布料是买主指定,买主给予成衣厂商订购原料布的时间会缩短,成衣厂商的交货期也就越来越短,从以往的 180 天缩短为 120 天甚至 90 天。显然,耐克公司的成品库存压力减轻了,但成衣厂商为了提高产品的可得性,就必须对织布厂提出快速交货的要求,这时织布厂将面临要么增加基本原材料的存货,要么投资扩大其新产品的开发能力的选择。

这样看来,电子商务环境下对存货控制的改进所带来的利益,实际上是传统物流系统中矛盾的一种转移,付出更多代价的企业将会要求战略联盟中获利的核心企业分担风险,并一起分享收益,这是合理的。

6. 对物流运输的影响

在电子商务环境下,配送速度已经上升成为物流业最主要的竞争方式之一。在仓库、配送中心等物流节点设施布局已经确定的情况下,物流系统要提高满足客户对产品可得性要求的能力,运输将起到决定性的作用。由于运输活动的复杂性,运输信息共享的基本要求是运输单据的格式标准化和传输电子化。由于基本的 EDI 标准难以适应各种不同的运输服务要求,且容易被仿效,以至现在已经不能作为物流系统的竞争优势,所以在物流系统内必须发展专用的 EDI 能力才能获取整合的战略优势。

专用的 EDI 能力实际上是要在供应链的基础上发展增值网 VAN,相当于是在供应链企业内部使用的标准密码,通过管理交易、翻译通信标准和减少通信连接数目来使供应链运作增值,从而在物流联盟企业之间建立稳定的制式渠道关系。为了实现运输单据,主要是要实现货运提单、运费清单和货运清单的 EDI 一票通,实现货运全程的跟踪监控和回程货运的统筹安排,物流系统需要在相关通信设施和信息处理系统方面进行先期的开发,如电子通关、条形码技术、在线货运信息系统、卫星跟踪系统等。

因此,电子商务对物流运输带来的最引人思考的问题就是,如何提高运输速度,去填补客户在网络中产生的产品虚拟可得性与实际产品可得性之间的差距。当然,这是一个趋近的过程,差距永远会存在,问题在于客户对这种因电子商务而产生的差距有多大的心理和实际承受能力。

综合上述分析和阐述,可以得出以下基本结论:

(1) 电子商务环境下,物流系统的变革将是根本性的,是一个质的跃进。

(2) 在电子商务环境下,物流系统各个具体职能环节的相对重要程度将会发生变化,但它们都有一个基本特点,即它们都是基于网络技术和信息技术的进步以及消费者的需求而发展的,从另一方面说,这也可能成为物流系统未来变化发展的主要制约因素之一。

(3) 事实上,电子商务对物流系统的影响,最明显、最直观的表现在某些关键的物流职能环节(如存货控制、供应商管理、运输)的变化上,但应该看到,最有决定性的还是在对传统物流系统理念、系统结构的设计与组织的影响上。

(4) 虽然电子商务对传统物流系统产生了深远的影响,但电子商务带来的成果有多大还要取决于现实中有限的物流系统的能力大小。

7.4 电子商务下的物流模式

7.4.1 传统物流模式存在的问题

物流这一概念的形成和物流管理科学的建立虽然只有几十年的历史，但是物流这一概念赖以形成的流通行业却已历史久远，早在人类社会出现商品交换的时候就已经出现了。随着社会经济的发展，现代物流业已成为覆盖最广泛的产业。

在较为传统的观念中，人们普遍认为交通运输是物流业发展的基础。然而，随着社会、经济、技术的高速发展，以及各种基础设施的不断完善，全球经济一体化趋势和市场竞争程度日益增加，人们对这一传统观念的认识渐渐地发生了改变。鉴于发达国家的发展经验，物流管理与物流技术在人们认识中的地位得到了提升。人们开始认识到，包含交通运输在内的，产品的生产、流通和消费过程中诸环节的物流系统，已成为国家经济在高起点上持续发展的重要基础。因此，应该用一种新的思维和理念，从物流系统整体的角度来看待中国生产、流通、消费等社会经济活动的发展。在过去计划经济体制下，经济活动中生产和流通被当作两个相互独立的过程，运输也被分割成了许多不能有机联系的部分。因而，不可避免地存在着许多问题，主要表现在以下几个方面。

1. 物流质量低，物流效率不高

用来衡量物流质量的因素主要有物流时间、物流费用和物流效率等。中国的物流业由于受到多方面的因素影响，总体水平比较低。

据调查，目前我国一般工业品从产品出厂经过装卸、存储、运输等各个环节到消费者手中的流通费用大约占商品总价格的50%左右。而易变质食品的流通费用更是达到了70%。在货物运输中，中国现行运输管理体制也制约了不同运输方式之间的高效衔接，从一定程度上减缓了物流速度。例如，全国铁路货运列车的平均技术速度仅为45km/h；由于散装、集装箱运输技术尚未普及，装卸效率低，铁路货车中转停留时间约为5h。公路运输营运货车平均车日行程仅为200km左右，车辆工作率约为60%。城市内运输由于道路面积增长与车辆增长不适应，车辆运输速度不断下降。在一些大城市，平均车速已下降到15km/h，严重影响了城市物流效率。据中国仓储协会通过统计得出的结果显示，原材料库存期、生产企业成品库存期和商业企业商品销售库存期分别为27.5天、44.8天和33.8天。突出反映了我国商品在库时间长、周转慢的现状，延长了物流时间。

在国民经济各部门中，运输费用在生产费用中因各部门产品对运输的依赖程度不同，其所占比重也不同。根据1992年国家投入产出表，运输邮电费用在农业生产总费用中占3.29%，在工业生产总费用中占7.15%，在建筑业中占7.63%，在商业饮食中占14.98%，在其他服务部门占7.8%。如果从物流业总体费用考虑，有关资料显示，物流费用占商品总成本的比重，从账面反映已超过40%。

至于物流效率，也受到众多因素的影响，如传统储运公司的设施和经验与现代物流的发展需求不匹配，而非流通部门的储运企业虽然观念比较新，竞争意识较强，但是服务功能单一，缺乏经验，容易出现违规操作。同时，许多企业存在资金投入、成本控制与规范管理3个基本问题，更是让一些特别是处于成长期的大中型企业左右为难。

2. 物流业的发展与其他产业的不协调

3种产业相对而言,物流产业与第二产业的发展尤不协调。

目前我国的交通运输能力仍不能满足运输需求,主要运输通道的供需矛盾依然很突出。我国传统的储运公司的设施大都落后,大量的仓库是20世纪五六十年代的老旧建筑。调查显示,在拥有库房和搬运设施的物流企业中,普通平房库、简易仓库和普通楼房库为主要库房,而且库房老化的程度高达17%,仓库技术装置落后的程度高达22%。

现代化的集装箱、散装运输发展不快;高效专用运输车辆少;汽车以中型汽车为主,能耗大,效率低;装卸搬运的机械化水平也不高。调查显示,运输设施不能满足作业需求的原因中,数量不足占27%,设施接近使用寿命占18%,技术装置落后占6%,不符合客户的特定需求占27%。

由于我国目前的物流行政管理仍沿袭着计划经济时期的体制,部门分割体制与物流相关的各部分分别由铁道、交通、民航、内贸等不同的政府部门进行管理,没有一个部门或机构统筹协调全社会的物流管理。由此导致的管理分散问题,导致了物流的内外分割技术,这种条块分割和内外分离的管理体制,严重制约着从市场经济的需要出发,在全社会范围内经济合理地进行物流的整体统筹和规划,妨碍关物流产业的社会化进程。与此同时,我国在物流人才和信息化方面的工作也做得不是很到位。使得该方面人才的缺乏成了物流业发展的最大制约因素。现代物流业必须与信息技术的发展和现代物流的创新相伴而行。

3. 缺乏物流系统发展的统一规划

虽然物流业是全社会性的服务行业,范围早已覆盖了国民经济的所有产业。但是我国并没有因此而把它作为国民经济大系统中的一个重要子系统来抓,也没有进行总体的规划,制定具体的发展目标。我国的物流行业多年来一直由多个交通部门与多个流通主管部门分别管理,许多政策缺乏一致与衔接性。这直接影响到全国范围内一体化物流的发展。

4. 对于搞好物流的重要性认识不足

全社会的物流观念薄弱是物流产业发展的重要制约因素。近年来,虽然我国对现代物流产业发展的研究开始升温,但总体来看,全社会的物流观念仍比较淡薄。从物流方式的选择看,更多的生产企业仍然热衷于选择自营物流方式。虽然也会向运输公司购买运输服务或向仓储企业购买仓储服务,但这些还都仅限于一次性和临时、分散的物流服务。企业本质上仍追求内部生产与流通的"大而全",主观上排斥社会化物流服务和对第三物流服务方式的选择,这是制约物流服务社会化的重要因素。归根结底,还是由于对市场经济的理解不深所导致的,人们的思想观念仍旧没有脱离旧体制的束缚。

7.4.2 电子商务下的物流模式

1. 概述

电子商务的任何一笔交易,都包含着信息流、商流、资金流、物流。其中信息流、商流、资金流三者都可以完全通过信息网络完成,而唯独物流,作为四流中最为特殊的一种,是实物的传递,不能通过信息网络完成,必须通过把实物位置转移到购物者手中. 物流是实现电子商务的保证。

电子商务中物流配送的内涵,可以用以下公式表述:

电子商务中物流配送=网上信息传递+网上交易+网上结算+门到门的配送服务

可以看出,新型的物流和配送是以一种全新的面貌,成为流通领域革新的先锋,代表了现代市场营销的主方向。新型的物流和配送可以使商品流通较传统的物流和配送方式更容易实现信息化、自动化、现代化、社会化、智能化、合理化、简单化,既减少生产企业库存,加速资金周转,提高物流效率,降低物流成本,又刺激社会需求,有利于整个社会的宏观调控,也提高了整个社会的经济效益,促进市场的健康发展。

20世纪80年代,西方发达国家(如美国、法国和德国等)就提出了物流一体化的现代理论应用和指导其物流的发展并且取得了显著的效果。所谓的物流一体化,就是指以物流系统为核心的由生产企业经由物流企业、销售企业,直至消费者供应链的整体化和系统化。它是物流产业化的发展形式,但是它自身的快速发展必须以第三方物流充分发育和完善为基础。

为了适应电子商务的发展,物流界出现了一种全新的物流模式——物流代理(Third Party Logistics,TPL),即企业或其他经济组织为了强化其核心竞争力,把非核心业务的物流管理、物流作业或物流设施等部分或全部外包出去,并与专业物流公司建立双赢的互动协作关系,直至进一步建立市场竞争战略联盟的过程。

根据我国的实际情况,在发展电子商务时,应积极推动物流企业采取以代理形式的为客户定制服务的第三方物流模式。中国目前物流企业在数量上供大于求,供给数量大于实际能力;在质量上有所欠缺,满足不了需求的质量;物流网络资源丰富,利用和管理水平低,缺乏有效的物流管理者。如果解决了上述问题,必将极大地推动我国电子商务的发展。为了实现第三方物流,应致力于弥补在物流一体化和第三方物流上的空白,同时,信息化网络化的建设也亟待加强。

2. 电子商务下物流体系的建立模式

电子商务的具体实施有多种模式可以选择,由于从事的专业不同,ISP、ICP及其他信息服务提供商更多地从如何建立电子商务信息服务网络、如何提供更多的信息内容、如何保证网络的安全性、如何方便消费者接入、如何提高信息传输速度等方面考虑,至于电子商务在线服务背后的物流体系的建立问题则因为涉及另一个完全不同的领域,信息产业界对此疑问多。实际上,电子商务应该完成商流、物流、信息流和资金流4方面,在商流、物流、信息流和资金流都可以在网上进行的情况下,物流体系的建立应该被看作是电子商务的核心业务之一。我国的电子商务物流体系可以有以下几种组建模式。

1) 电子商务与普通商务活动共用一套物流系统

这种模式比较适合于已经开展了普通商务的公司。它可以建立基于Internet的电子商务销售系统,同时可以利用原有的物流资源,承担电子商务的物流业务。拥有完善流通渠道的制造商或经销商开展电子商务业务比ISP、ICP或Internet上的经营者更加方便。国内从事普通销售业务的公司主要包括制造商、批发商、零售商等。

制造企业的物流设施普遍要比专业流通企业的物流设施先进,这些制造企业完全可能利用原有的物流网络和设施支持电子商务业务,开展电子商务无须新增物流、配送投资,对这些企业来讲,比投资更为重要的是物流系统的设计、物流资源的合理规划。而批发商和零售商应该比制造商更有组织物流的优势,因为他们的主要业务就是流通。

2) ISP、ICP 建立自己的物流系统或利用社会化的物流、配送服务

自从中国加入 WTO 以来,中美两国都有许多 ISP、ICP 都想进入中国电子商务市场,国内一些企业与国外的信息企业合资组建电子商务公司时解决物流和配送系统问题,或者可以组建自己的物流公司,或者可以把自己的物流业务外包给第三方物流公司。

由于国内的物流公司大多是由传统的储运公司转变过来的,还不能真正满足电子商务的物流需求,对于国内的企业来说,如果想采取这种方式投资应十分慎重,因为电子商务的信息业务与物流业务是截然不同的两种业务,企业必须对跨行业经营产生的风险进行严格的评估,新组建的物流公司必须按照物流的要求来运作才有可能成功。所以,在企业电子商务发展的初期和物流、配送体系还不完善的情况下,不要把电子商务的物流服务水平定得太高。或者企业可以多花一些精力在寻找、培养和扶持物流服务供应商,通过专业物流服务商为电子商务提供可靠的服务,这便引发了第三方物流公司(Third Party Logistics Service Provider)的产生。按照供应链的理论,企业将把不是自己核心业务的业务外包(outsourcing)给从事该业务的专业公司去做。这样,从原材料供应到生产,再到产品的销售等各个环节的各种职能,都是由在某一领域具有专长或者核心技术的专业公司相互协调和配合来完成的,这样所形成的供应链具有强大的竞争力。中国境内的跨国公司在从事电子商务业务时,物流业务通常都会外包给我国当地的物流服务商,但是,由于我国第三方物流行业比较落后,所以第三方物流服务商必须加快自身前进的步伐来满足客户的需要,同时促进自身的发展。尤其在中国加入 WTO 后,我国物流服务商将面临更多的来自发达国家的物流公司的挑战,加快自身的发展势在必行。

7.4.3 电子商务下的物流系统的再构造

在电子商务条件下,企业可以对既有的资源进行重新组合以提高自身的市场竞争力和客户满意度,这就是重组。企业的重组活动可以表现在多个方面,如企业的分立、兼并、结盟,企业"外包业务"、"供应链"、"价值链"、"定制生产"、"消费者主权"等诸多从前不为人所知的名词正在被人们所熟悉和接受,企业内部组织结构、业务流程在变革,甚至企业边界也开始变得"模糊"。一批如 Dell、Cisco 等具有新型企业资源组合结构的企业正在蓬勃发展、如日中天,同时,通用、福特等老牌企业也正在运用电子商务作为"重组的力量"。显然,电子商务已然成为对传统企业进行"重组的力量"。物流作为其中一个关键的部分自然不可被忽视。电子商务对物流的影响,不是对物流的彻底否定,而是使整个物流体系更加合理化、高效化以及现代化,它使物流的时间和空间范围更加拓展了。只有有效地对传统物流系统进行变革和改造,才能使物流获得更大的发展空间。这就要求运用电子商务的企业对其物流系统的各部分进行改进,使其更加专业化、社会化、信息化、个性化、一体化和标准化。Internet 的迅速发展,为全社会物流信息系统的建设提供了坚实的基础。随着 PC 数量的不断增加,在网络营销的过程中,各商家不仅要做好本职工作,而且还可以通过尽量为自己的顾客提供适当的个性化服务来扩充顾客源。

我国目前的物流企业在经营过程中,其业态大都是以自我为中心,以提供优质的服务作为盈利的手段。在电子商务环境下,市场所要求的,不仅仅是高质量,更是要以全社会、

全方位的运作作为其实现方式。从目前看来,中国的任何一家企业都难以达到这一要求。在此情况下,物流企业应该转变原有的竞争业态,树立全新的竞争思想,依据自己的实际情况在一个较大的范围内联合不同区域、不同类型的物流企业形成一个有多种物流功能的经济联合体,以弥补自己在物流区域、功能上的不足之处。与此同时,企业的经营方式也应做出相应的再构造。电子商务下的物流企业的物流服务要由原来单一的、分散的状况向多样化的、综合化的经营方式作改变。关于其实现方式,企业可以考虑连锁经营或者代理经营等。当然,仅仅经营过程的改变还是不够的,相应的物流基础设施、技术以及业务流程也应做出相应的改变,与之共同进步。

7.4.4 电子商务与第三方物流

第三方物流就是企业或其他经济组织为了强化其核心竞争力,把非核心业务的物流管理、物流作业或物流设施等部分的或全部的外包出去,并与专业物流公司建立双赢的互动协作关系,直至进一步建立市场竞争战略联盟的过程。本节重点讲述电子商务下的第三方物流。

企业之所以采用第三方物流,原因可能有以下几种:

(1) 企业从事物流活动需要投入大量的资金用来建设物流设施、购买物流设备,这对于缺乏资金的企业特别是中小型企业来说无疑是一个沉重的负担,而它可以通过寻找一个比较成熟的物流公司来转移这种负担。

(2) 企业自己从事物流活动会因生产规模过小或生产的季节性等原因降低物流效率。

(3) 大批的物流投资带有事实上的风险,单个企业独立运作会增加活动的风险度。

(4) 企业的物流手段有限,无法承担诸如集装箱运输、铁路运输以及国际间运输等活动。

(5) 对物流系统的高度专业化需求导致迫切需要一个完整、统一且规模广泛的物流系统作为支撑。

可以把第三方物流描述为一种"对外委托"。企业自己从事其物流系统的设计、规划、库存管理、物流信息管理等活动,而把相关的设施要求、设备及运输等风险转嫁给物流公司去承担,自己只承担相应的费用即可。在企业中,企业将自己的一部分物流作业交给物流公司去完成的情况比较多,但是委托的业务范围还具有局限性,种类还比较少,以汽车为货运手段的中短距离运输、保管、配送等物流活动领域仍然以自己处理为主。同时,必须注意,第三方物流企业不一定要有物流作业能力,即它可以有物流设施和运输工具,不直接地从事货物运输、保管等活动,它可以站在货主的立场上,只负责物流系统的设计并对物流系统运营承担责任,而具体的运输活动可以再通过对外委托的形式由专业的运输、仓库企业去完成。

随着全球经济的网络化,传统的商务活动面临着电子商务的挑战。电子商务作为一种比工业革命更深刻的革命。一方面把商店、产品、广告、订货、购买、货币、支付、认证等实事和事务处理虚拟化、信息化,使它们脱离实物信托而可以在计算机网络上进行交割;一方面又将信息处理电子化,将所有信息通过计算机网络用计算机、电子信件、文件传输、数据通信等电子手段来处理,着重于信息处理过程,以此带动实物处理更加科学化、效率化。

相比于美国、日本等早已拥有功能完整、运作成熟的第三方物流企业的国家来说，我国的第三方物流体系尚未形成，现有的从事第三方物流的企业大体上有 3 类：

(1) 原有的计划经济体制下的中央及地方的商业系统及物资系统下的物流公司。这些公司通常都具有较为完善的运输工具和运输渠道。

(2) 外国企业进入中国市场后创办的公司，如太平洋物流、环球物流、浦菱储运等，这些公司在中国拥有一些仓库或是配送机构，但是现在的业务基本上还是处于亏本阶段，能否坚持下去，还要看其是否能采取正确的方式发展自己的客户、开拓市场。

(3) 一些小型私营物流公司。

由于受原有计划经济的影响，我国物流社会化程度低、物流管理体制混乱、机构多元化、资源所有权比较分散。这些分散化的多元化的物流格局，导致难以形成社会化大生产、专业化流通的集约化经营模式，规模经营、规模效益难以实现。设备利用率低、布局不合格、重复建设、资金浪费严重。另外，我国物流公司和物流组织的总体水平低，设备陈旧，损失率大、效率低，运输能力不足等缺点已经造成了我国物流业发展的"瓶颈"。

电子商务条件下，由于物流工作的承担者较之以前更加专业化、专一化，所以，第三方物流呈现出与以前不同的特点。

(1) 信息化：通过诸如条码/语音/射频识别装置、自动分拣存取系统以及全球卫星定位系统等物流作业的自动化技术，实现物流信息的搜集数据库化、条码化；信息处理的自动化和智能化；信息传递的无纸化、标准化和实时化，使信息真正得以在物流运动中发挥出举足轻重的战略作用。

(2) 网络化：首先，物流已成为依托计算机和通信信息网络，如商业增值网(VAN)、电子订货系统(EOS)、电子数据交换(EDI)、Internet 等先进的信息交流和沟通工具，以信息驱动物品空间移动的活动过程。其次，物流企业借助于这些技术手段，同上下游企业之间的合作在关系形式上日益网络化，扩大了物流企业的作业能力，提高了物流企业的网络协调和优化控制能力，促进了物流活动的系统性和和谐性。

(3) 人性化：即要以"客户为中心"。一家第三方物流公司，可以在一天之内将北京所有的闲置库房、闲置车辆收归在自己的旗下，但是如何对这些资源进行管理，如何适应电子商务的发展，如何满足客户的各种需求，是现阶段第三方物流公司相互竞争的法宝。

7.4.5　自营物流

企业自身经营物流，称为自营物流。自营物流是在电子商务刚刚萌芽的时期，电子商务企业规模不大，从事电子商务的企业多选用自营物流的方式。企业自营物流模式意味着电子商务企业自行组建物流配送系统，经营管理企业的整个物流运作过程。在这种方式下，企业也会向仓储企业购买仓储服务，向运输企业购买运输服务，但是这些服务都只限于一次或一系列分散的物流功能，而且是临时性的纯市场交易的服务，物流公司达不到企业的顾客服务需求标准，物流成本占总成本的比重较大，在企业自身的物流管理能力较强时，企业一般不采用外购物流，而采用自营方式。

由于我国物流公司大多是由传统的储运公司转变而来的，还不能满足电子商务的物流需求，因此，很多企业借助于他们开展电子商务的经验也开展物流业务，即电子商务企业自身经营物流。目前,在我国,采取自营模式的电子商务企业主要有两类:一类是资金实力雄厚且业务规模较大电子商务公司;另一类是传统的大型制造企业或批发企业经营的电子商务网站,由于其自身在长期的传统商务中已经建立起初具规模的营销网络或物流配送体系,在开展电子商务时只需将其加以改进、完善,可满足电子商务条件下对物流配送的要求。

1. 企业自营物流的优势

(1) 协调。企业内部的供应链是企业内部各个职能部门组成的网络,每个职能部门不是独立的利益个体,有共同的目标,相对于企业和企业之间的供应链更加协调。

(2) 简洁。自营物流在设计供应链的组织结构时,可以根据公司内部财务资料,严格分析每一环节是否存在真正的价值增值活动,优化供应链。

(3) 稳定。自营物流可以使企业保证自己的信息安全,避免内部物流与外部交流交叉过多造成企业机密的流逝。

2. 企业自营物流的劣势

1) 规模与投入

企业自营物流所需的投入非常大,建成后对规模的要求很高,大规模才能降低成本,否则将会长期处于不盈利的境地。

2) 物流管理能力

对于一个庞大的物流系统,建成之后需要工作人员具有专业化的物流管理能力,目前我国企业内部从事物流管理的人员综合素质不高,面对复杂多样的物流问题,经常是凭借经验或者说是主观的考虑来解决问题,使企业自营物流成了一大亟待解决的问题。

7.4.6 物流联盟

物流联盟是制造业、销售企业、物流企业基于正式的相互协议而建立的一种物流合作关系,参加联盟的企业汇集、交换或统一物流资源以谋取共同利益;同时,合作企业仍保持各自的独立性。物流联盟为了达到比单独从事物流活动取得更好的效果,在企业间形成了相互信任、共担风险、共享收益的物流伙伴关系。企业间不完全采取导致自身利益最大化的行为,也不完全采取导致共同利益最大化的行为,只是在物流方面通过契约形成优势互补、要素双向或多向流动的中间组织。

一般来说,组成物流联盟的企业之间具有很强的依赖性,物流联盟的各个组成企业明确自身在整个物流联盟中的优势及担当的角色,内部的对抗和冲突减少、分工明晰,使供应商把注意力集中在提供客户指定的服务上,最终提高了企业的竞争能力和竞争效率,满足企业跨地区、全方位物流服务的要求。

1. 物流联盟的类型

联盟是动态的,只要合同结束,双方又变成追求自身利益最大化的单独个体。选择物流联盟伙伴时,要注意物流服务提供商的种类及其经营策略。一般可以根据物流企业服务范围大小和物流功能的整合程度这两个标准,确定物流企业的类型。企业间物流联盟主要有以下几种组建方式:

(1) 纵向一体化物流联盟。该方式是指上游企业和下游企业发挥各自的核心能力,发展良好的合作关系,从原材料采购到产品销售的全过程实施一体化合作,形成物流战略联盟。

(2) 横向一体化物流联盟。该方式是由处于平行位置的几个物流企业结成联盟。目前,国内真正能提供物流全方位服务的大型物流企业尚不存在,因此,横向一体化物流联盟能够弥补现有物流市场条块分割的现状。

(3) 混合模式。该方式是以一家物流企业为核心,联合一家或几家处于平行位置的物流企业和处于上下游位置的中小物流企业加盟组成。这些物流企业通过签订联盟契约,共同采购,共同配送,构筑物流市场,形成相互信任、共担风险、共享收益的集约化物流伙伴关系。

物流联盟在国外的发展不过六七年而已,在国内出现时间更短,目前尽管国内外的物流联盟在组织构成上存在着明显的不同,但却都显示出了强大的生命力。从国内外物流联盟形成特点及其运作方式来看,它是物流企业间为实现运作效率的提高而在职能分工的基础上进行优势互补的一种融合,是一种基于各自不同的核心竞争力的物流资源整合。

2. 物流联盟的优势

(1) 费用少。从建立物流联盟安排的角度看,物流联盟的建立最明显的效果就是在物流合作伙伴之间减少了相关交易费用。由于物流合作伙伴之间经常沟通与合作,可使得搜寻交易对象信息方面的费用大为降低;提供个性化的物流服务建立起来的相互信任与承诺,可减少各种履约的风险;物流契约一般签约时间较长,可通过协商来减少在服务过程中产生的冲突。

(2) 稳定性好。从构建物流联盟的过程来看,联盟企业可以寻找合适的合作伙伴,能够有效地维持物流联盟的稳定性。双方出于自身的利益选择有效的长期合作是最优策略,进而双方可以充分依靠建立联盟机制协调形成的内部环境,减少交易的不确定性和交易频率,降低交易费用,实现共同利益最大化。

(3) 利润稳定。从建立物流联盟的绩效看,稳定、长期的合作会激励双方把共同的利润做大,获得稳定的利润率。从物流发展的角度看,物流联盟是企业与专业物流服务商建立的一种现代化物流合作形式。在物流联盟中,随着物流组织的发展,供应链中的联系会进一步加深,同时,也会通过协作加深用户的物流需求,双方开展持续、诚信的合作,可以相互学到对方的优点如技术优势、丰富的经验等。

7.4.7　第四方物流

第四方物流主要是指由咨询公司提供的物流咨询服务,但咨询公司并不就等于第四方物流公司。目前,第四方物流在我国还仅停留在“概念化”的第四方物流公司,南方的一些物流公司、咨询公司甚至软件公司纷纷宣称自己的公司就是从事“第四方物流”服务的公司。这些公司将没有车队、没有仓库当成一种时髦;号称拥有信息技术,其实却缺乏供应链设计能力,只是将第四方物流当作一种商业炒作模式。

第四方物流公司应物流公司的要求为其提供物流系统的分析和诊断,或提供物流系统优化和设计方案等。所以第四方物流公司以其知识、智力、信息和经验为资本,为物流客户提供一整套的物流系统咨询服务。它从事物流咨询服务就必须具备良好的物流行业背景和相关经验,但并不需要从事具体的物流活动,更不用建设物流基础设施,只是对于整个供应链提供整合方案。第四方物流的关键在于为顾客提供最佳的增值服务,即迅速、高效、低成本和个性化服务等。

1. 第四方物流的特点

与第三方物流注重实际操作相比,第四方物流更多地关注整个供应链的物流活动,这种差别主要体现在以下几个方面,并形成第四方物流独有的特点。

(1) 供应链方案提供者的角色定位。由于第三方物流公司缺乏对整个供应链进行运作的战略性专长和真正整合供应链流程的相关技术,使得第四方物流得以帮助企业实现持续的成本降低和有别于传统外包业务的真正的增值。第四方物流的运作是依靠业内优秀的第三方物流供应商、技术供应商、管理咨询顾问和其他增值服务商,为客户提供独特的和广泛的解决方案,这是任何一家公司所不能单独提供的供应链设计能力。

(2) 客户增值的能力定位。全球市场的成长和全球供销渠道大量增加都会使全球物流活动更加复杂,从而要求企业对全球供应链的物流活动进行管理、协调和控制。尤其是跨国企业、跨国公司的全球生产与服务网络提升了物流服务的附加值,使物流服务形成一个国际化的良性循环系统。第四方物流的运作正是顺应了这种国际化的趋势。

(3) 整合供应链的任务定位。20 世纪 90 年代以后随着企业对供应链认识的进一步提高和管理技术的进一步发展,企业开始重视上下游企业之间的分工与合作,即供应链的管理。通过提升整个供应链的效率,增强供应链的竞争能力,降低产品成本。第四方物流公司在供应链管理的过程中进行管理、协调各方之间关系的运作,降低了管理的费用,这是社会分工进一步细化的结果,同时也是物流成本降低的内在要求所致。

2. 第四方物流的优势

第四方物流与其他物流模式相比,也具有自己的优势。

(1) 第四方物流对整个供应链及物流系统进行整合规划。第三方物流的优势在于运输、存储、包装、装卸、配送、流通加工等实际的物流业务操作能力,在综合技能、集成技术、战略规划、区域及全球拓展能力等方面存在明显的局限性,特别是缺乏对整个供应链及物流系统进行整合规划的能力。而第四方物流的核心竞争力就在于对整个供应链及物流系统进行整合规划的能力,也是降低客户企业物流成本的根本所在。

(2) 第四方物流具有对供应链服务商进行资源整合的优势。第四方物流作为有领导力量的物流服务提供商,可以通过其影响整个供应链的能力,整合最优秀的第三方物流服务商、管理咨询服务商、信息技术服务商和电子商务服务商等,为客户企业提供个性化、多样化的供应链解决方案,为其创造超额价值。

(3) 第四方物流具有信息及服务网络优势。第四方物流公司的运作主要依靠信息与网络,其强大的信息技术支持能力和广泛的服务网络覆盖支持能力是客户企业开拓国内外市场、降低物流成本所极为看重的,也是取得客户的信赖,获得大额长期订单的优势所在。

(4) 第四方物流具有人才优势。第四方物流公司拥有大量高素质国际化的物流和供应链管理专业人才和团队,可以为客户企业提供全面的卓越的供应链管理与运作,提供个性化、多样化的供应链解决方案，在解决物流实际业务的同时实施与公司战略相适应的物流发展战略。

发展第四方物流可以减少物流资本投入、降低资金占用。通过第四方物流，企业可以极大地减少在物流设施（如仓库、配送中心、车队、物流服务网点等）方面的资金投入，降低资金占用，提高资金周转速度，减少投资风险，降低库存管理及仓储成本。第四方物流公司通过其卓越的供应链管理和运作能力可以实现供应链"零库存"的目标，为供应链上的所有企业降低仓储成本。同时，第四方物流极大地提高了企业客户的库存管理水平，从而降低库存管理成本。发展第四方物流还可以改善物流服务质量，提升企业形象。

3. 第四方物流的运作模式

国内目前有关4PL的研究，主要是围绕着早年埃森哲公司报告中所描述的4PL的3种运作模式来展开的，即协同运作模式、方案集成商模式和行业创新者模式。

(1) 协同运作模式。该运作模式下，第四方物流只与第三方物流有内部合作关系，即第四方物流服务供应商不直接与企业客户接触，而是通过第三方物流服务供应商将其提出的供应链解决方案、再造的物流运作流程等加以实施。这就意味着，第四方物流与第三方物流共同开发市场，在开发的过程中第四方物流向第三方物流提供技术支持、供应链管理决策、市场准入能力以及项目管理能力等，它们之间的合作关系可以采用合同方式绑定或采用战略联盟方式形成。

(2) 方案集成商模型。该运作模式下，第四方物流作为企业客户与第三方物流的纽带，将企业客户与第三方物流连接起来，这样企业客户就不需要与众多第三方物流服务供应商进行接触，而是直接通过第四方物流服务供应商来实现复杂的物流运作的管理。在这种模式下，第四方物流作为方案集成商除了提出供应链管理的可行性解决方案外，还要对第三方物流资源进行整合，统一规划为企业客户服务。

(3) 行业创新者模型。在行业创新者模型中，第四方物流为多个行业的客户开发、提供供应链解决方案，以整合整个供应链的职能为重点，第四方物流将第三方物流加以集成，向上下游的客户提供解决方案。在这里，第四方物流的责任非常重要，因为它是上游第三方物流的集群和下游客户集群的纽带。行业解决方案会给整个行业带来最大的利益。第四方物流会通过卓越的运作策略、技术和供应链运作实施来提高整个行业的效率。

7.4.8　绿色物流

绿色物流(environmental logistics)是指在物流过程中抑制物流对环境造成危害的同时，实现对物流环境的净化，使物流资源得到最充分利用。它包括物流作业环节和物流管理全过程的绿色化。从物流作业环节来看，包括绿色运输、绿色包装、绿色流通加工等；从物流管理过程来看，主要是从环境保护和节约资源的目标出发，改进物流体系，既要考虑正向物流环节的绿色化，又要考虑供应链上的逆向物流体系的绿色化。绿色物流的最终目标是可持续性发展，实现该目标则是经济利益、社会利益和环境利益的统一。

1. 绿色物流发展的必要性

(1) 绿色物流适应了世界社会发展的潮流，是全球经济一体化的需要。随着全球经济一体化的发展，一些传统的关税和非关税壁垒逐渐淡化，环境壁垒逐渐兴起，为此，ISO 14000 成为众多企业进入国际市场的通行证。ISO 14000 的两个基本思想就是预防污染和持续改进，它要求企业建立环境管理体系，使其经营活动、产品和服务的每一个环节对环境的不良影响最小。而国外物流企业起步早，物流经营管理水平相当完善，势必给国内物流企业带来巨大冲击。进入 WTO 后，我国物流企业要想在国际市场上占一席之地，发展绿色物流将是其理性选择。

(2) 绿色物流是可持续发展的一个重要环节。绿色物流与绿色制造、绿色消费共同构成了一个节约资源、保护环境的绿色经济循环系统。绿色制造是制造领域的研究热点，指以节约资源和减少污染的方式制造绿色产品，是一种生产行为。绿色消费是以消费者为主体的消费行为。三者之间是相互渗透、相互作用的关系。

(3) 绿色物流是最大限度降低经营成本的必由之路。专家分析认为，产品从投产到销售出，制造加工时间仅占 10%，而几乎 90%的时间为储运、装卸、分装、二次加工、信息处理等物流过程。因此，物流专业化无疑为降低成本奠定了基础。绿色物流强调的是：低投入大物流的方式。绿色物流不仅是一般物流所追求的成本的降低，更重视的是绿色化和由此带来的节能、高效、少污染。

(4) 绿色物流还有利于企业取得新的优势。日益严峻的环境问题和日趋严格的环保法规，使企业为了持续发展，必须积极解决经济活动中的环境问题，改变危及企业生存和发展的生产方式，建立并完善绿色物流体系。通过绿色物流来追求高于竞争对手的相对竞争优势。

2. 我国绿色物流的发展现状

我国物流业的起步较晚，绿色物流还刚刚兴起。人们对它的认识还非常有限，在绿色物流的服务水平以及技术上均存在较大的差距，主要表现在以下几个方面。

(1) 观念上的差距。一方面，领导和政府的观念仍未转变，绿色物流的思想还没确立。部分政府领导对物流的推进尚且放任自流，更何况面向的是更进一步的绿色物流？仅有物流的思想而没有绿色化的概念，还缺乏发展的前瞻性，与时代步伐存在差距。另一方面，经营者和消费者对域外物流绿色经营消费理念仍非常淡薄，绿色物流的思想几乎为零。经营者展现给人们的是绿色产品、绿色标志、绿色营销和绿色服务，消费者追求的是绿色消费、绿色享用和绿色保障，而其中的绿色通道——物流环节，谁也未有足够的重视和关心。因此在发展物流的同时，要尽快提高认识、更新思想，把绿色物流作为世界全方位绿色革命的重要组成部分，坚定地面向绿色物流的未来。

(2) 政策性的差距。绿色物流是当今经济可持续发展的一个重要组成部分。它对社会经济的不断发展和人类生活质量的不断提高具有重要的意义。正因为如此，绿色物流的实施不仅是企业的事情，而且还必须从政府约束的角度，对现有的物流体制强化管理，构筑绿色物流建立与发展的框架，做好绿色物流的政策性建设。一些发达国家政府在绿色物流的政策性引导上，制定了诸如控制污染发生源，限制交通量和控制交通流的相关政策和法规，而且还从物流业发展的合理布局上为物流的绿色化铺平道路。如日本在 1996 年就制定了《流通业务城市街道整备法》，以提高大城市的流通机能，增强城市物流的绿化功能。尽管我国在 20 世纪 90 年代以来，也一直致力于环境污染方面的政策和法规的制定和颁布，但针对物流行业还不是多。另外，由于物流涉及的有关行业、部门、系统过多，而这些部门有自成体系，独立运作，各做各的规划，各搞各的设计，各建各的物流基地或中心，导致物流行业的无序发展，造成资源配置的巨大浪费，也为以后物流运作上的环保问题增加了过多的负担。因此，打破地区、部门和行业的局限，按照大流通、绿色化的思路来进行全国的物流规划整体设计，是我国发展物流在政策性问题上必须正视的大事情。

(3) 技术上的差距。绿色物流的关键所在，不仅依赖物流绿色思想的建立、物流政策的制订和遵循，更离不开绿色技术的掌握和应用。而物流技术和绿色要求有较大的差距。如我国的物流业还没有什么规模，基本上是各自为政，没有很好的规划，存在物流行业内部的无序发展和无序竞争状态，对环保造成很大的压力；在机械化方面，物流机械化的程度和先进性与绿色物流要求还有距离；物流材料的使用上，与绿色物流倡导的可重用性、可降解性也存在巨大的差距；另外，在物流的自动化、信息化和网络化环节上，绿色物流更是无从谈起。

由此可见，我国的绿色物流与发达国家尚有较大差距，物流绿色化对我们来说，还有相当漫长的一段路途。如今世界上的一些大的物流公司进入中国，跨国物流企业纷纷抢滩中国市场。由于中国经济已经成为全球经济的一部分，故必须要加快物流的绿色化建设，物流企业必须加快调整和整合，如若不然，就会失去竞争力，一旦国外在物流业的绿色化上设置准入壁垒，我国稚嫩的物流业就将遭受巨大打击。可以说，发展绿色物流是参与全球物流业竞争的重要基础。

因此，大力强化对物流绿色化的政策和理论体系的建立和完善，对物流系统目标、物流设施设备和物流活动组织等进行改进与调整，实现物流系统的整体最优化和对环境的最低损害，将有利于我国物流管理水平的提高，保护环境和可持续发展政策，对我国经济的发展意义重大。

7.5 电子商务下的物流信息技术

一次完整的电子商务过程包括由生产厂家将产品生产出来，通过运输、仓储、加工、配送到用户、消费者的物流全过程。其中分为以下几个方面：生产厂家将生产的单个产品进行包装，并将多个产品集中在大的包装箱内；然后，经过运输、批发等环节，在这一环节中通常需要更大的包装；最后，产品通过零售环节流通到消费者手中，产品通常在这一环节中再还原为单个产品。人们将上述过程的管理称之为供应链物流管理。

贸易过程中的商品从厂家到最终用户的物流过程是客观存在的，长期以来人们从未主动地、系统地、整体地去考虑，因而未能发挥其系统的总体优势。供应链物流的地域和时间跨度大，对信息依赖程度高。供应链物流系统连接多个生产企业、运输业、配销业及用户，随需求、供应的变化而变化，因此要求系统管理必须具有足够的灵活性与可变性。供应链物流系统、从生产、分配、销售到用户不是孤立的行为，而是一环扣一环的相互制约又相辅相成的，因此，各项活动必须协调一致，才能收获其最大经济效益和社会效益。

每 笔商业交易的背后都紧密伴随着与其相应的物流和信息流，供应链上的贸易伙伴需要这些信息以便对产品进行发送、跟踪、分拣、接收、存储、提货以及包装等。在电子商务时代,物流与信息流的相互配合体现得越来越重要,在供应链管理中也必然要用到越来越多的现代物流技术。

物流技术指的是与物流要素活动有关的所有专业技术的总称,它包括各种操作方法、管理技能等,如流通加工技术、物品包装技术、物品标识技术、物品实时跟踪技术等,此外,还包括相关的物流规划、物流评价、物流设计、物流策略等。随着计算机网络技术的快速发展,物流技术中综合了越来越多的现代技术,如GIS(地理信息系统)、GPS(全球卫星定位系统)、EDI(电子数据交换)、BarCode(条码)等。

7.5.1 条码技术及应用

条码技术是在计算机的应用实践中产生和发展起来的一种自动识别技术。它是为实现对信息的自动扫描而设计的。它是实现快速、准确而可靠地采集数据的有效手段。从系统看,条码技术涉及编码技术、光传感技术、条形印刷技术以及计算机识别应用技术等。条码可以用来收集有关人员、地点或物品的资料,被广泛应用于人员管理、工业生产过程控制、仓储、商业、邮政、图书管理、交通等领域。具体来说,能够进行个人证件识别、记录时间和出勤,监视生产过程、质量控制、检进检出,产品分类、订单输入、文件追踪、物品追踪、控制库存、进出控制、送货与收货、仓库管理、路线管理、商品销售作业和管理,以及追踪药物使用等在内的医疗保健方面的应用等。条码本身不是系统,而是一种十分有效的识别符号,它提供准确及时的信息来支持信息管理系统。条码技术提供了一种对物流中的物品进行标识和描述的方法,借助自动识别技术、POS系统、EDI等现代技术手段,企业可以随时了解有关产品在其供应链上的位置,并及时做出反应。当今在欧美等发达国家兴起的ECR、QR、自动连续补货(ACEP)等供应链管理策略,都离不开条码技术的应用。条码是实现POS系统、EDI、电子商务、供应链管理的技术基础,是物流管理现代化、提高企业管理水平和竞争能力的重要技术手段。

物流条码是用于标识物流领域中具体实物的一种特殊代码,是在整个物流过程中,包括生产厂家、分销业、运输业、消费者等环节的共享数据。它贯穿整个贸易过程,并通过物流条码数据的采集、反馈,提高整个物流的经济效益。物流条码是条码中的一个重要组成部分,它不仅在国际范围内提供了一套可靠的代码标识体系,而且为贸易环节提供了通用语言,为EDI和电子商务奠定了基础。因此,物流条码标准化在推动各行业信息化、现代化建设进程和供应链管理的过程中将起到不可估量的作用。物流条码的标准体系包括码制标准和应用标准。

1. 码制标准

3种条码是物流条码中常用的码制,它们的具体应用在实际中又有所不同:一般说来,通用商品条码用在单个大件商品的包装箱上;交叉二五条码可用于定量储运单元的包装箱,ITF 14和ITF 6附加代码共同使用也可以用于变量储运单元;贸易单元128条码的使用是物流条码实施的关键,它能够标识贸易单元的信息,如产品批号、数量、规格、生产日期、有效期、交货地等。

2. 应用标准

《EAN位置码》提供国际共同认可的标识团体和位置的标准,也正在逐渐用于标识交货地点和起运地点，成为 EDI 实施的关键。《储运单元条码》国家标准起到了对货物储运过程中物流条码的规范作用，并在实际应用中具有标识货运单元的功能，是物流条码标准体系中一个重要的应用标准。《条码应用标识》是商品统一条码有益和必要的补充，填补了其他 EAN/UCC 标准遗留的空白，它将物流和信息流有机地结合起来，成为连接条码与 EDI 的纽带。

物流条码标识的内容主要有项目标识（货运包装代码 SCC-14）、动态项目标识（系列货运包装箱代码 SSCC-18）、日期、数量、参考项目（客户购货订单代码）、位置码、特殊应用（医疗保健业等）及内部使用。相关国家标准对物流条码标识内容做了具体规定。

目前的条码码制有许多，物流条码是由 EAN（国际物品编码协会）/UCC（美国统一代码委员会）制定的用于贸易单元标识的条码，包括商品条码（EAN/UPC）、储运单元条码（ITF-14）、贸易单元 128 条码（UCC/EAN-128）、位置码等。但国际上通用的和公认的物流条码码制主要有 3 种：EAN-13 条码、ITF-14 条码及 UCC/EAN-128 条码。要根据货物的不同和商品包装的不同，采用不同的条码码制。单个大件商品，如电视机、电冰箱、洗衣机等商品的包装箱往往采用 EAN-13 条码。储运包装箱常常采用 ITF-14 条码或 UCC/EAN-128 应用标识条码。包装箱内可以是单一商品，也可以是不同的商品或多件商品小包装。

1) EAN-13 条码

EAN-13 条码是通用商品条码（可参考国家标准 GB/T12904—1998）。该商品条码是按照国际物品编码协会（EAN）统一的规则编制的，分为标准版和缩短版两种。标准版商品条码的代码由 13 位阿拉伯数字组成，简称 EAN-13 条码。缩短版商品条码的代码由 8 位数字组成，简称 EAN-8 码。EAN-13 条码和 EAN-8 码的前 3 位数字称为“前缀码”，是用于标识 EAN 成员的代码，由 EAN 统一管理和分配，不同的国家或地区有不同的前缀码、中国的前缀码目前有 3 个：690、691、692。

我国商品条码的标准版 EAN-13 条码的结构如表 7-1 所示。

表 7-1　EAN-13 条码的结构

结构种类	厂商识别代码	商品项目代码	检　验　码
结构一	X1 X2 X3 X4 X5 X6 X7	X8 X9 X10 X11 X12	X13
结构二	X1 X2 X3 X4 X5 X6 X7 X8	X9 X10 X11 X12	X13
结构三	X1 X2 X3 X4 X5 X6 X7 X8 X9	X10 X11 X12	X13

厂商识别代码由 7～9 位数字组成，用于对厂商的唯一标识，是 EAN 编码组织在 EAN 分配的前缀码的基础上分配给厂商的代码。我国由中国物品编码中心统一管理和分配。

商品项目代号由 3～5 位数字组成，是由厂商自行编码。必须遵循对统一商品编制相同商品项目代码，对不同的商品项目编制不同商品项目代码的原则。保证商品项目与其标识代码一一对应，即一个商品项目只有一个代码，一个代码只标识一个商品项目。

检验码用于检验厂商识别代码、商品项目代码的正确性。

2) ITF-14 条码

ITF 条码是一种连续型、定长、具有自校验功能，并且条、空都表示信息的双向条码。

ITF-14 条码的条码字符集、条码字符的组成与交叉二五码相同。它由矩形保护框、左侧空白区、条码字符、右侧空白区组成。

ITF-14 条码的组成可参考国家标准 GB/T 16830《储运单元条码》。

3）UCC/EAN-128 条码

UCC/EAN-128 条码是一种连续型、非定长型条码，能更多地标识贸易单元中需要表示的信息，如产品批号、数量、规格、生产日期、有效期、交货地等。

UCC/EAN-128 应用标识码由应用标识符和数据两部分组成，每个应用标识符由 2～4 位数字组成。条码应用标识的数据长度取决于应用标识符。条码应用标识采用 UCC/EAN-128 码表示，并且多个条码应用标识可由一个条码符号表示。UCC/EAN-128 条码由双字符起始符号、数据符、检验符、终止符及左、右侧空白区组成。

UCC/EAN-128 应用标识条码是使信息伴随货物流动的全面、系统、通用的重要商业手段。

下例用来说明条码技术在仓储配送业中的应用。

仓储配送是产品流通的重要环节。以美国最大的百货公司沃尔玛为例，该公司在全美有 25 个规模很大的配送中心，一个配送中心要为 100 多家零售店服务，日处理量约为 20 多万个纸箱。每个配送中心分 3 个区域：收货区、拣货区、发货区。在收货区，一般用叉车卸货。先把货堆放到暂存区，工人用手持式扫描器分别识别运单上和货物上的条码，确认匹配无误才能进一步处理，有的要入库，有的则要直接送到发货区，以节省时间和空间。在拣货区，计算机在夜班打印出隔天需要向零售店发运的纸箱的条码标签。白天，拣货员拿一叠标签打开一只只空箱，在空箱上贴上条码标签，然后用手持式扫描器识读。根据标签上的信息，计算机随即发出拣货指令。在货架的每个货位上都有指示灯，表示那里需要拣货以及拣货的数量。当拣货员完成该货位的拣货作业后，按“完成”按钮，计算机就可以更新其数据库。装满货品的纸箱经封箱后运到自动分拣机，在全方位扫描器识别纸箱上的条码后，计算机指令拨叉机构把纸箱拨入相应的装车线，以便集中装车运往指定的零售店。

7.5.2 EDI 技术及应用

1. EDI 技术简介

国际标准化组织 ISO 于 1994 年确认了电子数据交换 EDI(electronic data interchange) 的定义：“根据商定的交易或电文数据的结构标准实施商业或行政交易从计算机到计算机的电子传输”。即按照同一规定的一套通用标准格式，将标准的经济信息，通过通信网络传输，在贸易伙伴的电子计算机系统之间进行数据交换和自动处理，俗称“无纸贸易”。以往世界每年花在制作文件的费用达 3000 亿美元，所以“无纸贸易”被誉为一场“结构性的商业革命”。

构成 EDI 系统的 4 个要素是 EDI 软件、硬件、通信网络以及数据标准化。一个部门或企业若要实现 EDI，首先必须有一套计算机数据处理系统；其次，为使本企业内部数据比较容易地转换为 EDI 标准格式，必须采用 EDI 标准；另外，通信环境的优劣也是关系 EDI 成败的重要因素之一。

EDI 的实质是交换，它的主要目标是以最少的人工介入，实现贸易循环，尤其是重复交换文件的自动处理,从而消减公司内部缓慢、繁杂和昂贵的管理费用。可见 EDI 是一种技术,或者说是一种方法、手段。EDI 的侧重点是自动化,它以节约成本和提高工作效率为主要目的。

EDI 标准是整个 EDI 最关键的部分,由于 EDI 是以事先商定的报文格式形式进行数据传输和信息交换。因此,制定统一的 EDI 标准至关重要。世界各国开发 EDI 得出一条重要经验,就是必须把 EDI 标准放在首要位置。EDI 标准主要分为以下几个方面:基础标准、代码标准、报文标准、单证标准、管理标准、应用标准、通信标准和安全保密标准。

在这些标准中,最首要的是实现单证标准化,包括单证格式的标准化、所记载信息标准化以及信息描述的标准化。EDI 的单证标准经历了从专业标准、行业标准演化至国际标准的过程。国际上把 EDI 电子单证标准分为 3 类:EDIFACT、ANSIX. 12 和联合国贸易数据交换 UNTDI。除此之外,以国际标准化组织 ISO/JTC1/WG3 为代表的开放式国际标准,目前也正引起国际 EDI 领域的广泛关注。由该组织推出的"开放式 EDI 概念模型"和"开放式 EDI 参考模型",通过业务操作观点(BOC)、功能服务观点(FSV)等全新的标准化概念,为未来 EDI 在各个领域的应用,提供最佳标准语言。目前,我国已制定的单证标准有中华人民共和国进出口许可证、原产地证书、装箱单、装运声明。信息内容的标准化涉及单证上的哪些内容是必需的,哪些不一定是必需内容。例如,在不同的业务领域,同样的单证上所记载的内容项目不完全一致。

2. UN/EDIFACT 标准体系

以联合国欧洲经济委员会贸易程序简化工作组(UN/ECE/WP. 4)为代表的 UN/EDIFACT 标准,目前已成为整个国际范围内 EDI 应用的主流标准,包括美国、日本、西欧等发达国家都已把采用 EDIFACT 标准作为本国推广 EDI 的重要战略。自 20 世纪 80 年代后期 EDIFACT 标准形成至今,由 UN/ECE 发布的 EDIFACT 标准、规范和报文标准已达近 200 个。这些标准大致可分为基础类、报文类、单证类(如发票、托运单等)、代码类(如港口代码、包装代码等)、管理类。它们之间既有明确的分类,又相互引用,结构十分清晰。

基础标准是 EDI 的核心,它包括 EDIFACT 基础标准及其他类型的标准,如 EDIFACT 语法规则、报文设计指南等。

管理标准主要包括有关的评审指南和报文提交程序和规则。

报文标准是每一个具体应用的数据结构化的体现。在 EDI 的运行环境中,所有数据都以报文的形式发送或接收,如贸易、海关、运输、金融等方面的报文。

代码标准:在 EDI 传输的数据中,除了公司名称、地址、人名以及一些自由文本内容之外,几乎大多数数据将以代码的形式发出。为使交换各方面便于理解收到的信息内容,以代码形式将传输的数据固定下来。

单证标准:EDI 是结构化数据交换,要开发 EDI 应用系统,首先需对电子单证进行标准化。没有标准的单证,其相应的 EDI 标准报文就无法与之对应。EDI 单证标准包括贸易单证、运输单证、海关单证、银行单证、保险单证、商检单证等。

EDIFACT 作为 EDI 的国际标准如表 7-2 所示。

表 7-2　EDIFACT 标准

EDIFACT 标准	EDIFACT 标准	EDIFACT 标准	EDIFACT 标准
EDIFACT 数据元目录	EDIFACT 标准报文目录	EDIFACT 代码表目录	应用级语法规则
EDIFACT 复合数据元目录	报文设计规则与指南	EDIFACT 段目录	语法规则应用指南

EDI 是信息管理或处理的有效手段，它是对供应链上的信息流进行运作的有效方法。EDI 的目的是充分利用现有计算机及通信网络资源，提高贸易伙伴间通信的效益，降低成本。EDI 主要应用于以下企业：

(1) 制造业。EDI 的作用是即时响应以减少库存量及生产线待料时间，降低生产成本。

(2) 贸易运输业。EDI 的作用是快速通关报检，使用经济的运输资源，降低贸易运输空间、成本与时间的浪费。

(3) 流通业。EDI 的作用是快速响应，减少商场库存量与空架率，以加速商品资金周转，降低成本。建立物资配送体系，以完成产、存、运、销一体化的供应线管理。

(4) 金融业。EDI 的作用是电子转账支付，减少金融单位与其用户间交通往返的时间与现金流动风险，并缩短资金流动所需的处理时间，提高用户资金调度的弹性，在跨行服务方面，更可使用户享受到不同金融单位所提供的服务，以提高金融业的服务品质与项目。

EDI 应用获益最大的是零售业、制造业和配送业。在这些行业中的供应链上应用 EDI 技术使传输发票、订单过程达到了很高的效率，而这些业务代表了他们的核心业务活动——采购和销售。EDI 在密切贸易伙伴关系方面有潜在的优势。

7.5.3　射频技术及应用

1. 射频技术简介

射频技术(Radio Frequency，RF)是利用无线电波对记录媒体进行读写。射频识别的距离可达几十厘米至几米，且根据读写的方式，可以输入数千字节的信息，同时，还具有保密性。它的基本原理是电磁理论。射频系统的优点是不局限于视线，识别距离比光学系统远，射频识别卡可具有读写能力，可携带大量数据，难以伪造，且有智能。RF 适用于物料跟踪、运载工具和货架识别等要求非接触数据采集和交换的场合，由于 RF 标签具有可读写能力，对于需要频繁改变数据内容的场合尤为适用。如车辆自动识别系统——驾易通，采用的主要技术就是射频技术。目前中国香港已经有约 8 万辆汽车装上了电子标签，装有电子标签的车辆通过装有射频扫描器的专用隧道、停车场或高速公路时，无须停车缴费，极大地提高了行车速度和效率。

近年来，便携式数据终端(PDT)的应用多了起来，PDT 可把那些采集到的有用数据存储起来或传送至一个管理信息系统。便携式数据终端一般包括一个扫描器、一个体积小但功能很强并带有存储器的计算机、一个显示器和供人工输入的键盘。在只读存储器中装有常驻内存的操作系统，用于控制数据的采集和传送。PDT 存储器中的数据可随时通过射频通信技术传送到主计算机。操作时先扫描位置标签，货架号码、产品数量就都输入 PDT，再通过 RF 技术把这些数据传送到计算机管理系统，可以得到客户产品清单、发票、发运标签、该地所存产品代码和数量等。

现在 RFID(radio frequency identification)是 AIDC 领域最热门的技术。在具体的应用过程中,根据不同的应用目的和应用环境 RFID 系统的组成会有所不同,但从 RFID 系统的工作原理来看,系统一般由信号发射机、信号接收机、发射天线几部分组成。

1) 信号发射机

在 RFID 系统中,信号发射机为了不同的应用目的,会以不同的形式存在,典型的形式是标签(TAG)。标签相当于条码技术中的条码符号,用来存储需要识别传输的信息。但是,与条码不同的是,标签必须能够自动或在外力的作用下,把存储的信息主动发射出去。标签一般是带有线圈、天线、存储器与控制系统的低电集成电路。

按照不同的标准,标签有许多不同的分类。按照标签获取电能的方式不同,可以把标签分成主动式标签与被动式标签;根据内部使用存储器类型的不同,标签可以分为只读标签与可读可写标签;根据标签中存储器数据能力的不同,可以把标签分为仅用于标识目的的标识标签与便携式数据文件两种。

2) 信号接收机

在 RFID 系统中,信号接收机一般称为阅读器。根据支持的标签类型不同于完成的功能不同,阅读器的复杂程度有显著的不同。阅读器基本的功能就是提供与标签进行数据传输的途径。另外,阅读器还提供相当复杂的信号状态控制、奇偶错误检验与更正功能等。标签中除了存储需要传输的信息外,还必须含有一定的附加信息,如错误检验信息等。识别数据信息和附加信息按照一定的结构编制在一起,并按照特写的顺序向外发送。阅读器通过接收到的信息来控制数据流的发送。一旦到达阅读器的信息被正确地接收和译解后,阅读器通过特写的算法决定是否需要发射机对发送的信号重发一次,或者知道发射器停止发信号,这就是“命令响应协议”。使用这种协议,即便在很短的时间,很小的空间阅读多个标签,也可以有效地防止“欺骗问题”的产生。

3) 编程器

只有可读可写标签系统才需要编程器。编程器是向标签写入数据的装置。编程器写入数据一般来说是离线完成的,也就是预先在标签中写入数据,等到开始应用时直接把黏附在被标识项目上。也有一些 RFID 应用系统,写数据是在线完成的,尤其是在生产环境中作为交互式便携数据文件来处理时。

4) 天线

天线是标签与阅读器之间传输数据的发射、接收装置。在实际应用中,除了系统功率外,天线的形状和相对位置也会影响数据的发射和接收,需要专业人员对系统的天线进行设计和安装。

2. 射频技术在军事物流中的应用

美国和北大西洋公约组织(NATO)在波斯尼亚的联合作战行动中,不但建成了战争史上投入战场最复杂的通信网,还完善了识别跟踪军用物资的新型后勤系统,这是吸取了沙漠风暴军事行动中大量物资无法跟踪造成重复运输的教训,无论物资是在订购之中、运输途中,还是在某个仓库存储着,通过该系统,各级指挥人员都可以实时掌握所有的信息。该系统途中运输部分的功能就是靠贴在集装箱和装备上的射频识别标签实现的。RF 接收转发装置通常安装在运输线的一些检查点上(如门柱上、桥墩旁等),以及仓库、车站、码头、机场等关键地点。接收装置收到 RF 标签信息后,连通接收地的位置信息,上传至通信卫星,再由卫星传送给运输调度中心,送入中心信息数据库中。

我国 RFID 的应用也已经开始,一些高速公路的收费站口使用 RFID 可以不停车收费,我国铁路系统使用 RFID 记录货车车厢编号的车号自动识别系统早已成功运行,一些物流公司也已将 RFID 用于物流管理中。

7.5.4 GPS 技术及应用

GPS(Global Positioning System)是美国继阿波罗登月计划、航天飞机之后的第三大航天工程,是一种全球性、全天候、连续的卫星无线电导航系统,可提供实时的三维位置、三维速度和高精度的时间信息。由于 GPS 定位技术具有精度高、速度快、成本低的显著优点,因而已成为目前世界上应用范围最广泛、实用性最强的全球授时、测距、导航、定位的系统。在我国,GPS 技术普遍应用于汽车导航系统,移动目标的定位、监控、指挥、调度系统,并成功地应用于大地测量、工程测量、航空摄影测量、运载工具导航和管制、地壳运动监测、工程变形监测、资源勘察、地球动力等多种学科,具有极大的发展潜力。

1. GPS 的组成

1) GPS 卫星星座

GPS 工作卫星及其星座由 21 颗工作卫星和 3 颗在轨备用卫星组成,记作(21+3)GPS 星座。24 颗卫星均匀分布在 6 个轨道平面内,轨道倾角为 55°,各个轨道平面之间相距 60°,即轨道的升交点赤经各相差 60°。每个轨道平面内各颗卫星之间的升交角距相差 90°,轨道平面上的卫星比西边相邻轨道平面上的相应卫星超前 30°。

在 20 000km 高空的 GPS 卫星,当地球对恒星来说自转一周时,它们绕地球运行 2 周,即绕地球一周的时间为 12 恒星时。这样,对于地面观测者来说,每天提高 4min 见到同一颗 GPS 卫星。位于地平线以上的卫星颗数随着时间和地点的不同而不同,最少可见到 4 颗,最多可见到 11 颗。在用 GPS 信号导航定位时,为了计算测站的三维坐标,必须观测 4 颗 GPS 卫星,称为定位卫星。这 4 颗卫星在观测过程中的几何位置分布对定位精度有一定的影响。对于某时某地,甚至不能测得精确的点位坐标,这种时间段叫做"间隙段"。但这种时间间隙段是很短暂的,并不影响全球绝大多数地方的全天候、高精度、连续实时性,GPS 工作卫星的编号和试验卫星基本相同。

2) 地面监控系统

对于导航定位来说,GPS 卫星是一动态已知点。星的位置是依据卫星发射的星历——描述卫星运动及其轨道的参数算得的。每颗 GPS 卫星所播发的星历,是由地面监控系统提供的。卫星上的各种设备是否正常工作,以及卫星是否一直沿着预定轨道运行,都要由地面设备进行监测和控制。地面监控系统另一重要作用是保持各颗卫星处于同一时间标准——GPS 时间系统。这就需要地面站监测各颗卫星的时间,求出钟差。然后由地面注入站发给卫星,卫星再由导航电文发给用户设备。GPS 工作卫星的地面监控系统包括 1 个主控站、3 个注入站和 5 个监测站。

3) GPS 信号接收机

GPS 信号接收机的任务是:能够捕获到按一定卫星高度截止角所选择的待测卫星的信

号，并跟踪这些卫星的运行，对所接收到的 GPS 信号进行变换、放大和处理，以便测量出 GPS 信号从卫星到接收机天线的传播时间，解译出 GPS 卫星所发送的导航电文，实时地计算出测站的三维位置，位置，以及三维速度和时间。

GPS 卫星发送的导航定位信号，是可供无数用户共享的信息资源。对于陆地、海洋和空间的广大用户，只要用户拥有能够接收、跟踪、变换和测量 GPS 信号的接收设备，即 GPS 信号接收机。可以在任何时候用 GPS 信号进行导航定位测量。根据使用目的的不同，用户要求的 GPS 信号接收机也各有差异。目前世界上已有几十家工厂生产 GPS 接收机，产品也有几百种。这些产品可以按照原理、用途、功能等来分类。

静态定位中，GPS 接收机在捕获和跟踪 GPS 卫星的过程中固定不变，接收机高精度地测量 GPS 信号的传播时间，利用 GPS 卫星在轨的已知位置，计算出接收机天线所在位置的三维坐标。而动态定位则是用 GPS 接收机测定一个运动物体的运行轨迹。GPS 信号接收机所位于的运动物体称为载体（如航行中的船舰、空中的飞机、行走的车辆等）。载体上的 GPS 接收机天线在跟踪 GPS 卫星的过程中相对地球而运动，接收机用 GPS 信号实时地测得运动载体的状态参数（瞬间三维位置和三维速度）。

接收机硬件和机内软件以及 GPS 数据的后台处理软件包，构成完整的 GPS 用户设备。GPS 接收机的结构分为天线单元和接收单元两大部分。对于测地型接收机来说，两个单元一般分成两个独立的部件，观测时将天线单元安置在测站上，接收单元置于测站附近的适当地方，用电缆线将两者连接成一个整机。也有的将天线单元和接收单元制作成一个整体，观测时将其安置在测站点上。

GPS 接收机一般用蓄电池做电源。同时采用机内机外两种直流电源。设置机内电池的目的在于更换外电池时不中断连续观测。在用机外电池的过程中，机内电池自动充电。关机后，机内电池为 RAM 存储器供电，以防止丢失数据。

近几年，国内引进了许多种类型的 GPS 测地型接收机。各种类型的 GPS 测地型接收机用于精密相对定位时，其双频接收机精度可达 5MM＋1PPM. D，单频接收机在一定距离内精度可达 10MM＋2PPM. D。用于差分定位其精度可达亚米级至厘米级。目前，各种类型的 GPS 接收机体积越来越小，重量越来越轻，便于野外观测。GPS 和 GLONASS 兼容的全球导航定位系统接收机已经问世。

2. GPS 技术的原理

GPS 接收机可接收到可用于授时的准确至纳秒级的时间信息；用于预报未来几个月内卫星所处概略位置的预报星历；用于计算定位时所需卫星坐标的广播星历，精度为几米至几十米（各个卫星不同，随时变化）；以及 GPS 系统信息，如卫星状况等。

GPS 接收机对码的量测就可得到卫星到接收机的距离，由于含有接收机卫星钟的误差及大气传播误差，故称为伪距。对 OA 码测得的伪距称为 UA 码伪距，精度为 20m 左右，对 P 码测得的伪距称为 P 码伪距，精度约 2m 左右。

GPS 接收机对收到的卫星信号，进行解码或采用其他技术，将调制在载波上的信息去掉后，就可以恢复载波。严格地讲，载波相位应被称为载波拍频相位，它是收到的受多普勒频 移影响的卫星信号载波相位与接收机本机振荡产生信号相位之差。一般在接收机钟确定的历元时刻量测，保持对卫星信号的跟踪，就可记录下相位的变化值，但开始观测时的接收机和卫星振荡器的相位初值是不知道的,起始历元的相位整数也是不知道的,即整周模糊度,只能在数据处理中作为参数计算。相位观测值的精度高至毫米,但前提是解出整周模糊度,因此,只有在相对定位,并有一段连续观测值时才能使用相位观测值,而要达到优于米级的定位精度也只能采用相位观测值。

按定位方式,GPS定位分为单点定位和相对定位(差分定位)。单点定位就是根据一台接收机的观测数据来确定接收机位置的方式,它只能采用伪距观测量,可用于车船等的概略导航定位。相对定位(差分定位)是根据两台以上接收机的观测数据来确定观测点之间的相对位置的方法,它既可采用伪距观测量也可采用相位观测量,大地测量或工程测量均应采用相位观测值进行相对定位。

在GPS观测量中包含卫星和接收机的钟差、大气传播延迟、多路径效应等误差,在定位计算时还要受到卫星广播星历误差的影响,在进行相对定位时大部分公共误差被抵消或削弱,因此定位精度将大幅提高,双频接收机可以根据两个频率的观测量抵消大气中电离层误差的主要部分,在精度要求高,接收机间距离较远时(大气有明显差别),应选用双频接收机。

在定位观测时,若接收机相对于地球表面运动,则称为动态定位,如用于车船等概略导航定位的精度为30～100m的伪距单点定位,或用于城市车辆导航定位的米级精度的伪距差分定位,或用于测量放样等的厘米级的相位差分定位(RTK),实时差分定位需要数据链将 两个或多个站的观测数据实时传输到一起计算。在定位观测时,若接收机相对于地球表面静止,则称为静态定位,在进行控制网观测时,一般均采用这种方式由几台接收机同时观测,它能最大限度地发挥GPS的定位精度,专用于这种目的的接收机被称为大地型接收机,是接收机中性能最好的一类。目前,GPS已经能够达到地壳形变观测的精度要求,IGS的常年观测台站已经能构成毫米级的全球坐标框架。

3. GPS技术的应用

全球定位系统具有在海、陆、空进行全方位实时三维导航与定位能力。近10年来,我国测绘等部门使用GPS的经验表明,GPS以全天候、高精度、自动化、高效益等显著特点,赢得广大测绘工作者的信赖,并成功地应用于大地测量、工程测量、航空摄影测量、运载工具导航和管制、地壳运动监测、工程变形监测、资源勘察、地球动力学等多种学科,从而给测绘领域带来一场深刻的技术革命。

GPS在物流领域的应用如下所述。

1) 用于汽车自定位、跟踪调度

据丰田汽车公司的统计和预测,日本车载导航系统的市场在1995—2000年间平均每年增长35%以上,全世界在车辆导航上的投资将平均每年增长60.8%,因此,车辆导航将成为未来全球卫星定位系统应用的主要领域之一。我国已有数十家公司在开发和销售车载导航系统。

2) 用于铁路运输管理

我国铁路开发的基于GPS的计算机管理信息系统,可以通过GPS和计算机网络实时收集全路列车、机车、车辆、集装箱及所运货物的动态信息,可实现列车、货物追踪管理。只要知道货车的车种、车型、车号,就可以立即从近10万km的铁路网上流动着的几十万辆货车中找到该货车，还能得知这辆货车现在何处运行或停在何处，以及所有的车载货物发货信息。铁路部门运用这项技术可大幅提高其路网及其运营的透明度，为货主提供更高质量的服务。

3）用于军事物流

全球卫星定位系统首先是因为军事目的而建立的，在军事物流中，如后勤装备的保障等方面，应用相当普遍，尤其是在美国，其在世界各地驻扎的大量军队无论是在战时还是在平时都对后勤补给提出很高的需求，在战争中，如果不依赖 GPS，美军的后勤补给就会变得一团糟。美军在 20 世纪末的地区冲突中依靠 GPS 和其他顶尖技术，以强有力的、可见的后勤保障为保卫美国的利益做出了巨大的贡献。

7.5.5 技术及应用

1. GIS 的概念

GIS(Geographic Information Systems，地理信息系统）是多种学科交叉的产物，它以地理空间为基础，采用地理模型分析方法，实时提供多种空间和动态的地理信息，是为地理研究和地理决策服务的计算机技术系统。其基本功能是将表格型数据（无论它来自数据库，电子表格文件或直接在程序中输入）转换为地理图形显示，然后对显示结果浏览、操作和分析。其显示范围可以从洲际地图到非常详细的街区地图，现实对象包括人口、销售情况、运输线路以及其他内容。

2. GIS 技术的应用

GIS 应用于物流分析，主要是指利用 GIS 强大的地理数据功能来完善物流分析技术。GPS 在物流领域的应用可以实时监控车辆等移动目标的位置，根据道路交通状况向移动目标发出实时调度指令。而 GIS、GPS 和无线通信技术的有效结合，再辅以车辆路线模型、最短路径模型、网络物流模型、分配集合模型和设施定位模型等，能够建立功能强大的物流信息系统，使物流变得实时并且成本最优。

GIS/GPS 在物流企业应用的优势主要体现在以下几个方面：

(1) 打造数字物流企业，规范企业日常运作，提升企业形象。GIS/GPS 的应用，必将提升物流企业的信息化程度，使企业日常运作数字化，包括企业拥有的物流设备或者客户的任何一笔货物都能用精确的数字来描述，不仅提高企业运作效率，同时提升企业形象，能够争取更多的客户。

(2) 通过对运输设备的导航跟踪，提高车辆运作效率，降低物流费用，抵抗风险。GIS/GPS 和无线通信的结合，使得流动在不同地方的运输设备变得透明而且可以控制。

结合物流企业的决策模型库的支持，根据物流企业的实际仓储情况，并且由 GPS 获取的实时道路信息，可以计算出最佳物流路径，给运输设备导航，减少运行时间，降低运行费用。

利用 GPS 和 GIS 技术可以实时显示出车辆的实际位置，并任意放大、缩小、还原、换图；可以随目标移动，使目标始终保持在屏幕上，利用该功能可对重要车辆和货物进行跟踪运输。对车辆进行实时定位、跟踪、报警、通信等技术，能够满足掌握车辆基本信息、对车辆进行远程管理的需要,有效避免车辆的空载现象,同时客户也能通过互联网技术,了解货物在运输过程中的细节情况。比如在草原牧场收集牛奶的车辆在途中发生故障,传统物流企业往往不能及时找到故障车辆而使整车的原奶坏掉,损失惨重。而GIS/GPS能够方便地解决这个问题。

人的因素处处存在,而GIS/GPS能够有效地监控司机的行为。在物流企业中,为了逃避过桥费而绕远路延误时间,私自拉货,途中私自停留等现象司空见惯,物流企业不能有效监控司机的行为。而对车辆的监控也就规范了司机的行为。

(3) 通过对物流运作的协调,促进协同商务发展,让物流企业向第四方物流角色转换。由于物流企业能够实时地获取每部车辆的具体位置,载货信息,故物流企业能用系统的观念运作企业的业务,降低空载率。物流企业如果为某条供应链服务,则能够发挥第四方物流的作用。

物流企业通过无线通信,GIS/GPS能够精确地获取运输车辆的信息,再通过INTERNET让企业内部和客户访问,从而把整个企业的操作,业务变得透明,为协同商务打下基础。

将地理信息系统(GIS)、卫星定位系统(GPS)、无线通信(WAP)与互联网技术(Web)集成一体,应用于物流和供应链管理信息技术领域,国内还没有完全成熟。但是一些远见的企业已经看到这块诱人的蛋糕并付诸行动,招商迪辰系统有限公司就是比较典型的企业,已经开发了一系列的产品。虽然这些产品功能尚未完善,相信随着人们的重视和技术的进步,GIS、GPS、WAP和Web技术将结合在一起,共同描绘透明物流企业,减少物流黑洞,增强国内物流企业竞争力,不久将在开放的物流市场上站稳脚跟。

7.5.6 自动化仓库系统

自动化仓库是近十年来伴随着自动控制、系统控制设备以及数据库等相关技术的飞速发展应运而生的。随着技术的发展,自动化仓库高效、可靠、操作方便的优点为越来越多的使用者所接受,应用也日益广泛。

自动化仓库系统(Automated Storage and Retrieval System,AS/RS)是在不直接进行人工处理的情况下能自动存储和取出物料的系统。自动化仓库是有电子计算机进行管理和控制,不需要人工搬运作业而实现收发作业的仓库。有的自动化仓库可以直接与其他生产系统相连,形成全自动立体仓库系统。

现代自动化仓库系统由高层立体货架、堆垛机、输送系统、信息识别系统、计算机控制系统、通信系统、监控系统、管理系统等组成。其中,信息识别系统能完成对货物品名、类别、货号、数量、等级、生产厂家甚至货位地址的识别。在自动化仓库中,为了完成物流信息的采集,通常采用条码、磁条、光学符号和射频等识别技术。货位的虚实识别(即自动判断某货位上货物的有无)是信息识别系统的重要组成部分,是实现货位自动管理的基础,对于堆垛机和货物的安全尤为重要。

自动化仓库系统集成了机械、计算机、土建和管理等多方面的技术,是现代物流技术的集中体现。近年来,自动化仓库在我国得到快速发展,立体仓库的需求也越来越大。

自动化仓库的关键技术包括以下方面。

1. 自动化仓库的自动寻址

自动化仓库的自动寻址就是自动寻找存放/提取货物的位置。计算机控制的自动化仓库都具有自动寻址的功能。在同一巷道内的货位地址由三个参数组成：第几排货架、第几层货格、左侧或右侧。当自动化仓库接收到上级管理机的存取指令和存取地址后，即向制定的货位的方向运行。运行中，安装在堆垛机上的传感器不断检测位置信息，计算判断是否到位。

认址装置由认址片和认址器组成。认址器即是某种传感器，目前常用的是红外线传感器。发射与接收红外光在同侧时，用反射式的认证片，否则用投射式的。

认证检测方式通常分为绝对认址和相对认址两种。绝对认址是为每一个货位制定一个绝对代码，为此需要为每个货位制作一个专门的认址片。显然，绝对认址方法可靠性高，但认址片制作复杂，控制程序的设计也十分复杂。相对认址时，货位的认址片结构相同，每经过一个货位，只要进行累加就可以得到货位的相对地址。与绝对认址相比，相对认址可靠性较低，但认址片制作简单，编程也较简单。为了提高相对认址的可靠性，可以增加奇偶校验。

2. 自动识别系统

自动化仓库系统的货物管理基本技术是对货物进行自动识别和跟踪。自动识别是指在没有人工干预的情况下对物料流动过程中某一种活动关键特性的确定。每一关键特性都与生产活动有关。这些关键特性包括产品的名称、数量、设计、质量、物料来源、目的地、体积、重量和运输路线等。这些数据被采集处理后，能用来确定产品的生产计划、运输路线、路程、库存、存储地址、销售生产、库存控制、运输文件、单据和记账等。货物信息可以通过声、光、磁、电子等多种介质获取。具体实现时，是在生产的关键部位配备自动识别装置，将每一处所获取的信息，经过计算机网络系统传输，并进行统一处理，从而实现在整个生产过程中对物料的信息的跟踪。

3. 堆垛机自动控制系统

控制系统是自动仓库运行成功的关键。没有好的控制，系统运行的成本就会很高，而效率却很低。为了实现自动运转，自动化仓库内所用的各种存取设备和输送设备本身必须配备各种控制装置。如巷道式堆垛机的控制要求就包括位置控制、速度控制、货叉控制以及方向控制等。所有这些控制都必须通过各种控制装置实现，根据各自的设定功能，完成一定的控制任务。

控制系统能对搬运设备(如堆垛机等)、运输设备(如输送机、小车、转轨车等)进行自动控制，它是自动化仓库的核心部分之一，直接关系到仓库作业能否顺利进行。因此，控制系统中所采用的材料、设备、传感器和元件都应用可靠性高、寿命长、易于维护和更换的产品，否则将存在安全隐患。在控制系统中，还应采取一系列自检和连锁保护措施，确保在工作人员操作错误时不发生事故，并能对机械及电气故障进行判断、报警并向主机系统传递故障信息。总之，控制系统应能适应多种操作方式的需要。

4. 监控调度系统

监控调度系统是自动化仓库的枢纽，是实现自动化仓库实时控制的重要组成部分。它在整个系统中起着举足轻重的作用，负责协调系统中各个部分的运行。自动化仓库系统使用了很多运行设备，各设备的运行任务、运行路径、运行方向等都需要由监控调度系统来统一调度，按照指挥系统的命令进行货物搬运活动。通过监控调度系统的监视画面可以直观地看到各设备的运行情况。

在自动化仓库的实际作业过程中，监控调度系统根据主机系统的作业命令，按运行时间最短、作业间的合理配合等原则对作业的先后顺序进行优化组合排列，并将优化后的作业命令发送给各控制系统，对作业进程、作业信息及运行设备(如堆垛机、输送机等)进行实时监控。

监控操作台可以对机械设备的位置、动作、状态、货物承载及运行故障等信息进行显示，以便操作人员对现场情况进行监事和控制，并可通过操作台上的控制开关或键盘对设备进行紧急操作。

5. 计算机管理系统

计算机管理系统是自动化仓库的指挥中心，相当于人的大脑，它指挥着仓库中各设备的运行。它主要完成整个仓库的作业管理和账目管理，并担负着与上级系统的通信以及处理企业信息、管理系统的部分任务。

自动化仓库的信息管理是基于现代信息理论、管理理论和现代控制理论而创立的一个分支。对于一个自动化仓库来说，它可以是独立的，但对于一个企业来说，它又是其管理信息系统的一个子系统。它不仅对信息进行管理，也对物流进行管理与控制，集信息流和物流于一体，是现代化企业物流和信息流管理的重要组成部分。自动化仓库管理系统的主要功能是对仓库所有入、出库活动进行最佳登录和控制，并对数据进行统计分析，以便决策者及早发现问题，采取相应的措施，最大限度地降低库存量，加快货物流通，创造经济和社会效益。

7.6 微型案例：龙网 LNET21 物流系统

1. 龙网简介

广东龙骏物流有限公司成立于1993年。该公司通过推广软件及输出管理方式，与对象企业结盟，依托高科技智能化管理的货运调配中心，最终建成遍及全国的物流连锁网络。该公司开发了全方位的物流网络管理软件，其功能涉及货讯采集、发布、查询、保险、货物组编、物流管理等信息，车主和货主可通过查询、跟踪货运动态信息，并可结合车载定位系统与跟踪设备，随时掌握车辆及货物状况，使货物运输更快捷、更安全、更合理。

1999年下半年，该公司与北京物资学院物流研究中心合作，成立了龙骏物流研究开发中心，并利用 Internet 将生产企业、流通企业(含商流、物流企业)结成合作伙伴，建立物流信息网络——龙网(中国物流中心网)。目前，该公司已在烟台、东莞、顺德、江门、惠州、广州等进行物流试点，并取得了初步的成功。

2. 物流中心信息管理系统

现代物流发展水平已经成为一个国家综合国力的重要体现。经过近十年的实践探索，我国已建成一批多功能的物流配送中心，但我国物流产业总体水平低下，大多数配送中心仍充当着仓库与运输中转站的角色，而其中的自动化、信息化、网络化技术的应用就更少了，导致物流成本高、效率低。龙网 LNET21 物流中心信息管理系统依托高新技术，把网络技术和物流有机结合，寻找与中国国情和世界发展潮流相一致的结合点，为物流中心建立一套全方位的信息处理系统。

龙网 LNET21 物流中心信息管理系统包括：

(1) 系统管理。维护整个系统的正常运行，设置人员分工，确定系统规模，保证数据安全。

(2) 市场管理。提供运输公司运价、线路管理，提供对停车场、会员用户的管理，提供对客户资料的管理。

(3) 管理中心。提供对在物流中心运营的物流企业设施、费用的管理，提供对物流中心人事、工资、设施和组织机构等内部事物的管理。

(4) 仓储管理。提供对中转、运输、配送物品的仓储处理。

(5) 营运中心。提供物流中心运输业务的管理。

(6) 配送中心。提供为企业、商场运输物资的分拣、包装、配送处理。

(7) 综合查询与统计分析。提供跨系统的全方位查询与统计。

(8) 信息发布。提供车辆、货物、商品的相关时常信息。

(9) 商品展示中心。提供商品的实物及网上在线展示。

(10) Internet 数据交换中心。提供网上数据交换及客户查询。

(11) 网络通信。提供企业间的数据通信。

(12) 适用于物流中心的收货、仓储、运输、配送和人事、劳资、设备等内部管理。

3. 配送中心信息管理系统

LNET21 物流配送中心信息管理系统由订货子模块、库存子模块、收货子模块、配货子模块、补货子模块、车辆调度子模块、送货子模块、网络通信子模块组成，如图 7-1 所示。

配送中心是物流过程中的一个重要环节，其运营成本占整个物流成本的大部分，降低配送中心的经营成本，提高配送中心的工作效率，实现物流作业的无纸化是本系统的应用目标。

LNET21 物流配送中心信息管理系统依靠 EDI 技术，合理地对整个配送过程提供收货、提货、仓储、配货、补货、运输车辆的管理，并利用网络技术与供应商与客户建立快速供给关系，结为利益共同体。

4. 货物运输信息管理系统

龙网 LNET21 货物运输信息管理系统是由收货子系统、仓储子系统、分拣子系统、运输子系统、配送子系统、异地分部管理子系统、交货子系统、货物查询子系统组成的，它为物流运输企业高速合理的开展业务提供了一个全面的解决方案。

龙网 LNET21 货物运输信息管理系统包括：

(1) 线路管理。通过线路管理模块，可以在运输环节中选择优化路线，缩短运输的时间

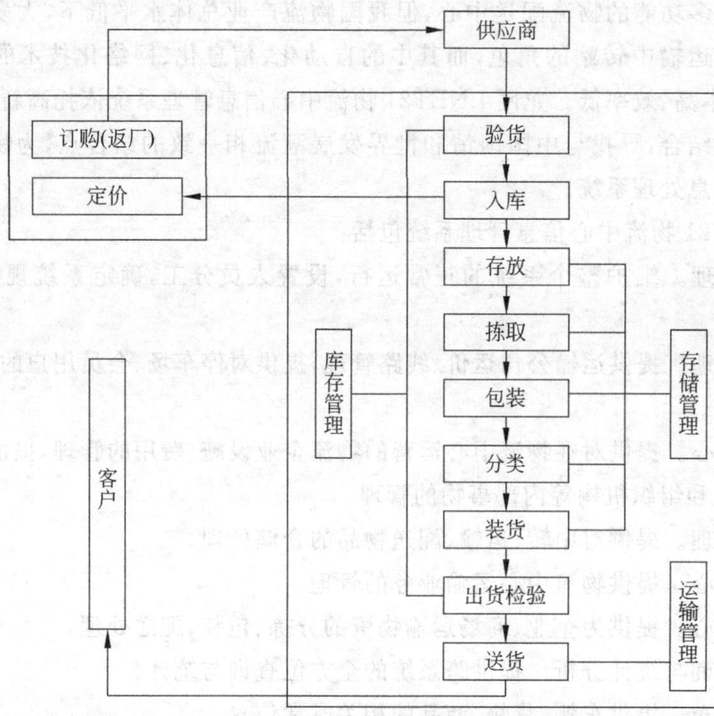

图 7-1　LNET21 物流配送中心信息管理系统

和运输费用。

(2) 仓储管理。对货物所存放的位置进行立体管理,自动提取进货和提货时货物的存放位置。

(3) 装配管理。通过装配管理模块,可以在运输环节中做到优化配载。在有效的资源中最大化地装配货物,节约费用和资源。

(4) 货物跟踪。通过货物跟踪模块,可以在运输环节中动态地跟踪货物的到达情况,使企业可以完全掌握和监控运输的时间,做到企业心中有数。

(5) 查询统计。使用本系统,还可以随时随地得到该系统为您准备的多种对运输环节的各种指标的查询、统计、报表等。

7.7　本章小结

本章从供应链开始讲述,先后介绍了有关过去的物流系统,现代的物流系统以及电子商务下的物流系统等一些相关的概念,其中,读者应对第三方物流有一个大致的认识,因为这是一个比较新的概念。由于现在大部分的物流系统都有相应的信息技术与之相配合,所以本章对物流系统中所用到的大部分信息技术及其应用的领域也做了相应的介绍,希望可以有助于读者更好地理解物流系统的运作规律。

思考题

1. 物流的概念、分类与功能。
2. 物流与供应链的关系如何？
3. 物流在电子商务中的地位如何？
4. 电子商务下主要的物流信息技术有哪些？具体怎样操作以及如何应用？
5. 了解第三方物流的相关概念。

第 8 章

电子商务法律、法规和标准

随着计算机技术、信息技术、网络通信技术的高速发展，电子商务的出现在相当程度上改变了人们的生活方式，并触及了现行的法律(包括税收法律)、制度、体制等社会规范，带来了一系列的问题。本章将主要介绍电子商务中涉及的知识产权保护、电子合同、税收、电子支付等问题，并介绍了电子商务从业人员职业道德准则，最后介绍了电子商务的相关标准。

本章学习目标：

(1) 电子商务所涉及的法律问题。

(2) 知识产权保护基础知识，包括专利法、反不正当竞争法、著作权法、计算机软件保护条例要点等。

(3) 电子商务从业人员职业道德基本守则和行业的有关法规。

(4) 电子商务相关标准。

(5) 中国大陆电子商务相关法律。

8.1 电子商务法律概述

8.1.1 电子商务法律的含义

1. 电子商务法的概念

从宏观上讲，电子商务是计算机网络

所带来的又一次革命，旨在通过电子手段建立一种新的经济秩序，它不仅涉及电子技术和商业交易本身，而且涉及诸如金融、税务、教育等其他社会层面；从微观角度说，电子商务是指各种具有商业活动能力的实体（生产企业、商贸企业、金融机构、政府机构、个人消费者等）利用网络和先进的数字化传媒技术进行的各项商业贸易活动。这里要强调的是两点：一是活动要有商业背景，二是网络化和数字化。

在现代贸易中，电子商务占据了越来越重要的位置，必将对整个国际贸易新形式的发展起到主导作用。而用于规范电子商务的电子商务法目前也同电子商务本身一样，没有一个完整统一的概念。

在目前国内外的法律论著中，电子商务法的概念也有宏观与微观之分。宏观的电子商务法与宏观的电子商务相对，内容涉及广泛，将以电子商务为交易形式和以电子信息为交易内容的规范都包括在内。而微观的电子商务法则对应于微观的电子商务，包括了运用电子手段，以电子商务交易形式所引起的商务关系的法律规范体系。

2. 电子商务法的特征

1）国际性

电子商务的显著特点便是具有国际性，在 20 世纪 90 年代中后期，世界上几乎每个国家都与 Internet 相连，国家与地区间的界限在 Internet 上几乎都消失了。由于 Internet 进行的电子商务活动是世界范围内的，所以电子商务法也必然要以适应国际化、与国际接轨等为主要特点，从而解决电子商务法律问题。

2）科技性

因为电子商务是网络经济与现代高科技的产物，它在网络这个平台上进行商务交易，规范这种行为的电子商务法就必须要适应这种要求，所以电子商务的法律必须具有科技性这一特点才能够符合电子商务活动的需要。传统的法律就对电子商务中的电子签名、电子合同等问题束手无策。因此，电子商务法必须与高科技相结合，才能规范电子商务运作。

3）安全脆弱性

高速快捷的交易方式不失为电子商务一大优势，然而也给商家带来新的问题，其中最令人担心的就是电子商务的安全问题，而 Internet 也存在不可忽视的安全问题。由于电子商务是以计算机网络为基础进行的，计算机的黑客、病毒、犯罪等都严重威胁了电子商务的安全，这些入侵可能使商业机密被盗、经营数据丢失或被破坏，给商家带来巨大的损失。因此电子商务法必须规范电子商务的安全问题，有效预防和打击各类利用 Internet 进行的犯罪，确保电子商务的安全性。

4）复杂性

由于电子商务是构建于高科技与 Internet 络技术之上，而由此产生的专业性、复杂性则造成了电子商务的复杂性，也造成了电子商务法律的复杂性。因为在电子商务交易中，当事人之间的交易需要第三方的协助才能完成，也就是需要网络服务商和认证机构等提供的服务来完成。所以，其中包含了多重的法律关系，使电子商务法的法律关系复杂。

3. 电子商务法的作用

随着电子通信与计算机技术的飞速发展和电子商务的广泛应用，电子商务法将发挥重要的作用，这种作用主要表现在以下几个方面。

1）电子商务法为经济的健康发展提供了有力保障

经济的发展离不开法律的规范，虽然电子商务在交易形式上有了根本的突破，而且在不久的将来，它将成为主要的贸易形式，并成为现行经济的一个组成部分。因此，依靠电子商务法来确保电子商务交易的安全是经济发展的必然需求。

2）电子商务法为 Internet 的安全提供了有力保障

Internet 的最大问题在于其安全的脆弱，而以 Internet 为基础的电子商务活动也深受安全问题的影响，网络安全问题也升级为全球关注与重视的问题。随着经济信息化的快速发展，黑客破坏活动和网络犯罪问题日益严重。而随着我国加入 WTO，经济与国际接轨，网络信息安全面临更大的压力与挑战。电子商务法将有效地打击和防范各类危害电子商务安全的犯罪活动，规范电子商务主体的行为，保护电子商务交易安全，保护交易主体的合法权益，同时也有效保障了 Internet 的安全发展。

3）电子商务法为规范电子商务活动提供了有力保障

电子商务的出现给现行经济格局带来了冲击，传统的法律法规在很多方面都不能适应电子商务的需求，电子商务法就是在这种情况下产生的，它对电子商务交易过程、当事人的权利义务做出了规定，使得电子商务有法可依、有据可查、责任明确，保障了电子商务活动按照规范进行。

8.1.2 电子商务涉及的法律问题

进入 20 世纪 90 年代以后，电子商务在 Internet 的基础上蓬勃发展，电子商务领域的技术进步速度远远超过了一个国家适时调整其法律框架的能力，即使对法律框架做大的变革以适应电子商务的需求，也无法消除不断出现的问题与变革速度上的悬殊差距，调整后的法律也总是跟不上电子商务高速发展的步伐。电子商务独特的运作方式向现有的商务模式提出了技术、财务和交易安全等多方面的重大挑战，与此同时，法律制度也面临着前所未有的挑战。

电子商务的法律问题比较复杂，涉及电子合同、网上税收、知识产权、个人隐私、消费者权益保护、电子交易的竞争规则、电子消费信用征信、电子资金支付、电子交易安全保障、计算机犯罪、计算机证据等。

1. 知识产权保护

知识产权主要包括著作权、专利权和商标权。知识产权是一种无形财产，具有专有性、排他性、地域性的特点。这些特点使知识产权在 Internet 中遇到了前所未有的新问题。

(1) 知识产权具有专有性的特点，而在 Internet 上本该受到知识产权保护的信息却容易成为公共的，所有权很难被控制。

(2) 知识产权的地域性这一点由于 Internet 的国际性而难以被保障，因为在 Internet 上信息传播是没有国界的。

(3) 知识产权的侵权问题在传统法律程序中，绝大多数纠纷的诉讼是以被告所在地或侵权行为发生成为诉讼地。但由于 Internet 的国际性，Internet 上的侵权人往往很难确定在哪里。

随着 Internet 的进一步发展，电子商务也将在世界经济活动中占据越来越重要的地位；与此同时，电子商务中的知识产权保护将成为世界共同密切关注的问题。

2. 电子合同

任何商务行为都离不开合同。在常规交易中，大多通过签订实物合同的形式来确定合同双方的权利义务。一旦出现纠纷，合同成为解决纠纷的重要证据和尺度。但是在电子商务过程中，人们大多不签订实物合同，而是使用电子合同，从而给现行法律和法律工作者提出一些新的课题。

《中华人民共和国合同法》第十一条规定："书面形式是指合同书、信件以及数据电文(包括电报、电传、传真、电子数据交换和电子邮件)等可以有形地表现所载内容的形式。"也就是说，不管合同采用什么载体，只要可以有形地表现所载内容，即视为符合法律对"书面"的要求，这实际上已赋予了电子合同与传统合同同等的法律效力。

常规合同常常是在双方当事人签字盖章后成立，但是对于电子合同，无法要求当事人双方在电子媒介上面签字盖章。目前国际上通行的作法是引入"电子签名"制度。这种电子签名是由代码和符号组成的，具有唯一性和可识别性。同时，各国建立的电子认证中心起到了对于合同的认证和见证作用。《中华人民共和国电子签名法》于 2004 年 8 月 28 日第十届全国人民代表大会常务委员会第十一次会议通过，规定电子签名具有与手写签字或者盖章同等的法律效力，同时承认电子文件与书面文书具有同等效力，从而使现行的民商事法律同样适用于电子文件。

3. 税收

税收是实现国家职能的物质基础，是国家财政收入的主要来源。电子商务的出现，对原有的财政、税收、金融等体制提出了强有力的挑战。网络贸易改变了以往"一手交钱，一手交货"的交易模式，而代之以在线支付、电子结算，一切交易都在"虚拟化"的环境中运行。这就使得基于属地和属人两原则之上的传统税收体制陷入了极其尴尬的境地。

就目前情况来看，国内外电子商务涉及的税收问题主要是以下几方面：

(1) 由于电子商务的无国界性，进一步促进了经济全球化(跨国、跨地区的贸易日益增多)，从而引发的国际间税收收入分配和国内财政收入的问题。

(2) 由电子商务涉及的税收规定的重新认定而引发的问题，即由于电子商务"虚拟化"而出现的"交易时空"概念模糊所引发的有关税收规定的重新界定问题。

(3) 计算机加密技术加大了税务机构获取信息的难度。电子商务中，交易人可以用加密技术和用户双重保护来隐藏有关信息。税收机构对电子商务活动进行监控的同时，需要在合理成本的范围内获取信息，同时也要保护私人隐私、知识产权。

4. 商业信用制度

商业信用问题一直是困扰着国内各商家的一个大问题。由于历史和现实的种种原因，我国企业的商业信用普遍较低，商业风险很大。买方支付货款后拿不到货、卖家发出货物后无人付款的事情经常出现。

电子商务虽然将经济活动搬到了网络平台，在各方面都比传统商务有很大进步，但在商业信用问题上仍然没有根本解决。同时由于电子商务的远程性、无纸化、高技术化等特点，多少给交易双方一种“隔山买牛”的感觉，信用风险更加明显。

目前电子商务在我国时间并不久，大量的网络公司和网站所从事的业务仅仅是提供信息服务，最多是进行网上零售业务。当大量的网络公司开展真正的电子商务交易后，电子商务遇到的商业信用问题会更加明显。

因此，我国立法机关应当加快立法步伐，建立权威的商业信用认证制度和法律法规，为电子商务的健康发展奠定基础。

5. 电子支付

利用电子商务进行交易必然会涉及支付。电子支付是目前电子商务发展的一个重点。电子支付的产生使货币有形流动转变为无形的信用信息在网上流动，因而将对商务活动与银行业产生深远的影响。

6. 隐私权保护

满足消费者在保护个人资料和隐私方面的愿望是构建电子商务框架必须考虑的问题。欧盟1998年10月生效的《欧盟隐私保护指令》对网上贸易涉及的敏感性资料及个人数据给予法律保护，对违规行为追究责任。最近，世界互联网大会通过了保护隐私技术。这些均体现了隐私权保护的法律要求。

8.1.3 电子商务的立法概况

2012年，全球跨境电子商务市场规模超过1万亿美元，同比增长约21%。从区域上看，欧洲地区成为全球最大电子商务市场。2012年，欧洲电子商务市场规模实现4126亿美元，占全球电子商务市场的35.1%；北美地区电子商务市场规模达到3895亿美元，占全球33.1%；亚太地区是全球增长最快的第三大电子商务市场，总交易额达到3016亿美元，占全球的25.7%；拉美地区是电子商务的新兴市场，交易总额达到557亿美元，占全球的4.8%；最后是中东和北非地区，交易额占到全球的1.3%。电子商务正在全球快速发展，但国家之间或地区之间的发展都存在着巨大的差异。据中国电子商务研究中心(100EC.CN)监测数据显示，截止到2013年底，中国电子商务市场交易规模达10.2万亿，同比增长29.9%。2014年全年我国电子商务交易额(包括B2B和网络零售)达到约13万亿元，同比增长25%。电子商务成为21世纪全球经济增长一大亮点。电子商务的跨越式发展，也给现行国际法律体系带来了新的挑战。电子商务立法已成为目前国际关注的重点。尽快在全球范围内营造良好的电子商务法律环境已成为国际社会的共识。

电子商务的国际立法是随着信息技术的发展而开展的。20世纪80年代初，由于计算机技术的发展，一些国家和企业开始大量使用计算机处理数据，从而引起了一系列计算机数据的法律问题，例如，计算机数据的“无纸化”特点与商业文件的“纸面”要求的冲突。为此，联合国国际贸易法委员会于1984年向联合国秘书长提交了《自动数据处理的法律问题》的报告，建议审视有关计算机记录和系统的法律要求，从而揭开了电子商务国际立法的序幕。

早期的国际电子商务立法主要是围绕着电子数据交换(EDI)规则的制定展开的。20世纪80年代，基于单证文本数据交换处理的EDI在国际贸易中已有较为广泛的运用。由于这种数据交换是在各个国家、各种网络和各类计算机设备之间进行，因而订立通信协议和数据文本交换标准的问题就显得尤为重要。1979 年，美国标准化委员会制定了 ANSI/ASC/X. 12 标准，X. 12 的推出促进了北美大陆 EDI 进程。1981 年欧洲国家推出第一套网络贸易数据标准，即《贸易数据交换指导原则》(GTDI)，它的发展为电子商务的研制和开发奠定了基础。GTDI 和 X. 12 的推出推进了欧共体和北美内部电子数据交换的发展，但由于实施的标准不同，在两大集团之间进行数据交换则遇到较大麻烦。为此，联合国着手弥合两大标准的差异，建立世界统一的 EDI 标准。1990 年 3 月，联合国正式推出了 UN/EDIFACT 标准，并被国际标准化组织正式接受为国际标准 IS09735。UN/EDIFACT 标准的推出统一了世界贸易数据交换中的标准，使得利用电子技术在全球范围内开展商务活动有了可能。因此，UN/EDIFAIT 标准的诞生标志着国际电子商务的开始。此后，联合国又先后制定了《联合国行政商业运输电子数据交换规则》、《电子数据交换处理统一规则(UNCID)》等文件。1993 年 10 月，联合国国际贸易法委员会电子交换工作组 26 届会议全面审议了《电子数据交换及贸易数据通信有关手段法律方面的统一规则草案》，形成了国际 EDI 法律基础。

在 20 世纪 90 年代初，Internet 商业化和社会化的发展从根本上改变了传统的产业结构和市场的运作方式。以 Internet 为基础的电子商务出现了前所未有的迅速发展。联合国贸法会遂在 EDI 规则研究与发展的基础上，于 1996 年 6 月通过了《联合国国际贸易法委员会电子商务示范法》。示范法的颁布为逐步解决电子商务的法律问题奠定了基础，为各国制定本国电子商务法规提供了框架和示范文本。2001 年 3 月正式公布了《电子签字示范法》，对电子签字、数字认证及认证机构进行了规范，构成《电子商务示范法》的有用补充，极大地有助于各国利用现代化核证技术展开立法工作。2005 年 11 月又在前面两部法律的基础上通过了《联合国国际合同使用电子通信公约》，旨在消除国际合同使用电子通信的障碍，加强国际贸易合同的法律确定性和商业上的可预见性。

经济合作与发展组织(OECD)也是电子商务立法工作的积极推动者。1998 年 10 月公布了包括《全球电子商务行动计划》、《国际组织和地区性组织电子商务活动和计划报告》、《工商界全球商务行动计划》、《全球网络个人隐私权保护宣言》等重要电子商务指导性文件，1999 年 12 月制定了《电子商务消费者保护准则》。

此外，相关国际组织制定的电子商务法规还包括国际商会于 1997 年 11 月通过了《国际数字保证商务通则(GUIDEC)》，2004 年制定了《国际商会 2004 年电子商务术语》，2005 年 3 月制定了《国际商务有效部署和实施电子商品编码的原则》；世界贸易组织(WTO)于 1998 年通过了《关于全球电子商务的宣言》、《电子商务工作方案》等规定，给电子商务规章制度带来了较大影响。

欧盟委员会在 1997 年 4 月提出了著名的《欧洲电子商务行动方案》，为规范欧洲电子商务活动制定了政策框架。1998 年发表了《欧盟电子签字法律框架指南》和《欧盟关于处理个人数据及其自由流动中保护个人的指令》。1999 年 12 月和 2000 年 5 月分别通过了《电子签名指令》和《电子商务指令》，这两部法律文件构成了欧盟国家电子商务立法的核心和基础。2004 年 3 月公布了《欧洲网络与信息安全机构设置规则》。从电子商务立法角度看，欧盟电子商务立法无论在立法思想、内容还是技术上都是很先进的。

美国电子商务发展较早,在电子商务立法方面也处于领先地位。1995 年 5 月美国犹他州制定了《数字签名法》,这是美国乃至全世界范围第一部全面确定电子商务运行规范的法律文件,成为各国发展电子商务的先导。1997 年 7 月颁布了《全球电子商务纲要》,正式形成美国政府系统化电子商务发展政策和立法规划。2000 年 6 月美国总统克林顿以数字签字的方式签署了《全球与国家商务中的电子签字法》,直接从联邦政府的层面对州法中的未达之处包括州与州之间和国际贸易做了规范。该项立法作为美国政府推动电子商务的重要举措,为电子签字和电子记录法律地位的确定制定了重要的程序和规则。近年来,美国又相继出台了《联邦信息安全管理法》、《公平正确信用交易法》、《个人数据隐私与安全法》等系列法律法规。到 20 世纪末,美国已有 44 个州制定了与电子商务有关的法律,近 10 年来出台的一系列法律和文件共同构成了美国较为完整的电子商务法律框架。

新加坡 1998 年出台的《电子交易法》对电子记录、电子签名、CA 的使用等都做出了明确的规定;英国 1998 年 10 月发布了《网络的利益——英国电子商务发展规划》,阐述了英国政府的电子商务方针和政策;加拿大 1999 年制定了《统一电子商务法》,正式承认数字签名和电子文件的法律效力;马来西亚是亚洲最早进行电子商务立法的国家,1997 年颁布了《数字签名法》,该法以公共秘钥技术为基础,并建立了配套认证机制,极大地促进了电子商务的发展;其他国家如日本、韩国、德国、俄罗斯等也都提出了自己的涉及电子商务法律建设的发展框架,一方面对原有法律进行修订和补充;另一方面针对电子商务产生的新问题制定了新的法律。

8.2 电子商务中的知识产权保护

全球电子商务的迅速普及,使现行知识产权保护制度面临新的更加复杂的挑战,对版权、专利、商标、域名等知识产权的保护成为国际贸易与知识产权法的突出问题。

8.2.1 知识产权保护概念

知识产权(intellectual property)是一种无形财产权,是从事智力创造性活动取得成果后依法享有的权利。知识产权涉及人类一切智力创造的成果。世界知识产权组织(WIPO)将知识产权界定在以下范围:专利、工业品外观设计、商标、地理标志、版权。

从法律上讲,知识产权具有 3 种特征:地域性,即除签有国际公约或双力、多边协定外,依一国法律取得的权利只能在该国境内有效,受该国法律保护;独占性或专有性,即只有权利人才能享有,他人不经权利人许可不得行使其权利;时间性,各国法律对知识产权分别规定了一定期限,期满后则权利自动终止。

在电子商务活动中,传统的知识产权制度受到了电子商务法律问题的冲击,著作权及其邻接权的侵权问题、专利的保护、域名与商标的冲突、如何避免不正当竞争等,都急需合适的法律。如何在以 Internet 为基础的电子商务时代保护知识产权是世界各国面临的重大问题。

8.2.2　专利权的法律保护

1. 专利权概述

专利是对发明授予的一种专利权利，发明是指提供新的做事方式或对某一问题提出新的技术解决方案的产品或方法。专利对专利权人的发明予以保护，所予保护在一段有限的时期内有效。专利权是为了保护发明创造专利权，鼓励发明创造，有利于发明创造的推广应用，促进科学技术进步和创新。专利权属于知识产权范畴，具有知识产权的 3 个特性。

我国有关专利权保护的法律主要是《中华人民共和国专利法》。该法规定，执行本单位的任务或者主要是利用本单位的物质技术条件所完成的发明创造为职务发明创造。职务发明创造申请专利的权利属于该单位；申请被批准后，该单位为专利权人。

非职务发明创造，申请专利的权利属于发明人或者设计人；申请被批准后，该发明人或者设计人为专利权人。利用本单位的物质技术条件所完成的发明创造，单位与发明人或者设计人订有合同，对申请专利的权利和专利权的归属做出约定的，从其约定。

两个以上单位或者个人合作完成的发明创造、一个单位或者个人接受其他单位或者个人委托所完成的发明创造，除另有协议的以外，申请专利的权利属于完成或者共同完成的单位或者个人；申请被批准后，申请的单位或者个人为专利权人。

两个以上的申请人分别就同样的发明创造申请专利的，专利权授予最先申请的人。

2. 授予专利权的条件

根据我国《专利法》第二章规定，授予专利权必须具备以下条件：

(1) 授予专利权的发明和实用新型，应当具备新颖性、创造性和实用性。

新颖性是指在申请日以前没有同样的发明或者实用新型在国内外出版物上公开发表过、在国内公开使用过或者以其他方式为公众所知，也没有同样的发明或者实用新型由他人向国务院专利行政部门提出过申请并且记载在申请日以后公布的专利申请文件中。

创造性是指同申请日以前已有的技术相比，该发明有突出的实质性特点和显著的进步，该实用新型有实质性特点和进步。

实用性是指该发明或者实用新型能够制造或者使用，并且能够产生积极效果。

(2) 授予专利权的外观设计，应当同申请日以前在国内外出版物上公开发表过或者国内公开使用过的外观设计不相同和不相近似，并不得与他人在先取得的合法权利相冲突。

(3) 申请专利的发明创造在申请日以前六个月内，有下列情形之一的，不丧失新颖性：

① 在中国政府主办或者承认的国际展览会上首次展出的。

② 在规定的学术会议或者技术会议上首次发表的。

③ 他人未经申请人同意而泄露其内容的。

3. 专利权的期限、中止与无效

专利权是有时间期限的。根据我国《专利法》第五章规定，发明专利权的期限为 20 年，实用新型专利权和外观设计专利权的期限为 10 年，均自申请日起计算。专利权人应当自被授予专利权的当年开始缴纳年费。

有下列情形之一的，专利权在期限届满前终止：

① 没有按照规定缴纳年费的。

② 专利权人以书面声明放弃其专利权的。

自国务院专利行政部门公告授予专利权之日起,任何单位或者个人认为该专利权的授予不符合本法有关规定的,可以请求专利复审委员会宣告该专利权无效。专利复审委员会对宣告专利权无效的请求应当及时审查和做出决定,并通知请求人和专利权人。宣告专利权无效的决定,由国务院专利行政部门登记和公告。对专利复审委员会宣告专利权无效或者维持专利权的决定不服的,可以自收到通知之日起三个月内向人民法院起诉。人民法院应当通知无效宣告请求程序的对方当事人作为第三人参加诉讼。宣告无效的专利权视为自始即不存在。

4. 专利权的侵权行为及法律处理

《专利法》第七章中规定,发明或者实用新型专利权的保护范围以其权利要求的内容为准,说明书及附图可以用于解释权利要求。外观设计专利权的保护范围以表示在图片或者照片中的该外观设计专利产品为准。

未经专利权人许可,实施其专利,即侵犯其专利权,引起纠纷的,由当事人协商解决;不愿协商或者协商不成的,专利权人或者利害关系人可以向人民法院起诉,也可以请求管理专利工作的部门处理。

假冒他人专利的,除依法承担民事责任外,由管理专利工作的部门责令改正并予公告,没收违法所得,可以并处违法所得三倍以下的罚款,没有违法所得的,可以处五万元以下的罚款;构成犯罪的,依法追究刑事责任。

以非专利产品冒充专利产品、以非专利方法冒充专利方法的,由管理专利工作的部门责令改正并予公告,可以处五万元以下的罚款。

侵犯专利权的赔偿数额,按照权利人因被侵权所受到的损失或者侵权人因侵权所获得的利益确定;被侵权人的损失或者侵权人获得的利益难以确定的,参照该专利许可使用费的倍数合理确定。

有下列情形之一的,不视为侵犯专利权:

① 专利权人制造、进口或者经专利权人许可而制造、进口的专利产品或者依照专利方法直接获得的产品售出后,使用、许诺销售或者销售该产品的。

② 在专利申请日前已经制造相同产品、使用相同方法或者已经作好制造、使用的必要准备,并且仅在原有范围内继续制造、使用的。

③ 临时通过中国领陆、领水、领空的外国运输工具,依照其所属国同中国签订的协议或者共同参加的国际条约,或者依照互惠原则,为运输工具自身需要而在其装置和设备中使用有关专利的。

④ 专为科学研究和实验而使用有关专利的。

8.2.3 域名的法律保护

1. 域名概述

根据中国互联网信息中心(CNNIC)有关规定,域名是 Internet 上识别和定位计算机的层次结构式的字符标识，与该计算机的互联网协议(IP)地址相对应。由于计算机的 IP 地址是 16 位数字，不易于人们记忆，所以人们又设定了域名，使用域名是为了人们更好地识别和记忆。

域名具有以下几个特点。

1) 标识性

在 Internet 上为了区别不同的组织机构，就产生了域名。就像现实生活中人们用名字互相区别一样，Internet 上不同的组织机构用不同的域名标志自身。

2) 唯一性

为了让域名最大限度地标识不同的组织结构，域名在全球范围内都是唯一的。因为域名的命名有一定的规则，而且与 IP 地址相对，所以每个域名都独一无二是能够做到的。

3) 排他性

Internet 的全球范围决定了域名的排他性。在 Internet 上使用域名要先申请注册，申请注册遵循“先申请先注册”的原则，只有申请的域名不与已经申请了的域名相同才能有效注册。

2. 域名管理

为了加强我国 Internet 的管理，中华人民共和国信息产业部于 2004 年出台了新的《中国互联网络域名管理办法》，于 2002 年出台了《中国互联网络信息中心域名争议解决办法》。主要包括以下重要内容。

1) 域名管理机构

中华人民共和国信息产业部负责中国互联网络域名的管理工作，负责制定互联网络域名管理的规章及政策，制定国家(或地区)顶级域名 CN 和中文域名体系，管理在我国境内设置并运行域名根服务器(含镜像服务器)的域名根服务器运行机构，管理在我国境内设立的域名注册管理机构和域名注册服务机构，监督管理域名注册活动，负责与域名有关的国际协调。

我国互联网的域名体系由信息产业部以公告形式予以公布。根据域名发展的实际情况，信息产业部可以对互联网的域名体系进行调整，并发布更新公告。

2) 中国互联网域名体系

(1) 域名命名原则。我国互联网络域名体系中各级域名可以由字母(A～Z，a～z，大小写等价)、数字(0～9)、连接符(-)或汉字组成，各级域名之间用实点(.)连接，中文域名的各级域名之间用实点或中文句号(。)连接。

(2) 顶级域名。中国在因特网信息中心(InterNIC)正式注册并运行的顶级域名 CN，除此之外暂设“中国”、“公司”和“网络”三个中文顶级域名。

(3) 二级域名。在顶级域名下可以直接申请注册二级域名。顶级域名 CN 之下，预先设置“类别域名”和“行政区域名”两类英文二级域名。

设置“类别域名”六个，分别为 AC——适用于科研机构；COM——适用于工、商、金融等企业；EDU——适用于中国的教育机构；GOV——适用于中国的政府机构；NET——适用于提供互联网络服务的机构；ORG——适用于非盈利性的组织。

设置“行政区域名”34 个，适用于我国的各省、自治区、直辖市、特别行政区的组织，分别为BJ(北京市)、SH(上海市)、TJ(天津市)、CQ(重庆市)、HE(河北省)、SX(山西省)、NM(内蒙古自治区)、LN(辽宁省)、JL(吉林省)、HL(黑龙江省)、JS(江苏省)、ZJ(浙江省)、AH(安徽省)、FJ(福建省)、JX(江西省)、SD(山东省)、HA(河南省)、HB(湖北省)、HN(湖南省)、GD(广东省)、GX(广西壮族自治区)、HI(海南省)、SC(四川省)、GZ(贵州省)、YN(云南省)、XZ(西藏自治区)、SN(陕西省)、GS(甘肃省)、QH(青海省)、NX(宁夏回族自治区)、XJ(新疆维吾尔自治区)、TW(台湾省)、HK(香港特别行政区)、MO(澳门特别行政区)。

3) 设置互联网域名根服务器及设立域名根服务器运行机构的申请

域名根服务器是指承担域名体系中根节点功能的服务器。

域名根服务器运行机构是指承担运行、维护和管理域名根服务器的机构。

(1) 应当具备的条件包括：

① 具有相应的资金和专门人员。

② 具有保障域名根服务器安全可靠运行的环境条件和技术能力。

③ 具有健全的网络与信息安全保障措施。

④ 符合互联网络发展以及域名系统稳定运行的需要。

⑤ 符合国家其他有关规定。

(2) 应向信息产业部提交的书面材料如下：

① 申请单位的基本情况。

② 拟运行维护的域名根服务器情况。

③ 网络技术方案。

④ 网络与信息安全技术保障措施的证明。

4) 成为域名注册管理机构的申请

域名注册管理机构是指承担顶级域名系统的运行、维护和管理工作的机构。

(1) 应当具备的条件包括：

① 在中华人民共和国境内设置顶级域名服务器(不含镜像服务器)，且相应的顶级域名符合国际互联网域名体系和我国互联网域名体系。

② 有与从事域名注册有关活动相适应的资金和专业人员。

③ 有从事互联网域名等相关服务的良好业绩和运营经验。

④ 有为用户提供长期服务的信誉或者能力。

⑤ 有业务发展计划和相关技术方案。

⑥ 有健全的域名注册服务监督机制和网络与信息安全保障措施。

⑦ 符合国家其他有关规定。

(2) 应向信息产业部提交的书面材料如下：

① 有关资金和人员的说明材料。

② 对境内的顶级域名服务器实施有效管理的证明材料。

③ 证明申请人信誉的材料。

④ 业务发展计划及相关技术方案。

⑤ 域名注册服务监督机制和网络与信息安全技术保障措施。

⑥ 拟与域名注册服务机构签署的协议范本。

⑦ 法定代表人签署的遵守国家有关法律、政策和我国域名体系的承诺书。

5）成为域名注册服务机构的申请

域名注册服务机构是指受理域名注册申请，直接完成域名在国内顶级域名数据库中注册、直接或间接完成域名在国外顶级域名数据库中注册的机构。

(1) 应当具备的条件包括：

① 是依法设立的企业法人或事业法人。

② 注册资金不得少于人民币 100 万元，在中华人民共和国境内设置有域名注册服务系统，且有专门从事域名注册服务的技术人员和客户服务人员。

③ 有为用户提供长期服务的信誉或者能力。

④ 有业务发展计划及相关技术方案。

⑤ 有健全的网络与信息安全保障措施。

⑥ 有健全的域名注册服务退出机制。

⑦ 符合国家其他有关规定。

(2) 应向信息产业部提交的书面材料如下：

① 法人资格证明。

② 拟提供注册服务的域名项目及技术人员、客户服务人员的情况说明。

③ 与相关域名注册管理机构或境外的域名注册服务机构签订的合作意向书或协议。

④ 用户服务协议范本。

⑤ 业务发展计划及相关技术方案。

⑥ 网络与信息安全技术保障措施的证明。

⑦ 证明申请人信誉的有关材料。

⑧ 法定代表人签署的遵守国家有关法律、政策的承诺书。

3. 域名争议与纠纷的解决

伴随着全球电子商务的飞速发展，域名纠纷也越来越多。为了加强对域名的管理，解决纠纷，最高人民法院于 2001 年发布了《最高人民法院关于审理涉及计算机域名民事纠纷案件适用法律若干问题的解释》，CNNIC 也发布了《中国互联网络信息中心域名争议解决办法》。

1）域名争议的解决的主要内容

(1) 域名争议的受理。

《中国互联网络信息中心域名争议解决办法》用于因互联网络域名的注册或者使用而引发的争议。所争议域名应当限于由中国互联网络信息中心负责管理的 CN 域名和中文域名。域名争议由中国互联网络信息中心认可的争议解决机构受理解决。争议解决机构应当根据本办法和《中国互联网络信息中心域名争议解决办法程序规则》，制定相应的补充规则。

(2) 受支持的域名争议的投诉。

① 被投诉的域名与投诉人享有民事权益的名称或者标志相同，具有足以导致混淆的近似性。

② 被投诉的域名持有人对域名或者其主要部分不享有合法权益。

③ 被投诉的域名持有人对域名的注册或者使用具有恶意。

(3) 恶意注册或使用域名。

被投诉的域名持有人具有下列情形之一的,其行为构成恶意注册或者使用域名:

① 注册或者受让域名是为了出售、出租或者以其他方式转让该域名,以获取不正当利益。

② 多次将他人享有合法权益的名称或者标志注册为自己的域名,以阻止他人以域名的形式在互联网上使用其享有合法权益的名称或者标志。

③ 注册或者受让域名是为了损害投诉人的声誉,破坏投诉人正常的业务活动,或者混淆与投诉人之间的区别,误导公众。

④ 其他恶意的情形。

2) 域名纠纷的解决主要包括以下内容

(1) 域名纠纷的受理。

对于涉及计算机网络域名注册、使用等行为的民事纠纷,当事人向人民法院提起诉讼,经审查符合民事诉讼法第一百〇八条规定的,人民法院应当受理。

(2) 域名纠纷案件的管辖。

涉及域名的侵权纠纷案件,由侵权行为地或者被告住所地的中级人民法院管辖。对难以确定侵权行为地和被告住所地的,原告发现该域名的计算机终端等设备所在地可以视为侵权行为地。

涉外域名纠纷案件包括当事人一方或者双方是外国人、无国籍人、外国企业或组织、国际组织,或者域名注册地在外国的域名纠纷案件。在中华人民共和国领域内发生的涉外域名纠纷案件,依照民事诉讼法第四编的规定确定管辖。

(3) 侵权或者不正当竞争的认定。

人民法院审理域名纠纷案件,对符合以下各项条件的,应当认定被告注册、使用域名等行为构成侵权或者不正当竞争:

① 原告请求保护的民事权益合法有效。

② 被告域名或其主要部分构成对原告驰名商标的复制、模仿、翻译或音译;或者与原告的注册商标、域名等相同或近似,足以造成相关公众的误认。

③ 被告对该域名或其主要部分不享有权益,也无注册、使用该域名的正当理由。

④ 被告对该域名的注册、使用具有恶意。

(4) 恶意注册的认定。

被告的行为被证明具有下列情形之一的,人民法院应当认定其具有恶意:

① 为商业目的将他人驰名商标注册为域名的。

② 为商业目的注册、使用与原告的注册商标、域名等相同或近似的域名,故意造成与原告提供的产品、服务或者原告网站的混淆,误导网络用户访问其网站或其他在线站点的。

③ 曾要约高价出售、出租或者以其他方式转让该域名获取不正当利益的。

④ 注册域名后自己并不使用也未准备使用,而有意阻止权利人注册该域名的。

⑤ 具有其他恶意情形的。被告举证证明在纠纷发生前其所持有的域名已经获得一定的知名度,且能与原告的注册商标、域名等相区别,或者具有其他情形足以证明其不具有恶

意的，人民法院可以不认定被告具有恶意。

⑥ 人民法院在审理域名纠纷案件中，对符合本解释第四条规定的情形，依照有关法律规定构成侵权的，应当适用相应的法律规定；构成不正当竞争的，可以适用民法通则第四条、反不正当竞争法第二条第一款的规定。涉外域名纠纷案件，依照民法通则第八章的有关规定处理。

人民法院认定域名注册、使用等行为构成侵权或者不正当竞争的，可以判令被告停止侵权、注销域名，或者依原告的请求判令由原告注册使用该域名；给权利人造成实际损害的，可以判令被告赔偿损失。

8.2.4 反对不正当竞争

1. 不正当竞争概述

电子商务属于市场经济的一种，要使其健康发展，必然少不了正当竞争这一大支柱。所以研究不正当竞争并对其制定相应法律是至关重要的。

我国对于不正当竞争出台了《中华人民共和国反不正当竞争法》，根据该法规定，不正当竞争，是指经营者违反本法规定，损害其他经营者的合法权益，扰乱社会经济秩序的行为。经营者是指从事商品经营或者盈利性服务(包括服务)的法人、其他经济组织和个人。

所以不正当竞争是对正当竞争行为的违反和侵害。而正当竞争是指经营者采用符合国家法律、遵守社会公认的商业道德、信守诚实信用原则的商业手段进行竞争的行为。因此，凡是在竞争过程中，采用虚假、欺诈、损人利己的违反国家法律手段进行的竞争，都是不正当竞争行为，都会损害其他的经营者的合法权益，扰乱社会经济秩序。

2. 不正当竞争行为

根据我国《不正当竞争法》第二章规定，不正当竞争行为如下：

(1) 经营者采用下列不正当手段从事市场交易，损害竞争对手：

① 假冒他人的注册商标。

② 擅自使用知名商品特有的名称、包装、装潢，或者使用与知名商品近似的名称、包装、装潢，造成和他人的知名商品相混淆，使购买者误认为是该知名商品。

③ 擅自使用他人的企业名称或者姓名，引人误认为是他人的商品。

④ 在商品上伪造或者冒用认证标志、名优标志等质量标志，伪造产地，对商品质量有引人误解的虚假表示。

(2) 公用企业或者其他依法具有独立地位的经营者，限定他人购买其指定的经营者的商品，以排挤其他经营者的公平竞争。

(3) 政府及其所属部门滥用行政权力，限定他人购买其指定的经营者的商品，限制其他经营者正当的经营活动。政府及其所属部门滥用行政权力，限制外地商品进入本地市场，或者本地商品流向外地市场。

(4) 经营者采用财物或者其他手段进行贿赂以销售或者购买商品。在账外暗中给予对方单位或者个人回扣的，以行贿论处。经营者销售或者购买商品，可以明示方式给对方折扣，可以给中间人佣金。经营者给对方折扣、给中间人佣金的，必须如实入账。接受折扣、佣金的经营者必须如实入账。

(5) 经营者利用广告或者其他方法，对商品的质量、制作方法、性能、用途、生产者、有效期限、产地等作引人误解的虚假宣传。广告的经营者在明知或者应知的情况下，代理、设计、制作、发布虚假广告。

(6) 经营者采用下列手段侵犯商业秘密：

以盗窃、利诱、胁迫或者其他不正当手段获取权利人的商业秘密。

① 披露、使用或者允许他人使用以前项手段获取的权利人的商业秘密。

② 违反约定或者违反权利人有关保守商业秘密的要求，披露、使用或者允许他人使用其所掌握的商业秘密。

③ 第三人明知或者应知前款所列违法行为，获取、使用或者披露他人的商业秘密，视为侵犯商业秘密。《反不正当竞争法》所称的商业秘密，是指不为公众所知悉、能为权利人带来经济利益、具有实用性并经权利人采取保密措施的技术信息和经营信息。

(7) 经营者以排挤竞争对手为目的，以低于成本的价格销售商品。

有下列情形之一的，不属于不正当竞争行为：

① 销售鲜活商品。

② 处理有效期限即将到期的商品或者其他积压的商品。

③ 季节性降价。

④ 因清偿债务、转产、歇业降价销售商品。

(8) 经营者销售商品，违背购买者的意愿搭售商品或者附加其他不合理的条件。

(9) 经营者从事下列有奖销售属于不正当竞争行为：

① 采用谎称有奖或者故意让内定人员中奖的欺骗方式进行有奖销售。

② 利用有奖销售的手段推销质次价高的商品。

③ 抽奖式的有奖销售，最高奖的金额超过五千元。

(10) 经营者捏造、散布虚伪事实，损害竞争对手的商业信誉、商品声誉。

(11) 投标者串通投标，抬高标价或者压低标价。投标者和招标者相互勾结，以排挤竞争对手的公平竞争。

3. 不正当竞争的法律责任

根据我国《反不正当竞争法》规定，对于不正当竞争行为有如下处理：

(1) 经营者给被侵害的经营者造成损害的，应当承担损害赔偿责任，被侵害的经营者的损失难以计算的，赔偿额为侵权人在侵权期间因侵权所获得的利润；并应当承担被侵害的经营者因调查该经营者分割其合法权益的不正当竞争行为所支付的合理费用。

(2) 经营者假冒他人的注册商标，擅自使用他人的企业名称或者姓名，伪造或者冒用认证标志、名优标志等质量标志，伪造产地，对商品质量作引人误解的虚假表示的，依照《中华人民共和国商标法》、《中华人民共和国产品质量法》的规定处罚。

经营者擅自使用知名商品特有的名称、包装、装潢，或者使用与知名商品近似的名称、包装、装潢，造成和他人的知名商品相混淆，使购买者误认为是该知名商品的，监督检查部门应当责令停止违法行为，没收违法所得，可以根据情节处以违法所得一倍以上三倍以下的罚款；情节严重的，可以吊销营业执照；销售伪劣商品，构成犯罪的，依法追究刑事责任。

(3) 经营者采用财物或者其他手段进行贿赂以销售或者购买商品、构成犯罪的，依法追究刑事责任；不构成犯罪的，监督检查部门可以根据情节处以一万元以上二十万元以下的罚款，有违法所得的，予以没收。

(4) 公用企业或者其他依法具有独占地位的经营者，限定他人购买其指定的经营者的商品，以排挤其他经营者的公平竞争的，省级或者设区的市的监督检查部门应当责令停止违法行为，可以根据情节处以五万元以上二十万元以下的罚款。被指定的经营者借此销售质次价高商品或者滥收费用的，监督检查部门应当没收违法所得，可以根据情节处以违法所得一倍以上三倍以下的罚款。

(5) 经营者利用广告或者其他方法，对商品作引人误解的虚假宣传的，监督检查部门应当责令停止违法行为，消除影响，可以根据情节处以一万元以上二十万元以下的罚款。

广告的经营者，在明知或者应知的情况下，代理、设计、制作、发布虚假广告的，监督检查部门应当责令停止违法行为，没收违法所得，并依法处以罚款。

(6) 侵犯商业秘密的，监督检查部门应当责令停止违法行为，可以根据情节处以一万元以上二十万以下的罚款。

(7) 经营者进行有奖销售的，监督检查部门应当责令停止违法行为，可以根据情节处以一万元以上十万元以下的罚款。

(8) 投标者串通投标，抬高标价或者压低标价；投标者和招标者相互勾结，以排挤竞争对手的公平竞争的，其中标无效。监督检查部门可以根据情节处以一万元以上二十万元以下的罚款。

8.2.5　著作权的法律保护

1. 著作权概述

著作权是指著作者按照法律规定对自己的著作所享有的权利。著作权属于知识产权的范畴。著作权最早仅限于印刷出版权，随着社会发展，著作的种类逐渐增多，版权一词已渐渐不能包括所有著作物相关的权利内容，因此，法学上将著作相关权利改称为著作权。

著作权法是指调整由著作权而产生的社会关系的法律规范的总称。著作权法是为了保护著作者的著作所享有的权利。我国有关著作权法的法律主要是《中华人民共和国著作权法》，以及《中华人民共和国宪法》、《民法通则》等中有关著作权的法规条例。

根据《中华人民共和国著作权法》(2001 年 10 月 27 日第九届全国人民代表大会常务委员会第二十四次会议修正)规定，中国公民、法人或者其他组织的作品，不论是否发表，依法享有著作权；外国人、无国籍人的作品根据其作者所属国或者经常居住地国同中国签订的协议或者共同参加的国际条约享有的著作权，受《著作权法》保护；外国人、无国籍人的作品首先在中国境内出版的，享有著作权；未与中国签订协议或者共同参加国际条约的国家的作者以及无国籍人的作品首次在中国参加的国际条约的成员国出版的，或者在成员国和非成员国同时出版的，受我国《著作权法》保护。

2. 著作权保护与不保护的对象

《著作权法》所称作品，是指文学、艺术和科学领域内具有独创性并能以某种有形式复制的智力成果。包括以下列形式创作的文学、艺术和自然科学、社会科学、工程技术等作品：

1）文字作品

文字作品是指小说、诗词、散文、论文等以文字形式表现的作品。

2）口述作品

口述作品是指即兴的演说、授课、法庭辩论等以口头语言形式表现的作品。

3）音乐、戏剧、曲艺、舞蹈、杂技艺术作品

音乐作品是指歌曲、交响乐等能够演唱或者演奏的带词或者不带词的作品；戏剧作品是指话剧、歌剧、地方戏等供舞台演出的作品；曲艺作品是指相声、快书、大鼓、评书等以说唱为主要形式表演的作品；舞蹈作品是指通过连续的动作、姿势、表情等表现思想情感的作品；杂技艺术作品是指杂技、魔术、马戏等通过形体动作和技巧表现的作品。

4）美术、建筑作品

美术作品是指绘画、书法、雕塑等以线条、色彩或者其他方式构成的有审美意义的平面或者立体的造型艺术作品；建筑作品是指以建筑物或者构筑物形式表现的有审美意义的作品。

5）摄影作品

摄影作品是指借助器械在感光材料或者其他介质上记录客观物体形象的艺术作品。

6）电影作品和以类似摄制电影的方法创作的作品

电影作品和以类似摄制电影的方法创作的作品，是指摄制在一定介质上，由一系列有伴音或者无伴音的画面组成，并且借助适当装置放映或者以其他方式传播的作品。

7）工程设计图、产品设计图、地图、示意图等图形作品和模型作品

图形作品是指为施工、生产绘制的工程设计图、产品设计图，以及反映地理现象、说明事物原理或者结构的地图、示意图等作品；模型作品是指为展示、试验或者观测等用途，根据物体的形状和结构，按照一定比例制成的立体作品。

8）计算机软件

计算机软件是指计算机程序及其有关文档；计算机程序是指为了得到某种结果而可以由计算机等具有信息处理能力的装置执行的代码化指令序列，或者可以被自动转换成代码化指令序列的符号化指令序列或者符号化语句序列。同一计算机程序的源程序和目标程序为同一作品；文档是指用来描述程序的内容、组成、设计、功能规格、开发情况、测试结果及使用方法的文字资料和图表等，如程序设计说明书、流程图、用户手册等。

9）法律、行政法规规定的其他作品。

著作权不保护的内容包括：

(1) 法律、法规，国家机关的决议、决定、命令和其他具有立法、行政、司法性质的文件，及其官方正式译文。

(2) 时事新闻。

(3) 历法、通用数表、通用表格和公式。

3. 著作权的内容

著作权包括下列人身权和财产权(其中(1)～(4)为人身权，(5)～(17)为财产权)：

(1) 发表权，即决定作品是否公之于众的权利。

(2) 署名权，即表明作者身份，在作品上署名的权利。

(3) 修改权，即修改或者授权他人修改作品的权利。

(4) 保护作品完整权，即保护作品不受歪曲、篡改的权利。

(5) 复制权，即以印刷、复印、拓印、录音、录像、翻录、翻拍等方式将作品制作一份或者多份的权利。

(6) 发行权，即以出售或者赠予方式向公众提供作品的原件或者复制件的权利。

(7) 出租权，即有偿许可他人临时使用电影作品和以类似摄制电影的方法创作的作品、计算机软件的权利，计算机软件不是出租的主要标的的除外。

(8) 展览权，即公开陈列美术作品、摄影作品的原件或者复制件的权利。

(9) 表演权，即公开表演作品，以及用各种手段公开播送作品的表演的权利。

(10) 放映权，即通过放映机、幻灯机等技术设备公开再现美术、摄影、电影和以类似摄制电影的方法创作的作品等的权利。

(11) 广播权，即以无线方式公开广播或者传播作品，以有线传播或者转播的方式向公众传播广播的作品，以及通过扩音器或者其他传送符号、声音、图像的类似工具向公众传播广播的作品的权利。

(12) 信息网络传播权，即以有线或者无线方式向公众提供作品，使公众可以在其个人选定的时间和地点获得作品的权利。

(13) 摄制权，即以摄制电影或者以类似摄制电影的方法将作品固定在载体上的权利。

(14) 改编权，即改变作品，创作出具有独创性的新作品的权利。

(15) 翻译权，即将作品从一种语言文字转换成另一种语言文字的权利。

(16) 汇编权，即将作品或者作品的片段通过选择或者编排，汇集成新作品的权利。

(17) 应当由著作权人享有的其他权利。

4. 著作权的保护期

著作权有时间期限的权利。根据我国《著作权法》规定，作者的署名权、修改权、保护作品完整权的保护期不受限制。发表权、财产权的保护期为作者终生及其死亡后五十年，截止于作者死亡后第五十年的12月31日；如果是合作作品，截止于最后死亡的作者死亡后第五十年的12月31日。

法人或者其他组织的作品、著作权(署名权除外)由法人或者其他组织享有的职务作品，其发表权、财产权的保护期为五十年，截止于作品首次发表后第五十年的12月31日，但作品自创作完成后五十年内未发表的，本法不再保护。

电影作品和以类似摄制电影的方法创作的作品、摄影作品，其发表权、财产权的保护期为五十年，截止于作品首次发表后第五十年的12月31日，但作品自创作完成后五十年内未发表的，本法不再保护。

5. 著作权的侵权行为及法律处理

根据我国《著作权法》第四十六条规定，如下行为，则应根据情况，承担停止侵害、消除影响、赔礼道歉、赔偿损失等民事责任：

(1) 未经著作权人许可,发表其作品的。

(2) 未经合作作者许可,将与他人合作创作的作品当作自己单独创作的作品发表的。

(3) 没有参加创作,为谋取个人名利,在他人作品上署名的。

(4) 歪曲、篡改他人作品的。

(5) 剽窃他人作品的。

(6) 未经著作权人许可,以展览、摄制电影和以类似摄制电影的方法使用作品,或者以改编、翻译、注释等方式使用作品的,本法另有规定的除外。

(7) 使用他人作品,应当支付报酬而未支付的。

(8) 未经电影作品和以类似摄制电影的方法创作的作品、计算机软件、录音录像制品的著作权人或者与著作权有关的权利人许可,出租其作品或者录音录像制品的,本法另有规定的除外。

(9) 未经出版者许可,使用其出版的图书、期刊的版式设计的。

(10) 未经表演者许可,从现场直播或者公开传送其现场表演,或者录制其表演的。

(11) 其他侵犯著作权以及与著作权有关的权益的行为。

第四十七条规定,有下列侵权行为的,应当根据情况,承担停止侵害、消除影响、赔礼道歉、赔偿损失等民事责任;同时损害公共利益的,可以由著作权行政管理部门责令停止侵权行为,没收违法所得,没收、销毁侵权复制品,并可处以罚款;情节严重的,著作权行政管理部门还可以没收主要用于制作侵权复制品的材料、工具、设备等;构成犯罪的,依法追究刑事责任:

(1) 未经著作权人许可,复制、发行、表演、放映、广播、汇编、通过信息网络向公众传播其作品的,本法另有规定的除外。

(2) 出版他人享有专有出版权的图书的。

(3) 未经表演者许可,复制、发行录有其表演的录音录像制品,或者通过信息网络向公众传播其表演的,本法另有规定的除外。

(4) 未经录音录像制作者许可,复制、发行、通过信息网络向公众传播其制作的录音录像制品的,本法另有规定的除外。

(5) 未经许可,播放或者复制广播、电视的,本法另有规定的除外。

(6) 未经著作权人或者与著作权有关的权利人许可,故意避开或者破坏权利人为其作品、录音录像制品等采取的保护著作权或者与著作权有关的权利的技术措施的,法律、行政法规另有规定的除外。

(7) 未经著作权人或者与著作权有关的权利人许可,故意删除或者改变作品、录音录像制品等的权利管理电子信息的,法律、行政法规另有规定的除外。

(8) 制作、出售假冒他人署名的作品的。

8.2.6 网络著作权保护

1. 网络著作权保护概述

网络技术使作品的传播都变得异常快捷简便,传统的著作权保护法律法规,已明显地不能适应甚至阻碍了 Internet 的发展。世界已经步入网络时代,有关于著作保护的立法和研究都需要跟上发展。

2001 年 10 月 27 日第九届全国人民代表大会常务委员会第二十四次会议修正的《中华人民共和国著作权法》把计算机软件列入受保护范围内。

2000 年 11 月 22 日最高人民法院公布了关于《审理涉及计算机网络著作权纠纷案件适用法律若干问题的解释》以后，2003 年 12 月 23 日高法又对其解释进行了修改，并于 2004 年 1 月 7 日起施行。这次修改把"在线盗版"的犯罪行为明确定性为侵犯著作权罪，进一步明确了网络著作权侵权认定和网络著作权保护的几个原则。《计算机软件保护条例》也对计算机软件保护做出了详细规定。

此外，国家版权局与信息产业部联合起草的《信息网络传播权行政保护办法(草案)》已经举行了听证会。目前国务院法制办已将《信息网络传播权保护条例》列入 2005 年的立法计划。

2. 网络著作权保护

2003 年修订的最高人民法院关于《审理涉及计算机网络著作权纠纷案件适用法律若干问题的解释》主要明确了网络著作权保护的原则：一是网络转载使用作品，可以不征得作者同意，但必须依法支付转载稿费，标明出处。二是网络转载使用作品的范围，不仅限于网络作品，还可以包括报刊、期刊作品。三是确定故意提供侵害网络著作权方法、技术的行为也属侵权行为。四是网络著作权诉讼也可申请诉前停止侵害、财产保全、证据保全。

此外，它还对以下相关问题做出了解释。

1) 网络著作权侵犯纠纷案件的管辖权

网络著作权侵权纠纷案件由侵权行为地或者被告住所地人民法院管辖。侵权行为地包括实施被诉侵权行为的网络服务器、计算机终端等设备所在地。对难以确定侵权行为地和被告住所地的，原告发现侵权内容的计算机终端等设备所在地可以视为侵权行为地。

2) 网络环境下受著作权法保护的对象

受著作权法保护的作品，包括著作权法第三条规定的各类作品的数字化形式。在网络环境下无法归于著作权法第三条列举的作品范围，但在文学、艺术和科学领域内具有独创性并能以某种有形形式复制的其他智力创作成果，人民法院应当予以保护。

3) 网络环境下著作权的侵权行为

已在报刊上刊登或者网络上传播的作品，除著作权人声明或者报刊、期刊社、网络服务提供者受著作权人委托声明不得转载、摘编的以外，在网络进行转载、摘编并按有关规定支付报酬、注明出处的，不构成侵权。但转载、摘编作品超过有关报刊转载作品范围的，应当认定为侵权。

4) 发生互联网侵权现象时，互联网服务提供商(ISP)所承担的行政责任

提供内容服务的网络服务提供者，明知网络用户通过网络实施侵犯他人著作权的行为，或者经著作权人提出确有证据的警告，但仍不采取移除侵权内容等措施以消除侵权后果的，人民法院应当根据《民法通则》第一百三十条的规定，追究其与该网络用户的共同侵权责任。

提供内容服务的网络服务提供者，对著作权人要求其提供侵权行为人在其网络的注册资料以追究行为人的侵权责任，无正当理由拒绝提供的，人民法院应当根据《民法通则》第

一百〇六条的规定，追究其相应的侵权责任。

5）拓宽了界定网络著作权侵权行为的范围

网络服务提供者明知专门用于故意避开或者破坏他人著作权技术保护措施的方法、设备或者材料，而上载、传播、提供的，人民法院应当根据当事人的诉讼请求和具体案情，依照著作权法第四十七条第（六）项的规定，追究网络服务提供者的民事侵权责任。

3. 计算机软件保护

1）计算机软件保护内容

计算机软件是指计算机程序及其有关文档；计算机程序是指为了得到某种结果而可以由计算机等具有信息处理能力的装置执行的代码化指令序列，或者可以被自动转换成代码化指令序列的符号化指令序列或者符号化语句序列。同一计算机程序的源程序和目标程序为同一作品；文档是指用来描述程序的内容、组成、设计、功能规格、开发情况、测试结果及使用方法的文字资料和图表等，如程序设计说明书、流程图、用户手册等。

2）软件著作权人享有的权利（软件著作权人：对软件享有著作权的自然人、法人或者其他组织）

（1）发表权，即决定软件是否公之于众的权利。

（2）署名权，即表明开发者身份，在软件上署名的权利。

（3）修改权，即对软件进行增补、删节，或者改变指令、语句顺序的权利。

（4）复制权，即将软件制作一份或者多份的权利。

（5）发行权，即以出售或者赠予方式向公众提供软件的原件或者复制件的权利。

（6）出租权，即有偿许可他人临时使用软件的权利，但是软件不是出租的主要标的的除外。

（7）信息网络传播权，即以有线或者无线方式向公众提供软件，使公众可以在其个人选定的时间和地点获得软件的权利。

（8）翻译权，即将原软件从一种自然语言文字转换成另一种自然语言文字的权利。

（9）应当由软件著作权人享有的其他权利。

软件著作权人可以许可他人行使其软件著作权，并有权获得报酬。

软件著作权人可以全部或者部分转让其软件著作权，并有权获得报酬。

3）软件的合法复制品所有人享有的权利

（1）根据使用的需要把该软件装入计算机等具有信息处理能力的装置内。

（2）为了防止复制品损坏而制作备份复制品。这些备份复制品不得通过任何方式提供给他人使用，并在所有人丧失该合法复制品的所有权时，负责将备份复制品销毁。

（3）为了把该软件用于实际的计算机应用环境或者改进其功能、性能而进行必要的修改；但是，除合同另有约定外，未经该软件著作权人许可，不得向任何第三方提供修改后的软件。

4）计算机软件著作权的期限

根据《计算机软件保护条例》第十四条规定："软件著作权自软件开发完成之日起产生。自然人的软件著作权，保护期为自然人终生及其死亡后50年，截止于自然人死亡后第50年的12月31日；软件是合作开发的，截止于最后死亡的自然人死亡后第50年的12月31日。

法人或者其他组织的软件著作权，保护期为 50 年，截止于软件首次发表后第 50 年的 12 月 31 日，但软件自开发完成之日起 50 年内未发表的，本条例不再保护。”

5）计算机软件著作权的侵权行为及法律处理

（1）《计算机软件保护条例》第二十三条规定：除《中华人民共和国著作权法》或者本条例另有规定外，有下列侵权行为的，应当根据情况，承担停止侵害、消除影响、赔礼道歉、赔偿损失等民事责任：

① 未经软件著作权人许可，发表或者登记其软件的。

② 将他人软件作为自己的软件发表或者登记的。

③ 未经合作者许可，将与他人合作开发的软件作为自己单独完成的软件发表或者登记的。

④ 在他人软件上署名或者更改他人软件上的署名的。

⑤ 未经软件著作权人许可，修改、翻译其软件的。

⑥ 其他侵犯软件著作权的行为。

（2）第二十四条规定：除《中华人民共和国著作权法》、本条例或者其他法律、行政法规另有规定外，未经软件著作权人许可，有下列侵权行为的，应当根据情况，承担停止侵害、消除影响、赔礼道歉、赔偿损失等民事责任；同时损害社会公共利益的，由著作权行政管理部门责令停止侵权行为，没收违法所得，没收、销毁侵权复制品，可以并处罚款；情节严重的，著作权行政管理部门并可以没收主要用于制作侵权复制品的材料、工具、设备等；触犯刑律的，依照刑法关于侵犯著作权罪、销售侵权复制品罪的规定，依法追究刑事责任：

① 复制或者部分复制著作权人的软件的。

② 向公众发行、出租、通过信息网络传播著作权人的软件的。

③ 故意避开或者破坏著作权人为保护其软件著作权而采取的技术措施的。

④ 故意删除或者改变软件权利管理电子信息的。

⑤ 转让或者许可他人行使著作权人的软件著作权的。

8.3　电子合同的法律问题

电子商务的出现产生了新的合同形式，传统的合同是通过达成协议并在纸质合同上签名盖章而生效的，但是在网络这个虚拟空间里，无法用纸质合同达成协议，所以采用电子邮件等电文的方式签订电子合同来达成协议。

8.3.1　电子合同概述

1. 电子合同的概念

合同亦称契约。它反映了双方或多方意思表示一致的法律行为。根据《中华人民共和国合同法》规定：合同是平等主体的自然人、法人、其他组织之间设立、变更、终止民事权利义务关系的协议。

传统的合同形式包括口头形式、书面形式和其他形式，主要是口头与书面形式。口头形式是指当事人采用口头或电话等直接表达的方式达成的协议。而书面形式是指当事人采用合同书、信件和数据电文(包括电报、电传、传真、电子数据交换和电子邮件)等可以有形地表现所载内容的形式达成的。

电子合同是随着电子商务的发展而发展起来的,电子商务的日益发展,使电子合同的法律问题也越来越突出。从法律角度来看,电子商务与以纸质文件为基础的传统商业活动有一个本质的区别,就是电子商务采用数据电文而进行通信,所以需要新的法律法规与之协调。

目前我国对电子合同尚未做出明确的法律定义。根据我国《合同法》规定合同的书面形式包括数据电文(包括电报、电传、传真、电子数据交换和电子邮件)这一形式,同时结合《联合国电子商务示范法》对数据电文的定义:"'数据电文'系指经由电子手段、光学手段或类似手段生成、存储或传递的信息,这些手段包括但不限于电子数据交换(EDI)、电子邮件、电报、电传或传真。"所以无论 EDI 和电子邮件,还是电报、电传和传真都是以电子脉冲传递信息的,都属于电子合同的订立方式。

所以认为电子合同有广义和狭义之分:广义的电子合同指有关当事人以数据电文方式订立的合同,包括由电报、电传、传真、电子数据交换和电子邮件以及其他方式订立的合同。狭义上的电子合同仅指在网络时代有关当事人利用计算机网络系统直接或间接地订立的协议。这里只讨论狭义上的电子合同。

2. 电子合同的特征

电子合同与传统书面合同有如下区别:

(1) 传统书面合同对于大宗交易一般要求采用书面形式;而电子合同订立双方或多方在网络上运作,一般不形成书面形式,可以互不见面。合同内容等信息记录在计算机或磁盘中介载体中,其修改、流转、存储等过程均在计算机内进行。从而合同订立双方的身份和性质不易确定。

(2) 传统合同一般采用签字或者盖章表示合同生效,而电子合同采用数字签名(即电子签名)表示合同生效。对于采用数据电文形式订立的合同,我国《合同法》规定,承诺生效时合同成立。收件人指定特定系统接收数据电文的,数据电文进入特定系统的时间,承诺生效;未指定特定系统的,数据电文进入收件人的任何系统的首次时间,视为承诺生效。

(3) 传统合同的生效地点一般为合同成立的地点,而采用数据电文形式订立的合同,收件人的主营业地为合同成立的地点;没有主营业地的,其经常居住地为合同成立的地点。

(4) 电子合同所依赖的电子数据具有易消失性和易改动性。电子数据以磁性介质保存,是无形物,改动、伪造不易留痕迹。这使电子商务的交易安全很难保证,也使其作为证据具有一定的局限性。

3. 电子合同的分类

合同的分类是将诸多种类按照特定的标准进行抽象性的区分。电子合同作为合同的一种,理论上可以按照传统合同的分类进行划分。下面就电子合同订立的形式进行分类。

1) 以 EDI 方式订立合同

EDI(Electronic Data Interchange,电子数据交换)是现代计算机技术和远程通信技术为一体的产物,是通过计算机联网,按照商定的标准采用电子手段传送和处理具有一定结构的商业数据。ISO(国际标准化组织)将 EDI 描述为:“将商业或行政事务处理,按照一个公认的标准,形成结构化的事务处理或信息数据结构,从计算机到计算机的数据传输”。

采用 EDI 订约的过程是:企业接到 EDI 订单后,EDI 系统自动处理该订单,检查其合法性和完备性,回复确认订单,通知本单位的生产管理系统或 CIM 系统,以便安排生产,并同时向供应商发出 EDI 订单订购原材料或零件,向交通运输单位发出预订货物运输集装箱 EDI 订单,向海关、商检等有关部门申请出口的 EDI 证书,向收货方(即零售商)开出 EDI 交货通知和发票,通知银行结算,向保险公司申请保险单等。

EDI 合同是以 EDI 方式订立的,在此方式下,合同的内容首先由某一方输入计算机内,然后通过计算机自动转发,通过通信网络,到达另一方或多方计算机中。以这种方式订立合同不改变合同的内容,与传统的书面合同相比,主要是载体和订立过程不同。

2) 以电子邮件方式订立合同

电子邮件(E-mail)是以网络协议为基础,从终端机输入文本、文件、图片、音频或视频等,并通过邮件服务器传送到另一端终端机上的信息的集合。电子邮件是 Internet 上应用最广泛的通信工具,并以其快速、便利、成本低和可传递文件的优势,在许多方面超过了传统邮政的邮件投递业务。从传输区域角度看,有 Internet、局域网、企业内部网传送的电子邮件。

与 EDI 方式相比,以电子邮件方式订立的合同更能直观地反映订立双方的意思表现。然而,电子邮件在传输过程中,信息容易被拦截、修改,安全性较差。所以,在电子商务中,最好能够使用电子签名,确保电子邮件的真实。然而现实生活中有大量电子邮件无电子签名,所以,法律应当依照当事人的约定对电子邮件的效力进行判定。如果双方在交易过程中均认可使用没有电子签名的电子邮件,或是对没有电子签名的电子邮件符合双方的约定,则认为双方的意思表示有效。

3) 以格式条款方式订立合同

电子格式条款也是很常见的一种形式,主要用于电子商务企业与消费者之间的消费合同。在我国《合同法》中第三十九条规定:“格式条款是当事人为了重复使用而预先拟定,并在订立合同时未与对方协商的条款。”格式条款最大的特点就是非协议性,即另一方对合同要么接受,要么拒绝。为此,各国法律都对格式条款的效力加以限制。在电子交易中,由于当事人无法见面,所以许多电子商务公司都采用格式条款的电子合同,这固然避免了很多不安全因素,然而也带来了一定的问题。

我国《合同法》对格式条款的定义和基本原则都有相应规定,主要有:

(1) “提供格式条款的一方应当遵循公平原则确定当事人之间的权利和义务,并采取合理的方式提请对方注意免除或者限制其责任的条款,按照对方的要求,对该条款予以说明。”(《中华人民共和国合同法》第三十九条)

提供格式条款通常是电子商务公司,另一方是普通用户。普通用户往往处于弱势地位,并对相关知识不够了解。所以法律要求提供格式条款的一方公平对待普通用户,不迫使其接受不平等契约。同时,由于电子商务交易涉及复杂的技术问题,所以在任何一个环节都有可能出现故障。根据合同法规定,免除或限制责任条款的提出必须合理,也就是要符合《合同法》的基本原则。

(2)“提供格式条款一方免除其责任、加重对方责任、排除对方主要权利的，该条款无效。”(《中华人民共和国合同法》第四十条)

提供电子邮件或网页格式合同服务的ISP、ICP具有明显的优势，容易利用优势在合同中加重用户责任、排除用户主要权利。《合同法》禁止了这种侵犯用户权利的行为，这种格式条款在法律上也无效。

(3)“对格式条款的理解发生争议的，应当按照通常理解予以解释。对格式条款有两种以上解释的，应当做出不利于提供格式条款一方的解释。格式条款和非格式条款不一致的，应当采用非格式条款。”(《中华人民共和国合同法》第四十一条)

采用格式条款的电子合同发生争议后，对其如何解释是维护双方当事人合法权益的关键。在实际中，一些网站在合同中规定合同解释权属于网站，是违反《合同法》的。所以应当按照《合同法》中的规定进行解释。

8.3.2 电子合同的成立与生效

1. 电子合同成立与生效概述

电子合同的成立只是意味着当事人之间已经就合同主要条款达成意思表示一致，但合同能否产生法律效力，是否受法律保护还需要看合同是否符合法律的要求，即合同是否符合法定的生效要件。电子合同的成立并不等于电子合同的生效，电子合同的生效是指已经成立的合同符合法律规定的生效要件。

虽然我国的《合同法》没有对合同的生效做出具体的规定，但是电子合同作为合同的一种，是一种典型的民事法律关系。我国的《民法通则》规定了民事法律行为应当具备以下几个条件：

(1) 行为人具有相应的行为能力；

(2) 意思表示真实；

(3) 不违反法律或社会公共利益。

这些条件是合同生效的一般要件，有的电子合同还需具备特殊要件，也称形式要件。这种合同包括两种情况：一是当事人根据《中华人民共和国合同法》第四十五、四十六条的规定所订立的合同，所附条件成立时或所附生效期限来到时，合同才能生效；二是《中华人民共和国合同法》第四十四条第二款所规定，即法律、行政法规规定应当办理批准、登记等手续生效的，在办理了批准、登记等手续时，合同才能生效。

总的来说，电子合同的生效需具备以下几个法定要件：

(1) 行为人具有相应的民事行为能力。行为人必须具备正确理解自己行为性质和后果，独立地表达自己的意思的能力。

(2) 电子意思表示真实。是指利用资讯处理系统或者计算机而为真实意思表示的情形。电子意思表示的形式是多种多样的，包括但不限与电话、电报、电传、传真、电邮、EDI、Internet数据等，具体通过封闭型的EDI网络，局域网与Internet连接开放型的Internet或传统的电信进行电子交易信息的传输。

(3) 不违反法律和社会公共利益。不违反法律和社会公共利益，是指电子合同的内容合法。合同有效不仅要符合法律的规定，而且在合同的内容上不得违反社会公共利益。在我国，凡属于严重违反公共道德和善良风俗的合同，应当认定其无效。

(4) 合同必须具备法律所要求的形式。我国现行的法律规定无法确认电子合同的形式属于哪一种类型，尽管电子合同与传统上面合同有着许多差别，但是在形式要件方面不能阻挡新科技转化为生产力的步伐，立法已经在形式方面为合同的无纸化打开了绿灯。法律对数据电文合同应给予书面合同的地位，无论意思表示方式是采用电子的、光学的还是未来可能出现的其他新方式，一旦满足了功能上的要求，就应等同于法律上的"书面合同"文件，承认其效力。

2. 电子合同的要约与承诺

合同一般是由要约和承诺构成。提出订立合同的一方为要约人；要约就是提出订立合同的意思表示；接受要约的一方为受要约人；承诺是指受要约人同意要约的全部条件以缔结合同的意思表示。根据我国《合同法》规定，合同生效要件之一是双方意思表示一致、真实。合同依法成立的条件之一是双方经过要约和承诺的意思表示，并达成一致。所以电子合同依法成立也要当事人双方经过要约和承诺的意思表示。

1) 电子合同的要约与要约邀请

根据我国《合同法》第十四条规定了"要约是希望和他人订立合同的意思表示"，该意思表示应当符合下列规定：

(1) 内容具体确定；

(2) 表明经受要约人承诺，要约人即受该意思表示约束。

《合同法》第十五条规定："要约邀请是希望他人向自己发出要约的意思表示。"在规定了要约邀请的定义之后，举出了要约邀请的常见形式，有寄送的价目表、拍卖公告、招标公告、招股说明书、商业广告等。随后指出，只有当商业广告的内容符合要约规定的，才能视为要约。

要约可以撤回或撤销，撤回要约的通知应当在要约到达受要约人之前或者与要约同时到达受要约人。撤销要约的通知应当在受要约人发出承诺通知之前到达受要约人。

电子合同的要约与要约邀请也符合上述规定。

2) 电子合同的承诺

承诺就是受要约人同意要约的意思表示。承诺通知到达要约人时生效，承诺生效时合同成立。

承诺应当具备以下条件：

(1) 承诺由受要约人做出。

(2) 承诺应当在合理期限内做出，若要约规定了承诺期限，则应在规定期限内做出；若未规定期限，则应在合理期限内做出。

我国《合同法》第二十八条规定："受要约人超过承诺期限发出承诺的，除要约人及时通知受要约人该承诺有效的以外，为新要约。"

第二十九条规定："受要约人在承诺期限内发出承诺，按照通常情形能够及时到达要约人，但因其他原因承诺到达要约人时超过承诺期限的，除要约人及时通知受要约人因承诺超过期限不接受该承诺的以外，该承诺有效。"

(3) 我国《合同法》第三十条规定："承诺的内容应当与要约的内容一致。受要约人对要约的内容做出实质性变更的,为新要约。有关合同标的、数量、质量、价款或者报酬、履行期限、履行地点和方式、违约责任和解决争议方法等的变更,是对要约内容的实质性变更。”

第三十一条规定:“承诺对要约的内容做出非实质性变更的,除要约人及时表示反对或者要约表明承诺不得对要约的内容做出任何变更的以外,该承诺有效,合同的内容以承诺的内容为准。”

(4) 承诺应符合要约规定的方式。若要约人规定了承诺形式,则应符合该形式;若没有规定,则应以合理方式承诺。

电子合同也符合上述规定,由于电子交易是基于虚拟的网络进行的,所以确认承诺的生效就成为判断电子合同成立的重要问题。

3. 电子合同成立时间与地点

在合同法中,确定合同成立的时间与地点具有重要的意义。我国《合同法》第四十四条规定:“依法成立的合同,自成立时生效。”所以,合同的成立时间也就确定了合同当事人开始履行合同义务的时间。而合同的成立地点在管辖的确定等问题上有重要参考价值。

关于数据电文形式的承诺的生效时间,我国《合同法》第二十六条规定:“承诺通知到达要约人时生效。承诺不需要通知的,根据交易习惯或者要约的要求做出承诺的行为时生效。采用数据电文形式订立合同的,承诺到达的时间适用本法第十六条第二款的规定。”第十六条第二款规定:“采用数据电文形式订立合同,收件人指定特定系统接收数据电文的,该数据电文进入该特定系统的时间,视为到达时间;未指定特定系统的,该数据电文进入收件人的任何系统的首次时间,视为到达时间。”

而联合国《电子商务示范法》在此问题上为了不与大陆法系或英美法系任何一方发生冲突,仅仅为数据电文的发出与到达时间设定了标准,该法第十五条第一款规定:“除非发端人或代表发端人发送数据电文的人控制范围之外的某一信息系统为准”。

对于数据电文的发出与收到地点,联合国《电子商务示范法》第十五条第四款规定:“除非发端人与收件人另有协议,数据电文应以发端人设有营业地的地点视为其发出地点,而以收件人设有营业地的地点视为其受到地点。就本法的目的而言:如发端人或收件人有一个以上的营业地,应以对基础交易具有最密切联系为准;如无任何基础交易,则以其主要的营业地为准。如发端人或收件人没有营业地,则以其惯常居住地为准。”根据我国实际情况并参考《电子商务示范法》,我国《合同法》第三十四条规定:“承诺生效的地点为合同成立的地点。采用数据电文形式订立合同的,收件人的主营业地为合同成立的地点;没有主营业地的,其经常居住地为合同成立的地点。当事人另有约定的,按照其约定。”

4. 电子签名与电子认证

在传统合同中,手签名或加盖公章的行为有两种功能:一是表明合同各方的身份;二是表明受合法约束的意愿。我国《合同法》第三十二条规定:“当事人采用合同书形式订立合同的,自双方当事人签字或者盖章时合同成立。”但在电子商务中,传统的签名方式很难应用于这种电子交易方式。因此,人们开始采用电子签名机制来相互证明身份。

电子签名由符号及代码组成,也具有表明合同各方的身份及各方受合法约束的意思的功能。《中华人民共和国电子签名法》第二条对电子签名定义为是指数据电文中以电子形式所含、所附用于识别签名人身份并表明签名人认可其中内容的数据。该法也对数据电文有所定义，数据电文是指以电子、光学、磁或者类似手段生成、发送、接收或者储存的信息。

我国《电子签名法》第十三条规定了符合电子签名的条件：

(1) 电子签名制作数据用于电子签名时，属于电子签名人专有；

(2) 签署时电子签名制作数据仅由电子签名人控制；

(3) 签署后对电子签名的任何改动能够被发现；

(4) 签署后对数据电文内容和形式的任何改动能够被发现。当事人也可以选择使用符合其约定的可靠条件的电子签名。第十四条规定："可靠的电子签名与手写签名或者盖章具有同等的法律效力。"

8.4 电子商务税收中的有关法律问题

8.4.1 电子商务发展所带来的税收问题

电子商务的出现，对原有的财政、税收、金融等体制提出了强有力的挑战，已经不适用或完全不适用现行税收制度的一些规定。网络贸易改变了以往"一手交钱，一手交货"的交易模式，而代之以在线支付、电子结算，一切交易都在"虚拟化"的环境中运行。这使得传统的税务制度面临着许多新问题：如果电子商务交易的并非实物，是否需要设立新的税种？没有物理上的交易地点，政府要不要征税？如何征税？怎样消除网上贸易的逃税和漏税现象？所有这些问题都引起了各国政府的普遍关注。

一个政府对某一新兴产业的重视程度及扶持与否，往往可以从其税收政策上得到一定程度的体现。例如，作为电子商务应用面最广、普及率最高的国家，美国已对电子交易制定了明确的税收政策，该政策的出台除对其本国产生影响外，也对全球贸易产生了冲击。美财政部认为：没有必要对国际税收原则做根本性的修改，但是要形成国际共识，以确保建立对电子商务发展至关重要的统一性。非歧视性税收；明确对电子商务征税的管辖权，以避免双重税赋。

目前，各国(主要是电子商务较为发达的美国、日本、欧盟等国家和地区)和国际性组织对电子商务的税收问题进行了较为深入、广泛的讨论和研究，并已有少数国家通过立法颁布了一些有关电子商务税收的法规，一些国际性组织(如经济合作与发展组织)已就电子商务税收政策形成了框架协议并确立了一些原则。

电子商务课税的最基本问题，是如何把现有的国际税收原则恰当地用于电子商务，并且保证能够保障各类征税权主体的利益。随着电子商务的不断发展，电子商务中的相关税收问题越来越复杂，不同主体的利益的争议也变得更加尖锐。从目前电子商务的发展状况及发生的相应问题来看，国内外电子商务涉及的税收问题主要是以下几方面的。

1. 国际间税收收入分配和国内财政收入的问题

由于电子商务的无国界性，进一步促进了经济全球化(跨国、跨地区的贸易日益增多)，从而引发的国际间税收收入分配和国内财政收入的问题。

1) 关于对电了商务文易(电了数字化产品)免征关税的问题

这一问题首先是由美国提出的，即免征通过 Internet 交易的无形产品(如电子出版物、软件等)的关税(美国政府于1997年提出)。世界上从事电子商务的网络公司中,美国企业约占三分之二,世界电子数字产品交易中,美国也占主要份额,若免征电子数字产品关税,即可使美国企业越过"关税壁垒",长驱直入他国而获利。

在世贸组织1998年的部长会议及经合组织1998年的部长会议上,都曾倡导不对电子商务(电子数字化产品)征收关税,这一举止旨在通过这一优惠措施极力推进电子商务这种新兴商业模式的推广与应用。而且从实际来看,即使征收关税,也很难从税收的角度对交易电子数字化产品的电子商务实行有力地控制。

2) 关于对电子商务实行税收优惠的问题

1998年10月,美国的《互联网免税法案》(Internet Tax Freedom Act)规定:三年内(至2001年)暂不征收(或称为延期征收)国内"网络进税"(Internet Access Taxes);避免对电子商务多重课税或加以税收歧视。这样规定,一是避免不必要的税收和税收管制给电子商务造成不利影响,加速其本国电子商务的发展;二是美国国内的相关法律(美国联邦政府税法与州及地方政府税法,州与州之间税法不尽一致)、征管手段等尚不统一和完善,难以对电子商务实行公正、有效的监管,故美国政府制定并坚持对电子商务实行税收优惠政策。作为世界经济大国、电子商务最发达国家的美国,其研究制定电子商务税收政策的趋向,对各国及国际间的电子商务税收政策的研究制定将产生重要影响。

鉴于这些情况,我国应当尽快研究、制定我国的电子商务税收优惠政策。其指导思想应是,在维护国家权益,保证国家财政收入的前提下,制定有关电子商务的税收优惠政策。这其中不仅应制定有关电子商务的税收优惠政策,还应制定与电子商务密切相关的高科技产业的税收优惠政策。对我国刚刚起步的电子商务实行税收优惠政策,既不影响国家的财政收入,又可以促进我国电子商务的迅速发展。

3) 关于是否对电子商务开征新税的问题

在B2B、B2C、C2C中,电子商务涵盖了许多交易方式、范围和产品,而且一些交易方式是前所未有的,因此是否要对电子商务征收新的税种,是一个备受关注的问题。美国在其《因特网免税法案》及相关的国际协议中,一直在倡导不对Internet或电子商务征收新的税种,当然有其作为电子商务的推动者及最大受益者的特殊考虑。但如果对电子商务中的某些交易增加征收新的税种,因有时很难明确地将电子形式的交易与实体的交易分得很清楚,很可能会有双重征税等问题。而国际社会及各国普遍接受的原则之一是不对电子商务双重征税,并不对电子商务征收歧视性的税种。

2. 有关税收规定的重新界定问题

由电子商务涉及的税收规定的重新认定而引发的问题,即由于电子商务"虚拟化"而出现的"交易时空"概念模糊所引发的有关税收规定的重新界定问题。

1) 关于常设机构的认定

在国际税收中,一个国家通常以外国企业是否在该国设有常设机构作为对其营业利润是否征税的界定依据,从事电子商务的企业往往是在一国(地)的Internet服务提供商的服务器上租用一个"空间"(即设立一个网址)而进行网上交易,其在服务器所在国(地)既无营业的固定场所,也无人员从事经营。有的企业则是在本国(地)设立网址,或者在第三国(地)设立一个网址。对此,有的国家提出把网址或服务器视为常设机构,在网址或服务器所在国(地)征税,甚至提出对设立在企业所在国和设立在第三国的网址(只要有营业利润)征税。

2) 关于劳务活动发生地的认定

如今,Internet 的普及使人们可以坐在家中的计算机前,为另一国(地)的消费者提供诸如会计、法律、医疗、设计等劳务。而不需要像传统劳务活动那样,在另一国(地)设立从事劳务活动的“固定基地”,也不需要在另一国(地)停留多少天。因而,现行税法有关独立个人和非独立个人劳务活动的“固定基地”、“停留时限”的规定,已不适用于或不完全适用于电子商务交易中的劳务活动发生地的认定。

3) 由电子商务交易“隐匿化”而引发的税收征管问题

随着 Internet 的迅速发展,网上贸易额逐年增加,网上偷税、逃税现象也时有发生。传统的税收是以账簿、发票等纸制凭证为征收稽查依据,依据区域来管理纳税人。网络贸易的全球性、无纸化操作等特性突破了传统的地域和交易方式,买卖双方的销售凭证都是以电子数据的形式存在,而网络地址是一种虚拟化的地址。因此,税务部门就难以确定纳税人,难以控制买卖双方的交易过程,难以鉴定交易性质和确定税种、税率,也就难以找到纳税的依据。这给税收征管带来很大的难度。

Internet 可以促进所得税、销售税及关税的管理。电子税务文件建立及数据处理可以使税收管理上少花钱。实施控制可以通过税务部门之间、国家之间的信息横向检查来进行;另一方面,税收管理也会变得更有挑战性。因为征税的网上交易将会变得更难跟踪,特别是当把付款记录成密码的时候。

4) 有关跨境增值税收及销售税的征收

原则上,增值税应该由产品消费所在国家的主管部门征收。政府不是向消费者征税,而是向最终卖方征税。世界经合组织已经发现,国家之间的业务和贸易会在某些情况下导致在一些国家不纳税,在另一些国家要纳两倍税的情形。

为了改进增值税管理,可能在供应地(也即纳税地)纳税要比在用户所在地纳税更好。目前,这可能意味着一个在欧盟几个国家 Internet 上售货的美国公司,必须在所有这些欧盟国家注册并交纳 Internet 销售增值税。换句话说,各公司在他们销售货物的国家必须设立财务代理。不过,这种要求会大幅增加过境贸易的管理费,特别是小供应商。因此,规模小的销售商可能会拒绝在一些国家做生意。这样一些小国家会看到自己被排斥许多 Internet 活动之外。

此外,选择 Internet 作为媒体的供应商可能无法预计他的业务来源的地理位置。征收增值税的另一个方法是,通过记入用户借方账的方法定期把税收汇合税务机关。这种方法的可行性不要根据肯定要出现的技术与法律问题进行评估。Internet 也向企业所得税的管理与政策提出了挑战。具体地说,有如下问题:

(1) 关于转让定价问题。

据欧、美等国和世界经合组织的有关人士研究指出,现行的国际、国内的转让定价准则基本适用于电子商务。但是,由于电子商务不受空间地域的限制,使得税务机关对跨国界交易的追踪、识别、确认的难度明显增加。因此,各国在补充、修改、完善现行有关转让定价准则的同时,应加强电子商务税收征管设施(包括硬件、软件、标准等)的建设,提高对电子商务的电子数据核查的质量。

(2) 关于数字化产品性质的认定。

对于通过网络下载的数字化产品(如电子出版物、软件等)的性质如何认定？在1998年10月召开的世界经合组织财政部长会议上，欧盟提出，鉴于大多数国家实行增值税体制，因将数字化产品的提供视同劳务的提供而征收增值税，并且迫使美国接受了此提议。

(3) 关于税收征管体制问题。

在电子商务的税收征管中，税务机关难以追踪、掌握、识别买卖双方“巨量”的电子商务交易数据并以此为计税依据。对此，欧、美等国提出建立以监管支付体系(金融机构)为主的电子商务税税收征管体制的设想。电子商务交易中的双方(卖方、买方)，必须通过银行结算支付，其参与交易的人不可能完全隐匿姓名，交易的订购单、收据、支付款等全部数据均存在银行的计算机中。以支付体系为监管重点，可使税务机关较为便利地从银行存储的数据中掌握电子商务交易的数据并以此确定纳税额。

8.4.2 电子商务中税收问题的对策与主张

1. 财政税收对策

在1999年WTO会议上，围绕是否应对电子商务活动征税的问题，爆发了以美国为首的经济发达国家与发展中国家之间的论战。美国认为，电子商务大多是不可见的，是数字化的商务，征税会对用户造成极大负面影响，结果将遏制电子商务发展速度。如果通过电子销售的实物商品，从书本到汽车均要征收关税，这与通过电话或推销员推销没有区别。网络空间应该是自由的免税区。因此美国要求世贸组织颁布一项对电子商务征税的永久性延期法案。

事实上，鉴于电子商务的迅猛发展，大多数国家都把电子商务看成潜力巨大的新税源，因而对美国提出的“零关税”网络贸易政策大都持谨慎态度，以免被所谓的永久性免税条约缚住手脚。英国、意大利等国要求保证任何条约都不要影响本国的税收政策，一些发展中国家唯恐美国将他们推进某些尚未理解的事情中去。目前还没有哪个国家的现行税制能够对电子商务征税，而要建立新税制又面临许多难以解决的问题。然而，却没有哪个政府会放弃这千载难逢的大好时机，各国都在努力争取制定一项符合于本国利益的电子商务新税则。毕竟电子商务的出现给人们带来的不仅仅是交易的方便，更多的还有利益。

理论上，各国政府对一般的商业贸易，服务贸易征税，包括对网上进行的电子交易征税应当无可非议，但由于Internet上的电子商务是一种数字化的商品与服务，故又有别于一般贸易。针对新技术引起的新问题，各国政府暂时还拿不出一套切实可行的解决方案。由于美国一贯主张将Internet建成全球自由贸易区，反对对联机交易征税，再加上美国从不征收零售税，政府没有必要担心不对电子商务征税会给其带来经济上的损失。而其他国家的政府却不能坐视手中大笔税款的流失，而是积极采取措施，以防止网上避税逐渐升温。目前各国政府，特别是发达国家，对电子商务中税收问题重视程度正在不断提高，研究工作也在不断深化。

从原则上来说，无论是电子商务还是非电子商务的税制都必须易于管理，不应该写进容易引起曲解和歧视的条款，世界经合组织(OECD)为电子商务税制提出了以下几条规定。

(1) 税制公平：在进行同样交易的相同情况下，必须以同样方法向纳税人收税。

(2) 税制简单：税收机关的行政费及纳税人的手续费应尽量小。

(3) 规定明确：纳税人应知道什么时间什么地点买卖什么东西而纳多少税。

(4) 税制有效：必须在正确的时间产生正确数额的税收，并最大限度地减少逃税，避税的可能性。

(5) 税制灵活：以便使税收规章等技术及商业发展齐头并进。

(6) 避免经济扭曲：企业决策的驱动应当是商业利益，而非纳税条件。

(7) 合理确定各国的征税基础。

(8) 把国内通过的任何税收规定及现行国际税制的任何变化汇总起来，以便确保各国之间的税收公平。

当然，这些规则只是作为 Internet 有效公平税收的指导，而不是提供具体的政策方法。

2. 电子商务中的征税方式

企业税制就是要求"亲自完税"或提供"业务台账"。这种规定对电子商务而言毫无意义，电子商务根本就不要求亲自出面。假定同一国家的两个用户之间通过 Internet 站点联系下载软件，那么由谁征收企业所得税呢？Internet 站点有能力建立业务台账吗？美国也像软件存储国那样有业务台账吗？或者企业所得税应该在企业正式注册地征收？然而注册地会不会成为避税地？因此在各国构筑电子商务规划的同时，如何为 Internet 商务建立业务台账已经成为大家关注的热点问题。

有人提出征收"比特税(bit tax)"的建议。即除了对交易本身的征税外，还要对通过 Internet 传输的数据征税，从理论上讲，"比特税"的优点是可以避免商人偷漏所得税及消费税。然而进一步分析可以看出，将"比特税"作为征收电子商务税的一种形式，并不是一种合适的方式，这种征税方式存在以下一些问题：第一，数据流动量难以精确测量；第二，数据传输税无法区别出被征税的数据所代表的实际商品或服务价值的高低。如何确定数据价值归属者，如何确定对什么数据收税及对什么数据不收税也是难以解决的问题。

8.5　电子商务支付中的有关法律问题

8.5.1　支付结算体系

1. 支付结算总论

根据中国人民银行《支付结算办法》规定，支付结算是指单位、个人在社会经济活动中使用票据、信用卡和汇兑、托收承付、委托收款等结算方式进行货币给付及其资金清算的行为。票据和结算凭证是办理支付结算的工具。单位、个人和银行办理支付结算，必须使用按中国人民银行统一规定印制的票据凭证和统一规定的结算凭证。未使用按中国人民银行统一规定印制的票据，票据无效；未使用中国人民银行统一规定格式的结算凭证，银行不予受理。支付结算工作的任务，是根据经济往来组织支付结算，准确、及时、安全办理支付结算，按照有关法律、行政法规和本办法的规定管理支付结算，保障支付结算活动的正常进行。

单位、个人和银行办理支付结算必须遵守下列原则：

(1) 恪守信用，履约付款。

(2) 谁的钱进谁的账，由谁支配。

(3) 银行不垫款。

2. 支付工具

支付工具是资金转移的载体，方便、快捷、安全的支付工具是加快资金周转、提高资金使用效率的保障。支付工具主要有票据、银行卡、电子支付工具和其他支付工具。

1) 票据

票据是指出票人约定自己或委托付款人在见票时或指定的日期向收款人或持票人无条件支付一定金额并可流通转让的有价证券，包括汇票、本票和支票。

票据行为具有以下四个特征：

(1) 要式性，即票据行为必须依照票据法的规定在票据上载明法定事项并交付。

(2) 无因性，指票据行为不因票据的基础关系无效或有瑕疵而受影响。

(3) 文义性，指票据行为的内容完全依据票据上记载的文义而定，即使其与实质关系的内容不一致，仍按票据上的记载而产生效力。

(4) 独立性，指票据上的各个票据行为各自独立发生效力，不因其他票据行为的无效或有瑕疵而受影响。

(1) 汇票。

汇票是出票人签发的，委托付款人在见票时或者在指定日期无条件支付确定的金额给收款人或者持票人的票据。按照出票人的不同，汇票分为银行汇票和商业汇票。由银行签发的汇票为银行汇票，由银行以外的企业、单位等签发的汇票为商业汇票。

银行汇票是银行应汇款人的请求，在汇款人按规定履行手续并交足保证金后，签发给汇款人由其交付收款人的一种汇票。银行汇票的基本当事人只有两个，即出票银行和收款人，银行既是出票人，又是付款人。银行汇票是由企业单位或个人将款项交存银行，由银行签发给其持往异地办理转账结算或支取现金的票据。银行汇票具有票随人到、方便灵活、兑付性强的特点，因此银行汇票深受广大企事业单位、个体经济户和个人的欢迎，其使用范围广泛，使用量大，对方便异地采购起到了积极的作用，银行汇票已成为使用最广泛的支付工具之一。

商业汇票是企事业单位等签发的，委托付款人在付款日期无条件支付确定金额给收款人或持票人的一种汇票。商业汇票一般有3个当事人，即出票人、付款人和收款人。按照承兑人的不同，商业汇票分为商业承兑汇票和银行承兑汇票。由银行承兑的汇票为银行承兑汇票，由银行以外的企事业单位等承兑的汇票为商业承兑汇票。商业汇票是适用于企业单位先发货后付款或双方约定延期付款的商品交易。这种汇票经过购货单位或银行承诺付款，承兑人负有到期无条件支付票款的责任，对付款人具有较强的约束力。购销双方根据需要可以商定不超过6个月的付款期限。购货单位在资金暂时不足的情况下，可以凭承兑的汇票购买商品。销货单位急需资金时，可持承兑的汇票向银行申请贴现。销货单位也可以在汇票背面背书后转让给第三者，以支付货款。

(2) 本票。

本票是出票人签发的，承诺自己在见票时无条件支付确定的金额给收款人或者持票人的票据。银行本票是申请人将款项交存银行，由银行签发给其凭以办理同一票据交换区域内转账或支取现金的票据。本票的基本当事人有两个，即出票人和收款人。目前，在我国流通并使用的本票只有银行本票一种。银行本票是银行签发的，承诺自己在见票时无条件支付确定的金额给收款人或者持票人的票据。

(3) 支票。

支票是出票人签发的，委托办理支票存款业务的银行或者其他金融机构在见票时无条件支付确定的金额给收款人或者持票人的票据。支票的基本当事人有三个：出票人、付款人和收款人。支票是在中国最普遍使用的非现金支付工具，用于支取现金和转账。在同一城市范围内的商品交易、劳务供应、清偿债务等款项支付，均可以使用支票。

支票通过同城票据交换提交签发人开户银行审核后付款。持票人委托开户银行收款时，开户行将所有委托收款的支票通过同城票据交换所提交给出票人开户行。如果在规定的退票时间(隔场交换)内没有退票，收款人开户行即将款项转入到收款人账户内。

2) 银行卡

卡基支付工具包括借记卡、贷记卡和储值卡。借记卡是指由商业银行向社会发行的具有消费信用、转账结算、存取现金等全部或部分功能的支付工具，不能透支。贷记卡是由银行或信用卡公司向资信良好的个人和机构签发的一种信用凭证，持卡人可在指定的特约商户购物或获得服务。信用卡既是发卡机构发放循环信贷和提供相关服务的凭证，也是持卡人信誉的标志，可以透支。按照授信程度的不同，贷记卡分为真正意义上的贷记卡和准贷记卡。贷记卡是指发卡银行给予持卡人一定的信用额度，持卡人可在信用额度内先消费、后还款的信用卡。准贷记卡是指持卡人须先按发卡银行要求交存一定金额的备用金，当备用金账户余额不足支付时，可在发卡银行规定的信用额度内透支的信用卡。储值卡是指非金融机构发行的具有电子钱包性质的多用途卡种，不记名，不挂失，适应小额支付领域。

电子钱包性质的储值卡基本上是由非金融机构发行。一些城市，如上海和厦门，使用的卡基电子货币可用于公共交通、餐饮连锁店等。预计卡基电子货币将越来越多地用于公共交通、高速公路收费、汽车租赁、旅游集散地、停车场、加油站以及超市，并可能扩大到公用事业收费等。储值卡的资金清算，由发行者为商户提供交易数据处理服务，并借助银行完成发行者与商户之间的资金划转。

3) 电子支付工具

广义的电子支付工具包括卡基支付工具、网上支付和移动支付(手机支付)等。随着电子银行的兴起和微电子技术的发展，电子支付技术日趋成熟，电子支付工具品种不断丰富。电子支付工具从其基本形态上看是电子数据，它以金融电子化网络为基础，通过计算机网络系统以传输电子信息的方式实现支付功能，利用电子支付工具可以方便地实现现金存取、汇兑、直接消费和贷款等功能。

网上支付是指人们通过 Internet 完成支付的行为和过程，通常情况下仍然需要银行作为中介。在典型的网上支付模式中，银行建立支付网关和网上支付系统，为客户提供网上支付服务。网上支付指令在银行后台进行处理，并通过传统支付系统完成跨行交易的清算和结算。在传统的支付系统中，银行是系统的参与者，客户很少主动地参与到系统中；而对于网上支付系统来说，客户成为系统的主动参与者，这从根本上改变了支付系统的结构。常见的网上支付模式有网银模式、银行支付网关模式、共建支付网关模式和IT公司支付模式。

移动支付是指利用移动电话采取编发短信息和拨打某个号码的方式实现支付。手机支付系统主要涉及三方：消费者、商家及无线运营商，所以手机支付系统大致可分三部分，即消费者前端消费系统、商家管理系统和无线运营商综合管理系统。消费者前端消费系统保证消费者顺利地购买到所需的产品和服务，并可随时观察消费明细账、余额等信息。商家管理系统可以随时查看销售数据以及利润分成情况。无线运营商综合管理系统是手机支付系统中最复杂的部分，包括两个重要子系统鉴权系统和计费系统。它既要对消费者的权限、账户进行审核，又要对商家提供的服务和产品进行监督，看是否符合所在国家的法律规定，此外最重要的是，它为利润分成的最终实现提供了技术保证。随着信息技术的飞速发展，电子支付工具具有广阔的发展前景。

4）其他支付工具

除票据、卡基支付工具和电子支付工具外，目前使用的其他结算方式主要有现金支付、汇兑、委托收款、托收承付、定期借记和定期贷记等。

(1) 现金支付。在中国，现金主要是指流通中的现钞，是由中国人民银行依法发行流通的人民币，包括纸币和硬币。

主要有三种方式提取现金：一是通过使用储蓄存折或储蓄卡从各商业银行储蓄网点支取现金；二是使用银行卡在自动柜员机(ATM)上提取现金；三是通过签发支票提取现金。

(2) 汇兑。汇兑是汇款人委托银行将其款项支付给收款人的结算方式。分为信汇和电汇两种，汇款人可根据需要选用。由于汇兑结算手续简便，不受金额起点限制，长期以来一直是银行异地汇划资金的主要结算方式之一。

(3) 托收承付。托收承付是根据购销合同，由销货单位发货后委托银行向异地购货单位收取款项，由购货单位向银行承认付款的支付结算工具。目前，主要在一些产供销关系较为固定和密切的国有大中型企业之间使用托收承付方式。托收承付结算的金额起点为1万元。

(4) 委托收款。委托收款是收款人委托银行向付款人收取款项的结算方式。单位和个人凭已承兑的商业汇票、债券、存单等付款人债务证明办理款项的结算，均可以使用委托收款结算方式。这种方式便于单位主动收款，它不受同城与异地及金额起点的限制。根据划款方式不同，分为邮寄和电报划回两种，收款人可根据需要选用。

(5) 定期借记。定期借记从20世纪80年代开始在中国使用，尽管目前它在非现金支付中仍然只占相当小的比例，但近几年这种支付方式发展较快，主要用于公共事业费、保险费、税款和学费等各项费用的支付。收款人主要通过书面或通过联机传送的方式将支付命令发送给银行，银行据此直接借记付款人账户和贷记收款人账户。这种交易必须是在付款人、收款人和银行三方协议的基础上实施。

(6) 直接贷记。直接贷记与直接借记是同时开始使用的。主要用于工资、保险金、养老金的支付。最初，支付命令是以书面的形式发出的，但现在很多大企业、政府机构都用磁介质或数据传送向银行送交支付指令。

3. 现金管理制度

现金是指具备现实购买力或者法定清偿力的通货。现金管理是指现金管理单位按照规定管理各单位的现金收入、支出和库存的一项重要财经管理活动。我国主要的法律法规为 1997 年 6 月 23 日国务院批准、1997 年 8 月 21 日中国人民银行发布的《现金管理暂行条例》。

(1) 使用现金的单位,应当严格遵守以下现金管理基本原则:

① 凡在银行和其他金融机构(以下简称开户银行)开立账户的机关、团体、部队、企业、事业单位和其他单位(以下简称开户单位),必须依照本条例的规定收支和使用现金,接受开户银行的监督。国家鼓励开户单位和个人在经济活动中,采取转账方式进行结算,减少使用现金。

② 开户单位之间的经济往来,除按本条例规定的范围可以使用现金外,应当通过开户银行进行转账结算。

③ 各级人民银行应当严格履行金融主管机关的职责,负责对开户银行的现金管理进行监督和稽核。

④ 开户银行依照本条例和中国人民银行的规定,负责现金管理的具体实施,对开户单位收支、使用现金进行监督管理。

(2) 根据规定,开户单位可以在下列范围内使用现金:

① 职工工资、津贴。

② 个人劳务报酬。

③ 根据国家规定颁发给个人的科学技术、文化艺术、体育等各种奖金。

④ 各种劳保、福利费用以及国家规定的对个人的其他支出。

⑤ 向个人收购农副产品和其他物资的价款。

⑥ 出差人员必须随身携带的差旅费。

⑦ 结算起点以下的零星支出。

⑧ 中国人民银行确定需要支付现金的其他支出。

(3) 现金管理基本要求如下:

① 转账结算凭证在经济往来中具有同现金相同的支付能力。开户单位在购销活动中,不得对现金结算给予比转账结算优惠的待遇;不得只收现金拒收支票、银行汇票、银行本票和其他转账结算凭证。

② 各开户单位的库存现金都要核定限额。库存现金限额应由开户单位提出计划,报开户银行审批。经核定的库存现金限额,开户单位必须严格遵守。各开户单位的库存现金限额,由于生产或业务变化,需要增加或减少时,应向开户银行提出申请,经批准后再行调整。

③ 开户单位现金收支按下列规定办理:

- 开户单位收入现金应于当日送存开户银行,当日送存确有困难的,由开户银行确定送存时间。
- 开户单位支付现金,可以从本单位现金库存中支付或者从开户银行提取,不得从本单位的现金收入中直接支付(即坐支)。

需要坐支现金的单位,要事先报经开户银行审查批准,由开户银行核定坐支范围和限额。坐支单位必须在现金账上如实反映坐支金额，并按月向开户银行报送坐支金额和使用情况。

- 开户单位根据本细则第六条和第七条的规定，从开户银行提取现金的，应当如实写明用途，由本单位财会部门负责人签字盖章，并经开户银行审查批准，予以支付。
- 因采购地点不确定、交通不便、抢险救灾以及其他特殊情况，办理转账结算不够方便，必须使用现金的开户单位，要向开户银行提出书面申请，由本单位财会部门负责人签字盖章，开户银行审查批准后，予以支付现金。

8.5.2 电子支付的法律问题

电子支付又称为"网上支付"，是以金融电子化网络为基础，以商用电子化工具和各类交易卡为媒介，以计算机技术和通信技术为手段，将货币以电子数据(二进制数据)形式存储在银行的计算机系统中，并通过计算机网络系统以电子信息传递形式实现流通和支付。中国人民银行也把电子支付工具列入支付手段之中。

电子交易与电子支付相结合才能形成完整的电子商务过程，而电子支付主要是依靠电子货币的流通来实现的。

电子货币是计算机介入货币流通领域后产生的，是现代商品经济高度发展要求资金快速流通的产物。电子货币是利用银行的电子存款系统和各种电子清算系统记录和转移资金的，它使纸币和金属货币在整个货币供应量所占的比例越来越小。电子货币的优点是明显的，它的使用和流通更方便，而且成本低，尤其是大笔的资金流动。

电子货币最大的问题就是安全问题。电子货币与纸币一样都是没有价值的，而且多数情况下连纸币所具有的实物形式也没有，一切都是凭着计算机里的记录。那么，一旦银行计算机系统由于本身故障，或遭人恶意破坏而造成数据错误，后果将是很严重的。而且，电子货币在传输过程中，也有被篡改的危险。

电子货币主要有电子支票、银行卡和电子现金三种形态。

1. 电子支票的法律问题

电子支票是一种借鉴纸张支票转移支付的优点，利用数字化网络传递将钱款从一个账户转移到另一个账户的电子付款形式。与传统的纸面支票相比，电子支票具有许多优点：节省时间、减少纸张传递的费用、没有退票、灵活性强。然而我国电子支票的应用却还很少，主要是由于电子支票的法律地位难以得到确认。

电子支票是使用数字签名技术，完全"无纸化"，能够在网上直接传输。《中华人民共和国票据法》第四条规定："票据出票人制作票据，应当按照法定条件在票据上签章"；而第七条又规定："票据上的签章，为签名、盖章或者签名加盖章"。这里签章的概念和其他相关法案中定义都是一致的。目前，我国国内银行在所辖分支机构和联网分行之间提供通存通兑服务。各个银行一般规定，在实现通存通兑中，出票人必须在支票上使用数码印鉴，原来加盖在支票上的图章印鉴不再作为识别出票人的标记，计算机只按照数码印鉴确认出票人授权指令的有效性。所以，如果某一支票由于没有数码印鉴而被机器拒收，造成支付延迟或其他侵权行为，而客户根据我国《票据法》中有关签章的规定控告银行，将会使银行处于不利位置。因此，如何在我国《票据法》中加入有关数码印鉴的合法性将是非常紧迫的问题。

2. 银行卡的法律问题

银行卡是由银行发行的，是银行提供电子支付服务的一种手段，主要包括借记卡、信用卡、储值卡。

银行卡是目前消费者经常使用的一种工具。与其支付有关的法律也已经比较成熟，但最核心的问题主要是未经授权使用的银行卡支付所造成的损失该如何分担，是商家还是消费者或者发卡银行承担？该采取何种规则来处理损失？这种损失分担机制直接影响到当事人使用银行卡的积极性，也会使银行卡的发行量、普及率受到影响。因此，以银行卡为基础的网上支付体系也必须考虑这种损失分担问题。

此外，银行卡信息是通过 Internet 传输的，而 Internet 又是一个开放的系统，所以，如何保证这些信息不被非法利用或遭受病毒侵蚀是一个新的法律问题。

各国相关法律法规虽然各不相同，但大都偏重于保护消费者，消费者承担的责任有限。以美国为例，调整信用卡使用人和商家、银行之间关系的法律主要是《Z 条例》，该条例在 3 个方面做出了对消费者有利的规定：消费者承担的责任有限；调查责任主要由发卡行承担；发卡行要进行一定的信息披露。

在电子支付中，还引入了认证中心和数字签名，其合法性在很多国家都得到了认可，但是认证商家和银行之间的关系仍需进一步规范。

3. 电子现金的法律问题

电子现金又称为数字现金，是以数字形式流通的货币，是由 0 和 1 排列组合成的、通过电路在网络上传递的信息电子流。电子现金主要有两类：需要新硬件并以其为核心的电子现金支付系统，如日常使用的各种 IC 卡；只需要软件支付的电子现金支付方式，如电子钱包软件。电子现金具有多用途、灵活使用、匿名性、快速简便的特点，无须直接与银行连接便可使用，适用于小额交易，主要好处是可以提高效率，方便用户使用。

电子现金主要涉及的法律问题如下：

(1) 电子现金可以跨国界、脱离银行网络由个人或商家发行，这很有可能严重侵犯一个国家的货币发行主权和制定货币政策的完整性。

如果电子货币被广泛使用而不受国家控制，那么货币的作用将下降，新增信贷的规模可能会膨胀，同时可能冲击该国的货币市场。世界各国政府和中央银行应当协商确定电子现金的价值和含金量，从而确保各国的电子现金兑换时具有可比性。然而目前还都没有出现相应法律规定，这也是电子现金难以流通的原因之一。

(2) 电子现金不可重复使用。数字现金必须能够存储在计算机系统或智能卡中却不被所有者重复使用，并且在使用的时候要既快又有效，而且要具有可靠性。所以，法律应当禁止电子现金的重复使用。

(3) 电子现金必须具有安全性。电子现金必须是难以伪造或假冒。应当保证存储电子现金的设施不容易被伪造或篡改，一旦被篡改，这种变动的证据就要立即出现。此外，电子现金的接收者必须能够证明他所接收的电子现金不是伪造或假冒的。

(4) 保护使用电子现金的消费者的合法权益。数字现金的使用者还应被确保他们不易被欺诈、骗取，因此刑法应制定打击利用电子现金犯罪的条款。

(5) 电子现金必须被防止用来从事犯罪活动。在执法过程中,匿名电子现金很可能会极大地阻碍如洗钱、毒品走私和恐怖主义之类的犯罪处理。尤其在无国界的因特网上,电子现金很容易大范围地用于洗钱,出入一个国家而不被查明。利用电子现金逃税也是明显的问题。因此,一个国家的政策很难控制无国界的电子现金。

8.6 其他电子商务相关问题

8.6.1 电子商务从业人员职业道德基本守则

职业道德是人们在职业活动中遵循的行为准则,涵盖了从业人员与服务对象、职业与职工、职业与职业之间的关系,是建立社会主义思想道德体系的重要内容。十六大报告提出要加强社会公德、职业道德和家庭美德教育。加强职业道德建设,应该抓住为人民服务这一核心,抓住实践这一关键,通过领导干部和先进典型的示范引导,逐步提高广大职工的职业道德水平。

电子商务从业人员的职业道德是对电子商务人员在职业活动中的行为准则。电子商务从业人员的职业道德修养,主要是指职业责任、职业纪律、职业情感以及职业能力的修养。优良的职业道德是新时期电子商务人员高效率从事电子商务工作的动力,是职业活动的指南,也是自我完善的必要条件。

1. 电子商务从业人员首先要遵循社会主义职业道德的基本规范

1) 爱岗敬业

爱岗就是热爱自己的工作岗位,热爱本职工作。亦称热爱本职。爱岗是对人们工作态度的一种普遍要求。热爱本职,就是职业工作者以正确的态度对待各种职业劳动,努力培养热爱自己所从事的工作的幸福感、荣誉感。

2) 诚实守信

诚实守信是忠诚老实,信守诺言,是为人处事的一种美德。所谓诚实,就是忠诚老实,不讲假话。诚实的人能忠实于事物的本来面目,不歪曲,不篡改事实,同时也不隐瞒自己的真实思想,光明磊落,言语真切,处事实在。

3) 办事公道

所谓办事公道是指从业人员在办事情处理问题时,要站在公正的立场上,按照同一标准和同一原则办事的职业道德规范。

公正,其含义包括以下几点:

(1) 按个人的劳动质量和数量公平地分配劳动报酬和社会财富。

(2) 人们获得权力的机会是平等的,即大家都在同一个起跑线上去竞争。

(3) 人们受教育的权利、文化娱乐的权利应该是平等的。

(4) 人们在职业岗位、社会生活和家庭生活中有安全保障。

(5) 人们有言论自由、迁居自由和行政自由。

(6) 人们有实现个人的价值,达到个人理想的权利。

4) 服务群众

服务群众就是为人民群众服务。其中人民服务是核心。在社会主义社会,每项工作都是为了满足人民的物质文化生活需要，都是为建设社会主义的总目标服务的。职业道德以为人民服务为核心，这是社会主义职业道德区别于其他社会职业道德的本质特征，是社会主义职业道德的精髓所在。社会主义职业道德所提出的一系列规范，都与为人民服务相联系，是这一要求在有关方面的具体体现。

5）奉献社会

所谓奉献社会，就是全心全意为社会做贡献，是为人民服务精神的最高体现。有这种精神境界的人，他们把一切都奉献给国家、人民和社会。所谓奉献，就是不期望等价的回报和酬劳，而愿意为他人、为社会或为真理、为正义献出自己的力量，包括宝贵的生命。奉献社会不仅有明确的信念，而且有崇高的行动。

2. 电子商务人员遵守的职业原则

除了社会主义职业道德的基本规范外，电子商务从业人员还应当根据本行业的职业特点，遵循以下原则：

1）脚踏实地、吃苦耐劳

电子商务这类职业的性质决定了从业人员不仅要在理论上有一定的造诣，还要具有实干精神。能够脚踏实地、埋头苦干、任劳任怨；能够围绕电子商务开展各项活动。在具体而紧张的工作中，能够不计个人得失，有吃苦耐劳的精神。

2）恪守信用、严守机密

电子商务从业人员必须恪守信用，维护企业的商业信用，维护自己的个人信用。在商务活动中，电子商务人员应当严格按照合同办事。通过网络安排的各种活动，自己要事先做好准备工作，避免因个人的疏忽对工作造成不良影响。

严守机密是电子商务从业人员的另外一个重要素质。电子商务从业人员的一个显著特点是掌握的机密较多，特别是商业机密。因此，要求从业人员必须具备严守机密的职业道德，无论是上机操作还是文字工作都要严格遵守国家的有关保密规定，自觉加强保密观念，防止机密泄露。发现盗窃机密的行为和盗窃机密的不法分子，应做坚决斗争，并应及时报告公安、保密部门。

3）勤奋学习、提高素质

电子商务涉及的知识面广、更新速度快，因此要求电子商务从业人员有尽可能广博的知识。现代社会科学技术的发展突飞猛进，知识更新速度加快，因此，电子商务从业人员应该具有广博的科学文化知识，以适应工作的需要。

作为电子商务从业人员，对自身素质的要求应更严格、更全面。是否具有良好的素质，对于做好电子商务工作是一个非常重要的问题，也是评价电子商务从业人员是否称职的基本依据。因此，电子商务从业人员必须勤奋学习、刻苦钻研，努力提高自身的思想素质和业务水平。

4）钻研业务、勇于创新

从发展的角度看，电子商务从业人员必须了解和熟悉与自身职业有直接或间接关系的领域中取得的新成果，才能更好地掌握电子商务工作的各项技能。此外，电子商务从业人员要根据自身分工的不同和形势发展的需要，掌握电子商务交易所需要的技能，如计算机技能、网络技能、网络营销技能、电子支付技能等。这些技能都必须随着电子商务技术的发展和自身工作的需要，在实践中不断地学习和提高。同时，还应当掌握电子商务交易中的各种管理知识，将网络技术与商业管理结合起来，提高企业应用电子商务的能力，促进企业经济效益的提高。而且现在各行各业的劳动者，都在破除旧的观念，勇于开创新的工作局面。作为复合型人才的电子商务从业人员更应具有强烈的创新意识和精神，要勇于创新，在思想上是先行者，在实践上是实干家，不断提出新问题，研究新方法，走出新路子。

8.6.2 网络安全管理相关法律法规

我国非常重视网络的保密与安全管理，特别是与国际联网的计算机的保密与安全，其目的是为了增强联网的计算机信息系统使用单位的安全意识，强化其安全管理措施，建立健全的安全管理与保密制度；同时也便于公安机关掌握联网的计算机信息系统使用单位的安全状况，加强对计算机信息系统使用单位的安全监督、检查和对跨境信息实行控制；防止与控制境外危害我国国家利益的有害信息流入和涉及我国国家机密的重要信息流出。

目前国内有关网络安全管理的法律法规主要有国务院发布的《中华人民共和国计算机信息系统安全保护条例》，国家保密局发布的《计算机信息系统国际联网保密管理规定》，国务院批准、公安部发布的《计算机信息网络国际联网安全保护管理办法》。此外，《中华人民共和国保守国家秘密法》也适用于网络安全管理。

8.7 电子商务相关标准

8.7.1 电子商务标准的现状

“标准”是规范和统一的前提。电子商务的标准是关系到整个产业，乃至关系到国家主权的大事。世界各国都在致力于电子商务相关标准的制定，努力为电子商务的发展创造一个统一、良好的环境。

1. 国际电子商务相关标准发展状况

标准在国外电子商务发展中得到了相当的重视，特别是电子商务安全方面的标准备受关注。如美国政府很早就致力于密码技术的标准化，而且在 1998 年 7 月 1 日，在美国政府发布的美国电子商务纲要中，明确提出要建立一些共同的标准，以确保网上购物的消费者享有与在商店购物的消费者同等权利。韩国一些主要的电子设备公司也建立联盟，联合制定出整个业界的电子商务标准。

国际范围内电子商务标准主要有以下方面。

1）成立机构

电子商务业务工作组（BT-EC）为了迎接电子商务给全球带来的机遇和挑战，使之在全球范围内更有序地发展。BT-EC 确定了电子商务急需建立标准的三个领域：

（1）用户接口。主要包括用户界面、图像、对话设计原则等。

（2）基本功能。主要包括交易协议、支付方式、安全机制、签名与鉴别、记录的核查与保留等。

（3）数据及客体（包括组织机构、商品等）的定义与编码。包括现有的信息技术标准、定义报文语义的技术、EDI 本地化、注册机构、电子商务中所需的值域等。

2）签署文件"电子商务标准化理解备忘录"

ISO、IEC和UN/ECE(联合国欧洲经济委员会)共同致力于电子商务的标准化工作。曾签署了"理解备忘录",就EDI、开放式EDI及有关贸易单证标准领域进行合作。1998年11月三者又签署了一个电子商务领域有关标准化的"理解备忘录"。该备忘录包括总体部分、三个附录及上述的注册表,扩充了以前的合作框架,扩展了各部门之间的电子商务,增加了国际用户团的参与,以确保证它们的标准化要求得到满足。国际用户团的参加者有CALS(连接采办和受命期保障,世界性的非政府组织,制定国际工业组织之间电子商务的标准要求)及NATO CALS组织(NATO为北大西洋公约组织的缩写)。国际用户团参与者必须满足"理解备忘录"中关于国际用户团注册规定的具体内容,而且它们的参与必须在标准化组织之间相互达成协定的基础上。"理解备忘录"提供了电子商务发展的有效基础,是国际合作的极好范例。

随着电子商务在网上兴起,对电子商务的规范提出了迫切要求。为了解决在IT产业供应链中复杂交易流程所造成的高额成本负担,RosettaNet组织与各大信息企业联合参与制定PIPs(Partner Interface Processes)、Dictionary和Implementation Framework等企业流程标准,以期能建立出一套电子化企业可共同沟通的界面。RosettaNet致力于电子商务标准的推动,其最终目标是希望使得电子商务中的企业伙伴和买主,皆能降低成本,获取更高的利润。

2. 我国电子商务相关标准发展现状

近年来,我国信息技术标准工作取得了丰硕的成果,信息技术标准制定的数量有较大幅度增长的同时,标准的内容及相关研究水平也不断提高。我国颁布的这些信息技术标准的制定为产品的开发、设计制造、质量检验等提供了重要的技术依据,也为电子商务的发展奠定了较好的基础。作为信息技术在商业领域的重要发展,电子商务在我国开始得到越来越多的重视。我国电子商务标准的发展大致呈现以下几个特点。

1）政府积极参与主导

由于我国的体制因素,标准工作始终是政府有关职能部门的一项重要工作,无论是国家标准还是行业标准,都是由政府职能部门主持研究制定、推广实施以及监督执行的。政府主导型工作模式一方面确保了标准在内容及适用范围方面的权威性;另一方面也充分满足了标准的内容权威性、实施统一性两大基本要求。电子商务相关标准的研制工作同样如此。电子商务标准工作中的各项研究工作都是在政府各有关部门的直接领导、协调下进行的,从而避免了由于各研究机构独立研究的局面所带来的资源浪费、成果重复等不良现象的出现。如在北京、上海等地开展的信息标准研究工作,都是由各地的技术监督部门甚至当地政府直接出面主持。

2）充分重视研究工作

我国对电子商务的研究紧随国际发展潮流,相关标准工作的跟踪研究也十分及时。特别是在政府有关部门组织下,电子商务相关标准的研究取得了相当的成绩。1999年5月,由北京市技术监督局主持的"北京电子商务标准化国际研讨会"是我国第一次以电子商务标准为主题的国际性学术研讨会,体现了我国在电子商务标准研究领域与国际同步发展的水平。上海市"电子商务相关标准研究"课题,集中了来自政府、技监、银行、民航、运输、IT

企业、ISP 及大专院校等各方面专家、学者对电子商务标准进行了全面的研究，形成了电子商务标准框架体系等研究成果。

3）制定标准工作相对薄弱

电子商务是基于计算机网络技术发展起来的，因此电子商务发展的程度直接取决于相应的信息技术发展水平，特别是标准的制定直接与技术发展水平相联系。由于我国信息技术发展，特别是相关基础研究及产品开发相对信息技术发达国家尚有一定差距，因此电子商务相关标准的制定工作相对薄弱。目前除了一些 EDI 标准及部分相关网络标准是从国际相应标准等同或等效转换而来外，由我国自主制定的、直接与电子商务相关的标准几乎没有。

4）企业参与性不强

与信息技术发达国家相比，我国企业参与电子商务标准的制定工作存在显著差距。目前国际上广为采用的电子商务标准中，有许多都是由一些信息技术公司首先制定，并通过市场的开拓而由企业的标准成为实际中的通用标准。而我国的信息技术及信息产品制造企业基本上没有这方面的尝试。这种现象的形成，一方面因为我国长期形成的标准的制定工作属于政府职能行为，企业仅处于接受地位；另一方面由于我国的信息技术水平相对落后。

8.7.2 电子商务相关标准发展趋势

电子商务标准的发展，呈现以下发展趋势。

1. 市场驱动标准发展

电子商务标准的研制早先主要是由新技术或是新产品的研究开始所推动，标准的需求来源于技术和产品的发展。随着全球电子商务迅速发展，社会各方对电子商务标准的需求剧增，市场驱动成为发展的主要动力，标准逐步从技术驱动走向市场驱动。

2. 标准制定集中化

电子商务标准的有关机构由分散走向合作。如 ISO、IEC、ITU、IETF、DMC 等一方面积极听取工业、政府、用户等各方面对电子商务标准的需求，另一方面在建立全球信息化过程中，积极加强彼此之间相应的联系，避免工作交叉与无序竞争。例如，Visa 与 MasterCard 曾分别制定过智能卡交易规范，但都收效甚微，难以推广。因此，1996 年 2 月 1 日，MasterCard 与 Visa 两大国际信用卡组织与技术合作伙伴 GTE、Netscape、IBM、Terisa Systems、VeriSign、Microsoft、SAIC 等一批跨国公司共同开发了安全电子交易规范（SET），以便尽早实现全球电子商务。

3. 标准内容广泛化

电子商务是一门综合性的商务活动，涉及广泛，包括信息技术、金融、法律、市场等多个领域，相关标准跨行业、跨学科，广义上的电子商务标准体系十分庞杂，几乎涵盖了现代信息技术的全部标准范围，以及尚待进一步规范的网络环境下的交易规则。安全、认证、支付和接口等标准都是亟待制定和完善的内容。

4. 标准合作国际化

国际社会普遍认识到，要实现全球性的电子商务，只有世界各国通过开展国际性的电子商务标准化活动达成广泛的一致；而且电子商务标准的内容广泛，数量巨大，不论是技术、经济还是应用，制定工作都不是一两个国家所能单独够承担的，必须依靠国际合作。

5. 标准适用灵活化

电子商务是一门非常活跃的新技术，仍在发展阶段，具有发展快、更新快等特点，这就使得电子商务相关标准的制定和执行上，既要遵从标准的一般发展要求，又要不受传统标准化观念的束缚和某些现行标准化工作程序的限制，使电子商务标准化向更加灵活的方向发展。根据电子商务发展的特点，其标准工作的灵活性表现为，一是标准工作至少应与相关技术的发展同步，甚至超前；二是把标准的正式确认与标准草案的使用分开，把更多的处于 DIS（Draft International Standard）、CD（Committee Draft）和 RFCs（Request For Comments）等阶段的相关标准用于电子商务的发展中来，强化标准对电子商务发展的规范作用，满足市场竞争的需要；三是开放制定标准工作体系，让更多的企业、用户加入电子商务标准的制定工作中来，使电子商务相关标准更具实用性。

8.7.3　我国电子商务的技术标准

无论电子商务的概念或者模型怎么变化，技术是电子商务发展的基础。离开技术电子商务只能是虚无飘缈的海市蜃楼。而技术的发展必须建立在标准统一的基础之上。

当前我国电子商务技术标准包含四个方面的内容：EDI 标准、识别卡标准、通信网络标准和其他相关的标准。我国把采用国际标准和国外先进标准作业作为一项重要的技术经济政策积极推行。

1. EDI 标准

国际上 20 世纪 60 年代起就开始研究 EDI 标准。1987 年，联合国欧洲经济委员会综合了经过 10 多年实践的美国 ANSI X.12 系列标准和欧洲流行的“贸易数据交换（TDI）”标准，制定了用于行政、商业和运输的电子数据交换标准（EDI FACT）。该标准的特点，一是包含了贸易中所需的各类信息代码，适用范围较广；二是包括了报文、数据元、复合数据元、数据段、语法等，内容较完整；三是可以根据自己需要进行扩充，应用比较灵活；四是适用于各类计算机和通信网络。因此，该标准应用广泛。目前我国已等同转化为五项国家标准。此外，还按照 ISO 6422《联合国贸易单证样式（UNLK）》、ISO 7372《贸易数据元目录》等同制定了进出口许可证、商业发票、装箱单、装运声明、原产地证明书、单证样式和代码位置等八项国家标准。现在 EDI FACT 标准有 170 多项，至今在北美地区广泛应用的美国 ANSI X.12 系列标准有 110 项。

2. 识别卡标准

国际标准化组织（ISO）从 20 世纪 80 年代开始制定识别卡及其相关设备的标准。我国于 20 世纪 90 年代从磁条卡开始进行识别卡的标准制定工作。现有的识别卡标准，基本齐全，等同采用 ISO 7810《识别卡物理特性》和 ISO 7811《识别卡记录技术》系列标准；三项触点式集成电路卡（IC）国家标准，等同采用 ISO 7816《识别卡带接触件的集成卡》系列标准。

另外，有标准涉及金融卡及其报文、交易内容，采用了相应的ISO标准。

3. 通信网络标准

通信网络是电子商务活动的基础，目前国际上广泛应用的有MHS电子邮政系统和美国Internet电子邮政系统。前者遵循ISO、IEC、CCITT联合制定（个别是单独制定）的开放系统互联（OSI）系列标准，后者执行美国的ARPA Internet系列标准。这两套标准虽然可兼容，但还有差异。因此，我国制定通信网络国家标准时，主要采用OSI标准。现在我国有146项网络环境国家标准，其中分别采用ISO、IEC标准的约占68%。我国现有的网络环境国家标准还不配套。

此外，数据加密、密钥管理、数据签名等安全要素，已有国际标准草案，需要及时等同地转化为我国标准。通信、网络设备标准约有380项，其中采用IEC、CCITT等标准约占32%。微波通信、卫星通信、移动通信等方面的国家标准中采用国际标准比例较低，如卫星通信18项国家标准中采用国际标准的仅一项。信息传输介质国家标准较多。

4. 其他相关标准

与电子商务活动有关的标准，有术语、信息分类和代码、计算机设备、软件工程、安全保密等标准。这些相关标准中许多标准仅描述我国特有的信息，如民族代码，汉字点阵模集等，因此不能完全采用外国标准。

综上所述，我国电子商务技术标准，一是起步晚，EDI等领域内的技术标准工作在20世纪90年代才开始的；二是标准未成体系，很多内容还是空白；三是积极采用国际标准，20世纪90年代前制定的电子商务国家标准约有600项，采用国际标准占30%；而20世纪90年代制定的电子商务国家标准约650项，采用国际标准占50%。这表明我国越来越重视电子商务标准的国际化。

8.7.4 电子商务的数据标准

1. XML

许多年来，电子数据交换（EDI）一直都是商业机构之间数据交换的标准。20世纪90年代前期，美国国家标准协会（ANSI）发布了大家所熟知的ASC X12标准。通过使用EDI能够节省成本、提高商业处理能力，初步体现了互联网的商业应用。但EDI结构复杂、开发成本昂贵，不可能被普遍应用。

XML（eXtensible Markup Language，可扩展置标语言）的出现突破了EDI的发展瓶颈。XML是一种界定文本数据简便而标准的方法，它曾经被称为“Web上的ASCII码”。与HTML不同，XML不关心任何视觉表现形式而只关心数据本身。XML的标记用来说明要描述的概念，而属性则用来控制它们的结构。在这样的描述机制下，XML的数据是开放的，其自描述的特征使之对于B2B和企业内部网解决方案来说是一种有效的选择，并且无须实现协调就可以在程序之间共享数据。XML的特性则昭示了其将成为互联网共享信息的主要途径。

在商务活动中，系统必须能够满足频繁的内容更新，保持信息的一致性，即时动态内容的刷新和数据安全性等方面的需要。使用XML在数据解析的时候遵循文档类型定义

(Document Type Definition,DTD),保证了文档结构的一致性。XML 能够在电子商务应用之间存储、转换和传送数据,应用平台与软件相对独立,数据不必因软件或平台的变化而改变。此外,XML 数据容易转换,可以将数据从一种 Schema 规范转换为另一种,并且可以有多种输出的格式,如 HTML 和 PDF 等。XML 同时使动态文档成为可能,通过操纵 XML 的片段,可以将信息重新包装来满足个人的需求。

实际需求促进技术进步,技术进步带动产业发展。XML 正是在这样的情况下发展起来的,并且已经开始在电子商务应用中显露出它的重要性。XML 技术日益为人们所重视,除了 cXML、BizTalk 等,目前国外还有 RosettaNet、ebXML 等基于业务逻辑的电子商务交易语言标准,国内则有刚刚面世的 cnXML。

2. ebXML

ebXML 是一组支持模块化电子商务框架的规范。ebXML 支持一个全球化的电子市场,它使得任意规模的企业通过交换基于 XML 的信息,不受地域限制地接洽和处理生意。ebXML 是联合国(UN/CEFACT,贸易促进和电子商务中心)和 OASIS(结构化信息标准发展组织)共同倡导、全球参与开发和使用的规范。

ebXML 规范的最初版本于 2001 年 5 月发布。它的目标是使任何规模的商家能够和任何人开展电子商务。在现阶段,ebXML 是一套文档,包含若干完善的原型,但是有许多企业现在正在建造支持它的系统。

由于 XML 本身不具备使其适应商务世界需求的所有工具,所以希望通过 ebXML 实现。ebXML 有以下任务:

(1) 使电子商务简单、容易,并且无所不在。

(2) 最大限度地使用 XML。

(3) 为 B2B 和 B2C 提供一个同样的开放标准以进行跨行业的商务交易。

(4) 将各种 XML 商务词汇的结构和内容一起放进一个单一的规范。

(5) 提供一条从当前 EDI 标准和 XML 词汇表移植的途径。

(6) 鼓励行业在一个共同的长期目标下致力于直接的或短期的目标。

(7) 用 ebXML 进行电子商务活动,避免要求最终用户投资于专有软件或强制使用专业系统。

(8) 保持最低成本。

(9) 支持多种书面语言并容纳国内、国际贸易的通用规则。

ebXML 的技术体系结构尽可能使用了现存的标准,建立在 EDI 经验之上,并利用了 XML 的灵活性和 Internet 的普及性,整个体系结构是模块式的,体系主要为以下几点。

1) 消息传送

ebXML 消息使用 SOAP(Simple Object Access Protocol,简单对象访问协议)规范。SOAP 是一个 XML 应用程序,定义一种用报头表示发送者、接收者、路由和安全细节的消息格式。SOAP 还可以附加任何数字内容(如图片、声音等)。

2) 商务流程

ebXML 体系结构最重要的一个基本特征,就是它强调商务流程,这也是与其他 XML 框架不同的地方。它通过使用建模语言和图表工具(如 UML)的使用,使得系统地捕获贸易伙伴间的商务数据流，并用标准格式表示成为可能。通过商务流程的定义，使其具备了跨行业的通用消息序列，互操作性的能力。

3）贸易伙伴草案和协定

ebXML 的另一处重要特征是，通过使用 CPP(collaboration protocol profile，合作草案档案)的文档系统地描述企业能够提供哪些电子商务服务。首先企业使用 XML 格式列出其所支持的行业、商务流程、消息和数据交换技术，然后使用 CPP 将这些信息生成一个 CPA 文件(collaboration protocol agreement，贸易伙伴协议)，自动提供协定。

4）注册表/知识库

注册表(registry)包含行业流程、消息和用于定义贸易伙伴间交换数据的交易词汇表。企业通过注册表登记 CPP，列出它们的电子商务服务能力供潜在的贸易伙伴检索，也可以通过注册表搜索合适的贸易伙伴。知识库(repository)则是用于存储这些内容的。

5）核心组件

ebXML 领先核心组件提供行业间的互操作性和商务性能，核心组件作用于单个的数据元素级别。核心组件识别商家最常使用和跨行业的数据项，给它们分配中立的名字和唯一的标识符。通过核心组件，企业能够将一个行业的数据同另一个行业中相似的数据对应起来，或从一个 XML 术语对应到早先定义的 EDI 交易。

3. cnXML

当前国内企业不仅需要在内部应用软件之间实现相互匹配，同时也需要能够通过互联网或其他数字通信方式，与商业伙伴进行无障碍的、快速的信息交换或电子商务活动。在同时涉及企业内部与外部信息处理的复杂过程中，建立一个与国际接轨的并且统一的数据、文档及工作流规范，将是我国企业有效并且低成本地实施企业信息化、开展电子商务活动的基本保障。cnXML 就是在这样的背景下产生的，它是由中科院软件所联合联想、用友等合作单位共同建立的一个适合中国国情的、具有自主知识产权的信息交换规范。

cnXML 的目标是基于 XML 技术建立一个符合中国内地商业习惯、传统和商业流程的 B2B、B2C 电子商务语言规范，提供一套统一、灵活、开放并且可扩充的数据交换格式，使包括采购方、销售方、运营者及中介等商业机构在内的各个贸易方都能够通过电子网络方便地进行各种商业活动。

在这样一个统一的交易语言环境中，交易信息可以按照预先设定的交易规则，在采购、生产、物流、支付等环节进行转换，而不需要进行人工的录入、校验等烦琐手续。这样一方面可以降低企业的运营成本，提高企业产品的竞争力；另一方面可以让企业能够对市场的需求和变化做出即时响应，提高生产和管理水平；同时还能够方便地与国内外其他电子商务交易语言进行交互，加快企业的国际化进程和国际竞争力的培养。

在制定 cnXML 规范的过程中，遵循了以下几个基本设计原则。

1）标准和规范

使用 XML 技术，参考、使用和遵循一些已有的标准和规范。通过使用这些标准和规范来减少实现本规范所需要的协议内容，并全面达到交互性、开放性等目标。

2）模块结构

cnXML 文档遵循传统的 XML 模块结构，每一个文档都由文档头、文档体和可选附件等模块组成。cnXML 中将尽量采用一些已经制定好的国际标准和中国国家标准，如 GB/T 2260-1997(中华人民共和国行政区划代码)、GB/T 2659-94(世界各国和地区名称代码)、GB/T 7408-94(日期和时间表示法)、GB/T 17295-1998(国际贸易计量单位表示法)等。

3) 可扩展性

cnXML 描述了企业之间进行交易的商务流程，提供了一套企业间进行商业活动所需要交流的文档规范，包括产品目录、价格查询、订单、发票、货单等。但由于商业活动千差万别，不同行业、不同地区、不同规模的企业的商务活动都不尽相同，不可能一次就预见到商务活动中的所有场景。cnXML 结构不仅可以使用标准的流程和文档在商业伙伴之间进行交互，还可以对这些流程和文档进行定制，尽可能地确保这个规范能够容纳不同行业、不同领域、不同规模的商业交易。

4) 内容与传输方式的分离

在 cnXML 规范的设计上，遵循不将商业伙伴之间传输的信息与某种固定的传输模式进行捆绑的原则，不局限于 HTTP 或某种特定的传输方式。这样 cnXML 可以适应于更广泛的应用环境，可以灵活地选择安全机制，如数字签名、身份认证等。

5) 通用性

cnXML 的设计目标不是针对某个或某几个特定的领域，工作组故意排斥产品特定的语义，而把这些交由 XML 注册和文档库(repositories)机制完成。

6) 全面支持中文标记

cnXML 的所有文档都提供中英文标记两个版本，使用中文标记的文档与使用英文标记的文档具有同等效果，在克服中国企业母语障碍的同时避免了国际商业活动上新的语言障碍。

7) 体现中国内地的商业流程与习惯

工作组在定义各种 cnXML 交易文档时将尽可能地考虑中国内地的传统、习惯和商业模式，使流程和文档更符合中国的商业特点。

8) 可实现性

cnXML 可以通过多种技术来方便地进行实现。

9) 精简性

cnXML 规范在保证达到目标的基础上力求简化，提供一个尽量精简、易读和易于理解的规范。

以上九条原则的贯彻为国内企业从事电子商务活动提供了一个灵活、开放和可扩充的 B2B 交易语言规范。

cnXML 支持互联网开放购买模型(Open Buying on the Internet，OBI)，该购买模型是由 OBI 协会提出的一个电子商务交易标准，可以用它来驱动订单流程，完成企业与企业之间的电子商务交易。OBI 购买模型由四个实体组成：请购者(requisitioner)，采购方(buying organization)，销售方(selling organization)和支付权威(payment authority)。基于 OBI 的 cnXML 商业流程遵循这个购买模型，并且在采购方、销售方和支付权威之间的数据交换使用 cnXML 定义的文档格式。

cnXML 给国内企业的电子商务提供了一个统一的数据标准，在这样的标准规范的技术支持下，商业信息无障碍地共享、传输和转换就成为了可能，国内企业间、国内外企业间实现真正意义上的电子商务已经指日可待。

8.8 微型案例：法律、道德、技术三管齐下，共治网络侵权

山寨游戏、非法转载、盗版视频……在各种网络侵权行为中，对知识产权的侵害一直受到舆论极大的关注，如何推动减少网络空间的侵犯知识产权问题也日益成为讨论重点。

1. 泛滥的山寨游戏

游戏一直是网络知识产权侵害的高发领域。

2009 年，一款名为"植物大战僵尸"的益智类游戏，横扫 PC、手机等平台，风靡一时。正因为此，它也成为诸多游戏开发者模仿的对象。"植物大战忍者"、"植物大战昆虫"、"植物大战怪物"……只要在"APP 商店"里搜索"植物大战"关键词，便会出现这一系列搜索结果，使用者不明所以，认为这些眼花缭乱的 APP 是经典游戏"植物大战僵尸"的升级版本，但其实，这些 APP 背后的开发者之间，可能没有关系，更与官方 APP 的软件原始创作者毫无渊源。

实际上，在网络中，诸如此类的行为层出不穷。《仙剑奇侠传》、《轩辕剑》系列开发商大宇资讯先后发布公告称，目前市场中的《炼妖录》和《来自仙剑的你》均非官方授权作品，其中所涉及《轩辕剑》和《仙剑奇侠传》的游戏道具、角色涉嫌构成侵权，并对玩家构成品牌误导。

近年来，网络游戏发展很快，与此同时，侵权行为也逐步增多，是网络知识产权侵权的重灾区。除了直接的模仿抄袭之外，一些反向编译的游戏外挂软件也对网络游戏市场的知识产权造成很大危害。内嵌式外挂太多了，这严重影响到软件开发者的权益。网络游戏市场是网络文化中重要的一部分，反向外挂软件的泛滥侵犯了开发者的著作权，长期下去，中国的网络文化无法繁荣，市场很快就枯萎了。

被山寨的不仅只有游戏，随着移动互联的兴起，手机应用成为山寨的另一重灾区。一款正版 APP 出来之后，不久就有很多模仿盗版的出来，人们一时之间分不出正版和盗版。目前，对于 APP 的管理，还没有制定提前审批备案的规则，一些不法分子就利用这个漏洞进行抄袭。

2. 被侵犯的知识产权

近年来，侵犯知识产权的案例不断增长，根据《中国法院知识产权司法保护状况白皮书》(2011 年、2012 年、2013 年 3 年)报告显示，2013 年，全国地方人民法院共新收和审结知识产权民事一审案件 88 583 件和 88 286 件，分别比 2012 年上升 1.33%和 5.29%，据不完全统计，人民法院受理的著作权案件中，网络著作权纠纷案件已经高达 50%左右。

2012 年，韩寒、李承鹏等多位作家组成作家维权联盟向北京市海淀区人民法院提起诉讼，起诉百度文库侵权，最后法院判决百度承担侵权责任，赔偿著作权人的经济损失。

2013 年，优酷、乐视等几大主流视频网站因网络视频盗版和盗链行为起诉百度、快播侵权，索赔多达 3 亿元。

2014 年，一款名为“今日头条”的互联网产品异军突起。据“今日头条”创始人介绍，根据用户浏览习惯、兴趣方向，通过一套独特的算法，获取用户感兴趣的分类，并向用户推送相关内容。然而，不久之后，多家传统媒体和门户网站认为，“今日头条”的模式侵犯了他们的知识产权。

6 月，国家版权局对“今日头条”立案调查，认定其确实存在构成侵犯著作权人信息网络传播权的行为。

3. 被滥用的“避风港原则”

由于“避风港原则”的滥用，使得网络保护知识产权实质上成为一纸空文。“避风港原则”是指在发生著作权侵权案件时，当网络服务提供商只提供空间服务，并不制作网页内容，如果网络服务提供商被告知侵权，则有删除的义务，否则就被视为侵权。如果侵权内容既不在网络服务提供商的服务器上存储，又没有被告知哪些内容应该删除，则网络服务提供商不承担侵权责任。在实际操作中，网络服务提供者会利用网络的虚拟性，通过注册小号上传内容，再提供相关链接，以此来规避侵权风险，这种情况在互联网使用中，非常普遍地存在。

技术原因是造成侵害知识产权又一大重点问题。现在侵权的技术手段不断更新升级，使有的侵权行为无法辨认，更有甚者，即使发现侵权，受害人也找不到罪魁祸首。一些新的技术、新的产品，在网络上有可能涉及侵害版权的问题，也使侵权过程变得特别简单，侵权违法的成本特别低，而且没有留有相应的端口和渠道来进行申诉，使得受害人没有办法通知删除。

4. 法律、道德、技术三管齐下，共治网络侵权

要治理网络知识产权侵权问题，加大立法力度是非常必要的。目前，我国法律的制定还是相对滞后的，赶不上侵权技术的快速发展。但也有学者指出，就网络侵权来看，法律对知识产权的保护算是最好的了，我国针对知识产权制定的法律是比较多的。如此情况下，仍然存在大量侵权行为的原因，是违法成本低而维权成本高。要抑制侵权行为，首先在法律上应该提高违法成本，加大惩罚力度，使得侵权人不敢去侵权。目前侵犯网络知识产权主要是追究民事责任，应该加大对刑事责任的追究。加大惩罚力度，能够更好地抑制侵权行为的发生。与此同时，技术上也要有相应考量。新技术开发者，或者是新产品应用者，一定要将侵害版权的东西考虑进去，不给别人留一个渠道，或者进行技术上的把控，从技术上做到不侵权。

但不是所有的问题法律都能解决，因此，在道德上也要注重提高道德素质。做中国好网民，不管是网民或网络技术提供者，还是网络协会，都要号召大家做一个好网民。我们在网络行为的过程中要尊重法律，尊重别人的合法权益。

首先是法律上堵住口，不敢侵权，第二就是技术上做好把控，不能侵权，最后达到没有人愿意去侵权，就是不愿侵权，这才是诚信社会应有的状态。只有三管齐下，才能真正保护网络知识产权。

8.9 本章小结

本章讲解了电子商务中有关的法律问题以及相关标准，相关法律问题包括知识产权保护相关法律问题、电子合同相关法律问题、电子商务中的税收相关法律问题、电子支付相关法律问题等。知识产权保护中主要介绍了专利权的法律保护、域名的法律保护、反对不正当竞争、著作权和网络著作权的法律保护；电子合同中主要介绍了电子合同的分类及其签订；电子支付相关法律问题中介绍了支付手段。最后也介绍了目前主要的几类标准，并在本章末尾附上一些相关法律条文以供参考。

思考题

1. 简述电子商务法律的主要特征及涉及内容。
2. 电子商务中的知识产权保护主要涉及内容及其要点。
3. 简述电子合同的主要类型。
4. 电子商务中的税收主要涉及什么法律问题？
5. 电子支付的主要手段有什么？特点是什么？
6. 电子商务从业人员职业道德准则有哪些？
7. 电子商务中的标准主要有哪些？

第9章

电子商务系统建设

电子商务要落实到实处，就离不开信息系统的支持，称为电子商务系统。电子商务系统是一个以电子数据处理、环球网络、数据交换和资金汇兑技术为基础，集订货、发货、运输、报送、保险、商检和银行结算为一体的综合商务信息处理系统。一个完整的电子商务系统的开发建设过程应遵循一定的方法与规律。本章将首先介绍电子商务信息系统的特点与框架结构，然后介绍电子商务系统的开发过程，重点介绍系统的规划、分析与建模的过程，以及在电子商务系统开发过程中可能会经常使用到的一些平台技术及其结构，如.NET 平台、J2EE 平台和中间件等。

本章学习目标：

(1) 电子商务信息系统的特点。

(2) 电子商务信息系统的框架。

(3) 电子商务信息系统的开发过程。

(4) 电子商务系统的规划。

(5) 电子商务系统的分析与建模。

(6) .NET 平台技术及结构。

(7) J2EE 平台技术及结构。

(8) 中间件的定义、功能和分类。

9.1 电子商务系统的特点与建设过程

9.1.1 电子商务信息系统的特点

电子商务(electronic commerce)是利用计算机技术、网络技术和远程通信技术,实现整个商务过程中的电子化、信息化和网络化。具体来说,即指进行电子商务交易的供需双方都是商家(或企业、公司),他们借助 Internet 的技术或各种商务网络平台,完成商务交易的过程;这些过程包括发布供求信息,订货及确认订货,支付过程及票据的签发、传送和接收,确定配送方案并监控配送过程等。

广义上讲,电子商务系统是指支持商务活动的电子技术手段的集合。狭义上讲,电子商务系统是一个以电子数据处理、环球网络、数据交换和资金汇兑技术为基础,集订货、发货、运输、报送、保险、商检和银行结算为一体的综合商务信息处理系统。

需要注意的是,电子商务系统的结构是由一系列电子商务标准和协议及信息系统两部分共同构成。显然,要建设电子商务,既要重视信息系统的建设,又要重视电子商务标准和协议的制定。

电子商务系统从网络上讲属于增值网,它可以与其他网络公用某一个物理网络,形成在其他网络基础上的附加增值系统,比如一般电子商务系统都可以建构在 Internet 上。然而企业要建设自己的电子商务信息系统,就必须在企业原有信息系统基础上按照电子商务的有关标准和协议进行重新规划,合理设置与原来系统的接口,以便做到能与其他企业共享相关的业务数据。

电子商务系统是针对商务领域中的业务发生过程和数据处理过程的,在一个以营销为中心的企业里,在进行信息系统的升级或者换代时,应该而且必须考虑电子商务的影响。比如考虑是否采用浏览器查询页面方式设计界面等。从这个意义上说,电子商务信息系统是信息系统发展的一个更高级阶段,企业信息系统由只考虑企业内部数据,以企业为中心向考虑企业外部数据,考虑整个供应链转变。

同其他信息系统一样,电子商务系统的生命周期仍然包括立项规划、分析、设计、开发、运行维护。

9.1.2 电子商务信息系统的环境

1. 外部社会环境

支持企业电子商务系统的外部环境包括电子化银行支付系统,认证中心(CA)的证书发行以及认证管理,供应链上其他厂商、消费者和政府部门等,如图 9-1 所示。

这种外部环境用计算机与网络来表现如图 9-2 所示。

2. 网络环境

网络环境是电子商务系统的底层基础。电子商务系统由 3 部分组成,分别为企业内部网(intranet)、企业外部网(extranet)和(internet)。以上 3 部分构成以企业的分布式计算为核心的信息系统的集合体。

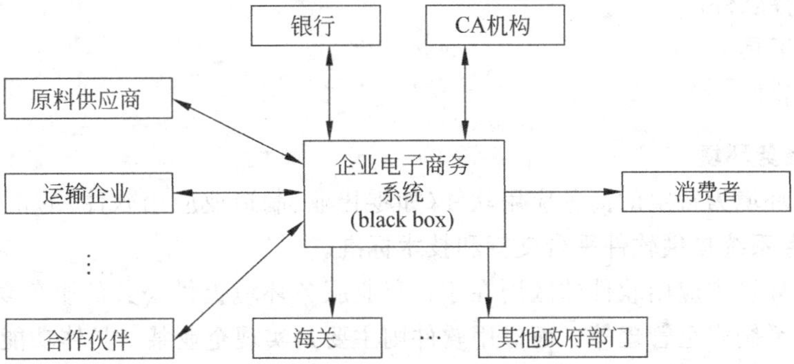

图 9-1　电子商务系统的外部环境

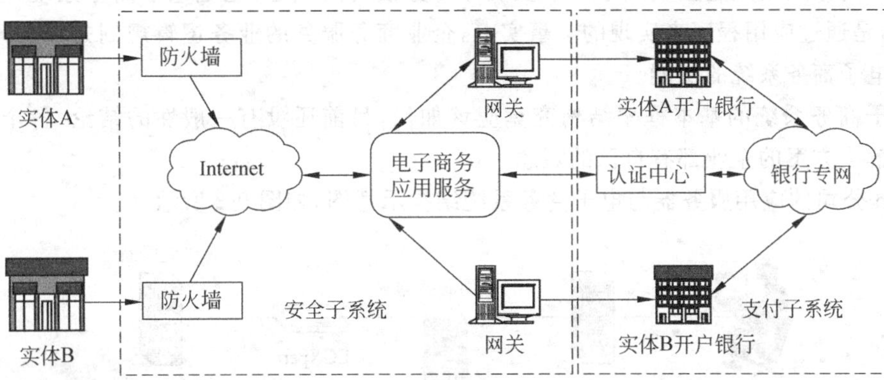

图 9-2　计算机与网络

企业内部网(intranet)是利用网络技术(包括 TCP/IP 协议以及其他协议等)构造的,面向企业内部的专用计算机网络系统。

企业外部网(extranet)与 intranet 相对应,侧重于企业电子商务的外部环境以及与合作伙伴或外协厂的信息交换关系。

电子商务以 intranet 为基础,实现企业内部工作流的电子化,在初步建成企业内部的信息系统之后,再进一步完善企业电子商务的外部环境,将企业的信息系统同合作伙伴或外协厂等联系起来,将 intranet 扩展到 extranet,完成企业与企业间的电子交换(包括 EDI),其后再通过 Internet 向消费者提供联机(online)服务。

3. 硬件环境

计算机主机和外部设备以及服务器等构成了电子商务的硬件环境，

4. 平台与软件环境

电子商务系统的系统平台对应于系统体系结构中的商务支持层和应用支持层。其内容一般包括：

(1) 操作系统。

(2) 数据库管理系统(DBMS)。

(3) 应用服务器。

(4) 中间件软件。

(5) 开发工具。

(6) 其他软件。

5. 商务服务环境

商务服务环境为特定的商务应用软件(如零售业、制造业应用软件)的正常运行提供保证,为电子商务系统提供软件平台支持和技术标准。

商务服务环境和应用软件的区别在于:商业服务环境提供公共的服务功能,如资金转账、订单传输、系统安全管理等。而应用软件则主要是实现企业某一具体功能。

6. 应用服务

电子商务应用是企业利用电子手段展开商务活动的核心,也是电子商务系统组成的核心部分,是通过应用程序来实现的。事实上,企业商务服务的业务逻辑规划是否合理,直接影响到电子商务系统的功能。

电子商务系统的基本框架结构究竟应该如何,目前还没有一般性的结论,各个从事电子商务解决方案的企业都有自己的观念。

Sun 公司的应用服务器与电子商务系统结构示意图,如图 9-3 所示。

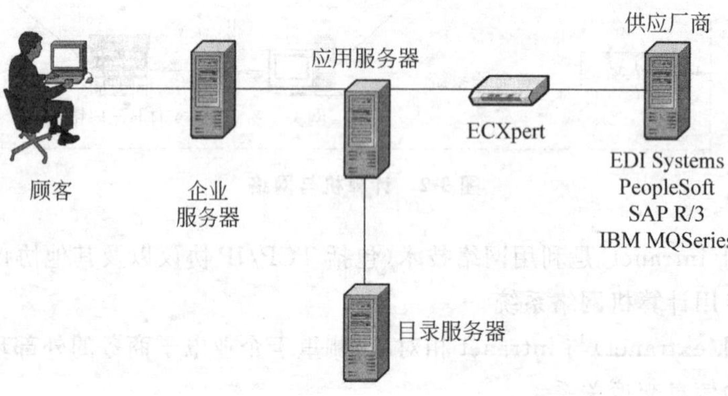

图 9-3 应用服务器与电子商务系统结构

图 9-4 为麦肯锡管理咨询公司提出的基于 CORBA/HTTP 的三层 C/S 体系结构。

企业可以参考各大公司的框架方案,根据自身的实际情况,规划适合自己的电子商务系统的框架结构。

泛化的电子商务即企业信息化。一个信息化成熟的企业内部应包含如图 9-5 所示的种种层次的信息管理。

其中:

作业层信息管理包括 CAD(计算机辅助设计)、CAM(计算机辅助制造)和 CAPP(计算机辅助工艺设计)。

经营层信息管理包括 MIS(管理信息系统)、MRPⅡ(制造资源计划)和 ERP(企业资源计划)。

决策层信息管理包括 DSS(决策支持系统)和 ES(专家系统)。

商务层信息管理包括 EDI、Internet、intranet、extranet。

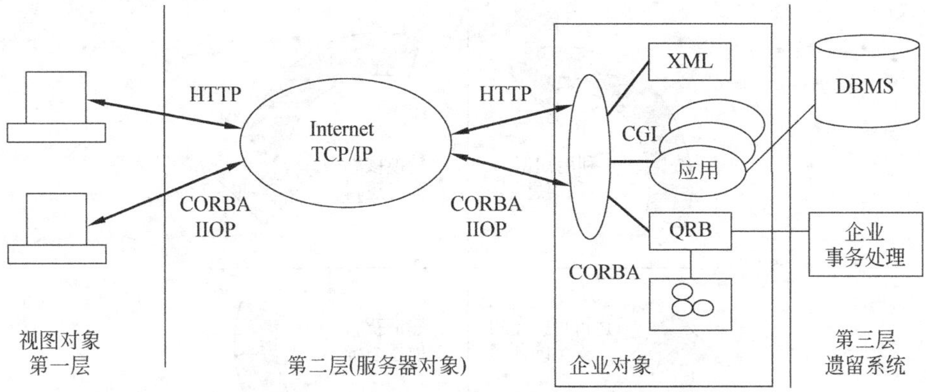

图 9-4　基于 CORBA/HTTP 的三层 C/S 体系结构

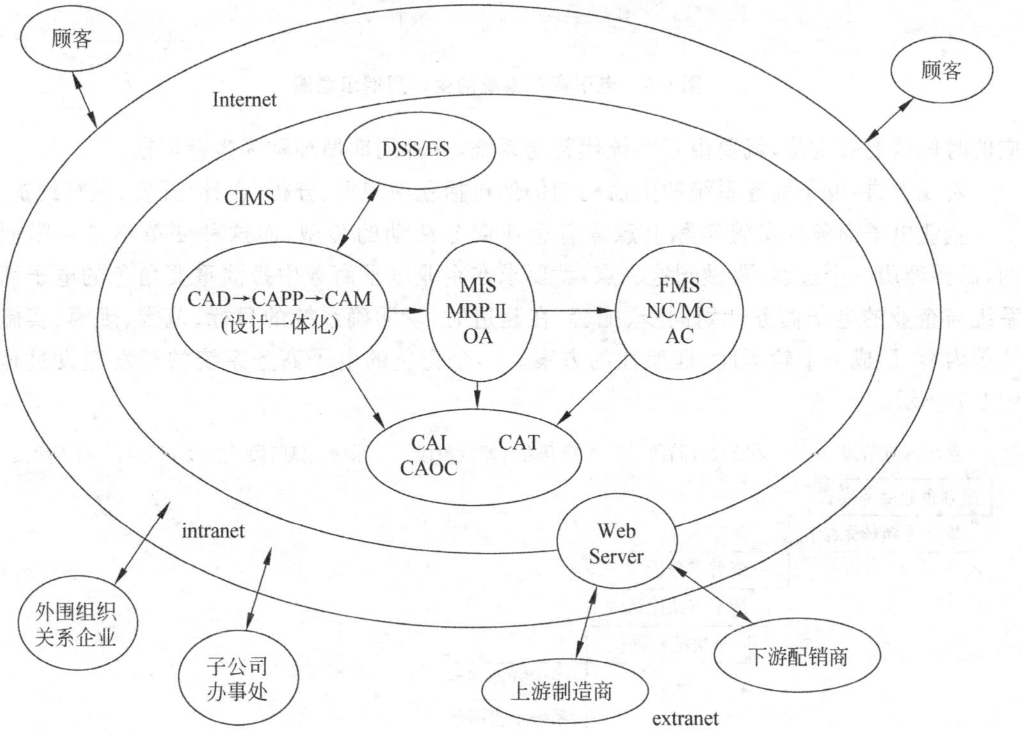

图 9-5　层次信息管理

9.1.3　电子商务信息系统的开发过程

电子商务的先驱,IBM 公司把电子商务系统的生命周期归纳为四个阶段:商务模型的转变、应用系统的构造、系统的运行和资源的利用,如图 9-6 所示。

其中,商务模型的转变阶段是转变企业核心商务逻辑的过程。

任何事物都有产生、发展、成熟、消亡或更新的过程,电子商务系统也不例外。任何一个电子商务系统在使用过程中随着其生存环境的变化,都需要不断维护、修改,当它不再适

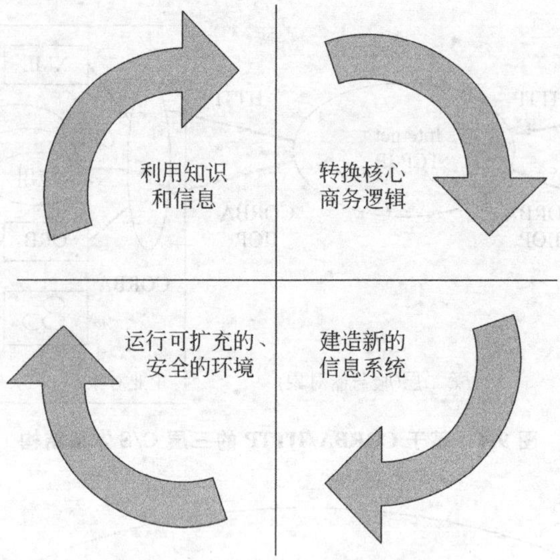

图 9-6　电子商务系统的生命周期示意图

应的时候就要被淘汰，就要由新系统代替老系统，这种周期循环称为生命周期。

宏观上讲，电子商务系统的生命周期仍然包括立项规划、分析、设计、开发、运行维护。

企业电子商务的实施实际上意味着企业商务活动的转型，而这种变革不是一蹴而就的，需要经历一个过程，要做到这一点，就要求在企业电子商务中扮演重要角色的电子商务系统与企业的电子商务计划同步、配套，在建造时，就明确系统的目标、范围、规模、实施方式等内容，形成一个轮廓性、框架性的方案。一个完整的电子商务系统的开发建设过程如图 9-7 所示。

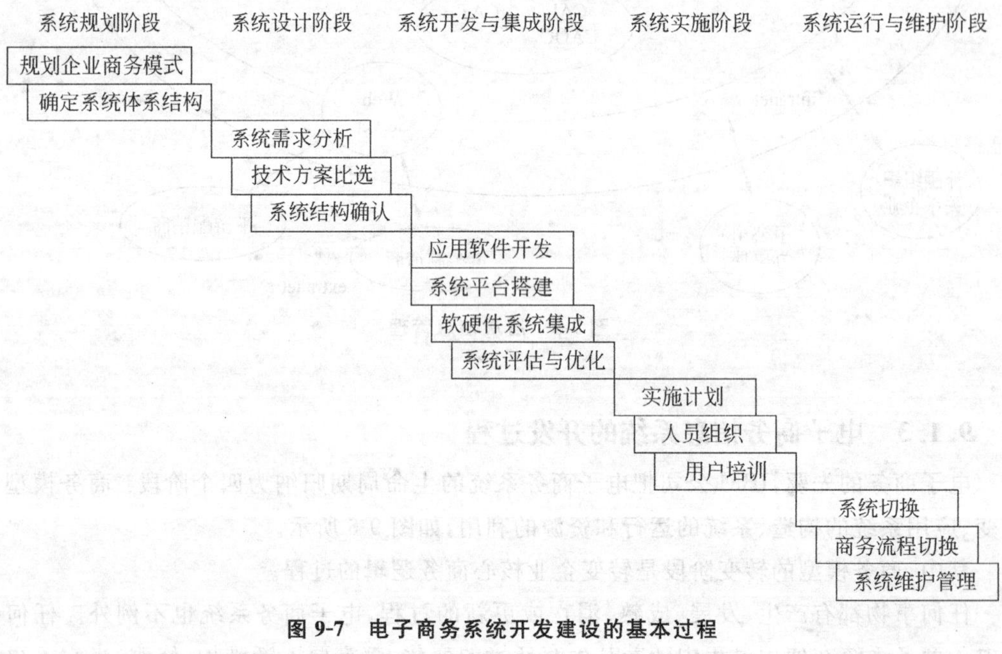

图 9-7　电子商务系统开发建设的基本过程

1. 系统规划阶段

系统规划阶段的任务是对企业的环境、目标、现行系统的状况进行初步调查，根据企业目标和发展战略，确定信息系统的发展战略，对建设新系统的需求做出分析和预测，同时考虑建设新系统所受的各种约束，研究建设新系统的必要性和可能性。根据需要和可能，给出拟建系统的备选方案。对这些方案进行可行性分析，写出可行性分析报告。可行性报告审议通过后，将新系统建设方案及实施计划编成系统设计任务书。

电子商务系统的规划阶段较之传统的信息系统更为重要，需要对企业商务模式进行规划设计。

企业电子商务的实施实际上意味着企业商务活动的转型，而这种变革不是一蹴而就的，需要经历一个过程，要做到这一点，就要求在企业电子商务中扮演重要角色的电子商务系统与企业的电子商务计划同步、配套，在建造时，就明确系统的目标、范围、规模、实施方式等内容，形成一个轮廓性、框架性的方案。

电子商务系统规划的作用是设计未来电子商务系统的蓝图。主要着眼点集中在如何为企业设计出一种新型的价值链，变革企业的商务流程，将企业与客户、合作伙伴紧密地连接在一起，使企业与合作伙伴能够共享知识，形成虚拟的共同市场。

电子商务系统规划，就是以完成企业核心业务转向电子商务为目标，给定未来企业的电子商务战略，设计支持未来这种转变的电子商务系统的体系结构，说明系统各个组成部分的结构及其组成，选择构造这一系统的技术方案，给出系统建设的实施步骤及时间安排，说明系统建设的人员组织，评估系统建设的开销和收益。

2. 系统设计阶段

电子商务系统分析就是在系统规划确定的原则和目标的指导下，结合电子商务系统的特点，对企业进行调查，全面了解企业的目标、组织结构、数据流程和业务处理过程，结合不同电子商务活动的基本需求，进而确定企业的详细需求定义(或者系统功能需求说明书)，为系统设计奠定基础。

电子商务系统分析与传统的信息系统分析相比，它们的目标是相同的，方法是类似的；但是系统分析的对象不尽相同，系统分析的任务也不相同。

所谓电子商务系统的设计是指根据系统规划的内容，界定系统的外部边界，说明系统的组成及其功能和相互关系，描述系统的处理流程，目标是给出未来系统的结构。具体包括系统总体结构设计、系统信息基础设施设计、支持平台的设计和应用系统设计。

电子商务系统分析设计阶段完成了系统逻辑结构的描述，使我们可以把握未来电子商务系统的系统组成、应用功能和运行的环境，为系统的实施奠定了基础。其后，建造电子商务系统的下一步工作目标完成系统的实施，将系统的逻辑模型，进一步转化为相应的物理系统，经过测试后投入实际运行。在电子商务系统建成后，必须对系统进行有效的管理与维护，使系统始终处于技术上可靠、安全、高效，内容上不断更新、与用户密切联系的系统。

3. 系统开发与集成阶段

根据系统设计，完成系统应用软件的编码调试，进行电子商务系统和系统既有信息资源的集成、以及软硬件的集成。

电子商务系统的开发与集成的任务主要是完成电子商务应用软件的编码与调试。此外,电子商务系统一般是以企业已有的信息资源(例如企业既有数据库、企业信息系统等)为基础的,所以还可能有一部分工作是完成电子商务系统与企业已有信息资源的集成。

4. 系统实施阶段

系统实施阶段是将设计的系统付诸实施的阶段。这一阶段的任务包括程序的编写和调试,人员培训,数据文件转换,计算机等设备的购置、安装和调试,系统调试与转换等。这个阶段的特点是几个互相联系、互相制约的任务同时展开,必须精心安排、合理组织。

系统实施的任务是进行系统的投产前的必要准备(如软硬件安装、调试、系统域名申请、人员培训等),完成系统的投产运行和推广。

系统实施是按实施计划分阶段完成的,每个阶段应写出实施进度报告。系统测试之后写出系统测试分析报告。

实施与发布的主要工作包括:

(1) 实施组织机构的建立。

(2) 制订实施计划。

(3) 完成实施准备。

实施准备工作是实施计划落实的重要步骤,其内容主要包括:

① 电子商务系统的域名申请与注册。

② 系统运行环境准备。

③ 人员培训。

④ 数据准备。

(4) 试运行和上线切换。

① 系统试运行初始化。

② 系统试运行。

③ 制定系统上线切换计划和应急措施。

④ 实施上线切换。

(5) 系统发布。

5. 系统运行与维护阶段

系统投入运行后,需要经常进行维护和评价,记录系统运行的情况,根据一定的规格对系统进行必要的修改,评价系统的工作质量和经济效益。对于不能修改或难以修改的问题记录在案,定期整理成新需求建议书,为下一周期的系统规划做准备。

系统运行与维护的目的是监测系统运行状态,对系统的资源进行管理。系统的运行指的是系统的业务过程以及应用程序的逐日的、逐周的、逐月的和逐年的执行。任何一个系统都不可能是完美的,因此日常的执行过程中难免会发生种种错误,或者平时为了尽量避免错误发生而造成损失,此时就需要对系统进行维护和处理。

系统运行维护的作用有:

(1) 促使电子商务系统信息的有序化。

(2) 使电子商务系统信息的安全性得到提高。

(3) 将使企业系统的信息更丰富、内容多样化。

(4) 可以提高管理人员的工作效率。

系统运行维护的内容包括：

(1)应用软件维护。

① 纠错性维护。

② 适应性维护。

③ 完善性维护。完善性维护一般发生在企业提出了新的需求，或者要求既有应用软件增加功能时，这时需要在原来的基础上，增加一定的代码满足用户的要求。

(2) 数据维护。数据维护是指对系统的文件、网页，以及支持企业与客户之间数据信息往来的文件传输系统和电子邮件系统的维护。

(3) 系统运行维护。系统运行维护主要包括对系统运行平台的管理(性能配置管理、系统日志管理等)、系统统计管理和聊天室管理等。

(4) 安全维护管理。如今系统安全的重要性正日益被人们意识到，系统的安全不止包括物理硬件上的安全，还包括数据上的安全等。

9.2　电子商务系统的规划

9.2.1　系统规划的内容

从系统的生命周期可知，开发一个电子商务系统，首先第一步要做的便是制定系统的发展规划。电子商务系统的规划阶段较之传统的信息系统更为重要，需要对企业商务模式进行规划设计。一是因为电子商务系统的发展规划是企业战略规划的重要组成部分，由于电子商务系统可以为企业制定或调整企业战略规划提供各种必要的信息支持，因此，应用系统的发展规划应当与企业战略规划有机地配合，所以，电子商务系统的发展战略应与整个企业的发展战略保持一致。二是因为信息技术发展非常迅速，开发电子商务系统受各方面因素的影响，风险很大，若没有做好规划，有可能在开发或实施过程中失败，也有可能因为技术选型不当，成为落后或不受支持的系统。

信息是企业的重要资源，应当被全企业共享，只有经过规划和开发的信息资源才能发挥作用。由于企业或组织内外的信息资源很多，其内外之间都有大量的信息需要交换和共享，如何收集、存储、加工和利用这些信息以满足各种不同层次的需要，这显然不是分散的、局部的考虑所能解决的问题，必须有来自高层的、统一的、全局的规划，将这些信息提取并设计出来，才能实现信息的共享。

电子商务系统规划的作用是设计未来电子商务系统的蓝图。主要着眼点集中在如何为企业设计出一种新型的价值链，变革企业的商务流程，将企业与客户、合作伙伴紧密地连接在一起，使企业与合作伙伴能够共享知识，形成虚拟的共同市场。

电子商务系统规划，就是以完成企业核心业务转向电子商务为目标，给定未来企业的电子商务战略，设计支持未来这种转变的电子商务系统的体系结构，说明系统各个组成部分的结构及其组成，选择构造这一系统的技术方案，给出系统建设的实施步骤及时间安排，说明系统建设的人员组织，评估系统建设的开销和收益。

电子商务系统的总体规划需要解决以下 3 个方面的内容。

1. 系统的总目标和发展战略

进行系统规划，应根据企业的战略目标和内外约束条件（比如地域因素、行业因素等），确定系统的总目标和总体结构。系统的总目标规定系统的发展方向，发展战略则提出具体的步骤和每步应达到的子目标，同时还应给出衡量具体工作完成的标准。

2. 了解企业电子商务系统以及管理状况

现有系统的状况，包括软件设备、硬件设备、人员、各项费用、开发项目的进展及应用系统的情况，应充分了解和评价。同时，对于企业当前的组织结构、业务流程、企业文化、管理制度等情况进行一些分析。这些信息都是制定总体规划的基础。

3. 对相关信息技术的预测

电子商务系统战略规划必然受到信息技术发展的影响。因此，对规划中涉及的软、硬件技术和方法论的发展变化及其对应用系统的影响做出预测，有条件的还应进行评估，以提高技术选型和产品选型的正确性。

9.2.2 系统规划的方法

用于系统规划的方法很多，这里主要介绍关键成功因素法（Critical Success Factors，CSF）、战略目标集转化法（Strategy Set Transformation，SST）和企业系统规划法（Business System Planning，BSP），这是用得最多的三种方法。其他还有企业信息分析与集成技术（BIAIT）、产出/方法分析（E/MA）、投资回收法（ROI）、征费法、零线预算法、阶石法等。

1. 关键成功因素法

它包含以下 4 个步骤：

(1) 了解企业目标。

(2) 识别关键成功因素。

(3) 识别性能的指标和标准。

(4) 识别测量性能的数据。

关键成功因素法源自企业目标，通过目标分解和识别、关键成功因素识别、性能指标识别，一直到产生数据字典。这好像建立了一个数据库，一直细化到数据字典，因而有人又把这种方法用于数据库的分析与建立。关键成功因素就是要识别联系与系统目标的主要数据类及其关系，识别关键成功因素所用的工具是树枝因果图。

关键成功因素法在高层应用一般效果好，因为每一个高层领导人员日常总是在考虑什么是关键因素。对中层领导来说一般不大适合，因为中层领导所面临的决策大多数是结构化的，其自由度较小，对他们最好应用其他方法。

2. 战略目标集转化法

这种方法把企业的战略目标看成是一个“信息集合”，由使命、目标、战略和其他战略变量（如管理的复杂性、改革习惯以及重要的环境约束）等组成。应用系统的战略规划过程是把组织的战略目标转变为应用系统战略目标的过程。

这个方法的第一步是识别企业的战略集，先考察一下该企业是否有写成文的战略或长期计划，如果没有，就要去构造这种战略集合。可以采用以下步骤：

(1) 描绘出企业各类人员结构，如卖主、经理、雇员、供应商、顾客、贷款人、政府代理人、地区社团及竞争者等。

(2) 识别每类人员的目标。

(3) 对于每类人员识别其使命及战略。

当企业战略初步识别后，应立即送交企业有关领导审阅和修改。

第二步是将组织战略集转化成电子商务应用系统战略。应用系统战略应包括系统目标、系统约束以及开发策略和设计原则等。这个转化的过程包括对企业战略集的每个元素识别对应的应用系统约束，然后提出整个应用系统的结构。

3. 企业系统规划法

企业系统规划法是通过全面调查，分析企业信息需求，制定应用系统总体方案的一种方法。它有 4 个基本步骤：

(1) 确定各级管理的统一目标，各个部门的目标要服从总体目标。通过对企业管理目标的定义，才能界定应用系统的目标。

(2) 识别企业过程。这是 BSP 方法的核心。企业过程定义为逻辑上相关的一组决策和活动的集合。识别企业过程可对企业如何完成其目标有深刻的了解，并且有助于定义系统的功能和信息的流程。识别企业过程的步骤是：画过程流程图→写每一过程说明→过程分组→为过程组写说明→过程与组织相关→识别关键过程→修改、确认过程。

(3) 定义数据类。在识别企业过程的基础上，分析每一个过程利用什么数据，产生什么数据，或者说每一过程的输入和输出数据是什么。将所有的数据分成若干大类。

在这一步骤中重点是分析数据实体及其相互之间的联系，按照各层管理人员和业务人员的管理经验和一些形式化方法，对数据实体进行聚集分析，将联系密切的实体划分在一起，形成一些实体组，即数据类。这些实体组内部的数据实体之间联系密切，而与外部实体联系很少，它们是划分数据类的依据，进而在数据类的基础上建立起主题数据库模型，为企业的不同管理需求提供必要的、稳定的、共享的总体数据模型。

(4) 定义信息结构。定义信息结构也就是划分子系统，确定应用系统各个部分及其相关数据之间的关系。BSP 方法是根据信息的产生和使用来划分子系统的，它尽量把信息产生的企业过程和使用的企业过程划分在一个子系统中，从而减少了子系统之间的信息交换。

具体的做法是用 U 表示使用(use)，C 表示产生(create)。这个图的最左列是第二步识别出的企业过程，最上一行是第三步归纳出的数据类。如果某过程产生某数据，就在某行某列矩阵元中写 C；如果某过程使用某数据，则在其对应矩阵元中写 U。开始时数据类和过程是随机排列的，U、C 字母在矩阵中排列也是分散的。我们调整过程和数据类的顺序，尽量使 C 和 U 字母集中到对角线上排列，然后把字母 U 和 C 比较集中的区域用粗线条框起来，这样形成的框就是一个个子系统。在粗框外的 U 表示一个系统使用另一个子系统的数据。这样就完成了子系统划分，并确定了信息结构。划分好子系统后，应对这个子系统内容进行分析和说明，并把它们写成文档。

前面讲到了 3 种系统规划的方法，下面对它们进行比较。CSF(关键成功因素法)能抓住主要矛盾，使目标的识别突出重点。由于经理们比较熟悉这种方法，用这种方法所确定的目标，经理们乐于努力去实现。该方法最有利于确定企业的管理目标。

SST(战略目标转化集法)从另一个角度识别管理目标，它反映了各种人的要求，而且给除了按这种要求的分层，然后转化为应用系统目标的结构化方法。它能保证目标比较全面，疏漏较少，但它在突出重点上不如前者。

BSP(企业系统计划法)虽然也首先强调目标，但它没有明显的目标导引过程。它通过识别企业"过程"引出了系统目标，企业目标到系统目标的转换时通过企业过程/数据类等矩阵的分析得到的。由于数据类也是在企业过程基础上归纳出的，所以说识别企业过程是 BSP 战略规划的中心，决不能把 BSP 方法的中心内容当成 U/C 矩阵。

这 3 种方法也可能综合起来，把它叫做 CSB 方法(即 CSF、SST 和 BSP 结合)。这种方法先用 CSF 方法确定企业目标，然后用 SST 方法补充完善企业目标，并将这些目标转化为应用系统目标，用 BSP 方法校核两个目标，并确定应用系统结构，这样就补充了单个方法的不足。当然这也使得整个方法过于复杂，而削弱了单个方法的灵活性。可以说迄今为止电子商务应用系统总体规划没有一个十全十美的办法。由于总规划本身的非结构性，可能永远也找不到一个唯一解。进行任何一个系统的规划均不应照搬以上方法，而应具体情况具体分析，选择以上方法可取的思想，灵活运用。

在总体规划中一定要强调数据位于系统的中心观念，即"数据中心"原理或"数据稳定性"原理。所谓"数据中心"原理是指，只要企业的性质和目标不变，它的数据类就是稳定的，任何经营管理活动都离不开对这些数据的存取。应用系统的开发应该面向数据类，而不应该面向处理过程，因为处理过程是多变的。尽管通过识别过程可以得到很多数据项，但开发新的应用系统时一定要明确数据模型是稳定的而处理是多变的基本原理和前提，在此基础上，尽量识别出企业的元数据和数据类。这样，电子商务应用系统就有较强的适应性。

9.3 电子商务系统的可行性分析

在对电子商务应用系统的总体规划之后，就要根据开发的先后顺序，确定近期需开发的系统。此时就要仔细分析该应用系统是否可行，对目标系统进行可行性分析。

对应用系统进行可行性分析，要与用户紧密联系，从系统特性和用户目标出发，列出对系统的需求，再进一步从运行、技术、经济等方面研究其可能性，最后提交一份可行性研究报告。

9.3.1 需求分析

为了进行可行性研究，首先要对电子商务应用系统的需求进行分析。要确定对目标系统的综合要求，并提出这些需求的实现条件，以及需求应达到的标准，也就是解决要求所开发的电子商务应用系统做什么，做到什么程度。这些需求包括以下 8 个方面。

1. 功能需求

列举出所开发应用系统在功能上应做什么,这是最主要的需求。

2. 性能需求

给出所开发系统的技术性能指标,包括存储容量限制、运行时间限制、传输速度要求、安全保密等。

3. 资源和环境需求

这是对系统运行时所处环境和资源的要求。

4. 可靠性需求

电子商务应用系统在运行时,各子系统失效的影响各不相同。在需求分析时,应对所开发软件在投入运行后不发生故障的概率,按实际的运行环境提出要求。对于那些重要的子系统,或是运行失效会造成严重后果的模块,应当提出较高的可靠性要求,以期在开发的过程中采取必要的措施,使应用系统能够高度可靠地稳定运行,避免因运行事故而带来的损失。

5. 安全保密需求

工作在不同环境的应用系统对其安全、保密的要求显然是不同的。应当把这方面的需求恰当地做出规定,以便对所开发的应用系统符合特殊的实际,使其在运行中安全保密方面的性能得到必要的保证。

6. 用户界面需求

应用系统与用户界面的友好性是用户能够方便、有效、愉快地使用该系统的关键之一。从市场角度来看,具有友好用户界面的系统有很强的竞争力。因此,必须在需求分析时,为用户界面细致地规定达到的要求。

7. 成本消耗与开发进度需求

对电子商务应用系统项目开发的进度和各步骤的费用提出要求,作为开发管理的依据。

8. 预先估计的可扩展性需求

在开发过程中,可对系统将来可能的扩充与修改做准备。一旦需要,就比较容易进行补充和修改。

功能性需求是人们普遍关注的,但常常忽视对非功能性需求的分析。其实非功能性需求并不是无关紧要的,它们的主要特点是涉及的方面多而广,因而容易被忽略。任何一个系统的非功能性需求都要根据系统目标和工作环境来确定。系统的非功能性需要主要有性能、可靠性、安全/保密性、运行限制、适应性和项目管理限制等。

需求分析的第二步工作是逐步细化所有的系统功能,找出系统各元素之间的联系、接口特性和设计上的限制,分析它们是否满足功能要求,是否合理。常用的分析方法有面向数据流的结构化分析方法(SA)、面向数据结构的 Jackson 方法(JSD)、面向对象的分析方法(OOA)等,以及用于建立动态模型的状态迁移图或 Petri 网等。

为了明确上述的应用系统需求，一般可以从以下 3 方面考虑。

(1) 从含糊的要求中抽象出对信息和信息处理的要求。初始要求中，常常是把对人员、制度、物资设备的要求和对信息的要求混在一起提出来。在考虑电子商务应用系统的时候，应先把其他内容去掉，只留下对信息的要求。如果有的要求中既有对信息的要求，又有对其他方面的要求，则应该用抽象的语言把信息要求表达出来。

(2) 对各种要求确定定量的标准。对于速度、时间等数量指标，必须经过调查研究确定具体的定量标准；对于质量等定性指标，也应该制定能够检查的比较具体的指标，例如，能够输出汉字等。

(3) 对于罗列出来的各种问题及要求，应认真分析它们之间的相互关系，根据实际情况抓住其中的实质需求。一般来说，这些罗列出来的问题之间有 3 种关系。第一种是因果关系，某一问题是另一问题的原因，只要前者解决了，后者就自然解决了，对于这类问题，说明目标时，只要抓住原因就行了，结果不必再提。第二种是主次关系，若干问题都需要解决，然而在实际工作中，绝对平行的事情是没有的，在一定的条件下，总有一方面是当时的主要矛盾，要根据实际情况，切实抓住使用者目前最急需解决的问题，作为主要目标。第三种是权衡关系，某两项需求在实际工作中是矛盾的，此长彼消，此消彼长。这时使用者心目中往往有一个方面是关心的，而另一个方面则成为一种制约条件，要求保持在一定的可接受的范围之内。哪一方面是主要的，在权衡中，双方可以接受的最低标准是什么，这都需要明确。当然，要从以上 3 方面进行调查研究。

显然，这些工作的基础在于对系统特点与具体情况的了解。然而，在项目尚未真正开始时，是不可能组织大量的人力、物力进行调查和收集资料的。因此，从事需求分析的人员需要充分利用已有的经验进行类比与估算，这正是需求分析的主要困难之处。

9.3.2 信息收集的方法

电子商务应用系统的需求调查过程是各类原始素材的收集过程，相应的信息收集方法大致有以下几种。

1. 查阅书面资料

尽可能地对所有数据载体(各类表格、记录、报告、手册等)以及岗位责任制、职责范围、规程手册、业务书籍等进行收集，掌握它们的来龙去脉、涉及范围。特别值得注意的是规程手册和与该企业有关的相关业务书籍。通过仔细阅读，掌握该企业的基本业务术语和主要业务流程，以减少有关术语的歧义性，增加需求分析的准确度。

2. 实地观察

实地观察又叫做直接观察法。实地观察的一个目的就是尽可能接近事件发生地，去研究真是系统。作为观察者要遵循一定的规则，在观察时尽可能多听、少说或不说；特别要注意那些一闪即逝的有用的信息。观察内容包括现有系统的实际布局、人员的安排、各项活动及工作情况。通过实地观察，可以增加系统开发人员的感性认识，有助于加快对业务流程与活动的理解。

3. 调查表

调查表是一种具有特殊目的的文档，调研人员可以从它那里收集信息和观点。调查表方式的优点在于比较省时间，执行起来需要较少的技巧，问卷者有时间思考、计算、查阅资料，提供的信息更准确，能够从大量的人中收集数据，允许匿名填写，答案可以快速地表格化和分析等。缺点是回收率可能比较低，很多人难于清楚地表达自己的观点，尤其是回答发挥式问题时，许多人不愿动笔。此外，设计一个好的调查表往往不容易。

4. 面谈

面谈是一种调查研究技术，调研人员借此从个人那里通过面对面的交互收集信息。一般认为个人面谈是最重要和最常用的调查研究技术。面谈可以用来实现如下目标：发现事实、验证事实、澄清事实、激发热情、让最终用户参与、确定需求以及征求想法和观点。这种方法的成功与否主要依赖于调研人员的提问水平。

面谈中需要注意以下几点：

(1) 事先安排好时间、地点、面谈人员、顺序，保证清静的环境，而不易被打断。

(2) 最好准备一个面谈提纲或问卷。从系统目标出发，加上主观判断，规定调查的思路。不应该带着主观偏见去收集信息，但如果没有主观上规定数据的范围，而是以相同的权重看待所有信息，则只可能眉毛胡子一把抓，丢失重点。在面谈开始时应该首先交代清楚面谈的目的和内容，然后作为聆听者而非答辩者来展开具体的谈话，面谈时既要把握重点，又要注意提纲尚未出现但很可能很重要的信息。

(3) 提的问题应该明确简洁，尽量使用清楚精确的语言。注意提问的方式与问题的提出顺序。

(4) 认真聆听，避免争论。

(5) 建立友好的关系与气氛。

(6) 对采访纪要进行整理，并经受访者确认签字。

5. 业务专题报告

对于某些需要电子商务应用系统特别支持的业务需求或比较复杂的业务需求，最好能请有关人员为应用系统调研人员作专题报告。专题报告由报告人认真准备，故系统性、逻辑性、完整性、准确性都较强，极好地提高了调研效率。

采用上述 5 种主要的方法收集信息后，应当将其记录下来，作为可行性分析报告的一部分，并且记录应当尽量完整、明确、可验证等。对企业信息的收集是新应用系统可行性研究阶段和系统分析阶段所必须进行的工作内容，无论是可行性研究阶段还是系统分析阶段均可采用上述方法，但是调查的程度有所不同：可行性研究阶段的调查不必非常详细，而系统分析阶段的调查则越详细越好。

9.3.3　可行性研究

在应用系统的目标需求已经确定，对系统的基本又有所了解的情况下，系统分析人员就可以进行可行性分析。

可行性分析就是根据系统的环境、资源等条件，判断新系统的建设项目是否有必要、有可能开始进行。做出这个决定的前提是明确和量化了目标，没有明确的定量检查目标，便无法进行可行性分析。

可行性包括以下4个方面。

1. 运行可行性

运行可行性是对方案在组织中的合适程度的度量,也是人们对该系统的感觉的度量。运行可行性的以下两个方面需要被考虑:

(1) 问题是否值得解决。或者问题的解决方案能工作吗?

(2) 用户和管理人员对问题或问题的解决方案感觉如何?

不仅要评价一个系统是否能够满足功能性和非功能性需求,而且还要评价它是否受到管理层、最终用户等的支持,因为一个可以工作的方案仍可能由于最终用户和管理层的抵制而落选。

2. 技术可行性

这就是分析所提出的要求在现有技术水平下是否有可能实现。这里所说的现有水平,是指社会上已经比较普遍地使用的技术,不应该把尚在实验室里的新技术作为讨论的依据。

技术可行性主要涉及3个问题:建议的技术或方案在现有技术水平下是否可以实现?企业目前拥有所需的技术吗?企业拥有所需的技术专家吗?

3. 经济可行性

从经济上考虑,包括对项目所需费用的预算和对项目效益的估算。这是非常重要的,如果忽略了,就会造成巨大的损失。在估算的过程中常常把费用估计低了而把收益估计高了,这是因为人们在考虑问题的时经常忽略一些重要的因素。比如人们在考虑费用的时候,常常是:

(1) 只考虑了计算机的费用,而低估了外围设备的费用。

(2) 只考虑了硬件的费用,而低估了软件的费用。

(3) 只考虑了研制系统时所需要的一次性投资,而忘记或低估了日常运行的维持性费用(如备件、软盘、打印纸等各种耗材)。

(4) 只考虑了设备材料等物资的费用,而忘记或低估了人员技术培训的费用。

所有这些都使人们低估了改善应用系统的费用。另一方面,对于项目的收益,人们往往把引入应用系统后所增加的信息处理能力,与实际发展出来的效益混为一谈。必须明确,当引进计算机或其他新技术的时候,只是使应用系统在某一环节增加了处理能力。

4. 社会环境可行性

要考虑各种社会因素,才能确定项目是否可行。由于电子商务应用系统是在社会环境中工作的,除了技术和经济等因素之外,还有许多社会因素对于项目的开展起着制约的作用。与项目有直接关系的人、处于变动中的企业的管理制度、工作人员的文化水平等都必须作为社会和人的因素考虑在内。

总之需要从上述四个方面来判断项目是否具备开始进行的各种必要条件,这就是可行性分析。在可行性研究之后,应该把分析结果用可行性报告的形式编写出来,形成正式的工作文件。这个报告非常必要,因为把项目的目标用我们的语言表达出来,并按照我们的理解把它明确化、定量化,列出优选顺序并进行权衡考虑,这些时候符合使用者的原意,有没有偏离使用者的目标，都还没有得到验证。虽然我们尽力去体会使用者的意图，但是，由于工作背景和职业的差别，仍然难免发生一些误解和疏漏。因此，与使用者交流，请他们审核可行性分析报告也是非常必要的。

可行性报告的结果不一定可行，也有可能是得出在目前条件下不可行的结论，这是完全正常的。如果限定必须证明可行，那么可行性分析就没有意义了。判断不可行性比判断可行性的收获还大，因为这就避免了巨大的浪费。另外，可行性分析的结果也有可能是要求做一些局部的修改。

对可行性报告的讨论是研制过程中的关键步骤，必须在项目的目标和可行性问题上和领导及管理人员取得一致的认识，才能正式开始项目的详细调查研究。为了做好这一次讨论，在条件可许的情况下，可以请一些外单位的参加过类似系统研制的专家来讨论。他们的经验以及他们局外人的立场都有利于对于项目目标和可行性做出更准确的表达、判断与论证。可行性报告通过之后，项目就进入了实质性的阶段。

9.4 电子商务解决方案

9.4.1 电子商务解决方案的内容

电子商务解决方案经常被误解为仅仅是建立一个网上店面，通过 Internet 来进行商品和服务的买卖。实际上，商务解决方案远不仅仅是一些在网上的交易和资金的转账。它定义了新的商务的形式，而为这种商务形式服务的后台企业信息系统，更是电子商务解决方案的重头戏。除了提供买卖服务外，商务解决方案还能够提供一整套服务，该服务系统是建立在一个组织的数字神经系统内部的，所以，电子商务解决方案能够支持企业全部业务过程和提供完整的管理手段。因此，电子商务解决方案所提供的内容不仅仅是技术方面的，而应该涉及为业务服务的企业管理等各个方面。

一个基本的企业电子商务的架构应该包括3部分，即电子商务的基础框架、电子商务解决方案的应用服务和电子商务解决方案的咨询服务。

1. 电子商务解决方案的基础框架

从技术上来说，电子商务实质上是企业内、企业间的充分信息化。因此，电子商务解决方案的基础框架也就是企业为商务、运作服务的全部基础信息系统，是企业内部的电子商务。在这样的基础架构中，OA、ERP 等系统也和设备、网络一样，成为基础设施的必要组成部分。没有这些系统作基础，电子商务解决方案就成了空中楼阁。

完整的电子商务解决方案框架应该包括以下一些基本的服务：

(1) 硬件及网络设备服务。包括员工的办公用机、网络建设、网络接入等硬件基础设施的服务。

(2) 操作系统服务。提供目录、用户管理、安全性管理和通信服务。

(3) 数据存储服务。提供高效的数据存储服务，保证基础性的数据逻辑定义、商务规则和一致性、完整性要求，以及与原有系统数据的集成；提供与数据存储相关的用户管理、信息交流和发布服务。

(4) 开发环境服务。提供开发组件、开发测试环境和其他开发企业数据库等必需的工具，以及提供开发周期内的技术支持。

(5) 内部应用服务。提供内部业务流程控制、基本业务操作和运作服务，以及相关的系统管理与通信工具。

(6) 内部管理服务。提供内部管理事务的信息化以及与业务之间的集成服务，以及相关的系统管理与通信工具。

(7) Web服务。提供上述所有功能在Web上的实现，为内部用户提供统一用户端工具和界面，同时实现相应的Web管理。

电子商务解决方案的基础框架应该具有下面一些特性：

(1) 集成能力。通过一个共同的接口为各类新旧应用提供联入系统的途径，并保持系统本身的一致性不受破坏。

(2) 可扩展性。可随时根据企业业务扩展进行系统的升级和改造，以更好地为业务服务。

(3) 分布性。能够为地理上分散的企业提供整体性的服务，使企业在逻辑上始终保持一体，为做好电子商务的外部应用打下良好基础。

(4) 安全通信。实现企业内部用户之间的快速、有效、可靠的通信。

2. 电子商务解决方案的应用服务

在前面坚实的基础之上，电子商务要依靠应用服务才能真正发挥效能。这一部分是指企业对外的供应链服务和客户关系服务，主要内容包括以下几个方面：

(1) 营销。产品和服务的对外宣传。

(2) 采购。根据客户需求而进行的与供应商之间的贸易过程。

(3) 交易过程。交易过程中涉及的全部商务手续和处理。

(4) 支付。交易过程涉及的全部资金手续。

(5) 库存管理。合理的库存进出管理系统，尽可能大幅度地降低库存成本，而又不影响对客户需求的满足，需要一定的智能化决策工具。

(6) 物流管理。准确及时的物流配送系统。

(7) 售前售后服务。售前的宣传和售后为客户提供的服务，扩大销售规模。

(8) 客户关系管理。CRM系统中涉及的客户资料的收集、分析，客户信用管理、风险控制等。

所有这些内容在电子商务解决方案中不仅要体现出来，而且相互之间必须具备一定的集成性，尤其是要和企业内部信息系统合理的整合，否则，电子商务系统就失去了它的真正意义。在设计电子商务解决方案的应用部分时，存在两个关键问题，要特别引起企业的注意：

(1) 这些应用中多数系统都和外部系统存在很大相关性，比如交易系统需要与银行系统的集成、商务中的报关等问题需要与海关之间进行协调，这些在实施时可能会受到外部环境的限制，但从长远来说，这些问题总会解决的，企业在选择解决方案时，不能因为外部环境不具备条件，就放弃这些应用的考虑。至少要为这些应用未来的开展而预留好接口，并在内部为这些系统准备好应用环境和相应数据。相信银行、海关等部门的电子商务解决方案会很快全面实施起来的。

(2) 电子商务解决方案中的应用部分，并不是一个技术问题，也不是业务问题，这些问题都在前面所说的框架中早已解决掉了，而真正影响企业电子商务运作的主要是如何在新技术提供的新环境下营销的问题。企业原有的营销方式如何通过技术有效地表现出来，或者表现得更好，更有吸引力，如何让老客户喜欢企业的新营销渠道，如何让新客户在竞争对手的电子商务环境中选择你。充分利用CRM系统提供的大量数据、资料，更有力、更个性化地为客户服务是拉住老客户的重要手段；通过多元化的技术将产品服务的优势体现出来，是吸引新客户的最佳手段。换句话说，要让后台设计的信息系统所做的一切，在客户面前体现出来，让所有的产品、服务等一切与营销相关的信息通过电子商务解决方案内一系列系统地处理之后，能够真正增值。事实上，这一部分内容应该说是应用方案中最令人头疼的地方，也是企业在设计方案时急需咨询专家帮助的地方。

3. 电子商务解决方案的咨询服务

相对于看得见的基础设施和应用程序，企业可能会忽略显得很虚的服务。但是，在电子商务的成功中，全方位的规划咨询和持续的服务，其重要性是无与伦比的。从前的管理是集中在替客户管理内部的一些设备、流程和系统，而现在管理方面要为用户管理一个不间断运行的电子商务环境。此外，除了提供一个全方位的电子商务方案外，还有一块服务也是很重要的，就是电子商务的咨询服务。现在企业需要的是一个完整的战略，而不是其中的某一部分。因为在实施了电子商务后，企业里每一个方面都是有关联的，即使搞好了一个环节，而没有其他环节的配合，整个项目可能也是失败的。电子商务已经不再是一个单纯的技术，也不是影响企业的某一块业务。它会在一个新的架构里，引起一个革命性的变化，当然也可能是一场破坏性的变化，这完全取决于企业的电子商务策略是否正确。整个决策的失误，会导致这个企业的原来传统业务全部毁坏。

决策的正确性来源于事前很好的策划，而且要在整个电子商务的大环境内考虑自己的业务，只有在大的环境确定以后，才能去确定自己的框架和应用，以及自己需要什么样的服务。

而持续的服务的重要性在于电子商务是在不断地变化之中，系统在不断地变化，整个电子商务的环境，包括硬件、软件，甚至应用电子商务的人也都在变化，电子商务需要不断地提升，只有持续的服务才能够适合整个电子时代的规则，以电子变化的速度服务于客户，保持与客户的稳定、长期的关系，否则电子商务就变成断层。所以，在电子商务中，真正需要强调的是服务，而不是产品，也不是应用。这样，才能够保证企业在整个电子商务的生命周期里面，形成一个良性的闭环。

电子商务解决方案的咨询服务通常分为3个主要阶段。

第一阶段，集中在对企业内部进行一次评价和对整个行业的分析，包括很多因素，例如企业目前的情况（诸如企业的年报，以及商业目标和市场定位）、企业的软硬件设施、企业过去进行的Internet方面的尝试，还要对竞争对手的电子商务方案进行研究等。这样才可能帮助客户了解现在的总体业务状况。

在考虑电子商务策略的时候，每个企业都要考虑五个市场力量，即所处的行业、客户、供应商、可能的竞争对手，以及产品的代用品，这五种力量要一起考虑，因为它们共同构成了一个完整的市场。第一阶段的咨询，就是要帮助企业看清楚这五种市场力量，以及他们现在要走的方向,从而形成一个对电子商务的全面看法,也就是要企业明确自己为什么要搞电子商务。

第二阶段,咨询顾问要帮企业建立一个远景目标(vision),让企业在了解自己现状的同时,设想自己的发展远景。例如,要争取通过电子商务的改革,成为行业里面的头号企业,或者争取多拿多少个百分点的盈利,或者把成本控制在一个什么样的水平,这些都是远景。但是这个远景规划一定要企业的最高层参与,而且需要他们有很深入的投入。因为确立的远景与整个企业的发展目标密切相关,不是仅仅依靠 IT 经理从技术上进行展望。

有了这些远景,就要设计改革现在的流程,包括价值链的改变。此外,还要制定一些策略,诸如是否需要建立基于 Internet 客户渠道、开发新的价值增长点或者创建企业的门户等方面,以配合企业达到其确立的远景。

第三阶段,就可以具体地看哪些项目可以做出来,然后定义项目的时间表、确定项目的高层工作计划、确定需要参与的高层领导并预定他们的时间,以及确定内部的交流计划等。比如说,企业要加强供应链的效率,于是有一个供应链管理系统项目会定出来。这就是针对自己定出来的远景目标去定的项目,而不是为了定一个项目,然后才希望这个项目达到什么效果。

这些咨询服务所提供的是对企业的一种引导,真正涉及具体问题时,企业必须有高层领导的参与才能制定出有效的规划来,千万不能把这类规划当成是 IT 部门的工作,这样很容易把电子商务系统的建设限制在技术革新的水平上。

9.4.2 电子商务解决方案的分类

电子商务解决方案包括所有利用信息系统和网络进行的一切商务活动。商家往往想要利用数字信息的优势来理解和掌握用户和贸易伙伴的需求和参数,从而能够以尽可能快的速度和尽可能少的人工干预向用户和合作伙伴提供产品、服务和信息。许多公司在电子商务的诸多优势,如定点送货、个性化和自动化的商品服务的吸引下,正在参与到各种各样的商务应用程序中,如在线商店,在线广告,同合作伙伴交换订单、库存及付款信息,在线银行和企业购买等。

在企业与客户这两类基本市场因素之间,商务活动无外乎三种:直销和销售(B2C)、供应链集成(B2B)、企业采购(B2B)。

1. 直销和销售

网上销售使无论多小规模的公司都可能把产品销售到世界各地的客户,但这需要商家采取一些措施来吸引客户,如提供给用户具有吸引人的购买经验,进行价格促销,商品交叉销售出售,并且接收一般的客户付款方式,如信用卡。而且,当客户通过一个商家的网站完成了一个订单,必须允许用户查询订单的状态。另外商务解决方案必须能够映射到现有的商务过程中,能够与多种数据库和账目系统紧密结合。

1) 直销和销售的基本结构

直销和销售解决方案的基本结构如图 9-8 所示。

2) 直销和销售解决方案的基本组成部分

(1) 简单技术制作的动态页面,吸引客户以简单的方式进行访问。

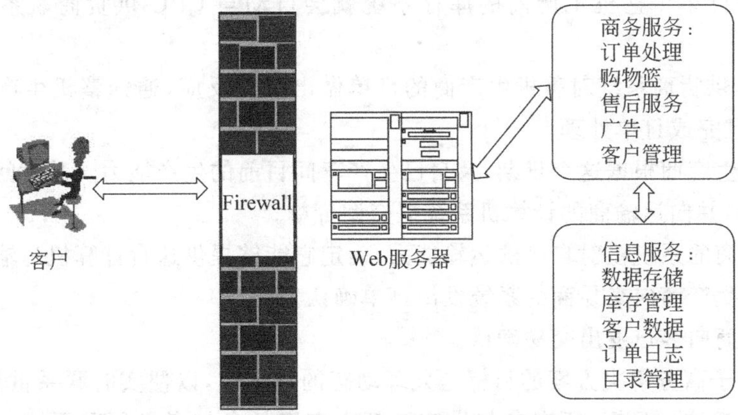

图 9-8　直销和销售方案

(2) 存储客户信息，为客户关系管理收集原始数据，用来实现个性化服务、会员认证、风险控制等应用。

(3) 实现"购物车"功能。

(4) 服务器和管理的安全性。

(5) 客户信息安全及保密。

(6) 订单处理中的商务逻辑管理与自动化的规则应用，帮助完成与客户之间的交易。

(7) 有能力进行其他相关产品和服务的宣传，并对该过程加以控制，以提供客户在一次访问过程中，接收的信息量。

(8) 支持直销功能，它可以使用户快速地购买有特定的产品。

(9) 高效方便的数据存储，并且能够实现客户随时访问商品、交易以及商务运作的状态。

(10) 价格促销的工具。

(11) 分析流量和购买数据，来获得商务智能和建立客户行为模型。

2. 供应链集成

供应链集成也叫称为值链集成，利用 Internet 的低成本来实现供应商、生产商和发行商之间更紧密的结合。除了建立网站、处理订单和与旧系统集成之外，供应链方案中还存在一些特殊的需求，比如根据用户登录信息，识别用户的类型，根据相应的用户协议采取不同的定价规则和支付形式等。供货商必须能够为合作伙伴提供安全的手段实现这些功能。

1) 一个实例

供应链解决方案中通常包括供应链上所有实体之间可能发生的全部交易关系。一个完整的供应链应该能够顺利实现其中的所有功能。下面，举例来看一个理想的供应链解决方案能实现的一次完整的交易。例如，一个最终客户要购买一台 PC，整个交易过程包括这样一些步骤：

(1) 一个客户从交易商的网站上提交了一份订购一台 PC 的订单。

(2) 交易商接到订单，订单的接收自动触发了向整机生产商的询价事件。

(3) 整机生产商收到询价后，自动查询库存，查询的结果显示整机生产商没有 CPU 库存来完成这个订单。整机生产商的库存系统就会自动与 CPU 供货商联系，并定购需要的 CPU。

(4) CPU 供货商系统对整机生产商的订单做出及时反应，通知整机生产商 CPU 的最早供货期，并且完成订单处理。

(5) 整机生产商根据这个日期，及自己生产车间目前的生产能力及其时间安排，计算出制造完成日期，并向运输商的计算机系统提交询价单。

(6) 运输商的系统核对自己的运输能力，确定它能够提供这台计算机运输的时间表。

(7) 整机生产商向交易商的系统发出订单确认。

(8) 交易商向客户发出交易确认。

供应链电子商务解决方案的目标是处理动态的数据流，以便实时联系世界各地的贸易伙伴。为了实现这一目标，所有参与供应链解决方案的参加者必须采用统一的数据标准，从而实现数据的流畅和无缝传输。

2) 供应链集成解决方案的组成部分

供应链集成解决方案的核心平台非常相似于直销和销售方案。第一个不同之处在于供应链集成解决方案中，交易基本上是在企业与企业之间进行的，而向最终客户销售仅仅是供应链上的一小部分。第二个不同之处在于企业之间的大部分交易是自动完成的，而不需要或很少需要人工干涉，也就是说供应链解决方案要实现的是信息系统到信息系统之间的交互，而不是人机之间的交互。它所需要的组成部分包括直销方式的客户界面部分，除此之外还有下面内容：

(1) 服务器和管理的安全性，例如安全登录到贸易伙伴系统，以及贸易伙伴间商务信息的安全性、保密性和不可抵赖等。

(2) 对商务规则的表达、存储、选择应用和自动推理，包括业务惯例，也包括对新合作伙伴的识别和处理，例如根据账户种类，购买历史，信用，地域等情况进行价格计算。

(3) 自动进行订单货物与库存之间的匹配，以及相关替代品的识别。

(4) 自动谈判。

(5) 支持直销功能。

(6) 合作伙伴的信用管理和风险控制。

(7) 支付、交易等商务运作管理。

(8) 为完成信息系统之间的交互而提供的与后端财务、生产、销售等多个子系统集成，及时完成内外系统数据和逻辑规则的一致性操作。

3. 企业采购

企业的购买行为通常包括两大部分，一种方案是，为企业生产而进行生产资料的购买，而企业本身为管理和业务服务，也需要进行一定后勤物资的采购，比如办公用品、办公设备、职工福利等用途；另外一种方案是，在传统工作模式下，这类工作通常需要花费相关人员大量的劳动，以及纸张、传真等方面的操作和费用，因此，企业也同样希望通过电子商务解决方案，将企业采购实现自动化或半自动化，同时节约大量成本，提高运转速度。企业采购解决方案的目标是对于那些成本低数量大的产品订单，实现处理和完成订单的过程自动化。

在这个方案中，用户通过界面，例如浏览器，利用自助式销售网络应用程序来订购商品。这些订单下一步就会以电子方式传递给相应的服务器，订单被批准之后，就以电子方式传递给供货商，并且被执行完成。与订购的产品相关的财务手续也自动地按企业管理规则自动实现。企业中的相关管理人员能够通过自动化的商务规则管理程序来改变购买策略，并可以通过智能的洽谈工具为企业选择价格、服务以及更好的合作伙伴。

1）企业采购方案的特性

企业采购解决方案的主要特性如下：

(1) 各种规模的公司无论大小和地点如何，都能交流购买订单信息，进行交易支付和传送产品。

(2) 购买订单的输出形式可以多样化，这样参与的商家就可以选择一种与他们现有系统可以协同工作的共同形式。

(3) 采购系统的框架结构必须足够灵活，能够兼容旧有的订单传递方式，对不同的商务系统，商家都可以选择合适的方式来交流商务信息，并且把信息传递给多个合作伙伴。

(4) 企业采购应用程序可以在一个站点内支持多个供货商。

(5) 对企业的供货商的结构进行合理化，来获得更大的折扣率。

(6) 通过引入自助式销售的应用程序来赋予员工更大的权力，通过与OA系统的集成，带给员工更多方便。

2）企业采购解决方案的组成部分

企业采购解决方案的商务平台非常相似于供应链集成，后端的购买过程可以像供应链集成那样进行自动化，但前端的过程人为干预和手工操作更多一些。这一部分和直销解决方案更相似，所不同的是，企业采购经过一段时间之后，合作伙伴间可能建立起固定合作关系，此时，手工干预会逐渐地减少，而有些突发性的购买又会经常发生，因此，手工部分又必不可少。因此，企业采购实际上是一个两类操作混杂的更复杂系统。

(1) 企业采购解决方案以降低成本，加强对业务支持为目的，在合作关系方面变化多，需要兼容自动和手工两方面的操作，以及两方面操作之间的转换。

(2) 企业采购解决方案的客户主要是企业内部的管理人员，因此，一般来说它是基于Intranet的，并且需要和OA系统集成起来，对流程、审批等工作进行标准化控制。

(3) 具备洽谈能力，兼容多种通信方式，以扩大企业选择面，得到性价比更高的产品。

9.4.3 电子商务系统的分析与建模

系统分析阶段要回答的中心问题是系统要“做什么”，即明确系统功能。这个阶段的成果是逻辑模型。系统设计阶段要回答的中心问题是系统要“怎么做”，即如何实现系统分析说明书中规定的系统功能。要根据实际技术条件、经济条件和社会环境条件等，确立系统实施方案，建立系统物理模型，具体包括界定系统的外部边界，说明系统的组成及其功能和相互关系，描述系统的处理流程，给出未来系统的结构等。

模型是现实的一种抽象表示。一个电子商务系统的模型包括逻辑模型和物理模型两种。

逻辑模型也称为概念模型，它展示了系统是什么，能够做什么事情。逻辑模型与实现无关,它们独立于任何的技术实现来描述系统。逻辑模型说明了系统的本质。逻辑模型降低了由于过分关注技术细节而丢失业务需求所带来的风险,可以少用技术性的语言与最终用户进行沟通。

物理模型有时也称为技术模型,它展示了系统如何去做事情,即系统在实际上以及技术上是如何实现。它们是与实现相关的,反映了技术选择和所选技术的限制等。

电子商务系统分析的主要任务就是在系统规划的指导下,通过对企业各部门,各业务的详细调查研究,深入研究现有系统的工作流程,分析用户的需求,得到新系统的逻辑设计方案,以解决系统"能做什么"的问题。需要注意的是:现有系统不只包括企业现有的可在计算机运行的信息系统,也包括企业现有的手工作业条件下的业务流程。

系统分析阶段需要系统分析员和用户一起充分理解用户的需求,并把双方都认同的理解用书面文档(系统分析说明书)表达出来。此系统分析说明书通过审核之后,将作为系统设计的依据和将来验收系统的依据。

系统分析阶段的工作必须深入详细,充分调动用户的积极性,系统分析员要与用户精诚合作。除此之外,也需要使用一定的技术与工具,如图表等,直观的图表既可以帮助系统分析员理清思路,也便于与用户交流。

系统分析的具体步骤如下。

1. 现行系统详细调查

详尽的调查是系统分析与设计的基础。详细调查现行系统的基本情况和具体结构,并用一定的工具对现行系统进行形象的描述,这是系统分析最基本的任务。只有在充分了解现行系统现状的基础上才能进一步发现其存在的问题,如流程不合理的地方或者薄弱环节等,进而为下一步的需求分析和提出新系统的逻辑模型做准备。详细调查需要组织相关部门的业务人员、主管、系统分析员、系统设计人员的共同参与。系统分析人员要事先制订好调查计划,设计好调查问卷等。调查的具体方法包括阅读书面资料、实地考察、与业务人员进行面谈、发放调查表、请业务专家为系统分析员做专题报告等。

2. 需求分析。

需求分析在详细的调查基础上进行分析和综合,并进行评价和检查,进而提出对目标系统的综合要求。主要包括功能需求、性能需求、资源和环境需求、可靠性需求、安全保密需求、用户界面需求、成本消耗与开发进度需求、预先估计的可扩展性需求等。

3. 提出新系统逻辑模型

对新系统进行适当的文字说明,将已经得到的确切需求清晰准确地描述,并整理出系统分析报告。

逻辑建模过程包括过程建模和数据建模。使用的工具分别为数据流图和数据字典。

数据流图是一种描述数据通过系统的流程以及该系统实施的工作或者处理过程的工具。它主要描述数据流动、存储、处理的逻辑关系,也称逻辑数据流图(Logical Data Flow Diagram,LDFD)。

绘制数据流图的目的是帮助系统分析人员确定合理的数据项、确定合适的数据流向、确认合适的数据处理过程,为系统设计提供信息内容及处理依据。

数据流图表示了系统的分解，即描述了系统由哪些部分构成，各部分之间的联系等，但是还没有说明系统中各个成分是什么含义。例如，我们无法得知数据存储“合同”中包含哪些内容。数据流图的表达不够具体、准确，只有当数据流图中出现的每个成分都给予充分的定义和说明之后，才能准确、完整地描述一个系统。为此需要其他工具来对数据流图进行补充说明。

数据字典就是这样的工具之一。系统分析中所使用的数据字典，主要用来描述数据流图中的数据流、数据存储、处理过程和外部实体。数据字典把数据的最小组成单位看成是数据元素（基本数据项），若干个数据元素可以组成一个数据结构（组合数据项）。数据结构是一个递归概念，即数据结构的成分也可以是数据结构。

系统的设计就是在系统分析阶段提出的反映用户需求的逻辑方案的基础上，专注于系统的技术性和实现方面，科学合理地使用各种系统设计方法，得到一个详细的计算机系统方案。系统设计也被称为物理设计。

系统设计的目标是在保证逻辑模型实现的基础上，设计出一个易于理解，容易维护的系统，尽可能提高系统的各项指标，即系统的效率、质量、可靠性、可变性和经济性等。系统设计根据系统分析的结果，对新信息系统进行深入设计，设计出一套与改进后的管理体制及管理手段相适应的新的信息系统，并为系统实施阶段的程序设计、调试提供依据。

9.5 电子商务系统体系结构

9.5.1 .NET平台技术及结构

Microsoft. NET平台是一个建立在开放互联网络协议标准之上，采用新的工具和服务来满足人们的计算和通信需求的革命性的新型XML Web智能计算服务平台。它允许应用程序在Internet上方便、快捷地互相通信，而不必关心使用何种操作系统和编程语言。从技术层面来说，Microsoft. NET平台主要包括两个内核，即通用语言运行时（Common Language Runtime，CLR）和Microsoft. NET框架类库，它们为Microsoft. NET平台的实现提供底层技术支持。

1. 通用语言运行时

通用语言运行时是整个Microsoft. NET框架赖以建构的基础，它为Microsoft. NET应用程序提供了一个托管代码的执行环境。它实际上是驻留在内存里的一段代理代码，负责应用程序在整个执行期间的代码管理工作，主要包括内存管理、线程管理、安全管理、远程管理、即时编译、代码强制安全类型检查等。

CLR的设计目的是直接在应用程序运行环境中为基于组件的编程提供支持。CLR直接支持组件（包括属性和事件）、对象、继承性、多态性和接口。对属性和事件的直接支持使得基于组件的编程变得更简单，而不需要特殊的接口和适配设计模式。在组件运行时，CLR负责管理内存分配、启动和中止线程和进程、强化安全系数，同时还调整任何该组件涉及的其他组件的附属配置。组件代码是与处理器无关的、易于验证的中间语言（IL），而不是某一种特定的机器语言，这意味着组件不但可以在多种计算机上运行，而且可以确保组件不会覆盖它们不使用的内存，也不会潜在地导致系统崩溃。

CLR 通常包括在其他高性能的服务器应用程序中,比如,Internet 信息服务器(IIS)、Microsoft SQL Server。使得我们可以充分利用 CLR 诸多的安全、高效的优点来部署自己的商业逻辑。

2. Microsoft. NET 框架类库

Microsoft. NET 框架类库是一组广泛的、面向对象的可重用类的集合,为应用程序提供各种高级的组件和服务。使程序员专注于程序的商业逻辑,为应用程序提供各种开发支持——不管是传统的命令行程序还是 Windows 图形界面程序,或是面向下一代 Internet 分布式计算平台的 ASP. NET 或 XML Web 服务。下面是对这些组件和服务的一个概括。

1) 系统框架服务

服务框架包括一套开发人员希望在标准语言库中存在的基类库,基类库提供访问操作系统服务,如图像、网络、线程、全球化和加密的类,服务框架也包括数据访问类库和开发工具。

2) ADO. NET 组件

ADO. NET 为基于网络的可扩展的应用程序和服务提供数据访问服务。

3) XML 数据组件

系统框架对 XML 数据提供操作支持,系统也支持 ADO. NET 数据与 XML 数据之间的通用转换。

4) Windows 表单组件

Windows 表单组件为开发人员提供了强大的 Windows 应用程序模型和丰富的 Windows 用户接口,包括传统的 ActiveX 控件和 Windows XP 的新界面,如透明的、分层的、浮动的窗口。

5) ASP. NET 应用服务

ASP. NET 的核心是高性能地用于处理基于低级结构的 HTTP 请求的运行语言。ASP. NET 支持应用程序的实时更新,提供高速缓冲服务改善性能。

6) XML Web 服务

ASP. NET 应用服务体系架构为用 ASP. NET 建立 XML Web 服务提供了一个高级的可编程模板,它提供的许多特点简化了开发过程。ASP. NET 的 XML Web 服务为在 Internet 上绑定应用程序提供了一个利用现存体系架构和应用程序的简单的、灵活的、基于产业标准的模型。

9.5.2 J2EE 平台技术及其组成

为降低成本、快速实现企业应用的设计和开发,J2EE 平台技术为企业应用的设计、开发、集成以及部署提供了一条基于组件的实现途径。J2EE 平台提供了一个多层次分布式应用设计模式,重用组件的能力,统一的安全模式,灵活的交易控制。不仅可以把全新的客户解决方案,用比以往都快的速度推向市场,而且平台独立、基于 J2EE 组件的解决方案将使产品不绑定在任何一个厂商的产品和 API 上。

1. 分布式的多层次应用

J2EE 平台采用一个多层次分布式的应用模式。这意味着应用逻辑根据功能被划分成组件，组成J2EE应用的不同应用组件安装在不同的服务器上，这种划分是根据应用组件属于多层次J2EE环境中的哪一个层次来决定的。

J2EE应用可以由3或4个层次组成，J2EE多层次应用一般被认为是三层应用，因为它们是被分布在3个不同的地点：客户端机器、J2EE服务器和数据库或后端的传统系统服务器。三层架构应用是对标准的客户端/服务器应用架构的一种扩展，即在客户端应用和后台存储之间增加一个多线程应用服务器。

2. J2EE应用组件

J2EE应用是由组件组成的。J2EE组件是一个自我封装的功能软件单元，它将通过相关的类、文件和与其他组件的通信，被集成进J2EE应用。J2EE规范定义了如下J2EE组件：

(1) 应用(application)客户端和小程序(applet)是客户端组件。

(2) Java Servlet和Java Server Pages技术组件是Web组件。

(3) Enterprise JavaBeans(EJB)组件是业务组件。

J2EE组件使用Java编程语言编写的，也向任何Java编程语言程序一样编译的。使用J2EE平台的不同之处是，J2EE组件是被集成到J2EE应用中的，是经过很好格式化的并经过J2EE规范兼容性验证的，而且在部署和正式运行时，是运行在J2EE服务器上，并且是在J2EE服务器的管理下运行的。

1) 客户端组件

一个J2EE应用可以是基于Web的或不基于Web的。对于不基于Web的J2EE应用，一个应用客户端软件将运行在客户端机器上，而对于基于Web的J2EE应用，浏览器会下载Web页面和小程序(applet)到客户端机器上。

2) 应用客户端

运行在客户端机器上的应用客户端软件，为用户提供一个途径，处理像J2EE系统或应用管理这样的工作。它通常有一个用Swing或AWT API开发的图形用户界面，但是也可以使用命令行接口。

应用客户端软件直接访问运行在业务层的企业Bean。当然，如果J2EE应用客户端允许，一个应用客户端也可以建立HTTP连接，与运行在Web层的Servlet进行通信。

3) Web浏览器

用户端的Web浏览器从Web层下载HTML/WML/XML等静态或动态Web页面。动态页面是由运行在Web层的Servlet或JSP页面生成的。

4) Applet

一个从Web层下载的Web页面可以包含嵌入的Applet。一个Applet是一个用Java编程语言编写的小客户端应用，通过安装在Web浏览器上的Java虚拟机执行。然而，Applet要在Web浏览器上成功运行，客户端系统还需要Java插件(Java Plug-in)和安全策略文件。

JSP页面是创建基于Web的客户端程序的API，因为在客户端无须插件和安全策略文件。而且，JSP页面支持清晰的、多模块应用设计，因为它提供一个途径，使应用程序编程和Web页面设计分离。这意味着参与Web页面设计的人员所要做的工作，不需要了解Java

编程语言的语法。

运行在基于网络的系统，如手持设备、汽车电话等上的 Applet，可以执行运行在 J2EE 服务器上的 JSP 页面或 Servlet 生成的 WML 页面。WML 页面是通过无线应用协议(WAP)传送的，网络配置需要一个网关，把 WAP 转换成 HTTP，然后在转换回来。网关把从手持设备上来的 WAP 请求转换成 J2EE 服务器的 HTTP 请求，再把 HTTP 服务器的响应和 WML 页面转换成一个 WAP 服务器响应和 WML 页面显示在手持设备上。

5) JavaBeans 组件架构

客户层也由一个基于 JavaBeans 组件架构的组件，用于管理应用客户端或 Applet 与运行在 J2EE 服务器上的组件之间的数据流。JavaBeans 组件不是在 J2EE 规范中的组件。

为 J2EE 平台而写的 JavaBeans 组件，包含实例变量以及为访问实例变量的读取和设置方法。以这种方式使用的 JavaBeans 组件一般设计和实现起来非常简单，但是要遵循 JavaBeans 组件架构中的命名和设计规范。

3. 企业信息系统层

企业信息系统层处理企业信息系统软件，包括企业体系结构系统如企业资源规划(ERP)、大型机交易处理、数据库系统以及传统信息系统。J2EE 应用组件需要访问企业信息系统，如建立数据库连接等。

4. J2EE 架构

通常，瘦客户端多层次应用是很难编写的，因为它包括很多行非常难以理解的代码，以处理交易和状态管理、多线程、资源池管理，以及其他复杂的低层次细节问题。基于组件的、与平台无关的 J2EE 应用的开发是很容易的，因为业务逻辑被组织成可重复使用的组件，而且 J2EE 服务器以容器(container)的形式为每种类型的组件提供后台支持。由于不必自己开发这些服务，可以专注于解决你面临的业务问题。

5. 容器和服务

组件在部署时被安装在容器之中，是组件和特定平台底层功能之间的接口支持着组件。在 Web、企业 Bean 或者应用客户端组件能够被执行以前，它必须被组装到 J2EE 应用里，并且被部署到它的容器里。

组装流程包括设定 J2EE 应用中的每一个组件以及 J2EE 应用本身在容器之中的设置。容器的设置个性化了 J2EE 服务器对每个组件的后台支持，包括像安全性、交易管理、Java 命名和目录接口查询，以及远程连接等。

容器还管理着不可配置服务，如企业 bean 和 Servlet 的生命周期，数据库连接资源池，数据持续性(persistence)，以及 J2EE API 中描述的访问 J2EE 平台的 API。尽管数据持续性机制是一个不可配置服务，J2EE 架构允许在需要比默认的容器管理的持续性机制更多的控制时，用企业 Bean 实现中的相应的代码覆盖原有的容器管理的持续机制。例如，可以使用 Bean 管理的持续性机制来实现你自己的搜索方法，或创建个性化的数据库缓存。

9.5.3 中间件技术

随着计算机技术的飞速发展，各种各样的应用软件需要在各种平台之间进行移植，或者一个平台需要支持多种应用软件和管理多种应用系统，软硬件平台和应用系统之间需要可靠和高效的数据传递或转换，使系统的协同性得以保证。这些，都需要一种构筑于软硬件平台之上，同时对更上层的应用软件提供支持的软件系统，而中间件正是在这个环境下应立而生。

1. 中间件的定义

由于中间件技术正处于发展过程之中，因此目前尚不能对它进行精确的定义。

普遍被接受的是 IDC 对中间件定义的描述：中间件是一种独立的系统软件或服务程序，分布式应用软件借助这种软件在不同的技术之间共享资源，中间件位于客户机服务器的操作系统之上，管理计算资源和网络通信。

IDC 对中间件的定义表明：中间件是一类软件，而非一种软件；中间件不仅仅实现互连，还要实现应用之间的互操作；中间件是基于分布式处理的软件，最突出的特点是其网络通信功能。

人们在使用中间件时，往往是一组中间件集成在一起，构成一个平台(包括开发平台和运行平台)，但在这组中间件中必须要有一个通信中间件，即中间件＝平台＋通信，这个定义也限定了只有用于分布式系统中才能称为中间件，同时还可以把它与支撑软件和应用软件区分开来。

2. 中间件的特点及作用

中间件抽象了典型的应用模式，并基于标准的形式进行开发，从而使应用软件制造者可以更多地将思路放在业务逻辑中。中间件本质上是对分布式应用的抽象，因而抛开了与应用相关的业务逻辑的细节，保留了典型的分布交互模式的关键特征。经过抽象，将纷繁复杂的分布式系统经过提炼和必要的隔离后，以统一的界面形式呈现给应用。应用在中间件提供的环境中可以更好地集中于业务逻辑上，并最终在异构环境中实现良好的协同工作。

中间件具有如下特点。

1) 易于集成

中间件能无缝地连入应用开发环境中，应用程序可以很容易地定位和共享中间件提供的应用逻辑和数据。

2) 易于移植

中间件与平台有关的细节对于应用程序透明，因此可以在不改变应用程序代码的情况下改换计算机底层硬件、操作系统或通信协议。

3) 易于演进

中间件实现的功能对应用程序透明，所以可以对局部进行改进而不影响系统的其他部分。

4) 高可靠性

中间件是可靠的，提供接管和恢复功能，保证事务及关键性业务不被丢失。

5) 易于使用

中间件能和同构或异构环境下的多种数据源通信，同时能管理数据间的公共逻辑约束。

中间件的主要作用如下:

(1) 缩短应用的开发周期。

(2) 节约应用的开发成本。

(3) 减少系统初期的建设成本。

(4) 降低应用开发的失败率。

(5) 保护已有的投资。

(6) 简化应用集成。

(7) 减少维护费用。

(8) 提高应用的开发质量。

(9) 保证技术进步的连续性。

(10) 增强应用的生命力。

3. 中间件的分类

按照IDC的分类方法,中间件可分为六类。

1) 终端仿真/屏幕转换中间件

终端仿真/屏幕转换中间件用以实现客户机图形用户接口与已有的字符接口方式的服务器、应用程序之间的互操作。

2) 数据访问中间件

数据访问中间件是为了建立数据应用资源互操作的模式,对异构环境下的数据库实现连接或文件系统实现连接的中间件。数据访问中间件允许应用程序同本地或异地的数据库进行通信,它提供了一系列应用程序接口API,通过中间层而不考虑操作系统及网络来访问数据库。并且在很多情况下,API被隐藏在开发工具之中而不被开发者了解。ODBC、JDBC都是基于数据库的中间件标准。通过ODBC访问数据库的方式是绝大多数应用程序使用数据库的方式,具有良好的数据库独立性,可以避免应用程序对不同类型数据库使用不同的API。JDBC实际上就是一系列用于特定数据库的Java类库,它源于ODBC体系结构。目前还提出了应用分割技术,即将用户的一些应用逻辑放到中间层,为客户机"减肥",这也为NC(Network Computer)等的引入打下了基础,并增强了应用程序的处理性能、安全性和并发性。目前,很多数据库前端开发工具都支持应用分割技术。

3) 远程过程调用中间件

通过这种远程过程调用机制,程序员仅需编写客户方的应用,需要时可以调用位于远端服务器上的过程。远程过程调用机制比较适合于小型简单的不需要采用异步通信方式的应用,但对大型复杂的应用不太适合,因为它需要程序员考虑网络或系统的故障、处理多个网络连接、可移植性、缓冲及流量控制和进程之间的同步等多种问题。

4) 消息中间件

消息中间件用来屏蔽各种平台及协议之间的特性,以实现在不同平台之间通信,实现分布式系统中可靠的、高效的、实时的跨平台数据传输,实现应用程序之间的协同。这是中间件中唯一不可缺少的,销售额最大的中间件产品,主要产品有BEA公司的BEA eLink 、IBM公司的MQSeries等,目前在Windows 2000操作系统中已包含了其部分功能。

5）交易中间件

交易中间件是在分布、异构环境下提供保证交易完整性和数据完整性的一种环境平台。在分布式事务处理系统中经常要处理大量事务。在联机事务处理系统(OLTP)中，每笔事务常常要多台服务器上的程序顺序地协调完成，一旦中间发生某种故障时，不但要完成恢复工作，而且要自动切换系统，达到系统永不停机，实现高可靠性运行；同时要使大量事务在多台应用服务器上能够实时并发运行，并进行负载平衡地调度，这就要求系统必须具有监视和调度整个系统的功能。根据 X/OPEN 的 DTP（Distributed Transaction Processing)模型规定，一个分布式交易处理系统应由事务处理、通信处理以及资源管理三部分组成。BEA 公司的 TUXEDO 便是最著名的一个交易中间件产品，另外还有 IBM 公司的 TXSeriers 也是应用广泛的一个交易中间件产品。

6）对象中间件

在分布、异构的网络计算环境中，对象中间件可以将各种分布对象有机地结合在一起，完成系统的快速集成，实现对象重用，在这个方面遵循的标准是 CORBA。对象中间件将是未来的主流，目前产品有 INPRICE 公司的 Borland Application Server。

当然，IDC 的分类并不能包含所有的中间件产品，目前比较流行的还有：

1）Web 服务器中间件

浏览器图形用户界面已成为公认规范，然而它的会话能力差、不能做数据写入、受 HTTP 协议的限制等，就必须进行修改和扩充，形成了 Web 服务器中间件，如 SilverStream 公司的产品、BEA 公司的 BEA WEBLOGIC。

2）安全中间件

一些军事、政府和商务部门上网的最大障碍是安全保密问题，产生不安全因素是由操作系统引起的，必须要用中间件去解决，以适应灵活多变的要求。目前国内的此类产品有东方通公司的 TONG SEC。

9.6 微型案例：Jasmine ii 为海尔搭建 B2C 电子商务平台

总部位于青岛的海尔集团是在 1984 年引进德国电冰箱生产技术成立的青岛电冰箱总厂基础上发展起来的国家特大型企业。到 1999 年海尔产品包括 58 大门类 9200 多个品种，企业销售收入以平均每年 81.6%的速度增长。1999 年，集团营业额达到 268 亿元。1997 年 8 月，海尔被国家经贸委确定为中国六家首批技术创新试点企业之一，重点扶持冲击世界 500 强。

国际化战略是海尔集团目前的重要发展战略，海尔进军电子商务既是其企业向国际化战略调整的必然结果，也是海尔走向国际化的必经之路。海尔集团总裁张瑞敏先生表示：海尔全面进军电子商务的目的是在集团现有的 IT 基础设施的基础上建立完善的、高可视化、个性化的电子商务平台，提高企业在国际市场的竞争力。通过电子商务不但实现海尔产品的网上销售，同时可拓展其他增值服务。

1. 海尔集团的电子商务目标

海尔集团在 2000 年的 3 月 10 日开始成立海尔集团电子商务有限公司。作为国内第一家成立电子商务的家电企业，海尔面向供应商与个人消费者分别搭建了B2B与B2C两种采购平台。

1）B2B：降低采购成本，创造新的利润源泉

海尔正在搭建的B2B平台是一个面对供应商的采购平台，以降低采购成本、优化分供方；将来利用海尔自身的品牌优势和采购价格优势，该平台还还将成为一个为所有采购商和供应商服务的公用的平台，成为物料的采购和分销中心。

首先通过该平台可与供应商建立协同合作的关系，在B2B平台上实现网上招标、投标、供应商自我维护、订单状态跟踪等业务过程，把海尔与供应商紧密联系在一起。这样可以降低采购成本和缩短采购周期，提高采购业务的效率和效果，减少不必要的人工联络及传递误差。目前海尔一年的采购费用是一百多亿元，采用网上采购后，采购价格会大幅下降。优化分供方是海尔将利用该B2B系统实现的另一目标，例如，目前海尔零部件约有一万五千多种，供应商也非常多。那么一个小螺丝钉到底世界上谁生产最好？网上采购马上就会知道。这不仅仅是简单的价格降低，关键是找到了最好的分供方。

2）B2C：以“一名两网”为基础，与用户保持零距离，快速满足用户的个性化需求

海尔进军电子商务的优势称为“一名两网”，一靠海尔自己的品牌，二靠健全的配送网络和支付网络。目前海尔在大城市设的电话服务中心有30多个，营销网点有一万多个，并深入到6万多个村。可以说海尔从一级市场、特大型城市，到乡镇，到村，建立起庞大的销售网络，构成了电子商务的基础。

但电子商务时代如何在强手如林的竞争对手中胜出，关键一点就是如何能快速满足用户的个性化需求，能够提供比别人更好地满足用户需求的产品，例如，用户提出要三角形的冰箱，海尔能不能提供？这就是消费的个性化需求。因此一方面要求海尔的电子商务网站必须满足个性化需求。另一方面，个性化反射回来的话，就是整个企业的生产能力、布局、组织结构全都要适应它。生产必须是柔性的，整个生产的技术、布局、工艺设计以及准备结构都要能够围绕个性化转，有了这一条，再有了电子商务基本要素——配送网络和品牌，加起来才可能将电子商务做好。

2. B2C总体设计方案

海尔公司于2000年3月10日向各大公司公开招标，建设B2C电子商务平台。并对电子商务集成厂商提出了如下要求：要有相应的系统集成经验；拥有先进的电子商务解决方案及实施经验；专业的技术服务队伍。3月20日，CA公司中标海尔电子商务B2C系统总集成。并提出了该项目的设计目标：采用面向对象的技术、开放的系统结构、模块化程序设计等技术，实现个性化、智能化、可视化、多媒体的目标，实现电子商务的P2P(Profit to Profit)。谈及CA中标的原因，一方面是由于CA有项目经验，在国内有很多成功的案例，并有专业的技术服务人员；另一方面得益于CA的Jasmine ii和Neugents技术。

Jasmine ii为建立、测试和部署智能化电子商务应用提供了完整的解决方案。它将应用服务器、对象业务监控、企业应用、动态个性化和门户技术集成到同一个平台上。Jasmine ii是一个开放的集成化平台，不仅支持所有的Internet标准，还能通过对XML、EJB、COM/COM+和CORBA的支持确保与其他产品的互操作性。同时具有语言绑定和集成开发工具，开发人员可以利用任何一种熟悉的工具进行开发：例如Java、XML、C++、VB等。

Jasmine ii 可方便地实现对现有系统的集成,它利用了底层数据源技术属性,因而用户既可以利用属性的功能,又能在开发环境中像本地 Jasmine ii 对象一样揭示数据和逻辑关系。因此可以利用广泛的企业应用数据源,如 ERP 系统、数据库、电子商务系统和传统应用系统等。Neugents 技术是 CA 公司的另一特有技术,Neugents 利用神经网络技术可通过对大量数据的分析,预测未来的结果,例如通过对客户喜好情况的分析,预测客户的需求从而建立实时、个性化的应用扩大销售机会。

海尔 B2C 系统的 Web Server、数据库 Server 采用了 IBM Netfity7000,操作系统为 NT4.0+IIS,海尔电子商务的最大特点就是个性化,Jasmine ii 智能平台使多媒体技术、对象数据库技术和 Web 技术相结合,构成了一个含有大量文字、图片、录像信息、并可与三维虚拟场景交互的面向 Internet 的多媒体数据库应用系统,实现了基于 Web 的产品定制与导购功能。用户可以方便地在网上按照个人需要实现各种产品的自行组配、定制,而且充分考虑了各种情况:例如甲地订货、乙地付款、丙地收货等,从而使海尔与用户保持零距离,最大限度的满足用户的个性化需求。Jasmine ii 集成化和可视化的新特点,使系统不仅拥有强大的电子商务功能,而且具有了使电子商务向智能化、个性化、定制化方向发展的巨大潜力。

安全是实施电子商务的另一关键问题。海尔电子商务平台从三个方面保证了系统的安全:网络安全、系统安全、支付安全。在网络安全方面,采用了防火墙、网络会话检测防护(Session Wall),系统安全包括操作系统安全、数据库安全、应用安全。在该平台采用了由 eTrust Access Control、Unicenter TNG/NSO 及 eTrust Intrusion Protection 组成的系统安全解决方案。支付安全主要通过银行支付网关保证,采用 SET、SSL 协议保证。目前实现了与建行、招行、中行、工行等网上结算。

3. B2C 实施效果

海尔电子商务 B2C 平台分两个阶段实施:第一阶段单点系统实施,从 4 月 18 日起,海尔首先开通北京和青岛地区的网上销售业务。海尔首先推出 13 种类的 456 个产品在网上直接销售,网上订购的用户可以在两天拿到自己需要的产品和服务。

第二阶段,将在全国主要城市推广海尔 B2C 系统,使网上销售范围覆盖全国,并进一步使海尔 B2C 走出国界。在 B2B 方面目前已实现了成品分销和网上采购,下一步的目标是实现与各大商场销售的网上业务。同时进一步对现有的 Call Center 资源进行分析、挖掘,扩大商机,建立 e-CRM,并与传统 CRM 相结合,推动海尔的发展。

已于 2005 年 4 月 18 日开始试运行的海尔 B2C 电子商务平台,从分析、设计、建立到试运行仅经过了一个月时间。截止到 2005 年 7 月中旬,海尔通过该平台实行了电子商务交易总额 400 万元,日交易额超过 120 万元。

9.7　本章小结

本章首先介绍电子商务信息系统的特点与框架结构,然后介绍电子商务系统的开发过程,重点介绍系统的规划、分析与建模的过程。在系统规划阶段要进行可行性分析。系统分析阶段要回答的中心问题是系统要“做什么”,即明确系统功能。这个阶段的成果是逻辑模型。而系统设计阶段要回答的中心问题是系统要“怎么做”，即如何实现系统分析说明书中规定的系统功能。这个阶段的成果是物理模型。然后介绍了电子商务系统建设过程中可能会使用到的一些平台及技术，主要有.NET平台、J2EE平台和中间件。

思考题

1. 简述与传统信息系统相比，电子商务系统的特点。
2. 简述电子商务的框架。
3. 电子商务系统开发的基本过程是什么？
4. 电子商务系统的总体规划需要解决哪几个方面的内容？
5. 可行性分析的定义是什么？需要分析哪几个方面的可行性？
6. 系统分析的具体步骤是什么？
7. 什么是系统设计？系统设计的目标是什么？
8. 简述.NET平台的主要结构。
9. 简述J2EE平台的主要结构。
10. 简述中间件的定义、功能和分类。

第10章

电子商务发展前沿介绍

目前，电子商务在我国发展态势良好，已经取得了一定的成绩，以"阿里巴巴"为首的电子商务平台给人们展示了电子商务的生命力。但是如何更好地发展适合我国国情的电子商务，并提供一个可行的发展思路和战略，以便更好地参与国际电子商务合作，是值得探讨的问题。本章旨在从我国实际出发，对电子商务的未来发展热点问题进行了介绍。

本章学习目标：

(1) 移动电子商务发展现状和主要应用模式。

(2) 互联网金融发展现状、经营模式和存在风险。

(3) 大数据挖掘概念和大数据主要应用。

(4) 物联网概念和关键技术。

(5) 云计算特点和平台介绍。

(6) 智慧城市概念和建设过程。

(7) 互联网＋概念、商业模式和应用前景。

10.1 移动电子商务

移动电子商务是互联网、通信网、IT 技术和手持终端技术融合发展的必然产物，是一种全新的数字商务模式，是电子商务朝着大众化、便捷化发展的一种延伸与发展，是一种整合电子商务、沟通传统商务的创新营销应用潮流，是网络经济新的利润增长点。

中国不仅已经成为全球移动电子商务最大的市场，而且拥有移动电子商务最广泛的客户资源。截至 2015 年 6 月，我国手机网民规模达 5.94 亿，较 2014 年 12 月增加 3679 万人。网民中使用手机上网的人群占比由 2014 年 12 月的 85.8%提升至 88.9%。我国移动电子商务迅速发展的原因有：

(1) 手机用户数量和用手机上网用户数量攀升。

(2) 智能手机及平板电脑的普及。

(3) 上网速度、无线宽带、资费下调。

(4) 传统电商的沉淀，为移动电子商务的发展奠定基础。

因此，学习、认识、理解和把握移动电子商务的基本理论，对于实战移动电子商务和加快移动电子商务的深入发展都具有重要的意义和作用。

10.1.1 移动电子商务发展现状

随着移动通信技术和计算机的发展，移动电子商务的发展已经经历了 3 代，目前处在移动 Internet 应用阶段。

1. 第一代

第一代移动商务系统是以短信为基础的访问技术，这种技术存在着许多严重的缺陷，其中最严重的问题是实时性较差，查询请求不会立即得到回答。此外，由于短信信息长度的限制也使得一些查询无法得到一个完整的答案。这些令用户无法忍受的严重问题也导致了一些早期使用基于短信的移动商务系统的部门纷纷要求升级和改造现有的系统。

2. 第二代

第二代移动商务系统采用基于 WAP 技术的方式，手机主要通过浏览器的方式来访问 WAP 网页，以实现信息的查询，部分地解决了第一代移动访问技术的问题。第二代的移动访问技术的缺陷主要表现在 WAP 网页访问的交互能力极差，因此极大地限制了移动电子商务系统的灵活性和方便性。此外，WAP 网页访问的安全问题对于安全性要求极为严格的政务系统来说也是一个严重的问题。这些问题也使得第二代技术难以满足用户的要求。

3. 新三代

新三代的移动商务系统采用了基于 SOA 架构的 Web Service、智能移动终端和移动 VPN 技术相结合的第三代移动访问和处理技术，使得系统的安全性和交互能力有了极大的提高。第三代移动商务系统同时融合了 3G 移动技术、智能移动终端、VPN、数据库同步、身份认证及 Web Service 等多种移动通信、信息处理和计算机网络的最新前沿技术，以专网和无线通信技术为依托，为电子商务人员提供了一种安全、快速的现代化移动商务办公机制。

4. 移动 Internet 应用阶段

移动 Internet 应用和无线数据通信技术的发展，为移动电子商务的发展提供了坚实的基础。推动移动电子商务发展的技术不断涌现，主要包括无线应用协议(WAP)、移动 IP 技术、蓝牙技术(Bluetooth)、通用分组无线业务(GPRS)、移动定位系统(MPS)、第三代移动通信系统(3G)、移动电子商务提供的服务。

随着时代与技术的进步，人们对移动性和信息的需求急速上升，移动 Internet 已经渗透到人们生活、工作的各个领域。随着 3G、4G 时代的到来，移动电子商务成为各个产业链竞相争抢的"大蛋糕"。因其可以为用户随时随地提供所需的服务、应用、信息和娱乐，同时满足用户及商家从众、安全、社交及自我实现的需求，而深受用户的欢迎。

商务部还发布了 2014 年的中国电子商务报告，报告显示，2015 年电子商务已经成为国民经济的重要增长点。2014 年，电子商务交易总额增速是 28.64%，是国内生产总值的 3.86 倍。全国网络销售额增速较社会消费品零售总额的增速快了 37.7 个百分点。此外，移动电子商务呈现爆发式增长，我国微信用户数量已经达到 5 亿，同比增长 41%。

10.1.2 移动电子商务的主要应用模式

(1) 银行业务。移动电子商务使用户能随时随地在网上安全地进行个人财务管理，进一步完善 Internet 银行体系。用户可以使用其移动终端核查其账户、支付账单、进行转账以及接收付款通知等。

(2) 交易。移动电子商务具有即时性，因此非常适用于股票等交易应用。移动设备可用于接收实时财务新闻和信息，也可确认订单并安全地在线管理股票交易。

(3) 订票。通过 Internet 预订机票、车票或入场券已经发展成为一项主要业务，其规模还在继续扩大。Internet 有助于方便核查票证的有无，并进行购票和确认。移动电子商务使用户能在票价优惠或航班取消时立即得到通知，也可支付票费或在旅行途中临时更改航班或车次。借助移动设备，用户可以浏览电影剪辑、阅读评论，然后订购邻近电影院的电影票。

(4) 购物。借助移动电子商务，用户能够通过其移动通信设备进行网上购物。即兴购物会是一大增长点，如订购鲜花、礼物、食品或快餐等。传统购物也可通过移动电子商务得到改进。例如，用户可以使用"无线电子钱包"等具有安全支付功能的移动设备，在商店里或自动售货机上进行购物。随着智能手机的普及，移动电子商务通过移动通信设备进行手机购物，让顾客体会到购物更随意，更方便。如今比较流行的手机购物软件如"掌店商城"等，实现了手机下单，手机支付，同时也支持货到付款，不用担心没有 PC 就会错过的限时抢购等促销活动，尽享购物便利。

(5) 娱乐。移动电子商务将带来一系列娱乐服务。用户不仅可以从移动设备上收听音乐，还可以订购、下载或支付特定的曲目，并且可以在网上与朋友们玩交互式游戏，还可以游戏付费，并进行快速、安全的博彩和游戏。

(6) 无线医疗。医疗产业的显著特点是每一秒钟对病人都非常关键，在这一行业十分适合于移动电子商务的开展。在紧急情况下，救护车可以作为进行治疗的场所，而借助无线技术，救护车可以在移动的情况下同医疗中心和病人家属建立快速、动态、实时的数据交换，这对每一秒钟都很宝贵的紧急情况来说至关重要。在无线医疗的商业模式中，病人、医生、保险公司都可以获益，也会愿意为这项服务付费。这种服务是在时间紧迫的情形下，向专业医疗人员提供关键的医疗信息。由于医疗市场的空间非常巨大，并且提供这种服务的公司为社会创造了价值，同时，这项服务又非常容易扩展到全国乃至世界，我们相信在这整个流程中，存在着巨大的商机。

(7) 移动 MASP(移动应用服务提供商)。一些行业需要经常派遣工程师或工人到现场作业。在这些行业中，移动 MASP 将会有巨大的应用空间。MASP 结合定位服务技术、短信息服务、WAP 技术，以及 Call Center 技术，为用户提供及时的服务，提高用户的工作效率。

10.2 互联网金融

10.2.1 互联网金融的发展现状

随着互联网的发展与普及，互联网对金融业的发展产生了深刻的影响。20 世纪 90 年代中期到至今，我国传统金融服务业务实现了用户互联网自助办理。2010 年之后，一些互联网企业，特别是掌握互联网入口的第三方机构，利用大数据、云计算和数据挖掘技术等现代信息技术，不断推出创新性的互联网金融模式产品。比如阿里巴巴公司推出的阿里小贷，人人贷、拍拍贷等公司推出的互联网个人对个人的信贷业务。互联网金融创新逐步打破传统商业银行在金融业务多方面的垄断。

1. 互联网金融的含义

互联网金融是指以依托于支付、云计算、社交网络以及搜索引擎等互联网工具，实现资金融通、支付和信息中介等业务的一种新兴金融。互联网金融不是互联网和金融业的简单结合，而是在实现安全、移动等网络技术水平上，被用户熟悉接受后，自然而然为适应新的需求而产生的新模式及新业务，是传统金融行业与互联网精神相结合的新兴领域。互联网金融与传统金融的区别不仅仅在于金融业务所采用的媒介不同，更重要的在于金融参与者深谙互联网“开放、平等、协作、分享”的精髓，通过互联网、移动互联网等工具，使得传统金融业务具备透明度更佳、参与度更高、协作性更好、中间成本更低、操作上更便捷等一系列特征。理论上任何涉及了广义金融的互联网应用，都应该是互联网金融，包括但是不限于第三方支付、在线理财产品的销售、信用评价审核、金融中介、金融电子商务等模式。互联网金融的发展已经历了网上银行、第三方支付、个人贷款、企业融资等多阶段，并且越来越在融通资金、资金供需双方的匹配等方面深入传统金融业务的核心。

2. 互联网金融的发展现状

2013 年 6 月，支付宝网络技术有限公司开通余额宝功能，与天弘基金公司合作，直销中国第一支互联网基金。作为一种全新的互联网金融产品，在不足一个月，客户转入余额宝资金已突破百亿元，引起金融市场的高度关注和讨论。

2013 年 6 月 17 日，余额宝正式上线。余额宝是由第三方支付平台支付宝打造的一项余额增值服务，通过余额宝，用户不仅能够得到较高的收益，还能随时消费支付和转出，用户在支付宝网站内就可以直接购买基金等理财产品，获得相对较高的收益。同时余额宝内的资金还能随时用于网上购物、支付宝转账等支付功能。转入余额宝的资金在第二个工作日由基金公司进行份额确认，对已确认的份额会开始计算收益。

与余额宝挂钩的，是增利宝货币基金。增利宝货币基金，全称是天弘增利宝货币市场基金，是由天弘基金管理有限公司发行的一款货币型基金。天弘基金是增利宝货币基金的唯一销售机构，以支付宝为唯一直销推广平台，用户转入余额宝的资金，即购买了增利宝货币基金，并享有货币基金的投资收益。

余额宝的诞生，拉开了我国互联网金融改革的大幕。余额宝的意义在于在互联网时代，要充分尊重消费者并体现消费者的价值。另外，由于传统的金融产品不够灵活，且各大金融机构都对普通投资者摆出高傲的姿态，让广大消费者无从选择。余额宝的诞生改变了传统的金融市场格局，它以极富创新力在同传统金融势力比高低，也让广大的互联网消费群体多了一种选择。

从余额宝上线发展到 2014 年的 6 月底，短短的一年间余额宝用户数已经发展超过 1 亿人，人均持有金额 5030 元，余额宝规模更是达到 5741.60 亿元。天弘基金也从国内一家名不见经传的小基金管理公司一举发展成为拥有将近 6000 亿元规模、国内排名第一的基金管理公司。

余额宝在短短 5 个月内规模就突破千亿的靓丽成绩显然震动了业界。此后，类似的产品可谓层出不穷，包括百度“百发”，以及未出先热的微信理财等都不断引起市场关注。各种名为“现金宝”、“活期宝”、“天天宝”的类余额宝产品相继出现，规模快速增加。

余额宝的发展不仅影响到了互联网的同行企业，更是撬动了高高在上的银行金融机构。调查结果显示，包括平安银行、招商银行、光大银行和北京银行在内的股份制银行在面对余额宝所带来的压力，几乎全线上调了利率，上调幅度为基准利率的 10%。

余额宝改变了一个行业。银行、基金、券商都因为余额宝带来了颠覆性变化。由于余额宝的出现，货币基金实际上已经具有活期存款的功能，已经可以有条件和银行在这个品种上形成竞争。

互联网的特点则是边际成本递减，用户越多，成本越低，甚至趋近零。这让“余额宝”们能按一块钱的最低门槛服务那些小客户。不仅如此，海量客户、频繁交易、小客单价组成在一起，通过大数据技术，还形成了相对稳定的趋势。

10.2.2　互联网金融的经营模式

1. 按照互联网金融运作主体的不同分类

根据互联网金融运作主体的不同，可以将其划分为电商介入模式、互联网企业介入模式、银行结算的第三方支付模式、P2P 模式、众等模式以及比特币模式等。

(1) 电商介入模式是指以阿里巴巴、京东商城为代表的电商介入金融领域所形成的互联网金融模式。2012 年，市场上从事互联网金融的电商已达 6 家，即阿里小贷、京东商城供应链服务、民生慧聪新 e 贷、苏宁小贷、敦煌网 e 保通、网盛贷款通，其中有 4 家属于 B2B 平台，两家属于 B2C 平台。前者定位于向平台上的中小企业客户提供服务，后者面向平台上的供应链商家服务。

(2) 互联网企业介入模式是指互联网企业介入到金融服务领域所形成的模式，它们本身并不直接为客户提供金融服务而以服务金融机构为主。这类模式主要以各类基金代销网站和金融信息服务网站为主，如东方财富、融360、数米网、好贷网等。

(3) 通过银行结算的第三方支付模式。即涉及银行支付结算体系的第三方支付。截止到2013年1月，包括财付通、支付宝在内，我国第三方支付企业已达到223家。2012年我国第三方支付市场整体交易规模达12.9万亿元，同比增长54.2%，其中第三方互联网在线支付全年交易额规模达3.8万亿元(2011年为2.16万亿元)。

(4) P2P模式。P2P网络借贷(Peer-to-Peer Lending)平台，是P2P借贷与网络借贷相结合的金融服务网站，如拍拍贷。即由具有资质的网站(第三方公司)作为中介平台，借款人在平台发放借款标，投资者进行竞标向借款人放贷的行为。P2P模式的核心就是利用互联网几亿人之间的信息不对称，让他们相互对接把信息的不对称减少到最小。

P2P网络信贷平台模式自出现以来引起了世人的关注，发展也异常迅速。2005年3月，全球第一家P2P网贷平台Zopa(Zone of Possible Agreement)在伦敦成立。2006年，美国的第一家P2P信贷公司Prosper在加州三藩市成立。截至2013年8月10日，世界最大的P2P互联网借贷平台Lending Club累计发放的个人贷款数额已超过22.56亿美元，前一个月发放贷款超过1.73亿美元。我国最早的P2P互联网信贷平台拍拍贷，成立于2007年8月。到2012年底，我国P2P信贷公司总共超过300家，行业交易总量高达200多亿元。

随着网络的发展，社会的进步，此种金融服务的正规性与合法性会逐步加强，在有效的监管下发挥网络技术优势，实现普惠金融的理想。

(5) 众筹模式。众筹，由Crowd Funding一词翻译而来，即大众筹资，兴起于2009年美国Kickstarter网站。在美国，如果有人有好的想法就可以把这个想法放到网上，让大众对其投资，然后用这个产品的收益回报投资者。投资者在网上投资可以获得股权。2012年4月，美国通过JOBS法案(Jumpstart Our Business Startups Act)，允许小企业通过众筹方式获得股权融资。相比美国，我国的众筹起步就显得相对较晚，不过，发展速度却快得惊人。2014年3月26日，阿巴巴推出新一代“宝”产品—娱乐宝，首批登录娱乐宝界面的项目，包括电影《小时代3》、《小时代4》、《狼图腾》、《非法操作》以及社交游戏《魔范学院》。项目一经推出，立马得到网民的热烈回应，项目筹集的总投资额高达7300万元，让人惊叹。紧接着百度、京东、苏宁等互联网企业拍马而上，其众筹频道纷纷上线，与国内的众筹平台，如点名时间、追梦网、天使汇、大家投、众筹网、原始会等，并肩拓宽众筹平台。据央行2014年4月发布的《金融稳定报告(2014)》统计，我国的众筹平台已发展到21家。

(6) 比特币模式。比特币(Bit Coin)是由开源软件以及构建其上的P2P网络产生的电子货币，是一种网络虚拟货币。比特币不依靠特定的货币机构发行，通过特定的算法计算产生，使用整个P2P网络来确认、记录所有的交易行为。比待币具有极强的稀缺性，可以用它兑现或购物。

2. 按照互联网金融服务形式的不同分类

根据互联网金融服务形式的不同，可以大致将其分为3种主要的经营模式：传统金融服务的互联网延伸、金融的互联网居间服务和互联网金融服务。

(1) 传统金融服务的互联网延伸是指传统的金融机构(主要是银行)借助互联网的便捷

性和强大的影响力将自己的服务在互联网上进行推广，最典型的代表是网上银行和电子银行。

(2) 金融的互联网居间服务主要包括有第三方支付平台、P2P 信贷、众筹网络等。

(3) 互联网金融服务是网络形式的金融平台。这一模式大多是以阿里、京东为代表的电商向金融行业的渗透，包括互联网基金(如天弘增利宝货币基金)、网络小额贷款公司(如阿里小贷)、保险销售平台(目前以 B2C 模式为主)等。截至 2013 年 6 月末，阿里小贷投入贷款总额已超过 1000 亿元，客户超过 32 万，户均贷款额度 4 万元。海通证券研报将阿里进攻金融业的过程解析为一个逐渐渗透的过程。银行三大核心业务“存、贷、汇”；阿里金融通过“支付宝”实现“电商”到“汇”业务，由“余额宝”实现“汇”到“存”，由“阿里小贷”实现“汇”到“贷”。

10.2.3　互联网金融目前存在的风险

与传统的金融产品相比，互联网金融产品也面临如下几个重要风险。

(1) 信用违约风险，即互联网理财产品能否实现其承诺的投资收益率。例如，阿里巴巴的余额宝当前的收益率低于 5%，且余额宝的性质是货币市场基金。但百度百发的预期收益率高达 8%，其他平台的年收益率甚至超过 50%，这就不由得让我们想问，这些互联网金融产品最终投资的基础资产是什么？在全球经济增长低迷、中国经济潜在增速下降、国内制造业存在普遍产能过剩、国内服务业开放不足、影子银行体系风险逐渐显现的背景下，如何实现 8%甚至更高的收益率？

(2) 期限错配风险，即互联网理财产品投资资产是期限较长的，而负债是期限很短的，一旦负债到期不能按时滚动，就可能发生流动性风险。当然，金融机构的一大功能就是将短期资金转化为长期资金，因此金融机构都会面临不同程度的期限错配，而其中的关键是错配的程度。联想到百度百发给出的承诺是允许投资者随时赎回，这无疑最大限度地加剧了流动性风险。既要允许随时赎回，还能给出 8%的预期收益率，不仅会令缺乏经验的投资者欢欣鼓舞，但也会令富有经验的投资者疑虑重重。

(3) 最后贷款人风险。尽管商业银行发行的理财产品也面临信用违约风险与期限错配风险，但与互联网金融相比的一个重要区别是，商业银行最终能够获得央行提供的最后贷款人支持。当然，这一支持是有很大代价的，例如商业银行必须缴纳法定存款准备金、自有资本充足率必须高于 8%、必须满足监管机构关于风险拨备与流动性比率的要求等。相比之下，互联网金融目前面临监管缺失的格局，因此运营成本较低，但如果缺乏最后贷款人保护，那么一旦互联网金融产品违约，最终谁来买单？互联网金融企业有能力构筑强大的自主性风险防御体系吗？

除上述传统风险外，中国互联网金融产品还面临一系列独特风险。

(1) 法律风险。目前互联网金融行业尚处于无门槛、无标准、无监管的三无状态。这导致部分互联网金融产品(尤其是理财产品)游走于合法与非法之间的灰色区域，稍有不慎就可能触碰到“非法吸收公众存款”或“非法集资”的高压线。

(2) 增大了央行进行货币信贷调控的难度。一方面，互联网金融创新使得央行的传统货币政策中间目标面临一系列挑战。例如，虚拟货币(例如比特币)是否应该计入 M1？再如，由于互联网金融企业不受法定存款准备金体系的约束，这实际上导致了货币乘数的放大。又如,如何来看待传统货币与虚拟货币之间的互动与转化?另一方面,互联网金融的发展也削弱了中央政府信贷政策的效果。例如,如果房地产开发商传统融资渠道被收紧,那么很可能会考虑到通过互联网金融来融资。事实上,最近一年来中国互联网理财产品的大发展,其宏观背景就与中国政府收紧了对影子银行体系的监控,导致地方融资平台、房地产开发商等市场主体不得不寻找新的融资来源有关。

(3) 个人信用信息被滥用的风险。首先,由互联网金融企业通过数据挖掘与数据分析,获得个人与企业的信用信息,并将之用于信用评级的主要依据,此举是否合理合法?其次,通过上述渠道获得的信息,能真正全面准确地衡量被评级主体的信用风险,这里面是否存在着选择性偏误与系统性偏差?

(4) 信息不对称与信息透明度问题。如前所述,目前互联网金融行业处于监管缺失的状态。那么,谁来验证最终借款人提供资料的真实性?有无独立第三方能够对此进行风险管控?如何防范互联网金融企业自身的监守自盗行为?毕竟,有关调查显示,目前互联网P2P类公司中,有专业的风险控制团队的仅占两成左右。

(5) 技术风险。与传统商业银行有着独立性很强的通信网络不同,互联网金融企业处于开放式的网络通信系统中,TCP/lP协议自身的安全性面临较大非议,而当前的密钥管理与加密技术也不完善,这就导致互联网金融体系很容易遭受计算机病毒以及网络黑客的攻击。目前考虑到互联网金融账户被盗风险较大,阻碍了不少人参与互联网金融,这其中绝非没有专业的金融或IT人士。因此,互联网企业必须对自身的交易系统、数据系统等进行持续的高投入以保障安全,而这无疑会加大互联网金融企业的运行成本,削弱其相对于传统金融行业的成本优势。

综上所述,既然中国互联网金融企业在起步阶段就面临如此之多的风险,那么是否就应该以此为由放慢甚至扼杀这一宝贵的金融创新呢?答案自然是否定的。有关各方应该在充分考虑潜在风险的基础上,推动互联网金融的稳步、可持续发展。

(1) 应充分加强行业自律。用行业准入来替代政府审批,通过加强行业协会的作用,有助于规范行业的发展,并避免政府的过度介入。目前的中关村互联网金融行业协会,以及互联网金融千人会等,都是有益的尝试。

(2) 应该加强投资者教育,充分向投资者提示投资互联网金融产品可能面临的风险,且这一风险显著高于投资类似的传统金融产品的风险。

(3) 应该加强网络安全管理,从更高层次上来防范黑客攻击导致的系统瘫痪。

(4) 监管机构应该构建灵活的、富有针对性与弹性的监管体系,既要弥补监管缺位,又要避免过度监管。

10.3 大数据与数据挖掘

10.3.1 大数据时代

"啤酒与尿布"的故事可以说是营销界的经典段子,打开Google搜索一下,你会发现很多人都在津津乐道于"啤酒与尿布",可以说100个人就有100个版本的"啤酒与尿布"的故事。故事的时间跨度从20世纪80年代到21世纪初,甚至连故事的主角和地点都会发生变化——从美国跨越到欧洲。我们发现沃尔玛的“啤酒与尿布”案例是正式刊登在 1998 年的《哈佛商业评论》上面的，这应该算是目前发现的最权威报道。“啤酒与尿布”的故事产生于 20 世纪 90 年代的美国沃尔玛超市中，沃尔玛超市管理人员分析销售数据时发现了一个令人难以理解的现象：在某些特定的情况下，“啤酒”与“尿布”两件看上去毫无关系的商品会经常出现在同一个购物篮中，这种独特的销售现象引起了管理人员的注意，经过后续调查发现，这种现象出现在年轻的父亲身上。

在美国有婴儿的家庭中，一般是母亲在家中照看婴儿，年轻的父亲前去超市购买尿布。父亲在购买尿布的同时，往往会顺便为自己购买啤酒，这样就会出现啤酒与尿布这两件看上去不相干的商品经常会出现在同一个购物篮的现象。如果这个年轻的父亲在卖场只能买到两件产品之一，则他很有可能会放弃购物而到另一家商店，直到可以一次同时买到啤酒和尿布为止。沃尔玛发现了这一独特的现象，开始在卖场尝试将啤酒与尿布摆放在相同的区域，让年轻的父亲可以同时找到这两件商品，并很快地完成购物；而沃尔玛超市也可以让这些客户一次购买两件商品、而不是一件，从而获得了很好的商品销售收入，这就是“啤酒与尿布”故事的由来。这个发现为商家带来了大量的利润，但是如何从浩如烟海却又杂乱无章的数据中，发现啤酒和尿布销售之间的联系呢？这有给了我们什么样的启示呢？

其实“啤酒”与“尿不湿”关联的营销案例是典型的数据挖掘应用。数据挖掘的前提就是要有数据的存在。在互联网高度发达的今天，我们在各个环节都可能会产生数据，如网上购物、网络社交、网络访问等。大数据(Big Data)，或称巨量资料，指的是所涉及的资料量规模巨大到无法通过目前主流软件工具，在合理时间内达到撷取、管理、处理，并整理成为帮助企业经营决策更积极目的的资讯。人类社会时时刻刻都在产生海量的数据，这些数据统称为大数据。在维克多·迈尔·舍恩伯格及肯尼斯·库克耶编写的《大数据时代》中，大数据指不用随机分析法(抽样调查)这样的捷径，而采用所有数据的方法。

10.3.2 数据挖掘的概念

1. 大数据的特征

关于大数据的特征，业内专业人士表示，可以用很多的词语表示。比较有代表性的即为 2001 年 Doug Laney 最先提出 3V 模型，包括规模性(volume)、高速性(velocity)和多样性(variety)。除此之外，在 3V 的基础上又提出了一些新的特征。关于第四个 V 的说法不一，IDC 认为大数据还应当具有价值性(value)，大数据的价值往往呈现出稀疏性的特点。

(1) 规模性指的是数据巨大的数据量以及其模型的完整性。数据的存储 TB 扩大到 ZB，这与数据存储和网络技术的发展密切相关。数据的加工处理技术的提高，网络宽带的成倍增加，以及社交网络技术的迅速发展，使得数据产生量和存储量成倍增长。实质上，在某种程度上，数据的数量级的大小并不重要，重要的是数据具有完整性。数据规模性的应用有如下的体现，比如对每天 12TB 的 Twitter 信息进行分析，了解人们的心理状态，可以用于情感性产品的研究和开发；基于 Face book 上成千上万条信息的分析，可以帮助人们处理现实中的朋友圈的利益关系。

资料显示，2011 年全球数据规模为 1.8ZB，可以填满 575 亿个 32GD 的 iPad，这些 iPad 可以在中国修建两座长城。到 2020 年，全球数据将达到 40ZB，如果把它们全部存入蓝光光盘,这些光盘和 424 艘尼米兹号航母重量相当。我国 2010 年新存储的数据为 250PB,2010 年数据存储量达到 364EB,约为日本的 60%,北美的 7%。

淘宝网站每天有超过数千万笔交易,单日数据产生量超过 50TB(1TB 等于 1000GB),存储量 40PB(1PB 等于 1000TB)。百度公司目前数据总量接近 1000PB,存储网页数量接近 1 万亿页,每天大约要处理 60 亿次搜索请求,几十 PB 数据。

大量新数据源的出现则导致了非结构化、半结构化数据爆发式的增长。信息数据的单位由 TB-PB-EB-ZB 的级别。这些由我们创造的信息背后产生的这些数据早已经远远超越了目前人力所能处理的范畴。如何管理和使用这些数据,逐渐成为一个新的领域,于是大数据的概念应运而生。

(2) 高速性主要表现为数据流和大数据的移动性。现实中则体现在对数据的实时性需求上。随着移动网络的发展,人们对数据的实施应用需求更加普遍,比如通过手持终端设备关注天气、交通、物流等信息。高速性要求具有时间敏感性和决策性的分析——能在第一时间抓住重要事件发生的信息,比如,当有大量的数据输入时(需要排除一些无用的数据),或者需要马上做出决定的情况。例如,一天之内需要审查 500 万起潜在的贸易欺诈案件;需求分析 5 亿条日实时呼叫的详细记录,以预测客户的流失率。

(3) 多样性指有多种途径来源的关系型和非关系型数据。这也意味着要在海量、种类繁多的数据间发现其联系。互联网时代,各种设备通过网络连接成了一个整体。进入以互动为特征的 Web 2.0 时代,个人计算机用户不仅可以通过网络连接获取信息,还可以成为信息的制造者和传播者。这个阶段,不仅是数据量开始爆炸式增长,数据种类也开始变得繁多。除了简单的文本分析外,还可以是传感器数据、音频、视频、日志文件、点击流量以及其他任何可用的信息。比如,在客户数据库中不仅要关注名称和地址,还包括客户所从事的职业、兴趣爱好、社会关系等。利用大数据多样性的原理就是:保留一切需要的对自己有用的信息,舍弃那些不需要的;发现那些有关联的数据,加以收集分析、加工,使其变为可用信息。

(4) 价值性体现出的是大数据运用的真正意义所在。其价值具有稀缺性、不确定性和多样性。"互联网女皇"Mary Meeker 在 2012 年互联网发展趋势中,用一幅生动的图像来描述大数据。一张是整整齐齐的稻草堆,另外一张是稻草中缝衣针的特写。寓意通过大数据技术的帮助,可以在稻草堆中找你需要的东西,哪怕是一枚小小的缝衣针。这两幅图揭示了大数据一个很重要的特点,即价值的稀疏性。

2. 大数据的发展历程

最早提出"大数据"时代到来的是全球知名咨询公司麦肯锡,麦肯锡称:"数据已经渗透到当今每一个行业和业务职能领域,成为重要的生产因素。人们对于海量数据的挖掘和运用,预示着新一波生产率增长和消费者盈余浪潮的到来。""大数据"在物理学、生物学、环境生态学等领域以及军事、金融、通信等行业存在已有时日,却因为近年来互联网和信息行业的发展而引起人们的关注。大数据是云计算、物联网之后 IT 行业又一大颠覆性的技术革命。云计算主要为数据资产提供了保管、访问的场所和渠道,而数据才是真正有价值的资产。企业内部的经营交易信息、互联网世界中的商品物流信息、互联网世界中的人与人交互信息、位置信息等,其数量将远远超越现有企业 IT 架构和基础设施的承载能力,实时性要求也将极大地超越现有的计算能力。如何盘活这些数据资产，使其为国家治理、企业决策乃至个人生活服务，是大数据的核心议题，也是云计算内在的灵魂和必然的升级方向。

进入2012年，大数据一词越来越多地被提及，人们用它来描述和定义信息爆炸时代产生的海量数据。随着网络和信息技术的不断普及，人类产生的数据量正在呈指数级增长。数据正在迅速膨胀并变大，它决定着企业的未来发展，虽然很多企业可能并没有意识到数据爆炸性增长带来的问题隐患，但是随着时间的推移，人们将越来越多地意识到数据对企业的重要性。

正如《纽约时报》2012年2月的一篇专栏中所称，"大数据"时代已经降临，在商业、经济及其他领域中，决策将日益基于数据和分析而做出，而并非基于经验和直觉。哈佛大学社会学教授加里·金说："这是一场革命，庞大的数据资源使得各个领域开始了量化进程，无论学术界、商界还是政府，所有领域都将开始这种进程。"

3. 大数据的分析方法

大数据已经不简单是数据大的事实了，而最重要的现实是对大数据进行分析，只有通过分析才能获取很多智能的、深入的、有价值的信息。那么越来越多的应用涉及大数据，而这些大数据的属性，包括数量、速度、多样性等都呈现了大数据不断增长的复杂性，所以大数据的分析方法在大数据领域就显得尤为重要，可以说是决定最终信息是否有价值的决定性因素。基于这种认识，大数据分析普遍存在的方法理论有哪些呢？

(1) 可视化分析。大数据分析的使用者有大数据分析专家，同时还是普通用户，但是他们二者对于大数据分析基本的要求就是可视化分析，因为可视化分析能够直观地呈现大数据的特点，同时能够非常容易被读者所接受，就如同看图说话一样简单明了。

(2) 数据挖掘算法。大数据分析的理论核心就是数据挖掘算法，各种数据挖掘的算法基于不同的数据类型和格式才能更加科学地呈现出数据本身具备的特点，也正因为这些被全世界统计学家所公认的各种统计方法(可以称之为真理)才能深入数据内部，挖掘出公认的价值。另外一个方面也是因为有这些数据挖掘的算法才能更加快速地处理大数据，如果一个算法需要花上好几年才能得出结论，那大数据的价值就无从说起了。

(3) 预测性分析。大数据分析最重要的应用领域之一就是预测性分析，从大数据中挖掘出的特点，通过科学地建立模型，之后便可以通过模型带入新的数据，从而预测未来的数据。

(4) 语义引擎。非结构化数据的多元化给数据分析带来新的挑战，我们需要一套系统的分析，提炼数据。语义引擎的设计需要有足够的人工职能已足矣从数据中主动地提取信息。

(5) 数据质量和数据管理。大数据分析离不开数据质量和数据管理，高质量的数据和有效的数据管理，无论是在学术研究还是在商业应用领域，都能够保证分析结果的真实和有价值。

大数据分析的基础就是以上五个方面，当然更加深入大数据分析的话还有很多更加有特点的、更加深入的、更加专业的大数据分析方法。

4. 数据机遇

自从有了IT部门，董事会就一直在要求信息管理专家提高洞察力。实际上，早在1951

年，对预测小吃店蛋糕需求的诉求就催生了计算机的首次商业应用。自那以后，我们利用技术来识别趋势和制定战略战术的能力不断呈指数级提高。

今天，商业智能越来越受到企业高管的重视，大数据分析是商业智能的演进。当今，传感器、GPS系统、QR码、社交网络等正在创建新的数据流。所有这些都可以得到发展，正是这种真正广度和深度的信息在创造不胜枚举的机会。要使大数据言之有物，以便让大中小企业都能通过更加贴近客户的方式取得竞争优势，数据集成和数据管理是核心所在。

大数据可以赋予人们近乎超感官知觉的能力。Charles Duhigg（查尔斯·杜希格）是The Power of Habit(《习惯的力量》)一书的作者，他找出的一个黄金案例分析的例子是美国零售商Target(塔吉特公司)，其发现妇女在怀孕的中间三个月会经常购买没有气味的护肤液和某些维生素。通过锁定这些购物者，商店可提供将这些妇女变成忠诚客户的优惠券。实际上，Target知道一位妇女怀孕时，那位妇女甚至还没有告诉最近的亲朋好友，更不要说商店自己了。

很明显，在可以预见的将来，隐私将仍是重要的考量，但是归根结底，用于了解行为的技术会为方方面面带来双赢，让卖家了解买家，让买家喜欢买到的东西。

大数据将会放大我们的能力，了解看起来难以理解和随机的事物。对其前途的了解提供了获取崭新知识和能力的机会，将改变企业的运作方式。

5. 数据回报

企业可以通过思考数据战略的总体回报，来应对大数据的挑战，抓住大数据的机会。数据回报率是为帮助高级IT和业务部门领导者进行大数据基本的战术和战略含义的讨论而设计的一个简单概念。等式非常简单：如果您提高数据对于业务部门的价值，同时降低管理数据的成本，从数据得到的回报就会增加——无论是用金钱衡量，还是更好的决策。

数据回报率＝数据价值/数据成本

在技术层面，数据回报率为数据集成、数据管理、商业智能和分析方面的投入提供了业务背景和案例。它还与解决业务的基础有关：挣钱、省钱、创造机会和管理风险。它涉及对效率的考虑，同时推动了改变游戏规则的洞察力。

10.3.3 大数据的主要应用

大数据在互联网领域的应用现状以及未来发展。

1. 电子商务

近年来，淘宝、京东等网络零售第三方交易平台和电子商务网站的蓬勃发展，使其上聚集了大量的经营者、消费品和商品、服务，并因此而衍生出了大量的数据，利用大数据理论和技术，对网络购物、网络消费、网络团购、网上支付等数据进行深度挖掘、深入分析，将可发现大量有价值的信息与统计规律，对布局和推动今后中国互联网经济的健康有序发展、对进一步规范经营者和消费者的电子商务活动、加强国家对该领域的宏观调控和监管等，均将产生积极的影响。

当前的电子商务平台主要面对两类用户，一是最终消费者，二是大量的商家。对于最终消费者而言，电子商务平台目前主要通过积累和挖掘用户消费过程的行为数据，来为消费者提供商品推荐服务。某些电子商务平台还将时间、地理位置、社交网络等因素融入用户行为数据中，进一步进行精准推荐。在实际的推荐系统中，主要利用的是机器学习、自然语言理解、大数据分布式存储和并行处理等技术。然而，目前针对第二类用户——商家的大数据分析挖掘服务还较少。一方面，相对于最终消费者，商家更注重数据的隐私性，对于某些数据他们是不愿意被第三方获知的；另一方面，商家的许多商业行为并不都是在线上完成的，有很多是在线下完成的，平台难以获得较为全面的数据。促使商家开放数据或者部分数据，需要在数据安全、数据使用的商业模式和技术等多个层面的创新以及观念的改变才能实现，还需要一定的时间。然而，针对商家数据的分析的确具有很高的价值。例如，通过对商家进货、库存、销售、客户关系等多方位数据获取和分析，可以有效地为商家推荐优质的上下游业务，帮助商家建立起上下游的产业链关系；可以通过平台数据的分析为商家推送有关税收、融资、法律等与企业经营活动相关的专业服务，帮助商家更好地发展，帮助政府更好地对企业进行监管和扶持。目前，国内专注于企业领域的一些公司正在大力开展这方面的工作。

2. 网络广告

在互联网上，网民经常根据自己的需求或喜好查阅相关内容，虽然关闭网页就意味着某一次的网上活动结束，但网民在互联网上的任何行为都会留下痕迹，它代表着某种心理、需求或行为，反应个体的审美观、价值观以及消费观。每一次的上网痕迹都会成为抽象的数据，负载着个体的多样信息，最后存储在后台服务器中。经过长期的积累，后台服务器会存储海量的数据，这些数据都可以被广告从业者获取、"化验"，采用特定的数据挖掘算法对这些海量数据进行分析、挖掘、利用，然后对受众群体进行基本定位，进而抽象出受众的审美、消费、兴趣特征，利用这些特征便可以精准地设计出符合某类受众群体口味的广告。如果收集的数据可靠且分析准确，那么设计出的广告受到网络用户青睐的可能性将大幅提高，获得成功的概率也会极大地增加。

3. 网络新闻、搜索引擎

利用大数据理论和技术，通过对网民阅读/搜索内容、习惯、爱好、行为、关键词等的深入分析，可为新闻门户网站的建设、搜索引擎技术的改进、互联网舆情的监控与引导等提供依据。

4. 旅行预订

网上预订旅行产品、旅行行程、车票机票等，已成为一项非常重要的互联网服务和应用，并因此聚集了大量的有关游客/乘客、景区/景点、宾馆/饭店等数据，利用大数据理论和技术对此做深入、精细分析，可为更好地布局和推动我国旅游经济和假日经济的发展、更好地为游客提供旅游产品和旅游服务、更好地建设景区和景点等提供参考和依据。

5. 即时通信、社交网络、博客微博

即时通信、社交网络、博客微博成为互联网时代民众新的通信、社交和发表见解手段，利用大数据理论和技术对此进行深入分析，可更好地发现民众新的交往习惯与方式、民众关注的社会问题与社会热点、民情民意，为改善互联网时代的通信和社交服务、更好地体察民情和改进社会管理等提供参考。

6. 网络视频、网络音乐、网络游戏和影视制作等

网络视频、网络音乐、网络游戏、影视制作为互联网时代的民众带来了新的娱乐形式，带动了新的经济增长，当然也带来了网瘾、网络安全等问题。利用大数据理论和技术对此进行深入分析，可更好地发现民众新的娱乐形式和爱好、掌握青少年网游习性和规律，为更好地推出网络娱乐和网络游戏产品与服务、推动网游经济发展、保障青少年上网安全等提供依据；根据观众的心理需求制作出更加卖座的影视作品。大数据分析在互联网上的一个重要应用就是基于用户的各种海量在线行为来分析用户的兴趣和需求。对于网络游戏来说，越来越多的游戏厂商也意识到了大数据分析的重要性，特别是对于游戏研发和运营中的三个重要环节的作用，即降低用户获取成本、提高用户留存和提高用户付费率和付费额，他们开始建立实时大数据平台收集用户在游戏中的行为数据，通过分析理解每个用户如何玩游戏、他们的动机和潜在的价值，来调整游戏的设计，并对这些用户进行实时自动的营销，以更好地满足这些需求。例如，基于游戏内用户行为利用数据挖掘和机器学习算法对每个用户进行评估和分类，然后可以使用这些细分的用户类别，推送及时、相关和个性化的消息（如促销信息）来留住用户。同时基于行为数据对用户细分后，还可以进行跨游戏的用户营销，对不同的用户类型推送不同类型的游戏。面向游戏的大数据分析仍有三个挑战，第一个关于数据质量，不同的游戏之间或者不同玩家的数据的预处理面临的问题是，接口不规范、杂乱无章导致数据比较差，如何能够选出高质量的数据。第二个问题在用户的隐私和个性化之间找到一个平衡点，这对整个互联网上的用户行为分析来说都是有挑战的问题，这个挑战不光是技术，还有政策法规。第三个问题是未来跨设备、跨平台、跨应用的手机游戏、网页游戏和电视游戏将为用户提供更加无缝的娱乐体验，如何收集用户完整的行为数据以了解他们的需求将是挑战性的任务，同时如何将大数据中的预测性分析技术应用于游戏分析，提供更加个性化的游戏成为未来的另一个方向。

2013 年，一部网络剧《纸牌屋》受到影视界与网络界人士的广泛关注，该剧时下已经横扫 40 多个国家收视榜。该剧之所以备受关注，是因为它在很大程度上是采用大数据“算”出来的。该剧的制作方是世界上最大的在线影片租赁服务商 Netflix，它通过其全球 3300 万个订阅用户大量的行为踪迹，如下载、收藏、推荐、快进、暂停、回放、播放等，了解到大多数用户喜欢 David Fincher 导演，Kevin Spacey 主演的影片口碑不错，还了解到英剧版的《纸牌屋》很受欢迎。三者的碰撞促进了《纸牌屋》的诞生。Netflix 还通过海量的数据积累和挖掘，分析出用户的观看习惯在不断改变，观看时间逐渐零散化，不再喜欢追剧而是喜欢一次性全部看完，所以《纸牌屋》不再有“首播剧集”和“追剧”的概念，首次开播也是将一季内容全部播出。Netflix 对其长期积累下来的“大数据”进行分析、处理、挖掘、预测，根据受众特征、喜好定制电视剧，不再是随意、主观地编制影片，而是以数据为依据，成功地推出了广受欢迎的电视剧。在整个过程中，人们不难发现。《纸牌屋》从内容生产、受众定位到受众审美心理、受众消费习惯，都依赖于数据分析，像受众审美心理这些以前无法量化、无法掌控的因素，现在由于有了海量的数据和相应的数据挖掘技术而成为可以“计算”、可以“操作”的“客体”。将混沌不清的因素透明化，将柔性的、主观的东西刚性化、客观化，数据挖掘在其中起到了至关重要的作用。此时，数据分析已经不仅仅是一种方法、一种工具，而是包含革命性的变化。

7. 医疗行业

SetonHealthcare 是采用 IBM 最新沃森技术医疗保健内容分析预测的首个客户。该技术允许企业找到大量病人相关的临床医疗信息，通过大数据处理，更好地分析病人的信息。

在加拿大多伦多的一家医院，针对早产婴儿，每秒钟有超过 3000 次的数据读取。通过这些数据分析，能够提前知道哪些早产婴儿出现问题并且有针对性地采取措施，避免早产婴儿夭折。

大数据同时能让更多的创业者更方便地开发产品，比如通过社交网络来收集数据的健康类 APP。也许未来许多年后，他们搜集的数据能让医生给你的诊断变得更为精确，比方说不是通用的成人每日三次、一次一片，而是监测到你的血液中药剂已经代谢完成会自动提醒你再次服药。

8. 能源行业

智能电网现在欧洲已经做到了终端，也就是所谓的智能电表。在德国，为了鼓励利用太阳能，会在家庭安装太阳能，除了卖电给你，当你的太阳能有多余的电的时候还可以从你家中买回来。通过电网收集每隔五分钟或十分钟收集一次数据，收集来的这些数据可以用来预测客户的用电习惯等，从而推断出在未来 2～3 个月时间里，整个电网大概需要多少电。有了这个预测后，就可以向发电或者供电企业购买一定数量的电。因为电有点像期货一样，如果提前买就会比较便宜，买现货就比较贵。通过这个预测后可以降低采购成本。

维斯塔斯风力系统，依靠的是 Big Insights 软件和 IBM 超级计算机，然后对气象数据进行分析，找出安装风力涡轮机和整个风电场最佳的地点。利用大数据，以往需要数周的分析工作，现在仅需要不足 1 小时便可完成。

9. 网络空间安全与大数据

人机结合成为网络安全领域大数据分析工具的基本形态，单以全球每天产生的海量信息来看，以当前软硬件能力存储、传递、分析所有萃取出的元数据与内容数据仍然相当困难。为此有很多解决方案，包括“将元信息自动分析预警与重点内容数据采集”相结合、“采集数据滚动式缓存与验证信息结构化提取”等的分析处理方案。当前的主要解决方案是将人机结合作为大数据分析工具的基本形态，通过“形式化”专家学者的智能经验，提升分析工具的智能化程度；将关键领域任务模型与规范化工作流相结合，打造任务敏感性分析方式；将情报分析专家与技术专家相结合，适时修订信息处理策略提升信息处理能力；以发展态势可视化技术为基本方向，做好人机结合式的网络安全态势理解。

美国人正在做的系列项目，都是试图汇聚所有美国及其盟国系统情报的力量和资源，尽最大可能实现更广泛意义上的“人机”结合。

组建国家网络安全力量是网络安全大数据应用的重要步骤。网络安全领域的大数据应用，要求数据的完整性、综合性，需要多种信息处理手段相结合，更需要高效组织运作机制的保障。当前，这些情报来源已经由传统的军方以电子监听为主转为电子监听、网络监视相结合，甚至网络监视的业务量可能更大。这种组织构架全面，综合处理各类信息，能够有效地保证及时、准确的威胁告警与安全反应。

2012 年 5 月美国击毙本 · 拉登的组织领导者就是中央情报局，美海军陆战队只是执行人。2013 年 8 月 4 日美国政府发布关闭全球大使馆安全告警,随后在也门打死六名基地组织武装人员,背后也都有大数据技术的有效支持。目前美军正在依照国家安全局的模式组建 100 个服务于联合作战的"营"级规模的网络作战分队,其核心装备仍需要大数据技术的支撑。国家力量对网络安全领域大数据的投入,彻底改变了国际网络安全力量格局。

10.4 物联网

10.4.1 物联网的基本概念

Acquity 集团(全球最大的管理咨询跨国公司埃森哲子公司)在 2014 年 8 月 22 日发布了《2014 年全球物联网报告》,报告显示:预计在 2019 年全球 69%的家庭都至少有一台物联网设备。在针对 2000 名美国用户的随机调查中,目前仅有 4%的用户拥有物联网设备,而到 2015 年年底这个数字有望上升到 13%。

物联网(Internet of Things,IOT)是一个基于互联网、传统电信网等信息承载体,让所有能够被独立寻址的普通物理对象实现互联互通的网络。物联网一般为无线网,每个人都可以应用电子标签将真实的物体上网联结,在物联网上都可以查找它们的具体位置。通过物联网可以用中心计算机对机器、设备、人员进行集中管理、控制,也可以对家庭设备、汽车进行遥控,以及搜索位置、防止物品被盗等各种应用。

物联网将现实世界数位化,应用范围十分广泛。物联网的应用领域主要包括以下几个方面:运输和物流领域、健康医疗领域、智能环境(家庭、办公、工厂)领域、个人和社会领域等,具有十分广阔的市场和应用前景。

比尔·盖茨 1995 年《未来之路》一书中提及物互联,只是当时受限于无线网络、硬件传感设备的发展,并未引起重视。1998 年麻省理工学院提出了当时称为 EPC 系统的物联网构想。1999 年,在物品编码、RFID 技术的基础上 Auto-ID 公司提出了物联网的概念。2005 年 11 月 17 日,信息世界峰会上,国际电信联盟发布了《ITU 互联网报告 2005:物联网》,其中指出"物联网"时代的来临。

我国物联网应用总体上处于发展初期,许多领域积极开展了物联网的应用探索与试点,在应用水平上与发达国家仍有一定差距。

目前已开展了一系列试点和示范项目,在电网、交通、物流、智能家居、节能环保、工业自动控制、医疗卫生、精细农牧业、金融服务业、公共安全等领域取得了初步进展。

工业领域,物联网可以应用于供应链管理、生产过程工艺优化、设备监控管理以及能耗控制等各个环节,目前在钢铁、石化、汽车制造业有一定应用,此外在矿井安全领域的应用也在试点中。农业领域,物联网尚未形成规模应用,但在农作物灌溉、生产环境监测(收集温度、湿度、风力、大气、降雨量,有关土地的湿度、氮浓缩量和土壤 pH 值)以及农产品流通和追溯方面物联网技术已有试点应用。金融服务领域,在"金卡工程"、二代身份证等政府项目推动下,我国已成为继美国、英国之后的全球第三大 RFID 应用市场,但应用水平相对较低。正在起步的电子不停车收费(ETC)、电子 ID 以及移动支付等新型应用将带动金融服务领域的物联网应用朝着纵深方向发展。电网领域,2009 年国家电网公布了智能电网发展计划,智能变电站、配网自动化、智能用电、智能调度、风光储等示范工程先后启动。交通领域，物联网在铁路系统应用较早并取得一定成效，在城市交通、公路交通、水运领域的示范应用刚刚起步，其中视频监控应用最为广泛，智能车路控制、信息采集和融合等应用尚在发展中。物流领域，RFID、全球定位、无线传感等物联网关键技术在物流各个环节都有所应用，但受制于物流企业信息化和管理水平，与国外差距较大。医疗卫生领域，我国已经启动了血液管理、医疗废物电子监控、远程医疗等应用的试点工作，但尚处于起步阶段。节能环保领域，在生态环境监测方面进行了小规模试验示范，距离规模应用仍有待时日。公共安全领域，在平安城市、安全生产和重要设施防入侵方面进行了探索。民生领域，智能家居已经在一线重点城市有小范围应用，主要集中在家电控制、节能等方面。

10.4.2　物联网应用的关键技术

1. 传感器技术

这也是计算机应用中的关键技术。大家都知道，到目前为止绝大部分计算机处理的都是数字信号。自从有计算机以来就需要传感器把模拟信号转换成数字信号计算机才能处理。

我国已建立了较完整的敏感元件和传感器产业，产业规模稳步增长。2009 年我国传感器产业规模接近 600 亿，形成了长三角为主，以及珠三角、京津、中部及东北部分城市的空间布局。目前我国内地共有 450 余家从事敏感元件及传感器生产厂家，年产量突破 24 亿只，批量生产的产品涉及光敏、电压敏、热敏、力敏、气敏、磁敏 7 大类约 3000 多个品种。主要传感器企业中，外贸企业比重达到 67%。我国传感器产业和技术发展仍存在突出问题：一是核心技术基础能力缺乏，传感器在高精度、高敏感分析、成分分析和特殊应用的高端方面差距大，中高档传感器产品几乎 100%从国外进口，90%芯片依赖国外；二是共性关键技术尚未真正突破，设计技术、可靠性技术、封装技术、装备技术等方面都存在较大差距；三是产业结构不合理，品种、规格、系列不全，技术指标不高；四是企业能力弱，95%以上属小型企业。

近几年，中国传感器行业发展总体规模逐渐扩大，显著应用于汽车工业中包括汽车轮胎中的传感器应用、安全气囊中的传感器应用、底盘系统中的传感器应用、发动机运行管理系统中的传感器应用、废气与空气质量控制系统中的传感器应用和需求、ABS 中的传感器应用和需求、车辆行驶安全系统中的传感器应用和需求、汽车防盗系统中的传感器应用和需求、发动机燃烧控制系统中的传感器应用和需求、汽车定位系统中的传感器应用和需求、汽车其他系统中的传感器应用和需求。

除此之外，中国传感器在其他领域也有应用，如工业控制领域、环境保护领域、设施农业领域、多媒体图像领域、其他有关传感器的应用。全球现在大概有 40 多个国家从事传感器的研制、生产和应用，其中从事 MEMS 研制生产的有 50 多家，但规模和应用领域都较小。

由于没有规模化应用，国内传感器产品普遍存在技术水平低和价格高的矛盾。在国际市场上，德国、日本、美国、俄罗斯等老牌工业国家的企业主导了传感器市场，许多厂家的生产都实现的规模化，有些企业的年生产能力达到几千万甚至几亿只。相比之下，中国传感器的应用范围较窄，更多的应用仍然停留在工业测量与控制等基础应用领域。基于此，中国传感器市场竞争十分激烈。

2. RFID 标签

RFID 标签也是一种传感器技术，RFID 技术是融合了无线射频技术和嵌入式技术为一体的综合技术，RFID 在自动识别、物品物流管理有着广阔的应用前景。我国形成了 RFID 低频和高频的完整产业链和京、沪、粤为主的空间布局，2009 年市场规模达到 85 亿元并成为全球第 3 大市场；我国低频和高频段 RFID 技术相对成熟，超高频和微波频段产业链与国外技术差距较大，超高频、有源 RFID 等领域还没有形成整体产业能力。RFID 产业链主要由标签芯片设计、标签天线设计、标签封装技术与设备、读写机具设计与制造、系统集成与软件开发等几部分组成，各环节实力较强的企业仍然集中在美国和欧洲国家。我国在射频芯片、封装、应用支撑软件、系统集成领域逐渐壮大，但整体实力不强。

RFID 标签芯片方面，自主知识产权比较贫乏，但标签芯片设计上取得了长足的发展。标签封装环节，产品性能已经达到国际先进水平，RFID 卡片形式封装技术已经十分成熟，但欠缺封装超高频、微波标签能力，在提供防水、抗金属的柔性标签方面仍需要提高生产工艺。读写机具设计与制造方面，13.56MHz RFID 的识别系统设计与生产技术成熟，竞争力较强。RFID 中间件产品与国外仍有较大差距。系统集成与系统软件开发上，国内企业具备一定的大型系统集成能力。标签打印机和贴标机领域，目前基本上被国外垄断。

从国际市场看，RFID 市场包括 RFID 标签和应用，即主动标签、被动标签、阅读器、软件、服务、网络等相关产品。剧资讯机构 IDTechEx 统计，2012 年全球 RFID 及应用的市场价值为 76.7 亿美元，较 2011 年的 65.1 亿美元上升 17.8%。预计 RFID 及应用市场在未来十年会继续稳步增长，保持约 20%的增长率，到 2022 年市场价值将达到 261.9 亿美元。从国内市场看，中国 RFID 及应用产业的市场规模 2009 年 85.1 亿元，2010 年 120 亿元，2011 年 179.7 亿元，增长的幅度是 48%，2012 年是 270 亿元，其增长得益于应用试点和示范项目的推动，以及应用领域的扩大和增长，产业配套的带动。到 2012 年，标签及封装服务市场的占比最高，达到 32.39%。其次是系统集成服务，占 31.60%。随着 RFID 技术的快速发展、市场应用越来越多、规模越来越大，标签和读写机器的成本也会随之下降，RFID 行业中的设备供应商和系统集成商都会有非常大的机会，整个 RFID 行业将会加速发展。从 RFID 的市场结构上看，软件和系统集成的规模会进一步提高。RFID 的市场前景非常广阔，在各个细分行业基本上都有相应的 RFID 企业，如汽车、火车、医疗、图书馆、资产管理、门禁等。中国作为全球制造基地，无疑将会成为 RFID 技术在各方面应用的最大潜在市场之一。

在国内 RFID 技术的运用已经延伸到各个细分行业，如汽车防盗系统、火车班次识别、医疗状况跟踪、图书馆书籍管理、固定资产查收、门禁系统等。RFID 技术运用范围非常之广，市场前景十分广阔。

1）物流及零售领域

物流和零售领域可谓是 RFID 技术腾飞的起点，早在 2003 年，德国的最大零售商麦德龙(Metro)就已经利用 RFID 技术对商品流通进行跟踪管理。而美国沃尔玛是目前运用 RFID 技术管理商品最娴熟的零售企业之一，据 Sanford C. Bernstein 公司的零售业分析师估计，通过采用 RFID 技术，沃尔玛每年可以节省 83.5 亿美元，其中大部分是因为不需要人工查看进货的条码而节省的劳动力成本。“研究表明，采用 RFID 技术的商场或大型超市补充脱销货物的效率比普通的高 63%”，沃尔玛常务副总裁及信息总管林达·迪尔曼说。

因为高昂的成本，国内大规模采用 RFID 技术进行零售业商品管理的企业较少。海尔集团在其新建的 7200 平方米全自动物流中心搭建 RFID 技术平台，使海尔集团不仅减少了 20 万平方米的仓库，同时呆滞物资降低了 90%，库存资金减少了 63%，极大地降低了运营成本。

随着 RFID 技术的日益完善，物流和供应链领域的需求规模将会日益扩大。RFID 的终极目标是实现对单个产品的追踪，届时对电子标签的需求会以天文数字来计量。

2) 食品安全领域

近年来，国内食品安全是民生关注的重大问题之一。奶粉、食用油等食品安全让国人谈之色变。近几个月，假羊肉事件也在各地掀起风波，食品安全已逐渐成为影响社会稳定的因素之一。

利用 RFID 技术可以有效地追踪问题食品，通过给商品、食物贴电子标签，对其生产、运送、流通过程全程追踪，可以有效地缓解食品安全的困境。消费者和食品质检人员只需在指定阅读器读写电子标签，即可获悉食品的来源、加工过程等信息，直接追溯到食品的源头厂家。

3) 高速公路收费系统

随着中国高速公路网络逐渐建立和国内人均汽车保有量不断提高，在拥挤路段，特别是进出市区的高速公路收费关卡，工作人员的收费速度极大影响交通的通畅程度。

国外许多高速公路收费都实现了不停车收费(Electronic Toll Collection，ETC)，不停车收费系统是利用 RFID 技术的电子收费系统，解决了因停车收费排队而造成的道路拥挤状况。从车辆经过、阅读车辆电子标签，至核对正确后从客户账户上扣除应用费用，整个过程不到一秒钟。同时因为收费系统只需要射频卡、阅读器、感应圈、数据库等系统单元，即能组成简单的不停车收费系统，不需人工操作，不仅降低了硬件、软件的采购成本，同时减少人工运营成本。

3. 嵌入式系统技术

该技术是综合了计算机软硬件、传感器技术、集成电路技术、电子应用技术为一体的复杂技术。进过几十年的演变，以嵌入式系统为特征的智能终端产品随处可见，小到人们身边的手机，大到航空航天的卫星系统。嵌入式系统正在改变着人们的生活，推动着工业生产以及国防工业的发展。如果把物联网用人体做一个简单比喻，传感器相当于人体的眼睛、鼻子、皮肤等感官，网络就是神经系统用来传递信息，嵌入式系统则是人的大脑，在接收到信息后要进行分类处理。这个例子很形象地描述了传感器、嵌入式系统在物联网中的位置和作用。

我国已形成基本齐全的物联网产业体系，部分领域已形成一定市场规模，网络通信相关技术和产业支持能力与国外差距相对较小，传感器、RFID 等感知制造产业、高端软件与集成服务与国外差距相对较大。仪器仪表、嵌入式系统、软件与集成服务等产业虽已有较大规模，但真正与物联网相关的设备和服务尚在起步。

(1) 物联网基础设施服务业。虽然不是所有云计算产业都可纳入物联网产业范畴，但云计算是物联网应用基础设施服务业中的重要组成部分，物联网的大规模应用也将极大地推动云计算服务发展。

国内云计算商业服务尚在起步，SaaS 已形成一定规模，而真正云计算意义的 IaaS 和 PaaS 商业服务还未开展。目前，我国在云计算服务的基础设施（IDC 中心）建设、云计算软硬件产业支持和超大规模云计算服务的核心技术方面与发达国家存在差距。云安全方面，我国企业具有一定的特点和优势。随着物联网应用的规模推进、互联网快速发展和国家信息化进程的不断深入，我国云计算服务将形成巨大的市场需求空间，在“十二五”期间呈现快速发展趋势。

(2) 物联网相关信息处理与数据服务业。信息处理与数据分析的关键技术主要是数据库与商业智能。我国数据库产业非常薄弱，知名企业只有三四家，只占国内市场 10%左右的份额。商业智能(BI)领域我国虽然技术相对落后，然而已形成了一定规模，国内现有 BI 厂商有近 500 家，但高端市场仍有国际厂商垄断。整体而言，我国拥有自主知识产权的数据库产品、BI 产品和掌握关键技术的软件企业少，产业链不完整，缺乏产品线完整、软硬结合、竞争力强的国际企业。

(3) 物联网相关软件开发与集成服务业。我国软件与集成产业连续多年保持高速增长，2010 年完成业务收入 1.3 亿元，同比增长 31%，其中系统集成和支持服务实现收入 2910 亿元，同比增长 31.8%。然而物联网应用所需的软件高端综合集成能力，特别是软件与各行业的业务流程深度融合和集成整合能力，我国与国际领先企业差距很大，总体上处于产业链低端。

(4) 物联网应用服务。

整体上我国物联网应用服务业尚未形成，已有物联网应用大多数是各行业或企业的内部化服务，未形成社会化商业化的服务业，外部化的物联网应用服务业还需求一个较长时间的市场培育，并需求突破成本、安全、行业壁垒等一系列制约。

我国尚未形成真正意义的物联网产业形态和爆发点，物联网已经形成巨大市场的潜力，但潜在空间转化为现实市场还需要较长时间培育，关键点是通过技术和应用创新形成新兴业态和新增市场。预计“十二五”期末我国物联网相关产业规模将达到 5000 多亿元，而真正可能形成万亿级规模的时间节点预计在“十三五”后期。

10.5 云计算

云计算(cloud computing)是基于互联网的相关服务的增加、使用和交付模式，通常涉及通过互联网来提供动态易扩展且经常是虚拟化的资源。云是网络、互联网的一种比喻说法。过去在图中往往用云来表示电信网，后来也用来表示互联网和底层基础设施的抽象。因此，云计算甚至可以让你体验每秒 10 万亿次的运算能力，拥有这么强大的计算能力可以模拟核爆炸、预测气候变化和市场发展趋势。用户通过计算机、笔记本、手机等方式接入数据中心，按自己的需求进行运算。

10.5.1 云计算的特点

云计算是通过使计算分布在大量的分布式计算机上，而非本地计算机或远程服务器中，企业数据中心的运行将与互联网更相似。这使得企业能够将资源切换到需要的应用上,根据需求访问计算机和存储系统。

好比是从古老的单台发电机模式转向了电厂集中供电的模式。它意味着计算能力也可以作为一种商品进行流通,就像煤气、水电一样,取用方便,费用低廉。最大的不同在于,它是通过互联网进行传输的。

被普遍接受的云计算特点如下:

(1) 超大规模。"云"具有相当的规模,Google 云计算已经拥有 100 多万台服务器,Amazon、IBM、微软、Yahoo 等的"云"均拥有几十万台服务器。企业私有云一般拥有数百上千台服务器。"云"能赋予用户前所未有的计算能力。

(2) 虚拟化。云计算支持用户在任意位置、使用各种终端获取应用服务。所请求的资源来自"云",而不是固定的有形的实体。应用在"云"中某处运行,但实际上用户无须了解、也不用担心应用运行的具体位置。只需要一台笔记本或者一个手机,就可以通过网络服务来实现我们需要的一切,甚至包括超级计算这样的任务。

(3) 高可靠性。"云"使用了数据多副本容错、计算节点同构可互换等措施来保障服务的高可靠性,使用云计算比使用本地计算机可靠。

(4) 通用性。云计算不针对特定的应用,在"云"的支撑下可以构造出千变万化的应用,同一个"云"可以同时支撑不同的应用运行。

(5) 高可扩展性。"云"的规模可以动态伸缩,满足应用和用户规模增长的需要。

(6) 按需服务。"云"是一个庞大的资源池,按需购买;云可以像自来水、电、煤气那样计费。

(7) 极其廉价。由于"云"的特殊容错措施可以采用极其廉价的节点来构成云,"云"的自动化集中式管理使大量企业无须负担日益高昂的数据中心管理成本,"云"的通用性使资源的利用率较之传统系统大幅提升,因此用户可以充分享受"云"的低成本优势,经常只要花费几百美元、几天时间就能完成以前需要数万美元、数月时间才能完成的任务。

云计算可以彻底改变人们未来的生活,但同时也要重视环境问题,这样才能真正为人类进步做贡献,而不是简单的技术提升。

(8) 潜在的危险性。云计算服务除了提供计算服务外,还必然提供了存储服务。但是云计算服务当前垄断在私人机构(企业)手中,而他们仅仅能够提供商业信用。对于政府机构、商业机构(特别像银行这样持有敏感数据的商业机构)对于选择云计算服务应保持足够的警惕。一旦商业用户大规模使用私人机构提供的云计算服务,无论其技术优势有多强,都不可避免地让这些私人机构以"数据(信息)"的重要性挟制整个社会。对于信息社会而言,"信息"是至关重要的。另一方面,云计算中的数据对于数据所有者以外的其他用户云计算用户是保密的,但是对于提供云计算的商业机构而言确实毫无秘密可言。所有这些潜在的危险,是商业机构和政府机构选择云计算服务、特别是国外机构提供的云计算服务时,不得不考虑的一个重要的前提。

10.5.2　云计算平台介绍

云计算平台也称为云平台。云计算平台可以划分为 3 类:以数据存储为主的存储型云平台、以数据处理为主的计算型云平台以及计算和数据存储处理兼顾的综合云计算平台。

1. 国际著名云平台

云计算虽然是Google最先倡导的，但是真正把云计算进行大规模商用的公司首推亚马逊。因为早在Google提出云计算的概念之前，在2002年，亚马逊就推出了Amazon Web Service服务产品，即著名的AWS业务。随后，亚马逊在云计算方面的研发和商业应用一直在持续。到2006年，Google首次提出云计算的概念之后，亚马逊发现云计算与自己的整套技术架构无比吻合，顺势推出了Amazon云计算。随后，亚马逊在云业务方面的收入年年创新高，成为业界的领头羊。而亚马逊在云计算的服务产品也成为其他云计算服务商的效仿对象。亚马逊提供的云计算服务产品包括弹性计算云EC2、简单存储服务S3、简单数据库服务SimpleDB、简单队列服务SQS、MapReduce服务、内容推送服务CloudFront、AWS导入导出和关系数据库服务。

Google在云计算领域可谓是资深元老。原因有两点：一是Google拥有的服务器数量位居全球第一。为了解决这些服务器的分布式计算、调度、任务分配、协调运行、监控等，Google在分布式领域的研究投入相当大。二是云计算的前身就是分布式计算，是分布式计算的进一步发展。

Google在云计算方面最杰出的三大贡献是：分布式文件系统GFS、MapReduce、BigTable。自从Google公布了这三个产品详细设计的论文后，一举奠定了云计算的理论基石(当然还有一些技术，比如分布式锁Chubby等)。然而，Google直到2008年才推出了云计算的产品GAE(Google App Engine)，而GAE是功能比较单一的云服务产品。直到2012年的Google I/O大会，Google才正式推出了自己的云计算基础架构服务Google Compute Engine，包括Google Cloud Storage和Google BigQuery等服务。自此，Google的云计算服务才算比较完备。当然Google的很多产品本身就属于SaaS模式，如Google Docs，都可以看成云产品。

2. 国内云平台

国内云计算做得比较好的公司有盛大、阿里巴巴、百度、新浪、华为等。各家的云计算服务产品大同小异，比如云主机，都是支持Linux和Windows，都提供了弹性扩展和主机克隆，都有安全策略。

(1) 盛大云。盛大云的云计算服务产品有云主机、云硬盘EBS、云分发DDS、云存储、云监控、MongoIC、网站云、数据库云。盛大云在国内起步很早，号称“中国最完整的公有云平台”。大约在2011年7月，盛大云正式对外公测。所以，盛大云计算服务在国内是先于其他几家发布的。

盛大云的收费最细，收费项最多，好处是你很清楚你的每一分钱都花在了什么地方。盛大云在技术方面比较成熟，其云计算的技术路线是学习亚马逊的服务产品，当然，盛大云的服务也很好。

(2) 阿里云。阿里云起步于2009年9月，走的是亚马逊弹性云的路线，在很多方面学习和借鉴亚马逊弹性云的结构及设计。阿里云的云计算服务产品有弹性计算、云引擎ACE、数据存储计算、关系型数据库RDS、数据处理服务ODPS、开放结构化数据服务OTS。下面分别给予介绍：

弹性计算产品包括云服务器和辅助的负载均衡 SLB。其云服务器基于阿里云自主的大规模分布式计算系统，通过虚拟化技术整合 IT 资源，提供互联网基础设施服务。SLB 是 Server Load Balance(负载均衡)的简称，阿里云提供的负载均衡服务，通过设置虚拟服务 IP，将位于同一机房的多台云服务器资源虚拟成一个高性能、高可用的应用服务池；再根据应用特性，将来自客户端的网络请求分发到云服务池中。SLB 是云服务器面向多机方案的一个增值服务，需要同云服务器结合使用。

云引擎 ACE 是基于云计算基础架构的 Web 应用的托管运行环境，支持 PHP、NodeJS 等编程语言，内置多种分布式服务，可根据应用规模的变化进行自动伸缩，简化了开发者对互联网应用的构建和维护工作。ACE 提供了分布式 Session、分布式 Memcache、开放存储、消息队列、计划任务等多种服务，ACE 系统自带了 PHP 应用模板，开发者可以将自己的应用做成模板，发布其应用给其他人使用，也可以从模板库中在线创建应用。

开放存储服务(Open Storage Service，OSS)是阿里云对外提供的海量、安全、低成本、高可靠的云存储服务。用户可以通过简单的 REST 接口，在任何时间、任何地点上传和下载数据，也可以使用 Web 页面对数据进行管理。同时，OSS 提供 Java、Python、PHP SDK，简化用户的编程。基于 OSS，用户可以搭建出各种多媒体分享网站、网盘、个人企业数据备份等基于大规模数据的服务。

关系型数据库(Relational Database Service，RDS)，通过云服务的方式让关系型数据库设置、操作和扩展变得更加简单。帮助企业解决费时、费力的数据库管理，使企业有更多的时间聚焦到应用和业务层面上，节约用户的硬件成本和维护成本。目前 RDS 支持 MySQL、微软的 SQL Server 两种关系型数据库。

数据处理服务(Open Data Processing Service，ODPS)是基于阿里云自主知识产权的云计算平台构建的数据存储与分析平台。ODPS 提供大规模数据存储与数据分析，用户可以使用 ODPS 平台上提供的数据模型工具与服务，同时也支持用户自己发布数据分析工具。

开放结构化数据服务(Open Table Service，OTS)是构建在飞天大规模分布式计算系统之上的海量结构化和半结构化数据存储与实时查询的服务。OTS 以数据表的形式组织数据通过 RESTful API 形式的接口提供服务并提供一个 Web 界面以方便用户管理。OTS 适用于需要处理结构化数据，同时对数据规模和并发访问要求比较高的应用，如邮箱存储、手机云空间等以用户为中心的互联网应用。

阿里云还提供了诸如云监控、云盾、云搜索、云地图、云邮箱等服务。阿里云也很不错，在今年上半年的时候，阿里云的云基础设施还不够完善，为了开展云服务，甚至能够为用户提供裸机。阿里人的技术实力是毋庸置疑的，比如分布式存储 HBase 领域，在国内，阿里就是领头羊。从现在看，阿里云的云服务产品已经比较完备。最近阿里云在开展声势浩大的活动，力推阿里的云计算平台。

(3) 新浪云。新浪 SAE 云平台主要支持基于 PHP 的 Web 应用，后来陆续加入了对 Java 语言、Python 语言的支持。SAE 适合构建个人网站、博客站点、移动应用网站、社交网站等。SAE 拥有负载均衡、分布式缓存(新浪自己改进的 Memcache)、数据库(支持 MySQL 数据库和新浪自己开发的 KVDB——一种 NoSQL 数据库)、安全(新浪提供了应用防火墙以及 App 运行隔离)、任务调度(支持 Cron 定时服务、TaskQueue 任务队列服务、

DeferredJob 离线任务执行队列)、分布式文件存储服务和 CDN 服务、扩展服务(比如短信服务、地理位置服务、分词服务)等功能。

新浪云计算企业服务包括 SAE 企业版、MAE(新浪的企业私有云)、云商店(包含数万款应用)以及第三方服务接入。

新浪云在前几年发展过程中,借鉴了 Google 的云服务产品的路线,有很多东西跟 GAE 相似。而大家都知道,虽然 Google 是云计算最早的倡导者和发起人(率先提出了 Google 分布式文件系统 GFS、MapReduce 以及 BigTable),但是 Google 在云计算方面却没怎么发力,反而是亚马逊在云计算方面独领风骚,微软、IBM 等紧随其后。直到今年,Google 在自己的年度技术大会上,才正式发力,正式向云计算进军,力推自己的云计算。所以,新浪的云服务产品相对于盛大云和阿里云,显得单薄了一点。

(4) 百度云。在 2009 年,百度掌门李彦宏在"百度技术创新大会"上提出了框计算的概念。框计算在本质上仍然是云计算,是从用户的角度在应用层上对云计算的另一种描述。百度虽然很早就在规划和研发云计算,但是百度云发力很晚,百度的 BAE 云平台推出较晚。和 Google 的 GAE 和新浪的 SAE 比较相似,同样有云存储、云数据库、云消息、虚拟机等,支持 PHP、Java、Python 三种语言。但是百度的云基础设施还有待完善,对 Java 的支持也不够好。相信百度的技术实力,期待百度云的后续发展。

国内搞云计算的企业远不止以上几家,还有很多企业是面向专一云服务产品的。国内云计算虽然起步较晚,但从长期来看,发展前景看好。至于企业在云计算方面是追求大而全的云服务呢,还是只做单一云服务产品?还是要根据自家的实际情况量力而行。

10.6 智慧城市

10.6.1 智慧城市的概念

2008 年 11 月,在纽约召开的外国关系理事会上,IBM 提出了"智慧的地球"这一理念,进而引发了智慧城市建设的热潮。而欧盟则于 2006 年发起了欧洲 Living Lab 组织,它采用新的工具和方法、先进的信息和通信技术来调动方方面面的"集体的智慧和创造力",为解决社会问题提供机会,并发起了欧洲智慧城市网络。

2010 年,IBM 正式提出了"智慧的城市"愿景,希望为世界和中国的城市发展贡献自己的力量。IBM 经过研究认为,城市由关系到城市主要功能的不同类型的网络、基础设施和环境六个核心系统组成:组织(人)、业务/政务、交通、通信、水和能源。这些系统不是零散的,而是以一种协作的方式相互衔接。而城市本身,则是由这些系统所组成的宏观系统。

21 世纪的"智慧城市",能够充分运用信息和通信技术手段感测、分析、整合城市运行核心系统的各项关键信息,从而对于包括民生、环保、公共安全、城市服务、工商业活动在内的各种需求做出智能的响应,为人类创造更美好的城市生活。

"智慧城市"理念问世以来,国内外相关企业、研究机构和专家,纷纷对其进行了定义和研究。归纳起来,主要集中于以下三点:

(1) 智慧城市建设必然以信息技术应用为主线。智慧城市可以被认为是城市信息化的高级阶段,必然涉及信息技术的创新应用,而信息技术是以物联网、云计算、移动互联和大数据等新兴热点技术为核心和代表。

(2) 智慧城市是一个复杂的、相互作用的系统。在这个系统中,信息技术与其他资源要素优化配置并共同发生作用,促使城市更加智慧的运行。

(3) 智慧城市是城市发展的新兴模式。智慧城市的服务对象面向城市主体——政府、企业和个人,它的结果是城市生产、生活方式的变革、提升和完善,终极表现为人类拥有更美好的城市生活。

综上所述,智慧城市的本质在于信息化与城市化的高度融合,是城市信息化向更高阶段发展的表现。

智慧城市将成为一个城市的整体发展战略,作为经济转型、产业升级、城市提升的新引擎,达到提高民众生活幸福感、企业经济竞争力、城市可持续发展的目的,体现了更高的城市发展理念和创新精神。

智慧城市是新一代信息技术支撑、知识社会创新 2.0 环境下的城市形态,智慧城市通过物联网、云计算等新一代信息技术以及维基、社交网络、Fab Lab、Living Lab、综合集成法等工具和方法的应用,实现全面透彻的感知、宽带泛在的互联、智能融合的应用以及以用户创新、开放创新、大众创新、协同创新为特征的可持续创新。伴随网络帝国的崛起、移动技术的融合发展以及创新的民主化进程,知识社会环境下的智慧城市是继数字城市之后信息化城市发展的高级形态。

10.6.2 建设智慧城市

1. 国际智慧城市实践

欧盟于 2006 年发起了欧洲 Living Lab 组织,它采用新的工具和方法、先进的信息和通信技术来调动方方面面的"集体的智慧和创造力",为解决社会问题提供机会。该组织还发起了欧洲智慧城市网络。Living Lab 完全是以用户为中心,借助开放创新空间的打造帮助居民利用信息技术和移动应用服务提升生活质量,使人的需求在其间得到最大的尊重和满足。

2009 年,迪比克市与 IBM 合作,建立美国第一个智慧城市。利用物联网技术,在一个有六万居民的社区里将各种城市公用资源(水、电、油、气、交通、公共服务等)连接起来,监测、分析和整合各种数据以做出智能化的响应,更好地服务市民。迪比克市的第一步是向所有住户和商铺安装数控水电计量器,其中包含低流量传感器技术,防止水电泄漏造成的浪费。同时搭建综合监测平台,及时对数据进行分析、整合和展示,使整个城市对资源的使用情况一目了然。更重要的是,迪比克市向个人和企业公布这些信息,使他们对自己的耗能有更清晰认识,对可持续发展有更多的责任感。

韩国以网络为基础,打造绿色、数字化、无缝移动连接的生态、智慧型城市。通过整合公共通信平台,以及无处不在的网络接入,消费者可以方便地开展远程教育、医疗、办理税务,还能实现家庭建筑能耗的智能化监控等。

新加坡 2006 年启动"智慧国 2015"计划,通过物联网等新一代信息技术的积极应用,将新加坡建设成为经济、社会发展一流的国际化城市。在电子政务、服务民生及泛在互联方面,新加坡成绩引人注目。其中智能交通系统通过各种传感数据、运营信息及丰富的用户交互体验，为市民出行提供实时、适当的交通信息。

美国麻省理工学院比特和原子研究中心发起的 Fab Lab(微观装配实验室)基于从个人通信到个人计算再到个人制造的社会技术发展脉络，试图构建以用户为中心、面向应用的用户创新制造环境，使人们即使在自己的家中也可随心所欲地设计和制造他们想象中的产品，巴塞罗那等城市从 Fab Lab 到 Fab City 的实践则从另外一个视角解读了智慧城市以人为本可持续创新的内涵。

欧洲的智慧城市更多关注信息通信技术在城市生态环境、交通、医疗、智能建筑等民生领域的作用，希望借助知识共享和低碳战略实现减排目标，推动城市低碳、绿色、可持续发展，投资建设智慧城市，发展低碳住宅、智能交通、智能电网，提升能源效率，应对气候变化，建设绿色智慧城市。

丹麦建造智慧城市哥本哈根(Copenhagen)有志在 2025 年前成为第一个实现碳中和的城市。要实现该目标，主要依靠市政的气候行动计划——启动 50 项举措，以实现其 2015 年减碳 20%的中期目标。在力争取得城市的可持续性发展时，许多城市的挑战在于维持环保与经济之间的平衡。采用可持续发展城市解决方案，哥本哈根正逐渐接近目标。哥本哈根的研究显示，其首都地区绿色产业 5 年内的营收增长了 55%。

瑞典首都斯德哥尔摩，2010 年被欧盟委员会评定为“欧洲绿色首都”；在普华永道 2012 年智慧城市报告中，斯德哥尔摩名列第五，分项排名中智能资本与创新、安全健康与安保均为第一，人口宜居程度、可持续能力也是名列前茅。

2. 我国智慧城市发展状况

据国家信息中心信息化研究部首席工程师单志广透露，我国提出智慧城市建设的城市总数达到了 154 个，投资规模预计超过 1.1 万亿元。

在“无线城市智慧生活”论坛上，国家信息中心信息化研究部首席工程师单志广讲述了我国智慧城市发展现状以及所面临的问题。据统计，截止到 2012 年 2 月底，我国提出智慧城市建设的总数量已经达到了 154 个，计划投资规模超过 1.1 万亿元。而在“十二五”规划或政府报告中提出建设智慧城市的地级以上城市共有 41 个，其中副省级城市 10 个，直辖市中北京、上海、天津均提出了智慧城市建设。

2012 年，我国物联网产业市场规模达到 3650 亿元，比上年增长 38.6%。从智能安防到智能电网，从二维码普及到“智慧城市”落地，作为被寄予厚望的新兴产业，物联网正四处开花，悄然影响着人们的生活。专家指出，伴随着技术的进步和相关配套的完善，在未来几年，技术与标准国产化、运营与管理体系化、产业草根化将成为我国物联网发展的三大趋势。

2013 年 4 月 10 日，由住房城乡建设部建筑节能与科技司组织的智慧城市创建任务书编织培训会在京举行。来自会上提供的信息显示：继国家开发银行提供不低于 800 亿元的投融资额度后，又有两家商业银行做出承诺，表示将提供不低于国家开发银行的授信额度，支持智慧城市建设。另有其他投资机构也在 4 月初签订了 2000 亿元的投资额度。粗略估计，相关投资或将超过 4400 亿元。

发改委网站 2014 年 8 月 29 日发布消息，经国务院同意，发改委、工信部、科技部、公安部、财政部、国土部、住建部、交通部等八部委印发《关于促进智慧城市健康发展的指导意见》(下文简称《意见》),到 2020 年,建成一批特色鲜明的智慧城市,聚集和辐射带动作用大幅增强,综合竞争优势明显提高,在保障和改善民生服务、创新社会管理、维护网络安全等方面取得显著成效。在《意见》中提出了智慧城市建设的主要目标。到 2020 年,建成一批特色鲜明的智慧城市,聚集和辐射带动作用大幅增强,综合竞争优势明显提高,在保障和改善民生服务、创新社会管理、维护网络安全等方面取得显著成效。

公共服务便捷化。在教育文化、医疗卫生、计划生育、劳动就业、社会保障、住房保障、环境保护、交通出行、防灾减灾、检验检测等公共服务领域,基本建成覆盖城乡居民、农民工及其随迁家属的信息服务体系,公众获取基本公共服务更加方便、及时、高效。

城市管理精细化。市政管理、人口管理、交通管理、公共安全、应急管理、社会诚信、市场监管、检验检疫、食品药品安全、饮用水安全等社会管理领域的信息化体系基本形成,统筹数字化城市管理信息系统、城市地理空间信息及建(构)筑物数据库等资源,实现城市规划和城市基础设施管理的数字化、精准化水平大幅提升,推动政府行政效能和城市管理水平大幅提升。

生活环境宜居化。居民生活数字化水平显著提高,水、大气、噪声、土壤和自然植被环境智能监测体系和污染物排放、能源消耗在线防控体系基本建成,促进城市人居环境得到改善。

基础设施智能化。宽带、融合、安全、泛在的下一代信息基础设施基本建成。电力、燃气、交通、水务、物流等公用基础设施的智能化水平大幅提升,运行管理实现精准化、协同化、一体化。工业化与信息化深度融合,信息服务业加快发展。

网络安全长效化。城市网络安全保障体系和管理制度基本建立,基础网络和要害信息系统安全可控,重要信息资源安全得到切实保障,居民、企业和政府的信息得到有效保护。

10.7　互联网+

"互联网+"是对创新 2.0 时代新一代信息技术与创新 2.0 相互作用共同演化推进经济社会发展新形态的高度概括。

2015 年 3 月 5 日上午十二届全国人大三次会议上,李克强总理在政府工作报告中首次提出"互联网+"行动计划。李克强总理所提的"互联网+"与较早相关互联网企业讨论聚焦的"互联网改造传统产业"基础上已经有了进一步的深入和发展。李克强总理在政府工作报告中首次提出的"互联网+"实际上是创新 2.0 下互联网发展新形态、新业态,是知识社会创新 2.0 推动下的互联网形态演进。伴随知识社会的来临,驱动当今社会变革的不仅仅是无所不在的网络,还有无所不在的计算、无所不在的数据、无所不在的知识。"互联网+"不仅仅是互联网移动、泛在、应用于某个传统行业,更加入了无所不在的计算、数据、知识,造就了无所不在的创新,推动了知识社会以用户创新、开放创新、大众创新、协同创新为特点的创新 2.0,改变了我们的生产、工作、生活方式,也引领了创新驱动发展的"新常态"。

10.7.1　互联网+的概念

李克强提出的"互联网+"实际上是创新 2.0 下的互联网发展新形态、新业态,是知识社会创新 2.0 推动下的互联网形态演进。

新一代信息技术发展催生了创新 2.0，而创新 2.0 又反过来作用于新一代信息技术形态的形成与发展，重塑了物联网、云计算、社会计算、大数据等新一代信息技术的新形态。

新一代信息技术的发展又推动了创新 2.0 模式的发展和演变，Living Lab（生活实验室、体验实验区）、Fab Lab（个人制造实验室、创客）、AIP（"三验"应用创新园区）、Wiki（维基模式）、Prosumer（产消者）、Crowdsourcing（众包）等典型创新 2.0 模式不断涌现。新一代信息技术与创新 2.0 的互动与演进推动了"互联网＋"的浮现。互联网随着信息通信技术的深入应用带来的创新形态演变，本身也在演变变化并与行业新形态相互作用共同演化，如同以工业 4.0 为代表的新工业革命以及 Fab Lab 及创客为代表的个人设计、个人制造、群体创造。可以说"互联网＋"是新常态下创新驱动发展的重要组成部分。

10.7.2 互联网＋的商业模式

"互联网＋"企业四大落地系统（商业模式、管理模式、生产模式、营销模式），其中最核心的就是商业模式的互联网化，即利用互联网精神（平等、开放、协作、分享）来颠覆和重构整个商业价值链，目前来看主要分为六种商业模式。

1. "互联网＋"商业模式之一：工具＋社群＋商业模式

互联网的发展，使信息交流越来越便捷，志同道合的人更容易聚在一起，形成社群。同时互联网将散落在各地的星星点点的分散需求聚拢在一个平台上，形成新的共同的需求，并形成了规模，解决了重聚的价值。

如今互联网正在催熟新的商业模式即"工具＋社群＋电商/微商"的混合模式。比如微信最开始就是一个社交工具，先是通过各自工具属性/社交属性/价值内容的核心功能过滤到海量的目标用户，加入了朋友圈点赞与评论等社区功能，继而添加了微信支付、精选商品、电影票、手机话费充值等商业功能。

为什么会出现这种情况？简单来说，工具如同一道锐利的刀锋，它能够满足用户的痛点需求，用来做流量的入口，但它无法有效沉淀粉丝用户。社群是关系属性，用来沉淀流量；商业是交易属性，用来变现流量价值。三者看上去是三张皮，但内在融合的逻辑是一体化的。

2. 商业模式之二：长尾型商业模式"互联网＋"

长尾概念由克里斯·安德森提出，这个概念描述了媒体行业从面向大量用户销售少数拳头产品，到销售庞大数量的利基产品的转变，虽然每种利基产品相对而言只产生小额销售量。但利基产品销售总额可以与传统面向大量用户销售少数拳头产品的销售模式媲美。通过 C2B 实现大规模个性化定制，核心是"多款少量"。所以长尾模式需要低库存成本和强大的平台，并使得利基产品对于兴趣买家来说容易获得，如 ZARA。

3. 商业模式之三：跨界商业模式"互联网＋"

不管你们是做哪个行业的，真正对你们构成最大威胁的对手一定不是现在行业内的对手，而是那些行业之外你看不到的竞争对手。——互联网预言帝凯文·凯利

马云曾经说过一句很任性的话，他说，如果银行不改变，那我们就改变银行，于是余额

宝就诞生了,余额宝推出半年规模就接近 3000 个亿。雕爷不仅做了牛腩,还做了烤串、下午茶、煎饼,还进军了美甲;小米做了手机,做了电视,做了农业,还要做汽车、智能家居。

互联网为什么能够如此迅速地颠覆传统行业呢?互联网颠覆实质上就是利用高效率来整合低效率,对传统产业核心要素的再分配,也是生产关系的重构,并以此来提升整体系统效率。互联网企业通过减少中间环节,减少所有渠道不必要的损耗,减少产品从生产到进入用户手中所需要经历的环节来提高效率,降低成本。因此,对于互联网企业来说,只要抓住传统行业价值链条当中的低效或高利润环节,利用互联网工具和互联网思维,重新构建商业价值链就有机会获得成功。

马化腾在企业内部讲话时说:"互联网在跨界进入其他领域的时候,思考的都是如何才能够将原来传统行业链条的利益分配模式打破,把原来获取利益最多的一方干掉,这样才能够重新洗牌。"反正这块市场原本就没有我的利益,因此让大家都赚钱也无所谓。正是基于这样的思维,才诞生出新的经营和盈利模式以及新的公司。而身处传统行业的人士在进行互联网转型的时候,往往非常舍不得或不愿意放弃依靠垄断或信息不对称带来的既得利益。因此,往往想得更多的就是,仅仅把互联网当成一个工具,思考的是怎样提高组织效率、如何改善服务水平,更希望获得更大利润。所以传统企业在转型过程中很容易受到资源、过程以及价值观的束缚即阻碍。

4. 商业模式之四:免费商业模式"互联网+"

互联网行业从来不打价格战,它们一上来就免费。传统企业向互联网转型,必须要深刻理解这个"免费"背后的商业逻辑的精髓到底是什么。——小米科技董事长雷军

"互联网+"时代是一个"信息过剩"的时代,也是一个"注意力稀缺"的时代,怎样在"无限的信息中"获取"有限的注意力",便成为"互联网+"时代的核心命题。注意力稀缺导致众多互联网创业者们开始想尽办法去争夺注意力资源,而互联网产品最重要的就是流量,有了流量才能够以此为基础构建自己的商业模式,所以说互联网经济就是以吸引大众注意力为基础,去创造价值,然后转化成盈利。

很多互联网企业都是以免费、好的产品吸引到很多的用户,然后通过新的产品或服务给不同的用户,在此基础上再构建商业模式。比如 360 安全卫士、QQ 用户等。互联网颠覆传统企业的常用打法就是在传统企业用来赚钱的领域免费,从而彻底把传统企业的客户群带走,继而转化成流量,然后再利用延伸价值链或增值服务来实现盈利。

如果有一种商业模式既可以统摄未来的市场,也可以挤垮当前的市场,那就是免费的模式。信息时代的精神领袖克里斯·安德森在《免费:商业的未来》中归纳基于核心服务完全免费的商业模式:一是直接交叉补贴,二是第三方市场,三是免费加收费,四是纯免费。

5. 商业模式之五:O2O 商业模式"互联网+"

2012 年 9 月,腾讯 CEO 马化腾在互联网大会上的演讲中提到,移动互联网的地理位置信息带来了一个崭新的机遇,这个机遇就是 O2O,二维码是线上和线下的关键入口,将后端蕴藏的丰富资源带到前端,O2O 和二维码是移动开发者应该具备的基础能力。

O2O 是 OnlinetoOffline 的英文简称。O2O 狭义来理解就是线上交易、线下体验消费的商务模式,主要包括两种场景:一是线上到线下,用户在线上购买或预订服务,再到线下

商户实地享受服务,目前这种类型比较多;二是线下到线上,用户通过线下实体店体验并选好商品,然后通过线上下单来购买商品。广义的O2O就是将互联网思维与传统产业相融合,未来O2O的发展将突破线上和线下的界限,实现线上线下、虚实之间的深度融合,其模式的核心是基于平等、开放、互动、迭代、共享等互联网思维,利用高效率、低成本的互联网信息技术,改造传统产业链中的低效率环节。

1号店联合董事长于刚认为O2O的核心价值是充分利用线上与线下渠道各自优势,让顾客实现全渠道购物。线上的价值就是方便、随时随地,并且品类丰富,不受时间、空间和货架的限制。线下的价值在于商品看得见摸得着,且即时可得。从这个角度看,O2O应该把两个渠道的价值和优势无缝对接起来,让顾客觉得每个渠道都有价值。

6. 商业模式之六:平台商业模式"互联网+"

互联网的世界是无边界的,市场是全国乃至全球。平台型商业模式的核心是打造足够大的平台,产品更为多元化和多样化,更加重视用户体验和产品的闭环设计。

张瑞敏对平台型企业的理解就是利用互联网平台,企业可以放大,原因有:第一,这个平台是开放的,可以整合全球的各种资源;第二,这个平台可以让所有的用户参与进来,实现企业和用户之间的零距离。在互联网时代,用户的需求变化越来越快,越来越难以捉摸,单靠企业自身所拥有的资源、人才和能力很难快速满足用户的个性化需求,这就要求打开企业的边界,建立一个更大的商业生态网络来满足用户的个性化需求。通过平台以最快的速度汇聚资源,满足用户多元化的个性化需求。所以平台模式的精髓,在于打造一个多方共赢互利的生态圈。

但是对于传统企业而言,不要轻易尝试做平台,尤其是中小企业不应该一味地追求大而全、做大平台,而是应该集中自己的优势资源,发现自身产品或服务的独特性,瞄住精准的目标用户,发掘出用户的痛点,设计好针对用户痛点的极致产品,围绕产品打造核心用户群,并以此为据点快速地打造一个品牌。

10.7.3 互联网+的应用前景

国家发改委于近期发布了《关于做好制定"互联网+"行动计划有关工作的通知》,《通知》中明确了制定"互联网+"行动计划的重要意义,对行动计划所涉及的内容进行了考虑,提出了相关工作要求,并将适时推出"互联网+"重大工程包。《通知》要点如下。

国家发改委认为制定"互联网+"行动计划应包含以下4大方面:

(1) 以互联网促进产业转型升级,着力提高实体经济创新力和生产力。大力推动互联网与产业融合创新发展,重点围绕智能化生产、网络化供应、农村一二三产业融合发展等领域,鼓励和支持传统产业积极利用互联网技术、平台及应用,创新产品与服务,优化流程和管理,打造产业智能服务系统,打通生产、流通、服务等环节,有效提高生产效率,形成网络经济与实体经济联动发展新态势。

(2) 以互联网培育发展新业态新模式,着力形成新的经济增长点。以更加包容的态度、更加宽松的环境、更加积极的政策,加快培育基于互联网的融合型新产品、新模式、新业态,打造"互联网+"新生态。积极培育人工智能产业,大力发展智能汽车、智能家居、可穿戴设备等消费型智能产品,加大推广以互联网为载体、线上线下互动的新兴消费模式;加快发展互联网金融、网络创新设计、大规模个性化定制等，形成拉动经济增长的新动力。

(3) 以互联网增强公共服务能力，着力提升社会管理和民生保障水平。推动互联网与教育、医疗等深度融合，创新公共服务方式，加强在线服务平台建设和公共信息资源共享，推动优质资源社会化开放，促进公共服务均等化。加大政府对云计算、大数据等新兴服务的购买力度，完善政府在线服务和监督模式，提升城市管理和便民服务水平，依托互联网平台构建社会协同、公众参与的社会治理机制。

(4) 加快网络基础设施建设，着力提高互联网应用支撑能力。推进国家新一代信息基础设施建设工程，大幅提升宽带网络速率，努力实现泛在普惠、人人共享、安全可信的信息网络。加快 TD-LTE 网络建设和 4G 业务发展，优化数据中心、内容分发网络等应用基础设施布局，加快下一代互联网商用部署。提升移动互联网、云计算、物联网应用水平，加强与工业、交通、能源等基础设施的融合对接，夯实“互联网＋”发展基础。

基于以上 4 大方面，国家发改委还提出了相关的工作要求：

(1) 高度重视此项工作。“互联网＋”是一种新的经济形态，代表了未来的发展方向和趋势。实施“互联网＋”行动计划，既有利于紧紧抓住新一轮科技革命和产业变革的机遇，赢得未来发展先机，又有利于通过互联网促进产业转型升级，加快培育形成新的产业增长点，有效弥补经济增长传统动力减弱带来的空缺。因此，需要高度重视此项工作，组织专门力量，主动做好“互联网＋”发展研究工作。

(2) 及时提出政策建议。在研究过程中，应围绕制定行动计划四方面考虑，梳理典型案例和成功经验，总结发展规律，及时提出政策措施建议。要主动适应，顺势而为，既要做好顶层设计，又要积极探索推进移动互联网、大数据、云计算、物联网等与现代制造业结合，促进电子商务、工业互联网和互联网金融健康发展的相关政策措施。国家发改委在牵头研究制定“互联网＋”行动计划过程中，将赴部分地区开展专题调研，认真听取并研究吸纳各地提出的意见和建议。

(3) 积极推进重大项目。结合自身发展实际，以及国家发改委在信息领域相关工作部署，重点抓好一批具有影响力和示范性的重点项目，并及时建立项目信息库，动态调度信息，争取尽快在促进互联网与产业融合创新，培育发展新业态、新模式等方面取得成效。国家发改委将按照“成熟一项、启动一项”的原则，适时出台并组织实施“互联网＋”重大工程包，对相关工作予以引导支持。

10.8　微型案例：揭秘美国梅西百货 O2O 十二项攻略

美国著名的百货零售集团梅西 (Macy's Inc.)，2013 财年销售额达 279 亿美金，管理了 840 家 Macy's 和 Bloomingdale's 百货店(下文简称梅西百货)，及 13 家 Blooming dale's 奥莱商场。公司近日对其 O2O 全渠道战略进行了非常详尽的披露。

1. Apple Pay 苹果支付

2014 年 9 月，梅西百货成为首批支持 Apple Pay 移动支付系统零售商，由于其指纹方案和近场通信技术 NFC 芯片技术，业界纷纷看好，认为其离线化、易识别等特性使其更安全。

2. 当日送达

梅西百货自今年秋季将开始试点，与众包当日送达服务供应商 Deliv 合作，在全美先期选择在几个梅西销售规模大的城市试点，如芝加哥、洛杉矶等，对 PC 和手机端线上购物用户承诺当日购买，当日到店取货。

3. 线上购买线下取货(BOPS)

从 2013 年开始试点，现已实现梅西百货全网店通用。

4. 线下店铺销售端的技术创新

梅西在几家店内试点各种与销售相关的技术创新，如能帮助店员更有效地为消费者展示货品搭配和商品信息，并加快交易的新一代加强版的手持终端和平板电脑；在几家店试点设立梅西联络中心(Connect@Macy's Centers)，便于线上购物消费者取货；增加店员数量为消费者提供风格搭配建议和产品推荐；有些试点店铺内，消费者还可以通过电子服务站和大型互动屏幕交货操作，或者通过手机购买产品。

5. 加强购物 APP 应用

梅西发布了 iOS 和安卓版的购物 APP，并在不断改进和添加帮助人们购物体验的功能。

6. 梅西图像搜索

梅西网站在旧金山的创新实验室开发出此项新技术概念，并迅速研发应用，消费者可以拍摄并上传任何一件日常生活中见到的产品，系统会为消费者找到梅西网站对应或相似产品，现在梅西图像搜索仅支持苹果官方商店下载，未来该功能将合并到上文的购物 APP 应用中。

7. 梅西手机钱包

该功能使消费者轻松存储和了解优惠及打折券信息，并为梅西的忠诚会员提供无缝全渠道的使用体验，线上线下店内外都可使用。

8. RFID 应用和扩展

梅西百货是首批全美范围使用该技术的零售商，自 2011 年至今已初见成效。RFID(射频技术或电子标签技术)提高了其库存盘点准确度，特别是帮助公司清楚地了解哪些货品和尺寸在库可销售，方便及时补货。最近通过 RFID 技术在时尚品类的试点应用，得益于精准的实时库存盘点，梅西的正装裙，男士运动外套和休闲裤卖得更好。2015 年将完成时尚品类的 RFID 应用。

9. Shopkick 逛街应用

通过与全球应用范围最广的购物应用 shopkick 合作，梅西在所有门店都将推广使用这个基于 iBeacon 技术的位置服务应用，也将是迄今为止该技术在零售商店最大规模的一次使用，梅西各门店届时将安装 4 千台设备，每家门店可定制推送折扣、推荐等促销信息。设备安装将于今年秋天完成并启用。

10. 智能试衣间

试衣间配有壁挂平板电脑供店员和消费者扫描查询产品颜色尺寸和产品推荐等搭配

信息，还可不必出门，通过一键呼叫店员帮助。

11. 梅西数字出版

梅西在推出了秋季时尚购物目录后，梅西网站将推出数字版，充分利用屏幕如 360°图片介绍，看时尚视频，线上个人风格混搭等。

12. 梅西桌面搭配 Bloomingdale's Tabletop Builder

梅西的线上桌面搭配将于 10 月 1 日上线，帮助消费者混搭或搭配桌面餐具、盘子、玻璃器皿等摆设，并提供家居摆设建议。

10.9　本章小结

随着互联网技术的不断普及，电子商务的发展日新月异。从 PC 走向无线，从实物走向服务，从线下走向线上，从国内走向国际，是电商企业未来发展的 4 个机会。本章从移动电子商务、互联网金融、大数据与数据挖掘、物联网、云计算、智慧城市、互联网＋等电子商务发展前沿热点给出了阐述。这些方面都是电子商务的发展趋势所在，希望引起读者的关注。

思考题

1. 简述移动电子商务的主要应用模式。
2. 简述互联网金融目前存在的风险。
3. 大数据的主要应用体现在哪些方面？
4. 论述你了解的互联网＋的概念。

参 考 文 献

[1] 方美琪,付虹蛟.电子商务教程[M].北京：清华大学出版社,2002.

[2] 刘军,季常煦,曾洁琼.电子商务系统的规划与设计[M].北京：人民邮电出版社,2004.

[3] 中国社会科学院财政与贸易经济研究所.http://www.cass.cn/webnew/yanjiusuo/cms.

[4] 常晋义.息系统开发与管理[M].北京：机械工业出版社,2004.

[5] 刘军,董宝田.电子商务系统的分析与设计[M].北京：高等教育出版社,2003.

[6] 王曰芬,丁晟春.电子商务网站设计与管理[M].北京：北京大学出版社,2002.

[7] 方美琪,钟佳桂.电子商务与传统企业[M].北京：清华大学出版社,2003.

[8] 梅绍祖,李伊松,鞠颂东.电子商务与物流[M].北京：人民邮电出版社,2002.

[9] 方美琪,胡翼亮.网络营销[M].北京：清华大学出版社,2003.

[10] 方美云,邝孔武.信息系统的开发与管理教程[M].北京：清华大学出版社,2003.

[11] 刘军,季常煦,曾洁琼.电子商务系统的规划与设计[M].北京：人民邮电出版社.2004.

[12] (美)Jeffrey L. Whitten Lonnie D. Bentley Kevin C. Dittman 著.肖刚,孙惠 译.系统分析与设计方法 [M].北京：机械工业出版社,2003.

[13] 刘丽华,蔡舒.电子商务物流管理[M].武汉：武汉大学出版社,2008.

[14] 沈美莉,陈孟建.电子商务网站建设与管理[M].北京：清华大学出版社,2004.

[15] 覃征.软件项目管理[M].北京：清华大学出版社,2004.

[16] 陈德仁.电子商务概论[M].杭州：浙江大学出版社,2008.

[17] 李琪.电子商务概论[M].北京：高等教育出版社,2009.

[18] 方美琪,刘鲁川.电子商务设计师教程[M].北京：清华大学出版社,2005.

[19] 方美琪,刘鲁川.电子商务技术员教程[M].北京：清华大学出版社,2005.

[20] 方美琪,付虹蛟.电子商务理论与实践[M].北京：中国人民大学出版社,2005.

[21] F.吉拉得.亚当斯 著.电子商务革命与新经济[M].叶秀敏,陈蔚珠译,陈禹校.北京：中国人民大学出版社,2007.

[22] 姚春荣.刘利华.电子商务概论[M].武汉：武汉大学出版社,2009.

[23] 冯英健.网络营销基础与实践[M].北京：清华大学出版社,2004.

[24] 潘勇.网络交易中的逆向选择：基于柠檬市场模型的分析[M].北京：经济管理出版社,2005.

[25] 宋华.现代物流管理[M].北京：中国人民大学出版社,2008.

[26] 胡斌.电子商务概论[M].北京：人民邮电出版社,2015.

[27] 袁毅.电子商务概论[M].北京：机械工业出版社,2013.

[28] 赵芳.电子商务概论[M].北京：东北财经大学出版社,2015.

[29] 李洪心.电子商务概论[M].北京：东北财经大学出版社,2014.

[30] 毛基业,郭讯华,朱岩.管理信息系统——基础、应用与方法[M].北京：清华大学出版社,2013.

[31] 中国信息产业网.国家发改委提出制定“互联网＋”行动计划四大内容[OL].http://www.cnii.com.cn/informatization/2015-05/22/content_1576202.htm.

[32] 高培蕾,徐宵桐.法律道德技术三管齐下,治理网络知识产权侵权问题[N].中国青年报,2014,11,17.

[33] 刘彦华.易宝支付：用支付扛起金融大旗[N].小康·财智,2013,09,18.

[34] 中国电子商务研究中心.[海外案例]美国梅西百货：O2O 十二项攻略大起底[OL]. http://b2b.toocle.com/detail--6203239.html.

[35] 中国社会科学网. 2013 年十大社会化营销经典案例[OL]. http://www.cssn.cn/glx/glx_jdal/201312/t20131216_909258.shtml.

[36] 佚名.零售巨头沃尔玛是如何做 O2O 的[EB/OL]. http://classroom.eguan.cn/anli_187575.html.